フランス社会保障法の権利構造

伊奈川 秀和

フランス社会保障法の権利構造

学術選書
46
社会保障法

信山社

はしがき

　福祉国家の危機が叫ばれるようになってから久しい。オイルショックを契機として、福祉国家の見直しが先進各国の国家的課題として浮上するようになり、これまで多くの改革が実施されてきた。歴史が不可逆的であるとするならば、仮言法的に時計の針を巻き戻すのは現実的ではない。そうかといって、急速に進む少子高齢化に伴う人口減少社会を前にして、我々はローマのようにパンと娯楽（du pain et des jeux）に没頭する余裕はない。我が国も含めた先進国は、この福祉国家をどのように前進させ、発展させていくのかを真剣に考える以外の選択肢はないのが現実である。

　社会保障が資本主義経済に対する修正原理であるならば、変化する経済社会を的確に見つめ、そこから社会保障が進むべき未来への指針を導き出す必要がある。しかし、社会保障が生成発展的性格を有するのであればあるほど、社会保障を貫く普遍的な原理の構築は困難となる。それと同時に、社会保障の根底にあって改革の灯火（flambeau）となる原理を確立する必要性は、他の法分野に比べても高いことにもなる。比喩的に言うなら、激動の時代ほど人々が心の拠り所を求めるのと同じように、社会保障の変化が激しいほど何かを羅針盤としながら改革を進める必要があるわけである。

　以前に『社会保障は常に建設中』（J.-P. Dumont, La sécurité sociale toujours en chantier, De l'Atelier, 1989）という本がフランスで公刊されたが、これは社会保障の本質を突いた題名である。おそらく社会保障の構築には様々な考え方や方法があり、それ故現実の社会保障の制度設計も多様であるが、常に時代に合わせた修繕が必要となる。しかしながら、いかに素晴らしい建築も構造が理に叶ってなければ崩壊する危険があり、修繕にも耐えられないであろう。その点は、社会保障もしかりである。

　ところで、社会保険から社会扶助に至るまで、給付と負担の両面があるのが社会保障の特徴である。給付要件としては負担と給付の関係が切断された社会扶助であっても、税財源という形での負担者が存在している。それとも関係するが、社会保障の本源的機能の一つは所得再分配にある。この所得再分配こそが国家や社会に存在する連帯の発現の一形態であり、その根底には理性や正義の理念等が存在している。

　この正義は規範的な概念であり、法学にとっても無縁ではない。ところが、正

はしがき

　義の問題は、交換的正義と配分的正義に代表されるように、アリストテレスの『ニコマス倫理学』以来の哲学上の重要問題であった。実際、現実社会で発生する多くの問題は、今日に至るまで、この二つの正義を巡って展開されてきたという面がある。法学の分野においては、主として交換的正義に立脚した市民法的な学理が構築されてきた。これに対して、配分的正義を真正面から扱う社会保障法のような分野においては、学理構築のための努力が尚一層必要である。とりわけ、社会保障が現在の国民生活に占める比重に鑑みるならば、社会保障法を貫く盤石な原理の構築の必要性は高い。

　明治から大正の碩学の穂積陳重博士は、その『隠居論』（日本経済評論社、復刻版、1978年）の中で20世紀の最大の発明の一つに年金制度を挙げている。歴史的には、トンチン年金や終身定期金（ヴィアジェ）のような広い意味での年金制度は存在した。しかし、国家的な規模での社会保険制度は、エヴァルドが『福祉国家』（F. Ewald, *L'Etat providence*, Bernard Grasset, 1986）の中で述べているように、社会保険の成立には保険の技術とともに生命表のような統計の整備が不可欠であった。その点では、社会保険をはじめとする社会保障制度は、近代になり人類がその英知により人工的に生み出した社会的制度である。

　それだけに、生成発展する社会保障をより持続可能性の高いものにしていく必要がある。社会保障研究の一翼を担う社会保障法にあっては、裁判規範としても耐えうる法解釈学的な学理の究明は勿論であるが、立法学的に言えば、政策の指針ともなるべき規範の構築が必要となっているとも言える。換言すれば、ここにおいて法学は政策法学としての装いをまとうことになる。権利論も、単に裁判規範のみならず立法規範としての普遍性を有することが求められる。とりわけ、制度改変が頻繁な現在の時代状況においては、変化にも耐えうる普遍的な立法規範の必要性は高まっている。

　本書はこのような社会保障法の役割も認識しつつ、これまでの筆者のフランス社会保障法研究を中心にまとめたものである。しかし、大学に所属する研究者でないこともあり、必ずしも十分な文献研究や判例研究ができていない面がある。従って、浅学非才を顧みず本書を世に送り出すことには些かの躊躇があるが、信山社の御厚意もあり、ここに本書を上梓する次第である。それだけに、本書はこれまでの内外の学問的蓄積に負う部分が大半であり、その理解・吸収に努めたつもりであるが、筆者の誤解や理解不足があるとすれば、御寛宥いただきたい。

　本書においては、現在の我が国の社会保障に関する議論のみならず実定法上も登場する連帯という概念に特に着目し、その連帯を基礎に構築される社会保障の

はしがき

権利とは如何なるものかに焦点を当てた。検討にあたっては、連帯概念の発祥の地であるフランスの社会保障法を軸とした。フランスでは、現在においても連帯が制度の基礎となり、その上に社会保障法が構築されていることから、フランスの社会保障を参考に検討することは無益ではないと考える。

本書の構成は、以下のとおりである。
第一部——フランス革命以来の人権宣言を出発点に、その後の連帯概念の登場及び発展の歴史を法思想を中心に検討
第二部——フランスの各種社会保障制度の中で連帯概念が果たしている規範としての機能を中心に考察

また、考察に当たっては、連帯概念と密接な関係を有する友愛概念にも光を当て、両者の関係にもできる限り目配りをしたつもりである。

本書は、前著である『フランスに学ぶ社会保障改革』に続くフランス社会保障法の研究書である。前著が現在のフランスの社会保障法や現在進行形の制度改革に焦点を当てたのに対して、本書は法や制度の根底にある理念・規範に焦点を当てたつもりである。従って、本書の執筆にあたり留意したのは、以下の点である。

第一に、個人の見解を述べるよりも、実定法に基づく分析の上に、そこから抽出される学理の究明にできる限り心がけたことである。

第二に、制度論よりも制度の根底にある学理の究明に心がけたことである。法律は本来生成発展的な性格を有するが、現実の経済社会を所与のものとして受け止めた上で、その修正原理として規範が構築される傾向の強い社会保障法の場合には、尚更である。なお、本書に意見にわたる部分があるとすれば、それは筆者個人の見解であって、筆者が所属する組織の見解とは一切関係ないことをお断りしておきたい。

研究には終わりはない。しかも、研究に王道はなさそうである。法学においては、法の創造は許されぬが法の発見は許されると言われるものの、その発見は実証科学のような意味の発見ではない。それだけに、一瞬のひらめきにより問題が解決するわけではなく、地道な研究による学問の深化を図るしかなさそうである。生成発展する実定法を常に念頭に置きながら、これからもストイックに研究を進めるしかないと考えている。

2010年5月

伊奈川秀和

【目　次】

はしがき

◆◆第1部◆◆　フランス社会保障の権利の基礎
　　　　　　──社会保障の基本理念としての連帯を中心に

◆問題の所在──────────────────────────3

◆第1章　人権宣言と社会保障の理念────────────6

　　第1節　フランス人権宣言の概観………………………………………6
　　　　1　1789年のフランス人権宣言における扶助の位置付け（6）／2　1789年の人権宣言に扶助に関する規定を欠く背景（15）／3　1791年憲法と扶助（17）／4　1792年までの革命期における扶助の位置付け（22）／5　1793年及び1795年の人権宣言における扶助の位置付け（24）／6　二月革命以降の人権思想における扶助の位置付け（27）

　　第2節　人権思想からみた扶助の問題…………………………………31
　　　　1　はじめに（31）／2　人権における貧困問題の位置付け（31）／3　人権思想と扶助の関係（33）

◆第2章　友愛及び連帯の理念とその歴史──────────37

　　第1節　はじめに………………………………………………………37
　　第2節　友愛の理念……………………………………………………38
　　　　1　友愛の理念の登場（38）／2　革命期の友愛の理念（39）／3　革命期以降の友愛の理念の展開（42）／4　小　括（45）

　　第3節　連帯の理念……………………………………………………47
　　　　1　連帯概念の形成（47）／2　連帯主義の登場（51）／3　19世紀の連帯思想の諸相（60）／4　連帯思想の諸潮流の相互関係（75）／5　デュルケムの連帯思想（81）

ix

目　次

◆第3章　友愛及び連帯の理念の法学における展開 ─── 85

第1節　連帯の慈善及び友愛との異同 ……………………………85
第2節　デュギーにおける連帯 ……………………………………89
　1　デュギーの学説の概要 (89) ／ 2　デュギーの連帯理論の形成 (91) ／ 3　デュギーの連帯理論のまとめ (97)
第3節　オーリウにおける友愛 ………………………………… 100
　1　学説の概要 (100) ／ 2　学説の特徴 (102)
第4節　カレ・ドゥ・マルベールの学説 ……………………… 105
　1　学説の概要 (105) ／ 2　学説の特徴 (107)
第5節　小　括 …………………………………………………… 110

◆第4章　現代における連帯概念及び友愛概念の展開 ─── 115

第1節　連帯概念の展開 ………………………………………… 115
　1　学理からみた連帯概念──連帯概念のデュギー以降の状況 (115) ／ 2　社会保障制度からみた連帯概念 (121) ／ 3　司法統制からみた連帯概念──裁判規範としての連帯 (135)
第2節　友愛概念の展開 ………………………………………… 145
　1　はじめに (145) ／ 2　国際法上の友愛の位置付け (146) ／ 3　友愛の規範性 (148)
第3節　現代フランス法における連帯及び友愛の規範性 …… 149
　1　フランスの社会保障を基礎付ける連帯及び友愛の原理 (149) ／ 2　連帯及び友愛と平等との関係 (156) ／ 3　連帯及び友愛の現代的意義 (166)

◆第5章　まとめ ─────────────────── 172

　1　我が国における連帯原理の生成発展 (172) ／ 2　フランス社会保障法からの示唆 (177)

目 次

◆◆第2部◆◆ フランス社会保障における権利保障
　　　　　　──社会保障給付に関する既得権概念を中心に

◆第1章　社会保障と公法 ──────────────── 187

　第1節　社会保障と公役務……………………………………… 187
　　　1　社会保障への公役務性の付与 (187) ／ 2　社会保障法の公法的性格の増大 (190)
　第2節　社会保険の保険関係の法的性質……………………… 192
　　　1　強制加入の場合 (192) ／ 2　任意加入の場合 (198) ／ 3　社会保険における権利発生の機序 (200)

◆第2章　社会保障給付の法的性格 ────────────── 216

　第1節　受給権の憲法上の位置付け…………………………… 216
　　　1　法律事項と命令事項 (216) ／ 2　給付に対する既得権の保護の概観 (217) ／ 3　社会保障給付に対する財産権保障 (222) ／ 4　年金の権利性の特殊性 (227)
　第2節　社会保障の受給権を巡る法理………………………… 231
　　　1　受給権の規則的性格 (231) ／ 2　既得権としての受給権 (232) ／ 3　小括 (296)

◆第3章　社会保障関連制度の法的性格 ───────────── 299

　第1節　失業保険との比較……………………………………… 299
　　　1　失業保険の意義 (299) ／ 2　失業給付と公役務 (303) ／ 3　失業保険に関する労働協約の性格 (304) ／ 4　失業保険に関する個別処分の性格 (308) ／ 5　失業保険の保険料の法的性格 (310) ／ 6　失業保険の権利性 (310) ／ 7　小括 (312)
　第2節　補足制度との比較……………………………………… 313
　　　1　補足制度の意義 (313) ／ 2　補足制度の一般化 (314) ／ 3　法的側面からの補足制度の経緯 (319) ／ 4　補足年金に関する年金労働協定の法的性格 (325) ／ 5　補足制度の当事者の法律関係 (331) ／ 6　補足制度における受給権の保護 (334) ／ 7　欧州連合から見た補足制度の

xi

特徴 (350)／8 小 括 (353)

第3節 福利厚生制度との比較……………………………………354
1 福利厚生の必要性及びその概要 (354)／2 補足的福利厚生の分析の枠組み (361)／3 補足的福利厚生の形態 (362)／4 福利厚生成立の契機 (366)／5 集団的保障と労働契約との関係 (377)／6 福利厚生と企業委員会との関係 (386)／7 福利厚生に関する保障機関との契約 (388)／8 事業主等による情報提供義務 (392)／9 福利厚生における権利の保護 (395)／10 福利厚生の終了 (410)

第4節 共済との比較……………………………………………416
1 社会保障の原点としての共済 (416)／2 共済の歴史 (418)／3 共済の概念 (424)／4 共済の事業内容 (427)／5 共済の法的枠組み (430)／6 共済契約の特質 (432)／7 共済における権利保全 (440)／8 小 括 (441)

第5節 福利厚生機関との比較……………………………………444
1 福利厚生機関の概要 (444)／2 福利厚生の事業内容 (446)／3 制度の法的性格 (448)／4 福利厚生機関の創設及び運営方法 (448)／5 福利厚生機関の財政運営 (451)／6 福利厚生の終了等 (451)

第6節 付加的年金制度…………………………………………452
1 はじめに (452)／2 EU法等の付加的年金制度への影響 (467)／3 付加的年金制度の意義 (477)／4 付加的年金制度の法的枠組み (480)／5 付加的年金制度の普及状況 (495)／6 付加的年金制度における既得権の保護 (497)／7 小 括 (514)

◆第4章 まとめ─────────────────────523

おわりに 連帯による社会保障法の再構築─────────527
1 連帯を巡る議論の到達点 (527)／2 連帯概念の有用性 (533)／3 連帯概念の規範性 (538)／4 我が国への示唆 (539)

事項索引 (巻末)／人名索引 (巻末)

フランス社会保障法の権利構造

第1部

フランス社会保障の権利の基礎
――社会保障の基本理念としての連帯を中心に――

◆ 問題の所在 ◆

　社会保障を考えるにあたって、貧困問題を抜きに議論を進めることは困難であろう。貧困の原因には疾病、高齢、失業、障害等があるが、これらは何れも医療保険あるいは労災保険、老齢年金、雇用保険、障害年金など、社会保障の基本的制度に関わる社会的リスクである。この社会保障の基本問題と言っても過言でない貧困を巡っては、伝統的に、その原因をそれぞれの個人又はその人の運命に帰責する立場と、社会又はその体制に帰責する立場がある。古くからある困窮者の劣等処遇の議論も同根である。フランスにおいても、貧困は古くから重要な社会問題であり、現代においても、新たな貧困を巡る議論から社会的疎外（exclusion sociale）のようなアプローチも生み出されてきた。また、伝統的な社会扶助が貧困には原因があるとの確信の下、専門性の原則（principe de spécialité）と言われるように、老齢、障害、疾病等の貧困の類型別に構成され、貧困の原因を問わない普遍的な扶助制度が1988年の法律に基づく最低所得保障（RMI）制度に至るまで登場しなかった理由の一つがここにある。

　我が国のように生存権が憲法上も保障され、生活保護のみならず各種社会保障制度が整備された現代においても、貧困問題は発生する。しかも、憲法上（第27条）も勤労の権利とともに義務が規定されており、貧困を巡る議論は錯綜する。象徴的言えば、自助・共助・公助の関係を巡る甲論乙駁の中で、社会保障の議論はなかなか収斂をみない。やはり、その遠因には、我が国の社会は生活自己責任原則を前提にしており、立場によって自助・共助・公助の力点が変わってくることがありそうである。このような事情は、第五共和政の下で、憲法規範としての価値を有するとされる第4共和政憲法前文において、労働不能状態にある全ての者に適当な生活手段の保障（第11項）等の社会権を保障するフランスにおいても同様である。

　それだけに、人類の歴史において、貧困問題に対する法的な捉え方がどのように変化し、現在の最低生活保障のための各種制度に発展してきたのか、その権利保障の源流に遡って検討することは無駄でなかろう。

　ただ、歴史をみると、フランスに限らず我が国でも議論の収斂をみないであろう貧困等の社会問題の原因論を尖鋭化させず、極論すればそうした議論を回避す

る一つの知恵として社会保険が登場し、今や社会保障の核になってきた印象を持つ。つまり、民事法の世界において、保険という技術を用いることにより、不法行為等による損害賠償請求による解決を回避することができるのと同じように、社会法の分野においても、保険の一種である社会保険により、救貧施策に至る前段階での施策対応（防貧施策）が可能になるわけである。

　人権保障の観点からは、貧困問題が一種の極限状態における人権であるのに対して、医療、年金等の社会保険制度においては、防貧という意味で、その手前での予防施策を通じて人権保障の担保措置が講じられる。しかも、この「負担なくして給付なし」という社会保険制度にあっては、正確な意味での対価性と言えるかは議論の余地があるとしても、給付と負担の牽連性という点では、一見すると権利性が明確である。ただし、その水準論に入ると、最低生活費という形で比較的明確な基準が設定されている生活保護制度と異なり、社会保険の場合には、私保険のような給付・反対給付相等の原則が成立せず、その権利性が曖昧になる特質を有していることには留意する必要がある。

　さらに、社会保険関係法令においては、年金制度が典型であるが拠出制の給付と並んで無拠出制の給付が設けられることがある。このような制度体系を社会保険と社会扶助の接近として捉えることもできるが、それにしても、拠出制を原則とする社会保険にあって、なぜ無拠出制の給付が認められるのかは問われることになる。このほか社会保険には、低所得者等に対する一部負担や保険料の軽減制度等が設けられる場合があるなど、社会保険にも低所得者対策的な装置が組み込まれている。この点では、社会保険にとっても低所得者問題は無縁ではなく、社会保険を支える権利保障の一つとして、人権保障の面から社会保険を検討することも、社会保険の権利性を確立する上で有意義である。

　このように社会保障の太宗としての社会扶助と社会保険を検討するならば、貧困問題を巡る議論を始めとして、歴史的にも理念的にも生存権という言葉だけでは片付けることのできない奥深さを社会保障は有していることが分かる。その時に忘れてはならないのは、現代の社会保障において、フランスと我が国の何れも社会保障の中心概念として連帯が強調されることである。しかも、歴史的には、連帯や社会保障という概念が登場するのは人権宣言より後のことであり、人権宣言の歴史の中でこれらの概念の淵源を探り位置付けていくことが必要であろう。

　そこで、第1部では、現代の人権保障の出発点となり、各国に影響を与えたフランスの人権宣言から出発し、社会保障を巡る人権保障の発展、その中での連帯

や友愛の位置付けを遡って考察してみることにしたい(1)。

---

(1) 以下のフランスの人権宣言に関する記述については、既に多くの研究が存在しており、筆者の貢献はほとんどない。あえて言えば、社会保障法の立場から、現代の社会保障との関連を意識しながら、人権宣言を整理したのが本書である。本格的な研究としては、辻村みよ子『人権の普遍性と歴史性』(創文社、1992年)；澤登文治『フランス人権宣言の精神』(成文堂、2007年)等を参照。

第1章
◆ 人権宣言と社会保障の理念 ◆

第1節　フランス人権宣言の概観

1　1789年のフランス人権宣言における扶助の位置付け

フランスの大革命より前のアンシャン・レジーム期においては、
① 貧困の責任は貧困者にあり、それは運命であること、
② 国家は公の秩序のため貧困に起因する問題を阻止・抑圧する場合を別にすれば、貧困対策に関する責任を負わない

という考え方が支配的であり、貧困対策は専ら教会に委ねられていた[1]。

しかも、アンシャン・レジーム期の慈善施設は、劣悪な衛生状態と不適切な管理の下にあり、先駆的な改革者によって、国家による関与の強化が叫ばれていた。そうした中で、キリスト教の説教者の中には、
① 貧困が主として社会構造の拙さに起因し、社会は最も貧困な者に対して債務を負う一方、貧困者も社会に対して債権を有していること、
② 国家は、貧困者に対して、その裁量により不規則な形で不十分・例外的な援助を行うのではなく、自らその税により現物又は金銭による援助を行うべきこと

を唱える者が出てきたとことが指摘されている[2]。

こうした時代状況の中で勃発したのが、フランス革命であった。フランスでは、1789年7月14日のバスチーユ襲撃を挟んで、8月26日の歴史的な人権宣言に

---

[1] キリスト教は貧者や隣人に対する愛を説いており、病人に止まらず障害者、高齢者、遺棄児童等の施設でもあったオスピス (hospice) やオテル・デュ (hôtel-dieu) のような病院施設が教会により設立された。なお、フランス革命後は、国家扶助の原則に則り扶助の国有化が試みられ、病院施設も世俗化が図られる。病院制度の歴史については、J. Imbert, *Les hôpitaux en France*, Que sais-je?, PUF, 1996 を参照。

[2] M. Borgetto et R. Lafore, *Droit de l'aide et de l'action sociales*, Montchrestien, 2004, pp.16-17

向けて、様々な提案や討議が行われることになる。

まず、人権宣言の起草作業は、当初部会（bureaux）で開始されるが、そこでの作業の機能不全が明らかになったことを背景に、7月7日からは、作業の舞台が30の部会から構成される憲法委員会（comité de Constitution）へ、7月14日からは8人の委員から成る憲法委員会へ、そして8月12日からは5人の委員による委員会へと移っていった[3]。これにより、作業の参加者は絞られ、結果的に作業が進捗することになった。作業の参加者には、その後の革命の展開に影響を与える多様な知識人、運動家等が入っていた。例えば7月14日の8人の委員の場合であれば、ムニエ（Mounier）、タレイラン・ペリゴール（Talleyrand-Périgord）、シエース（Sieyès）、クレルモン・トネール（Clermont-Tonnere）、ラリィ・トランダル（Lally-Tollendal）、シャンピオン・ドゥ・シセ（champion de Cicé）、ル・シャプリエ（Le Chapelier）、ベルガス（Bergasse）が入っていた。また、8月12日の5人の委員の場合には、ドゥムニエ（Demeunier）、ミラボー（Mirabeau）、ラ・リュゼルヌ（La Luzerne）、ルドン（Redon）、トゥロンシェ（Tronchet）が入っていた。

1789年6月17日に宣言された国民議会の下で開始された憲法制定の作業の過程で1793年の権利宣言の第21条（公の救済に関する規定）の先駆けとなる提案を行ったのはシエースであった。人権宣言の策定過程で重要な役割を果たすシエースは、興味深いことに、1789年7月20-21日の最初の宣言案（第1草案）の中で次のような規定を提案している[4]。

「第25条　その需要を満たすことのできない全ての市民は、その同僚市民による救済の権利を有する。（Art.. XXV. Tout citoyen qui est dans l'impuissance de pourvoir à ses besoins, a droit aux secours de ses cocitoyens.）」

この生存権保障に繋がる提言を行ったシエースの権利宣言案には、他のものも含めると次の4種類がある[5]。

① 1789年7月20日と21日に憲法委員会でシエース氏により読みあげられた『憲法の予備的草案──人間と市民の権利の承認と合理的説明』（第1草案）
② 形而上学的・抽象的・曖昧との批判のあった①から「合理的説明」を削除

（3）　C. Fauré, *Les déclarations des droits de l'homme de 1789*, Payot, 1988, p.15
（4）　*ibid.*, p.106
（5）　富永茂樹編『資料　権利の宣言──1789年』（京都大学人文科学研究所共同研究資料叢刊第6号）京都大学人文科学研究所、2001年、46頁 ; C. Fauré, *op.cit.*, p.317

第1部　第1章　人権宣言と社会保障の理念

し、条文が五つ追加され全37条となった『憲法の前提から切り離されたフランス市民の権利の宣言』(37条草案)
③ 条文だけの草案として42条に増補され8月12日に公表され、8月19日に行われた逐条で審議されるべき宣言案の投票で次点の票を獲得した『社会における人間の権利の宣言』(第2草案)
④ ①のうちの「考察」と「合理的説明」に42条を組み合わせて全体に加筆修正した草案 (第3草案)

このうちの第1草案の条文の前に置かれた説明部分の一つである「社会的結合の目的」に、次のような公的扶助に関連する記述があるのが関心を引く[6]。

「　　　　　　　　　　社会的結合の目的
　社会的結合の目的は、その構成員の幸福である。既に述べたように、人間は、この目的に向かってたゆまず進む。確かに、人間は同胞と結合したときに、目的を変更すると主張しはしなかった。
　したがって、社会状態は、人間を堕落させたり品位を落としたりすることはない。むしろ、逆に人間を高貴にし、完成しようとする。
　したがって、社会は、各人が私的な利益のために結合の中に持ち込む、この手段を弱めもせず、減らしもしない。逆に、社会は、その精神および身体の能力を一層発達させることによって、各人の手段を大きくし、増やすものである。そのうえ、社会は、公共事業と公的扶助を協働させることで得られる計り知れない成果を通して、各人の手段を一層増やす。したがって、それを受け手市民が公共の事柄のために租税を支払うとしても、それは一種の返済にほかならない。それは市民が社会から抽き出す利益と利点のごくささいな部分である。
　したがって、社会状態は、手段の自然的不平等のうえに権利の不正を不平等を設けるのではない。反対に、社会状態は、手段の不平等のもたらす自然的ではあるが有害な影響から権利の平等を保護する。社会的な法は、弱者を弱め、強者を強くするために作られるのではない。反対に、社会的な法は、弱者を強者の攻撃から保護するためにある。社会的な法は、後見的権威で市民の総体を覆うことによって、全員にその権利を充全なものとして保障する。」

件のシエースであるが、1789年7月末以降になると、人権宣言の第2草案を提出することになる。この草案は最初の案と比べて、シエースの考え方に根本的な変化があったわけではない。幾つかの文字通り基本的な要素を宣言に盛り込も

---

(6)　富永茂樹編・前掲注(5) 50頁; C. Fauré, *op.cit.*, pp.94-95

第1節　フランス人権宣言の概観

うとしたが、軽微な変化及び補足がなされたに止まった。最初の案の第25条に対応する第27条の規定も、次とおり、そのうちの一つである[7]。

「第27条　その需要を満たすことのできないか、又は仕事を見出すことのできない全ての市民は、社会の秩序に従いつつ、社会からの救済の権利を有する。」

このような宣言案にみられるように、シエースにおいては、社会権の萌芽ともいうべき諸権利を人権として規定することが既に意図されており、これは同時代の他の人権宣言案にも影響を与えていた。その点に関して、フュレ及びオズナーフの『フランス革命字典』は、次のように指摘している[8]。

「自然権を社会状態のなかで十分に実現すること、シエースの考えによれば、これこそが保証しなければならないことであった。このことにはとりわけ、彼のみるところでは、のちになって『社会権』と呼ばれる諸権利がふくまれる。」

シエースによる1789年8月12日付の『憲法の予備的草案から切り離されたフランス市民の権利の宣言』（37条草案）では、第1草案とほぼ同じ文言で扶助を次のように規定している[9]。

「第25条　その需要を満たすことのできない全ての市民は、公的救済の権利を有する。」

このようにシエースの草案は重要な内容を含んでいたが、上記草案が出されたのは8月12日と作業スピードとの関係ではタイミングを失しており、最終的な1789年の人権宣言への影響は限定的であった。むしろ、人権宣言の制定過程において、シエースと並んで重要な役割を果たしたのは、ムニエの方である。第三身分出身の政治家であるムニエは、1789年7月28日（27日の可能性もあり、日付は不確か。）に人権宣言部分と統治機構部分で構成される35条にわたる憲法案を出している。また、それよりわずか前（7月27日）には、16条から成る人権宣言案を委員会に提出している[10]。

（7）　S. Rials, *La déclaration des droits de l'homme et du citoyen*, Hachette, 1988, pp.180-181
（8）　フランソワ・フュレ／モナ・オズーフ編（河野健二・阪上孝・富永茂樹監訳）「人間の権利　DROIT DE L'HOMME」『フランス革命事典6――思想Ⅱ』（みすず書房、2000年）97-98頁
（9）　C. Fauré, *op.cit.*, pp.219-224
（10）　*ibid.*, pp.109-121, p.318 et p.326

第 1 部　第 1 章　人権宣言と社会保障の理念

　このムニエによる個人的な宣言案は、シエースと様々な点で対照的であったが、救済の権利を含んでいないのも相違点の一つであった[11]。

　7月1日に40人の委員からなる30の部会（bureaux）が議会に設置されていたが、人権宣言案の起草・検討を行った部会は少なく、その後の人権宣言案のたたき台となったという意味で影響があったのは第六部会であった[12]。ただ、この第六部会による24条から構成される『人間と市民の権利の宣言草案』は7月30日に部会で承認されたが、そこには公的扶助に関する言及はなかった。

　なお、シエース以外にも扶助に言及した宣言案としては、例えばパリの弁護士出身のタルジェ（Guy-Jean-Baptiste Target）が7月27日に憲法委員会に提出した『社会における人間の権利の宣言草案』がある。ただし、タルジェは雄弁ではあったものの、彼に対する同調者はいなかった[13]。

　「第Ⅵ条　政治体は、各人に対して、所有によってであれ、労働によってであれ、その同胞による扶助によってであれ、その生存手段を保障しなければならない[14]。」

　1789年8月に入ると、匿名のものも含め、様々な宣言案が出されるようになる。その中にあって、穏健派であったシネティ（Sinety）伯のアンドレ・ルイ・エスプリ（André-Louis-Esprit）が1789年8月4日に出した宣言案は、権利のみならず、義務を同時に規定している点で特徴的である[15]。シネティの宣言案は、その前文では保守派の悲観主義に満ちていたが、単なる自由主義とは異なり、自由主義者としての誠実さと保守主義者としての明晰な不安とを調和させようとした。それが、権利だけの宣言が抱える危険を回避するために、市民の義務を並列するという方法であった。

　シネティの宣言案は、その題名を「人の権利及び市民の義務に関する宣言案（Projet de Déclaration des Droits de l'Homme & des Devoirs du Citoyen）」といい、「市民はその同胞及び社会に対して果たすべき神聖な義務を有する」こと、「これら義務のこれら自然権との直接の結びつきは、自然権の平和的な享受を保障する」こと

---

(11)　S. Rials, *op.cit.*, p.140
(12)　C. Fauré, *op.cit.*, pp.353-354
(13)　*ibid.*, pp.328-329
(14)　*ibid.*, pp.124-126; 富永茂樹編・前掲注（5）66-67頁
(15)　S. Rials, *op.cit.*, pp.173-175. なお、穏健な思想を有していたシネティは、自由主義的思想と保守主義的思想とをどちらも犠牲にすることなく両立させるべく、権利と義務を左右に並べる体裁を提案した。（富永茂樹編・前掲注（5）117頁）

第 1 節　フランス人権宣言の概観

等に鑑み、権利と義務とを宣言する。ただ、リアルス氏によれば、内容的に特段のコメントをするほどでないと評価されている[16]。

　しかし、社会保障の観点からは、第 5 条が、人の権利として、「各人は、その権利を行使するための同等の手段を自然から授かっていない。そこから、人々の間の不平等が発生する。従って、不平等は自然の中に存在する。」と規定する一方、市民の義務として、「人々は、弱者を強者の攻撃から保護することになる社会的繋がりによってしか、不平等の危険から逃れることはできない。そして、人々は、この不平等を是正する、あらゆる人道的で友愛的な相互扶助の義務を相互に負う。」と規定していることが注目される[17]。

　8 月前半には、ニームの第三身分（弁護士でプロテスタントの牧師）出身の議員であったラボー・サン＝テティエンヌ（Jean-Paul Rabault Saint-Etienne）は、3 種類の草案を作成するが、そのうちの一つが来る憲法の前文として位置付けを期待して作成した『フランス憲法の予備的草案（Projet du préliminaire de la Constitution française）』である[18]。プロテスタントであったラボー・サン＝テティエンヌにとっては、信教の自由が重要であったのは言うまでもないが、上記予備的草案の中には、「社会状態が各個人にもたらし保全する権利」の記述があり、そこには生存権的な発想が見られる。

　「　　　　　　　社会状態が各個人にもたらし保全する権利について
　これらの権利は消滅時効にかからず、かつ、社会はそれらを決して変更しえない。
　……
　各人の第一の権利、その譲渡不可能な権利とは生存する権利であるので、生存のための需要を現実に充たすことができない者は、そしてこの者のみが社会からの救済の権利を有する。また、こうして付与される救済は公正なものであるから、いささかも人を辱めるものではない。」

　グルノーブル出身の弁護士であったピゾン・デュ・ガラン（Alexis-François Pison du Galland）は、ムーニエと親交のある穏和な政治的立場から、『人間と市民の権利の宣言』を 8 月中旬頃に発表している[19]。その中では、所有の制限に関連して、救済の権利が規定されている。

---

(16)　S. Rials, *op.cit.*, p.175
(17)　宣言案は、S. Rials, *op.cit.*, pp.652-653; C. Fauré, *op.cit.*, pp.175-181 による。
(18)　C. Fauré, *op.cit.*, pp.253-262 et pp.366-368; 富永茂樹編・前掲書 138 頁
(19)　C. Fauré, *op.cit.*, pp.235-242; 富永茂樹編・前掲書 173 頁

第1部　第1章　人権宣言と社会保障の理念

「　所有の制限
　……
　　X．所有は何人の生存も妨げてはならない。
　　　　したがって、全ての人間は、労働によって生活の手段を見つけなければならない。全ての働けない人間は、救済されなければならない。」

このほか、1789年8月の中旬にかけて作成された各種宣言案の中には、8月12日付けのシャルル＝フランソワ・ブーシュ（Charles-François Bouche）の宣言案がある。ブーシュは高等法院の弁護士でエクス（Aix）の代官であった。ただ、彼の宣言案自体は論旨が首尾一貫せず内容的にも稚拙であり、案文も練られていないなど問題だらけであったことが指摘されている[20]。

しかながら、社会保障の観点からは、ブーシュの宣言案にも社会保障の萌芽となる規定として第8条があり、次のように規定されている。

「同情、優しさ、善意、寛大ほど、社会にとって好都合なものはないことから、社会に生きる人々は、その障害、老齢及び貧困の場合において相互の助け合わねばならない。そこから、感謝、友誼、人道の法が生まれる。」

1789年8月の初めに、自由主義派の貴族であるキュスティヌ（Custine）から出された宣言案には、それまでに出された宣言案からの多くの借用の形跡が見られる。とりわけシエースからの借用が顕著であり、宣言の9割はシエースに源があったことが指摘されている[21]。実際、公的扶助に関する第24条の規定は、シエースと同内容の次のような案になっていた。

「第24条　その需要を満たすことのできない全ての市民は、公的救済の権利を有する。」

シャルトルの弁護士であったジェローム・ペシオン＝ドゥ＝ヴィルヌーヴ（Jérôme Pétion de Villeneuve）は、憲法制定議員の中でも最も進歩的なグループに属していたが、彼が1789年8月半ばに出した簡潔な文章による宣言案もシエースから着想を得ていたといわれる[22]。

---

(20)　S. Rials, *op.cit.*, pp.176-177
(21)　S. Rials, *op.cit.*, pp.182-183
(22)　*ibid.*, p.187; C. Fauré, *op.cit.*, p.89（同頁の脚注によれば、国民議会の部局に提出されたこの宣言案の日付は不詳となっている。）

第1節　フランス人権宣言の概観

「7°　全ての人は、その仲間からの救済の権利を有し、その間において継続的なサービスの交換を行う。
　8°　全ての市民は、その所有物において、又はその労働及び生業において、確実な生存を見出さなければならない。そして、その障害又は不幸が彼を貧困に陥れるならば、社会は彼の糧を提供しなければならない。」

なお、この第8条の後段では、「社会（la société）」が主語になっており、扶助を行う主体が同胞ではなく社会であることを明言している点で、他の草案と比較して大きな特徴をなしている(23)。

パリ出身の第三身分であるルグラン・ドゥ＝ボワスランドリ（Legrand de Boislandry）によって1789年8月半ばに出された次の宣言案は、シエース、ムニエ及びタルジェから着想を得ている形跡が見られる(24)。

「8．その需要を満たすことのできない全ての市民は、公的救済の権利を有する。」

革命家として有名なマーラー（Marat）は、1789年8月初めの時点での国民議会の作業に対して批判的であり、シエースのグループに対してはそれほどではなかったものの、タルジェ及びムニエの案に対しては攻撃を加えた。そして、遂に8月の半ば頃に、マーラー自身による人及び市民の権利に関する宣言案が公表されることになった。その中で、マーラーは、モンテスキューとルソーを融合しつつ、彼の主張を展開した。マーラーの主張には、彼の友人であるブリソが時代状況の中であえてぼかしたホッブス的な自然権の概念が鮮明に現れていた。しかし、マーラーの理論は、法的な平等の要求を超えて、各人の「特権（avantages）」につき十分な平等を主張した点に特徴がある。このような貧困者への社会的扶助の要求はマーラーの専売特許ではなく、全体として論調の流れから、マーラーの宣言案が憲法制定議会に影響したとは考えられないとされる(25)。

そのマーラーは、宣言案のうちの「市民の権利（Droits du Citoyen）」の部分において、次のような規定を挿入していることが注目される(26)。

---

(23)　富永茂樹編・前掲注（5）178頁
(24)　S. Rials, *op.cit.*, p.187; C. Fauré, *op.cit.*, 1988, pp.263-269 et p.369
(25)　S. Rials, *op.cit.*, pp.189-190．なお、モンテスキューは、『法の精神（中）』（岩波文庫、1989年、391頁）の中で「国家は全公民に対してその暮しを確実にする一つの義務を負っている。」と述べている。
(26)　C. Fauré, *op.cit.*, pp.271-301

第 1 部　第 1 章　人権宣言と社会保障の理念

「富が極めて不公平で、そして、巨大な財産のほとんどが策謀、詐欺、寵愛、横領、抑圧、略奪の賜である社会において、余剰に満ちあふれている者は、生活に必須の糧を欠く者の需要を満たす義務がある。
　特定の特権保有者が無為に貧困者、寡婦及び孤児の財産から奢侈及び遊興を享受している社会において、正義及び分別は、全てを欠く市民の間で適切な分配を通じて、少なくともこれら財産の一部がその目的に差し向けられることを要求する。何故なら、社会において貧困及び失望の中で見捨てられた誠実な市民は自然状態に戻り、そして、最も重要な特権を手に入れるためにしか放棄することのできない特権を武装して要求する権利を有する。それに反対する全ての権力は専制であり、それに死刑を宣告する裁判官は卑劣な人殺しに過ぎない。」

　以上のような公的救済に関する様々な提案にもかかわらず、宣言の策定作業は個々の提案の検討を許さないほどあまりにも急速に展開していく。1789 年 8 月 4 日に人権宣言を憲法の前に置くという宣言の原理が採択され、それまでに提案された様々な案を検討するための 5 人委員会の設置が 8 月 12 日に決定された。翌 13 日には、委員会のメンバーが選任され、その中には委員会の主導権を握るミラボー（Mirabeau）も含まれていた。8 月 17 日には、5 人委員会の名においてミラボーから宣言案が発表されるが、その中には、貧困者等への救済に関する明確な規定は見られない。そして、宣言案自体は、議員の納得を得られるできばえでなかったことから、これによる合意形成は失敗に終わる。

　続く 8 月 19 日には、討議の末、それまでに出された各種案文のうちの何れを討議の基礎にするかについて採決が行われ、605 票を獲得した第六部会の 7 月末の宣言案がシエースの案を排して採択された。この第六部会案は、シエース案から着想を得ている形跡があるものの、重要な点で保守的な傾向が伺われた[27]。例えば、第 5 条では「従って、不平等は自然自体に存在する」と述べるなど、事実としての不平等を安易に承認しているほか、シエースと異なり、如何なる扶助に対する権利の規定も置かれていなかった。しかしながら、見方を変えれば、第六部会案は、人々が権利を行使するための資質が平等ではないことを前提として権利の平等を求めている（第 5 条）ことからすれば、その現実的な面を特徴として有していたと評価できるのではないだろうか。

　1789 年 8 月 20 日から 26 日にかけて、宣言案について、圧倒的多数で裁決された第六部会案の逐条による検討が開始された。しかし、ひとたび権利宣言の原

---

(27)　S. Rials, *op.cit.*, pp.214-215; C. Fauré, *op.cit.*, p.15

理が採択されると、討議はその中身よりも形式の方に限定されて展開され、様々な提案により案文の修正が行われていくことになる。このため、教理（catéchisme）のように攻撃された条項の発表は修正をもたらすような果てしない議論には繋がらず、議論の推移はむしろ穏健派には危険の少ないものであったことが指摘されている[28]。

いずれにせよ、それまでの特定の個人からの提案ではなく第六部会案という部会の案が検討のたたき台となり、しかも、それが8月20日から26日という短期日の間に最終案にまでまとめ上げられたものであることは、注目される。その後、宣言案は国王に提出され、1789年10月5日に承諾された上で、11月3日の開封勅書（lettres patentes）により公布の手続きに移されたのである。

2 1789年の人権宣言に扶助に関する規定を欠く背景

1789年は、革命の原因の一つとも言える1786年以来の不景気のため社会環境が悪化し、貧困者，失業者等の困窮者、さらには伝染病（悪疫）等の罹患者が増大する中で、扶助等による危機的社会状況への対応が急務になっていた時期である。従って、客観情勢としては、1789年の時点で扶助等に係る問題の解決が憲法制定関係者の関心事項から外れる理由はなかったはずである[29]。

実際、三部会の開催に当たり、貧困の原因が個人の怠惰などではなく経済にあることを主張していた財務総監ネッケル（Necker）は扶助に言及し、病院の不動産を集めるとともに、それを国の管理下に置き、その収益を慈善施設に交付するという計画を提示した。財政再建のために招集された三部会での病院財政改革の提案にもかかわらず、三部会の代表者は、憲法制定という政治的改革の途の方を優先させた。確かに、1789年8月3日に、マルエ（Malouet）は制憲議会において経済危機及び政策の危険性を指摘し、各市町村での救済及び労働のための事務所等の設置を提案していた。しかし、制憲議会では、失敗を回避し、革命初期の農民の反乱を始めとする大恐慌（Grande Peur）を鎮めることに関心があり、彼の提案はほとんど見向きもされなかった。こうした中、ランベール（Lambert）は、「憲法にとって、勤勉で有益な人の生存は富者の所有権よりも神聖な目的でないことはないと、必要があれば一層の明確さをもって、憲法の中で宣言するべきで

---

[28] S. Rials, *op.cit.*, pp.216-217

[29] J. Imbert (dir.), *La protection sociale sous la révolution française*, Association pour l'étude de l'histoire de la sécurité sociale, 1990, p.111, pp.135-138

第1部　第1章　人権宣言と社会保障の理念

ある」と勧告している。しかし、ランベールがマルエ以上に耳を傾けられたわけではなかった。こうして、8月26日に採択された人権宣言では、所有権に言及されたものの、扶助の権利は規定されなかったのである[30]。

　確かに、最終的な人権宣言から救済に関する社会権的規定を見出すことはできないが、これは、最終的な宣言の作成が8月20日から26日という短期間の間に作成されたことが影響している。この点について、フュレ及びオズーフの『フランス革命事典』は、次のように指摘している[31]。

　「たとえばグルノーブルの第三身分出身の議員ピゾン・デュ・ガランはこのように規定する『したがって、いかなる人間も労働をつうじて生活の手段をみつけなければならない。労働することのできない人間はすべて、救済されなければならない。』おそらくこのような規定は採択された宣言文のなかには見当たらない。だが、それが見当たらないのはなんらかの意図によるものというよりも、状況によるものであったと考えてよい証拠が少なからず存在している。幸運にも宣言が完成していれば、そこには救済に関連した一条がふくまれていただろう。」

　歴史学者のジョルジュ・ルフェーブルは、1789年の人権宣言がアンシャン・レジームの実状を断罪し、また、その復活を予防することを目的としていた、という意味でネガティブな価値をもっており、それ以外の諸原理となると精粗の差があり、人権宣言に期待される全ての原理が盛り込まれているわけではないと述べている[32]。さらに、彼は、公的扶助についても、憲法制定議会の議員がそれを否定したわけではなく、将来の作業に委ねられたという趣旨のことを次のように述べていることが注目される[33]。

　「公教育と公的扶助との体系を組織することも、シエースがあらかじめ規定していたにもかかわらず、同様に欠落している。それは、すべてこれらの諸原理が、来るべき社会に関係するものであって、アンシャン・レジームの破壊とは無関係だったからである。これらの諸原理は、やがて法制化されるはずだったのであり、事実、

---

(30)　以上はJ. Imbert (dir.), *op.cit.*, pp.138-139
(31)　フランソワ・フュレ／モナ・オズーフ編（河野健二・阪上孝・富永茂樹監訳）「人間の権利　DROIT DE L'HOMME」『フランス革命事典6──思想Ⅱ』（みすず書房、2000年）98頁
(32)　G. ルフェーブル（高橋幸八郎他訳）『1789年──フランス革命序論』（岩波文庫）岩波書店、1998年）295-300頁
(33)　G. ルフェーブル・前掲注(32) 300頁

第 1 節　フランス人権宣言の概観

1791 年の憲法が、その第一篇において、これらの諸原理を補足事項として明記することになる。というのも、1791 年ともなれば、憲法制定議会の議員たちの心は未来に向けられるようになったからであり、これにたいして、1789 年の 8 月には、議員たちの注意はもっぱら過去ばかりに向けられていたのである。」

3　1791 年憲法と扶助
〈物乞い委員会の活動〉

　1789 年の人権宣言は扶助の規定を欠いたものの、同年暮れに見舞われた経済的・政治的な危機、冬季の過酷な生活状況、物資の高騰等の影響もあり、貧困者に好意的な風潮が呼び覚まされた。パリのサン・テティエンヌ・デュ・モン（Saint-Etienne-du-Mont）地区の議会は、同年 11 月 17 日に人権宣言及び憲法の正義の原則が資産のない者にも及ぶよう、検討のための委員会の設置を要請した。ランベールの執筆によるこの要請書以外にも、様々な私論が議会に提出された。また、1789 年 11 月 2 日の命令（décret）では、国が礼拝の費用、聖職者の生活及び貧困者の慰め（soulagement）を適宜提供すべきことが規定された。翌年 1 月 11 日になり、ランベールは貧困者への対応を検討する委員会の創設の必要性を再度主張した。さらにランベールは、失業者のための工房の創設も主張したが、その中で、労働によって生存する保障のない人々にとって自由は空しい言葉になってしまうことを繰り返し述べている。こうして 1 月 16 日には、国民議会で貧困者の処遇の議論が開始され、21 日に貧困撲滅を検討すべく 4 人の委員から成る物乞い委員会（Comité de mendicité）の創設が決定されたのであった[34]。

　物乞い委員会は、対象となる貧困者等を減らすための報告書及び提案を数多く出したが、何れの内容も採択されることなく、議会における議論は無駄に終わった。このため、委員会による命令案は投票さえ行われなかったが、その中には、
・全ての人間は生存の権利を有する、
・救済（assistance）は、もはや私的な慈善に委ねられるべきではない、
・救済は、社会の義務である、
・乞食は廃止され、浮浪者を収容するための矯正施設が用意されることになる、

---

(34)　以上は、次の文献を参照。J. Imbert (dir.), *op.cit.*, pp.140-142; J. Imbert, *Guide du chercheur en histoire de la protection sociale, Volume II (1789-1914)*, Comité d'histoire de la sécurité sociale, 1997, p.13. なお、「物乞い」という用語法は、現代では適切でない面があるが、歴史的用語であり、言語のニュアンスを表すため使用した。「乞食」も同様である。

第 1 部　第 1 章　人権宣言と社会保障の理念

・救助は、病者、老人、障害者等に与えられるべきである

といった留意を要する内容が含まれていた[35]。

　委員長であるラ・ロシュフーコー・リアンクール（La Rochefoucauld-Liancourt）は、この救済の概念の持ち主であったが、彼は社会は救済の見返りとして労働を要求することができることを付加していたのが特徴である。すなわち、無頓着にも労働なしに賃金を付与する政府は、怠惰に対する報償を与え、競争心を台無しにし、国家を弱体化させる責任を負う。児童、老人、障害者は、労働を約束するか、労働を提供したことの故にしか、救済されてはならない。健常な貧困者は仕事のみを得ることができる。病者のみが、他の配慮が排除される強い人類愛の感情によって、無償で救済が提供される、と[36]。

　また、現代の年金、疾病保険等の社会保障制度の観点から見て、注目すべき提言や取組みも、それが実現したかどうかは別として、当時既に試みられるようになっていった[37]。例えば、1789 年 10 月 23 日、国民議会（Assemblée nationale）は、ジュラの山岳地帯で人生を送っていた 120 歳近いジャン・ジャコブ（Jean Jacob）を招き、国王に紹介するとともに、年金の支給を採決したという逸話がある。これは、数十年来高まっていた高齢者に対する関心を象徴する出来事であった。また、生命表（tables de mortalité）を作成したことで有名な経済学者デュビラール（Duvillard）の「年金、借金及び返済に関する研究（Recherches sur les rentes, les emprunts et les remboursement）」（1787 年）の生命保険に関心を示した。さらには、物乞い委員会の設置に先立つ 1789 年 11 月 20 日には、パリ市の家臣（domestiques）を加入者とする救済金庫（caisse de secours）の創設が提案されていた。これは、友愛（fraternité）、人道（humanité）及び団結（union）の精神に基づき、疾病や障害等の負担を軽減するとともに、加入者の風紀や行動に関する情報を提供することにより加入者の質を確保することに目的があった。このほか、既に 18 世紀には退職年金の概念が登場しており、1790 年 2 月 16 日には、ユソン侯爵（marquis Usson）が軍人等のための年金を提案している。

　ただし、このような画期的な計画は、予告的な価値しかなかった[38]。つまり、

---

(35)　J. Imbert, *Guide du chercheur en histoire de la protection sociale, Volume II (1789-1914)*, *op.cit.*, pp.13-14

(36)　J. Imbert (dir.), *op.cit.*, pp.145

(37)　*ibid.*, pp.182-184

(38)　*ibid.*, pp.186-187

国民議会は、貧困について大いに議論を行ったが、現実に貧困を軽減したり、物乞いを撲滅することには成功しなかったのである。結局のところ、1791年9月27日の最後の会議において、多大な作業故に、憲法で規定した救済の組織に関する検討ができないままに、作業は次の立法議会（Législative）に委ねられることになった。

〈1791年の憲法の規定〉

このような貧困対策のための検討が展開する中、国民議会は、1791年9月3日に立憲君主政の憲法を制定した。形式的にも最初の憲法とも言うべき1791年の憲法においては、1789年の人権宣言の検討過程で先送りされた諸権利の扱いが問題となった。それらの中には、宗教、出版や経済的権利と並んで社会的な権利（貧困者救済）が論点としてあったが、1791年の憲法は、第1編を「憲法により保障された基本的規定（Dispositions fondamentales garanties par la Constitution）」に当て、その中で移動の自由、平穏に集会を行う自由、請願の自由等を規定したのに加え、公的救済（secours publics）に関しても、次のような規定を設けた[39]。

「遺棄された児童を養育し、貧困の障害者を援助し、及び労働を得ることができない健康な貧困者に対して労働を提供するため、公的救済のための一般的な施設を創設する」

この公的救済に関する規定は、二つの部分から構成されている[40]。第一の部分が肉体的に不能状態にある者への援助であるのに対して、第二の部分は失業者への援助であり、これは労働に対する権利の先駆けであると評価できよう。

この公的救済に止まらず、1791年の憲法に新たに盛り込まれた諸権利は、その後の福祉国家の先駆けとなる思想を含んでいた。その点について、モンペリエ大学のミアーユ（Miaille）教授は、「これらの基本的規定は、明らかに不均質であり、少なくとも何カ所かは、法的な規定というよりは政治的プログラムである。しかし、現代の憲法学者が『プログラム（programmes）』規定と呼ぶ憲法に見出すところのこの種の特徴の中には、将来の制度を大いに予見する計画があり、それらの幾つかは、福祉国家には依然として遠いものの、公的救済に関する社会的計

---

[39] M. Miaille, *"L'état de droit dans la constitution", in 1791, La première constitution fraçaise, Actes du colloque de Dijon, 26 et 27 septembre 1991*, ECONOMICA, 1993, pp.31-32

[40] G. Lefebvre, «La sécurité sociale et les constitutions de la France», *Revue française du travail*, Juin 1946, pp.195-196

第1部　第1章　人権宣言と社会保障の理念

画はもちろん、公教育のように、19世紀末になって実現したものもあり、その近代性をテイク・ノートすべきである。」と述べている[41]。

類似の評価としては、ブルゴーニュ大学のデュボワ（Dubois）教授の指摘がある。すなわち、同教授は、1791年の憲法の第1編の規定を未来の「債権的権利（droits-créances）」を先取りするものと捉えた上で、「1789年の規定と比べた場合に確認できる削除及び追加は、形式の変更を通じて、政治的な優先度、社会的な組織に関する基本原理の再編を行っており、その再編は、制度的秩序における不平等な政治的自由主義と社会組織における連帯の増進及び不平等の縮小という配慮との統合の試み、ないしは、矛盾の象徴である。」と指摘している[42]。

このほか、1791年の憲法に関連しては、既に存在する1789年の人権宣言の扱いが重要である[43]。すなわち、1791年の憲法の制定に当たり、1789年の人権宣言の取扱が議論になった。人権宣言の見直しを主張した人物の中には、ヌムール（Nemours）地区の第三身分から出された陳情書（cahier de doléance）を作成したデュポン（Dupont）がいた。ヌムールの陳情書に盛り込まれた人権宣言案は、次のような救済の権利を規定している点で独特であったが、ここでもデュポンは、1789年の時点で検討が延期されていた救済に関する規定、つまり「社会の全ての構成員は、貧困又は障害である場合には、その同僚市民からの無償の救済に対する権利を有する」という規定の再検討を提案した。このようなデュポンの行動は、彼が重農主義者を友人に持ち、彼自身が経済変動の影響を緩和するために慈善施設をつくるなど、自由主義的で社会的な思想を持っていたことによる。しかし、事を荒立てたくない体制の思惑から、1789年の人権宣言は、1791年の憲法の前に付加されることになった。

「第2条　全ての人は、他の人々による救済の権利を有する。
　第3条　全ての人々は、救済を要求した者が権力、力及び健康を保有した場合には、その相互性を要求する権利を有し、それ故に、この相互性の諸条件の判断者となる。
　第4条　児童、無能力、老衰、障害の状態にある全ての人は、他の人々からの無

---

(41)　M. Miaille, *op.cit.*, p.32
(42)　J. P. Dubois, "Declaration des droits et dispositions fondamentales", *in 1791, La première constitution fraçaise, Actes du colloque de Dijon, 26 et 27 septembre 1991*, ECONOMICA, 1993, p.49, p.55
(43)　S. Rials, *op.cit.*, p.117; p.279; pp.265-267

第1節　フランス人権宣言の概観

償の救済に対する権利を有する。何故なら、生涯にわたって存続するような債務を支払わなければならない者は彼らの間にはおらず、そして、少なくとも子供のころ受けた様々な無償の救済に人生を負っていない者はいないからである。」

　なお、1789年の人権宣言が結果的に公的救済に関する規定を設けなかったことを考えるに当たっては、同宣言における税の扱いが示唆を与えてくれる。同宣言の第13条は、税の負担が「その能力に応じて」等しく分担されるべきことを規定する。この規定振りからすると、租税に関する応能負担原則を規定しているようにも見える。

　しかし、多くの宣言案については、その起草における平凡さや、その時代の常套句となっていた能力と役務との移譲性を暗黙のうちに考慮した可能性があることからすれば、この規定振りにそれほどの重要性を付与しているわけではない。これに対して、コンドルセーは、1789年2月の宣言案で、「……平等に配分されていない全ての税は不当である」と規定した上で、「全ての者は、その所得に応じて平等且つ比例的に同一の税の負担を負わなければならない。」と明定している。つまり、コンドルセーにおいては、支配的であった所有権の不可侵性とともに、税に関する現代的な論理を提示していた[44]。

　この税に対する捉え方が、公的扶助のような問題への態度にも反映している面がある。例えば、シエース及びデュポンは、救済に関する規定を提案したが、それは所有権及び安全の実効ある保障のためには、社会秩序にとって最も危険な貧困をなくすことが必要と考えたことによる。そうであれば、彼らが、所有権に関する自然権的発想や国家が番人として提供した役務を賄うのに必要な負担をするという論理から脱皮をして、社会的関係を受容し・維持するという視点から税を捉える方向、つまり、ロックからロールズの方向には向かわなかったことは理解できるのである。このように、1789年の人権宣言における税の捉え方は個人主義の域を出ておらず、そこには連帯の要素は注入されていなかった[45]。

　実際、1789年の人権宣言における税の目的が公安力の維持及び行政の支出に限定して規定されていたのに対して、フランス山嶽党憲法における権利宣言（1793年）では、次のとおり、税の目的がより広範な「一般的便益（utilité général）」に拡大され、これとともに公的救済を「神聖な負債」と位置付けたことと

---

(44)　*ibid.*, p.347
(45)　*ibid.*, p.348

21

第1部　第1章　人権宣言と社会保障の理念

は、1789年の人権宣言との関係で特筆される[46]。

「第20条　なんらの租税も一般的便益のためでなければ設定され得ない。……」
「第21条　公の救済は、一の神聖な負債である。社会は、不幸な市民に労働を与え、または労働することができない人々の生存の手段を確保することにより、これらの人々の生計を引きうけなければならない。」

4　1792年までの革命期における扶助の位置付け
〈公的救済委員会の設置〉

　1791年10月から始まる立法議会（Assemblée Législative）は、公的救済のための物乞い委員会の作業を継続すべきとの意見に従って、10月末に公的救済委員会（Comité de secours publics）を設置した。同委員会は、1792年6月13日、公的救済の一般的組織及び物乞いの解消に関する命令（décret）案を発表した。しかし、ヨンヌ（Yonne）出身のベルナール（Bernard）による議会での説明はマーラーによって中断され、議論は延期されたまま、立法議会は幕を閉じ、経済・社会的危機に直面したまま同年9月20日には国民公会の時代に入った[47]。

　一言で言えば、新たな議員で構成された立法議会の時代は、経済的な危機に加えて、政治的な対立、民衆の動き、1792年4月20日の宣戦布告等に煩わされて、公的救済に割く時間がなかった[48]。

　それにもかかわらず、多大な労力が割かれた公的救済委員会による作業は、それまでの啓蒙主義及び物乞い委員会の流れに沿って、貧困者に対して公的救済の権利を承認するという学説上も重要な思想を含んでいた[49]。実際、1791年6月17日のル・シャプリエ（Le Chapelier）法の中には、健常であれば労働により、また、働ける状態になければ無償の救済により生きる糧を得る権利があるという人権宣言には欠落しているが、本来は人道に関する法典の冒頭に位置付けられるべき真理が表明されている。ただし、公的救済委員会による労働の権利については、時と場所を問わずに全ての人に社会が労働を提供するのは過剰であり、例えば農閑期に労働を提供するといった形で、一定の時期を限って労働を提供すべきとい

---

(46)　訳は、高木他編『人権宣言集』（岩波書店、1957年）145頁による。
(47)　J. Imbert (dir.), *op.cit.*, pp.187-189; J. Imbert, *Guide du chercheur en histoire de la protection sociale, op.cit.*, p.14
(48)　J. Imbert (dir.), *op.cit.*, p.187
(49)　J. Imbert (dir.), *op.cit.*, pp.190-191

う理解であった。また、子供は将来の労働故に、高齢者は過去の労働故に、また、一時的な障害・災厄の場合には過去又は将来の労働故にそれぞれ救済の権利を有するというように、相互性（réciprocité）の原則が重視された。これは、ベンジャミン・フランクリン（Benjamin Franklin）の倫理規範に内包されているように、救済は怠惰な貧困者や物乞いには付与されるべきではなく、社会契約（pacte social）によっても何も生産せず消費し、勤勉な人間による糧を貪る少数者を許容されないということであった。

同業組合（compagnonnage）を狙い撃ちしたル・シャプリエ法は、結果的に職域で組織化された福利厚生にとって深刻な影響を与えた。しかし、法の起草者であるル・シャプリエ（G. Le Chapelier）は同業組合が果たしていた救済の役割を無視したわけではなく、労働の権利と不可分の原理として、個別の組織を介さず共和国が個人を救済するという公的救済の原理を救済金庫（caisse de secours）に対して提案した[50]。

〈国民公会の時代の状況〉

1792年の国民公会の時代に入ると、それより前の立憲国民議会及び立法議会が目指した義務的な慈善事業に関する理論を実行するための法令案が採決されたが、その施行は延期された。こうした数多くの法令の中でも重要なのは、次の3本である[51]。

① 1793年10月15日の法律
　貧困者に対する救済的労働の実施及びその賃金、貧困者の収容施設等への収容による物乞いの解消のための法律であるが、その中に「救済住所（domicile de secours）」という現在の社会扶助に繋がる概念が登場する。

② 1794年5月11日の法律
　農民、手工業者、母子・寡婦を対象とする金銭給付、無償医療の提供、そのための全国慈善台帳の整備といった、在宅での救済を内容とする。

③ 1794年7月11日の法律
　病院等の資産を没収し、病院等に必要な財源を国家的に管理することを内容としていた。しかし、この病院国有化法は、実際には財源不足のため病院運営に支障

---

(50) P. Toucas-Truyen, *Histoire de la mutualité et des assurances: l'actualité d'un choix*, Syros, 1998, p.22

(51) J. Imbert, *Guide du chercheur en histoire de la protection sociale*, *op.cit.*, pp.14-17; J. Imbert (dir.), *op.cit.*, pp.226-250

第1部　第1章　人権宣言と社会保障の理念

を来す地域が生じ、反発が高まったこともあり、法律の施行は中止された。

5　1793年及び1795年の人権宣言における扶助の位置付け
〈1793年の人権宣言〉

　既に述べたように、扶助に対する権利の萌芽は革命前のアンシャン・レジーム期からみられたものの、1789年の人権宣言は極めて短期間に起草されたこともあり、様々な提案がなされたにもかかわらず、全ての項目が宣言に反映されたわけではなかった。しかしながら、人権宣言に関するその後の展開をみると、それまで出されていた各種提案は18世紀を飾る1793年と1795年の二つの宣言に配分される形で人権宣言の総体を形成することになる。それは、言ってみれば複数の水源から発した水流が最後には同一の水面を構成するのと同じようなものであると評価することもできる[52]。

　実際、山嶽党憲法とも言われる1793年の人権宣言では、1789年の宣言が取り上げられなかった労働及び不幸な人々に対する公的扶助などの社会的な諸規定が登場することになる[53]。このうち労働に関しては、所有権へのアクセスの手段としての労働（第16条）、全ての人に対するあらゆる種類の労働の保障（第17条）、労働に関する契約における人権の尊重（第18条）を規定しており、そこでは労働と所有権が関連付けられている[54]。

　同様に公的扶助に関する権利も、1793年の人権宣言（第21条）では、神聖（sacré）な負債として初めて憲法上の義務として規定されることになった。換言するなら、富裕層が所有権を保障されるのと対をなす形で、貧困層に対する扶助の義務がここに規定されることになったのである。しかしながら、公の救済が神聖な負債であり、社会として不幸な市民に労働や生存手段を提供することにより生計を引き受けなければならないことが規定されているものの、1789年の人権宣言で所有権が神聖で不可侵（inviolable）な権利として位置付けられたのと異なり、扶助に対する権利は不可侵の権利とまでは規定されていない[55]。また、その制定過程でロベスピエールから提案された人権宣言案では、「社会は、その全ての

---

[52]　C. Fauré, *op.cit.*, p.35
[53]　この時代になると、外国の侵略や敵の反乱の驚異から、山嶽党としても、革命を守るには民衆の歓心を買う必要があったことも影響している（G. Lefebvre, *op.cit.*, p.196）。
[54]　C. Fauré, *op.cit*, p.27
[55]　A. et C. Euzéby (éd.), *Les solidarités, Fondements et défis*, Economica, 1996, p.53

構成員に対して、労働を提供するか、労務不能状態にある者に対して生存手段を保障することにより、生活の糧を提供しなければならない。」との規定に加え、「余剰を有する者は、救済を免れることができない。この負債が履行される方法は、法律によって決定される。」と規定されており、1793年の人権宣言の規定と比べると、神聖な負債である救済の方法がより明確であった[56]。

このように1793年の人権宣言が中途半端なものに終わったのには、それが山嶽派とジロンド派との妥協の産物であったことが影響している[57]。実際、公的扶助の実態という面でも、国民公会（1792～95年）の下での慈善事業の中央集権化は惨憺たるものであった。こうした中で善良なるブルジョワジーであるテルミドール派によって起草された共和歴3年（1795年）の人権宣言になると、1789年の人権宣言と同様に、扶助のような社会的義務に関する規定は含んでいなかった。

〈執政府以降の状況〉

実体面に目を転じると、執政府の時代（1795～99年）は、革命期とナポレオン時代との端境期である。この時代、アンシャン・レジーム期と同様に、軍病院、貧困者の収容施設（maison de répression）等の施設、あるいは内務省所管の障害者のための国立施設（établissements nationaux）の管理は続けられていたが、経済危機や内外の戦乱に起因する財源不足のほかブルジョワジーである指導層の無関心もあり、執政府の下では、貧困の蔓延にも関わらず、国家的なレベルでの慈善事業は実施されなかった[58]。この結果として、上記のような例外的施設を別とすれば、病院や在宅関係の慈善事業の権限は、財源等の保障も不十分なままに国から市町村に委ねられることになった。つまり、執政府は、意識的に扶助に対する権利を1795年の人権宣言から抹消するとともに、病院等の施設については、中央集権的な国民公会時代と異なり地方に権限を移譲する形で貧困者対策から手を引こうとしたわけである。ここにおいて、扶助の権利、さらには貧困者の保護者としての国家という理念は消失し、市町村の慈善ないしそれを補完する個人の寄付や慈善が国家による中央集権的な公的扶助に取って代わることになった。ただし、増大する孤児の問題を前に、国による救済対策が維持された例もある。

---

(56) G. Lefebvre, *op.cit.*, p.196
(57) A. et C. Euzéby (éd.), *op.cit.*, pp.53-54
(58) J. Imbert, *Guide du chercheur en histoire de la protection sociale, op.cit.*, p.19; J. Imbert (dir.), *op.cit.*, p.9, pp.321-323, pp.326-328

第 1 部　第 1 章　人権宣言と社会保障の理念

　なお、国家的な法制度の視点からは、執政府の時代は重要である[59]。特許、切手、登記等の制度が登場するのは、この時代であるが、社会保障の分野でも病院制度及び慈善事務所（bureaux de bienfaisance）など、現代につながる制度に関連する法律が制定された。このうち病院制度については、1796 年、共和暦 5 年葡萄月（vendémiaire）16 日（10 月 7 日）の法律により、病院（hospice civil）を管轄する市町村の委員会の権限、運営に必要な財源等を内容とする制度が規定された。また、扶助の実施機関である慈善事務所については、同年、共和暦 5 年霜月 7 日の法律により、アンシャン・レジーム期の慈善事務所（bureaux de charité）を継承する形で制度化された。このほか、1793 年に物乞い委員会から出された全国福利金庫（Caisse nationale de prévoyance）の発想は、王政復古時代によみがえり、1817 年の貯蓄金庫（1837 年からは供託金庫）の創設につながった。この時代の法制度の全てが所期の目的・効果を必ずしも上げた訳ではないが、社会保障の歴史にとって、これらの制度はその後一世紀以上にわたる制度の基礎となった。この点は、国家レベルでの扶助が不十分であったのとは矛盾するようだが、中央集権的な立憲体制を継承する執政府は、これらの制度を地方に対して義務付けることで実現しようとことによって理解できる。

　第一帝政の時代には、1801 年に慈善事務所（bureaux de bienfaisance）が創設されたものの、総じていえば、1793 年の人権宣言に謳われた「神聖な債務（dette sacré）」としての貧困者に対する国家の扶助の義務のような福祉国家（État providence）の萌芽ともいうべき動きは低調であった。つまり、フランス革命は自由な経済を始動させると同時に、その自由主義の行き過ぎを制御するための装置としての福祉国家を想定していたが、それが現実化するのは 19 世紀末であって、当時においては、国家による低所得者問題への介入はお題目に止まっていた[60]。

　以上のように 1793 年の人権宣言に確認された公的扶助の権利は、具体的な施策として直線的に実現していったとは言えなかった。このことと呼応するかのよ

---

(59)　J. Imbert (dir.), *op.cit.*, pp.323-324, pp.326-333, p.457 et p.551

(60)　P. Toucas-Truyen, *Histoire de la mutualité et des assurances: l'actualité d'un choix*, Syros, 1998, pp.22-23. ナポレオンの時代、慈善事務所、病院制度及び無料医療のように革命時代の伝統を引き継ぐ制度もあったが、鉱山での事故を契機とする労災防止対策や鉱山労働者向けの任意加入による福利厚生協会の創設、更には公務員向けの年金金庫の創設など、現代の社会保障の前触れとなる改革も実施されたことに留意する必要がある（J. Imbert (dir.), *op.cit.*, pp.535-548）。

うに、人権宣言の面でも公的扶助は舞台の背後に押しやられ、1795年の人権宣言のみならず、1799年の憲法、1814年及び1830年の憲章（Charte constitutionnelle）には、公的扶助は登場することがなく、その再登場には1848年の憲法を待たねばならなかった。

6　二月革命以降の人権思想における扶助の位置付け
〈二月革命と1848年の憲法の規定〉

　フランス革命から19世紀の前半にかけては、自由主義が支配的となった時代である。このため、国家の個人に対する権利を認めることは、労働者階級の怠惰、無思慮等を助長するとの認識から、如何なる形でも個人の国家に対する権利又は国家の個人に対する義務を承認しなかった。それどころか、1808年には物乞いが禁止されたり、1810年に浮浪が犯罪に位置付けられたりするなど、革命前の状態に逆戻りした。貧困者への支援は、私的な慈善活動に委ねられ、公的な扶助に関する立法は、1811年1月19日の政令の場合の孤児又は遺棄児童、若しくは1838年6月30日の法律の場合の精神障害者のような者に対象を限定して制定された。この結果、革命期に芽生えた扶助に対する権利思想は後退し、しかも1848年までそうした状態が続いた[61]。

　経済危機の中で発生した1848年の二月革命を経て登場する第二帝政の下で、革命期に芽生えた扶助の思想が一時的に蘇ることになる。しかし、1848年11月4日成立する共和国憲法の制定過程は紆余曲折に富んだものであった。当初の案では、ルイ・ブラン（Louis Blanc）の社会主義思想の影響や労働者からの圧力もあり、自由、平等と並んで友愛を共和国の基本原理に据え、さらに友愛の基礎の上に労働に対する権利、遺棄児童、高齢者等の働けない者に対する扶助の権利を承認するなど、個人の社会に対する権利を盛り込んだ内容であった[62]。しかし、憲法制定議会の守旧派の台頭から、当初案にみられた進歩的傾向は後退することになる。とりわけ議論を喚起したのは、労働に対する権利の扱いであった。賛否両論が渦巻く中で、友愛の理念を体現する労働に対する権利は、国家は一定の条件にある者に限定して労働を提供し、個人及び集団による相互扶助を支援し、そして労働不能の状態にある者に扶助を行うといった形での規定振りに落ち着いた

---

(61)　M. Borgetto et R. Lafore, *op.cit.*, pp18-19

(62)　A. et C. Euzéby (éd.), *op.cit.*, p.54; M. David, *Le printemps de la fraternité, Genèse et vicissitudes 1830-1851*, Aubier, 1992, pp.315-316

のであった[63]。

結局のところ、最終的に採択された1848年憲法の権利宣言で、社会権に関して、

① 前文第Ⅷ項において、労働に関する権利保障を「その資源の限界の中で」と規定しているように、国家の義務は一般的かつ体系的なものとはされなかったほか、

② 第13条において、社会による扶助の提供を「遺棄児童、病弱者および資産のない高齢者」に限定しており、前文第Ⅷ項と合わせて解釈するならば、公的扶養義務は親族扶養との関係で二次的な位置付けとなっているといえる[64]。

〈第二帝政から第三共和政にかけての扶助の位置付け〉

19世紀という自由主義が優勢な時代にあって、労働及び扶助に関する人権規定は、異なる勢力の妥協の産物として規定されたとしても、絶対的な権利として認知されることにはならなかった。このことは、扶助を実施に移すための法律面にも影響を与えることになる。第二帝政から第三共和政にかけて、

・1893年7月15日の貧困者のための無償医療扶助に関する法律
・1904年6月27-30日の児童の扶助に関する法律
・1905年4月22日の失業者の財政支援に関する法律
・1905年7月14日の高齢者、障害者及び不治者の扶助に関する法律

などが制定されるが、これらの法律が扶助に関する権利を認めているとしても、それが如何なる拘束力を有する権利であるかについては議論の余地があった[65]。

例えば、オーリウは、国民は扶助を受けることを行政に請求する権利や行政が扶助を組織化することを強制する法的手段を有しておらず、単に扶助が実施される場合に扶助を受給できる地位が付与されているのみであると述べている[66]。これに対してデュギーは、1905年の扶助に関する法律に関して、これが初めて扶助に対する権利を構築するものであり、高齢者等の救済及び入院を確保するための負担を納税者に課すことが法律に規定されたと述べている[67]。

---

(63) M. Borgetto et R. Lafore, *op.cit.*, pp19-20; M. David, *op.cit.*, pp.321-328
(64) A. et C. Euzéby (éd.), *op.cit.*, pp.54-55
(65) *ibid.*, p.55
(66) M. Hauriou, *Précis de droit administratif et de droit public*, 12ᵉ édition, Dalloz, 1933, pp.138-139

第 1 節　フランス人権宣言の概観

　扶助に対する権利の捉え方は、このように論者によって異なるものの、扶助に関する権利が個々の法律を通じて実定法として取り入れられようになったことは事実である。ただし、オーリウ流の理解に立つならば、扶助に関する権利の特殊性は政府による扶助制度の存在抜きには実現できないという点にあり、実定法の媒介なしには国家に対して請求し得ない権利ということになる[68]。

　19 世紀を全体としてみれば、革命期に芽生えた扶助の思想は、病者、高齢者等に対する扶助の個別立法として実現していくことになる。しかしながら、人権宣言の規定を見る限り、扶助の思想は登場しては消え、また蘇るといったように、常に安定的に位置付けられてきたわけではない。

　実際、革命期の物乞い委員会を経て国民公会の時代に制定された法律は、その後も廃止こそされなかったものの、実際には適用されないものがあるなど、革命期に芽生えた扶助の思想の影響は弱かったと言える。また、その後の社会扶助に関する立法は、産業革命等の資本主義の発達の中で発生する様々な貧困問題に対処するため制定されたとも捉えられる。こうした点に関連して、テュイリエ（G. Thuillier）は、革命期の貧困問題対応を領導する原則として次の原則の存在を指摘した上で、それらが 1880 年までの 19 世紀の社会思想としては退けられたと述べている[69]。

① 扶助の権利（droit à secours）
　扶助の権利、そして権利に関する思想も、怠惰と不用意を助長するとして、声高に否定された。
② 民間の慈善の敵視
　国民公会の下で排斥された民間の慈善事業ではあったが、統領府（Consulat）の時代以降は積極的に推進された。
③ 共済組織（sociétés de secours mutuels）の排斥
　ル・シャプリエ法等の革命期の法令は、職業・職能団体を排斥し、労働者の団体を警戒した。しかし、統領府の時代には、相互扶助協会が再登場するなど、職業的な連帯が強まり、政府も相互扶助協会を公然と助長するように

---

(67)　L. Duguit, *Droit social, le droit individuel et la transformation de l'état*, 3ᵉ édition, Alcan, 1922, p.67
(68)　A. et C. Euzéby (éd.), *op.cit.*, p.56
(69)　J. Imbert (dir.), *op.cit.*, pp.552-554

29

第 1 部　第 1 章　人権宣言と社会保障の理念

なった。
④　非宗教化（laïcisation）
　革命期の政策は、政教分離政策により病院等の扶助施設から教会を排除しようとしたが、1800 年からは、宗教関係者を呼び戻し、社会的な任務を委ねるようになり、そのような状況が 1878 年まで続いた。
⑤　財政の中央集権化
　物乞い委員会及び国民公会は、社会的支出を国家予算に割り付け、それを県や病院に配分する考え方に立っていた。しかし、1800 年からは、社会的支出を県に移譲し、病院に独自の財源を付与することにより、国家予算の役割は縮小した。
⑥　地方優先
　国民公会は、医療過疎の地方に扶助を配分することを重視したが、実際には、慈善事務所も田舎には存在せず、都市中心であった。また、住民は近隣に病院で治療を受けることになっていたが、地方の住民が病院治療を受けることは困難であった。

　同じくテュイリエによれば、1880 年から 1890 年にかけては、扶助を巡る思想は転機を迎えたことが、次のように指摘されている。まず、扶助の国家予算化、国の行政組織の創設、病院職員の世俗化等の動きが見られ、法制度面でも、無償医療に関する 1893 年法、老人及び障害者の救済に関する 1905 年法により扶助が制度化された。一見すると、革命期の思想が健在のようであるが、現実には革命の原理からは大きく乖離していた。例えば、1885 年に始まり 1898 年 4 月 9 日の法律で制度化される労働災害に関する議論の場合、そのための義務的な保険料の発想は、革命の遺産である自由の原理とは異質であった。同様に、1900 年代に入ってから 1910 年 4 月 5 日の法律に至る労働者年金の議論においても、そのような思想的両義性が見られた。つまり、革命期の扶助は例外的な救済措置であって、社会保険とは別物であった。また、社会保険における義務的な保険料や同一集団内での所得の再分配は、革命期の個人主義の原理とは異なっていた。いわば、革命期とは別世界である、強制的な所得移転という国民レベルでの連帯の世界に入ったのである、と[70]。

---

(70)　*ibid.*, pp.557-559

第 2 節　人権思想からみた扶助の問題

1　はじめに

前節では、フランス革命に端を発する一連の人権宣言を通じて、社会保障の先駆けとしての扶助がどのように位置付けられたかを概観した。人権宣言にせよ、そのほかの法令にせよ、それらが結実するためには、何らかの立法事実の存在とともに、法制化のための機動力となる理念や哲学が必要である。その点では、人権宣言に凝縮された各種人権を理解する上で、その根底にある思想に目を向ける必要がある。

また、各種人権については、その背後にある自然法や自然権（droit naturel）から説き起こされることがある。そうであれば、人権保障の一分野を構成する社会保障においても、それを基礎付ける生存権や連帯等の理念との関係で自然法や自然権を検討することは無益ではなかろう。さらに、そのほかの各種人権思想との関係でも、貧困や扶助の問題を整理してみることも、必要な作業かもしれない。

2　人権における貧困問題の位置付け

現在においても、人権に関係する各種条約等において、貧困に直接言及するものは少ない[71]。例えば、世界人権宣言（1948年）の前文では、「……恐怖及び欠乏のない世界の到来が、一般の人々の最高の願望として宣言されたので」という形で「欠乏（want（英）、misère（仏））」という語が登場するものの、当該宣言の各条項あるいは2本の国際人権規約（1966年）では、貧困自体に言及する規定は見出せない。また、フランスの大革命以来の各種人権宣言においても同様である。

しかしながら、視野を広げて各種人権規定を見るならば、社会扶助のように貧困を直接対象とする規定のみならず、社会保障、健康、教育等に関する権利は、すべからく貧困の解消につながることは、首肯されるところである。さらに、自由権のように一見すると貧困問題と縁遠い権利であっても、そのような権利は貧富にかかわらず全ての者に保障されるべきであり、それが貧困者にも保障される社会こそが人権が行き渡った社会ということにもなる。

---

[71]　J. Fierens, *Droit et pauvreté, Droit de l'homme, sécurité sociale, aide sociale*, Bruylant, 1992, p.167

第1部　第1章　人権宣言と社会保障の理念

ところで、人権は大きく
① 第1世代の市民的・政治的権利（droits civils et politiques）
② 第2世代の経済的・社会的・文化的権利（droits économiques, sociaux et culturels）
③ 第3世代の連帯の権利（droits de la solidarité）

に分けることができるが、それぞれが貧困問題に関わる[72]。もちろん、3種類の人権は、登場の背景からして対立する側面があるのは当然であるが、完全に排斥し合うわけではなく、相互に密接な関係を有しており、その点では補完的である。

具体的に述べれば、①が国家からの自由、②が国家による自由を指向し、結果的に①が最小国家（Etat minimal）であるのに対して、②が多大な予算を必要としがちである点では、本来的に対立関係にある[73]。しかし、それぞれは、以下の点では不可分性を有している[74]。

a．①の権利も権利保障のためには、法制度に加え実効性担保のための国家機構を必要としている。これに対して②の権利の場合も、団結権や争議権のように国家の介入ではなく、むしろ不介入が要請される権利もある。

b．権利の中には、①と②の両要素を含むものがある。例えば、家庭生活の尊重を考えてみると、家庭というプライバシーにも関わる側面（①）と衣食住を充足するための給付のように介入を必要とする側面（②）がある。

c．これに対して③の権利は、①と②の権利が有する対立関係を中和する作用がある。例えば、極端な自由による権利侵害のような弊害に対しては、個人の利益（①）と団体の利益（②）を連帯により繋ぐ役割が③の権利にはある。

d．個人の権利侵害に対しては、国家が介入することにより権利の保障が確保される点では、何れの権利であっても権利保障における国家の責任は大きい。

以上の点からすれば、貧困問題については、主として②の権利保障が重要な役割を果たすとしても、他の権利（①、③）も重要であって、相互に密接不可分な関係にある。すなわち、②の権利が確保されるとき、①の権利も現実のものとなるわけであり、社会権の自由権的側面の議論ではないが、それぞれの権利は孤立

---

(72)　*ibid.*, pp.67-80
(73)　*ibid.*, pp.80-81
(74)　*ibid.*, pp.82-88

して存在するのではなく、むしろ有機的に捉えるべきということになる。

3　人権思想と扶助の関係

そこで、本章のまとめとして、最後、オーベルニュ大学公法学博士のトゥレット（F. Tourette）氏の整理に沿って、各種人権宣言に現れた人権思想を扶助との関係で整理することにしたい[75]。

（1）自然法思想との関係

自然法が措定する自然状態において、人間が生存するためには、野蛮、暴力等を放棄し、社会及び法を通じて人間の尊厳を尊重することが必要となる[76]。つまり、人間がその弱点を乗り越え生存するためには、集団を形成することで生活したり、潜在的な闘争を克服し、知識を交換することが必要になる。これがホッブスとは異なるロックの自然法観であり、社会がリスクや無秩序に対する相互の保険や自由な所有者となるのである。これに対して、ルソーは、共同の力で各構成員の生命及び財産社会を保護するものとして社会を捉える。

ところで、社会が存在しなければ、人間は、連帯も存在せず強者の法が支配する脆弱な状態に直面し、そのような状態は人類の進歩を阻害することなしには長続きはしない。従って、人類が生存しようとするなら、社会及び法の存在は不可避的な運命である。デュギー流に言えば、自然状態が人に「事実としての権力（pouvoirs de fait）」しか与えないのに対して、社会は人が権利を獲得することを可能にする[77]。

しかし、社会の存在が不可避的だとしても、社会が個人を吸収する権利があるわけではなく、社会は個人の福祉（bien-être）を保障し、それ故に弱者の福祉を特に考慮すべきことになる。つまり、人類が社会を構築するのは、弱者を更に弱く強者を更に強くするためではなく、全ての人に全幅の権利を保障することにある。それは、正義と安寧に照らすならば、各人が正当な分け前を得ることなしには、社会はその潜在力を最大限に発揮することができないからであり、弱者が人

---

[75]　F. Tourette, *Extrême pauvreté et droits de l'homme, Analyse de l'obligation juridique et des moyens des pouvoirs publics français dans la lutte contre l'extrême pauvreté*, Presses universitaires de la faculté de droit de Clermont-Ferrand et L.G.D.J., 2001

[76]　*ibid.*, pp.78-80

[77]　*ibid.*, p.80

倫に悖る不公正な状態にあるならば、社会の安定は望めないからである[78]。

（2） 市民性との関係

民主主義の本質である市民性（citoyenneté）は市民権とも言われるが、これは市民が普通選挙等を通じて政治に参加するという政治的な側面だけではなく、個人が依存ではなく交換の形態により経済・社会に帰属することによって成立する権利である。貧困の視点からは、市民性が単に政治的な参加を越えて、参加を媒介とした人としての尊厳の確保手段であることを教える[79]。

他方、市民によって形成される権力の分立は、1789年の人権宣言第16条が謳うように国家の基本原理であるが、それは単に権力が分立しているだけでは不十分であって、国家と法が結び付き、国家が法により行動するとともに法に従属することが必要である。すなわち、法は国家権力の拠り所であると同時にその制限の手段でもある。それだけに、法は一定の価値を体現するものであり、それなしでは、法は無である。市民性について言えば、社会全体が市民であるよう権力に要求し、そのための調整・支援的役割を法が果たす。積極的で責任ある市民性は、専制政治によって侵害されるが、それだけではなく、被扶助者という心性を生じさせるような人格の破壊によっても侵害される。扶助による国家は、不平等を拡大することになる[80]。

自由の理念の実現には、権力が法制度の整備等を通じて積極的役割を果たすことが必要であり、権力は必要な範囲で介入すべきである。その点で、国家は最後の拠り所として補足的な役割に止まるべきである。すなわち、権力は、個人がそのエネルギーを発揮できるよう監視する義務を負うのである[81]。

（3） 人格の優越性

人の尊厳の至高性は、社会集団の一体性の確保及び発展の観点からも、承認・保護されるべきことは認知されている。それだけに、人格の可能な限り完全な実現を伴わない民主主義は、無意味である。従って、自由、平等、友愛に加え多元主義及び寛容が民主主義の活動の基礎となり得るのは、人格の優越性が保障され

---

(78) *ibid.*, pp.81-82
(79) *ibid.*, pp.84-86
(80) *ibid.*, pp.86-87
(81) *ibid.*, p.87

ところで、共和国の自由・平等・友愛の標語は、自由で責任ある人格を承認しているが、この自由には法による制限が伴うなど無制限な自由ではない。この点を持たざる者の視点から見れば、自由は自由実現の手段を有しない者にも保障されるべきであり、権力が必要な最小限のニーズさえ満たせない者に対して無関心でいることは、民主主義に悖ることになる[83]。

　その点では、社会の構成員は各自が平等に扱われるべきであるが、これは全ての人に法律が同じであるべきことを意味するのではなく、必要であれば異なる手法を用いてでも、全ての人に同等の権利へのアクセスを保障することを意味する。すなわち、民主主義は、形式的平等と実質的平等を最も適切に調整することを求めるのである[84]。

　また、あるゆる場合において、貧困者の運命に無関心でいることは許されない。民主主義は友愛及び連帯を欲するが、これは弱者への適切な配慮の必要性を示唆する。連帯が公平で真の制度であるとしたら、緊急時に支援するだけの官僚主義的な連帯では不十分である。友愛及び連帯が貧困者に手当を支給することだけではないことに留意し、貧困者が社会において自らの位置を見出す権利の実現に向けて、単なる扶助の義務を超越することが必要である[85]。

（4）　人権尊重の必要性

　以上、トゥレット氏の人権思想に関する指摘のうち自然法思想、市民性、人格の優越性の3点に限って、貧困問題に関連する扶助と人権との関係を紹介した。ここから浮かび上がることは、社会権のみならず自由権や市民権も含めた人権保障のカタログが富裕層だけでなく貧困層をも含めた市民社会全体に行き渡ることの重要性である。

　その点に関して、同氏は次のようにも指摘している[86]。人権は、第一段階では個人の自由が承認され、個人が自由であるよう国家の関与は最小限とされた。しかし、現実の多様性には目をつぶったままの市民法及び政治の理論は、偏って

---

[82]　*ibid.*, p.88
[83]　*ibid.*, p.88
[84]　*ibid.*, p.89
[85]　*ibid.*, p.89
[86]　*ibid.*, pp.90-91

おり不平等であることが明らかになった。このような弱点を補うため、第二段階では、国家が権利の給付者として登場することになった。そこでは、民主主義は抽象的な市民と社会的な個人との調和において存在可能であり、その結果、連帯を積極的に承認し、貧困の撲滅への取組みが民主主義に必要となった。その後、第三段階として、人権は、環境、平和、開発等の分野を中心に国際的位置付けを付与され、国家間での連帯が見られるようになった。このような三世代の人権は一体的に捉えるべきであり、その間に序列を設けるべきではない、と。

　これらの点を総合するならば、次のとおりである。16世紀に登場した人権という言葉が18世紀フランスの人権宣言を通じて規範に高められ、現代においては社会権も含めた人権のカタログが完備するに至った。その中にあって、貧困の問題は人権保障を写す鏡のようなものであり、社会扶助等を通じた貧困問題への取組みは、社会における社会権のみならず自由権も含めた人権保障全体の有り様を示すことになる。

第2章
◆ 友愛及び連帯の理念とその歴史 ◆

第1節 はじめに

　前章では、フランス革命期の人権宣言を辿ることにより、扶助を通じて社会保障の先駆けとなる理念や制度が早い段階から既に登場していることを確認した。もちろん、革命期においてフランス社会は、未だ産業革命を迎えていないことから、現代の社会保障の系譜の一つである社会保険の登場につながるような労働問題等の社会問題はさほど顕在化していない。むしろ、革命期においては、それまで教会の付属施設や王立による一般病院等の病院施設を通じて対処されてきた貧困問題を支える教権と王権という二大勢力が崩壊したことから、これら施設の財政基盤等が揺らぎ革命政府は混乱の中で貧困問題に対処せざるを得ないなど、貧困問題が大きな課題として立ちはだかっていたのである[1]。その点で、社会保障のもう一つの系譜である扶助に焦点を当てながら人権宣言を考察することは、社会保障を考える上で重要であると思料する。
　しかしながら、現代の社会保障を考える上では、人権宣言の文言のみならず、その根底にあって人権保障を動かしてきた理念や思想にまで踏み込むことが必要であろう。なぜなら、人権宣言にせよ一般の法令にせよ、法は常に生成発展しており、文言の解釈のみでは、法の現象面の理解に止まる可能性があるからである。また、人権宣言は短い文章の中に人類の普遍的な規範を凝縮させたものであり、その点で、人権宣言は、それを支える理念や思想と密接不可分の関係にあるからである。
　そこで、本章では、現代の社会保障からみても根源性を有する「友愛（fraternité）」と「連帯（solidarité）」の二つの理念に焦点を当て検討を加えることとしたい。

（1）　J. Imbert, *Les hôpitaux en France*, Que sais-je?, 6ᵉ édition, P.U.F., 1994

第1部　第2章　友愛及び連帯の理念とその歴史

第2節　友愛の理念

1　友愛の理念の登場

　友愛（fraternité）とは、家族構成員の間に芽生えると同じような人間同士の絆であり、そこから生まれる親密な感情、あるいは政治的・社会的な関係性の基礎となる徳や価値を一般的に意味する[2]。元を辿ると、12世紀にラテン語の「fraternitas」が語源であり、兄弟や人民、さらにはキリスト教者の相互関係を意味する言葉であった[3]。

　思想的には、友愛は、そもそもに遡るとユダヤ教及びキリスト教の教義（ドグマ）に源流がある。この宗教的な概念が、人々の間に存在する友愛による紐帯という考え方として、政治・法律の世界に登場してくるのは遅く18世紀になってからであった。すなわち、18世紀後半になり、それまで血統の同一（皆が神の子として兄弟）又は組成の同一（皆が同じ本性を有するが故に兄弟）といった意味で宗教的な用語であった友愛に政治的な意味合い（例えば、祖国、国家、人権）が付与され、新たな位置付けを持つようになったのである[4]。

　敷衍するなら、友愛とは、自由・平等な全ての人は祖国を有し国家を形成し、そして、その主権に属すること故に、皆が兄弟であるといったように、いささか欺瞞的・神秘的な特徴を有する概念であり、友愛に関する政治的捉え方でもあった。少なくとも革命の初期においては、市民であることが兄弟であることの必要十分条件であったことから、貧富の差、能動市民と受動市民の違い等に関わらず兄弟ということになった。このことは、現実の不平等の存在に適合し、愛国者でない者等の排除を生み出すことにもなったが、反面、友愛の名の下に、一定の法的措置や対策も講じられたのも事実である。例えば、外国人の開放・受容政策として、外国人の遺産没収権の廃止、社会・政治的秩序に適合する外国人の国籍取得及び政治的権利の行使の承認が行われた。また、国民教育のほか、貧困者の

（2）　*Le Robert micro*, Dictionnaires le Robert, 1998; M. David, *Le printemps de la fraternité, Genèse et vicissitudes 1830–1851*, Aubier, 1992, pp.15-16

（3）　*Dictionnaire de l'Académie Française Éco-Map*, Tome II, 9ᵉ édition, Arthème Fayard - Imperimerie Nationale, 2000, p.181

（4）　M. Borgetto, «Fraternité», *in* D. Alland et S. Rials（dir.）, *Dictionnaire de la culture juridique*, Quadrige/ Lamy-PUF, 2003, p.753

ための扶助・連帯に関する政策（1793年の憲法での扶助に関する規定及び1793-94年の各種立法による孤児、病者、障害者、高齢者等への扶助、失業者への社会的な義務、戦争罹災者への支援、国防従事者の遺家族援護等）が講じられたが、これも友愛の名の下であった。しかし、ロベスピエールの失脚に伴い、友愛は恐怖政治等のイメージと結び付き、1848年の憲法で登場するまで、不興を買うことになった[5]。

2　革命期の友愛の理念

ところで、自由と平等が18世紀の啓蒙思想に源流を有することが明白なのに対して、啓蒙思想とは一線を画する友愛となると、その歴史を辿ることは容易ではない。著名な歴史家であるオズーフ（Mona Ozouf）によれば、当時の友愛の捉え方としては、キリスト教的な意味での人々の間の友愛という意味合いの場合と、フリーメーソン的な意味での同一集団内部の友愛という意味合いの場合があったようである[6]。いずれにせよ、友愛の射程は実践的というよりも象徴的な意味合いに止まり、平等主義的なダイナミズムは弱かった。また、要請書（cahier de doléances）の中でも、自由と平等に比べて友愛が言及されることは少なかったとされる[7]。

また、自由と平等が憲法上の基本原理として重要な権利と考えられていたのに対して、友愛は政治的・社会的に達成すべき目標といった意味での道議的義務と考えられるなど、位置付けも同じではなかった[8]。確かに1789年の人権宣言には友愛という言葉は登場せず、法令に友愛が登場するのは1791年の憲法に将来の国民の祝典（fêtes nationales）の意義として友愛の維持が掲げられたのが最初であるなど、友愛の憲法上の位置付けは弱い[9]。

その1791年の憲法を具体的にみると、憲法によって保障されるべき基本事項の中で、「フランス革命の記憶を保ち、市民の間の友愛を維持し、並びに市民の憲法、祖国及び法律へ愛着を持たせるよう、国民の祝典が開催される。」という形で友愛が登場する。しかし、その後の1793年の人権宣言では、友愛は忘れ去

---

[5]　M. Borgetto, «Fraternité», *op.cit.*, p.753

[6]　M. Ozouf, «Fraternité», *in* F. Furet et M. Ozouf（dir.）, *Dictionnaire critique de la Révolution française*, Flammarioun, 1987, p.731; M. David, *op.cit.*, p.24

[7]　M. Ozouf, *op.cit.*, p.731

[8]　M. David, *op.cit.*, p.30

[9]　M. Ozouf, *op.cit.*, p.731

第1部　第2章　友愛及び連帯の理念とその歴史

られることになった。1848年の憲法において自由・平等・友愛という標語として、友愛は再登場することになるが、それまでの間、友愛は自由や平等に比べると、その役割は脇役に止まることになる[10]。例えば、革命期に市民として最初に行うべき宣誓において、「国家（nation）、法律（loi）及び国王（roi）」という表現が使用されたり、国王のヴァレヌへの逃避の後には「国家、自由及び平等」が使用されたが、友愛は使用されなかった。革命期によく行われた植樹の際にも、友愛の木が植えられても、それは自由や平等の木に比べると外れた場所であった。ただし、法令以外の場面では、友愛は使用されていた。例えば、1789年当時の職能団体の集まりが「友愛同盟（union fraternelle）」の標章の下で配置されたり、市民連盟（Fédération）の時代の宣誓、儀式、演説等の場面のほか、革命期の司祭による儀式等でも友愛が使用されていた。その点では、法文に友愛が登場しないことは、割り引いて考えるべきである、また、革命期の早い段階から友愛が登場していたことからすれば、キリスト教的な起源故に革命期に友愛が使用されなかったということもないことになる。

　友愛には多幸的又はユートピア的なイメージが伴うが、革命が進むにつれて、友愛は祖国の裏切り者でない者、閉鎖的で限られた範囲の仲間のような意味で使用されたり、抗争の際に相手を追放したり攻撃したりする際の口実として使用される嫌いがあった。例えば、革命期の制憲議会（1789-91年）や1791年の憲法に代表されるるように、友愛をせいぜい祝典の開催程度の道義的理念の世界に押し込めようとする勢力があったのに対して、国民公会の時代（1792-95年）のジャコバン派や過激なサン・キュロットのように、友愛によって実質的な平等を求めたり、友愛の名目で社会的な活動を実践しようとする勢力も存在した[11]。

　このように友愛が有する多義性は、革命期に用いられた「友愛か死か（la fraternité ou la mort）」という表現の曖昧性にも表れている[12]。つまり、自由・平等・友愛の標語の信奉者が標語が約束する財産を得られなければ、死んだ方がましという意味とも、この標語の敵は死に値するという意味にもとれる。1792年8月当時、国家公務員に対して、自由と平等を堅持し、必要とあらば法律のために死ぬという宣誓を要求していたことからすれば、死の方がましという前者の解

---

[10]　M. Ozouf, «Fraternité», in F. Furet et M. Ozouf (dir.), Dictionnaire critique de la Révolution française, op.cit., pp.731-733

[11]　M. David, op.cit., pp.29-32

[12]　M. Ozouf, «Fraternité», op.cit., pp.734-735

釈が適当である。もちろん、その場合であっても、友愛のために死ぬということからして、「友愛か死か」という表現に攻撃的性格があるのは否定できない。この点で、友愛には仲間とそれ以外というように内と外を分ける意識が潜んでいるのである。

　以上の点をまとめると、革命期において共和国の三つの標語のうちの友愛は、自由と平等に比べて遅れて登場した理念であり、権利性の面でも自由や平等ほどの確たる地位は人権宣言でも付与されていなかった。しかも、革命期であっても友愛が好んで使用される頻度は少なく、使用される場合にであっても、ジャコバン派が仲間と敵に二分する表現としての「友愛か死か（La fraternité ou la mort）」が典型であるが、標語としての友愛の使用方法も区々であった[13]。

　次に友愛の思想的な面に目を向けたい。この点に関して、オズーフ氏が、フランス革命の進展とともに、思想としての友愛が次のように展開・変化していったことを指摘している[14]。

　第一に、指摘すべきは、革命の混乱は19世紀の知的な環境を根底から変化させ、哲学者も歴史家も人間が孤立して存在し得ない社会的な存在であるという現実に信頼を置き、反省的な知識を警戒するようになったことである。さらに、その時代、個人主義とそのマイナス面である利己主義、競争及び階級の発生に対する共通の嫌悪感が芽生えるようになった。その結果、利益の計算や意識の高揚が複数の個人、その組織や団体の調和をもたらすことを信じる者はいなくなった。そのような時代環境の中で、人類の分裂を招く個人主義や他人に対する義務は契約によって発生するといった考え方ではなく、より高次の倫理的序列にある友愛によって革命を基礎付けようとする動きが出てきた。つまり、社会の分裂への恐怖が友愛をして革命の中心原理とさせたのである。

　第二に、ミシュレ（Michelet）が言うように、革命の時代はまだ階級の存在を知らず友愛の旗の下で一致団結して歩んでいた時代であったことである。1789年より前は、奴隷を埒外に置いた市民の友愛と奴隷をも包むキリスト教的な友愛とが併存していたが、革命が生み出した友愛は過去の2種類の友愛の継承であると同時に断絶でもあった。すなわち、全ての人間を包含するという点では継承であり、キリスト教的な友愛ではないという点で断絶であった。これに対して、社

---

[13]　M. David, *op.cit.*, p.26
[14]　M. Ozouf, «Fraternité», *op.cit.*, pp.737-739

会主義者であったルイ・ブラン（Louis Blanc）及びビュシェ（Buchez）は、ミシュレと同様に個人主義を批判し友愛を重視するが、友愛が人ではなく神に由来すると捉える点で異なる。

　第三に、革命期において友愛が顕著に登場する時代としては、ミシュレによれば市民連盟の時代を挙げることができる。これに対して、ルイ・ブラン及びビュシェは、個人主義や自己の絶対性を重視するジロンド派と異なり、人類の連帯を前面に出し、不幸な市民に必需を提供することを社会の義務と位置付けた山岳派による独裁の時代を友愛の時代とした。このような時代区分の違いは、友愛の伝統に対する捉え方の違いに起因する。ミシュレは友愛を自由及び平等の完成・超越と捉え、自由、平等、友愛を適切な順番として承認していたが、時代区分に関しては、友愛をキリスト教の継承と捉えなかったにもかかわらず、混沌とした革命期を友愛の時代としている。これに対して、ルイ・ブラン及びビュシェは、自由及び平等と友愛は対立関係にあり、順番としては友愛が先と捉えたが、友愛の時代区分に関しては、友愛とそのキリスト教的起源を承認していたにもかかわらず、革命がキリスト教徒の関係を断絶した時代を友愛の時代としている。

　いずれにせよ、オズーフによれば、友愛には法の平等が事実としての不平等をもたらすことへの修正という原理が存在している[15]。つまり、友愛は実質的平等を確保するという点で民主主義の原理に対立するものではなく、個人を現実の生活条件に閉じこめることを否定する点においては、むしろ民主主義を完成させるものである。また、友愛は、個性の理念中に人類愛の理念を定律し、個人的な権利に社会的な権利を付加し、政治的な革命の論理に社会的な革命を埋め込むものであった。

3　革命期以降の友愛の理念の展開

　アンシャンレジームを終焉させた革命は、政治制度のみならず既存の社会、経済等の秩序の崩壊も招いた。このため、革命以降、そして王政復古期（1814-39年）になると、フランス社会は、様々な社会階層が対立し反目し合う混乱の時代に突入していった。

　そのような時代にあって、友愛の理念は、人権宣言等を通じて確固たる地位を付与された自由や平等と異なり、時として間欠泉のように間隔を置きながら沸き

---

(15)　M. Ozouf, «Fraternité», *op.cit.*, p.739

第 2 節　友愛の理念

上がることはあっても、社会に根付いた理念とまでは言えなかった。例えば、王政復古期、友愛は 1814 年の憲章の前文で言及されてはいるものの、現実に目に見える効果がそこから発生したわけではなかった。このため、友愛は、社会や人々の意識から消え去ったわけではないとしても、時代を先導する理念としての表舞台からは退くことになる[16]。もちろん、そのような時代にあっても、友愛の理念は、共済、慈善等の活動の支えとして一定の役割を果たすことになるが、あくまでも改革派の後衛としての役割であった[17]。

このように一旦は廃れた友愛が再評価されるのは、1830 年の 7 月王政以降の時代、すなわち 1830 年代、さらには 1840 年代になってからであった[18]。しかし、このような友愛の再評価は、突如として起きたわけではない。革命により既存の秩序が崩壊した時代状況にあって、同業組合の流れをくむものの産業の発展に伴い重要性を増してきた労働者層、封建制度からは開放されたものの小土地保有者に止まる農民層、ビュシェ等の社会主義者を初めとして友愛に理論的基礎を提供する思想家という三つの潮流が交錯し、相互に影響を及ぼすことにより、友愛の理念への評価が増幅していった[19]。より根本的には、友愛が再評価された背景には、その時代になり行われるようになった革命の歴史的評価、共和主義思想の再来、社会主義思想の発展、キリスト教義の再読等により、経済・社会環境のみならず知的環境が友愛の再評価に適していたことがある。

1830 年から 1848 年の 7 月王政の時代は、労働者の暴動等が頻発する中で、友愛の理念を唱道する各種協会等の中間団体による活動は非公然化し潜伏状態の中で展開することになった。このような時代にあっても、友愛理念の理論構築は、ラマルティーヌ（Lamartine）等の民主主義運動家、ルイ・ブラン等の社会主義者などの思想家を通じて深化し、盛り上がりを見せることになる[20]。このため、1848 年の二月革命では、1830 年の七月革命で政治的なキーワードになっていた友愛は、論理必然的に自由・平等・友愛の標語の最後を飾ることになった[21]。また、友愛は、自由及び平等との関係では、体制の基本原理の一つであると同時

---

(16)　M. David, *Le printemps de la fraternité, op.cit.*, p.31
(17)　*ibid.*
(18)　M. Borgetto, «Fraternité», *op.cit.*, pp.753-754; M. David, *Le printemps de la fraternité, op.cit.*, p.31
(19)　*ibid.*, pp.49-80
(20)　*ibid.*, pp.81-119
(21)　M. Borgetto, «Fraternité», *op.cit.*, pp.753-754

第1部　第2章　友愛及び連帯の理念とその歴史

に、新しい共和国の象徴と考えられていた。このような状況で、友愛は各種要求の中に登場し、社会・経済的な分野では、労働、扶助及び教育の権利、累進税の導入、外国人労働者の受入、労働時間の短縮等の措置にも友愛の理念が反映していた。

その一方で、1848年の革命の中で発生した一連の出来事は、それまでの友愛に対する熱気を消失させていくことにもなった[22]。確かに、革命の当初においては、友愛は祭典、各種催し等を通じて人口に膾炙していったのみならず、その理念は、臨時政府にとっても革命による暴力を抑止し、社会階層間の対立を緩和する上で好都合であったことから、各種施策を展開し基礎付けるための理念としても受容されていった[23]。しかし、革命初期に掲げられた諸要求のうち政府によって受け入れられることで実現していったのは市民的・政治的な要求が中心であった。社会・経済的な要求は個人的・集団的権利としてではなく、公権力の裁量に属する単なる義務として制度化されたに止まった[24]。また、1848年の憲法においても、友愛は具体的な権利ではなく、あくまでも共和国の標語の一つとして明記（前文§4）されるに止まったのである。

その後、1838年4月の選挙を経て高まった民衆の不満が爆発する形で発生した6月事件（journeés de Juin）は、民衆暴動の鎮圧という結果に終わった。このことは、労働者等の失望を招き、二月革命によって醸成された友愛にとっての好環境に水を差すことになった[25]。さらに、その後の第二共和政の終焉と第二帝政の成立を契機として、友愛はさらに廃れることになった。労働者にとっては、暴力的な革命に訴える時代は過ぎ、自分たちの職域の範囲で物質的利益を守ることの方が重要となったのである[26]。このため、第三共和政の時代には、友愛よりも連帯が好まれるようになる。つまり、キリスト教的色彩が混じり、階級対立の社会においては幻想的すぎて法律になじまない友愛ではなく、レオン・ブルジョワ（Léon Bourgeois）等の連帯主義者によって一般化された連帯が好んで使用されるようになったのである[27]。この結果、それ以降1世紀近くにわたって、友愛

---

(22)　*ibid.*, p.754
(23)　M. David, *Le printemps de la fraternité*, *op.cit.*, pp.169-203
(24)　M. Borgetto, «Fraternité», *op.cit.*, p.754
(25)　M. David, *Le printemps de la fraternité*, *op.cit.*, pp.297-299
(26)　*ibid.*, p.313
(27)　*ibid.* なお、連帯主義者であるジードは、友愛という古めかしい言葉は、もはや科学用語としては使用されななくなり、まじめな人間は生存競争しか信じなくなっていると

よりは連帯が政治・法律の世界では多用されるようになり、社会扶助、社会保障等に関する立法も、友愛よりもむしろ連帯に基礎を置いて制定されたのである[28]。

　時代は一気に下る。第2次世界大戦後の1946年及び1958年の憲法において、友愛は自由・平等と並んで共和国の標語となったが、実際に友愛が再度注目されるようになるのは、連帯主義が過去のものとなった20世紀の終わりである。連帯の概念が社会法に浸透すると、連帯の概念には潤いがなく、官僚的で非人道的な面があるのみならず、他人への寛容及び尊重に係る問題に対処するには連帯では無理があることが明らかになった。その点では、人間性に内在する尊厳に密着する友愛の方が不寛容、人種差別や外国人排斥に対応するには適しているほか、懇親性、愛情や人間同士の関係への配慮に満ちた印象が強い友愛の方が人間相互の関係を再構築するには適していると思われるようになった。1988年の同化最低所得（RMI）の制度化の際には、政府自らがこの点を意識し、友愛に拠り所を求めた。すなわち、単に低所得者に手当てを支給するだけであれば、連帯原理だけで十分かも知れないが、社会的疎外（ソーシャル・エクスルージョン）状態又はその手前にある者について、社会に対して包摂のための厳格な義務を課すため、法的に友愛原理を認めることになったのである[29]。

4　小　括

　ここで本節の内容をまとめることとする。まず、フランス革命により、一旦は歴史の表舞台に登場した友愛の理念ではあったが、その後の展開は必ずしも順風満帆とは言えなかった。友愛の理念が1830年から1851年にかけてどのように変遷したかを整理すると、それは大きく次の3期に分けることができる[30]。

　　　述べている（Ch. Gide, *L'fidée de solidarité en tant que programme économique*, V. Giard et E. Brière, 1893, p.2）。

(28)　M. Borgetto, «Fraternité», *op.cit.*, p.754

(29)　*ibid.*, pp.754-755; M. Borgetto, *La notion de fraternité en droit public français*, L.G.D.J., 1993, pp.413-414（社会的分野及び国家補償的な立法の議論や作業においては、友愛が引き続き援用される場合があった。例えば、1893年7月15日の無料医療扶助に関する法律、1905年7月14日の所得を有しない老人、障害者及び不治の病者に対する医務的扶助に関する法律の採択に当たっての議会の議論の中では、扶助を正当化する根拠として友愛が援用されている。）

(30)　M. David, *Le printemps de la fraternité, op.cit.*, pp.42-44

第 1 部　第 2 章　友愛及び連帯の理念とその歴史

① 1830 年の七月革命後の「栄光の 3 日間」から 1948 年の二月革命による七月王政の転覆まで：政府による弾圧にもかかわらず非合法の社会運動が活発化する中で、様々な社会思想を通じて友愛の理念も深化していった時期である。
② 1848 年の二月革命から 4 月 23 日の立憲議会選挙まで：選挙で保守派が勝利し社会的な緊張が高まるまでの間は、友愛が再び勢いを取り戻した時期である。
③ 1848 年 5 月以降：6 月の民衆暴動による社会混乱にもかかわらず、思想家や市民の間で友愛が価値を有していた時期である。

　次に、このように二月革命をまたいで友愛が指導理念として再登場するが、この時期は同時に友愛にとって転換点でもあった。つまり、1848 年の二月革命以降は、時の権力者も含め人々は、友愛に類似するが違いもある連帯の概念をむしろ使用するようになり、友愛は廃れていくことになり、友愛が公法の原理として再度見直されるのは、第二次世界大戦後になってからであった[31]。
　このように第二共和政の末期に向けて進んでいった友愛概念の衰微・減退は、他方で隆盛期を迎える連帯の理念と裏表の関係であるが、その背景には、友愛概念に内在的な要因もある。その点について、ボルジェト氏は、次のように指摘している[32]。
　第一の要因としては、友愛にとって好都合なフランス革命という時代環境が次第に消滅し、あえて友愛に言及することの必要性が低下していったことである。しかも、友愛には時代遅れのキリスト教的な響きがあり、共和主義という時代の哲学的思考様式や国家制度の世俗化の流れに反する面があったことが影響している。
　第二の要因としては、マルクスからジードに至るまで 19 世紀の著名な思想家や改革者にとって、妥協不可能と思われる対立や反目によってバラバラになった社会において、友愛を持ち出すことが不可能であるといった意識があったことである。
　他方、連帯の隆盛にもかかわらず友愛が命脈を保ったことも事実であり、その重要性は認識されるべきである。連帯が友愛を完全には代替しなかった理由についてもボルジェト氏は触れているが、その要点は次のとおりである[33]。

---

(31)　M. Borgetto, «Fraternité», *op.cit.*, p.753
(32)　M. Borgetto, *La notion de fraternité en droit public français*, *op.cit.*, pp.348-349

①友愛理念に対する批判は、その曖昧性・不明確性等に由来する立法の動機・理念としての脆弱性という法的側面からの批判と、社会の混乱状況に着目した場合の現実と友愛理念との乖離という政治的側面からの批判があった。しかし、友愛自体が社会が到達すべき究極の目標であることへの批判はなかった。
②連帯の隆盛の背景には、連帯主義やそれを拠り所とする急進社会党の存在があるがが、その思想は、19世紀的な自由主義と異なり、国家介入主義（interventionisme étatique）の原則に基づく国家の関与を否定するものではない。むしろ、連帯を援用することで、国家の関与を実現していったまでであって、友愛理念を抹消する意図はなかった。

以上の点を踏まえつつ、次節では連帯理念の形成と発展について検討を加えたい。

第3節　連帯の理念

1　連帯概念の形成

前節で検討した友愛は、自由及び平等と並ぶ共和国の標語として祭り上げられてきたにもかかわらず、現実社会ではさほどの影響力を持たなかった。これと比べると、連帯は歴史上も現実社会においても華々しい活躍を繰り広げ、とりわけ社会保障の世界で重要な概念となっていく。そこで、本節では、連帯について、少し掘り下げて検討を加えることとしたい。

まず、連帯は社会保障に登場するだけではなく、社会で広く使用される語であることから、連帯の概念については、様々な捉え方が可能である。そこで、ここでは、ひとまず連帯の概念をその語源的及び歴史的な発展も含めて概観することから始めたい。

そもそも連帯という言葉は、ヨーロッパ諸語では、フランス語の solidarité、英語の solidarity、ドイツ語の solidarität と表現され、何れもラテン語で堅固・稠密という意味の solidium（solidum）が語源である。従って、そもそもの連帯とは、同業集団の相互扶助に止まらず、人類全体に代表されるような広範で結束の固い全体への包摂を意味する言葉である[34]。法の世界に関する限り連帯の起源はローマ法にあり、その時代、共同債務者が債務全体について他の債務者とともに

---

(33)　*ibid.*, pp.407-409
(34)　M. -C. Blais, *La solidarité, Histoire d'une idée*, Gallimard, 2007, p.58

第 1 部　第 2 章　友愛及び連帯の理念とその歴史

責任を負う（in solidium）という意味で使用されていたとされる[35]。それが法律の世界に再登場するのは、早くて 18 世紀になってからであり、アカデミーで連帯という言葉が承認されるのが 1798 年であるとされる[36]。

また、連帯は、人道（humanité）、博愛（fraternité）、正義（justice）、モラル（morale）等とも関連しつつ形成されてきた概念である。この点に関して連帯の捉え方は多様であるが、哲学的には、連帯は

① 人間関係及び社会生活における「理性と愛の行為（acte de raison et acte d'amour）」であり、

② 正義（justice）と寛容（générosité）に基礎を置いた人類及び社会の発展の要因であり、

③ 現代人における人道主義（humanisme）及び参加（engagement）である

とされる[37]。

このような学理上の定義等は兎も角として、そもそも連帯は日常の生活の様々な段階・局面で存在している。個人が社会に存在する以上、ロビンソン・クルーソー的な存在ではあり得ず、人間は家族、職場、地域等、様々な形で、人と接触する中でしか生活し得ない。ここに連帯の発生する契機がある。これは、古今東西を問わず、人類社会に常に存在しているのが連帯ということである。

---

(35)　M. David, «Solidarité et fraternité en droit public français», in J.-C. Beguin et al., La solidarité en droit public, L'Harmattan, 2005, p.12

(36)　ibid.; Le Ripert, Dictionnaire de la langue française, p.828. 同頁によれば、連帯（solidarité）は「連帯した（solidaire）」から 1693 年に派生し使用されるようになり、1804 年には、民法において債務の連帯性の意味で使用されたとされるが、その場合の債務には、個々の債権者が債権全体に権利を有する連帯債権（solidarité active）と個々の債務者が債務全体に責任を負う連帯債務（solidarité passive）とがあるとされる。また、現代において、連帯（solidarité）とは、

① 自然状態で存在し、人間がそれぞれ有する需要に対して負っている人間同士の相互依存

② 社会集団の構成員の間に成立する相互の責任

③ 人間同士又は人間の集団において存在する相互依存を認識した結果として、社会集団の構成員として、人間を結束させ、助け合い及び相互扶助に至らせ、そして人間同士協力させるところの道義的義務

④ この道義的義務を実行する具体的行為等の語義で使用されている（http://atilf.atilf.fr/dendien/scripts/tlfiv5/displaypexe?29;s=4111113060;i=ft-1-5.htm;; (CNRS, Trésor de la langue française informatisé (TLFi), «Solidarité»)）。

(37)　R. Chappuis, La solidarité, L'éthique des relations humaines, «Que sais-je?», PUF, 1999, pp.7-15

第3節　連帯の理念

　例えば、フランスにおいては、社会保障を語る場合、ローマ時代の聖マルティヌスが引合いに出されることがある。彼は、青年時代にローマの兵士として従軍した際に、寒さと飢えに苦しむ乞食に自分のマントを刀で引き裂いて分け与えたことで有名である。後に彼はトゥールの司教となり（4世紀）、成人に列せられている。このことからも窺えるように、社会保障の思想には、ヨーロッパのキリスト教との関係を抜きにして語り得ないことが多い。連帯についても、然りである。中世は、祈る者（聖職者、oratores）、戦う者（領主、bellatores）、働く者（農民、laboratores）によって構成される世界であったが、これは神に由来する役割分担であり、相互に依存的で補完的な関係であった[38]。

　このように、現代の連帯を想起される思想は、キリスト教世界において古くからみられる。例えば、中世の封建制は、領主による一方的な搾取による抑圧された社会とみられがちであるが、実際には領主は農民等に城の管理等の仕事を提供したり、貧窮者を扶助するなど、捉え方によっては連帯が存在していたともいえる[39]。他方、精神世界に目を向けると、キリスト教やそのスコラ哲学が人類社会の連帯につながる社会観の基礎を構築していた。例えば、『神学大全』で有名なトマス・アクィナスは、人間を神と合一させる愛徳（caritas）とは友愛（amicitia）の絆であると捉えるなど、神と人間との友愛を強調している[40]。しかし、このような中世的な連帯の芽がそのまま現代に繋がるわけではなく、現代、我々が社会保障等で意識するような形で連帯が法の世界で位置付けられたのは、そう古いことではない。

　14世紀から18世紀にかけては、フランスにおいて絶対王政が確立していく時代とも重なるが、その時代の国家（l'État）は個人の権利を保護する「保護国家（État protecteur）」として理解されるようになる。同時に、キリスト教に支えられた社会関係が崩壊の危機に瀕するようにもなる。その結果、社会関係の拠り所はもはやキリスト教ではなく、ルソーの社会契約のような思想に求めざるを得なくなるが、そうした思想の根底には自己愛を緩和する他者への同情心や憐憫の情が存在している。このような同胞への愛を連帯と言うか友愛と言うかという議論は

---

[38]　M. David, «Solidarité et fraternité en droit public français», *op.cit.*, p.13
[39]　H. de France, «La solidarité et ses fondements implicites: les conditions d'un retour à une vision organique de la société», *in* A. et C. Euzéby（éd.）, *Les solidarités, Fondements et défis*, Economica, 1996, pp.6-8
[40]　稲垣良典『トマス・アクィナス』（講談社、1999年）461-463頁

第1部　第2章　友愛及び連帯の理念とその歴史

あろうが、いずれにせよ、このような感情はキリスト教的な友愛（fraternité）から宗教性を除去した概念であるとも捉えられる[41]。

　さらに、フランス革命を経て19世紀に入ると、産業革命の進展につれて顕在化する労働者の貧困、資本と労働との階級対立といった問題状況にあって新たな思想として、サン・シモン主義（saint-simonisme）、マルクス主義（marxisme）、プルードン的社会主義（socialisme proudhonien）などが登場してくる。これらの社会思想は当時の社会労働運動に影響を与えることになるものの、社会の大勢としてはレッセ・フェール的な自由主義が支配的な力を有する時代において、社会を根底から覆すことには至らなかった。むしろ、社会主義思想と自由主義思想との対抗関係の中にあって、この何れとも異なる思想として登場して来たのが連帯思想であった。

　連帯思想の誕生は必ずしも単線的ではないが、出発点としては、社会学の始祖とも言われるオーギュスト・コント（Auguste Comte、1798-1857年）の社会有機体説（organiciste）の影響を受けた実証主義（positivisme）が重要である。革命後の18世紀前半の混乱期に活躍したコントは、一見無秩序と思われる複雑な社会現象の中に観察可能な法則を見出し、政治体制も含め社会の再組織を図ろうとする。そうした神学的・形而上学的ではなく実証的な観察眼を通して見えてくる社会とは、自然法や社会契約論が唱えるような一回限りの契約によって成立するものではなく、時空を貫く相互関係の中で一定の法則に則り発展してきたと考えられている。さて、この場合の法則とは、具体的には、人間の精神に関する三段階の法則である。コントの『実証哲学講義』第4巻の中の第51講「社会動学の根本原則、すなわち人類の自然的進歩の一般理論」によれば、人類の発展は、原始的な神学的段階、過渡的な形而上学的段階、究極的な実証的段階という三つの一般的段階を経るという哲学的大法則に人類社会は支配されているとされる[42]。その発展の根底にあるのが人類相互の連帯である。その点に関して、コントは『実証精神論』の中で、「新しい哲学の全体は、実際生活においても思索生活においても、ひとりの人間が多種多様な局面で他のすべての人間と結びついていることを常に強調するように努めるであろう。そして私たちは、あらゆる時と場所に正し

---

(41)　F. Prosche, «L'idée de solidarité en France: origines et développements», in A. et C. Euzéby (éd.), *op.cit.*, pp.26-27
(42)　清水幾太郎責任編集『コント、スペンサー』（中公バックス世界の名著46）（中央公論新社、1980年）293頁

第 3 節　連帯の理念

く拡大された社会連帯という深い感情に、知らず知らずのうちに親しむことになるであろう。」と述べている[43]。

以上、前節の友愛がそうであったように、連帯も様々な思想家、運動家等の当事者やそれらの思想が織りなす相互連関の中で登場し発展してきた概念であることを確認した。その要点をまとめると、連帯思想は、歴史的にキリスト教の存在と無縁ではないが、それが直接現代に繋がるわけではなく、また、自由主義のみならず社会主義思想の影響を受けながらもそれらとは一線を画した思想であることになる。言い換えれば、19世紀の連帯思想は、フランス革命によりキリスト教的な価値観が否定された空洞状態の中で、産業革命にみられるように伝統的な社会経済組織が崩壊し社会問題の発生を前にして、新たな社会秩序を求めて登場してきた思想であると言える[44]。

2　連帯主義の登場
（1）　ブルジョワの経歴

思想史的には、連帯思想は第三共和政下の政治状況と深く関わる。とりわけ、その思想としての流布は当時活躍した法律家・政治家である L. ブルジョワ（L. Bourgeois、1851-1925 年）の連帯主義（solidarisme）を抜きに語ることはできない[45]。極言すれば、ブルジョワこそが現代にも繋がる連帯思想の立役者とも言える。そこで、ここでは、まずブルジョワの連帯主義に焦点を当て検討を加えることとしたい。

ところで、そのブルジョワであるが、根っからの思想家というわけではない。若い頃には法律を修め弁護士になった後、県知事等の行政官としての勤務を経て政界に転じ、1895 年には首相になるなど、フランスの国政においても重要な役割を果たした。第一次世界大戦後は国際連盟の活動にも尽力し、1920 年には

---

(43)　同上 206 頁

(44)　F. Ewald, *L'État providence*, Grasset, 1986, pp.358-359; F. Prosche, «L'idée de solidarité en France: origines et développements», *op.cit.*, pp.29-30（思想的には、社会主義者が主張したような唯物主義とは異なることも指摘されている。）

(45)　ブルジョワは、盟友であり教育改革に取り組んだビュイソン（F. Buisson）とともにフリー・メイソン（franc-maçon）であるが、経緯的には、彼が 1886 年に国会議員に選出されたマルヌ（Marne）県にあったフリー・メイソンの組織（La Sincérité de Reims）に 1982 年に入会し、その人的繋がりを通じてフリー・メイソンの存在が彼の活動に影響を及ぼしたとされる（M.-C. Blais, *La solidarité, Histoire d'une idée, op.cit.*, p.22, p.238）。

第1部　第2章　友愛及び連帯の理念とその歴史

ノーベル平和賞を受賞するなど、ブルジョワは生涯を通じて多方面で卓越した活動を展開した。

そのブルジョワが『連帯（Solidarité）』の初版を公刊した1896年は、普仏戦争敗北後のフランスが国全体としてドレフュス事件（affaire Drefus）に巻き込まれる年でもあった。日本でも有名な小説家ゾラ（E. Zola）が大統領に宛てた「私は糾弾する（J'accuse...!）」が『ローロール紙（L'Aurore）』の第一面を飾り話題になったのも、この2年後である[46]。事件そのものは、ユダヤ人出身の将校ドレフュスがドイツからのスパイの濡れ衣を着せられたという点で、極度の愛国主義が招いた側面があるが、一面では共和制のあり方にも関わる問題であった[47]。つまり、社会主義者が革命主義から改良主義に転じ国政への参画を模索する中で、それとの連携を図ろうとする共和主義者左派と、むしろ共和主義者の再構築を訴える右派とが対峙していったのである。そのときに、ドレフュス派の代表格ではないにしても、極端な愛国主義に訴えうるのではなく、自由主義と社会主義との融和や調和を図ろうとしたのが、ブルジョワに代表される連帯主義であった。

また、思想史的において、19世紀末は、労働争議等の社会問題が顕在化する中で、フランス革命以来、抽象的な権利主体としての自由な個人を前提とする個人主義が絶対視された時代からの転換点であった[48]。同時に、フランス革命を経た共和制の下にあって、国家の在り方については、国家が優越的地位に立ち個人を支配するのではなく、個人に平等な権利を確保する存在として認識され始めた時期でもあった。このような時代環境の中で連帯主義は、個人の平等な権利実現にとっての正義の重要性や、個人と国家との間に社会というものの存在を世に認識させることになった。

---

(46)　ブルジョワの『連帯』は、1895年に『Nouvelle Revue』紙に4回にわたり掲載された記事を小冊子にまとめたものであった。1896年の初版以来版を重ね、1914年にはArmand Colin出版社から第8版、そして1931年に第12版が出されるなど、当時のベストセラーとなった。本稿では、Presse Universitaire du Septentronから1998年に出された復刻版を基本的に使用している。なお、ブルジョワの連帯主義について詳述した文献としては、古くは、丸谷岩吉『社会連帯主義』（泰文社、1923年）がある。

(47)　ゾラの告発文については、大仏次郎『ドレフュス事件』（朝日新聞社、1978年）56頁以下及び稲葉三千男『ドレフュス事件とエミール・ゾラ、告発』（創風社、1999年）135頁を参照。

(48)　1884年には、ワルデック・ルソー（Waldeck-Rousseau）法により労働組合の団結権が認められるが、炭坑等の鉱山労働者の争議が多発するなど、社会問題が顕在化した時代でもある。

第 3 節　連帯の理念

　ブルジョワ自身についていえば、『連帯』を公表した時期は、彼が政治をはじめ様々な分野で精力的に活動を展開した時期でもある。まず、1890 年に公教育大臣に就任するなど、教育は彼の活動分野の一つであったが、1900 年に開催されたパリ万博の際には社会教育会議を開催し、連帯主義の立場から「社会教育協会（Société d'éducation sociale）」を創設することになった。また、社会政策の関係では、ブルジョワは共済や協同組合の活動を推進したほか、1898 年には労災補償の法制化に関して、扶助・社会的福利厚生委員会の委員長として成立に尽力した。このほか、1899 年には、ハーグで国際平和会議が開催され、ブルジョワはフランス代表として参加するが、これが後に国際連盟の活動にも関与するきっかけであった。

　ブルジョワとその連帯主義にとって特筆すべきは、1901 年に共和主義急進派と穏健社会主義を融合した「急進派・急進社会党（Parti radical et radical-socialiste）」、いわゆる「急進社会党」が結党されたことである。これにより、ブルジョワが目指した科学的実証主義と精神的理想主義との融合、あるいは自由主義と社会主義（集産主義）との調和が現実を動かす政治的運動体（政党）に結実した[49]。この急進社会党は、名前から来る日本語のイメージとは異なり、19 世紀のプチ・ブル層に代表される中道保守勢力を基盤とし、現代の急進党につながる系譜の政党であり、フランスの近代政治史において重要な役割を果たしてきた[50]。結党時の状況に即して言えば、急進社会党は社会主義者と自由主義者の両者の間に位置する政党であり、1905 年に宗教分離法が成立すると、運動の方向は教育、社会問題等の内政にシフトし連帯主義を拠り所に社会政策の実現にも取り組むことになった。

---

(49)　M.-C. Blais, *La solidarité, Histoire d'une idée, op.cit.*, p.239, pp.258-259；中木康夫『フランス政治史（上）』（未来社、1975 年）338 頁以下；土倉莞爾『フランス急進社会党研究序説』（関西大学出版部、1999 年）。

(50)　レオン・ブルム（稲葉三千男訳）『ドレフュス事件の思い出』（創風社、1998 年）107 頁。「急進（radical）」という言葉は、18 世紀のイギリスで普通選挙を求める急進改革派（radical reformers）として登場するが、フランスには王政復古時代に政治上の用語として導入され、その後のルイ・フィリップ時代に共和主義思想の意味で人口に膾炙するようになった（F. Buisson, *Politique radicale, études sur les doctrines du parti radical et radical-socialiste*, V. Giard et E. Brière, 1908, p.12）。なお、フランス語の形容詞である「radical」とは、もともと事物の本質や原則に関わる性格を意味することから、日本語の本質的とか根元的に近い意味である（*Le nouveau petit Robert*, Dictionnaires le Robert, 2006）。

第1部　第2章　友愛及び連帯の理念とその歴史

（2）　ブルジョワの連帯概念

ブルジョワの連帯主義思想の骨格をなすのが連帯概念であり、彼は、『連帯』の冒頭部分で、連帯が友愛に代わる新たな時代の標語であるという趣旨で、次のように述べている[51]。

> 「連帯という言葉は、近年になり政治上の用語に入ったに過ぎない。……もともと、その用語は、共和国の３番目の用語である友愛の単なる派生語と捉えられていた。その用語は、次第に友愛から置き換わった。」

このブルジョワの連帯思想については、以下詳しく論じることとして、とりあえずは概念としての連帯の理念を次のとおり要約しておきたい[52]（図表2-3-1）。

- まず、人間社会には、人の意思にかかわらない自然的事実として連帯が存在していることが出発点である。これを称して「事実としての連帯（solidarité de fait）」というが、人間社会には、別途、義務的な性格を有する「義務としての連帯（solidarité de devoir）」が存在する。
- この義務としての連帯は、人間の生活が過去及び現在の人類の能力及び活動の蓄積の上に成り立つものであり、人間は一人では何もなしえないという事実に起因する。その点で、人間は生まれながらにして社会に対して「社会的債務（dette sociale）」ともいうべき債務を負っていることになる。
- 契約を前提とする社会において、このような社会的義務が発生するのは、協同体（association）としての社会にあって、民法の準契約と同じように、遡及的に同意がなされたと見なされる協同体準契約（quasi-contrat d'association）が成立するからであるとされる。

その上で、連帯思想及びその政策実現において大きな役割を果たしたブルジョワの連帯主義を少し掘り下げてみると、彼の思想は次のように整理することができる[53]。

- 1789年の革命により構築された権利の主体である絶対的な個人は、抽象

---

(51)　L. Bourgeois, *La solidarité*, Presses Universitaires du Septentrion, 1998, p.11
(52)　*ibid.*
(53)　*ibid.*; L. Bourgeois, *Les applications de la solidarité sociale*, Bureaux de la revue politique et parlementaire, 1902, pp.1-5, p.9, p.15; L. Bourgeois, *La politique de la prévoyance sociale, I, La doctrine et la méthode*, Bibliothèque-Charpentier, 1914, pp.218-220

第3節　連帯の理念

────── 図表2-3-1　ブルジョワの連帯の体系 ──────

事実としての連帯（solidarité de fait）＝人間社会には自然的事実としての人間同士の連帯が存在。
　　　　　　　　　　　　　　　　　　＊人間の意思に関わらない自然的事実

　社会的債務（dette sociale）：人は過去の人類の能力及び活動の蓄積並びに同時代の他人の能力及び活動の上で生活が可能であり、その意味で人は生まれながらに社会に対して債務を負う債務者（obligé）である。

　↓

義務としての連帯（solidarité de devoir）＝人は遡及的に同意された契約（contrat rétroactivement consenti）としての準社会契約（quasi-contrat social）により社会的債務を履行する義務を負う。

cf1──準契約（quasi-contrat）……事務管理において、委任契約の締結なしに、他人のために事務の管理を行ったときに費用の償還請求をできるのも、連帯の私法上の発現と捉えることが可能。
cf2──社会契約（contrat social）……ルソーに代表される社会契約が当事者間の同意を前提とするのに対して、準社会契約では、当事者の同意は要求されない。つまり、準社会契約は、契約によるのではなく先験的に存在している。
cf3──準社会契約における対価性……契約が有効であるためには、原因（cause）において対価性が必要となるが、準社会契約の場合には、人が社会から得る役務・財（社会保障給付）と人が社会に与える役務・財（社会保障負担）との対価性が成立。ここでは、数学的な意味での等価交換関係は成立しないが、これは一般の契約でも同じ。

な創造物であって、実際の個人は社会的にしか存在し得ない。人の権利及び義務も、時間的・空間的に結びついた人間同士の関係性においてのみその意義を見出すことができる。その場合にあって個人の物質的・精神的な生活は社会的産物であり、その理性も社会的事実である。
・各個人は孤立した存在ではなく、社会を構成する要素である。それ故、人間は社会で生活している限り相互に強く結びついており、社会の進歩もその協力に由来する。すなわち、有機体はそれを構成する要素の発展なくして発展は不可能であり、社会の場合には社会を構成する人間の進歩が前提である。換言すれば、人類の進歩の条件は、社会を構成する個人の自由が保障されることとともに、各人が共通の目的に向かって生存競争を繰り広げるのではな

く、協同することにある。
- 社会における共通の目的とは、良識を備えた人間によって希求される正義（justice）である。正義なしには、如何なる自由意思も合意に達することはできない。
- 私法の世界では、等価交換による契約関係の形で容易に正義が実現するのに対して、社会という広範な協同体においては、負担により利益が得られるといった意味での等価関係は成立しない。その点で、協同体において、正義が実現するための等価関係が何かを認識することは容易ではない。さらに、協同体においては、社会契約論がいうような契約関係を成立させる事前の同意は実際には存在しないし、ルソーがいうように社会のために全ての権利を放棄する必要もない。協同体において契約関係を成立させるには、民法がいうところの準契約（quasi-contrat）を援用することで十分である。つまり、協同体の構成員は、連帯に基づく利益を享受するとともに負担を提供することを暗黙裏に受諾するのである。
- もちろん準契約が成立するためには、私法の契約と同様に当事者同士の同意に原因（cause）の均衡が存在しなければならず、この均衡こそが正義である。これを換言すれば、個人の生存が確保されるようサービスの交換において正義が存在するように社会が組み立てられなければならないことを意味する。ただし、この原因の均衡とは、人々の間に存在する不平等や格差そのものをなくすことではないし、条件の平等を一時的ならともかく恒常的に維持することはできな。むしろ社会としてなし得るのは、無知、利己主義、適性等に起因する条件の不平等をなくすことである。
- ここで条件の不平等の解消とは、社会サービスの中に存在すべき均衡の回復させることであるが、これこそが社会的債務（dette sociale）が目的とするものである。そうであれば、個人の所有権、活動、自由は、何れも連帯により社会から得たものであるといえ、その点で各人は社会の全ての構成員に対して相互に社会的債務を負っていることになる。
- ところが、準契約により発生する債権及び債務は正確に計算することはできない。しかし、社会全体としては、矯正的正義（justice réparatrice）に基づく仕組みを導入することにより、債務が履行され構成員が正義に即して自由を行使することが可能となる。そのための仕組みが共済を通じた社会的リスクの分散であり、これにより社会全体としてリスクと給付を均衡させることが

可能となる。
・その点で、扶助は社会的義務であり、社会の各構成員はこの義務を履行するためにその分担に応じて寄与しなければならない。つまり、余剰を有する者がいる中で飢えに苦しむ人を放置することは社会として耐え難いことであり、老齢や障害のみならず病気、労災、失業等の短期的なリスクも含め、その構成員に対して社会として最低限度の生存に必要な需要を充足することは義務である。
・社会の構成員相互に発生する社会的債務は、遡及的に同意される契約という意味で準社会契約としての性格を有する。つまり、社会的債務は予め同意されるわけではないが、科学的・合理的な理念である連帯に照らして是認される契約である。この連帯に基づき、公権力は社会正義の観点から社会に介入することができる。

（３）　ブルジョワの連帯思想の特徴
　ブルジョワの連帯思想の中でも注目されるのは、彼が前提とする国家観や社会観である。まず、ブルジョワは、ルソーの社会契約のような孤立した個人を措定するのではなく、社会を所与の前提とし社会的存在としての個人を措定した上で、権利義務関係も個人間ではなく社会的な規範として理解しようとする[54]。そして、このこととも関係するが、国家について、ブルジョワは社会の構成員の外にあって上からの存在としての形而上学的な「国家（l'État）」を否定し、国家が存在するとしても、それは人という実在の協同体でしてであるという立場に立つ[55]。このことは、ブルジョワが自然の連帯法則に基づき孤立した抽象的な個人を否定するのと同じように、国家についても抽象的・形而上学的な国家の概念を否定し、国家を人的な協同体とみることを意味する[56]。さらに、ブルジョワは、情愛に満ちた社会の形成のためには、単に国家と個人が存在するだけではなく、その中間に法的な繋がりではなく自発的な連帯に根差した協同体が必要であることを唱える[57]。これは、ル・シャプリエ法以来の極端な個人重視の社会モデルからの転換であり、いわば中間団体重視の思想である。この中間団体の典型

---

(54)　F. Ewald, *L'État providence*, Grasset, 1986, pp.364-365
(55)　L. Bourgeois, *Les applications de la solidarité sociale, op.cit.*, p.11
(56)　L. Bourgeois, *La solidarité, op.cit.*, p.35
(57)　L. Bourgeois, *La politique de la prévoyance sociale, op.cit.*, p.180

第 1 部　第 2 章　友愛及び連帯の理念とその歴史

が共済であるが、その後共済がフランスの社会保障の発展に重要な役割を果たしたことに照らすと、このようなブルジョワの思想は社会保障にとっても重要である。

このこととも関係するが、現代から振り返ると、ブルジョワ等の連帯思想は社会保障と根源的な関連性を有している。もちろん19世紀から20世紀初めにかけて、いまだ社会保障という概念は確立していないが、連帯は社会的リスクの社会化を促進する思想としての役割を担っていた。つまり、その時代、社会保障の萌芽ともいうべき福利厚生や共済等の制度が連帯の発現たる社会制度として認識され、連帯概念を媒介として制度が拡大していったのである。視点を変えると、例えば共済組織のような仕組みは、当時の社会において個人と集団を結び付けることにより社会問題を緩和する制御装置と理解され、かつ、自由主義的個人主義に基づく放任主義やビスマルクの強制保険のような国家介入主義とも異なる第三の途と捉えられるなど、国家体制にとっても好都合な存在であった[58]。実際のところ、ル・シャプリエ法による中間団体の禁止にもかかわらず、共済組織は、弾圧対象であった労働組合と異なり黙認された状態にあり、その後、第二共和政及び第二帝政の時代になると法的地位を付与されるなど、国家的にも公認された存在となっていった。

また、思想的な立ち位置という点でも、連帯主義は社会保障と親和性を有する思想と言える。この点では、ブルジョワの次のような発言や著述に照らしても、連帯思想は現代でいう社会保障の先駆けとなる思想であったと評価することができる。

・1902年9月28日にフランス共済全国連合会（Fédération nationle de la Mutualité française）の挨拶において、ブルジョワは、社会サービスの交換における正義の条件として、①共通の社会的財が社会の全ての構成員に開放されていることと、②全ての者の努力により回避可能なリスクに対する予防を確保することを挙げているが、自然的・社会的リスクに対する予防手段として、「協同による福利厚生（prévoyance par l'association）」である共済の必要性を唱えている[59]。その上で、「共済の存在意義は、まさに戦いや競争という思想では

---

(58)　F. Prosche, «L'idée de solidarité en France: origines et développements», *op.cit.*, pp.33-34

(59)　L. Bourgeois, *La politique de la prévoyance sociale, op.cit.*, pp.220-222; La fédération nationale de la mutualité française, *Deux discours de M. Léon Bourgeois*, Arthur Rousseau, 1903, pp.21-22

第 3 節　連帯の理念

なく連帯という高次の思想に服することにある」と述べ、共済事業の優越性を重視している[60]。
- 1912 年 7 月 7 日のノルマンディー共済総会の演説において、「我々は、あらゆる国家による介入が弾圧とみられた時代からは、幸いにして遠く離れて」おり、「相互扶助による共済が必要であるとともに、より一般的で普遍的なリスクに対しては、皆が皆のために組織した福利厚生、すなわち国家自身の協力の下に保障される福利厚生が必要である」とした上で、「労働省は、国家の中で『調和の住処そして連帯の学校』とならねばならない」と述べている[61]。このため労働省が取り組むべき対策としては、労働時間法制、週休保障、労災補償、失業保険、労働者保護のため疾病等に関連して社会衛生対策や住宅政策、障害年金、老齢年金等を挙げている[62]。

ただし、ブルジョワが共済を重視した理由は、それが国家による一方通行の保障ではなく、各加入者の拠出義務の履行による相互扶助である点にある。つまり、共済等の相互扶助は、単に一方的に給付を受け取るのではなく、個人の責任と相互性に立脚して、拠出義務の見返りとして給付を受ける制度であり、そこにブルジョワは連帯主義の精神を見出したのである[63]。実際、彼は 1908 年 11 月 26 日の社会衛生連盟通常総会 (Assemblée générale de l'Alliance d'hygiène sociale) において、「適用方法の議論は別として、原則に関しては我々の間で同意をみる第二の思想によれば、人間はこの世に誕生した日から社会的義務を負っている。この義務は、あるとき社会の世話にならないよう必要な努力をすることである。」と述べた上で、相互の紐帯を実現する手段が福利厚生 (prévoyance) であることを指摘している[64]。

また、ブルジョワが現代の社会保障につながる相互扶助制度を重視する背景としては、既にドイツで導入されていた社会保険制度に啓発されたことも、無視できない。確かにフランスでは、強制加入などを特徴とする国家介入色の強いドイツ流の社会保険がそのまま受け入れられたわけではないが、その存在は意識され

---

(60) L. Bourgeois, *La politique de la prévoyance sociale, op.cit.*, p.224; La fédération nationale de la mutualité française, *op.cit.*, pp.27-28
(61) L. Bourgeois, *La politique de la prévoyance sociale, op.cit.*, pp.201-203
(62) *ibid.*, pp.204-243
(63) P. Toucas-Truyen, *Histoire de la mutualité et des assurances, L'actualité d'un choix*, Syros, 1998, p.52
(64) L. Bourgeois, *La politique de la prévoyance sociale, op.cit.*, pp.172-173

第1部　第2章　友愛及び連帯の理念とその歴史

ていたと考えられる。その証に、ブルジョワが1911年12月19日に社会博物館（musée social）で行った挨拶の中で、結核等の公衆衛生対策のための財源不足に関連して、ドイツの強力な社会保険金庫が30年近くにわたって果たした役割を評価して、「我々が確認したような成果をドイツが得ることができたのは、極めて強力な財政上の組織の存在である」と述べ、フランスにおける共済の役割への期待を表明している[65]。また、客観情勢としては、フランスでは、共和主義者がドイツに対する敵愾心からドイツ流の社会保険を皮肉混じりに「国家社会主義（socialisme d'État）」と呼び、制度化への反対があったものの、割譲されたアルザス・ロレーヌで社会保険が実施されるなど、その存在を無視できない中で共済が社会保険の代替策となった面もある[66]。

　社会保障以外に目を向けると、ブルジョワは、財源としての租税の中でも累進税率による所得税の役割を連帯の観点から重視していた[67]。例えば、前述の1911年の社会博物館での挨拶の中でブルジョワは、富者は貧者と比べ優位である限りにおいて、富者はそれだけ多くの負担をしなければ、債務を履行したことにはならないとして、「力を持ち裕福であれば、貧困者との関係でより多くの責任を負っており、それだけに多くの拠出の義務がある」と述べている[68]。

3　19世紀の連帯思想の諸相

　連帯を媒介として個人と社会との間に発生する諸問題を解決しようとする連帯思想であるが、これはブルジョワの専売特許というわけではない。彼以前の様々な哲学者・思想家等も連帯をそれぞれの思想の核となる概念として用いていたし、ブルジョワの生きた時代にも、彼の仲間である連帯主義者が数多く存在していた。

---

(65)　*ibid.*, pp.55-56

(66)　P. Toucas-Truyen, *op.cit.*, p.57

(67)　課税の正当化の理屈の観点から、課税を①交換的課税理論（théorie de l'impôt-échange）と②連帯的課税理論（théorie de l'impôt-solidarité）に分けることができる（V. Dussart, «Fiscalité et solidarité», in IFR, actes de colloques n° 6, *Solidarité(s), perspectives juridiques, sous la direction de Maryvonne Hecquard-Théron*, Presses de l'université des sciences sociales de Toulouse, 2009, pp.249-250）。このうち交換的課税理論は、課税を危険に対する安全・安心の確保に対する対価と捉えるのに対して、連帯的課税理論は、課税を共同体の思想や共同体への帰属の観点から捉える（*ibid.*）。ブルジョワは累進課税を唱えたが、このような考え方は、課税的正義の実現としての所得税及び相続税を重視する連帯的課税理論の立場を色濃く反映しているといえる（*ibid.*）。

(68)　L. Bourgeois, *La politique de la prévoyance sociale, op.cit.*, p.59

第 3 節　連帯の理念

例えば、フランス革命後から 19 世紀前半にかけての社会思想家のうち、産業主義で有名なサン・シモン（H. de Saint-Simon）、あるいは生産者共同体としてのファランステール（phalanstère）で有名なフーリエ（Ch. Fourier）は、連帯という用語は明示的には使わなかったものの、国家によらない社会の組織化や相互扶助的な協同体（association）といった発想は連帯の源となるものであった[69]。1848 年には二月革命が起きるが、その時代には連帯は言葉としても人口に膾炙するようになっていた[70]。また、理論面でも連帯主義者の先駆けであるルルー（P. Leroux）やペクール（C. Pécqueur）が登場し、当時既に発生した労働者階級の貧困等問題について、人類を統一する連帯の理念から、目の前の混乱が決して運命的なものではなく、将来の秩序・調和に向けての階梯であることを主張するようになった[71]。その点では、ブルジョワ自身も、彼の連帯思想が指摘するように、先人の業績から示唆を得ながら、そうした過去からの知的集積の上に自らの連帯主義を発展させたともいえる。その証左に、ブルジョワは、彼の著した『連帯』の中で、連帯思想に関係の深いフイエ、ジード、イズレ、スクレタン等に言及している[72]。

　連帯思想の形成という点では、19 世紀に興隆しつつあった諸科学の影響も無視することはできない[73]。ブルジョワの『連帯』の記述には、人間社会に存在する相互依存関係を説明するために、ケプラーやガリレーによる地動説や万有引力の法則のような自然界の法則が比喩的に登場する[74]。なかでもニュートンの万有引力の法則は、天文学や物理学上の一大発見であったに止まらず、その決定論的な意味で体系化された世界観は生物学、哲学等の諸科学にも多大なインスピレーションを与えることになった。自然界、さらには人間社会やその積み重ねである歴史も無秩序な断片的事実によって構成されているのではなく、そこには共同体としての有機的連関や歴史的継続性があることが認識されるようになったのである。そのような自然観や社会観は、まさに連帯に基礎を置く社会科学の前触れともいうべきものであった。実際、ブルジョワは、社会に存在する連帯を捉

---

(69)　M.-C. Blais, *La solidarité, Histoire d'une idée, op.cit.*, p.50
(70)　*ibid.*, pp.50-51
(71)　*ibid.*, p.62
(72)　L. Bourgeois, *La solidarité, op.cit.*, p.14, p.22, p.26, p.28, p.31
(73)　M.-C. Blais, *La solidarité, Histoire d'une idée, op.cit.*, pp.68-70, p.74
(74)　L. Bourgeois, *La solidarité, op.cit.*, p.23

第1部　第2章　友愛及び連帯の理念とその歴史

るに当たり、生物学的存在としての人間に関する科学の発展を意識していたと推察される。彼が著した『連帯』の中で、連帯に関して、科学的真実（vérité scientifique）と倫理的真実（vérité morale）、科学的手法と倫理思想との対比しつつ、知性（intelligence）のみならず良識（conscience）を有する人間の場合には、合理性に根差した自然界の法則の発見が物質的生活の変化を可能にするとともに、善に根差した精神・社会の世界の法則の発見が社会的生活の変化を可能にすると述べている[75]。

そこで、フランスに限って、何人かの連帯主義の思想家を挙げてその思想を概観することとし、そこからブルジョワ等の連帯主義への影響を実際にみていくこととしたい[76]。

（1）　ルルー（P. Leroux、1797-1871 年）
植字工であったルルーは、当初サン・シモン主義者として雑誌『ル・グローブ (Le Globe)』の創刊・編集に携わるが、その後は思想的にはサン・シモン主義とは袂を分かつことになる。既存の秩序が崩壊した1830年の7月革命の時代にあって、彼の主張の核は、人類を共同体と見立て、その中で人間相互の連帯を実現することであった。ただし、その場合の連帯とは、社会契約のような恣意的な契約に由来するものでもなく、あくまでも社会的な存在としての複数の個人の関係から発生するものと理解される。また、ルルーにとって、連帯とは、本能に従うミツバチに代表される動物の世界に存在する連帯と異なり、科学、芸術や政治に支えられた社会の調和の中で構築された人間関係に起因するものである。

ルルーは、最初の連帯の思想家であることを自任する。実際、『サマレの海岸』という著作の中で、ルルーは、個人主義と対峙する社会主義という新語法のほか、連帯も自分が最初に使用した思想家であると述べている[77]。具体的には、「私は、

---

(75)　*ibid.*, pp.17-19

(76)　以下の連帯主義者に関する記述は、特に断らない限り、M.-C. Blais, *La solidarité, Histoire d'une idée, op.cit.*, pp.64-65, p.75, pp.80-106, pp.137-155, pp.169-175; F. Prosche, «L'idée de solidarité en France: origines et développements», *op.cit.*, pp.23-42; M. Borgetto, *La notion de fraternité en droit public français, op.cit.*, pp.363-369; 伊藤邦武『哲学の歴史第8巻社会の哲学【18-20世紀】』（中央公論新社、2007年）204-216頁を参照した。

(77)　P. Leroux, *La grève de Samarez*, Librairie de E. Dentu, 1863, t. I, pp.254-255; ルルーは既に『人類について（De l'humanité）』（Fayard, 1985, pp.173-218）の中で個人が人類の中においてしか存在し得ない存在であり、過去から未来への人類の連続の途中における存在である

第 3 節　連帯の理念

連帯という用語を法律家から借用し、哲学、すなわち自分流にいえば宗教に導入した最初である。私としては、キリスト教の慈善を人類的な連帯に置き換えるこを望み、それにより自らの理性を分厚い本に付与した。」と述べている[78]。

　しかし、連帯という言葉自体はキリスト教との関係で既に使用されていたし、哲学の分野でも、彼より前に連帯を使用していた思想家は存在する。むしろ彼の独自性は、その問題意識である独立した自由な個人と人類の一体性との調和を図るべく、両者をつなぐ要石として連帯を据えたことである。それにより、彼は、過去の歴史に照らし、個人が置かれた社会との繋がりなしには個人は生存し得ないことを明らかにし、この普遍的連帯法則に基づく連帯の強化・認識を人類が目指すべき哲学として提示した。ただし、哲学と宗教との関係では、旧来の秩序が崩壊し新たな秩序が構築される段階では、哲学が宗教中立的な信仰として社会を画するべきとの立場に立っており、宗教と哲学とを区別することには反対であった。

　ところで、ルルーは、世俗的には 1948 年の 2 月革命以降共和主義者として政治活動に入るが、1851 年にはクーデターにより亡命を余儀なくされる。その政治活動で注目されるのは、1948 年の憲法制定に当たり彼が発表した憲法草案である[79]。彼にとって憲法は社会改革の実現過程であり、彼の憲法草案に対する新聞の論評に対する回答の中で「社会改革及び労働の組織は、真に国家を組織する可能性に依存している」と述べている[80]。憲法草案自体は人権及び国家の統治形態を中心に 100 条から成るが、その前文で謳われるのが連帯である。すなわち、「全ての人間は同じ種に属するが故に同種の存在物であることから、同じ人類にあって全ての人間を結び付ける連帯の名において」、憲法が宣言される。また、憲法の基本概念となっているのが所有権（propriété）、家族（famille）、国家（patrie）の三位一体であり、この 3 種類の需要は同類同士の協同という連帯により充足されることになる（第 4、5 条）。さらに、この基本原則により構成される社会にあって、基本的人権は、①生存の権利又は所有権、②家族、③教育、④良心の自由、⑤結社の自由、⑥営業の自由、⑦表現の自由、⑧選挙の自由、⑨個人の安全に集約される。これら人権に対応して義務が発生することをルルーは主張

と述べており、連帯概念の萌芽が認められる。
(78)　*ibid.*, p.254
(79)　P. Leroux, *Projet d'une constitution démocratique et sociale*, Librairie de Gustave Sandré, 1848
(80)　*ibid.*, p.169

するが、その義務の一つが児童及び弱者の保護に関する義務であった。このようにルルーにあっては、自由、平等、友愛というフランス革命の標語の流れを踏まえ、連帯という社会の基本原理の上に各種人権カタログが憲法草案として提示され、その柱の一つとして弱者保護が位置付けられていることが特徴である。

なお、彼の信念によれば、連帯は哲学であって実践活動ではないことから、ルルーは、連帯思想を政治活動と切り離して考えていたことには留意が必要である。

(2) ペクール (C. Pecqueur、1801-87 年)

ルルーと同時代に生きた経済学者である。彼はフーリエの協同体 (association) 及び連帯に関する思想の影響を受けるが、後にはフーリエとは決別する形で独自の連帯思想を展開した。その思想的特徴は、生産と配分にみられる連帯の存在から、技術進歩による産業の発達が人々の距離を縮め、神が創造した秩序である人類の一体性の下での人々の依存関係が連帯を強化するとの主張にあった。

ペクールは2種類の連帯を提示する。一つは、「事実による連帯 (solidarité de fait)」あるいは「自然的連帯 (solidarité naturelle)」といわれるものである。この事実による連帯は、我々が同じ集団や組織に帰属し、各自が自由に行動することで全体に影響を及ぼし、逆に各自は全体の影響を受けるという結果を意味するに止まる[81]。これに対して、もう一種類の連帯は、「法による連帯 (solidarité de droit)」あるいは「自発的連帯 (solidarité volontaire)」といわれる。事実による連帯が即物的で利己主義的な性格を有するのに対して、法による連帯は、全ての者が従うべき義務、すなわち道徳律の存在を示唆しており、その点で道徳的な性格を有する連帯である[82]。

この2種類の連帯を社会の発展の視点から見ると、社会は、人が同じ共同体に帰属するという意味で運命的な事実である「事実による連帯 (solidarité de fait)」の段階から、人の自由意思に基づき社会を変革する「法による連帯 (solidarité de droit)」の段階に向かうというのがペクールの主張であった。ここにおいて連帯は法的な規範性を帯びることになり、その下で社会は人類にとって所与の存在というよりも、事実を踏まえた自由な意思が行為の準則を与えることで組織化が可能なものとなる。そうであるが故に、現実社会において対立関係が存在するとし

---

[81] C. Pecqueur, *Théorie nouvelle d'économie sociale et politique, ou études sur l'organisation des sociétés*, Capelle, 1842, p.28
[82] *ibid.*, pp.28-29

ても、連帯法則に基づき、それは対立を乗り越え理想に向かっていくためのプロセスであると捉えられることにもなる。

このような連帯による社会の組織化の観点からは、個人間の連帯による生産等の協同組合、共済等の協同体が重視される。その場合にあって、国家とは拡張された協同体以上の存在ではなく、家族、地域、職域等の協同体と同列に扱われることになる。また、協同体は、産業や技術の発展により国家をも超え、ヨーロッパ全体、さらには普遍的協同体に拡大することもあり得るとされる。

（3） ルヌヴィエ（C. Renouvier、1815-1903 年）

ルヌヴィエは、カントの批判哲学（critisime）を出発点として認識論を構築した新カント主義者である。哲学の関係では、ルヌヴィエは、無限（infini）の存在に関する有限主義、量・空間・時間・質等の範疇（catégorie）論をはじめとして、哲学上の諸問題について広範な議論を展開するが、その思想の基本は個人主義的であり集産主義には批判的であったとされる。ルヌヴィエが連帯主義との関係で重要なのは、彼が、個人の自由は共同体の他の構成員との繋がりを承認するところから責任感情が発生し、自由を基底とする法制度に対して連帯による基礎が付与されるといった考え方を提示し、自由が持つ弊害を克服しようとした点がある[83]。

そもそもルヌヴィエが初期（1842年）に著した『現代哲学提要』では、デカルト、それ以降のスピノザ、ライプニッツ、ロック等の哲学、さらにはカントの哲学に至るまで思想について広範な分析が加えられる[84]。その結論として、存在（être）の普遍的統合を図ろうとする様々な学理がある中で、それらの総合を可能とするのは矛盾（contradiction）であり、二律背反による対立を通じて存在が明らかになることを指摘する。つまり、ルヌヴィエによれば、「虚無（néant）こそが人生の本質である。それがなければ、我々は生きることができない。それに対して、矛盾は思考の本質である。仮に我々が対立し否定することができなければ、我々は思考することができない。」のである[84]。

範疇論（カテゴリー）について言えば、ルヌヴィエは範疇の中でも関係（rela-

---

[83] M.-C. Blais, «solidarité: une idée politique?», in IFR, actes de colloques n° 6, *Solidarité(s), perspectives juridiques*, sous la direction de Maryvonne Hecquard-Théron, Presses de l'université des sciences sociales de Toulouse, 2009, p.38

[84] Ch. Renouvier, *Manuel de philosophie moderne*, Paulin, 1842, p.381

tion）を重視し、全ての表象を相対的な関係性（relativité）から捉えようとする。そして、物事の本質について、ルヌヴィエは、超越的な事実を否定する現象主義の立場から、認識は現象を超えることができないことを指摘する。この関係性の理論的原則から導き出されるのが人格主義（personnalisme）であった。それによれば、一般的・合理的であると同時に個人的・経験的でもある人の認識は、主体と客体との相互関係から生み出されるものであり、この関係性なしには認識は存在し得ないとされる[85]。また、ルヌヴィエによれば、思考とは、認識を形成する主体と客体との関係を決定する特別な行為であり、それ自体が関係性を内包した関係性の積み重ねとして提示されることになる[86]。

　このようなルヌヴィエの哲学は、倫理的価値として個人の自由を重視する人格主義の立場に立つものであった。彼によれば、個人は時間的にも場所的にも一時点の一点に出現するはかない存在であるが、「全ての存在及び全ての善が実現し、そして到達するのに必要な倫理的条件が備わることで幸福が実現するのは、個人の中においてであり、さもなければ認識、知識及び愛によってなのである」[87]。その点で彼の主張は、個人を開花させる自由を重要な価値として位置付けるが、されとて自由を絶対視することで自由競争がもたらす社会問題等の弊害を放置するものではない。いうならば、ルヌヴィエの主張は自由と社会的正義との融合や統合を目指すものであった。このような人格主義の立場は、彼の社会に対する眼差しにも反映する。その現れが連帯であり、彼は、人間的でも神授的でもある連帯によって個人間の社会関係の必要性に対して極めて優美で明確な形式が付与されるものであり、個人の行為は人類全体の連帯に係る行動法則に支配されていると主張した。

　その後、彼の連帯思想は、スイスのローザンヌ在住の友人であったスクレタン（Ch. Secrétan）との交流や議論を通じて深化・発展する[88]。スクレタンが、人類

---

(85)　Ch. Renouvier, *Le personnalisme*, Félix Alcan, 1903, p.10
(86)　*ibid.*, p.12
(87)　*ibid.*, p.210
(88)　ルヌヴィエとスクレタンとの書簡の交換は公刊されている（*Correspondance de Renovier et Secrétan*, 1910, Armand Colin）。スクレタンがその晩年に当たる1890年4月18日付でルヌヴィエに宛てた書簡では、新たな真実の発見のためではなく、昔からの信念の普及に寄与私、ルヌヴィエの傍らで歩んだ途を役立てるべく行ってきた社会問題に関する哲学的研究を放棄せざるを得なくなったと述べている（*ibid.*, p.161）。また、1991年1月2日にルヌヴィエがスクレタンに宛てた最後の書簡では、「私はあなたの知的な利発さを賞賛

を他の動物と隔絶する特徴として人類の一体性を主張したのに対して、ルヌヴィエは、人類の絶対的な一体性を強調することは、全体の名の下に個人及びその多様性を否定・抑圧することになると反論し、人類の捉え方について多様性と一体性のうちの多様性を選択すべきであることを主張した。ここから、自由な個人とその理性を基底に置き、政治的共同体が個人の自由な意思の協同により社会の中で形成されるという考え方が展開される。この場合の社会とは、個人の個体化（individuation）を実現する環境であり、個人の自由はそれが実現するにせよ阻止されるにせよ社会の存在が前提となる。その中にあって、連帯は人間の自由を強化し正当化するものであり、連帯を通じて歴史が形成されるとされる。具体的に言えば、歴史は理性論者（idéaliste）の主張とは異なり、人間同士の相互関係である連帯により、いい方向ばかりではなく戦争のような悪い方向にも向かうものであり、理性のみならず意欲や情熱も含めた人間の自由な意思、そして人間が置かれた社会環境の中で構築されるのである。

　ところで、彼の主張の核となる連帯であるが、それは「社会的連帯（solidarité sociale）」と「個人的連帯（solidarité personnelle）」とに分かれる。このうちの社会的連帯とは、時空の中で個人同士を結びつける連帯であり、模倣を通じて個人が相互に影響を及ぼし合い、習慣や法が形成される場となる。これに対して個人的連帯は、個人が置かれた環境の中で過去からの習慣や行為に依存する状態をいう。この場合の習慣や行為は個人の自発的な選択により自ら形成される部分とともに、その時代の人間として無意識的に形成される部分とがある。このため、個人的連帯は個人の意思を超越する運命的な性格を有するように思われる。しかし、人間は本質的に自由であり、その理性的状態としての自由を連帯が侵害することはできないという確信の下で、ルヌヴィエは、正義の相互性に基づく防御権（droit de défense）によって、人間は不正義に対しても立ち向かうことができると主張する。従って、個人にとって社会は慣習や法により既に存在していると同時に、個人が社会を構成する合理的な主体として自らが構築する存在でもある。その点で、彼は「個人的契約（contrat personnel）」という概念を用い、社会は自発的な主体として自ら約定を交わし、自らを拘束する個人によって構築されるという考え方を提示する。これは、後の連帯主義において「準契約（quasi-contra）」の概念につなが

するとともに、社会問題のためにあなたをして部分的に形而上学を放棄させた偉大な模範であり尊敬に値する流儀を賞賛する」（*ibid.*, pp.164-165）と述べるなど、スクレタンの影響を垣間見ることができる。

第1部　第2章　友愛及び連帯の理念とその歴史

るものである。

　このほか連帯主義との関係では、彼が提示する「債務感情（sentiment de dette）」も重要な概念である。なぜなら、連帯という自然的繋がりから、債務感情が発生するからである[89]。

　ところで、この債務感情とは、人間社会において何物かを受領したことの見返りに同等物を返却しなければならないという感情である。そもそも人間の存在は、その出生時において外部依存的であり、その点で人間は、社会の相互依存関係の中で存在しており、暗黙のうちに正義に基づき債務を返済しなければならないという認識を抱くことになる。ここから所有権を前提としつつも、この相互依存関係に着目したリスク分散の仕組みとして共済が登場することになる。これに対して、この債務感情から扶助が直ぐに導き出されるかといえば微妙である。確かに、他人といえども人間としての尊厳を奪われるべきでないとしても、他人のために自らの労働の目的物の一部を提供する形で負担をする義務があるかといえば、そうではない。それにもかかわらず扶助が実施されるのは、社会正義を持ち出すことで、扶助を厳密な意味での義務ではなく、社会の構成員間の共感に根差した要請と捉え、扶助の実施を個人から社会に移管することで制度化が図られるからである。このような扶助と共済を比較対照するならば、何れも社会の相互依存関係に根差した仕組みであるとしても、共済が人生におけるリスクを皆で保険的に配分する保障であるのに対して、扶助の方は、社会の一部の構成員が他の構成員に対して対価関係なしに負担を引き受ける保障であることになる。

　以上のようなルヌヴィエの連帯理論の意義は、彼の言葉を借りれば、次のとおり要約することができる[90]。

「我々は、連帯の理念がベーコン及びデカルトの学理において哲学の形式でもって登場したことを指摘した。そして、仮にこの理念が今日において多大な恩恵をもたらしているとすれば、それは人間の社会関係における必要性の原則に対して極めて美しく詳細な形式を付与しているからである。次に、自己への愛及び他人への愛、個人の完全性及び公共の完全性は、この理念に共通の基礎を見出す。他方、際立って人間的である連帯の理念は、禁欲的な信心と利己主義を打ち砕くとともに、それを理解し教授することのできる者にとって際立って神聖である連帯の理念は、それぞれの存在の行動を神をして存在全体の動きに沿うよう命じさせた永遠の法則に結び

---

(89)　M.-C. Blais, «solidarité: une idée politique?», *op.cit.*, pp.38-39
(90)　Ch. Renouvier, *Manuel de philosophie moderne*, Paulin, 1842, p.440

第 3 節　連帯の理念

付けている。」

（ 4 ）　フイエ（A. Fouillé、1838-1912 年）

　フイエは、折衷主義（éclectisme）の哲学者として知られる。フイエの思想の特徴は、人類社会を自ら認識し自ら実現する組織、すなわち練り上げられた意識の連合体（union de conscience）であると捉える点にある[91]。その上で、彼は、社会の中にあって契約は組織をより完全で強固にするとの理由から、人類社会を契約的組織（organisme contractuel）であると位置付ける。この契約的組織とは、自ら認識し意欲することによって自ら実現していく組織であり、契約によってその組織は完全で強固なものとなると理解される[92]。

　このようなルヌヴィエの社会観の根底にある問題意識は、実証主義と観念論との調和である。このため彼が提示した概念は「力観念（idée-force）」であり、そのポイントは、自発的意思はそれを抱くことが意思の表出・具体化・実現につながる外部的な効果を有しており、その点で自ら実現する力を有しているという考え方である。

　この力観念が適用されるのが、実は法分野である。彼によれば、法は単に超越的又は形而上学的な意味での観念ではなく、人間による内在的な実現可能性を有しているという意味での形而上学的な観念であるとされる。

　その点について、彼の著作の一つである『法の現代的理念』は、社会秩序や法的秩序の構築という法の本質を優越的な権力（puissance）、功利主義的な利益（intérêt）、全ての者にとって等しい自由（liberté）の観点から分析し、正義を伴わない絶対的な権力が招く専制の問題、利益のみでは説明できない人間の意思や知性をもたらす意識の存在、自由競争がもたらす非決定論的な状態など、それぞれに難点があることを指摘する。彼によれば、人間は単に功利的な存在ではなく、利害と関係ない理念を理解できる存在である。その点で自然法は、各自の力と利益とを均衡させるものであったが、それを唯心論的に現実の状態と考える点で誤りであった。これに対して、全てを説明可能な現象と考える自然主義（naturalisme）は、法のように現実を超える形而上学的な領域を説明できない点で限界を有していた。そこで彼は、法を意思により実現可能な理念として捉えるところから、自然法等とは異なる理念法の概念を次のように提示する[93]。

---

(91)　L. Bourgeois, *La solidarité*, Presses Universitaires du Septentrion, 1998, p.30
(92)　M.-C. Blais, «solidarité: une idée politique?», *op.cit.*, p.39

第 1 部　第 2 章　友愛及び連帯の理念とその歴史

- まず、自然には意思がない以上、権利は人の意思から発現することからすれば、伝統的な自然法（droit naturel）は誤りであって、それは理念法（droit idéal）にすぎない。
- ここから言えるのは、精神的自由（liberté morale）は理念や力観念あるいは義務ではあるが、目の前に実在する現実ではないことである。その点で、伝統的哲学は、自由と自由競争のように目的と手段の関係にあるものを混用するなど、理想的な自由があたかも個人に内在する善や徳、あるいは真実であると誤解をしている。このため、事実と理念とを区分する必要がある。
- 全ての理念には、それの実現に向かっていく力がある。法に関する理念は、物質的・機械的ではなく、思考する点で知性的・形而上学的な価値を有するものである。
- 法は、一言で言えば、個人が他人を理解することにより全てを理解できるようになったときに生まれる。人々の関係が拡大し、それが全ての人を包含する普遍的な関係となったときに、法が構築される。

彼の説く理念法は、要するに、権力や自由あるいは利益ではなく、意思を持って思考する人間が備えた力（force）により法の実現可能性が担保されるという考え方であった。その点では、極端な唯心論と唯物論の何れも排し、それまでの自然主義や理想主義のような異なる理論の間の対立を解消し調和を図ることが、彼の意図でもあった。それでは、その彼が主張する理念法とは、実際のところ、どのようなものであろうか。『法の現代的理念』の中で、彼は理念法の体系について、次のように要約している[94]。

① 我々の経験的な出発点は、自ら考え、他人の意識を考え、世界全体を考える意識であり、それは、結局のところ個人的かつ普遍的な性格を有する意識である。
② 意識は、思考する主体としての固有の性格も、主体が思考する客体の性格も、主体から客体への経路も適切に説明することができないことから、認識の手段としては固有の相対性（relativité）を有している。ここから、認識の相対性の原理（principe de la relativité des connaissances）が登場する。

---

(93)　A. Fouillé, *L'idée moderne du droit*, 6ᵉ édition, Librairie Hachette, 1909, pp.277-278, pp.385-386
(94)　*ibid.*, pp.393-394

第 3 節　連帯の理念

③ この原理は、理論的及び実際的な利己主義に対する理性的な制限である。
④ 自らを自らに投影することにより、意識は、個人的な自由及び普遍的な社会に関する現実的な理想（idéal）を問題探求的に認識することになる。この宇宙論的、社会的そして精神論的な理想は、理性的な説得性（persuasif）を有する。
⑤ そこで、ある新たな体験的事実（fait）が登場する。それは、自ら実現に向かっていく理想の性向、より一般的に言えば、指導観念（idées-directrices）、力観念（idées-forces）である。
⑥ そのとき純粋な法（droit）は、意識が自由に結合した普遍的な理想としての性格を有する理性的で高位の価値として登場する。すなわち、利己主義的な絶対性を制約する理想として、この概念は正義あるいは固有の法を構築したり、あるいは、説得のための理想として友愛を構築する。
⑦ 外部的な自由は、各人に対して、内部的な自発性や意識の自動的な変化、すなわち、力及び絶対主義の使用とは相容れない変化を確保する必要性から演繹することができる。
⑧ 他人を前にしたこの外部的な自由の制限（limitation）は、個人の絶対性を排除する知性の制限（limitation）及び相対性の結果として必要である。
⑨ 外部的な自由の平等（égalité）、そして市民的及び政治的な権利の平等の根拠となる法律による相互の自由の制限は、自由自体によって推論することができる。なぜなら、あらゆる不平等は、何らかの特権のために自由を必然的に縮減させることになるからである。さらに、平等は、意識自体や現実の還元できない根底部分により、あらゆる意識に対して同様に課せられた制限からの演繹である。
⑩ 人類における経済的及び自然的な条件の段階的平等化（égalisation progressive）は、自然自体及び社会の進歩によりもたらされた事後的帰結である。
⑪ 我々の理論は、自由の観念を高位の権力（puissance）及び高次の利益（intérêt）に調和させる。具体的及び完全であると同時に理想的及び現実的な法は、全ての個人にとって平等な最大限の自由となり、それは社会組織にとって最大限の自由、力及び利益とも両立可能なものとなる。

このような力観念を基礎とする法の理解にもみられるように、フイエは、あらゆる極端な前提を虚偽とみる[95]。このことは、彼の社会制度に関する理解にも

第 1 部　第 2 章　友愛及び連帯の理念とその歴史

現れる。例えば、彼の著した『社会的所有及び民主主義』の中で、彼は所有権を絶対視することも、社会主義のように完全に社会的なものと捉えるのではなく、個人的であると同時に社会的であり公益の観点からの制約に服すると考える[96]。それ故、彼にとっては、曖昧なキリスト教的愛や社会主義的友愛に支えられた慈善よりも、正義や一般利益という正確で科学的な理念に支えられ広範に組織された保険の方が望ましく、蓄積された集団的な富を一種の湖にたとえ、必要に応じて公的扶助や普遍的な保険に投入すべきことを主張する[97]。

　フイエが主張する公的扶助の拠り所は、市民の間に存在する連帯にある。それは、貧困のうちに生まれた子供には貧困の責任はなく、社会全体として富が欠如しているわけでないのであれば、賠償的正義（justice réparative）に基づき社会扶助の形で社会は介入すべきという主張である[98]。このような考え方は、自然界にみられるような生存競争による適者生存というダーウィン説（darwinisme）による進化論とは一線を画すものである。あえて、進化論に引き寄せて説明すれば、連帯により、ある者の善が他人に連鎖するのと同じように、ある者の悪も他人に連鎖することから、悪に対する対策は社会的に取り組む必要があり、それが発展か衰退かの分かれ道であることになる[99]。フイエによれば、人間社会においても、権利の平等が保障されたとしても、自ずと個人間の優劣を生じさせるが、自然と異なるのは、新たな発見は社会に伝播し皆の共有財産となることで、より高い水準での平等をもたらすのである[100]。

　フイエの思想は、正義に基づき社会を契約的に組織化するための強固な基礎を付与するものでもあった。それでは、この場合の賠償的正義とは何か。彼によれば正義は、社会とともに変化するが、その過程で配分的正義（justice distributive）及び交換的正義（justice commutative）よりも契約的正義（justice contractuelle）が優越することになる。契約的正義とは、弱者も含めた全ての者が契約者となる社会契約という人的協同（association humaine）の条件としての正義である[101]。契約的正義の支配の下では、全ての配分は、暗黙の契約に基づく同意を前提に行われ

---

(95)　A. Fouillée, *La propriété sociale et la démocratie*, 2ᵉ édition, Librairie Hachette, 1895, p.1
(96)　ibid., p.V, p.79
(97)　ibid., pp.VI-VII, p.109
(98)　ibid., p.78
(99)　ibid., p.152
(100)　ibid., pp.274-275
(101)　ibid., p.129

ることになる。また、契約的正義は、非違行為により発生する損害に対する賠償責任にみられる賠償的正義を内包する。また、個人の自由が重視される社会においては、個人は、他人との繋がりを引き受ける必要性がより増大する。世代間の関係について賠償的正義を適用した場合、相続を介して過去の世代との繋がり（連帯）を有する現在の世代は、賠償的正義に基づき過去の恩恵に浴するのみならず逆に債務も負担せねばならないことになる。このことを国家的規模でみるなら、国家は過去との関係で社会の債務を負担すべきということになる。

　このようにフイエにとっての連帯は、個人が社会で生活することを受諾することによって発生する義務であり、連帯を自覚した社会の構成員はすべからく社会的債務を負担することになる。その点で、そこにはブルジョワの連帯思想の中心概念である準契約（quasi-contrat）に基づく「社会的債務（dette sociale）」の萌芽をみることができる[102]。ただし、フイエは、扶助が国家の財源には制約や個人の所有権による制約に服することを認め、賠償的正義に基づく扶助制度が社会的債務というよりも道義的義務（devoir moral）と捉える立場とも考えられることには留意を要する[103]。

（5）　ジード（Ch. Gide、1847-1932年）
　ジードは、社会的経済（économie sociale）の視点から、生活協同組合等の団体の活動の理論的拠り所となる協同組合主義を説いた連帯学派（école de la solidarité）の経済学者として夙に有名である。彼は1900年のパリ万博の際に社会的経済に関する報告書を作成するなど、連帯主義の普及に積極的に取り組んだ。このため我が国においても、彼の著述は翻訳などにより広く紹介されてきた。そのうちの一つが、『社会経済学（Economie sociale）』である。それによれば、社会的経済と

---

(102)　フイエは、遺棄児童に対して社会は法律家がいうところの準契約により義務を負っており、社会は遺棄児童に対して食糧、一般的及び職業的な教育を提供しなければならないが、それは賠償的正義に基づく一般的な債務を履行しているだけであると述べている（*ibid.*, p.132）。
(103)　フイエは、親がなければ扶助は都市の義務に、都市がなければ国家の義務になることを捉え、そこには扶助に対する真の道義的権利（droit moral）が存在すると述べている（*ibid.*, p.132）。また、不能者の純粋に道義的権利は、全ての者による賠償的正義及び友愛による義務を発生させるが、それは社会的に最良と考える手段により段階的に義務の充足を図っていくべき性格の義務であり、いわば社会にとっての道義的義務であるとも述べている（*ibid.*, p.135）。

第1部　第2章　友愛及び連帯の理念とその歴史

は、「社会経済学に在ては人生の実状と予想とを探求するにあり。詳言すれば吾人の生計を容易ならしめ、人生の将来を確保する目的を以て吾人相互の関係を研究するものにして、吾人の幸福を保証する為めに敢えて自然法を無視し又は博愛仁慈を衒ふものにあらず」とされ、その学問対象には、疾病、災厄、老齢及び廃疾、死亡、失業等に対処するための「労働社会の制度」が含まれる[104]。この点で、社会的経済とは、現代でいうところの社会的リスクを対象とする各種社会制度も射程に置く実践的側面を有する学問と理解することができる。実際、彼は、『社会経済学』の第3篇「生活の保安」において疾病、失業、老衰等の偶発的な災難に対処するための社会制度として保険、救済及び貯金を取り上げ、その必要性を説いている[105]。

　ところで、経済学の立場からジードが連帯を主張した時期は、それまでのように自由放任（レッセ・フェール）による自由（liberté）というものに対する評価が低下し、むしろ連帯（solidarité）が「自由・平等・博愛」に部分的又は全面的に代替する標語として登場し、各種言辞の締めくくりの殺し文句（le mot de la fin）としても使用されるようになってきた世紀の変わり目であった[106]。それは、またブルジョワが連帯主義を主唱した時代とも重なる。

　彼の学問的手法は、同時代のワルラス（L. Walras）の静態的・数学的な一般均衡論による分析とは対照的に、変化する動態的な現実に着目し、いわば歴史的に経済を分析する点に特徴があった。その典型が、彼の協同組合主義に対する立場であった。彼は、当時展開していた協同組合、共済等の存在に着目し、相互扶助、協同組合、協同体といった概念から、個人による所有ではなく組合員による所有という経済の新たな形態を見出そうとした。

　連帯はそもそもがキリスト教に由来する理念であるが、彼の理論の下では、その連帯概念がキリスト教の形式と科学の要素を兼ね備えた理念として再構成されることになる。しかも、彼は、連帯の理念を19世紀に支配的であった自由主義とも調和するよう、自由の下での連帯を主張する。敷衍すれば、彼が目指すのは、古典的な自由主義者が主張する自由競争（レッセ・フェール）がもたらす「生存のための戦い（la lutte pour la vie）」が支配する社会ではなく、「生存のための協同

---

(104)　シャルル・ジード『社会経済学』（大日本文明協会、1910年）3-4頁
(105)　同上 333-335頁
(106)　Ch. Gide, *L'idée de solidarité en tant que programme économique*, V. Giard et E. Brière, 1893, pp.1-2

(l'association pour la vie)」により、幸福のみならず不幸も構成員の間で共有される社会である[107]。

しかしながら、連帯が実現するためには、法や社会制度が必要である。単に競争と分業に根差した利益による連帯は、弱者連合ともいうべき弱者同士の連帯であったり、一方的に利益を得る強者と損害を受ける弱者というねじれた連帯（solidarité à rebours）に止まる。このためジードは、損得の何れも共有される真の連帯を主張する。その最も適した形態が、構成員が協同することで近代的な生産関係の中で各人が最大の利益を享受することにつながる協同組合であるとされる。このため、彼は、「一人が皆のために、皆が一人のために（Chacun pour tous, tous pour chacun）」の理念の下で構成員が協同する協同組合を主唱した[108]。

さらに、連帯そのものについて言えば、ジードは、その時代、科学による感染症の解明、鉄道等の科学技術の発達に注目し、人間界における連帯が強化される方向にあることを基本認識に据える。このような歴史的事実から理論を構築する手法から、ジードは、歴史的にみると連帯が物質的連帯（solidarité matérielle）、精神的連帯（solidarité morale）、法的連帯（solidarité légale）に順次発展していくことを唱えた。すなわち、第1段階においては、人類は自然によって運命的・無意識的・自動的に結びついており、専制君主が自然を付与のものとして連帯を維持していた時代である。これに対して第2段階は、連帯の運命的な性格は残っているものの、人々は相互の紐帯を意識し、それに逆らうことなく、兵役、納税、事業主の保険料拠出等の義務を意識的に果たしている時代である。さらに第3段階になると、連帯の強制的性格を消失し、自発的な意思による契約に基づき社会が維持されることになる。この連帯の歴史的発展の最終段階においては、労働の形態も、協同組合や労働組合のように、各人の自由な意思の合同による契約的な組織を基礎に置く社会に転換していくことが指摘されている[109]。

4 連帯思想の諸潮流の相互関係
(1) 代表的思想の異同

本書では、法的側面からデュギーにつながる連帯思想をたどることを主目的と

---

[107] *ibid.*, pp.10-11
[108] *ibid.*, p.14
[109] *ibid.*, pp.7-9（労働の形態は、第1段階のカースト制、第2段階の同業組合、第3段階の協同組合及び労働組合に変遷していく）

第1部　第2章　友愛及び連帯の理念とその歴史

しており、様々な思想家の連帯思想を個別かつ詳細に分析することは、本書の域を超える。ただ、それぞれの連帯思想が相互に影響を及ぼし合ったのも事実であり、その相互関係について最小限の検討を加えることは必要であろう[110]。そこで、ここでは、次のとおり代表的な思想の異同を述べた上で、法的視点からの考察に移ることとしたい[111]。

すなわち、

① 連帯主義は、労働者階級の登場に伴う階級対立が顕在化し始めた時代の中で、極端な自由主義や社会主義（集産主義）ではなく、理性的で自由な個人（個人主義）を前提として、人類の一体性を説く共和主義者の思想である。

② 連帯思想の先駆者であるルルーやペクールにおいては、人類を結び付ける共同体という発想には神の存在が無視できない。これは、彼らの思想が展開されたのは、フランス革命は終焉していたものの19世紀という社会的混乱期であったことが影響している。このため、宗教的な色彩抜きには地上における共同体の調和は考えられなかったことが彼らの思想形成に影響しており、宗教中立的なブルジョワ等の連帯思想とは異なる特徴を有する。しかし、既に産業や技術が発展・進歩することで人々の生活が緊密化する中で認識されるようになった連帯を基礎にその哲学・思想を理論化した点では、その後の連帯主義に大きな影響を及ぼしている。

③ ジードの連帯主義は、事実のみならず価値を重視する彼の経済学の立場から、歴史的な事実に着目して連帯を導出した上で、連帯が目指すべき道徳的価値であることを指摘した点に特徴がある。その具体的現れが、彼が主張した協同組合主義であり、このような国家と個人の中間団体としての協同体を社会の基軸に据え連帯を構成する手法は、ブルジョワとも共通する。

④ フイエは、社会学的理論のような実証主義とは対峙する理想主義的な立場に立つ哲学者であったが、極端な自由主義や社会主義に与することなく、思想的には中庸による調和を目指した。このため社会問題に対する対応につい

---

(110)　各連帯主義者の著述の中で、他の連帯主義者の文献が引用されることが、相互の影響の傍証である。例えば、ジードは、連帯に関連して、マリオン（Marion）、デュルケム（Durkeim）、ワグナー（Wagner）、ルコラン（Recolin）に言及している（*ibid.*, p.1）。また、ペクールは、彼に影響を与えた先駆者としてルルー等の名前を挙げている（C. Pecqueur, *op.cit.*, p.XXIV）。

(111)　M.-C. Blais, *La solidarité, Histoire d'une idée, op.cit.*, p.265; M. Borgetto, *La notion de fraternité en droit public français, op.cit.*, pp.363-363

ても、所有権を絶対視するのではなく、社会における個人間の繋がりから賠償的正義という形でブルジョワの社会的債務に通ずる概念や、社会活動を制御する原理としてブルジョワの準契約に類似した暗黙の意思の合致の存在を導き出している。実際、彼は社会問題への対応するため、社会的債務に基づく富の再分配機能を有する正義・連帯の制度として保険や公的扶助の実施を主張している。

⑤ ルヌヴィエは、連帯に関して、社会に存在する相互依存関係に着目し債務感情を理論化し、社会から個人の権利を導き出すのではなく、個人から社会の義務を導き出している。これは、ブルジョワの準契約や社会的債務の概念と親近性を有している。また、連帯概念の基本となる人間像については、自らの意思により選択し行動する自由で理性的な個人を指定する点でも、ブルジョワと同様に個人主義を基本としている。ただし、その個人主義は絶対的なものではなく、連帯という新たな要請とも調和がとれる範囲の個人主義であった。その点では、ルヌヴィエは、19世紀の連帯主義の総括に向けての橋渡し役的な思想家であったといえる。なお、ルヌヴィエの連帯概念は規範的なものではなく、相互依存関係といった事実を示すための概念であったことには留意が必要である。

⑥ ブルジョワは、ルヌヴィエのような新カント主義と実証主義の両方の影響を受けたが、スピリチュアリスムとは一線を画した。また、彼の中心概念である連帯の基礎となる社会的債務、準契約等の概念も先人からの影響を受けながら形成されていったことが推察される。

（2） ブルジョワの連帯思想の特徴

以上、連帯思想がブルジョワ一人の独創ではなく、彼が連帯主義について説くように、連帯思想自体が過去の様々な思想・哲学の蓄積の上に構築されたいることが明らかになった。そこで、様々な連帯思想と比較した場合に、そこから浮かび上がるブルジョワの連帯思想の特徴は、次の点に集約できる[112]。

① それまで民法上の概念であった連帯や準契約を政治哲学上の概念に転換し

---

(112) M.-C. Blais, *La solidarité, Histoire d'une idée, op.cit.*, p.241, pp.254-255, p.261, p.311; Préface de M. Ernest Lavisse *in* L. Bourgeois, *La politique de la prévoyance sociale*, Bibliothèque-Charpentier, 1914, pp.XI-XII; M.-C. Blais, «solidarité: une idée politique?», *op.cit.*, pp.42-43

第1部　第2章　友愛及び連帯の理念とその歴史

たことがブルジョワの連帯主義の斬新性である。
② 連帯主義における連帯とは、連帯の事実（fait）に注目するという点でザイン（être）であるとともに、連帯の必要性を指摘する点ではゾレン（devoir-être）である。換言すれば、実証的であると同時に規範的な側面、あるいは科学的であると同時に実践的な性格を有するのが連帯主義である。
③ 連帯主義は、関係者間の契約により構成される思想である点では、個人主義の系譜に属する。ただ、連帯主義にあっては、所有権の尊重を前提にするものの、社会正義に基づき富の国家的再配分を是認する。その点で、連帯主義における所有権概念は、極端な個人主義や資本主義を標榜する立場とは一線を画しており、絶対的な権利ではない。
④ それとも関係するが、連帯主義においては、国家と個人との間に社会という存在を措定するとともに、国家の役割も個人の上に立ち個人を支配するのではなく、個人の権利が全うされるよう確保していくことが重視される。これを換言すれば、社会問題の解決に当たっては、国家による改革よりは、労働者相互の連帯による協力や共済の方が好ましいとされることになる。ただし、連帯主義は個人主義と背理するものではなく、むしろ社会的存在である多様な個人の存在が重視される。
⑤ このような社会的なものを重視することから、連帯主義は私法と公法との間に社会法という新たな法分野を登場させる原動力となった。
⑥ 連帯主義においては、個人の多様性が拡大するほど、個人間の協同による連帯が強化され社会の発展がもたらされると捉えることから、マルクスのような階級闘争史観とは立場を異にする。むしろ連帯主義は、階級間の利害対立を緩和し、社会の調和を図る思想である。
⑦ また、民主主義との関係では、国家は自由な個人の結合と捉えられることになる。その点では、連帯主義は民主主義的な共和国を前提と政治思想である。
⑧ さらに、社会問題との関係では、自由放任（laisser-faire）による自由主義（libéralisme）でも集産主義（collectivisme）でもなくはなく、社会的リスクを予防し修復する福利厚生や保険制度のような社会政策を打ち出した。しかし、それも単に労働者保護一辺倒ということではなく、社会正義に根差した連帯の観点から、労働者に対してもその社会的義務を自覚した相互扶助が主張された。

第3節　連帯の理念

（3）　急進社会党との関係

　いずれにせよ、ブルジョワの連帯主義は哲学的な思索の域を超えた、社会的・政治的な実践思想であったことが特徴である。その思想はブルジョワの属する急進社会党の活動を通じて実践に移されるが、その際には連帯主義が実践の哲学であることが明確に意識されていた。例えば、急進社会党の綱領の研究・解説である『急進政策、急進・急進社会党の綱領の研究』を著したビュイソン（F. Buisson）氏が、その中で「この綱領を表し、それを哲学的思索の分野から政治的・社会的活動の分野に移行させた栄誉は、レオン・ブルジョア氏に帰することことは、周知のことである」と述べている[113]。

　なお、急進社会党の党派的立場は、生産手段の集団化を主張する社会主義者と経済の自由競争を主張する自由主義者の中間にあって、漸進的な改革を進めようとする穏健派であり、その拠り所が連帯であった。それだけに社会問題は、連帯を実践すべき最たる領域であった[114]。その中でも急進社会党が連帯主義の実践領域として教育に力を入れたことが有名であるが、それ以外にも社会保障との関連では、生活協同組合、共済組合、社団法人等の団体の育成にも傾注した。ビュイソンが著した前記の綱領の研究の中でも、国家による労使関係への関与、児童・病者・障害者・高齢者等の救済、退職年金等の社会保険等の創設や拡充が盛り込まれている[115]。また、所得税に関しても所得税の累進課税を主張するなど、税制面での所得再分配を実現しようとした。ブルジョワの言葉を借りれば、「税制改革と社会保険の組織は、まさに我々の党の当面の政策が特徴付けられる重要かつ不可分の二つの項目である」ということになる[116]。

　これらの点に照らせば、ブルジョワの思想に典型的に現れているように、連帯思想と社会保障は出発点から明確な関連性を有していたことになる。ただし、留意すべきは、ビュイソンによれば、連帯主義の下で国家は集団の構成員の集合体であって、人的協同体（association）以外の何物でもないが、そこに発生する相互の連帯は債務（dette）であるとしても、前の世代から受け継いだものを次の世代に受け継ぐといった一般的な意味であって、法的な価値を強調すべきでないとし

---

[113]　F. Buisson, *Politique radicale, études sur les doctrines du parti radical et radical-socialiste*, V. Giard et E. Brière, 1908, p.210
[114]　*ibid.*, p.218
[115]　*ibid.*, pp.206-209
[116]　*ibid.*, p.VI

第1部　第2章　友愛及び連帯の理念とその歴史

ている点である[117]。

（4）連帯主義への批判

　連帯主義に対しては、当時においても様々な批判が存在していたことにも留意する必要がある。ドレフュス事件との関連でいえば、問題となった愛国主義は言い換えれば集団と個人の何れを優先するかに関わる問題であり、その点で概念としての連帯主義の折衷主義的曖昧性等が際立つことにもなった。この批判の急先鋒は、ブリュヌチエール（F. Brunetière）である。彼の連帯主義に対する批判を要すれば、連帯という義務と相互依存という事実を混用するなど連帯が有する概念としての曖昧さ、人民の守護者として連帯の名の下に専制を許す危険性、社会的義務を口実に個人的利益を保護する可能性（利己主義のための隠れ蓑）、連帯が外と内とを分ける障壁となる可能性、連帯主義における観念論（idéalisme）と科学万能論（scientisme）の混在などである[118]。

　このうちの観念論と科学万能論の関係は、法にも関わる問題である点で重要である。つまり、ブルジョワが連帯という事実に依拠するのであれば、法が事実よりもあるべき状態（devoir-être）を優越させ、強制力を有することを、どのように理解するかという問題である。このような疑問に対してブルジョワは明快で、法が有する強制力を是認した上で、良識の精神的発現である正義を実現する方途が連帯であり、法は正義の理想を現実に段階的に実現するための手段として位置付ける[119]。ブルジョワにとって、カント主義的な観念論と実証主義とは、正義の理想において収斂するものである。このことは、ブルジョワに対する批判の一つである、義務と事実との混用の問題にも関わる。批判者からみれば、必ずしも連帯の事実から直ぐに義務が発生するわけではなく、そもそも個人は事実を前に抵抗し変革することができるはずであった。これに対して、ブルジョワは義務と事実の違いを認めた上で、正義により不正義を転換させるために、まず不正義の存在という事実から出発するものであり、その点では、連帯のみで義務が発生するのではなく、連帯はあくまでそれを実現するための努力という側面を有することになる[120]。

---

(117)　*ibid.*, p.215
(118)　M.-C. Blais, *La solidarité, Histoire d'une idée, op.cit.*, pp.244-249, p.265
(119)　*ibid.*, p.262
(120)　*ibid.*, p.265

第 3 節　連帯の理念

　このほか連帯思想に対する批判としては、連帯主義における連帯に関する契約も結局のところ社会契約と同じようなフィクションではないかという指摘がありうる。確かに、ブルジョワの社会的債務が典型であるが、連帯に起因する債権・債務を定量的に計測することができないことから、連帯主義は、正義の理念に依拠しながら社会的準契約のような契約概念を援用することで連帯を正当化することになる。この点では、連帯思想も自然法思想も同じである。しかし、自然法思想が社会契約を唯一の拠り所としてあらゆる契約が構築される点で根っからのフィクションであるのに対して、連帯思想の場合には、出発点としての社会はそこに存在している。その現実の社会において、政治過程を通じた交渉より、社会的な負担と便益の配分の合意形成が為され、そのような状態が繰り返されるという点では、連帯思想の契約は恒常的な性格を有する契約である(121)。従って、連帯思想は、自然法思想のような一回限りの社会契約を拠り所とした体系ではなく、生成発展的な性格を有する社会的な契約関係といえよう。

5　デュルケムの連帯思想

　連帯思想は、19 世紀の社会主義、実証主義等の影響を受けながら、自由主義と社会主義の間にあるであろう第三の途を目指す思想であった(122)。こうした時代状況の中で、連帯思想とも密接に関わる新たな学問分野として登場してきたのが社会学であった。
　そこで、話題を社会学の分野に転じると、既に社会学の祖といわれるコント（A. Comte）が実証主義の立場から人類を一種の有機体のように捉え、そこにおいて時空を貫き社会に広く存在している個人間の連帯を指摘している。さらに、その後の連帯の議論、とりわけ法学の分野におけるデュギー等の議論の展開をみるとき、連帯はデュルケム（E. Durkheim：1858 年-1917 年）の存在を抜きには語ることができない(123)。ボルドー大学で社会学の教鞭をとっていたデュルケムは、1898 年からドレフュス派の立場に立ち、1900 年にはブルジョワが主催する社会

---

(121)　F. Ewald, *op.cit.*, pp.367-372
(122)　*ibid.*, p.358
(123)　連帯の意義を法学の分野で強調したデュギーは、デュルケムが連帯理論を展開した『社会分業論（La division du travail social）』の主要な結論を基本的に受け入れると述べているように、デュルケムのデュギーへの影響は大きい（L. Duguit, *Souveraineté et liberté, Leçons faites à l'Université Columbia (New-York)* 1920-1921, Éditions la mémoire du droit, 2002（Réimpression de l'édition de 1921), p.147)

第1部　第2章　友愛及び連帯の理念とその歴史

教育会議に参加するなど、世間的にも連帯主義者の一人に数えられている[124]。そこで、ここではデュルケムを特に取り上げ検討を加えることとしたい。

　デュルケムが1893年に著した『社会分業論（La division du travail social）』（井伊玄太郎訳、講談社、1989年）の中で、分業が社会連帯の唯一でないにしても主要な源泉であることを指摘する。敷衍すれば、彼は、文明社会における分業が社会の諸機能を連帯的にしていることを出発点に、次のような社会的連帯の存在を指摘している。

① 未開社会の環節的連帯——機械的な連帯／類似による連帯
② 文明社会の有機的連帯——分業による連帯／有機的な連帯＝契約的連帯

　ここで、それぞれの連帯概念について敷衍して検討する[125]。このうち第一の「機械的な連帯（solidarité mécanique）」は、社会の構成員間に差異が少なく、類似により個人同士が精神面も含め繋がっている場合であり、個人は同質的な集団の一部を構成し、同一方向に行動することになる。これに対して第二の「有機的な連帯（solidarité organique）」は、社会の構成員間に差異が存在する場合であり、仮に構成員が一体的であるとすれば、それは構成員間の差異故にお互いに協力する必要が生じるからであり、生物の細胞のように分業の事実により個人は結びついていることになる。

　デュルケムが、このように分業に着目したのは、人間を社会に結び付ける連帯という紐帯を明らかにすることに関心があったからであるが、その点に関して抽出される彼の基本的視座は次の3点に集約することができる[126]。

① 連帯は、自然な状態から外れなければ、道徳的な性格を有する。
　　心理的な現象は、肉体組織のみに起因するのではなく、社会的事実が人々の意識に影響することにも起因する。従って、分業も、個人間の依存関係を認識させ、個人間の協力関係や集団として一体性の醸成に繋がるという形で個人の意識に影響を及ぼす。このような連帯は、必然的に人間が道徳的であることを要求することから、分業は連帯を生み出すと同時に道徳的であることを可能にする。

---

(124)　M.-C. Blais, *La solidarité, Histoire d'une idée, op.cit.*, p.237
(125)　*ibid.*, p.207
(126)　*ibid.*, pp.207-217

② 差異に基づく連帯は、類似による結び付きに由来する連帯よりも高次元である。

　分業が進むにつれ連帯の形態が変化する指標は、法の生成発展にみることができる。原始的社会においては、刑事法が重要な役割を果たすのに対して、高度な社会においては、刑事法の役割は後退し、個人間の協同や依存関係を調整・修復する契約法の役割が増大することになる。このような社会では、個人は分業により細分化されているが、同時に連帯により一体的で有機的になっている。

③ 連帯が道徳的な機能を発揮するためには、社会的連帯は法的・政治的な裏付けが必要である。

　分業は正常な状態のみならず病的状態をも生み出す。分業により契約が機能を発揮するためには、共感、同胞への愛着、宗教中立的な意味での慈悲心が必要でる。また、全く個人間のものと考えられている契約といえども、社会全体に関わっており、契約が可能となるためには、社会の構成員間の協同のあり方の観点から、社会の関与が必要である。このような契約の成り立ちに鑑みるならば、契約にとって国家による規整が絶対的である。従って、契約による連帯が増大するに連れて、規整者としての国家の機能も増大することになる。

デュルケムが指摘するように、連帯にとって法が果たす役割は重要である。『社会分業論』の中の彼の言葉を借りれば、「社会的連帯の目に見える象徴は法律である」（上巻118頁）とともに、「法律は、社会的連帯の主要な諸形態を再生産するのであるから、われわれはまず法律の種類を分類し、次に法律のこれらの種類に対応している社会的連帯の種類がどんなものであるかを探求しなければならない」（上巻123-124頁）ということになる。

デュルケムのこのような法律重視の社会観を理解するには、彼のスペンサー批判に触れる必要がある。スペンサーは、社会や国家を生物有機体とのアナロジーでみる社会有機体説で知られている[127]。スペンサーにとっても分業が社会連帯の原因であるが、彼は功利主義の立場から産業社会における社会連帯が契約に代表される「個人的利害の一致」によって実現されると捉えるところに彼の限界が

---

(127) 清水幾太郎責任編集『コント、スペンサー』（中公バックス世界の名著46）（中央公論新社、1980年）39頁

第1部　第2章　友愛及び連帯の理念とその歴史

あり、その点をデュルケムは『社会分業論』の中で批判する（上巻330頁）。

デュルケムによれば、スペンサー氏が「産業社会では、組織的社会におけるのとまったく同様に、社会的調和は本質的に分業に由来している」（上巻326頁）ことは正しい指摘であるが、「あらゆる社会が協同から成立っているということは自明の真理である」（下巻81頁）が、その協同は個人から自動的に生まれるのではなく、「協同は、集団が構成される時その内部に発展する内的諸運動から結果する」（下巻81頁）のである。このような産業社会にあって、「社会的活動を本質的に作用させる装置」は法律である（上巻332頁）。この場合の法律をデュルケムはスペンサーの分類に従い、消極的統制の手段としての禁止的法律と積極的統制の手段としての原状回復的法律に分けた上で、原状回復的法律が増大していくことを指摘している（上巻326-335頁）。これを現代的言い換えるならば、行政分野において警察的な規制法規ではなく、積極的な給付法規が増大していくことを意味する。なお、分業により社会の連帯が増大し法の役割も増大する点では、法は連帯のバロメーターであるが、それは結果として連帯が機能するための手段にもなることにも留意する必要があろう[128]。

以上、連帯に関する様々な思想について述べたが、連帯に社会保障の原理を求める考え方は、フランスに典型的に見られる。また、連帯は、デュルケムの社会連帯思想にみられるように法律を媒介として外部化することになる。その点で、連帯は社会保障法という法学の一分野とも密接な関係を有することになる。その点を明確に意識しているのが、ボルジェット氏及びラフォール氏の社会扶助法の教科書である[129]。それによれば、連帯原理を支え正当化するのは、究極的には社会正義であり、民主主義であるとされる。また、連帯原理は、共和国の標語である「自由、平等、友愛」のうちの友愛（fraternité）を現代的に法的概念として翻訳したものであると言われている。なお、連帯原理も社会保障が直面する全ての問題を解決していくのに完璧ではなく、情愛、魂、人道といった心情的側面に欠ける嫌いがあるこのため、現在、同化最低所得（RMI）の立法化を通じて、友愛が再度評価される傾向がある。

そこで、以下では、連帯の近接概念である友愛も念頭に置きながら、連帯について法学の側面から検討を加えることにしたい。

---

[128] M.-C. Blais, *La solidarité, Histoire d'une idée, op.cit.*, p.216
[129] M. Borgetto et R. Lafore, *Droit de l'aide et de l'action sociales*, 5ᵉ édition, Montchrestien, 2004, pp.34-35

第3章
◆ 友愛及び連帯の理念の法学における展開 ◆

第1節　連帯の慈善及び友愛との異同

（1）　連帯と友愛の流行り廃れ

　連帯と友愛の思想史的発展については、既に概観したところである。そこから浮かび上がるのは、連帯と友愛（fraternité）は、慈善（charité）とともにキリスト教の伝統の中で歴史的に形成されてきた概念であり、ニュアンスの違いはあるにしても、全く異質というよりは相互に近接する概念であることである。また、連帯のみならず友愛や慈善の概念も、社会保障を巡る歴史において流行り廃れはあるにしても、何れもが決して消え去ることのない通層定音のように生き残ってきたことである。それだけに、フランスの社会保障を理解するには、三つの概念の相互関係や異同を理解することが不可欠である。

　それでは、三者の関係をどのように捉えるかであるが、論者によってニュアンスの違いはあるものの、結論的には、相互の補完関係の中で時代状況に最も合致した概念が選好されてきたということのように思われる。例えば、ブレ氏は、慈善と友愛がそれぞれキリスト教とフランス革命と結びついた概念であるのに対して、連帯が中庸を得た概念として選好されるようになったという趣旨で、次のように述べている[1]。

> 「慈善？友愛？連帯？三つ全てがキリスト教に由来するが、これらの用語は、今日言われるように、同じ響きや『悪印象』を有するわけではない。第一の用語は、トックヴィルがその『貧困に関する覚書（*Mémoire sur le paupérisme*）』の中で述べたように、与える者と与えられる者との間の関係を築く。第二の用語は、大革命への愛着を象徴的に示す。第三の連帯は、その信奉者が伝統への回帰に励んでいるにもかかわらず、より現代的で宗教中立的な響きを与える。」

---

[1]　M.-C. Blais, *La solidarité, Histoire d'une idée,* Gallimard, 2007, p.59

第1部　第3章　友愛及び連帯の理念の法学における展開

　時代による選好とは、時代状況によって慈善・友愛・連帯の三つの概念の力点の置かれ方が変わってくることを意味する。例えば、友愛は、自由や平等と並ぶフランス革命以来の標語であるが、歴史の局面において、それが常に脚光を浴びていたわけではなく、ほとんど顧みられない時代もあった。むしろ、時として友愛にも光が当たる時代があったと言った方が適切かもしれない。例えば、フランス革命の時代、共和国の標語として自由、平等を典型とする語が登場し、友愛もその一つであったが、総じて言えば自由や平等ほどの位置付けは付与されることはなく、また、自由や平等のような人権の一類型というよりは、祭典にみられるような人々の絆のような意味で理解されていた面がある[2]。

　その後、友愛は、「全てのフランス人は兄弟（frères）として生活する」といった表現で、1814年の憲章の前文に形を変えて登場したりするが、その重要性が高まってくるのは、1830年の「栄光の3日間（Trois Glorieuses）」によって始まる七月王政の時代であった。この流れは、ついには1848年の二月革命となり、その結果出現する第二共和政は、「人民の春（printemps des peuples）」である同時に友愛の理念が開花したという点で「友愛の春（printemps de la fraternité）」ともいうべき時代であった[3]。しかし、19世紀も後半になると、連帯主義の出現により、友愛よりも連帯の方がより科学的な語として好まれるようになり、友愛は共和国の標語であるにもかかわらず人々の記憶の片隅に追いやられることになった。その転換の時期は明らかではないが、ブルジョワ等により連帯主義が唱えられるより前のパリコミューン（1871年）の時代には既に連帯が好んで使用されるようになっており、連帯主義によりそれが加速化されたことが指摘されている[4]。

　このような連帯と友愛の流行り廃れは、ボルジェ氏によれば、大きく三つの時代区分に分けることができる[5]。第一の時代は、フランス革命から第三共和政までの時代である。この時代、物事を個人主義や観念論で捉える傾向にあり、連帯と友愛については、友愛から出発することで連帯の制度化に帰着するといった捉え方がされた。第二の時代は、第三共和政から第二次世界大戦の終結までの

---

[2]　M. David, *Fraternité et révolution française,* Aubier, 1987

[3]　M. David, *Le printemps de la fraternité, Genèse et vicissitudes 1830-1851,* Aubier, 1992

[4]　M. Borgetto, *La notion de fraternité en droit public français, Le passé, le présent et l'avenir de la solidarité,* L.G.D.J., 1993, pp.391-392

[5]　M. Borgetto, «Fraternité et solidarité: un couple indissociable?», in IFR, actes de colloques nº 6, *Solidarité(s), perspectives juridiques, sous la direction de Maryvonne Hecquard-Théron,* Presses de l'université des sciences sociales de Toulouse, 2009, pp.31-32

時代である。この時代に登場してきた実証主義、社会学等の影響により、社会という事実から出発して個人を説明するのと同じように、連帯と友愛についても、連帯から出発して友愛に帰着するといったアプローチが優勢となった。これに対して第三の時代である終戦後から今日までにおいては、連帯が各種法令の直接的な基礎として存続するとともに、友愛が公法の礎となる原理として復興している。その点では、連帯が自律性を獲得して社会保障等に定着している点は留意する必要があるが、友愛の隆盛という点では、革命後と同じような状況が起きているのが現代であるということになる。このような割り切りを前提にするならば、友愛と連帯の優劣は交互にやってきたことになる。

（2） 連帯の隆盛

ところで、19世紀末から20世紀初めにかけて、友愛に代替する概念として連帯が隆盛期を迎えた理由や背景は何であろうか。この点について、ブレ氏は以下の点を指摘している[6]。まず、連帯は、慈善と同じように宗教的なニュアンスを持ちつつも宗教中立的な概念である連帯の特徴は、既に述べたように規範的な側面を有していることである。経済についていえば、19世紀末から20世紀初めというレッセ・フェール（laisser-faire）による自由主義主義と集産主義を主張するマルクス主義との対立が顕在化し時代にあって、自由放任と介入の両極端に偏るのではなく、その中庸を目指す思想としての役割を果たした。要するに、科学と宗教、自然と人為、事実と義務との接合を図る役割が連帯にはあった。その点で、連帯には、良きにつけ悪しきにつけ事実を運命的に捉えるような自然発生的・自然的な側面と、正義に反する事実を是正するために組織化され方向付けられた意識的・意図的な側面が併存する。このような特徴が、19世紀後半から20世紀初めという政治及び経済の生成発展期に連帯をして、慈善や友愛以上に大きな時代の思想としての地位を与えてきた理由と考えられる、と。

ボルジェ氏も、19世紀後半の科学や実証主義の発達を背景として、科学や現実の観察が重視される時代の雰囲気の中で、情念的・主観的な友愛と比べて、連帯には次のような利点があったことが、思想としての連帯を友愛に代わる存在にまで押し上げていったことを指摘している[7]。

（6） M.-C. Blais, *La solidarité, Histoire d'une idée, op.cit.*, p.314
（7） M. Borgetto, *La notion de fraternité en droit public français, Le passé, le présent et l'avenir de la solidarité, op.cit.*, p.395

第1部　第3章　友愛及び連帯の理念の法学における展開

① 人間及び社会を支配する相互依存の法則に則った連帯の方が友愛より科学的であること。
② 血みどろの騒擾が繰り広げられるとともに、利己主義が蔓延する時代状況において、友愛を嘲る立場の人間との関係では、情念的・主観的な友愛よりも連帯の方が受け入れやすかったこと。
③ 社会問題を法的権利・義務の関係で処理する上で、連帯という法律用語の方が適していたこと。

（3）　友愛の役割

逆に、連帯によって友愛が完全に放逐されなかったことが問題となる。その点について、ボルジェト氏は、連帯の概念には、会計窓口のように人間性に欠け、無味乾燥で官僚主義的な色彩があり、友愛が連帯の限界や不完全性を補完していることを指摘している[8]。

以上からも容易に想像できることではあるが、友愛と連帯の両概念の存在は、法学的にも重要である。ただし、ボルジェト氏が指摘するように、友愛と比較した場合に連帯が果たした思想的な重要性と比較すると、法学的には、連帯による友愛の代替は二次的・限定的であり、かつ、両者の法理的内容にも決定的な差はないという評価もある[9]。それによれば、連帯と友愛の関係は、次のとおりである。

① 意味論的には、連帯が友愛と違い相互依存という客観的な状況を意味する点で曖昧性が少ないと言われるが、友愛であっても、自由及び平等と並び、革命により到達すべき状況という点では客観性を有している。
② 友愛にしろ連帯にしろ、倫理的・主観的側面を除外した事実としての意義と法に浸透していく政治的行動原則としての意義がある。このうちの事実としての意義という点では、何れの概念も厳密な観察に基づくといったような事実ではない。また、政治的行動原理という点では、両者に差はなく、何れが優越するかは時の政権によって変わってくる。

ここから得られる示唆は、連帯と友愛は、法に影響を与える政治的行動原理と

（8）　M. Borgetto, «Fraternité et solidarité: un couple indissociable ?», *op.cit.*, pp.28-29
（9）　M. Borgetto, *La notion de fraternité en droit public français, Le passé, le présent et l'avenir de la solidarité, op.cit.*, pp.396-407

いう点では決定的な差はないが、むしろ、それだからこそ各概念の法的有効性は、立法者の考え方や主観的評価の違いから差が生じて来るということである(10)。従って、連帯と友愛との法学的な差異を殊更際立たせることに、さほどの意義はなく、むしろ連帯及び友愛の各概念が主張される時代環境等を意識しながら検討を進めるべきということになる。

そこで、ここでは、これまでの検討や留意点も踏まえつつ、特に法学という規範的な側面から連帯及び友愛に焦点を当て、二つの概念がどのように受容され深化されていったかについて、19世紀から20世紀初めにかけての代表的な法学者を取り上げることで法的側面から検討を加えることとしたい。

第2節　デュギーにおける連帯

1　デュギーの学説の概要

法学の分野では、デュギー（L. Duguit）の学説が連帯理論の嚆矢である。我が国でも、デュギーの社会連帯論は以前から紹介されているところであり、デュギーを抜きに法学分野の連帯理論を語ることはできないであろう(11)。そこで以下では、彼の学説の詳細な検討に入る前に彼の連帯理論の大枠を理解することが有益である。まず、デュギーの学説を次のとおり要約することから始めたい(12)。

---

(10) M. Borgetto, *La notion de fraternité en droit public français, Le passé, le présent et l'avenir de la solidarité, op.cit.*, pp.401-404

(11) デュギーの社会連帯理論の紹介としては、織田萬「社会連帯理論」京都法学雑誌第2巻第10号1-22頁（1907年）；中井淳『デュギー研究』（関西学院大学法政学会、1956年）；深瀬忠一「L・デュギイの行政法論と福祉国家（a）：フランス現代憲法学の形成（二）」北大法学論集16巻（2-3）137-141頁（1966年）；同「L・デュギイの行政法論と福祉国家（b）：フランス現代憲法学の形成（二）」北大法学論集16巻（4）84-1022頁（1966年）；磯部力「公権力の行使と「法の二つの層」」山口俊夫編『東西法文化の比較と交流』（有斐閣、1983年）393-417頁；畑安次「デュギーと自然法論」八木鉄男・深田三徳編著『法をめぐる人と思想』（ミネルヴァ書房、1991年）127-142頁；高橋和之「エスマンとデュギー」『講座憲法学の基礎4』（勁草書房、1989年）89-130頁；和田英夫『ダイシーとデュギー』（勁草書房、1994年）などがある。

(12) L. Duguit, *Traité de droit constitutionnel,* Ancienne Librairie Fontemoing et Cie, 1921; L. Duguit, *L'État, Le droit objectif et la loi positive*, 1901, Albert Fontemoing, p.23; L. Duguit, *Souveraineté et liberté, Leçons faites à l'Université Columbia (New-York) 1920-1921,* Éditions la mémoire du droit, 2002（Réimpression de l'édition de 1921）等

第 1 部　第 3 章　友愛及び連帯の理念の法学における展開

- デュギーの連帯概念は、デュルケム等の影響を受け、実証主義的・社会学的である[13]。逆に国家法人（État-personne）説を抽象的で非現実的な理論であるとして否定するなど、形而上学的方法を拒否する。
- 連帯の類似概念としての慈善（charité）及び友愛（fraternité）が道徳上の義務（devoir moral）であるのに対して、デュギーにとっての連帯は事実（fait）であると位置付けられている。その場合に連帯は、大きく
  ① 類似による連帯（solidarité par similitude）……ニーズ、利益等が一致し共通であった人類の初期的段階にみられる連帯
  ② 分業による連帯（solidarité par division du travail）……近代以降の社会経済の分業化の中での相互連関の増大により形成される連帯
  に分かれる。何れの連帯も相互に排斥し合う関係にはないとされる。
- このような連帯は、社会経済の及び個人の進歩の要素である分業によって強化される。ここに、事実としての連帯から社会規範（norme sociale）としての法的規範が登場する契機が存在する。そして、連帯の法的規範への移行を支えているのは、正義の理念である。
- デュギーが措定する国家においては、統治者と被治者の区別はあるにしても、統治者は社会一般の需要を充足し、社会連帯を全うするため存在であり、その任務としての公役務（service public）を遂行することになる。

このようなデュギーの理論は、連帯、公役務及び国家の三つを鍵概念として展開する。その理論の枠組みは、社会の基礎にある相互依存関係（連帯）の実現に向けてある活動が必要な場合、公役務に該当する政府の介入によってのみ、それは実現されるというものであり、それを換言するなら、集団生活に不可欠な一般利益のための活動が公役務であるという説である[14]。その考え方の根底には、国家が公役務を正当化するのではなく、公役務が国家を正当化するという国家観が存在しているとされる[15]。

---

[13]　深瀬氏によれば、デュギーが初期において国家を有機体的・進化論的・生物学的に理解したのは、コント、サヴィニイ、ベルナールの流れに沿い、とりわけスペンサーの直接的影響によるものである（深瀬忠一「L・デュギイの行政法論と福祉国家（b）：フランス現代憲法学の形成（二）」北大法学論集 16 巻（ 4 ）89 頁（1966 年）

[14]　J.-C. Beguin, «Service public et solidarité», in J.-C. Beguin et al., *La solidarité en droit public*, L'Harmattan, 2005, p.254

[15]　*ibid.*, p.256

2　デュギーの連帯理論の形成
（1）　デュギーの主権概念

　デュギーの学説の基軸である公役務理論によれば、国家の統治者及び管理者はもはや臣民に主権的権力（Imperium）を課すところの人の主人であったり、命令を下す集団的人格の機関であったりするのではなく、社会連帯強化のための集団的事務を司る管理者であり国民の奉仕者であるとされる[16]。言い換えれば、公権力は強制をする主体ではなく、公役務の遂行という自らの義務を履行する主体へと転換するわけである[17]。この結果、国家の不法行為責任を否定する拠り所となった伝統的な主権概念とは異なり、デュギーの主権概念の下では、公役務の担い手である公権力といえども、公役務の管理が不適切であれば、それに起因する損害を補償すべき責任が生ずることになる[18]。また、社会連帯に着目するなら、社会は個人が分業の利益を裨益するための巨大な協同組合ような存在であり、その機能不全により損害が発生する場合には、社会機能の確保を担う国は、社会構成員の共済保険金庫として補償を行うことになる[19]。

　このような点に象徴されるデュギーの主権概念は、理念型としての国家を「強権国家（État-puissance）」から「国民国家（État-nation）」へ転換させるだけでなく、国民国家の概念についても、主権の要素である「国家」よりも「国民」の要素の方が前面に押し出され、公権力の基礎も主権概念から公役務概念への転換が起きることになる[20]。要するに、デュギーは、客観主義・実証主義の立場に立つことにより、ドイツ的な国家法人説を実証的には確認し得ない理論であるとして、そのような方法論は観念的・絶対的な法を考究する主観主義的・形而上学的な立論として否定したことで、国家の概念から法人格や主権概念が剥ぎ取られることになった。この結果、個人の集合体である国家において、国家と個人との間に統治者と被治者という関係はなくなり、統治者も被治者と同じ個人又は複数の個人となるわけである。

---

[16]　L. Duguit, *Transformation du droit public,* 1912, p.55（デュギー原著・木村常信訳『公法変遷論』（大鐙閣、1930 年）70 頁）; L. Duguit, *Souveraineté et liberté, Leçons faites à l'Université Columbia (New-York) 1920-1921, op.cit.*, p.164
[17]　*ibid.*, p.164
[18]　*ibid.*, p.167
[19]　*ibid.*, pp.167-168
[20]　*ibid.*, p.192

（2） デュギーの法規範概念

このような社会学的色彩の濃い実証主義に立脚しながら、デュギーは、主著である『憲法概要（Traité de droit constitutionnel）』において、法規範（règle juridique）について社会集団に存在する意識を重視し、次のように説く[21]。すなわち、全ての法規範は、それが法律として立法されるか否かに関わらず、社会集団の意識に基礎を置く。その結果、全ての法律の背後には、法規範が存在しており、それを支えとして法律は、単に法規範を確認するものである。つまり、人々の間にある種の規範が社会連帯を維持する上で必要で、かつ、法としての制裁が必要であることが明確に認識されるようになった時点で、当該規範は法となる。また、このような客観主義的な視点からは、法律によって被治者の権利が創設されるのではなく、越権訴訟も個人が権利を保護・実現するためではなく、ある行為が法律の形式や権限に合致しているか否かを裁判所が判断するためのものである、と。

ここで注意すべきは、デュギーは、法律が法規範を確認するものであるというが、社会に存在する経済規範（règle économique）や道徳規範（règle morale）は、それが如何に重要なものとして社会的に認識されたとしても、それだけでは法規範にはならないことである[22]。法規範となるためには、法律により規範の侵害に対して制裁が発動されるように措置する必要があり、その限りにおいて、デュギーであっても、法という以上は、国家の存在を前提とせざるを得ない。

そこで登場するのが、次のような「規範的法規範（règles de droit normative）」と「構築的・技術的法規範（règles de droit constructives ou techniques）」の概念である[23]。このうち、規範的法規範とは、集団を構成する個々人によって程度の違いはあっても共通に認識され、それらの人々を結びつける強制力を有する規範である。これに対して構築的・技術的規範は、規範的法規範の侵害に対して反作用を生じさせることにより、規範的法規範の執行を担保する規範であり、これにより規範的法規範の尊重・適用ができる限り確保されることになる。この構築的・技術的法規範が強制力を有するためには、強制力を独占する国家の存在を前提とすることが不可避である。ただし、構築的・技術的法規範が強制力を有するのは、規範的法規範と結び付いているからであって、構築的・技術的法規範の背後には、規範

---

[21] L. Duguit, *Traité de droit constitutionnel, Tome première,* Fontemoing, 2ᵉ édition, 1921, pp.47-50, p.97, p.577-551
[22] *ibid.*, pp.26-36
[23] *ibid.*, pp.36-39

的法規範が存在しなければならない。それなしには、構築的・技術的法規範の適用・尊重は保障されないことになる。

このような構築的・技術的規範を媒介させることにより、社会に存在する規範的法規範であるところの法規範は、それが確認されることにより、法として必要な強制力を備えることになり、社会に存在する法規範と国家による立法との関係が、デュギーの中では、矛盾なく説明できることになる。

（3）　社会保障に関する法規範

社会保障との関係で、どのように規範的法規範と構築的・技術的法規範とが適用されるのかについて、デュギーは次のような例を挙げて説明している[24]。すなわち、所得のない高齢者、障害者、不治の疾病患者に対する救済の義務は、1905年7月14日の法律がそのような義務を確認し承認するより前から存在する。同法は、既に存在する法規範を確認し承認するだけである。これとは異なり、1910年4月5日の法律は、商工業、自由業等の労働者及び農民のための年金の義務を課しているが、依然として死文化しており、それだけでは、本来的な法規範を形成したことにはならない。何故なら、法律に関係する大半の農民と3分の2の労働者は同法に適合していないからである、さらに、大半の被用者は、制度に無関心で、公権力が制度の実効性を確保するために強制手段を用いることができないからでもある。換言すれば、強制的な年金制度は、未だ大衆の意識には浸透しておらず、意識において任意年金と同じであり、政府として、執行を確保するために同法によって創設された訴権を実行に移すことができないのである。このように義務的な年金は法律による規範ではあるが、法規範と言えない。政府がこのような義務の執行を強制力をもって課すべきとの認識が大衆の意識として浸透しない限りは、このような規範は法規範とはならないのである。

デュギーによるこの二つの事例は、社会保障に関する法規範の形成において、社会集団の意識が重要であることを示唆する。しかも、法規範が強制力を伴うことから、意識の重要性は尚更である。この法規範と一体をなす法の強行性（impératif）について、デュギーは次のように説く[25]。すなわち、法律が社会に存在する法規範を確認するものだとしても、法が統治者の意思の発現という形態をとり、

---

(24) *ibid.*, p.44, pp.97-98
(25) *ibid.*, pp.539-551

それが規範として機能する以上は、法には強行性が必要である。それ故、社会の法則としての法は、自然の法則が意思とは関係なく存在するのとは違って、認識され意欲された意思としての規範である。そうであれば、法の強行性の淵源が自然法則のような法則でないのは当然として、そうかと言って、国家を構成する個人が自らに命令することは不可能であることから、上下・主従関係に基礎を置く統治者による命令に法の強行性の淵源があるわけでもなく、別途何かに法の強行性の根拠を求めざるを得なくなる。

（4） 法規範の強制力の基礎

このように社会における法規範に強行性を付与する鍵は、デュギーにとって社会連帯であり、その点に関する彼の学説の大要は、次のとおりである[26]。すなわち、人間は自律的な個人であるが、同時に社会的存在である。人間を個人的な存在として、社会から切り離して捉えようとする18世紀の思想は、人間が社会的な存在である事実を無視しており、それでは現実をゆがめることになる。このような社会における社会規範とは、社会を構成する個人が社会の発展に貢献する限りにおいて、自律的な個人を尊重することを目的として、個人に対して、自分自身及び他人の自律性を尊重することを強制するものである。ここにおいて登場するのが、社会連帯（solidarité sociale）又は社会的相互依存（interdépendance sociale）である。デュルケムによれば、社会には、人間が共同の生活によってしかその需要を満たすことができないことに着目した「類似による連帯（solidarité par similitude）」又は「機械的連帯（solidarité mécanique）」と、人間が分業による役務の交換を通じて、それぞれ異なる適性を発揮し様々な需要を満たすことに着目した「分業による連帯（solidarité par division du travail）」又は「有機的連帯（solidarité organique）」とがある。このような社会においては、個人の活動が発達するほど、社会生活や社会的結び付きは緊密となり、個人の需要が満たされ連帯も強まることから、個人の自律性は、社会連帯の枢要な要素である。そして、社会連帯の程度や有り様は、時代や場所によって異なるが、それらの違いを超えて社会には、常に社会連帯が存在する。同様に、社会連帯に基礎を置く社会規範も、時代によって変化していくが、何れの時代や場所であっても、この社会連帯故に、そこに存在する規範はあるがままの規範として認識され、社会連帯を維持するよう機

---

[26] *ibid.*, pp.20-26

第 2 節　デュギーにおける連帯

能する。この結果、社会規範への侵害に対しては、社会的は反作用が起きることにより、社会連帯が維持されることになる。

　次に、デュギーの法規範を基礎付ける鍵となるのは、「正義の意識（sentiment de justice）」と「社会性の意識（sentiment de socialité）」である[27]。このうち社会性の意識とは、社会的存在であるが故に人間が他人との間で感じる連帯の意識である。これに対して、正義の意識とは、人間が自律性を備えた個人であることの意識であり、正義とは、本来、字義通りの意味でのエゴイスト（égoïste）の延長線上に存在する意識であり、自我や自己でもある。さらに、正義の意識に関連して、その場合の正義には、トマス・アクィナスが指摘するように、各自が自ら提供した役務に比例した賃金及びそれに見合った地位を得るべきという配分的正義（justice distributive）と、分業による社会連帯の前提として、価値及び役務の交換は等価であるという交換的正義（justice commutative）の 2 種類がある。そして、トマス・アクィナスによれば、何れの正義もその一般的形態は平等であり、平等が幾何学的（géométrique）関係をとれば配分的正義となり、算術的（arithmétique）関係をとれば交換的正義となる。このような社会性及び正義の意識を侵害する行為は、基本的な社会規範に反することから、社会全体として立ち上がることになるが、そこに規範が法的な性格を帯びる契機がある。しかし、それだけでは、道徳的又は経済的な規範に止まる。ある規範が法的規範となるのは、社会連帯に根差した社会において、正義及び社会性の意識の形態や現れ方は様々であるが、例えば正義を侵害する事態が発生し、それが社会連帯を破壊するものとの共通認識が個人及び集団内に形成されれば、社会連帯を維持するために、当該侵害行為に対する反撃が起き、制裁が発動されることにある。これにより、ある規範は、制裁を伴う法規範となるのである。しかも、社会的で、かつ、個人主義的な人間にとって、社会性及び正義の意識は本質部分において恒常的で同一なものとして存在することから、社会性及び正義の意識により、社会における法規範は機能することになる。

　このように実証主義的に規範の拘束力（force obligatoire）を導出する方法論については、事実を規範の基礎とすることはできないという批判が起きるが、これに対してデュギーは、次のように反論する[28]。まず、義務の概念は「意思の不可

---

(27)　*ibid.*, pp.49-56
(28)　*ibid.*, pp.64-67

(non-pouvoir de vouloir)」であり、人の意思の範囲の縮減である。純粋に人間的な規範は創造できるものではなく、人間の意思はあるがままに存在する。規範についても、それは社会に存在しており、実定法はそれを確認するだけである。そして、規範が拘束力を有するのは、社会的紐帯や正義を維持するために、規範を通じて、一定の時点で特定の集団が正義に従って侵害を制圧しようとする集団的な意識を持つからであって、規範の拘束力にこれ以外の意味を与えようとすれば、現実から離反し、形而上学的な仮定に入っていくことになる。

　一方、デュギーは、民族としての団体の精神に法規範の基礎を見出そうとするドイツの歴史法学的な方法論についても、それが、集団の精神と個人の精神を区分し、個人の精神を集団の精神の上位に置こうとする点で、超自然的な存在が個人に法規範を課すものであるとして、次のように批判する[29]。デュギーの理解によれば、法規範が成立するためには、個人とは別に超自然的な集団を想定する必要はなく、この点で歴史学派の説とデュギーの説は異なるのである。哲学的に言えば、個人の思想及び行為は、それ自体（für sich）、個人的な思想及び行為であるが、それ自体において（an sich）、社会的行為である。そうであれば、拘束力を有する法規範が認められるためには、個人の意識や意識が存在していれば足りるのである。

　以上を前提に、デュギーは、法律について、次のような主張を展開する[30]。すなわち、力の乱用を防止する観点から、個別の法律行為よりも法規範（règle de droit）及び一般的規範（règle générale）としての抽象性や一般性を備えた法律の方が望ましく、その点から法律の意義及びその一般性（généralité）を承認される。ただ、法律が統治者と被治者の別を問わず強制力を持つ根底には、法律が社会連帯（solidarité sociale）の紐帯で結ばれた社会関係に内在する客観法（droit objectif）を確認するものであり、それ故に法律は法規範である、と。

　このように、社会学的実証主義の泰斗で、国家を公役務遂行の協働者と位置付けるデュギーは、社会連帯をその法理論の基礎に置いた説を展開する。その点で、デュギーは社会連帯論者と言えるが、ブルジョワの提唱した連帯理論の鍵となる社会的債務（dette sociale）や準契約（qausi-contrat）のような概念は意図的に避け、中立的で道徳的価値観を入れない社会連帯の概念を打ち出すことで、ブルジョワ

---

[29] *ibid.*, pp.67-72
[30] *ibid.*, p.502 et s.

の連帯主義とは一線を画しており、少なくともデュギー自身はブルジョワとの差別化を図ろうとした節がある[31]。

3 デュギーの連帯理論のまとめ
(1) デュギーの連帯理論の特徴

デュギーの連帯理論のまとめとして、ここでは、彼の理論の特徴を見ることにしたい。まず、デュギーにおいて、どのように彼の連帯理論が形成され発展していったかという点である。

1901年に公法研究（Études de droit public）の第1巻として公刊された『国家、客観法及び実定法（L'État, le droit objectif et la loi positive）』で、デュギーは、社会連帯を彼の理論の出発点としたが、その社会連帯について、一般に連帯がキリスト教の慈善と同根で、友愛が共和国の標語と位置付けられていることを批判し、慈善及び友愛こそが道徳律（devoir moral）であるのに対して、連帯の方はむしろ社会に存在する事実（fait）であって行為規範ではないことを強調している。[32]

また、1922年に第3版（初版は1908年）が出された『社会法、個人権及び国家の変遷（Le droit social, le droit individuel et la transformation de l'État）』で、デュギーは、社会規範は社会連帯の事実の基礎を置くものの、それがブルジョワ等の考え方とは異なるものであること、彼らが提唱する準契約の概念はローマ法及び民法典における意味合いを曲げるものであること、そして、連帯にはニーズと分業によって結ばれ合う相互依存の事実しか見出されないことを理由に、自分としては、社会連帯ではなく「社会的依存（interdépendance sociale）」の用語を使用したいと述べている[33]。

しかし、デュギーが敢えてブルジョワ等の連帯主義者と自らの違いを際立たせようとすればするほど、逆に両者の間には類似点がある可能性がある。実際、デュギーは、既にみたように、『国家、客観法及び実定法（L'État, le droit objectif et la loi positive）』、『憲法概要（Traité de droit constitutionnel）』等の著作でも、社会的依存及び社会連帯を鍵概念としてその法理論を展開していることは紛れもない事実

---

(31) M. Borgetto, *La notion de fraternité en droit public français, Le passé, le présent et l'avenir de la solidarité, op.cit.*, p.382
(32) L. Duguit, *L'État, le droit objectif et la loi positive, op.cit.*, pp.23-24
(33) L. Duguit, *Le droit social, le droit individuel et la transformation de l'État*, Alcan, 3ᵉ édition, 1922, pp.7-8

である。

このように、デュギーの意識や意図には反して、デュギーの社会連帯とブルジョワの連帯主義との間には、概ね次のような共通点があることを、ボルジェト氏は指摘している[34]。

第一に、いずれの者も実証主義の立場から、ルソー的な社会契約や自然法を否定し、個人に対する社会の優越を理論の出発点にしていること。

第二に、個人の意思に優越する意思を備えた存在として国家に独自の法人格を認める国家法人説や主権を非現実的・形而上学的な理論として否定し、公法と私法との区分に対しても否定的であること。

第三に、ブルジョワは連帯が善であることや正義の概念を前提としていたが、デュギーも、社会連帯を出発点とする以上、社会連帯が必然というだけでなく、それが善であることを暗黙の前提としているはずであり、また、あることが命令的な法として規範化することを説明するために正義を援用しないまでも、人類の普遍的な要素としての正義の意識（sentiment de justice）の存在を承認していること。

さらに、件のボルジェト氏によれば、ブルジョワの連帯主義及びデュギーの社会連帯の法思想への影響は明白かつ否定できないものであるとして、次のように説く[35]。例えば、それまで個人の運命や責任で予測不可能と見なされてきた生活上の不幸や損害が社会に内在する予測可能な出来事であって、個人の責任でないとの考え方は、彼らの理論の影響である。そして、その結果、社会で生活する人間にとって不可避的に発生する事故はもはや個人の問題ではなく、社会的リスクとして捉えられるようになり、そこから保険の概念や技術が登場することになった。また、それまでのような国家主権の理論が機能しない社会的な分野への公的な関与に思想的な論拠を与え、社会があたかも巨大な保険又は金庫として機能することの思想的な支えとなったのが、連帯の思想であった、と。

---

(34) M. Borgetto, *La notion de fraternité en droit public français, Le passé, le présent et l'avenir de la solidarité, op.cit.*, pp.383-385
(35) *ibid.*, pp.386-387

（2） デュギーにおける社会保障の位置付け

次にデュギーがその連帯理論からどのように社会保障を位置付けたかという点である。

既に述べたように、デュギーは、連帯に根差した社会保障のような規範が強制力を有する法規範となるためには、法規範が受け入れるだけの集団意識が必要であることを指摘する。このような規範形成という視点の議論以外に、デュギーは、連帯を拠り所に、自由権を権利ではなく義務と捉えた議論を展開する。彼の『自由及び主権（Souveraineté et liberté）』が要領よくまとめているので、その要点を述べれば、次のとおりである[36]。

① 人間は社会的な存在であり、人間の意思によって社会が造られるわけではなく、社会は初源的に存在しているのである。このため、社会の構成員である人間が社会生活を維持していく上では、
　a．単に他人の活動を阻害しないという消極的義務（devoir négatif）だけでなく、
　b．機械的連帯及び有機的連帯の両方を維持・強化するために、能力に応じて為し得ることをするという積極的義務（devoir positif）
を履行すべきということになる。

② そこにおいて、自由は権利であると同時に、個人の生存に必要な社会の維持・発展という観点から、各人がその活動を発展していくべしという義務になる。

③ 従って、連帯主義にとって、労働は権利であるとともに、能力と適性に応じて働くべきという義務である。ただし、人間は働くにしても、その能力を超えて働く義務はなく、そこから労働時間規制等の社会立法が登場することになる。同様に、労働の能力も意欲もある者が職を見出せない事態も放置されるべきではないということになり、失業対策のための国家の介入が是認されることになる。

④ さらに、社会の維持・発展のためには、年齢、疾病、障害等のために、労働により生活ができない者に対しては、生存に必要な手段を国家の介入により提供すべきということになる。その点で、社会扶助は社会連帯の証であり、

---

(36) L. Duguit, *Souveraineté et liberté, Leçons faites à l'Université Columbia (New-York) 1920–1921, op.cit.*, pp.141–169

第1部 第3章 友愛及び連帯の理念の法学における展開

社会連帯に由来する義務の担い手としての公権力が公役務遂行の義務を負うことになる。

なお、社会保障の権利を考える上で重要な人権宣言について、デュギー自身は特段の価値を見出していない。例えば、1789年の人権宣言は積極的な価値を有しない自然法の原理を体現するもの、すなわち政治的宣言に止まると考えており、その点は留意すべきであろう[37]。

第3節　オーリウにおける友愛

1　学説の概要

オーリウ（M. Hauriou、1856-1929年）の行政法学説について、その要点を挙げるとすれば、次のとおりである[38]。

① フランスの行政制度を規律する二つの概念は、公役務（service public）と公権力（puissance publique）である。
② 公役務は公行政によって実現すべき作用であるに対して、公権力は実現手段である。
③ 法理論においては、目的と手段を同次元に置くことは不可能であり、何れかを優先させる必要がある。
④ フランス革命期の立法により要請された権力分立における執行権の基礎に照らしても、また、時代を超えた公法学者の伝統により、法の固有の分野が追究すべきは目的ではなく、その目的を達成するための手段にあると位置付けられてきたことからしても、公法学者は行政法の基礎を公権力に置いてきた。
⑤ 私法において、個人が追求する目的をほとんど関知しせず、用いられる手段及び意思自治によって行使される権利を対象とするのと同様に、公法においても、国家の目的は二次的であって、政府の意思によって行使される手段に関心を有する。
⑥ つまり、法理論の目的は、意思の目的よりも活動の手段である権力にある。
⑦ もちろん、目的を完全に犠牲にしていいということではなく、下位概念と

---

(37) Conseil d'État, *Sur le principe d'égalité,* La documentation française, 1998, pp.25-26
(38) M. Hauriou, *Précis de droit administratif et de droit public,* Sirey, 12ᵉ édition, 1933（Réédition, Dalloz, 2002）, pp.IX-XVI

第 3 節　オーリウにおける友愛

上位概念との間の均衡は必要である。
⑧　公役務学派（Ecole du service publique）の理論は、国家の目的である公役務をその目的を達成させるための国家意思の権力に優先させた。
⑨　この 19 世紀の末に登場した理論は、法の手段が個人主義的であるのに対して、その目的が社会的であることから、伝統的学説が排除してきた法の社会的な目的を再興させたが、二次的である目的を手段より優先させ代替させてしまった。
⑩　しかし、このような手段と目的の逆転は、邪説である。
⑪　公役務の概念は、公法の作用（procédé）と公役務の恒常的変更可能性から成り立っている。このうち公法の作用については、徴用（réquisition）及び収用（expropriation）において公益が私益に優越するように、それ自体が不平等な考え方に基礎を置いている。また、公役務の組織における恒常的な変更可能性は、主権の不可譲渡性の（inaliénabilité）の現代的言い換えであり、公役務の変更権限に対する法的拘束はなく、一般利益の必要に応じて変更できることを意味する。この点で、規則制定権を通じて実施される公役務の変更の可能性も公権力の発現である。従って、公役務の理論は、公権力及びその行使の概念を完全に払拭しているわけではない。
⑫　役務によって公権力の客観的自動化（automatisation objective）が起きることから、公役務は二次的ではあるが重要な役割を果たしている。
⑬　行政は役務の組織であると同時に、行政権限及び権力の組織でもある。そして、この行政組織は、支配ではなく役務の提供という考え方に基づき組織化され、国務院の判例等を通じて、役務の利益に反する当局の方針変更に対する法的防御が構築されるようになってきた。つまり、分立した権力が相互に統制し、そして権力が一定の思想（例えば、役務）を込めた組織自体が権力を内包しているのである。このような「組織の理論（théorie de l'institution）」によって修正された権力の自動化の根底には、客観的自動化の理論が存在する。

以上のようなオーリウの学説は、結局のところ「組織の理論」に集約される。その要諦は、次の通りである[39]。まず、彼の問題意識は、公役務概念が孕んで

---

(39)　R. Lafore, «Solidarité et doctrine publiciste, le "solidarisme juridique" hier et aujourd'hui», in IFR, actes de colloques n° 6, *Solidarité(s), perspectives juridiques, sous la direction de Maryvonne*

いる権力の正当性の剥奪や崩壊を防止する一方で、国家以外の中間団体も含めた各種団体の登場をも容認できるような理論を構築することにある。そのためには、連帯に根差した団体やその活動分野をアプリオリに設定してしまうのではなく、社会自体を生成発展する存在と考え、社会の発展とその発展に必要な秩序とを同時に捉えることが必要となる。この現実的要請に対するオーリウの回答が組織の理論である。彼にとって、生成発展する社会にあって、争訟解決のための抽象的規範を予め設定することは現実的ではないと認識される。換言するなら、他者を支配するのではなく、他者との関係で自らの支配を抑制することが必要であり、そのためには個人、中間団体及び国家の権利と義務との現実的調和が図られるような法を定律することが求められることになる。そこにおいて、「組織」とは、秩序と調和という二大原則に則り規律される全ての集団であり、組織の形態も公私を問わず、その目的によって権能を付与されるとともに制限されることになる。

2 学説の特徴

オーリウとデュギーは、何れも国家の役割の基礎を連帯に求める学説である点では、共通性を有する。しかし、常に生成発展する社会にあって、その維持のために自由とともに秩序が必要な場合に、連帯の管轄領域の決定権者に関しては、見解を異にする[40]。すなわち、デュギーにとって、国家は越権を宣告される対象であるが、同時に、連帯の侵害に対する防御権を社会に付与するなど、社会化を通じてその効果の及ぶ範囲を拡大しようとする存在である。これに対して、オーリウの場合には、国家とは権力の源泉であるが、それを構成する各種制度に対する義務を強化する場合を別とすれば、権力が社会によって行使されることを望まない存在である。

また、オーリウは、友愛との比較で連帯を重視したデュギーと異なり、友愛をも重視する。例えば、オーリウは、その『憲法概論（Précis de droit constitutionnel）』(1929年) の第2編（個人の権利の組織）第1章（平等の原理及び個人の権利の享有）で、人権における友愛の意義を論じており、その大略は次のとおりである[41]。

Hecquard-Théron, Presses de l'université des sciences sociales de Toulouse, 2009, pp.58-59

(40) M. Badel, *Le droit social à l'épreuve du revenu minimum d'insertion,* Presses universitaire de Bordeaux, 1996, p.435

(41) M. Hauriou, *Précis de droit constitutionnel,* Recueil Sirey, 1929, 2e édition, pp.638-644

第 3 節　オーリウにおける友愛

① 人権宣言は平等、自由、所有、安全及び圧政への抵抗を際立たせるが、その中でも、1789 年の人権宣言第 1 条が謳う自由と平等は超越的位置を占める。このうち平等とは、法の前の平等又は法的権利の平等である。この個人主義的秩序原理は、各個人に対して活動のための手段を与え、貴族制において存在していたような階級的特権に起因する法的障害を除去するが、それによって経済的結果の同一が保障されるわけではない。しかしながら、これが経済的自由が生む事実としての不平等に対する是正措置を否定するわけではなく、自由とも両立する制度として是正措置は存在する。

② 力強い主観的意識に基礎を置く個人的自由の原理と異なり、法の前の平等の原理は、全ての人間は神の前に平等であるという宗教的信念や、全ての人は同じ存在であるという形而上学的な哲学に起源を有するとともに、優越的権力を占有する国家による法律によって具体的存在を与えられた客観的な理念である。人間はお互いの差は強く感じるが、類似性はあまり感じないように、平等には、意思を動かすことができるような意味での力強い主観的意識は存在しない。平等に関連して存在する意識は、嫉妬だけである。その点で、人間同士の平等は、何よりも理念（une idée）である。

③ 1848 年の憲法（第 4 条）に登場する友愛は、平等及び個人の自由という二つの原理に対する一種の修正である。全ての人が自由の分け前を同じように得ているわけでなく、最低生活費（minimum de vie）さえも得ていない人もいる。事実としての平等は原理として否定されるものの、このような場合には、例外的に国家は公的扶助等の行政サービスを通じて貧困者を救済しようとする。総体としては、行政制度は友愛の類型に対応する。すなわち、警察、司法、無償の初等教育等は、それ自体扶助ではないものの、納税者でない国民にも提供されている点で友愛的な援助制度である。平等は国家の存在を前提とするが、行政組織によってもたらされる援助は、権利の平等の実現を超越して友愛に到達する。このような行政制度を保有する国は、保有しない国に比べて社会的真理を有しており、それ故に行政制度は個人主義の修正として必要なのである。と。

このようにオーリウは、デュギーが専ら社会連帯に依拠しながら理論を構築したのに対して、社会連帯の重要性を認識しつつも、立法による解決策を説明するための概念として友愛を放棄しなかった。彼にとって、友愛は公役務を通じて公

第1部　第3章　友愛及び連帯の理念の法学における展開

的便益・支援を提供を目的とする連帯の一種であり、個人の自由と行政サービスとの空隙を補正する国家的制度の説明概念として友愛を援用した[42]。具体的には、オーリウの公的救済（assistance publique）に関する考え方は、次のとおりである[43]。

① 公的救済は、個々人の事業と公役務との結合に基礎を置くものの、その中にあって自らの需要を満たすことのできない個人が多数存在する個人主義的な国家制度における修正装置である。
② 個人主義的な国家制度は、原則として、個人が与えられた可能性を用いて自らの生活を実現することとなっているが、自助努力が不可能であるか失敗したことによって貧困である者に対しては、最低限の生存を保障しなければならない。
③ 行政制度の論理によれば、貧困者は救済のための個別の債権的権利を有しておらず、救済を受けるために公権力に対して訴えを起こすことはできない。貧困者は、行政のイニシアティブによって自主的に組織された公的救済の恩恵を受ける資格を有するのみである。
④ この公的救済の恩恵を受ける資格は、行政によって自由に組織された役務を貧困者が受けることができる地位である。
⑤ 公的救済の役務に関する組織に由来する救済を受けるためには、救済住所（domicile de secours）及び貧困者リスト（liste des indigents）への登録という二つの要素から成る貧困者の地位（statut de l'indigent）という特別な地位の具備が条件となる。
⑥ このように公的救済を債権的権利ではなく地位として整理することは、組織の理論的である。その点で、連帯主義が、社会契約又は社会的準契約の概念に基づき、公的救済を債権的権利に根差すものと位置付けたのと異なる。
⑦ 組織の理論によれば、貧困者の地位は、契約がなくとも実在する社会的制度の概念に由来するのであり、受給に必要な地位を有し役務が存在するのであれば、それを享受することができる。
⑧ 下院（Chambre des députés）によって採択された高齢者に対する救済に関す

---

(42) M. Borgetto, *La notion de fraternité en droit public français, Le passeé, le présetnt et l'avenir de la solidarité*, op.cit., p.417

(43) M. Hauriou, *Précis de droit administratif et de droit public*, Sirey, op.cit., pp.697-699

る法案では、「全てのフランス人は、……社会連帯の役務等に対する権利を有する」と規定されており、集団の受給権者に対する債務、すなわち救済に対する権利（droit à l'assistance）が承認されていたが、上院（Sénat）の反対により削除され、1905年7月15日の高齢者に対する救済に関する法律の第1条にはその痕跡はない。

第4節　カレ・ドゥ・マルベールの学説

1　学説の概要

　1791年からの第三共和政の時代の憲法学者であるカレ・ドゥ・マルベール（Carré de Malberg、1861-1935年）は、法実証主義の創始者の一人と位置付けられる。彼は、革命期の1791年憲法に遡り、かつ、ドイツ等の憲法制度と比較しながら分析を進めることにより、第三共和政の根本規範である1875年憲法（lois constitutionnelles）の根底にある国民主権（souveraineté nationale）原理を明らかにした。彼の説は、ドイツの憲法学説から示唆を得ながらも、ドイツが、その帝政の下で国家主権を前面に出し、国家自体に法人格を認める一方で国民をその一要素としてしか捉えなかったり、議会に対する皇帝（執行権）の優越を認めたのとは異なり、フランス革命に淵源を有する国民主権の原理から出発し、執行権を立法権の意思の執行と捉えた。ここにおいて、彼はドイツの学説とは論理を逆転させることにより、ドイツの君主制の原理をフランス流の国民主権の原理に転換・適合させた。それとともに、「法治国家（État de droit）」に対して、適法性原理（principe de légalité）に根差した「適法国家（État légal）」の原理を提示し、さらに主権に関しては、国民にのみ主権が存在し、その代表を通じて意思を表明するという国民主権原理から、国家の法人格を位置付けた。彼の学説は、その後キャピタン（René Capitant）、アイザンマン（Charles Eisenmann）、ビュルドー（Georges Burdeau）等にも影響を与え、第二次世界大戦後の第5共和政憲法にも影響を及ぼした[44]。

　カレ・ドゥ・マルベールの国家及びその機関の権力に関する説は、主権を巡る

---

(44)　E. Maulin, *Raymond Carré de Malberg, le légiste de la République (Préface)*, in R. Carré de Malberg, *Contribution à la théorie générale de l'État,* Dalloz, 2004

(45)　カレ・ドゥ・マルベールについて日本に紹介した文献としては、杉原泰雄「カレ・ド・マルベールの国民主権論と国民代表制論」市原昌三郎・杉原泰雄編『公法の基本問題（田上穣治先生喜寿記念）』（有斐閣、1984年）83-117頁

第1部　第3章　友愛及び連帯の理念の法学における展開

人民主権（soveraineté du peuple）と国民主権（souverainté nationale）の議論を中心に展開される[45]。

　このうち人民主権について、カレ・ドゥ・マルベールはルソーの社会契約を引合いに出しながら、ルソー的な人民主権の下では、国家と主権とが両立しないことになり、法的にも問題があるとして、次のように指摘する[46]。すなわち、各市民に主権が帰属するのであれば、社会契約により自らの意思で国家に主権を移譲するにしても、それによって少数派が多数派に従わざるを得ない全面的な移譲となり、個人が国家に吸収されることは説明が困難である。さらに、社会契約の前提である同意が全ての個人について成立することはあり得ないし、だからといって、同意しない個人に国家の支配権が域内で及ばないわけでもない。しかも、社会契約の前に個々人に主権が存在するのであれば、市民は互いに支配し合うことが可能になるが、そのような想定は非現実的である。従って、主権は社会契約のような契約とは関係なく、個々人とは別にそれに優越して存在する理念的な国家の中に存する。法的には、国家は憲法に基づき法的な秩序の下で公権力を行使する社会的な機関として創成する。国家より前に主権は存在せず、市民が主権の行使に参加するのは、憲法上の根拠や条件に基づくものである、と。

　国民主権について、それが公法及び権力の組織に関する基本原理であることを、カレ・ドゥ・マルベールは承認する[47]。実際、フランス革命は、1789年の人権宣言（第3条）で、あらゆる主権の原理が本質的に国民に存することを宣言し、1791年の憲法（第Ⅲ章第1条）で、国民に帰属する主権に関して、それが一にして、不可分・不可譲で、そして時効にかからない（La souveraineté est une, indivisible, inaliénable et imprescriptible.）ことを宣明しており、そのような伝統は、その後の1793年憲法の人権宣言第25条や共和歴Ⅲ年の人権宣言第17条にも継承され、フランス独自の国民主権の伝統の基礎を築いた。このような国民主権とは、ドイツ等のような国家主権の考え方と異なり、革命を通じて王権を打倒し、権力を国王から奪ったフランスにおいては、主権が国王ではなく国民に存することを明確にするための概念であり、そこでの国家とは国民を法人化したものである。

　入念的に言えば、この国民主権における「国民」とは、国民個々人や特定の集団を意味するのではなく、国民総体であり、国民は法人格を認められた集団的存

---

(46) R. Carré de Malberg, *Contribution à la théorie générale de l'État*, Tome II, Dalloz, 2004, pp. 152-167

(47) *ibid.*, pp.167-172

在としての統一体であり、それは個々人に優越し、それからは独立した存在である[48]。また、国家と国民とは、法的に同一の存在の両面であり、国民が法人として呼ばれるとき国家になるのである[49]。

つまり、この国民主権について、カレ・ドゥ・マルベールは、国民主権原理を前提とする限り、国家主権と国民主権は両立しないこと、また、国家と国民は別々に存するのではなく、国家は国民を法人化した存在であり、総体としての国民そのものであるとの結論を導き出すのである[50]。

国民主権を打ち出した1791年憲法は君主政を前提としており、国民主権の原理は君主政と矛盾するものではなく、その場合の君主政が絶対君主政から国民君主政 (monarchie nationale) に変質したと捉えられる[51]。すなわち、国民主権は共和政か君主政の何れかを仮定するものではなく、権力が国民に存することを宣言するものである。ここから導かれる結論は、1791年憲法の第三編（公権力）第2条が「全ての権力の唯一の淵源である国民は、権力を代表によってのみ行使することができる」と規定するように、代表制である。換言すれば、フランス革命が国民主権原理によって構築したのは、主権が存する国民の代表によってのみ行使されるという代表制である[52]。

2　学説の特徴

以上のような、カレ・ドゥ・マルベールは代表制に関して国民主権を基礎に置きつつ、国家による公権力の行使に関して、以下のような考え方を提示する。

まず、支配力、強制力をもって命令する権限や主権が国家の特質であるとすると、その正当性の根拠が法的に重要となる。その点に関するカレ・ドゥ・マルベールの考え方は、次のとおりである[53]。まず、国家及びその権力は、その存在の拠り所である目的によって正当化されるものであり、かつ、その目的は国家権力の助力なしには実現しない。その場合、全ての国家活動が命令的な権力行為 (acte de puissance) ではなく管理行為 (acte de gestion) もあるが、管理行為であっ

---

(48)　*ibid.*, pp.172-173
(49)　*ibid.*, p.187
(50)　*ibid.*, pp.11-15
(51)　*ibid.*, pp.195-197
(52)　*ibid.*, pp.189-190
(53)　R. Carré de Malberg, *Contribution à la théorie générale de l'État,* Tome I, Dalloz, 2004, pp.194-196

第1部　第3章　友愛及び連帯の理念の法学における展開

ても、国家が自ら権限や施策を決め、当該管理行為の尊重義務を課していく点では、権力的な考え方が入っている。従って、デュギーが単なる技術的な管理的な公役務の存在を承認し、公権力の存在を否定したことは誤りであり、中身が単純な具体的な管理行為であっても、その実施条件を私的な管理ではなく公的な管理に委ねられるならば、それは権力的行為である。

これに対して、デュギーの学説は、社会連帯の立場から、国家法人説及びそれに起因する個人と国家の対立を否定し、その理論的支えである国民主権に対しても批判的であった。すなわち、デュギーが主張する社会連帯によれば、国家意思は政治権力の保持者である統治者の意思であり、それは個人又は複数の個人の意思に過ぎないが、それら個人も社会の一員として社会連帯の紐帯によって結ばれており、被治者である全ての個人と同様に、社会の規範としての法規範（règle de droit）に則り、社会連帯に服するとされる(54)。それ故に、被統治者は、法律等が法規範に照らして正当でなければ従う義務はなく、逆に統治者も、目的が社会連帯に適合しなければ、自らの決定を実行するために強制力を行使することはできない、と(55)。

このデュギーの学説に対しては、それが無政府状態（anarchie）に繋がるとの批判が起きたが、カレ・ドゥ・マルベールも、次のようにデュギーを批判している。すなわち、デュギーの学説が政府の存在を否定してないとしても表面上であって、政府の権力及び有益性である権力の原理（principe d'autorité）を政府から奪い取るものである。正規の手続きを経て出された命令であれば従う義務があり、公権力は義務を課すのに内容の正当性を必要としない、と(56)。

さらに、デュギーが法規範の基準を社会連帯の活動の下で形成される個々人の意識に求め、個々人の意識が法的内容を形成するに至ったときにのみ、世論が立法の要因になるという主張に対しても、カレ・ドゥ・マルベールは、次のように批判している(57)。権利を実定法化するためには、組織化された権力が必要であり、これは国家意思の前提として理念的な権利の存在を主張する者も認めるところである。これに対して、デュギーの説は、社会連帯に根差した法規範が、どのようにして実定法として強制力を有するようになるのかという点が欠如している。

---

(54) L. Duguit, *L'État, le droit objectif et la loi positive*, op.cit., pp.260-263
(55) *ibid.*, pp.267-268
(56) R. Carré de Malberg, *Contribution à la théorie générale de l'État*, Tome I, *op.cit.*, pp.203-204
(57) *ibid.*, pp.204-204

第4節　カレ・ドゥ・マルベールの学説

このことは、法律が法的な効力を取得する淵源が立法府による立法にあるという、憲法の価値を否定するものである。

　カレ・ドゥ・マルベールは、デュギーが国家の責任を認める判例の傾向を捉えて公権力の概念が消失しつつあると結論付けることについても、次のように異を唱えている[58]。カレ・ドゥ・マルベールによれば、法律に起因する国家の責任は国会の支配権の消滅を意味するわけではなく、主権者としての国家は自ら創造した規範に服従することの結果に過ぎないのである。デュギーが提起した問題に対しては、フランスの法は、国家権力の発動の有効性を理想的な法規範への適合性に従わせるのではなく、国民主権の理念を打ち出すことにより、主権の概念は維持しているものの、特定の機関が特別な主権を握ることを排除している。この結果、主権は緩和され、具体的には、強力な権限を有する議会でさえ、選挙を通じて選挙人の意向で構成員が代わることを通じて、法律改正が可能となるなど、国家の支配権としての主権には制約がある、と。

　このように主権が無制限の権力ではなく、そこには制約があることを、カレ・ドゥ・マルベールは、イェーリネック（Jellinek）等のドイツ流の自己規制（auto-limitation）の理論を援用して、次のように承認している[59]。自己規制とは、国家は自らの意思によってのみ強制・拘束・制約されるという考え方である。仮に主権が無制限の権力であるとすれば、それに制約を課すことができるのは主権者自らであり、他者から制約を課せられるのであれば、もはや主権者でなくなるのである、と。

　この自己規制の理論に関しても、それを否定するデュギーに対して、カレ・ドゥ・マルベールは、次のように批判する[60]。デュギーは、社会連帯に基礎を置く法規範の理論によれば、法規範はそれ自体が社会的制裁（サンクション）を伴うことから、国家が自ら制約を課す必要性がないと主張する。つまり、法規範に反する行為は社会連帯を侵害することから、社会連帯及び社会的紐帯を認識する個々人の反発を招くことになる。この点で、デュギーは、国家及びその権力の外において、個々人の意識に依拠することによって社会的な法の制裁を実現しようとする。このような説は、政府の行為の有効性を国家の法律によって予め定められた法的秩序ではなく、集団の意識と反発に委ねるものであり、法的な性格を

---

[58]　*ibid.*, pp.223-228
[59]　*ibid.*, pp.228-228
[60]　*ibid.*, pp.235-237

第1部　第3章　友愛及び連帯の理念の法学における展開

有しない、法律学に値しない理論である。

　以上のように、カレ・ドゥ・マルベールは、国民主権に裏付けされた公権力の行使を理論化し、公権力が特定の個人に帰属するのではなく国民総体に帰属し、公権力の行使は国民の利益の向上を目指すものであることを明らかにしたと言えよう。このような主権論を展開するカレ・ドゥ・マルベールにとって、連帯や友愛の理念は、立法者の主権的な意思との関係で、単なる政治的行動原理に止まる。すなわち、連帯原理に基礎を置く多くの社会的救済（assistance sociale）に関する立法が完全な保障ではなく部分的な保障に制限されている理由は、連帯原理そのものに制限的な意味合いがあるわけではなく、政治的行動原理としての連帯概念が主張される動機や環境に依存しているためということになるわけである[61]。その点で、違いはあるものの同じ公役務学派に属するデュギーやオーリウとは、連帯及び友愛との関係で立場を異にする理論といえる。

第5節　小　括

　以上、フランス法学界の泰斗がどのように連帯及び友愛を法学上位置付けてきたかを概観した。19世紀後半、経済学者ジード（C. Gide）や政治家ブルジョワ（L. Borugeois）等を通じて社会に浸透していった連帯主義の流れは、社会科学としての社会学や法学にも無視できない影響を及ぼしていった。もちろん、連帯主義そのものとは意識的に一線を画しつつも、コント（A. Comte）に始まる実証主義の流れから登場したデュルケム（E. Durkheim）の社会学の社会分業論の鍵となる概念は、やはり連帯である。また、その影響を受けることにより、法学の分野でもデュギー（L. Duguit）を嚆矢として、連帯に基礎を置く公役務理論が登場してくる。さらに、公役務派の中でもオーリウ（M. Hauriou）は、友愛を重視しながら、組織の理論の形で国家の役割を理論化する。いずれにせよ、自由と社会正義、そして社会と国家との統合を模索する公役務派の国家論は、国家を公権力の行使の主体として捉えるカレ・ドゥ・マルベール（Carré de Malberg）のような立場とは異なるものであった。それを突き詰めれば、社会における連帯や友愛こそが、公役務理論の出発点ということになる。

---

(61)　M. Borgetto, *La notion de fraternité en droit public français, Le passé, le présent et l'avenir de la solidarité, op.cit.*, pp.402-403

第5節　小　括

　連帯主義の隆盛という点では、連帯を軸にした法理論が登場する背景には、19世紀末から20世紀初めのフランス社会が置かれた時代状況も無視することができない。フランスは、極言すれば強権主義的なドイツと自由主義的なイギリスという二大隣国とは異なり、革命以来の紆余曲折に満ちた社会変革や普仏戦争の敗北を経て確立した共和主義体制（第三共和政）の下で、当時まだ世界的にも少数であった共和主義国家として独自の国家像や社会システムを模索しなければならなかった[62]。その点では、デュルケムに代表される公役務理論は、社会に存在する客観的な連帯に着目することで、その社会が機能するために国家に積極的役割を付与するものの、国家は個人の所有権や自由を尊重する自由主義的な存在に止まるという国家像に特徴を有する理論であったといえる[63]。このような公役務理論を法学の分野で展開したデュギーにおいては、公権力（puissance publique）といった形而上学的な国家概念に依拠するのではなく、社会連帯に根差した社会的な需要の充足のため手段が立法であり、国家は集団的な利益を立法・行政等を通じて実現する主体であるという形で国家そのものも実証主義的に捉えられている[64]。従って、公役務理論の下では、国家は支配権力を失い、国家自身も法に服し、契約における正義及び平等を維持し、一般利益のための役務を確保する存在ということになる[65]。

　このような公役務理論が想定する社会は、連帯により社会正義が実現する社会でもある。そのための手段が法である。比喩的に言えば、公役務学派にとって、国家とは巨大な保険会社か保証金庫（caisse de garantie）のような存在であり、社会の諸課題の解決のための公的介入を正当化する理論が連帯であったと捉えることができる[66]。また、行政の無謬性（impeccabilité）や国家主権の理論に支えられた法学説と異なり、公役務学派の理論は、公的介入に当たっても、行政の過失を必ずしも問題にせず対応することを可能にした[67]。

　このように公役務学派は、疾病、老齢、障害等の社会的リスクへの対応という

---

(62)　M.-C. Blais, *La solidarité, Histoire d'une idée,* Gallimard, 2007, p.318

(63)　*ibid.*

(64)　F. Burdeau, *Histoire du droit administratif*, «Thémis Droit public», 1re édition, PUF, 1995, pp.342-344

(65)　M.-C. Blais, *op.cit.*, p.318; F. Burdeau, *op.cit.*, p.342

(66)　M. Borgetto, *La notion de fraternité en droit public français, Le passé, le présent et l'avenir de la solidarité, op.cit.*, pp.386-390

(67)　*ibid.*

第1部　第3章　友愛及び連帯の理念の法学における展開

点で、社会扶助のみならず、その後の社会保険の成立のための理論的な支えとなったと考えられる。また、連帯主義の流れを汲む公役務学派は、国家対国民という関係とは別に、社会集団内部での相互の権利義務関係に根差した法体系、さらに社会正義の実現のための国家の介入という新たな法分野としての社会法の登場、そして発展を促すことにもなった。

しかし、その後時代は第一世界大戦やロシア革命に代表されるような激動期に入り、階級闘争の視点が希薄な連帯主義は、政治的には急進党支持層から労働者が抜けるなど、かつての輝きを失っていくことになる[68]。その結果、連帯主義は、フランスで自由主義勢力が台頭した後人民戦線派が政権を獲得するまでの1929年から1936年の間に政治の舞台から消えることになった[69]。また、法学の分野でも、連帯概念は1930年代には表舞台からは消えることになり、公役務派が唱えた公役務の概念自体も変遷していくことになる[70]。その結果、公役務理論の方も、その後は必ずしも連帯との直接の関係を伺わせないほどまでに独自

---

(68) M.-C. Blais, *La solidarité, Histoire d'une idée, op.cit.*, p.320; M.-C. Blais, «Solidarité: une idée politique?», in IFR, actes de colloques nº 6, *Solidarité (s), perspectives juridiques, sous la direction de Maryvonne Hecquard-Théron,* Presses de l'université des sciences sociales de Toulouse, 2009, p.44（連帯思想が廃れる分岐点を社会主義勢力が台頭してくる1914年としている。）

(69) F. Prosche, «L'idée de solidarité en France: origines et développements», *in* A. et C. Euzéby (éd.), *Les solidarités, Fondements et défis*, Economica, 1996, p.36

(70) R. Lafore, «Solidarité et doctrine publicste, le "solidarisme juridique" hier et aujourd'hui», in IFR, actes de colloques nº 6, *Solidarité (s), perspectives juridiques, sous la direction de Maryvonne Hecquard-Théron,* Presses de l'université des sciences sociales de Toulouse, 2009, p.59; F. Burdeau, *Histoire du droit administratif,* «Thémis Droit public», 1ʳᵉ édition, PUF, 1995, pp.417-424（公役務の概念は、①組織、②形式、③機能・実質の各側面から捉えることができる。デュギー等の時代には、論者によって違いはあるものの、公役務といえば、公役務の遂行主体としての企業であっても行政機関に付属しており、行政的な性格を有する機関を念頭に論じていれば足りた。それが、第一次世界大戦により国が物資の取引に関与するようになり、それに関係する産業も含めて公役務概念とどう捉えるか問題となっていった。このことは公役務概念の流動化をもたらし、私法人に公役務の遂行主体としての地位を認めた1938年の国務院判決（CE 13 mai 1938, *Caisse primaire «Aide et Protection»*）も、このような流れの中で理解する必要がある。つまり、公役務概念は、組織ではなく機能や実質的な側面に着目して、活動の公益（intérêt public）性の有無が判断の拠り所となっていった。第二次世界大戦後になると、その流れは決定的となり、私法人が「公役務に結び付いている（assosiée à un service public）」という基準（CE 31 juillet 1948, *Boulic*）ではなく、端的に私法人が「公役務の確保を任務とする民間組織（organisme privé chargé d'assurer un service public）」であることを基準（CE 4 août 1944, *Cie des produits chimiques et électrométallurgiques Alais, Froges et Camargue*）とした判断が国務院判決で示されるようになった。

第 5 節　小　括

の発展を遂げ、そして公法理論としても変遷を重ねる中で今日に至っている。

この点に関して、ボルジェト氏は、連帯主義の衰退は、連帯主義の失敗というよりも成功であり、連帯がフランス公法に定着していったことにより、もはや声高に連帯を唱えなくともよくなったためであると評価している[71]。また、『福祉国家』の著者であるエヴァルド氏は、20 世紀の社会においては、人間を取り巻く様々なリスクの増大を保険の技術を活用した民間保険や社会保険によって対処してきており、19 世紀の末に保険化（assurantialisation）を推し進めた連帯理論は陳腐化し、政治的な用語として負担増のために使用されるものの、かつてのような役目は失っていったことを指摘している[72]。

ところが、第二次世界大戦後になると、連帯は、戦時中のレジスタンス運動の中で理念として一定の広がりを有していたこともあり、再び歴史の舞台に登場することになる[73]。それを象徴するのが、1946 年第四共和政憲法前文の中にある「国家は、国家的災厄に起因する負担の前にあって、全てフランス人の連帯及び平等を宣言する」という規定である。これに対して、戦後の社会保障制度の基礎となった「社会保障の組織に関する 1945 年 104 日勅令第 45-2250 号」の提案理由では、「社会保障は、あらゆる状況において各人がその生計及び家族の生計を人に値する条件の下で確保するために必要な手段を保有するよう、各人に付与される保障である」とした上で、「社会保障は、義務的な相互扶助を国家的な広範な組織で整備することを必要としており、その対象となる人及びその給付を行うリスクの何れの点でも極めて多大な一般的な性格を有することなしには、その完全な効果を発揮することができない」と述べている[74]。この提案理由の範囲では、連帯という明確な言い方ではないが、戦後の社会保障は国民の連帯に基礎を置く制度として設計されたことが伺える。

以上、20 世紀前半における法学の泰斗による論述の中でも、連帯に基礎を置く公役務理論の一環として社会扶助や社会保険が論じられていることを紹介した。分析の主眼は、戦後の社会保障において、公役務の遂行主体としての国家の関与により制度が設計・実施されるに当たり、戦前からの連帯思想が脈々と受け継が

---

(71)　M. Borgetto, *La notion de fraternité en droit public français, Le passé, le présent et l'avenir de la solidarité*, op.cit., p.389, p.509 et s.
(72)　F. Ewald, *op.cit.*, p.385
(73)　M.-C. Blais, *La solidarité, Histoire d'une idée, op.cit.*, p.322
(74)　本書では、ordonnance（オルドナンス）を勅令と訳している。

れ、連帯という概念・理念が一定の役割を果たしたことを理解することにあった。とりわけ、貧困に対する取組が慈善という道徳的世界から社会扶助という制度的世界に転換していくに当たり、友愛や連帯のような客観的・科学的な概念が果たした役割は重要であったと考えられる。また、連帯は、19世紀から20世紀にかけて個人主義が重視されたフランス社会にあって、それと断絶するのではなく個人主義とも親和性のある形で社会保険や社会扶助の制度化が図られてきたという点、法理論及び実定法への貢献は大きかったと評価できよう[75]。

そこで、以下では、これまでの考察を基礎にしながら、フランスにおいて実定法上友愛や連帯がどのように位置付けられているかに考察の範囲を広げることにする。

---

(75) M. Borgetto, *La notion de fraternité en droit public français, Le passé, le présent et l'avenir de la solidarité, op.cit.*, p.389

第4章
◆ 現代における連帯概念及び友愛概念の展開 ◆

第1節　連帯概念の展開

1　学理からみた連帯概念──連帯概念のデュギー以降の状況
（1）　連帯概念の定着と社会法の登場

　法学の議論は、純粋に法学に内在的・技術的なものと捉えられがちであるが、実際には、その時代に支配的なイデオロギーや政治的状況の影響抜きに議論することは困難である[1]。その点では、デュギーの公役務概念も彼が生きた時代環境を抜きに語ることはできない。そのデュギーの時代とは、金融・貯蓄・信用等の国家的制度や鉄道・道路等のインフラが国家の介入により整備されていくとともに、労働や貧困等の社会問題が深刻化する中で社会保障的な制度が芽生えてくる時代であった。このため、社会経済の外部者としての権力概念や主権概念に支えられた自由主義的な国家とは異なり、国家は各種経済・社会問題に果敢に介入する存在に転換しつつあり、その理論的拠り所が公役務概念であった。

　縷々述べたようにデュギーを嚆矢とする行政法分野における連帯理論から公役務概念が生まれ、公役務学派が登場することになったが、この公役務によって国家が果たすべき機能は、その後も縮小することはなかった。むしろ、国家は無制限の権力を保有する優越的な存在というよりも、法に従いながら、社会連帯の発展が求める給付を提供する役割を担うことになった[2]。その点では、デュギー等の連帯主義は、連帯を唱えずとも、公役務概念を介して公法に深く浸透し根付くことになったといえる[3]。

---

[1]　J. Chevallier, *Le service public*, coll. «Que sais-je ?», 4ᵉ édition, PUF, 1997, pp.7-10
[2]　*ibid.*, p.20
[3]　シュヴァリエ氏によれば、公役務が拡大した要因は次の2点にある（J. Chevallier, *op.cit.*, pp.56-59）。第一は、自然発生的とも言える環境要因である。すなわち、経済状況の悪化、戦争、政治等の環境圧力から、国や地方自治体が企業の国有化等を通じて、自ら

第 1 部　第 4 章　現代における連帯概念及び友愛概念の展開

　また、見方を変えれば、1898 年 4 月 9 日法による労災補償が典型であるが、連帯主義の登場と軌を一にするように各種社会問題が勃発し、それが労働法及び社会保障法を柱とする社会法（droit social）の登場を促したことも無視できない。それまでの公法と私法という二元論的体系の下にあっては、労災であれば、①過失（faute）、②不法行為（délit）、③訴訟（procès judiciaire）を要素とする私法上の損害賠償請求によって解決されていたのに対して、労災制度の登場により、①負担・損害の配分（répartition）による均衡（équilibre）、②連帯（solidarité）に基づく契約（contrat）、③リスク（risque）と結び付いた保険（assurance）の組み合わせにより問題が処理されることになった[4]。さらには、労災とは異なり、何れかの者に帰責することが困難な老齢、疾病、障害等のリスクは、そもそも過失責任主義による損害賠償による解決はあり得ず、社会保険の整備という形でのリスクの社会化により初めて対処がなされることになったのである。

　実際、労災補償の関係では、1880 年に最初の労災補償法案がナドー（M. Nadaud）氏によって代議院（Chambre des députés）に提出され、最終的に 1898 年の労災補償法の成立に繋がっていく立法過程において、連帯の概念は援用されている[5]。例えば、労災による労務不能や死亡の際には補償年金の支払いを履行する使用者、保険会社、共済又は使用者の連帯による保証組合（syndicats de garantie）が支払不能に陥った場合には、全国退職年金金庫（Caisse nationale des retraites）が再保険事業を行うことを規定する労災補償法第 24 条である。当該条項の審議の中で、共済や保証組合は加入者による連帯の仕組みとして言及されている[6]。その点では、労災補償は一面において使用者の補償責任を連帯によって担保する仕組みと理解することができよう。

　また、労災に関する裁判の関係でも、その後において職業的リスクに着目した労災補償制度への途を開く判決が労災補償制度誕生の直前期に登場することにな

資本主義経済がもたらす社会経済問題の解決に乗り出さざるを得なかったことである。これに対して第二の要因は、構造的要因といえるものである。すなわち、資本主義経済がもたらす外部不経済等の問題に対する修正原理として、公役務を通じて人々に安心を保障しようとする政策対応である。いずれにせよ、これらの要因を背景に、公役務は自動触媒作用のように拡大していくことになった。

（4）　F. Ewald, *L'Etat providence*, Grasset, 1986, pp.448-449
（5）　P. Leclerc, *La sécurité sociale, son histoire à travers les textes, tome II - 1870-1945,* Association pour l'étude de l'histoire de la sécurité sociale, 1996, pp.63-115
（6）　*ibid.*, p.81, p.85 et p.91

第 1 節　連帯概念の展開

る。すなわち、1896 年 6 月 10 日の破毀院判決（Cass., 10 juin 1896）において、民事の損害賠償請求に関して過失責任ではなく機械の構造上の瑕疵（vice de construction）を理由に訴えが認められることになったのである。事案は、蒸気曳舟の配管の溶接の不具合による爆発事故のために機関員が死亡したというものであった。このような事案の場合、伝統的な過失（faute）責任主義の下では、被害者が事故の発生における所有者等の過失を証明することが必要になり、証明の困難から補償が受けられない虞があった。これに対して、破毀院は、事故が偶発事故（cas fortuit）や不可抗力（force majeure）によって発生したものではないことをなどを認定した上で、民法第 1384 条を適用し、曳舟所有者の損害賠償責任を認めた。

　この判決は、伝統的な過失責任主義では証明が困難な労働災害における使用者責任の認定を容易にし被害者救済に資する点で、労災補償の分野で意義を有するのは勿論である。しかし、社会保障の観点からは、それに止まらず、各種社会経済活動に関係する職業的リスク（risque professionnel）に起因する損害に関して、リスク分配（répartition des risques）を重視した問題解決の途を示唆していることである。このリスク分配の意義を民法研究者の立場から強調したのがサレーユ（R. Saleilles）であった。彼は 1897 年に著した『労働災害と民事責任』の中で、客観的責任論を展開する[7]。その主張の核心にあるリスク分配とは、損害の原因となるリスクを正義や衡平の観念に照らして損害の負担を配分するという点にあり、その場合の賠償責任は損害の原因事実と発生した損害との因果関係により客観的に確定され、補償は加害者の過失を証明することによる増額は認められるものの基本的には定額となる[8]。結論的に言えば、サレーユにとって、使用者の労災

---

(7)　R. Saleilles, *Les accidents de travail et la responsabilité civile (Essai d'une théorie objective de la responsabilité délictuelle)*, Arthur Rousseau, 1897. なお、サレーユについては、岩村正彦『労災補償と損害賠償』（東京大学出版会、1984 年）等を参照。

(8)　サレーユの客観的責任論に関する主張を労災補償に即して何点か挙げると、次のとおりとなる（R. Saleilles, *op.cit.*, p.5, pp.8-12, p.22, p.58）。
・労災補償に関する伝統的な責任概念は、民法第 1382 条にみられる過失責任（quasi-délit）であり、労働者は使用者の過失を証明しなければならなかった。
・労災における使用者の過失の証明を労働者に求めることは、実際上、使用者に免責を与えるのとほとんど同じである。過失の概念はなくなるわけではないが、判例が使用者の責任を導出するために重視しているのは、個人的な過失ではなく、事実の外面的特徴として表れる外面的過失（faute extérieure）である。換言すれば、使用者の責任が認定されるか否かは、使用者の無思慮に着目した事故の予見可能性や回避可能性ではなく、外面的事実と事故との関連性である。

第1部　第4章　現代における連帯概念及び友愛概念の展開

補償責任とはリスクの分配であり、それは正義や社会的衡平に照らして反証による免責を許さない一種の法定債務（obligation légale）ということになる[9]。

サレーユの議論は、民法の分野に限定されている。しかし、彼は「客観的理論は、人間を集団に帰属するものと捉え、その人を取り巻く人々との接触による活動として扱う理論である」と述べている[10]。その点では、彼の主張するリスク分配の理論は、人間を各人がリスクを引き受けながら自由に活動する社会的存在であると捉えており、人間が有する社会性に注目する点では、社会法にとっても重要であると思料する。

（2）　公役務による国家の関与の増大

このような私法と公法の間に立つ社会法の登場は、国家による社会問題への介入であると同時に私人間の争訟の社会的処理の導入でもある。エヴァルド氏の説によれば、社会法にあっては、

- 不法行為との関係では、過失（faute）・因果関係（causalité）に基づく損害賠償責任による個人対個人での損害の塡補ではなく、社会的な損害の配分により個人対全体での損害の塡補が行われるほか、
- 契約との関係では、個人間の自由な意思の合致による契約ではなく、より高位の社会的規範によって規律されることにより、私法的な契約における契約的な均衡は消失し、社会正義に基づく負担の配分が優越することになる[11]。

- 従って、使用者が事故の責任を負担するのは、純粋に外部的で客観的な過失、現代の産業における慣行（むしろ、判例が現代の産業に課そうとする慣行）に対する侵害の帰結としてである。
- このような客観的責任論によれば、賠償責任が発生するためには、事故に関する個人的過失とは関係のないリスクの引き受けという事実、つまり外部的事実があれば十分ということになる。この結果、労働者にとって証明責任は著しく軽減され、労働者は、過失ではなく、判例が現代の産業に課す慣行に実質的に反するという非違ある事実を証明すれば足りることになる。
- このような考え方は、リスクの概念が過失に取って代わることを意味する。つまり、労災が発生した場合に問題となるのは、損害を負担すべきは加害者か被害者かという社会的な視点であり、それは責任の問題ではなく誰がリスクを負担すべきかというリスクの問題となるわけである。

(9) *ibid.*, p.35
(10) *ibid.*, p.74
(11) *ibid.*, pp.457-458

第 1 節　連帯概念の展開

つまり、連帯主義的な発想に立つならば、社会法の世界においては、社会は個人に対して先存在であり、個人は社会の存在を前提とする存在として認識されることになる[12]。

このような社会法やそれに繋がる判例の登場は、国家の果たすべき役割に影響を与えないはずはない。実際、社会経済の発展につれて、国家は統治主体として支配・命令するのみの存在から、継続性（continuité）、平等性（égalité）及び可変性（mutabilité）という公役務の3原則に則り、自ら能動的に公役務を遂行する存在に転換を遂げてきている。その結果、公役務を構成する分野も、次に示すとおり専門分化するとともに、量的にも増大することになった[13]。そして、言うまでもなく現代社会において、社会保障及びその関連活動は、公役務の重要な柱となっている。

① 市場経済活動以外に関する公役務
　a　いわゆる国王特権（régalien）に属する公役務である国防、警察、私法、租税等の活動
　b　債権的権利（droit créance）に属する権利を実現するための公役務である教育、社会保障、病院公役務、社会扶助、社会事業等の活動
② 市場経済活動に関する公役務
　a　商工業公役務（service public industriel et commercial）に属するような郵便、電信電話、鉄道、航空、電気、ガス、高速道等の活動

しかしながら、法学に目を向けると、学説史的には、デュギーの公役務学派を明確に継承する者は少ない。継承者の一人であるドゥ・ロバデール（A. de Laubadère）氏亡き後、そのフランスを代表する行政法の教科書も改訂を重ねることにより（第9版以降）、同氏の影響は薄くなってきていると言われる[14]。もちろん、学派としての公役務学派の衰退が、そのまま連帯及び公役務の衰退を意味するわけではない。確かに、公役務は一般的利益の充足の必要性に照らして創設される

---

[12]　ibid., p.459
[13]　J.-C. Beguin, «Service public et solidarité», in J.-C. Beguin et al., La solidarité en droit public, L'Harmattan, 2005, pp.259-269. なお、シュヴァリエ氏は、公役務を①国王特権に属する伝統的な公役務、②経済的公役務、③社会的役務、④社会・文化的役務の4種類に分類している（J. Chevallier, op.cit., pp.53-56）
[14]　J.-C. Beguin, op.cit., p.256

第1部　第4章　現代における連帯概念及び友愛概念の展開

としても、その有り様は、公役務性をもって民営化禁止の阻害事由とならない商工業的公役務のような分野から、社会保障のように連帯が公役務を強く正当化する分野まで様々である(15)。従って、連帯を援用することで機械的に公役務が創設・廃止できるわけではなく、公役務の組織化には大幅な裁量性が存在する。その点で、公役務の組織化に当たって連帯が果たす役割には曖昧性がある一方で、各種公役務が連帯に基礎を置きつつ創設されているのも事実であり、フランス的公役務概念の揺らぎの中で連帯概念の前進と後退が生じていることが指摘されている(16)。

こうした連帯概念が果たしている微妙とも言える役割については、幾つかの面でそれを確認することができる。例えば、現在では連帯ではなく「社会的結合 (cohésion sociale)」が使用されることがあるが、この概念は時に連帯の同義語で使用される。その典型が欧州共同体の各種条約等であり、実際のところ、条約等の中には、一般的経済的利益役務（services d'intérêt économique général）による社会的・地域的結合（cohésion sociale et territoriale）の促進に言及する規定がみられる(17)。欧州共同体において連帯は、加盟国の諸国民の間、加盟国の間、あるいは共同体と加盟国の間で展開されることになるが、様々なレベルの連帯は欧州統合の基礎的な原理として、農業、自然災害支援等の共同市場政策の効果的な手段

---

(15) S. Saunier, «Solidarité et services publics», in IFR, actes de colloques n° 6, *Solidarité(s), perspectives juridiques*, sous la direction de Maryvonne Hecquard-Théron, Presses de l'université des sciences sociales de Toulouse, 2009, pp.284-285

(16) *ibid.*, pp.261-270

(17) 一般的経済的利益役務と社会的・地域的結合に言及する規定としては、欧州連合条約（リスボン条約による改正後）第14条（一般的経済的利益役務の経済的・財政的な原則・条件に従った遂行）、欧州連合基本憲章第36条（一般的経済的利益役務の享受・尊重）、欧州憲法第Ⅲ-122条（一般的経済的利益役務の経済的・財政的な原則・条件に従った遂行）などがある。これに対して、連帯という文言も条約に登場する。例えば、欧州共同体の設立に関する条約（ニース条約による改正後）の前文に締約国が「欧州と海外諸国とを結ぶ連帯を強化することを欲」っすることが謳われているほか、共同体の目的として「加盟国間の経済的・社会的結合及び連帯を促進する」ことが掲げられている（第2条）。なお、この第2条の規定は、欧州連合条約（リスボン条約による改正後）でも「加盟国間の経済的・社会的・地域的結合及び連帯」の促進という形で踏襲されている（第3条）。このほか、連帯に言及する文書として欧州連合基本権憲章（Charte des droits fondamentaux）があり、その前文で「連合は、人間の尊厳、自由、平等及び連帯という不可分かつ普遍的な価値に基づく」ことが謳われるとともに、その第4章が「連帯」に関する各種規定に充てられている。

第1節　連帯概念の展開

などの形で威力を発揮する[18]。欧州共同体の条約等を通じて連帯が果たす役割に鑑みるならば、連帯概念に対して、共同体の連帯促進の手段としての公役務性を欧州共同体も承認していることを示唆する[19]。また、自由という権利を考えた場合、ある財へのアクセスが人の能力に規定されるとすれば、財を公役務によって提供することは、基本権である自由権の行使の一形態である財へのアクセスを実現するために不可欠な仕組みであり、また、公役務に対する形式的な平等のみならず実質的な平等を保障することは、連帯の法的な要素であり、基本権行使の保障につながることが指摘されている[20]。

最後に、連帯と密接な関係を有する公役務概念自体にも目を向けておきたい。行政法の適用領域や行政裁判所の管轄権との関係で、公役務概念の果たす役割は現在においても重要であるが、管轄権の絶対的な基準ではなくなってきているのも事実である[21]。しかし、そのことが公役務概念の意義を消失させるわけではない。現代においても、公役務概念を援用することにより、多様な行政の活動が公役務概念の下に包含されることで規範としての行政法に思想的一貫性（cohésion idéologique）が付与され、その結果として多様な国家的制度の基礎が強固なものになっている[22]。逆に言えば、公役務概念なかりせば、行政は強制を背景とした統治客体の服従によって実現されるという枠組みを超えることが難しくなるわけであり、その点では、公役務概念は公権力の制限的かつ正当な行使に関する担保とも言える[23]。

2　社会保障制度からみた連帯概念
（1）　社会保障制度の創世記における連帯の位置付け
〈社会扶助立法の制定〉

ここでは社会保障制度の登場との関連に特化して、改めて連帯の意義を確認す

---

(18) M. Blanquet, «L'Union européenne en tant que système de solidarité: la notion de solidarité européenne», in IFR, actes de colloques n° 6, *Solidarité(s), perspectives juridiques, sous la direction de Maryvonne Hecquard-Théron*, Presses de l'université des sciences sociales de Toulouse, 2009, pp.155-195

(19) J.-C. Beguin, *op.cit.*, pp.256-257

(20) *ibid.*, p.270

(21) J. Chevallier, *op.cit.*, pp.29-31

(22) *ibid.*, pp.34-35

(23) *ibid.*, pp.34-39

第1部　第4章　現代における連帯概念及び友愛概念の展開

ることにする。まず、フランスの社会保障制度も、他国と同じように、19世紀末から20世紀前半の第三共和政の時代に社会扶助と社会保険という二大潮流の中で形成されてきた。しかも、何れの制度類型も連帯の理念と無縁ではない。

このうち社会扶助は、
① 1893年7月15日の無償医療扶助に関する法律
② 1904年6月27日の要支援児童に関する法律
③ 1905年7月14日の困窮状態にある老人、障害者及び不治の病者に対する義務的扶助に関する法律

などが、この時期に制定されている[24]。

社会扶助の特徴は、拠出制の社会保険と異なり受給者の拠出を要件とせず、国家等の介入によりサービス等の給付が実施される点である。このため、社会扶助を巡っては、現代でも給付の権利性が問題となるが、社会扶助の創設期にも同様議論が存在した。すなわち、

① 社会扶助は国家の義務であって、個人はこの国家に課せられた義務故に権利の資格者となるのか、
② 社会扶助は国民の権利であって、この国民の権利故に国家には義務があるのか

という権利の先存性（préexistence）の問題である[25]。これは言い換えれば、権利が国家の関与に先行する個人的債権（créance indivuduelle）か、それとも国家の法的義務対応する見返り的権利（droit-contrepartie）であるかという問題でもある[26]。この形而上学的な議論についてボルジェト氏は、立法に当たり、議会の左派が慈善と異なる社会連帯に着目して扶助の権利性を主張するのは当然として、中道派や右派は権利の先存性は否定するものの、その理由は立法裁量や議会の至高性への侵害を懸念してのことであったと指摘している[27]。その点では、社会扶助に関して、国家による立法を前提としない先損的な義務を課すことまでは踏み切っていないものの、

---

(24) 19世紀から20世紀初頭にかけての社会事業の発展の背景には、経済発展とともに連帯思想の存在を指摘するものとして、林信明『フランス社会事業史研究』（ミネルヴァ書房、1999年）。

(25) M. Borgetto, *La notion de fraternité en droit public français, Le passeé, le présetnt et l'avenir de la solidarité*, L.G.D.J., 1993, p.439

(26) *ibid.*, p.453

(27) *ibid.*, p.440

第 1 節　連帯概念の展開

① 社会扶助を責任を持って実施すべき実施機関を規定したほか、
② 財源に合わせて扶助を実施するのではなく、必要な扶助を実施するための財源手段を設けるなど、

扶助の義務的性格が強まったことが特徴である[28]。このような社会扶助の法的整備ととともに、その権利性が高まったことの背景には、連帯主義の浸透があることは容易に想像できるところである。

実際、各種社会扶助立法の議会での制定過程においては、連帯概念が重要な役割を果たした。例えば、1905年の高齢者等に対する義務的扶助に関する法律である。同法は、1903年に代議院で採択された議員立法が元老院に送付され1905年7月に成立したものであるが、代議院から元老院への送付の際の報告書では、まず1893年の無償医療扶助に関する法律を無償医療に関する最初の社会連帯の法律と位置付けた上で、当該扶助もまた市町村の決定に対して異議申立権を認めている点で義務的な性格を備えた社会連帯の法律であると述べている[29]。そして、元老院の議論における反対者の主張に目を向けると、当該法案が社会連帯に根差すことを前提にしつつ、義務的扶助の原則が個人の自助や親族等の援助を弱めるとの批判を展開している[30]。このような立法過程に照らしても、各種社会扶助立法が連帯の理念の実現を意識した法律であったと言えよう。

〈社会保険立法の制定〉

これに対して、社会保険については、1910年に農民及び労働者に対する年金が法制化されたものの、ドイツなどと比べてその整備は遅れた。1930年になり実現した社会保険法（1928年4月5日の法律、1939年4月30日の法律）は、アルザス・ロレーヌ地方が返還された第1次世界大戦後の1921年から1922年にかけて代議院の委員会で検討が開始されることになった[31]。確かに、この時期になると、アルザス・ロレーヌ地方において既に社会保険制度が実施されていたことも影響し、革命的組合主義をとらない労働組合（CGT、CFTC）も含め社会保険制度の創設に対する支持も広がりをみせるようになった。しかし、社会保険創設の議論は、強制加入制や国営保険化のような論点を惹起し、繊維、金属、鉱業等のように自前の制度を有していた産業界、自由医療への容喙を懸念する医療界、制

---

(28) *ibid.*, pp.453-455
(29) P. Leclerc, *op.cit.*, pp.118-120
(30) *ibid.*, pp.122-123
(31) *ibid.*, p.232

度の段階的実施を求める農業界を中心に反対も根強く、既に制度として広がりをみせていた共済の関係者の態度も自分たちの自律性の維持という点で微妙であった[32]。このような国論を二分する状況に加え、議会内（とりわけ元老院）の緩慢な審議や意見対立なども手伝い、社会保険制度はようやく1928年になり法案としては成立することになった。同法は、労働者に加入を義務付ける点で強制加入による社会保険の性格を有していた。しかし、同法は労使や共済等の関係者から一定の支持を得たものの、医療や農業方面の関係者の反対に遭い見直されることとなり、1930年の議会での修正を経てようやく実施に移されることになった[33]。

社会保険成立過程における連帯概念の役割について、とりあえず1910年の農民・労働者の年金法を例にとって考察を進めたい。同制度は、

① 対象となるリスクが老齢に限定され、障害、疾病等は対象とされておらず、
② 対象者も被用者と農民に限定され、国民を広くカバーするものではないなど、

1930年の社会保険法の成立をみるまで社会保険の射程は限定的であった[34]。また、権利性という点では、保険料拠出を前提としていることから、社会扶助と異なり国家との関係での権利の先存性のような議論を持ち出す必要がなかったが、保険料拠出の強制性が加入者の自由の侵害するのではないかといった別途の論点が存在していた。さらに、フランスにおいては、ドイツ的な強制加入制度への心情的な反発、強制を嫌う個人主義的な伝統や風土があった。しかしながら、そのような状況の中で、限定的とはいえ、保険料の強制拠出による社会保険が制度化されたのは、社会保険が連帯の理念に根差した制度であったことが大きい[35]。

この社会保険の持続可能性を裏打ちする加入強制と連帯との関係は、1929年及び1930年の社会保険法成功の要諦である。つまり、社会保険の持続可能性を確保する上で、強制加入による社会保険の対象を拡大し、安定的に被保険者を確保することが必須条件であり、それを如何に説明するかが重要となったのである。少なくとも、社会保険法の成立に向けた議会での議論においても、制度の内容を巡る意見の対立はあるものの、社会保険が（社会）連帯原理の顕著な発現でありその適用事例であることに共通して言及する発言が散見される[36]。その点では、

---

(32) ibid., pp.232-236；社会保険と医師との関係については久塚純一『フランス社会保障医療形成史――伝統的自由医療から社会保障医療へ』（九州大学出版会、1991年）
(33) P. Leclerc, op.cit., pp.277-365
(34) ibid., pp.459-462
(35) ibid., pp.448-449

第 1 節　連帯概念の展開

連帯は社会保険の議論の共通の出発点であったようにも思われる。実際、社会保険の見直しに関する 1935 年 10 月 28 日の委任立法（décret-loi）に関する報告書の中では、「社会保険に関する法律の基礎そのものである連帯原理」との記述が見られる[36]。

そこで、目を学理に転ずることにする。この時期に社会保険について論じたティスラン（P. Tisserand）氏は、その博士論文である『社会保険の財政制度』の中で、社会保険の強制性の拠り所が連帯にあるとして、次のように述べている[38]。

「経験によれば、保険に関する法が実効性を持つには、それが義務に基礎を置くのみならず、連帯に裏打ちされる必要性があることは明らかである。……各人の利益は、このように全員の利益となる。したがって、連帯は自然的で、絶対的かつ強力な法則であり、保険に力を付与することになる。」

また、ティスラン氏は、財政方式に関して、賦課方式が世代を超えた連帯であり、労働者全体で友愛により拠出を行いリスクに侵された人々の生存を保障する仕組みであると述べた上で、年金の場合には、時代を貫く連帯原理の発現ともいうべき賦課方式と積立方式との混合方式（本人拠出部分に関する積立方式と事業主拠出分に関する賦課方式）を提言している[39]。

このように限定的ではあるが、19 世紀末から 20 世紀初めにかけて社会的リスクの社会化に関心が向けられ、段階的ではあるが社会扶助や社会保険制度が立法者により法制化されていった。その過程において、連帯の理念は、国家の介入による社会扶助や保険の技術を利用した社会保険という新たな手法の理論的な拠り所となった意義は大きい。その点で、第二次世界大戦後開花することになる連帯に基礎付けられた社会保障制度の萌芽は、この第三共和政の時代に既に登場していたとも言えよう[40]。

---

(36)　*ibid.*, p.343, p.350, p.358 et p.363
(37)　*ibid.*, p.535
(38)　P. Tisserand, *Systèmes financiers des assurances sociales,* Librairie de recueil sirey, 1929（réédition, Comité d'histoire de la sécurité sociale, 2007), p.33-34
(39)　*ibid.*, p.33, p.96 et p.155
(40)　1930 年の社会保険法は、同年 7 月から施行されることになったものの、準備期間の不足や医師会の反発等もあり順調な滑り出しというわけではなかった（P. Leclerc, *op.cit.*, pp.435-460）。しかも、財政的にも困難を抱えるなど、施行から間を置かず見直しの議論

第1部　第4章　現代における連帯概念及び友愛概念の展開

（2）　現代の社会保障制度の構造と連帯の位置付け
〈社会保障制度の構造〉

　現在、社会的保護（protection sociale）ともいわれるフランスの社会保障制度は、大きく、

　① 社会保険とほぼ同義の社会保障（sécurité sociale）、
　② 社会扶助（aide sociale）、
　③ 社会事業（action sociale）

によって構成されている。歴史的には、社会扶助は社会的救済（assistance sociale）ともいわれ、貧困者対策を主眼に社会保障の原初的形態として登場するが、社会保険も既に1928-1930年の立法によって制度化され、社会扶助と並行的に発展してきた。これら社会的保護の各制度は出自も性格も異なるが、社会的保護全体を貫く共通の原理が連帯であると言っても過言ではない[41]。

　さらに言えば、連帯概念が援用される分野は、社会的保護に限定されない広がりをもっている。これまでのところ連帯は、

　① 社会保障、社会扶助によって構成される社会的保護の分野のみならず、
　② 戦争、自然災害、騒擾等に起因する損害に対する補償といった国家補償等

　　が始まることになった。例えば、その後社会党党首として政権を獲得するブリュム（L. Blum）は、1931年、社会保険を公役務として位置付けた上で国家による管理に移すことを提言しているが、その根拠として個人の努力による福利厚生の不完全性と並んで連帯を挙げている（ibid., p.461）。また、1938年になると社会保険の改革に関して、年金に関する財政方式の積立方式から賦課方式への転換、そして家族手当も含めた社会保険のための単一の金庫の創設による公役務としての社会保険の再編という考え方が登場してくる（ibid., pp.626-635 et pp.673-678）。ヴィシー政権の下1941年には、社会保険改革の動きは停止するが、このような改革案の内容は、第二次世界大戦後における社会保障の枠組みと共通する部分がある。

(41)　社会扶助法の権威であるアルファンダリ氏は、社会保障のみならず社会扶助も連帯に基礎を置く制度であると一般に理解されていることを認めた上で、自身としては、この見解には否定的であると述べている（E. Alfandari, Action et aide sociales, 4e édition, Dalloz, 1989, pp.73-75）。その理由としては、
　① 連帯は特定の集団への帰属を想起させる概念であるが、もはや、社会扶助の実施義務者の決定に当たり受給者の集団への帰属を求める意義が薄れてきていること、
　② 連帯が給付・反対給付のような貢献を要請する概念であるが、第三共和政の時代のブルジョワを説得するためには必要であったかもしれないが、今や必要性がないこと、
　③ 連帯は個人よりは集団の利益に基礎を置く概念であるために、集団に対する非違行為、反社会的な行為を犯した者を排除する嫌いがあること
　をその理由としてあげている（ibid.）。

第 1 節　連帯概念の展開

の分野や

③　社会正義の要請からの特別な税、累進税率等に象徴される税の分野
において、政策実現のための基礎、あるいは政策が実現すべき目的として掲げられるようになっている。なかでも、社会的保護は、連帯原理が重要な役割を果たす代表的な分野であることは間違いない[42]。そこで、以下では、社会的保護の分野について、第二次世界大戦後の立法にいける連帯の役割を概観することにする。

〈第 2 次世界大戦後の連帯の役割〉

まず、第 2 次世界大戦後になると、1945 年 10 月 4 日に出された社会保障の組織に関する勅令（Ordonnance du 4 octobre 1945）を皮切りに多くの法令が制定され、フランスの社会保障は新たな局面を迎えたことが指摘できる[43]。この時代、社会保障のみならず国家制度全体が大きく転換し再出発を期すことになったが、連帯は当初から社会保障のみならず社会自体を基礎付ける中心概念の一つであった。例えば、1946 年 10 月 27 日の第四共和政憲法の前文は共和国の基本的原理として社会権を列挙するが、その第 12 項では「国家は、国家的災厄から生ずる負担の前に、全てのフランス人が連帯及び平等であること」が規定されている。この場合の「国家的災厄（calamités nationales）」とは、自然災害や戦争被害だけではなく、全ての人為的・自然的災厄を意味しており、これにより国家的災厄に対する補償が連帯の原理により正当化されることになった。また、「連帯」が最高規範である憲法において明確に言及されたのも、この第四共和政憲法が最初であり、その点でも前文第 12 項は特筆に値する[44]。

しかし、憲法の文言上、連帯が原理として承認された対象は、社会保障ではなく国家的災厄という事象であることも事実である[45]。第四共和政憲法の前文に

---

[42]　M. Borgetto, *La notion de fraternité en droit public français, Le passé, le présent et l'avenir de la solidarité, op.cit.*, pp.557-583

[43]　フランスの社会保障制度が 1945 年の勅令を契機として、ラロック計画に基づき、①一般化、②単一金庫、③自律性の 3 原則を実施に移すことで構築されていくことに関しては、加藤智章『医療保険と年金保険——フランス社会保障制度における自律と平等』（北海道大学図書刊行会、1995 年）31 頁以下が詳しい。

[44]　M. Borgetto, *La notion de fraternité en droit public français, Le passé, le présent et l'avenir de la solidarité, op.cit.*, pp.511-515

[45]　原理（principe）とは、①非法律的な規則又は一般的な規範であって、そこから法規範を演繹することができるもの、あるいは、②相当程度一般的な用語により定立された法

は、労働に関する権利・義務（第5項）や労務不能者等に対する生存手段の保障（第10項）のような社会権規定が存在するが、それら前文の該当部分には連帯原理への言及はない。しかも、このような憲法のみならず、戦後の社会保障の組織化の基本的枠組みを規定した1945年の勅令自体にも、連帯を基本原理とする規定は盛り込まれなかった。この点は、同じく戦後の憲法であって連帯を憲法の文言上も原理として位置付けたイタリア、スペインあるいはポルトガルの場合とは異なっている。例えば、1948年のイタリア共和国憲法をみると、その第2条では、共和国は人間の不可侵の権利を承認・保障するとともに、政治的・経済的・社会的な連帯の絶対的義務の実現を要請することが規定されている。

しかしながら、このような文言上の不備を以て、戦後の憲法制定権者が連帯の原理を放棄したと考えるべきではない。むしろ、連帯の概念は、社会の組織及び社会に存在するリスクの管理のための基本原理として深く根を下ろすことになったとも捉えられる[46]。例えば、ボルジェト氏の考察によれば、

① 第四共和政憲法においては、時間的制約もあり、各種権利の宣言というスタイルではなく前文の形式をとったことから、社会保障等の権利の説明には必要であっても、権利そのものではない連帯に言及することに関心が向かなかったことや、

② 前文が「共和国の諸法律によって承認された基本原理を厳粛に再確認する」と述べているように、前文の制定作業が過去の実定法から権利及び原理を抽出することであったことから、連帯が制定権者の心理面で重要な役割を果たしたとしても、社会保障に関する原理として規定されるに至らなかったこと

などが影響しており、連帯自体は前文で言及されずとも、社会保障に対する債権的権利を基礎付ける原理として認知されていたとされる[47]。また、社会保障の組織化に関する1945年の勅令の制定が、レジスタンス運動以来の連帯の精神を反映したものであったことも指摘されている[48]。その点は、実際のところ1945年の勅令の提案理由にも滲み出ている。同提案理由は、「戦争の終結をもたらし

   規範であり、様々に適用され上位の権力により義務付けられるものである（G. Cornu (dir.), *Vocabulaire juridique,* Quadrige / PUF, 2001, pp.672-673）。

[46]　M. Badel, *Le droit social à l'épreuve du revenu minimum d'insertion,* Presses universitaire de Bordeaux, 1996, p.440

[47]　M. Borgetto, *La notion de fraternité en droit public français, Le passé, le présent et l'avenir de la solidarité, op.cit.*, pp.516-519

[48]　M.-C. Blais, *La solidarité, Histoire d'une idée,* Gallimard, 2007, p.322

第 1 節　連帯概念の展開

た友愛（fraternité）と階級間の和解の高まりの中で、世界の全ての国は、労働者や時には全ての国民を対象として、社会保障制度を構築しようとする」で始まり、フランスにおいても強制的な相互扶助としての社会保障を制度化するに当たり、社会保障の究極の目的が「全ての国民をあらゆる危険（insécurité）の要因から守る」ことにあり、それは既存の組織を再結集することにより漸進的に実現することにより達成できると述べることで、社会保障制度の根底における連帯の存在を暗示しているのである。つまり、社会保障の対象を国民全体に拡大するためには、国民全体の連帯の存在が不可欠の前提とされていると考えられる。

〈戦後の政策立案者における連帯の役割〉

　戦後の社会保障における連帯の重要性を例証するものは、他にもある。例えば、1945 年当時に社会保障計画の中心人物であったラロック（P. Laroque）社会保障局長は、計画策定中の 4 月に行った演説の中で、社会保障が広範な国民連帯を促進する役割を果たすように自営業者層へ拡大すべきことを示唆している[49]。また、社会保障の適用対象を国民全体に拡大する必要性については、1946 年のラロック氏の論述の中で、「社会保障は、国民連帯を措定する。すなわち、全ての者は危険の要素の前において連帯し合うものであり、この連帯は事実においても法律においても内包化されることが重要である」とも述べている[50]。ラロック氏以外にも、労働・社会保障担当であったクロワザ（A. Croizat）大臣が国民連帯を社会保障制度の基本理念として重視している。1946 年に著された社会保障計画の早期実施に関する論考の中で、クロワザ大臣は、それまで区々であった家族手当の保険料の統一、分立していた金庫の整理による単一金庫の創設、あるいは、一般労働者のみならず幹部職員への社会保障制度の適用の拠り所を国民連帯に求めている[51]。

　いずれにせよ、国民連帯は既にフランス社会保障の基底をなす概念として意識されていたことは間違いなかろう。ところが、戦後の戦争からの解放による高揚感のような国民意識は、遅かれ早かれ減退するのも事実である。そのような特殊

---

(49)　上村政彦「Ⅸ　ピエール・ラロック」社会保障研究所編『社会保障の潮流Ⅰ』（全国社会福祉協議会、1977 年）154 頁

(50)　P. Laroque, «Le plan français de sécurité sociale», La revue française du travail, avril 1946, p.15; P. Laroque, «Le plan français de sécurité sociale», La revue française du travail, avril 1946, in Comité d'histoire de la sécurité sociale, Recueil d'écrits de Pierre Laroque, 2005, p.129

(51)　A. Croizat, «La réalisation du plan de sécurité sociale», Revue française du travail, Août-septembre 1946, p.387 et s.

第1部　第4章　現代における連帯概念及び友愛概念の展開

時代的な環境に依存した連帯の意識も同じ運命にあった。そのことは、ラロック氏自身の認識でもあった。彼は後の回想の中で、一般制度に制度が収斂するのではなく特別制度や補足制度が存続し、制度間・職種間の不公平が温存されたことに関連して、「新しい制度の基礎である国民連帯が直接問題化したわけではないが、それを実現することは次第に困難となった」と述べている(52)。その点では、労働者が直面するリスクに対する安全は確保されたものの、戦後の社会保障計画による社会変革の目的が達成できたかといえば、評価は微妙であるとした上で、ラロック氏は、その原因として職域集団又は社会的集団の連帯が国民連帯に優越したことを指摘している(53)。

〈連帯を基本原理とする社会保障制度の展開〉

このような点を留保しつつも、戦後のフランスの社会保障は、連帯を基本原理としながら、概ね以下のような形で展開していくことになる。まず、戦後の社会保障計画はラロック氏を中心に実行に移されるが、それは連帯の実現に向けた社会保障の一般化（généralisation）を理念とする社会保障の適用拡大であった。その中核となるのが社会保険であり、社会保障という目的を達成するための手段として社会保険は位置付けられることになった(54)。つまり、社会保険と社会保障は、手段と目的の関係にあるとされたのである。現在でもフランスでは、制度体系上、社会保障が社会保険と同義で使われることが多いが、その淵源はここにある。このような経緯を経て、現在、社会保険が社会保障の中核となっており、それを補完・補足するものとして社会扶助や社会事業が機能している。

社会的保護の中でも、その中心となる社会保障（狭義）と社会扶助とは、保険料拠出の有無（拠出制と無拠出制）、ミーンズテストの有無等の違いから、対照的な制度として捉えられてきた(55)。象徴的な表現でいえば、社会保険方式による

---

(52) P. Laroque, «Bulletin n° 14-40 ans de sécurité sociale», Comité d'histoire de la sécurité sociale, janvier 1986, *in* Comité d'histoire de la sécurité sociale, *Recueil d'écrits de Pierre Laroque*, 2005, p.145

(53) *ibid.,* p.147

(54) P. Laroque, «De l'assurance à la sécurité sociale, l'expérience française», *Revue internationale du travail,* vol. LVII n° 6, 1948, p.625

(55) 本書においては、社会保険としての社会保障（狭義）に加え、失業保険、補足年金制度、さらに付加的年金制度、あるいは社会扶助をも包含する概念として社会的保護（protection sociale）を使用する。このような整理の例としては、P. Morvan, *Droit de la protection sociale,* Litec, 2007, p.10 がある。

第 1 節　連帯概念の展開

社会保障が保険料拠出を前提として給付が行われる拠出制の給付であるのに対して、社会扶助の方は保険料拠出を前提とせず給付が行われる無拠出制の給付である。ここから、一般的な理解として、社会保障においては、給付が保険料拠出に対する見返りとして行われるという対価性が存在するという考え方が登場する。この拠出と給付との牽連性は、双務契約における給付・反対給付という対価性を想起させるものである。対価関係の存在は現代の社会経済システムの基本となっていることは、フランスにおいても同じである。このため、社会的保護においても、対価性とまで言えるかは兎も角、牽連性の存在する社会保障は説明が容易で受容されやすい。これに対して、対価性も牽連性も存在しない社会扶助は、常に恩恵的な色彩が強く、スティグマが伴う。さらには、社会扶助の中でも最低所得保障制度（RMI）を巡っては、対価性の問題が制度創設時の議論の一つであり、その結果として、社会復帰や社会参加のための取組を契約という形で義務付けられることになった。

　第 2 次世界大戦後の社会保障制度の創生期において、報酬比例の保険料拠出と給付による社会保障制度は、労使にとっても好都合であった。つまり、負担者が制度を決定するという点で、労使の保険料を財源とする社会保障は、労使が理事として自律的に運営する金庫によって管理される根拠ともなっていた。そして、その金庫制度は、時として労使協調の場であり、時として社会保障の改善を通じた労務対策の手段ともなってきた。カマジ氏の指摘によれば、法的にみた場合、保険料には、社会保障の財源としての側面とともに、給付のための条件としての側面があり、この保険料がもつ給付要件としての側面、つまり拠出制（contributivité）こそが、社会保障と社会扶助との違いを決定づける要素であった[56]。

〈財政調整等にみられる連帯〉

　しかしながら、その後、産業構造の変化に伴い財政窮迫状態に陥る制度が登場することに伴う制度間の年齢構成等の不均衡を調整する財政調整（compensation）の導入、保険料負担の増大に伴う一般社会拠出金（CSG）等の税財源の投入、最低所得保障的な無拠出制の給付の社会保障への取込みなどにより、社会保障の様相は変化していくことになる。とりわけ、1972 年の家族手当の被用者等の勤労者以外への拡大、1984 年の失業保険切れの失業者への税財源による失業扶助の

---

(56)　L.-E. Camaji, *La personne dans la protection sociale, Recherche sur la nature des droits des bénéficiaires de prestations sociales*, Dalloz, 2008, pp 122-123

支給、1994年の老齢連帯基金（Fonds de solidarité vieillesse）による無拠出制の年金給付への税財源の投入、1999年に法制化された普遍的疾病給付（CMU）による疾病保険の給付の勤労者以外への拡大などにより、これら税財源による無拠出制の給付と伝統的な保険料財源による拠出制の給付との峻別化が進んでいく。この結果として、被用者等の勤労者を中心とした拠出制の給付という社会保障の構造は変化していくことになる。

　また、上記の財政調整についていえば、既に1950年代から個別制度間の調整が導入され始める。例えば、家族手当に関する農業被用者制度と一般制度との財政調整（1953-54年）や年金制度に関する地方鉄道制度（CAMR）と一般制度との財政調整（1954年）がこの時代に導入されている。このほか1971年には、疾病制度等について、フランス国有鉄道（SNCF）と一般制度との財政調整も開始されている。さらに、1974年には、このような一般制度と特別制度という被用者間の財政調整ではなく、被用者と自営業者との間の財政調整が制度間の年齢構成の差に着目して実施されることになった。この一般的調整（compensation généralisée）とも称される財政調整は、年金等の各社会保障制度において、加入者・受給者の年齢構成の偏りに着目して、黒字制度から赤字制度への財源移転を行う制度である[57]。従って、自営業者の所得捕捉の問題から制度間の拠出能力の差に着目した所得調整ではないものの、自営業者制度も包含する形での年齢構成の差に着目した頭数調整がここに実現することになった。この一般的調整とは、連帯原理に則り財源移転が実施される財政的連帯の手法である[58]。言い換えれば、窮迫制度の加入者・受給者（農業等に従事していた親の世代）は、富裕制度の加入者・受給者（サラリーマンとなった子供の世代）を生み育てたのであるから、富裕制度は財源移転を通じて窮迫制度を支援すべきというのが財政調整の根底にある哲学であり、財政調整は国民連帯の制度ということになる[59]。

　財政調整により国民連帯が強化されることは、その反面として、個別制度の財

---

(57) 制度の詳細については、J.-F. Chadelat, «La compensation», *Droit social*, N° 9-10, septembre-octobre 1978; Commission des comptes de la sécurité sociale, *Évaluation des mécanismes de la compensation entre régimes de sécurité sociale,* La documentation française, 1987を参照。また、連帯の観点からの邦語による分析としては、加藤智章・前掲注（3）339-361頁がある。

(58) Commission des comptes de la sécurité sociale, *op.cit.*, pp.22-23; J.-J. Dupeyroux et al., *Droit de la sécurité sociale*, Dalloz, 2008, p.305

(59) J. Bichot et N. Éparvier, «Les retraites à la lumière de la compensation démographique», *Droit social*, N° 4 avril 1986, pp.347-35

第1節　連帯概念の展開

政的自律性の弱体化を招き、制度として拠出と給付の牽連関係が希薄化することを意味する。既に述べた無拠出制の制度の存在も含め、このような拠出と給付を巡る社会保障の変質について、かつてデュラン氏（P. Durand）は、社会保険から社会保障への発展に着目して、「国民全体のためのリスクへの一般的な保障は、国民の所得の再分配により実現される連帯という全く異なる理念に依拠している。このようにして、保険と扶助の区別は消失していく。」と述べている[60]。さらに、同氏は、社会保障が私法人により運営されるとしても、普通法が適用される分野と異なり、普通法外の法制度が適用され、そのような公役務は、社会的な目的を有する公的利益のための新たな公役務を登場させることになると述べている[61]。

　以上の社会保障の変質を連帯に着目して整理するならば、社会保障が労使を基礎とした被用者等の勤労者を主な対象とする職域連帯による制度から、より広範な国民を包含する国民連帯に転換してきているとも捉えられる。もちろん、社会保障は、もともと社会保障法典 L.111-1 条が謳うように国民連帯に根差した制度であるが、少なくとも当初は職域連帯の色彩が強く、国民連帯といっても最小限の国民連帯であったと評価すべきであろう。

（3）　現行法上の連帯概念

　現在、連帯は、実定法上も社会保障の基本的概念として位置付けられている[62]。まず、社会保障法典（CSS）は、その冒頭の L.111-1 条において、「社会保障組織は、国民連帯（solidarité nationale）の原理に基づく。」ことを謳う。さらに、疾病保険に関して、社会保障法典 L.111-2-1 条は、「国家は、疾病保険の普遍的、義務的及び連帯的（solidaire）性格に対するその愛着を確認する。」と規定している。また、年金に関しては、社会保障法典とは別であるが、2003年の年金改革法（loi n° 2003-775 du 21 août 2003）に関する2003年8月21日法第1条おいて、「国家は、世代を結びつける社会契約（pacte social）の中核にある賦課方式による年金を選択することを再確認する。」と規定しており、これも連帯の表れである[63]。

---

(60)　P. Durand, *La politique contemporaine de sécurité sociale*, Dalloz, 2005（Réimpression de l'édition de 1953), p.164
(61)　*ibid.*
(62)　L.-E. Camaji, *op.cit.*, pp.110-111
(63)　実際、憲法院は2003年8月14日付判決（Décision n° 2003-483 DC du 14 août 2003）

133

第1部　第4章　現代における連帯概念及び友愛概念の展開

　これら法令において、連帯に関する規定が総則部分に置かれていることに照らせば、連帯は社会保障を貫く基本的概念であると考えられる。

　これに対して社会扶助に目を向けると、1988年12月1日の同化最低所得（RMI）に関する法律は、連帯という用語こそ用いないものの、職域に止まらない国民全体を包含する真の国民連帯（連帯連帯原理）を体現する法律であることが指摘されている[64]。実際、立法者意思という点では、時の連帯・保健・社会的保護担当であったエヴァン（Evin）大臣は、国民議会での法案審議に当たり、「連帯の要請が我々に課せられている。……42年前から、疎外された人々に対する連帯の要請は、我々の憲法に提起されていたが、そこから結論を出さないままであった。……今日、人権宣言の200周年を前にして、この原理の請求を具体化する栄誉に浴するのは、皆様である。」と述べている[65]。

　確かに、同化最低所得に関する法律の第1条（現行の社会事業・家族法典（CASF）L.115-1）は、「年齢、肉体的又は精神的な状態、経済及び雇用に関する状況のために、働くことのできない状態にある全ての者は、団体から生存に適当な財貨を得る権利有する」と規定している。同条は、表現に多少のニュアンスの違いはあるものの、1946年の第四共和政憲法前文第11項と類似している。しかも、同化最低所得が「生存に適当な財貨」に対する権利であることとともに、その受給資格者は同化最低所得への権利を有することが明確に規定されている（第2条、現行CASF. L.262-1）。その点で、同化最低所得は、連帯原理を体現した前文第11項の実施を図った法であると考えられることになる。

　このように、連帯は各種社会保障立法において法文上の概念として登場するのみならず、これ以外の都市再開発、エネルギー等の法分野でも、連帯による国民への適切な住環境やエネルギーの供給のような場面で使用されている[66]。

　　　において、当該年金改革法案が1946年第四共和政憲法前文第11項の憲法上の要請に基づく連帯に関する施策を実施するものであると述べている。

(64)　M. Badel, *Le droit social à l'épreuve du revenu minimum d'insertion*, Presses universitaire de Bordeaux, 1996, pp.442-443; M. Borgetto, *La notion de fraternité en droit public français, Le passé, le présent et l'avenir de la solidarité, op.cit.*, pp.573-577

(65)　Journal officiel, Assemblée nationale, Compte rendu intégral, 1re séance du 4 octobre 1988, p.634; M. Badel, *op.cit.*, p.443

(66)　M. Hecquard-Théron, «Du sens du terme dans les textes juridiques», in IFR, actes de colloques n° 6, *Solidarité(s), perspectives juridiques, sous la direction de Maryvonne Hecquard-Théron*, Presses de l'université des sciences sociales de Toulouse, 2009, pp.235-237

第1節　連帯概念の展開

以上のような連帯が果たす機能や役割に鑑みるならば、連帯は単に法思想や講学上の基本的な概念というだけではなく、実定法にも裏付けられた概念として、その規範性に焦点を当てた分析が必要となる。そこで、次に連帯概念を司法統制の観点から分析することにしたい。

3　司法統制からみた連帯概念——裁判規範としての連帯
（1）　黎明期における連帯の裁判規範性

社会保障が形成途上にあった第二次世界大戦前の時代において、連帯が社会保障を基礎付ける理念として一定の役割を果たしたことは既に指摘したとおりである。これに対して、行政裁判所等を通じた司法統制において連帯が果たした役割は限定的であった。

例えば、20世紀の初めフランスでは、行政の活動に伴い発生する損害に対する補償について、行政裁判所の判例を通じて過失責任又は無過失責任が認められるようになるが、各種判決の中で連帯の理念が責任の根拠として援用されることはなかったことが指摘されている[67]。この時代に行政の責任を認めた国務院判決としては、以下のものがある[68]。これらの事案の中には、職業的リスク（risque professionnel）という労災保険制度とも関連するものも見られるが、補償責任の根拠を連帯に求めた形跡はなく、公的負担の前の平等等を援用することで過失責任や無過失責任を導き出している[69]。

① 1895年6月21日付国務院判決（CE, 21 juin 1895, *Cames*, n° 82490; Rec. 509, concl. Romieu）

　　勤務中の事故による障害という職業的リスクにつき労働者の過失等が認められない場合に、国による被災労働者への補償責任を認定した判決である。

② 1905年2月10日付国務院判決（CE, 10 février 1905, *Tomaso Grecco*, n° 10365; Rec. 139, concl. Romieu）

　　警察職員の公役務上の過失によって発生した銃による負傷事故につき、公

---

[67]　M. Borgetto, *La notion de fraternité en droit public français, Le passé, le présent et l'avenir de la solidarité, op.cit.*, p.497

[68]　*ibid.,* p.497; M. Long et al., *Les grands arrêts de la jurisprudence administrative*, 12ᵉ édition, Dalloz, 1999, p.38, p.81, p.210 et p.254

[69]　M. Borgetto, *La notion de fraternité en droit public français, Le passé, le présent et l'avenir de la solidarité, op.cit.*, pp.497-500

権力の行使に関する無答責の原則を修正し行政の責任を拡大した判決である。
③ 1919年3月28日付国務院判決（CE, 28 mars 1919, *Regnault-Desroziers*, n° 62273; Rec. 329）

榴弾の貯蔵という近隣が通常受忍すべき限度を超える危険リスクに起因する爆発事故につき、過失の有無にかかわらず責任を認定した判決である。

④ 1923年11月30日付国務院判決（CE, 30 novembre 1923, *Coutéas*, n° 3824, 48688; Rec. 789）

判決が履行されないことにより発生する通常の限度を超える損害につき、公的負担の前の平等を理由に行政に対して無過失責任による補償を認定した判決である。

このように国務院の裁判例を見る限りでは、損害に対する補償責任の根拠として連帯が判決で直接援用されることはなかった。しかし、デュギーが典型的であるが、国家は連帯という相互依存関係の制御主体の要であり、連帯を援用することにより、国家の過失責任のみならず無過失責任を説明することが可能となるという点では、連帯概念は重要である。つまり、伝統的な自由及び平等の概念が自律した個人を措定しており、個人間に発生する権利侵害は過失責任主義による損害賠償等によって調整が可能であるのに対して、感染症等の社会悪（mal social）や社会関係に起因するリスク（社会的リスク）の場合には、その責任を特定個人に帰責することは困難であることから、連帯概念に依拠しながら社会的義務として社会的に問題を解決することが必要となるのである[70]。

このような連帯概念の重要性を指摘するのが、ボルジェト氏である。その指摘によれば、連帯により結び付いた社会においては、国家の活動は様々なリスクを内包しており、その結果として特定の構成員に発生した損害については、当該個人のみが受忍すべきではなく、構成員間の連帯に基づき、集団全体で負担すべきということになる[71]。つまり、連帯概念により、過失責任では説明がつかない国家の無過失責任の説明が容易になるわけである。その点では、連帯概念は、少なくとも無過失責任に関する判決にとって好ましい環境を醸成したと言えよう。

---

(70) F. Ewald, *L'Etat providence*, Grasset, 1986, pp.358-363
(71) M. Borgetto, *op.cit.*, pp.501-505

第1節　連帯概念の展開

（2）　戦後における連帯の裁判規範性
〈規範的原理としての連帯〉

　現在、連帯が社会保障において果たす役割には、大きく分けて、①技術的側面と②原理的側面の両面がある。この点を社会保障法の分野で指摘したカマジ氏の博士論文によれば、次のように説明されている[72]。

　まず、①技術的側面とは、民法における連帯債務や連帯債権と同じように、社会保障における連帯とは、社会（帰属集団等）の構成員間の相互依存関係に着目して行われる社会的リスクに対する相互扶助による給付（社会的リスクの社会化）の仕組みであり、それは社会保険や社会扶助として体現されることになる。

　これに対して、②原理的側面とは、現行の規範体系に位置付けられる法的規範という意味での規範的原理（principe-règle）を意味する場合と、特定の制度を包含するような法学的教義という意味での叙述的原理（principe-description）を意味する場合がある。社会保障に即していえば、叙述的原理とは、社会保険及び社会扶助のような社会的リスクに係る給付の仕組みを包含するのが連帯という教義を意味することになる。他方、規範的原理の場合には、社会保険や社会扶助のような制度自体は大した意味を持つものではなく、規範としての論理性（généralité logique）及び拡張性（généralité d'extension）の両面において普遍性（généralité）を有している本質的部分が規範的原理ということになる。さらに、規範的原理には、例えば、法の一般原則を識別する特徴のように、規範体系において卓越した権威に対応して形成される概念である強化された普遍性（généralité par l'intensité）が加えられることがある。

　以上を要約するなら、規範的原理は個別の規範を超越するものとして、その解釈を導くという役割を担うことになる。さらに言えば、法源論的な秩序において規範的原理が高次に位置付けられるほど、法の仕組み上も高い価値を内包することになる[73]。それ故、規範的原理としての連帯は、裁判規範としても、その指導性や価値を発揮する可能性があることになる。以下では、この点を憲法院と破毀院の判決を通じて確認していくことにする。

〈憲法院の判例における規範原理としての連帯〉

　まず、憲法院は、破毀院や国務院と異なり、合憲性の統制機関として第五共和

---

(72)　L.-E. Camaji, *op.cit.*, pp.108-110
(73)　*ibid*, p.110

第1部　第4章　現代における連帯概念及び友愛概念の展開

政憲法（1958年）の下で初めて登場した機関であるという点で際立った特徴を有する。この憲法院が有する合憲性統制機関としての役割を高めたのが、結社の自由に関する1971年7月16日（Décision n° 71-44 DC du 16 juillet 1971）及び人工妊娠中絶に関する1975年1月15日（Décision n° 74-54 DC du 15 janvier 1975）の判決であった[74]。これにより、1798年の人権宣言及び1946年の憲法前文に対する忠誠を宣言した第五共和政憲法前文が単なる政治的宣言ではなく、前文に表れた「我々の時代に特に必要な原理（principes particulièrement nécessaire à notre temps）」も含めて、前文が憲法ブロック（bloc de constitutionnalité）を構成するものとして、その憲法的価値が承認されることになった[75]。すなわち、フランスの法源にあって、最も高度の規範である憲法ブロックに憲法前文等が組み入れられることになったわけである。

このことは、連帯原理がそれを体現する第四共和政憲法前文第11項等を媒介として憲法的価値を有することにつながる可能性を示唆する[76]。実際、憲法院は、既に人工妊娠中絶に関する1975年1月15日判決の中で、1946年の憲法前文第11項に掲げられた児童の健康保護を明示的に言及する形で憲法的価値を承認している。その後も、例えば、1987年1月23日の判決（Décision n° 86-225 DC du 23 janvier 1987）では、社会保障給付の要件の設定に当たっては、立法及び行政がそれぞれの権能に則して1946年の憲法前文第11項に謳われた原則を尊重すべきことを明らかにしている。同様に、1990年1月22日の判決（Décision n° 86-269 DC du 22 janvier 1990）も、社会保障の実施方法を当該前文第11項の原則に従って決定すべきことを判示している。これら一連の憲法院判決に照らすならば、社会保障の制度設計に当たっては、立法及び行政は広範な裁量を有するとしても、社会権に関する前文の規定を無にするような制度は許されないことになる。その点では、これら憲法院の判決は、連帯原理を援用しないものの、それを体現した第四共和政憲法前文の憲法的価値を承認することにより、連帯原理に関する司法統制は強化されてきたといえよう[77]。

---

[74]　L. Favoreu et L. Philip, *Les grandes décisions du Conseil constitutionnel*, 12e édition, Dalloz, 2003, pp.237-255, pp.299-329; フランス憲法判例研究会（編集代表 辻村みよ子）『フランスの憲法判例』（信山社、2002年）141-146頁

[75]　M. Borgetto, *La notion de fraternité en droit public français, Le passé, le présent et l'avenir de la solidarité, op.cit.*, p.524

[76]　*ibid.*, pp.525-529

第1節　連帯概念の展開

　上記判決が憲法の前文の規定に依拠するのに対して、判決の中には、一歩進んで連帯という言葉自体に言及するものも登場するようになる。この種の判決の最初は、退職年金と就労所得との併給調整に関する法律に関する1986年1月16日付判決（Décision n° 85-200 DC du 16 janvier 1986）であるとされる[78]。憲法院は、当該判決の中で「憲法第34条に基づき、法律は労働法及び社会保障法の基本原則を規定する」と述べた上で、「それ故、就労している者、失業中の者及び退職者の間の連帯を組織するのは法律に帰属する」と結論づけている。さらに、1987年12月30日付判決（Décision n° 87-237 DC du 30 décembre 1987）の中では、「国民連帯原理を実行する際には、議会によって創設された補償制度の多様性が公的負担の下で全ての者の平等の明白な侵害を引き起こさないように監視するのは議会の責任である」という形で国民連帯が原理（principe）として位置付けられている。

　かくして、憲法院判例の形成過程において、ついに社会保障における連帯の憲法的価値を「国民連帯の要請（exigence de solidarité nationale）」という表現でもって直截に認めるものも現れることになる。まず、その先鞭をつけたのが、1997年1月21日付判決（Décision n° 96-387 DC du 21 janvier 1997）であった。要介護高齢者への介護手当の創設法案に関する当該判決の中で、憲法院は、第四共和政憲法前文第11項が謳うところの高齢者等への生活手段の保障等の原則を確保するため、「特定介護手当、すなわち国民連帯の要請に対応するための社会扶助手当の支給に当たって特徴的な平等への侵害を適切な措置によって防止することは、議会の責任である」と述べている。このことにより、第四共和政憲法前文第12項と異なり、連帯という文言が登場しない第11項のよう場合にも、連帯との関連性が認知されることになった[79]。

　さらに、このような流れを決定づけたのが、家族手当の所得制限に関して出された1997年12月18日の判決（Décision n° 97-393 DC du 18 décembre 1997）であった[80]。同判決は、1997年の家族手当制度の改革の際に大きな政治問題となった

---

(77)　憲法院による司法統制には、既に述べたような立法者の広範な裁量による限界のほか、憲法院の機能として、憲法違反の法律の制定を阻止することはできても、連帯原理及びそこから派生する社会権を具体化する法律の制定を強制的に実現するすべがないという本質的な限界がある（M. Borgetto, op.cit., pp.530-536）

(78)　N. Jaquinot, «La constitutionnalisation de la solidarité», in IFR, actes de colloques n° 6, Solidarité(s), perspectives juridiques, sous la direction de Maryvonne Hecquard-Théron, Presses de l'université des sciences sociales de Toulouse, 2009, p.105

(79)　N. Jaquinot, op.cit., pp.109-110

家族手当への所得制限の導入の是非に関して提起された訴えに対して、憲法院が示した憲法解釈である。判決のうち連帯との関係では、所得制限の導入が第四共和政憲法前文第10及び11項に反するとの訴えに対して、憲法院は、次のように判示して訴えを退けた。

「33. 1946年の憲法前文第10及び11項の前述の規定に由来する憲法的要請は、家族のための国民連帯に関する施策を実施することを示唆する。しかしながら、この要請を充足するために適当と思われる家族への支援方法を選択することは、立法者の権能である。社会保障機関から直接支給される家族給付のほか、その支援は、社会保障機関以外に公的団体からの場合も含め、家族に支給される直接的であるか間接的であるかを問わない一般的又は特定の給付の形態をとることができる。とりわけ、その支援は、税の家族除数の仕組みを含むものである。

34. 従って、1946年の憲法前文第10及び11項の前述の規定は、それ自体として、家族手当の給付に所得制限を課すことの制約とはならないとしても、法律によって規定された行政命令の規定は、他の形態の家族への支援に鑑みると、1946年の前文の要請を侵害するような形で、所得制限を決定することはできない。このような留保の下で、第23条は1946年の憲法前文第10及び11項に違反しない。」

ここで憲法院の連帯に関する態度をまとめる意味で、1997年の判決から得られる示唆を何点か挙げることにしたい[81]。

① 第四共和政憲法前文第10及び11項と家族のための国民連帯とを結び付けた上で、その実現を憲法上の要請としたこと。
② 国民連帯に基づく家族支援は、家族手当のみならず他の施策も含めて全体として実現されるものである。従って、家族支援のために如何なる施策を採用するかは、立法府の裁量に属すること。
③ それ故、家族手当について所得制限を課すことも可能であるが、家族支援のための施策全体として前文第10及び11項の要請を充足できなくなるような制度設計は許されないこと。

なお、1997年の判決の時点では、憲法院も第四共和政憲法第10項及び第11項と国民連帯を結び付けることにより、国民連帯の要請を導出するというプロセ

---

(80) L. Favoreu et L. Philip, *op.cit.*, pp.885-892; N. Jaquinot, *op.cit.*, p.110
(81) L. Favoreu et L. Philip, *op.cit.*, pp.895-896

第 1 節　連帯概念の展開

スを踏んでいた。これに対して、最近の判決では、単に「1946 年の前文第 10 及び第 11 項に由来する連帯の要請」との文言が使用され、これとプライバシー権との調整を判示する例も見られる。このことをもって、連帯がプライバシー権等と並ぶ憲法上の要請であることの証と捉える見方もある[82]。

〈破毀院の判例における規範原理としての連帯〉

それでは次に、憲法院によっても憲法上の要請として認知された連帯が個々の社会保障等の争訟において裁判規範としての機能を果たしているかどうかの考察に移ることにする。まず、破毀院判決等の司法裁判所の関係である。破毀院の判決で連帯に言及するものとしては、次のようなものが挙げられる。

① 1996 年 12 月 19 日付破毀院判決（Cass. soc., 19 décembre 1996, n° 95-13915; *Bull. civ.* 1996 V n° 453 p.326）

　　職人に関する老齢保険制度（CANCAVA）について、1992 年 11 月 10 日付の生命保険に関する EU 指令が適用されるかが問題となって事案において、裁判所は、同制度が職人を対象とする強制加入の制度であり、制度間の財政調整の対象ともなっており、また、財政均衡を確保するため、連帯原理に基づき保険料を賦課徴収していることから、当該 EU 指令は適用されないと判示している。

　　「……職人老齢保険制度は、職人を生業とする全ての構成員が強制的に加入するものであり、制度間の財政調整が適用され、その財政的な管理及び均衡は、連帯原理に則り、全国金庫が現役労働者に賦課される保険料を収受することにより、退職労働者の老齢年金の財源の調達及び賦課を行うことにより確保されているものであることから、社会保障制度であり、このことは、生命に関する直接保険に関する法律、規則及び行政上の規定の調整に係る 1992 年 11 月 10 日付欧州共同体理事会指令第 92-96 号の適用を排除するものであることから、裁判所は上記条項に違反する。」

② 2000 年 6 月 22 日付破毀院判決（Cass. soc., 22 juin 2000, n° 99-15501; *Bull. civ.* 2000 V n° 242 p.189）

　　幹部職員の補足年金制度は、職域及び世代間の連帯に根差した賦課方式による制度であることから、年金受給者の権利は個人の貯蓄に依拠するのでは

---

[82]　N. Jaquinot, *op.cit.*, p.110

第1部　第4章　現代における連帯概念及び友愛概念の展開

なく、現役の被用者及び事業主の拠出能力に依存しており、その点で保険料拠出に対する対価として給付が保険者に義務付けられる民間保険の仕組みと異なるところ、本事案においては、一般制度の適用対象である企業の被用者（出向公務員）が同時に特別制度（公務員制度）の適用対象となる場合に、労使が労働協約の追加書に規定することにより、当該被用者に係る保険料のうち事業主負担分はそのままにして被用者負担分のみ免除することで、当該被用者が当該補足年金制度の年金受給権を取得できないようにすることが争点となったが、裁判所は、当該追加書は被用者から如何なる対価も剥奪しないと判示し、上告を棄却した。

「……1947年3月14日付全国労働協約によって創設された補足年金制度、すなわち、職域及び世代間の連帯に根差した賦課方式による年金制度は、年金受給者の権利をその個人的貯蓄に依拠するのではなく、現役及びその事業主の拠出能力に依拠するものであり、また、当該制度は、被保険者の義務に対する厳格な見返りとして保険者の負担すべき義務が発生する保険の仕組みに該当することにはならない。そこから、控訴院は、被用者の保険料がないことから、問題の追加書によっては、対象となる被保険者の如何なる反対給付も剥奪されることにはならず、当該追加書に署名したからといって、これらの原則を適用した場合に如何なる法的規則も禁止していないところ、労使は、企業において一般制度以外の老齢保険制度の対象者であり、それ故補足年金制度の強制加入対象ではない加入対象従業員に関して、労働協約の適用対象とするかどうか決定する権限を行使したにすぎない。従って、訴えには理由がない。」

③ 2001年5月31日付破毀院判決（Cass. soc., 31 mai 2001, n° 98-22510; *Bull. civ.* V n° 200 p.156）

1947年5月9日付労働協定に基づき、銀行員は包括的銀行年金といわれる制度に加入してきたが、労使による1993年9月13日付協定により、段階的に一般の補足年金制度に移行することが決定され、その際に既裁定年金の受給者にとって不利な見直しが盛り込まれたところ、退職者である年金受給者から、労使による既裁定年金の事後的変更は既得権の侵害であるとの訴えが提起されたが、裁判所は、労働組合の代表性を理由に退職者を含まない労使の協約締結権を承認した上で、補足年金制度の管理を行う労使は、加入者の権利を保護するための措置を講じつつ、制度の財政的均衡を確保する権能

第 1 節　連帯概念の展開

があり、講じられた措置は連帯、平等及び比例の原則を保障するためのものであって適法であると判示し、上告を棄却した。

「……加入者の権利の保護を確保するための措置を講じつつ、補足年金制度の恒常的な財政均衡を確保することは、補足年金制度機関の管理を委ねられた労使の権能である。それ故、控訴院が、正当にも給付の不可侵性の概念を退けた上で、連帯、平等及び比例の原則を保障するために講じられた措置が法的規則に適合すると適切にも決定した。」

このような判例からは、連帯の持つ規範性について、次のような示唆が抽出される[83]。
① 補足年金制度に関する限り、それが職域及び世代間の連帯に根差した制度であるが故に、制度への強制加入を前提とした賦課方式による財政運営が可能となる。逆に言えば、強制加入による賦課方式の年金制度が可能となるのは、制度の基礎が連帯にあるからということになる。
② また、その場合の保険料拠出は、民間保険のように契約に基づき対価としての給付を得るために自ら拠出するというよりも、保険集団の他の構成員のために、その拠出能力に応じて拠出しているということになる。その点で、民間保険とは根本的に異なる仕組みである。
③ このような点に照らして、補足年金制度のような労働協約上の制度の適法性が審査されることになる。例えば、既裁定年金の引き下げも、連帯に基づき賦課方式により財政の均衡を確保していくという観点から是認されることになる。

さらに敷衍するならば、規範性という点では、連帯が公役務の遂行という性格を帯びるとき、そこには普通法外特権が発生することも重要である[84]。つまり、社会保障の応能負担による所得再分配機能を通じて連帯を実現するためには、関係者の任意の拠出を期待することは現実的ではなく、加入を強制し保険料等を強制徴収することが必然化することになる。ここにおいて連帯は加入強制、強制徴

---

[83] 上記②の判例については、F. Kessler, «Régimes AGIRC et ARRCO. Des précisions sur la portée des pouvoirs des partenaires sociaux», RTD sanit. soc., 2001, p.172
[84] S. Saunier, «Solidarité et services publics», in IFR, actes de colloques n° 6, *Solidarité(s), perspectives juridiques, sous la direction de Maryvonne Hecquard-Théron*, Presses de l'université des sciences sociales de Toulouse, 2009, p.268

収等の規範性を帯びることになる。そして、このような規範原理としての連帯を基礎に置きながら、社会保障は普通法外特権を有する公役務として遂行されることになるわけである。

〈国務院の判例における規範原理としての連帯〉

　以上のような憲法院や司法裁判所の連帯原理への積極的な態度と異なり、行政裁判所である国務院の対応は紆余曲折に満ちている。そもそも国務院は、1946年第四共和政憲法前文第12項を直接援用することはできず、同項を実現するための法律を介してのみ損害に対する補償を請求することができるとの立場であり、ましてや連帯原理そのものをを直接援用することには消極的であったことが指摘されている[85]。例えば、1997年1月22日の判決（CE, 22 janvier 1997, *Société hôtelière de l'Anse heureuse*, n° 175215）では、想定を越える自然災害への保険の適用が問題となったが、裁判所は、1946年第四共和政憲法前文第12項が規定する国家的災厄に起因する負担に対する全ての国民の連帯と平等の原則は、同項を実現するための法律（本事案の場合には保険法典）の規定の条件及び範囲においてのみ行政権を拘束すると判示している。

　ところが比較的最近になり、国務院の連帯原理に対する消極的態度にも変化が生じている[86]。すなわち、国務院も、国民連帯を規定する1946年第四共和政憲法前文第12項に依拠するだけではなく、国民連帯を規定する法律の条項（例えば、社会保障法典L.111-1条）や国民連帯原理自体を援用しながら判決を下す事例が見られるようになった。例えば、労災保険料の設定に関する1994年7月8日の判決（CE, 8 juillet 1994, *Société Moore Paragon*, n° 96257）では、労災が発生した場合の保険料への影響が事業の類型によって異なることについて、裁判所は「このような事情は、……社会保障法典第1条が規定する国民連帯原理を違法に無視することにはならない」と判示している。また、2000年11月27日の判決（CE, 27 novembre 2000, *M. et Mme Robert Y.*, n° 211088）になるとさらに一歩前進し、「首相は、その命令制定権の行使において、国民連帯及び負担の下の平等の原則を侵害しない限り、その第11条でもって、請求者の納税状況の適正性を条件に扶助の支給を行うことができる」と判示している。

---

(85)　N. Jaquinot, *op.cit.*, p.107
(86)　N. Jaquinot, *op.cit.*, p.108

〈連帯の裁判規範性〉

　以上のように、本節では、第四共和政憲法前文の第10項、第11項、第12項等の規定から導出される連帯の要請は、憲法院の一連の判決を通じて、その憲法的価値が承認されたことを確認した。その上で、憲法的価値を認められた連帯は、司法裁判所の個々の争訟の場面において、制度への強制加入、応能原則による保険料徴収、年金における賦課方式など、社会保障に関わる権利義務を基礎付ける規範として機能していることを概観した。さらに、元来、連帯原理を援用することに消極的であった国務院にあっても、憲法的価値を有する規範として援用するのではないにしても、連帯原理自体が争訟解決のための規範として援用されることを確認した。従って、連帯原理は、今日、フランスにおいて裁判規範としての機能も有しているといっても間違いないであろう。

第2節　友愛概念の展開

1　はじめに

　既に述べたように、友愛は連帯概念に匹敵する重要な概念として、歴史に足跡を残してきたが、両者の関係には流行り廃れがあった。一言でいえば、1789-1793年の革命期及び1848年の共和政の時代には、友愛が共和国の標語に採用されるなど友愛が重視されたのに対して、第三共和政が典型であるが、その後の時代は連帯が重視されるなど、両者の優劣は交互にやってきた[87]。しかし、第二次世界大戦後になると、再び友愛にも光が当たるようになる。その点からすれば、友愛概念も法的に無視し得ない概念として、連帯との関係を意識しながら分析を加えられて然るべきである。

　実際、戦後社会において、友愛は必ずしも過去の概念に成り下がったわけではなかったと推察される。例えば、法社会学者の分野で著名なギュルヴィッチ（G. Gurvitch、1894-1965年）が社会権を戦後の第四共和政憲法に反映させることを念頭に置いて1944年に著した『社会権に関する宣言』の中では、真っ先に友愛が社会の目的という形で登場する[88]。具体的には、「社会の目的は、一体性の中の

---

(87)　M. Borgetto, «Fraternité et solidarité: un couple indissociable?», in IFR, actes de colloques n° 6, *Solidarité(s), perspectives juridiques, sous la direction de Maryvonne Hecquard-Théron*, Presses de l'université des sciences sociales de Toulouse, 2009, pp.12-13

(88)　初版は1944年にニューヨークで公刊されているが、本稿では1946年の新版の復刻版

多様性、すなわち国民的共同体の中に統一され、各参加者の自由及び人間的尊厳を保護する平等な協力関係による団体の多様性でもって実現される、人及び集団の友愛である」という宣言第1条の規定である。

ギュルヴィッチにとって、友愛は、自由と平等と並ぶ重要な概念であり、三者の総合化を図ろうとする。すなわち、友愛に基礎を置く自由及び平等の総合（すなわち、それにより民主主義の理念が表現される総合）は、自由との関係で多様性そして友愛との関係では統一性を増大させるとともに、友愛に満ちた共同体へ参加する人々及び集団の平等との関係で自由と友愛の総合を促進すると、彼は述べている[89]。このことは、彼が社会権を従属・支配の権利としてではなく、多様性の中での統合のための権利として捉え、社会の構成員を主体として重視することとも関係しているように思われる[90]。実際、彼は宣言の中で、社会権を生産者段階（労働権、休息権、年金権、争議権等）、消費・使用者段階（必需品に対する権利、貧困・疾病・障害等に対する経済的安定の権利等）、人間段階（生存権、男女平等権等）に分割しており、このことは、個々人を労働者、消費者及び生活者という多様性を有する存在として捉えていることの証しである。

このような戦後における友愛概念の再興を認識の出発点としつつ、ここでは、特に友愛概念が各種実定法において、どのように位置付けられているかをまず整理しておきたい。

フランスに関する限り、友愛は、第五共和政憲法第2条により、自由及び平等と並ぶ共和国の標語と位置付けられている。その点では、1946年の第四共和政憲法の前文第12項に国家的災厄との関係でのみ登場する連帯と比べると、文言上は連帯よりも友愛の方が明確な地位が付与されている。しかしながら、友愛の規範としての意義は、フランスの実定法を見る限り、必ずしも明確ではない。そこで、まず友愛に関しては、国際的な文書に目を向けることにしたい。

2　国際法上の友愛の位置付け

国際的な文書には、条約のように法的拘束力があるものと、勧告や宣言のように法的拘束力がないものがあるが、法的拘束力がない文書であっても、それが条

である G. Gurvitch, *La déclaration des droits sociaux,* Vrin, 1946 (réédition Dalloz, 2009) に準拠している。

(89)　*ibid.*, pp.60-61
(90)　*ibid.*, p.75

約の前段階であったり、政治的宣言としての価値を有する場合があり、その限りでは意味がある。従って、国際法的視点からは、条約でない文書も含め検討する必要がある。

　戦争の悲惨と恐怖は、国内的問題である人権を国際的問題に昇華する契機となる。実際、第二次世界大戦は国際連合（国連）の創設をもたらし、その初期の活動の成果として、人権に関しては、1948年の国連総会で「世界人権宣言（Déclaration universelle des droits de l'homme）」が採択された。そして、世界人権宣言はその後条約として採択される人権規約の基礎となった。

　世界人権宣言は、生命への権利（第3〜11条）、人の他者との関係に関する権利（第12〜17条）、知的・政治的な権利（第18〜21条）、経済・社会・文化的な権利（第22〜27条）といった人権のカタログを網羅する国際文書であった。その宣言の冒頭（第1条）に人類共通の行動原理として、「すべて人間は、生まれながらにして自由であり、かつ、尊厳と権利とについて平等である。人間は、理性と良心とを授けられており、互いに同胞の精神をもって行動しなければならない」が規定されている。この自由平等と並んで規定された「同胞の精神」とは、英語正文では「a spirit of brotherhood」となっているが、フランス語正文では「un esprit de fraternité」であり、「同胞」≒「友愛」である。

　世界人権宣言では自由権が前面に出ているが、国家が給付を通じて保障すべき社会保障、生活保障等の社会的権利も重要な位置を占めている。これらの充足なしには人間の尊厳が維持・確保できず、人間の尊厳が貧困者にも保障されるべきであることから、社会的権利において貧困者への配慮は重要な位置を占めることになる。つまり、世界人権宣言は、貧困者の権利も意識し、その権利保障も射程に置いていると言える[91]。

　世界人権宣言を条約化した国際文書としては、1966年に国連で採択された国際人権規約（経済的、社会的及び文化的権利に関する国際規約（A規約）、市民的及び政治的権利に関する国際規約（B規約））が重要である。国際人権規約のうちA規約には、社会保障等の社会権に関する権利が漸進的に実現すべき権利として規定されている。国際人権規約が、世界人権宣言に盛り込まれた人権のカタログを条約化したものであることから、世界人権宣言の根底に存在する人間の尊厳の精神

---

(91) F. Tourette, *Extrême pauvreté et droits de l'homme, Analyse de l'obligation juridique et des moyens des pouvoirs publics français dans la lutte contre l'extrême pauvreté*, Presses universitaires de la faculté de droit de Clermont-Ferrand et L.G.D.J., 2001, pp.115-116

は国際人権規約にも及んでいると考えられる。実際、条約の前文は、「これらの権利が人間の固有の尊厳に由来することを認め」と謳っている。

さらにフランスに関する限り、EU 等の人権分野の活動にも目を向ける必要がある。EU 関連の文書としては、1992 年に出された次の二つの勧告が重要である。

① 社会的保護制度における十分な所得及び給付に関する共通の基準に関する 1992 年 6 月 24 日の理事会勧告（92/441/CEE）
② 社会的保護の目的及び政策の収斂に関する 1992 年 7 月 27 日の理事会勧告（92/442/CEE）

このうち①では、貧困者及び社会的疎外との関連で、各種社会的給付を含む対策に関する原則が規定されているが、その前文では、「(1) 共同体の中で社会的一体性の強化が最も困窮し脆弱な人々に対する連帯の助長を示唆することに鑑み」、「(2) 人の尊厳の尊重が、欧州単一議定書の前文で承認されたように共同体の基礎にある基本的権の一部を構成することに鑑み」と謳われている。これに対して②の勧告は社会保障に関する原則を規定するが、その前文では、「各自の社会的保護に対する一般的権利という枠組みにおいて、社会的保護が各加盟国の住民の連帯に関する主要な手段であることに鑑み」と謳われている。表現は異なるが、両勧告の基底には、連帯、人の尊厳が理念として存在している。

3　友愛の規範性

以上、戦後において、フランス国内に止まらず条約等の国際文書でも、友愛、さもなければその理念と密接な関係を有する尊厳等の概念が一定の地位を占めていたことを確認した。問題は友愛等概念の規範性の有無や程度である。

結論的には、友愛は、連帯ほど実定法上明確な位置付けを付与された概念でないことからしても、連帯と同じような意味での規範性をそこに見出すことは困難であろう。しかし、これまでの歴史の中で友愛と連帯が織りなしてきた密接不可分な関係に照らすならば、

① 連帯は、共和国の標語である友愛の法的な面での翻訳であるのに対して、
② 友愛は、連帯には欠ける嫌いのある人間的な心の温かさ、人間性、社会関係への配慮や感受性に富んだ概念であり、その点で連帯を補完する手段という側面がある[92]。その点では、友愛は、連帯との関係でも一定の意義を有していると言えよう。

さらに言うならば、友愛そのものでないにしても、他の概念を媒介として友愛の理念が裁判規範に反映される可能性もある。その典型が、友愛とも関係を有する人の尊厳であろう。

そのリーディングケースとなったのが、1994年と1995年の判決であった[93]。このうちの1995年1月19日の憲法院判決（CC décision nº 94-39 DC du 19 janvier 1995）では、住宅への憲法上の権利を認めなかったが、全ての人が適当な住宅を保有できる可能性という目的に対しては、憲法上の価値を付与した。これにより、人間らしい生活の前提となる住宅の確保に関する限り、政策の手段は立法者及び行政の裁量であるが、それは人の尊厳の確保の観点からの目的に拘束されるのである。

同じような動きは、国務院にも見られる。1995年10月27日付国務院判決（CE. Ass., 27 octobre 1995, *Commune de Morsang-sur-Orge*, Rec. 372）では、「人の尊厳の尊重は、公序の構成要素の一つであり、市町村警察の機能を付与された当局は、特段の地域的状況がない場合であっても、人の尊厳の尊重を害する興行を禁止することができる。」と判示している。

以上のような判例に鑑みるならば、友愛の理念は連帯のみならず人の尊厳の尊重のような価値を媒介として規範化されていく可能性も否定できないであろう。

第3節　現代フランス法における連帯及び友愛の規範性

1　フランスの社会保障を基礎付ける連帯及び友愛の原理
（1）　様々な段階の連帯

連帯はその黎明期において包括的で首尾一貫した概念として形成されたとしても、多様性に富んだ現代社会にあって、連帯は様々な分野で異なる目的や原則のために各種技術的手法を使用しながら展開しており、概念としての希薄化が生じていると言われる[94]。実際、社会には様々な連帯が存在している。

---

(92)　M. Borgetto et R. Lafore, *Droit de l'aide et de l'action sociales*, 5ᵉ édition, Montchrestien, 2004, pp.34-45
(93)　F. Tourette, *op.cit.*, p.177
(94)　R. Lafore, «Solidarité et doctrine publiciste, le "solidarisme juridique" hier et aujourd'hui», in IFR, actes de colloques nº 6, *Solidarité(s), perspectives juridiques, sous la direction de Maryvonne Hecquard-Théron*, Presses de l'université des sciences sociales de Toulouse, 2009, pp.70-71

第1部　第4章　現代における連帯概念及び友愛概念の展開

　社会保障一つをとってみても、社会保障法典 L.111-1 条のように国民連帯を謳いながら、実際には被用者等の間に限定される職域連帯のような連帯もあれば、最低所得保障制度（RMI）のように真の国民連帯と言えるような連帯もある[95]。さらに、最低所得保障制度は、同化契約を通じたと自立促進という点では社会的疎外（exclusion sociale）の問題とも関係しており、その取組みは地域レベルで展開されることから、最低所得保障制度には地域連帯（solidarité locale）という性格もある[96]。

　年金については、賦課方式の年金に関する限り世代間連帯の性格が認められる。この点は、前述の 2000 年 6 月 22 日の破毀院判決が補足年金制度を「職域及び世代間の連帯に根差した賦課方式による制度」であると性格付けている。

　従って、フランスにおいて連帯は単一ではなく、職域、地域、国民等の様々なレベルや世代間で重層的に構築されているといえる（図表4-3-1）。見方を変えれば、連帯概念は社会保障政策の専売特許ではなく、都市政策、租税政策、国家補償、地域政策、欧州統合など、様々な政策分野で適用される余地があることを意味する[97]。

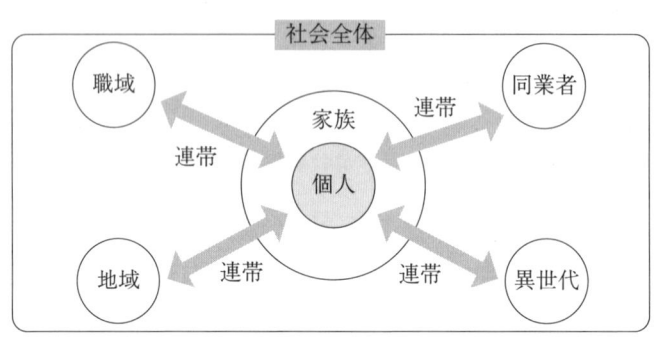

図表4-3-1　連帯の広がりのイメージ

（社会全体：職域・同業者・地域・異世代が家族・個人を取り巻き、連帯で結ばれる構造図）

国民連帯
職域連帯
地域連帯
世代内連帯
世代間連帯

　このうちの社会保障の場合、家族連帯、事務管理のように私法的規律に服する連帯とは異なり、国家が関与する形での連帯の制度である点に特徴がある。もち

---

[95] M. Badel, *op.cit.*, pp.440-443
[96] *ibid.*, pp.446-454
[97] R. Lafore, «Solidarité et doctrine publiciste, le "solidarisme juridique" hier et aujourd'hui», *op.cit.*, p.71

ろん社会保障の場合であっても、職域連帯、世代間連帯、地域連帯など様々な連帯が社会保障の核を構成するが、何れの場合であっても現代の社会保障にあっては国家による関与が不可欠の要素である。

(2) フランスにおける連帯原理の意義

連帯を社会保障として制度化するに当たっては、負担と給付の両面において、次の二つの連帯原理が選択肢として存在する[98]。そして、現実の社会保障制度にあっては、二つの原理が交錯しながら制度が構築されている[98]。

① 保険原理（logique d'assurance）≒ 貢献による連帯（solidarité de participation）
　　　　　　　　　　　　　　　　⇒職域への帰属、保険料拠出、報酬比例給付
　　　　　　　　　　　　　　　　ex. 社会保険
② 連帯原理（logique de solidarité）≒ 帰属による連帯（solidarité d'appartenance）
　　　　　　　　　　　　　　　　⇒居住の事実、税拠出、定額給付
　　　　　　　　　　　　　　　　ex. 社会扶助

思うに、連帯原理は、法的手段に着目した場合には、むしろ扶助原理ともいうべきものである。他方、保険原理という表現は、法的手段そのものを示唆するが、それにより保険集団内部での社会的リスクの分散、所得再分配等が行われることからすれば、保険原理も連帯の要素を有する可能性がある。従って、連帯の実現のための手段としての保険原理と扶助原理という形で社会保障を整理するべきであり、何れも規範としての連帯の要素を有していると捉えるべきであろう。

なお、保険原理という場合の「保険」という用語は多義的であり、注意が必要である。つまり、保険には、
① 民間保険のように給付・反対給付均等の原則が成立するような仕組みから、
② 社会保険のように収支相等の原則のみが成立するような仕組み、さらには
③ 相互扶助によるリスクの分散のような仕組みまで
包含する形で、広範な意味合いで使用される[99]。

社会保障においては、保険原理の語は、無拠出制の社会扶助と対峙する概念と

---

(98) J.-M. Belogrey, «Logique de l'assurance, logique de la solidarité», *Droit social*, 1995, p.731
(99) L.-E. Camaji, *op.cit.*, pp. 133-136

して、社会保険の拠出制を強調するために使用されることが多い。しかし、その場合、保険原理といっても、①のような意味合いでの民間保険的な要素（例えば、リスクに応じた保険料設定、所得再分配機能の縮小）を制度に反映させていくならば、社会保険における連帯の要素は弱まることになる。一方、民間保険の側から社会保険を見た場合、何れも過失責任に基づく損害賠償のような責任概念から保険の技術による負担の配分というリスク概念への転換という点では共通性を有しており、両者の差異は強調され過ぎるべきではない[100]。ただし、社会保険が社会保障に発展することにより、リスクに応じた保険料拠出ではなく、個別のリスクによらない集団内部での負担配分に転換することにより、リスク概念は連帯概念に置き換わることになった[101]。

さて、社会保障の手段として、何れの原理が採用されるかであるが、それは様々な要素を考慮した政策選択の問題である。例えば、

① 保険技術がとりうる保険事故・対象者の母数
② 社会保険になじむ社会的リスクか否かの差異
③ 社会保険に不可欠な要素である拠出能力の有無

などである。

現実には、社会保険と社会扶助の接近とも言われるように、二つの原理は接近する傾向にあり、時に同一制度内で交錯することもある。例えば、拠出制の給付とともに、その対象から外れる者をカバーするために無拠出制の給付が同一制度内に併存するような場合が典型である。さらにいえば、保険原理と扶助原理を分けることは有用であるが、絶対的なものではない。むしろ、連帯という点では、両者は共通しており、この点に関して、次のような議論が展開可能である[102]。

① 社会保障は、個人の集合体というよりも集団自体による集団の保護を目的とする制度である。
② 民間保険であれば、契約者としての地位から保険集団への帰属が発生するが、社会保険の場合には、あらかじめ法令等が労働者等の保険集団を措定し、その集団への帰属という属性によって保険関係が発生する。換言すれば、民間保険の保険集団は事後的に形成されるのに対して、社会保険の保険集団は

---

(100) F. Ewald, *op.cit.*, pp.390-391
(101) *ibid.*, pp.394-395
(102) L.-E Camaji, *op.cit.*, pp. 89-100

第3節　現代フランス法における連帯及び友愛の規範性

先験的に形成。
③　その点で、同じリスクに対する付保であるとしても、民間保険が保護するのが個人の集合体であるのに対して、社会保険が保護するのは、集団であって個人の集合体ではないことになる。

このような保険原理と連帯原理との関係は、交換的正義と配分的正義の関係に引き寄せて議論することも可能である[103]。具体的には、社会保障にあっては、ビスマルク方式の社会保険のように拠出に応じた従前所得の保障という形で交換概念（conception commutative）が優越する制度と、ベヴァリッジ方式のようにニーズに応じて普遍的（ユニヴァーサル）な給付の保障という形で配分概念（conception distributive）が優越する制度とがある。現代においては、前者の国でも最低所得保障的な制度が導入される一方、後者の国でも補足的に報酬比例的な制導入されるなど、両者の違いは緩和されてきている。しかし、いずれにせよ社会保障がかつての社会保険と異なるのは、交換的正義よりも配分的正義の方が優越していることである。

かくのごとく国民に最低保障を提供する連帯原理にも、見方を変えれば限界があることも認識する必要がある。つまり、連帯については、社会的疎外（ソーシャルエクスルージョン）や外国人等の社会問題の議論に典型的に現れるように、特定の集団（entité）、特に国家への個人の帰属を前提に、その構成員の間の連帯に視点が限定される傾向がある。このため、連帯原理によっては、人種差別、社会的疎外等の問題は十分に解決ができなかったという帰属の原理の限界がある。

（3）　福祉国家と連帯

福祉国家と連帯との関係も重要である。現代において友愛よりも連帯が重視される背景には、福祉国家の登場がある。すなわち、自然発生的で精神論的な側面を有する友愛と異なり、連帯は人為的な性格を有していることから、福祉国家という形での国家への依存の増大がかえって連帯の必要性を高め、さらに、そのことが連帯の弱体化を招き福祉国家の役割を増大させてきたのである[104]。言い換えれば、福祉国家は連帯の弱体化の原因であると同時に結果であり、福祉国家の

---

(103)　F. Ewald, *op.cit.*, pp.400-401; J.-J. Dupeyroux *et al.*, *Droit de la sécurité sociale*, 16ᵉ édition, Dalloz, 2008, pp.76-79

(104)　M Badel, *op.cit.*, pp.433-434

役割は、社会生活上の問題に対処するために連帯を拡大し社会的連携を強化することにあるわけである[105]。

このような福祉国家と連帯の関係を論じた文献も多い。例えば、エヴァルド（François Ewald）氏は、福祉国家を社会的連繋の新たな概念の登場と位置付け、次のように理解する[106]。

① エヴァルド氏によれば、福祉国家の発達は産業社会の発展がもたらすリスクに対する一般的な保険の形態として説明される。そして、連帯に関する新しいシェーマは、社会的リスクの全体を次第に取り込んでいく保険的社会を想起させる。
② 確率計算と保険技術の発明は、新たな社会的連繋の道具を提供し、それは、新たな類型の法（社会法）の中に、新たな社会（保険的社会）の中に、そして新たな国家（福祉国家）の中に具現化する。この点、エヴァルド氏は、保険と社会保険との類似性を押し進め、両方の保険的論理の違いを無視する傾向がある。

（4）　連帯の社会保障の法律構成への影響

狭義の社会保障（社会保険）の分野においては、連帯原理よりも保険原理が色濃く出ることは前述のとおりである。例えば、社会保障の給付は、受給者のニーズもさることながら、貢献原則に則り保険料拠出の多寡に応じて計算されるのが典型である。また、疾病保険の一部負担の水準や高額医療費の負担軽減対象疾病も、各人の負担能力も見て個別に決められるわけではない。その点で、社会保障の給付や負担の水準の設定に当たっては、個々の受給者の状況を具体的に（in concreto）考慮するのではなく抽象的に（in abstracto）評価して決定されることになる[107]。

しかしながら、社会保障も民間保険と異なり連帯原理に基礎を置く以上は、「社会」保険としての特徴を有している。とりわけ、第二次世界大戦後に国民連

---

(105)　*ibid.*, p.434
(106)　François-Xavier Merrien, *L'État-providence*, coll. «Que sais-je?», Presses Universitaires de France, 2000, pp.38-39
(107)　J. Bordeloup, «La sécurité sociale à travers l'évolution de la jurisprudence de la Cour de cassation», *Droit social*, N° 9-10 septembre-octobre 1974, p.431

第3節　現代フランス法における連帯及び友愛の規範性

帯を標榜するようになった現在の社会保障においては、拠出と給付の関係が次第に希薄化する傾向がある。これは、ラロック氏が述べたように、社会保険から社会保障への変質を意味する。それとともに、社会保険の対価性という点では、民間保険のような意味での給付・反対給付の均衡が崩れ、むしろ法的には、受給権は拠出等の前提となる事実によって決定される権利というよりは、リスクの発生という事実を要件とする一般的な権利に変質してきているとも捉えることができる[108]。つまり、社会保険の場合には、拠出と給付との間には一定の牽連関係は認められるが、民間保険類似の概念である対価性は成立せず、拠出はあくまでも給付の要件であると捉えることも可能ということである。

このような社会保障の変質は視点を変えれば、普通法外特権に彩られた社会保障の公法的色彩の増大である。既にサヴィー（R. Savy）氏は、社会保障と公法との関係に関する1966年の論文で社会保障の公法的性格の重要性を指摘している[109]。それによれば、

① かつて社会保障の原型は、労働契約や保険と同様の二当事者間の契約関係であった。すなわち、保険料拠出に対して、事故発生時に給付を行ったり、あるいは、労災のように使用者が補償責任を履行するというものであった。

② しかし、1938年5月13日の国務院判決（CE, 13 mai 1938, *Caisse primaire-aide et protection*, Rec. 417; D. 1939.3.65）により、初級金庫は私法人であるが、社会保険の役務は公役務であることが認められらことにより、私法人による公役務の遂行が認知されることとなった。

③ このような前史を経て、戦後の制度は、社会保険からより広範な概念である社会保障に転換することになった。この社会保障にあっては、加入・拠出と給付との関連性は徐々に消失し、給付も、事前の意思の表白による契約関係ではなく一般的な社会保障に対する権利に基づき、一定の事故の発生に対して行われることになった。このため、各人に対する給付の保障も個別的・契約的な手法では十分でなく、国富の再分配により実現することになる。

④ ここにおいて、社会保障に対する公権力の関与が強まり、社会保障は政治的に決定された政策として独占的な地位を有する社会保障の組織を介して実現されていくことになる。

---

(108)　*ibid.*, p.431
(109)　R. Savy, «Sécurité sociale et droit public», *Droit social*, N° 6, juin 1966, pp.363-369

第1部　第4章　現代における連帯概念及び友愛概念の展開

⑤　この結果、社会保障法は、国家により一方的に制定され、その意思により変更される法令に基づき実施されることになり、公法の法技術が多用されることになる。まず、形式面でいえば、第五共和政憲法第34条により社会保障の基本原理が法律事項とされるなど、社会保障は法令により規律される部分が大半であり、契約が占める比重は少ない。次に内容面について着目すると、社会保障の法律関係は、同意等による任意の意思によって成立するのではなく、公序（ordre public）として強制的に成立することが特徴である。

⑥　以上の点をまとめれば、社会保障は一般的利益（intérêt général）の実現のため国により組織化され監督されるのみならず、時には国自らが実施するなど、公法の規律が広範に及ぶ分野であり、その点では、受給者等は行政的公役務に類似した公法上の規律に基づき権利を実現していくことになる。

社会保障の公法的色彩の増大は、戦後において社会保障が公役務の一環として位置付けられ発展してきたこととも軌を一にする。現在、社会保険のみならず社会扶助等も包含する社会保障は、社会保障金庫、地方自治体等の多様な主体によって実施されているが、何れもが詰まるところ国家の主導による公役務の実施である。その結果として、現代の福祉国家にあって社会保障は、公役務のうちでも社会サービス（services sociaux）に関する公役務という一大分野を構成することになっている[110]。

ところが、既に述べたように公役務概念は、その外延が拡大し多様な役務がそこに包含されるようになり、概念として明確性が失われることになる。その結果、公役務から概念的な内実が失われ、単なる機能的な概念や公役務であるというラベルとなり、公権力が公役務として構築した活動が公役務だといった同義反復（トートロジー）に陥ることにもなる[111]。このことは、社会保障を公役務として公法的に捉えること自体に意味があるわけではなく、むしろ社会保障を規律する連帯等の概念の規範性から捉えることの必要性を一層強めることになると考える。

2　連帯及び友愛と平等との関係
（1）　問題の所在

連帯及び友愛の規範性を理解するには、基本権の柱の一つである平等概念、さ

---

(110)　J. Chevallier, *op.cit.*, pp.54-55
(111)　*ibid.*, pp.94-95

第 3 節　現代フランス法における連帯及び友愛の規範性

らには近接概念である衡平との関係を考察することが必要であろう。なぜなら、連帯思想を一つの淵源とする公役務をみると、その基本原則の一つが公役務への平等なアクセスを保障する平等性（égalité）にあり、公役務の一角を為す社会保障を連帯の側面から検討するに当たっても、連帯と平等との関係の検討を避けて通ることができないからである。また、実際問題として、フランスの裁判規範としては平等は自由と並ぶ基本権であり、連帯及び友愛の規範性及びその有用性も平等との関係で考えざるを得ないことがある。

そこで、ここでは連帯及び友愛の概念を平等との関係に焦点を当てて検討することにする。

（2）　平等概念との関係
〈平等原則の位置づけ〉

フランスでは、法の下の平等は、1958 年の憲法の前文（1789 年の人権宣言及び 1946 年憲法前文）、第 1 条（全ての市民への法の下の平等の保障）及び第 3 条（選挙権の平等）で明確化される以前においても、最も重要な公法上の基本原理として、国務院の判例を通じて、その法源性が承認されて来ている（CE, 9 mai 1913, *Roubeau et autres*, Rec. 521）。とりわけ第二次世界大戦後は、条文がない場合にも適用される「法の一般原則（principes généraux du droit）」の重要な一角を占めてきた（CE Ass., 26 octobre 1945, *Aramu*, Rec. 213）。そして、憲法院が創設された現在の憲法の下においては、平等を謳う 1789 年の人権宣言（第 1 条、第 6 条、第 13 条）及び 1946 年憲法前文は一連の憲法ブロックとして規範性を有しており、憲法院も 1973 年の判決（CC décision n° 73-51 DC du 27 décembre 1973, *Loi de finances pour 1974*）で市民間の差別が法の下の平等に違背することを判示する形で平等権を承認している。

このように、憲法院も、国務院の判例の集積を踏まえつつ、新たな立法に対する判例の集積を重ねることにより、両者の判断には一定の収斂が見られることが指摘されている[112]。しかも、憲法院及び国務院の判決において法の下の平等が

---

[112]　両裁判所の違いの典型が連帯に対する姿勢である。国務院が判決において連帯（ましてや友愛）を援用することはなく、その代わりに法の一般原則（principes généraux du droit）を根拠に判断を下す傾向があるのに対して、憲法院は 1980 年代以降連帯を拠り所とする判決（Décision n° 85-200 DC du 16 janvier 1986; Décision n° 86-207 DC des 25-26 juin 1986; Décision n° 86-225 DC du 23 janvier 1987; Décision n° 96-387 DC du 21 janvier 1997）を

157

登場する頻度は高く、その果たす役割は大きい。1995年に国務院から出された判決の200以上、そして1973年から1995年末までの憲法院の判決の三分の一以上（39％）がこの平等を援用していると言われる[113]。

〈平等原則と社会保障の関係〉

そこで、法の下の平等という平等原則を社会保障の側面から検討を加えることとするが、平等原則と社会保障の関係は多様である。

例えば、1789年の人権宣言第13条を例にとると、そこに規定されている負担の平等（égalité devant les charges publiques）は現実に着目して個別事情を考慮することで平等を達成しようとする点で、実際に存在する格差をさておいて権利の平等を謳う第1条の平等原則とは異なるものである[114]。そもそも負担の平等の原則は、公共事業に起因する行政の責任のような例外的な事態を想定し、特定の国民にのみ発生する負担を是正するための原則であった。しかし、負担の平等の原則が及ぶ外延は拡大し、給付と負担との適切な正当に関する普遍的な原理に変質していくことになる。その典型が社会保障であり、年金における老齢という保険事故が典型であるが、伝統的な責任概念では処理できない社会的リスクに関する給付と負担の関係は、負担の平等によって根拠付けられることになる。その点では、負担の平等は、社会保障の原理である連帯の原理とも親和性を有することになるわけである。

また、平等原則は、社会保障により国民に実質的平等を確保する観点からも重要である。この点に関するフランスの議論は、次のように展開される。すなわち、平等原則が多様な社会経済の実態の中で機能するためには、全ての場合に画一的に法令を適用していくことは、非現実的であるという点が議論の出発点である。このため、判例は、これまでも平等原則を機械的に適用するのではなく、異なる状況には異なる規範が適用されることを認めてきている（CE, 10 février 1928, *Chambre syndicale des propriétaires marseillais*, Rec. 222）。つまり、平等原則が機能するのは、他の点でも条件が全て同じである場合だけであり、同様の状況にある場合のみ同じ規則が適用されることになる。この結果、次のような場合には、法令が異なる状況を別異に扱うことが認められることにもなる[115]。

　　　下すようになっている（M. David, «Solidarité et fraternité en droit public français», in J.-C. Beguin et al., *La solidarité en droit public*, L'Harmattan, 2005, p.28）。

(113)　Conseil d'État, *Sur le principe d'égalité*, La documentation française, 1998, p.15, p.26

(114)　負担の平等に関しては、F. Ewald, *op.cit.*, pp.341-342

第3節　現代フランス法における連帯及び友愛の規範性

① 取扱の違いは、客観的で合理的な状況の違いに対応していなければならない（CC décision n° 83-164 DC du 29 décembre 1983, *Perquisitions fiscales*; CE. Ass., 13 juillet 1962, *Conseil national de l'Ordre des médecins*, Rec. 479）。
② この客観性の要請に加えて、取扱の違いを規定する法令の目的又は狙いと関係がなければならないという条件が結び付く（CC décision n° 87-232 DC du 7 janvier 1988, *Mutualisation de la caisse nationale de crédit agricole*; CE, 31 octobre 1990, *Union des chambres syndicales de l'industrie du pétrole*, Rec. 304）。
③ 状況の違いは、取扱の違いを正当化するのに十分でなければならない（CE. Sect., 10 mai 1974, *Denoyez et Chorques*, Rec. 274）。
④ 取扱の違いは、法令が目指す目的とともに状況の違いに比例的でなければならない。

ここから、不平等な状況を平等に扱うことが平等原則を尊重することになるのかが問題となる。これは、経済の現実に注目して状況の違いを考慮に入れる立場である具体的平等（égalité concrète）と、1789年の市民概念の伝統に根差して、規則の普遍性によって平等の内容は汲み取られているという立場の抽象的平等（égalité abstraite）の議論に関係する。この点に関して、フランスの裁判所は、具体的平等の方向にさらに進んでいる。例えば、保健担当大臣が薬局の免許の配分の基礎となる人口割をギアナとフランス本土とで同じにしたことに対して、行政裁判所は、この県の特殊性を考慮すべきであることを理由に、解釈の明白な瑕疵を認めた（CE, 15 mai 1995, *Syndicat des pharmaciens de Guyane*, Rec. 926）。同様に、憲法裁判所も、税制に関して、同一の取扱が複数の類型の納税者に付与されていることは、これら納税者が類似の状況にある事実によって正当化されると判示している（CC décision n° 96-385 DC du 30 décembre 1996, *Loi de finances pour* 1997）。

このほか平等原則を巡っては、「権利の平等（égalité des droits）」と「機会の平等（égalité des chances）」という形での伝統的な議論が存在する[116]。このうち、権利の平等について言えば、社会経済等が変化し多様性が求められるようになり、古典的な権利の平等は根底から変質した状況に適応しなければならなくなっている。これに対して、機会の平等の問題は、法秩序が基礎を置く社会の中で、新たな不平等が登場し拡大していることで生じている。この不平等は、単に所得に止

---

(115)　Conseil d'État, *op.cit.*, pp.37-39
(116)　この点については、Conseil d'État, *op.cit.*, p.45

まらず、個人と社会とをつなぐ基本的な関係にも及んでおり、この繋がりが断ち切られれば、権利の平等は形骸化する。従って、平等原則の信頼性は、権利の平等よりは機会の平等の場面で真価を問われることになる。

　拡大した20世紀の平等概念は多様な類型を生み出しているが、福祉国家(État-providence)の観点から、機会の平等と並んで重要なのが「経済社会的権利の平等（égalité des droits économiques et sociaux）」である[117]。機会の平等が典型的には学校や大学の教育で問題となるのに対して、経済社会的権利の平等は、社会保障、最低賃金、最低所得保障等を巡って問題となる。福祉国家においては、平等原則のみで現実の経済的平等が保障されると平等原則が主張するものではないが、現実の経済的平等に向かっての発展が可能であるとの意識を生み出した。しかし、現在、福祉国家は危機に陥り、福祉国家は批判の対象となっている。とりわけ、平等原則との関係では、雇用、住宅・医療へのアクセス等を覆う不平等の発生は個人的に脱却するのが困難な状況をもたらし、このことが過去半世紀にわたって実施されてきた施策及び民主主義の法的基礎を揺るがすようになっている。

〈平等原則と連帯との関係〉

　以上のように平等原則は、自由と並んで、最も規範性の強い多様性に富んだ基本的権利として機能している。それでは、平等原則は、連帯とは如何なる関係に立つのであろうか。この点に関して、平等原則が基本的権利として各種規範を導出するための後見的役割を果たしてきたのに対して、連帯は立法者が目指すべき目標に止まるかの印象を与えるとの指摘がある[118]。確かに、社会保障に係る権利は債権的権利であるが故に立法者による法令を待って初めて実現することから、立法が存在しなければ、連帯に由来する諸権利は名目的なものに止まることも事実であり、ここでは、そのような指摘を踏まえ、平等と連帯との関係を考察してみたい。

　まず指摘すべきは、この平等原則の有する規範導出機能とでもいうべき役割は、連帯との関係でも確認することができることである。つまり、平等原則を基礎に置きつつも、連帯概念を介在させることにより、平等概念の多様な展開が実現するのである。例えば配分的正義に着目した場合、実際上存在する不平等を是正するため、一方の者を他方よりも一時的に優遇するという差別的取扱いも積極的差

---

(117)　この点について、Conseil d'État, *op.cit.*, pp.79–80

(118)　F. Mélin-Soucramanien, «Solidarité, égalité et constitutionnalité», in J.-C. Beguin et al., *La solidarité en droit public,* L'Harmatan, 2005, p.286

第3節　現代フランス法における連帯及び友愛の規範性

別（discrimination positive）として是認されるべきことになる[119]。これを形式的平等に対する実質的平等といった概念を操作することによって説明することも可能であろうが、平等原則の中に連帯概念が横たわっているものと理解することもできる。つまり、平等に対する修正原理として連帯を位置付け、積極的差別は連帯概念によって根拠付けるのである。このことを逆に言えば、積極的差別は、連帯概念の存在を前提として、連帯によって是認される平等原則の一類型と捉えることができるのである。

　実際、憲法院からは、積極的差別と連帯とを関係を窺わせる次のような判決が出されている。

① 労働法典の改正並びに経済的解雇の防止及び転換に対する権利に関する法律に係る1989年7月25日付判決（Décision n° 89-257 DC du 25 juillet 1989）

　　経済的解雇の防止のために高齢被用者及び経済・技術の変化により曝される社会的・能力的類型の被用者を保護するための措置が平等原則に反するとの訴えに対して、憲法院は次のように判示して、訴えを退けた。

　　「『高齢被用者』又は特別な『社会的特徴』を有する被用者……に対する言及は、法の下の平等の原則に反するどころから、多様な状況に対して、その適用を確保することを可能にするものである。」

② 社会的秩序に関する諸規定に関する法律に係る1995年1月25日付判決（Décision n° 94-357 DC 25 janvier 1995）

　　失業者の就労促進対策のために、中間団体が失業得者等の中でも特に特定連帯手当の受給者、困難な状況にある若年者や社会扶助の受給者を積極的に雇用することが平等原則に反するとの訴えに対して、憲法院は次のように判示して、訴えを退けた。

　　「対象となる者の職業的復帰に影響を及ぼす困難及び障害に鑑みると、立法者は、平等原則に反することなく、中間団体に対して、これらの者を雇用する権能を付与することができる。」

何れの判決も、労働者や失業者の中でも特に困難な状況にあるものを対象として特別な雇用対策を講ずることを是認するものであるが、①の判決が異なる状況に対しては異なる取扱いをすることができるという、上述の国務院と同様の論理

---

[119]　*ibid.*, p.287

第1部　第4章　現代における連帯概念及び友愛概念の展開

を援用しているのに対して、②の判決は平等原則に反しない理由を「困難」や「障害」という事実に求めている点で違いが見られる[120]。いずれにせよ、困難状況にある者に対する積極的差別が是認されるとする憲法院の判断の根底には、困難な状況にある者に対する連帯の概念が存在していると考えるのが素直であろう。

　もちろん、連帯概念によってあらゆる積極的差別が是認されるわけではないことには留意する必要がある。フランスに関する限り、人種、出自、信条等による差別は如何なる場合も許容されるものではなく、連帯による積極的差別が有効性を発揮するのは、年齢、社会的に不利な状況、地理的に不利な状況等に着目した社会経済的な施策分野に限定されることが指摘されている[121]。

　以上述べたように、社会保障制度の真価は常に平等原則との関係で問われていると言っても過言ではない。とりわけ、伝統的な貧困問題に加え社会的疎外（ソーシャルエクスルージョン）のような連帯を危機に陥れる問題が発生することにより、「権利の平等」に止まらず、衡平性の観点からの「機会の平等」までも包含した平等の重要性が再浮上していると言える[122]。そこで、次に衡平の視点も踏まえ平等に検討を加えることとする[123]。

　例えば、社会的保護の目的及び政策の収斂に関する1992年7月27日の理事会勧告（92/442/CEE）では、次のように平等と衡平が並列的に社会的保護の原則として規定されている。

　「2．社会的保護の給付の支給は、次の原則を尊重しなかればならない。
　ａ）資格者が給付の受給に必要な加入又は居住の期間を満たしている限り、国籍、人種、性、宗教、習俗又は政治的意見を理由とするあらゆる差別が回避されるような取扱いの平等
　ｂ）全国段階で定められた優先度を考慮した上で、社会的給付の受給者が生活水準の改善の分け前を国民全体から受け取るようにするための衡平」

---

(120)　*ibid.*, pp.287-289
(121)　*ibid.*, p.293
(122)　J. Chevallier, *op.cit.*, 1997, p.101
(123)　なお、平等と友愛との関係については、まず平等自体の意義が問題となる。とりわけ、衡平は平等と併存的に、あるいはそれを補完・修正する形で使用されることから、平等と衡平の関係が社会保障において重要である。

第 3 節　現代フランス法における連帯及び友愛の規範性

（3）　衡平概念との関係
〈衡平概念と連帯〉

　平等との異同が問題となる概念として衡平（équité）がある。以下では、連帯との関係で、衡平概念について考察する。

　まず、連帯は、個人と集団との間の依存関係に関わる概念である点では、それ自体として機能的であると同時に制度的な概念でることが指摘されている[124]。このことは、家族、自治体等を内包する国家規模での国民連帯が各種連帯の中心的形態として、社会正義や衡平に根差した積極的措置の拠り所となることを示唆する[125]。その点では、国民連帯と衡平は、社会の一体性を確保・回復するという共通の目標に根差しており、何れも事実としての不公平の是正を目指すことになる[126]。

〈衡平概念に関する国務院の報告書〉

　フランスでは、連帯概念は、衡平よりも前述の平等概念と結び付きながら発展してきたように思われる。現代において、衡平概念が援用されるとすれば、むしろ伝統的な平等概念の不完全性や不備を補充することが衡平概念の意義かもしれない。そこで、ここでは、平等概念との関係で、衡平概念を取り上げた国務院の1998年の報告書に依拠しながら検討を加えたい[127]。

　まず国務院の報告書によれば、ギリシャ時代に遡ると、衡平には貴族的な発想と民主主義の精神が対立・混在していたとされる[128]。すなわち、貴族的な発想に立つなら、衡平とは、権利の不平等に基礎を置く法制度の下で、法的には劣位にある貧困者の地位をそのままにして、裕福な者が貧困な者を援助するという精神的な規律であるのに対して、民主主義的な精神からの衡平は、権利の平等の実現であった。ここに、同じ衡平概念が対立する意味に使用されることに起因する混乱の原因がある。

　そこで、国務院の報告書は、衡平概念の二つの捉え方にさらに検討を加えている[129]。このうち第一の流れは、現在議論されているのが民主主義的な衡平であ

---

[124]　M. Hecquard-Théron, «Du sens du terme dans les textes juridiques», in IFR, actes de colloques n° 6, *Solidarité(s), perspectives juridiques*, sous la direction de Maryvonne Hecquard-Théron, Presses de l'université des sciences sociales de Toulouse, 2009, p.228
[125]　*ibid.,* pp.228-229
[126]　*ibid.*
[127]　Conseil d'État, *op.cit.*
[128]　*ibid.,* p.80

るとすれば、問題は残らない。そこで残るのは、第二の流れの衡平であるが、現代の社会では、権利の平等では機会の平等を実現するのに十分でないことが明らかである。この問題は、既にアリストテレスが「正義は法律に適合し、かつ、平等を尊重することである」と述べているように、正義の確立には二つの条件が必要であることからも困難な問題である。このうちの第一の条件は、公権力の行為が予め定立された一般的規範に従うべき義務が専制への基本的防御であるという意味において、手続的な条件である。しかしながら、この法の下の平等の手続的保護が不平等の縮小という意味での正義を実現するとは限らない。ここにおいて、法律により正義の目的を定義付けるという第二の条件が必要となる。すなわち、法律の普遍性に反することがあり得るとしても、平等の衡平な形態は規則のみならず、他性（altérité）との関係で評価されるべきである。

同じく国務院の報告書によれば、このような伝統的な議論は、現代社会における平等原則の承認と増大する不平等との矛盾を前にして、ロールズ等により再浮上してくるとされる[130]。その考え方の要点は、不平等がより少ない社会の法的構築は自由という第一の善を侵害してはならない一方、望ましい唯一の不平等は最も恵まれない者の状況を改善するような不平等であるというものである。このロールズの正義の理論は、フランスの共和国の標語である「自由、平等、友愛」を理論的に序列化したものであると考えられる。もちろん、衡平としての正義の理論は、衡平の概念を法の下の平等という民主主義的概念に止まらない、それを超えるところに持っていくものであり、その意味で、衡平は平等と対立的というよりも、平等より要求度の高い基準を想定している。

衡平の要請は、権利の平等を裁ち切り、恵まれない個人又は集団のために機会の平等を確立することを狙いとしている。このように衡平の概念を明確化することにより、権利の平等に関わる平等の手続的な形態と、機会の平等に関わる平等の衡平的な形態とを区別するのである。この結果、形式的平等と実質的平等とを対立させるフランスの法的伝統に、アファーマティブ・アクションや積極的差別（discrimination positive）のような新たな思考法がもたらされることになった。以上が、国務院の報告書による衡平の概観である[131]。

---

(129) *ibid.*, pp.80-81
(130) *ibid.*, p.81
(131) *ibid.*, pp.81-82

第 3 節　現代フランス法における連帯及び友愛の規範性

〈積極的差別の位置付け〉

　フランスではなじみの薄い積極的差別の概念ではあるが、内容的には、異なる状況を別異に扱うことを認める判例の手法と類似しており、経済的遅滞や社会的困難・困窮は別異に扱うべき個別事例とも捉えられる[132]。しかし、実際には、積極的差別は単に異なる状況を考慮に入れるだけでなく、事実としての不平等を縮小することを狙いとしており、異なる状況を別異に扱うことを認める判例を超える射程を有している。例えば、豊かでない市町村の学校給食の料金を軽減したり（CE. Sect., 5 octobre 1984, *Commissaire de la République de l'Ariège*, Rec. 315, cocl. Delon）、特定の公務員の集団を優遇する（CE. Ass., 4 novembre 1960, *Association amicale des secrétaire d'administration*, Rec. 584）といった措置は、積極的に不平等を縮小するために講じられたわけではなく、異なる状況での別異の取扱いが行政裁判所で問題となったに止まる。これに対して、障害者の雇用（包摂）を改善するための労働法典の改正は、積極的差別である。また、1789 年の人権宣言第 13 条は租税が能力に応じて平等に分配されるべきことを規定するが、当該規定に基礎を置く累進税率も不平等を縮小するという一般利益を目的とする点において、積極的差別と考えられる。

　このほか、積極的差別については、むしろ 1789 年の人権宣言第 1 条（「社会的差別は、共同の利益の上にのみ設けることができる」）に近いという見方もある[133]。例えば、ブレバン（Braibant）氏は、当該規定がフランス最初の「正当化された差別（discrimination justifiée）」の概念であると述べたが、積極的差別はその一類型と考えられる。つまり、正当化された差別は積極的差別よりも広義の概念であり、一般の利益を目的とする差別的措置が包含され、積極的差別は不平等を縮小する目的を有する介入主義的な政策である。

　積極的差別が社会保障の関係で問題となった例としては、1990 年に法制化された一般社会拠出金（CSG）がある[134]。積極的差別の観点からは、累進税率が是認されるが、一般社会拠出金は累進税率ではなく、定率となっている。憲法院は、

① 一般社会拠出金が社会保険料の部分的代替であるところ、その付加ベースが社会保険料より広いこと、

---

[132]　*ibid.*, pp.82-83
[133]　*ibid.*, pp.82-83
[134]　*ibid.*, pp.83-84

第1部　第4章　現代における連帯概念及び友愛概念の展開

② 社会保険料自体が定率で累進的でないこと、

③ 一般社会拠出金が累進的な所得税の控除の対象でないこと、

を指摘した上で、一般社会拠出金が人権宣言第13条に違背しないと判示している（CC décision nº 90-285 DC du 28 décembre 1990, Loi de finances pour 1991）。これからすると、仮に憲法院が指摘する3条件が充足されない場合には、累進税率でないことが平等原則違反を招く可能性が否定できない。実際、1993年の予算法で一般社会拠出金の税率が2.4％に引き上げられ、所得税からの控除が部分的に認められるようになる際に、憲法院は、控除が部分的であって上限があることを理由に人権宣言第13条に違背しないと判示しており（CC décision nº 93-320 DC du 21 juin 1993, Loi de finances rectificative pour 1993）、一定の限界を超えると憲法違反となる可能性が否定できない。憲法院の判決によっても、如何なる水準であるかを詳細かつ客観的に事前に決めることはできないが、積極的差別には最低水準が存在していると言えよう。逆に、積極的差別の最高水準が存在するかは、定かではない。

（4）　小　括

以上の考察からいえることは、連帯及び友愛と平等及び衡平とは相互に排斥し合う概念ではなく、社会の一体性を確保するための概念として、相互に補完関係にあると考えるべきであろう。伝統的な平等概念においても、形式的平等ではなく実質的平等を援用し操作することにより、人々の正義感に照らして納得感のある問題解決が図られてきた面がある。しかし、積極的差別のような現代社会の多様な社会問題との関係では、連帯や友愛、あるいは衡平を援用することにより、より直截に問題解決が図られることになることから、これら概念の意義は大きいと言える。

比喩的に言えば、連帯や平等といった人権概念は、それぞれ異なる癖や切れ味を持っており、時代環境の中で流行り廃れはあるものの生き残ってきたのである。

3　連帯及び友愛の現代的意義
（1）　連帯及び友愛の規範としての位置付け

既に述べたように、フランスにおいては、憲法院及び国務院が判例を通じて、異なるものを別異に扱うことを是認してきており、その根底において連帯による平等原則の修正が行われている。その点で、連帯概念は、法や制度の適法性を判

第3節　現代フランス法における連帯及び友愛の規範性

断するための基準となることは間違いない。例えば、平等原則との関係で積極的差別の適法性が問題となる場合、集団の構成員間に連帯が存在することが適法性の根拠となるよう場合が典型である。しかしながら、連帯が自由や平等原則と同じような意味での裁判規範性を有しているかとなると微妙である。これも既に述べたように、連帯が問題となる社会保障分野の権利は、債権的権利であって、権利の実現には法令による制度化が必要となるという特徴を有している。このことと相まって、連帯は、自由や平等が立法や行為を直接的に規制する行為規範でもあるのに対して、法令等による制度化を待ってその適法性の審査の際に依拠する規範という位置付けに止まると考えられる。

このことは、連帯や友愛の概念が規範として無意味であることを意味するものではない。適法性の審査のための規範であることは、社会保障制度の立案に当たって、その適法性を確保するために意識すべき規範でもあるからである。換言すれば、社会保障制度の設計の過程において規範としての連帯を意識した上での立案が必要となることになる。仮に連帯を無視した制度となった場合には、連帯に照らして、積極的差別等の平等原則違反、あるいは法の一般原則違反のような形で適法性に反することになる可能性が生じるであろう。

(2)　連帯の責任及び保険との関係

ところで、現代において規範としての連帯の位置付けを理解するためには、これを責任(responsabilité)及び保険(assurance)との関係で捉えることが有益である。例えば、エヴァルドは、『福祉国家』の中で、個人対個人を規律する自由主義的な私法と異なり、社会法が個人を社会の構成要素として捉え、社会との関係性において個人を規律する法であることを指摘する[135]。その上で、同氏は、連帯契約とも言うべき社会法にあっては、過失責任主義による損害賠償という司法手続きではなく、労災保険に代表されるように、リスク概念と不可分の関係にある保険の技術を活用した和解(transaction)手続きに喩えられる法であるとして、次のように指摘している[136]。すなわち、

① 和解は契約の一種であるが、社会法も一般化された連帯契約とも言える契約的な法である、

---

(135)　F. Ewald, *op.cit.*, p.459
(136)　*ibid.*, pp.460-468

第1部　第4章　現代における連帯概念及び友愛概念の展開

② 和解は対立又は争訟を前提とするが、社会法も対立的な社会関係を起源とし、連帯という融和のための理念に基づき、各種優遇措置、非相互的手法や積極的差別等を活用することにより不公平を是正し均衡を回復する法である、
③ 和解は相互の犠牲及び互譲を前提とするが、社会法は個人に絶対的な権利の行使を認めるのではなく、富者から貧者への移譲等により個人の絶対性を制限し相互性を尊重する法である、と。

このエヴァルド氏の指摘は、私法と異なる論理による社会法の登場によって、法的枠組みのパラダイム転換が起きたことを意味する。言い換えれば、社会法の登場とは、損害賠償の場合の「責任」や民間保険の場合の「保険」のような私法的な枠組みから、「連帯」に根差した新たな枠組みへの発展を意味することになる。そこで、ここでは、ロシャック氏が提示する「連帯」、「責任」及び「保険」という三つのパラダイムに着目し、その比較を試みることとしたい。その際、同氏は、パラダイムの比較に当たっての視座として、

① 政治的レベル（制度が持つ社会的制御手段としての機能）
② 哲学的レベル（制度を実施する理由に関する基礎）
③ 法律的レベル（制度を実施するための法的仕組み）

の3段階を指摘する[137]。

この3段階の視座から責任、保険及び連帯を見てみると、次のようになる[138]。

① まず、伝統的な手法である責任の場合には、
　　a．政治的レベル……加害者への制裁又は加害行為の発生の抑止、賠償に関する被害者に対する安心感の付与、被害者とその他の者との公平性の確保
　　b．哲学的レベル……損害発生に係る非行（faute）、損害の発生原因となる行為が内包するリスク、被害者のみに損害を負担させることの公平上の問題
　　c．法律的レベル……損害発生原因者である加害者による被害者への賠償、加害者による保険加入による保険者による補償、加害者に代替して公共団体による補償等の方法

といった形で整理することが可能である。
② これに対して保険は、リスク概念に基づき（b）、加害者と被害者との間に

---

(137)　D. Lochak, «Solidarité et responsabilité publique», in J.-C. Beguin et al., *La solidarité en droit public*, L'Harmattan, 2005, pp.307-308

(138)　D. Lochak, *op.cit.*, pp.308-309

第3節　現代フランス法における連帯及び友愛の規範性

立つ保険者が（ｃ）、被害者に対して補償を行う（ａ）ものである。
③　また、連帯は、公平性の観点から（ｂ）、加害者と被害者との直接的な関係を遮断して公共団体が（ｃ）、再分配を行う（ａ）ものである。

しかしながら、この三つの理念型が相互に孤立したまま存在しているわけではない。実際には、これらの理念型は、次のように相互に影響し合いながら、現実の制度は構築されている[139]（図表4－3－2）。
①　責任と保険との関係についてみると、責任の中でも無生物の所為による責任（responsabilité du fait des choses inanimées）や他人の所為による責任（responsabilité du fait d'autrui）のように、加害者の非行ではなく無生物や他人が加えた損害に対しても責任を負わせることができるのは、保険の発達により現実に損害賠償が可能になったことが大きい。その点で、保険によって責任の履行を担保できるようになったことが、責任の枠組みを実効あるものにしている。
②　社会保障の分野においては、拠出制（保険料財源）の社会保険と無拠出制

図表4－3－2　責任・保険・連帯との関係

	責任	保険	連帯
政治的レベル 規整の原則 社会的 ＝機　能	制裁 （実行者） ＋損害の発生を防止	補償 （犠牲者） ＝安全の保証	再分配
哲学的レベル 原則 帰責 ＝基　礎	非行　→	非行に対する付保＝リスクへの転換　→	リスク　→	リスクの共済化　→	公平 平等
技術的レベル 法的手続き ＝仕組み	非行実行者 犠牲者	実行者　保険者 ＼　／ （保険料） ／　＼ 保険者　犠牲者	保険加入義務	団体 実行者 犠牲者

（資料）D. Lochak, «Solidarite et responsabilite publiqué», in J.-C. Beguin et al., La solidarité en droit public, L'Harmattan, 2005, p.307

[139]　ibid., pp.311-314

（税財源）の社会扶助を対立的に捉えることがあるが、現在の社会保険は一般社会拠出金（CSG）のような税財源も投入されている。そもそもリスクの相互扶助化のために社会保険が義務化されることにより、社会保険も連帯を目的とする制度となっており、その点では社会扶助と違いがない。実際、社会保険はリスクの発生に対して保障をする点では保険であるが、社会保険は同時に再分配の機能も担っており、その点では連帯の制度であり、保険と連帯とは完全に分裂しているわけではない。

（3） 特別な損害・被害の補償と連帯

さらに議論を進める。フランスにおいて伝統的な過失責任ではなく無過失責任のパラダイムは、行政の活動がもたらすリスク（risque）の補塡と一般利益のための行政活動が引き起こす特別な損害に係る公的負担の平等（égalité devant les charges publiques）の不均衡の補償の二つの概念を中心に展開さる。これらは、それぞれ上記類型のうちの保険と連帯に親和性を有するように思われるが、リスクの顕在化が特別な負担を招来することからすれば、両者の違いはわずかであり、特定の者に損害を負担させることが公平性の面で問題があるという点では共通である[140]。

実際のところは、フランスでは、次のように、騒擾・暴動に起因する損害、刑事事件の犯人が不明又は賠償能力がない場合の被害者の損害、戦争被害、自然災害又はテロによる損害等の補償については、損害・被害の原因者が国家以外の第三者であったり自然であったりすることから、必ずしも国家の責任とはいえず、また、保険にもなじみにくいものであることから、国家による責任又は保険のパラダイムではなく連帯に基づく制度、あるいは、それぞれの要素が混じり合った制度として実施されている[141]。その点では、伝統的な過失責任主義を超える無過失責任主義や保険でも解決し得ない問題について、交換的正義よりも配分的正義を重視した連帯を基礎に置くパラダイムを導入することにより、現実的な被害者・犠牲者の救済が図られることになるわけである。

① 予防接種の健康被害……公衆衛生のための強制的な予防接種による健康被

---

[140] ibid., pp.316-317

[141] ibid., pp.319-325; J. Moreau et D. Truchet, *Droit de la santé publique*, 5e édition, Dalloz, 2000, pp.226-227, pp.282-283

第3節　現代フランス法における連帯及び友愛の規範性

害を被害者のみに負わせることが公正に反することから、1964年7月1日の法律（現行の公衆衛生法典 L.3111-9）により、それまでの過失責任主義（判例法を通じた過失の推定により、実際上は証明責任を軽減）を転換し、国の無過失責任を前提とする補償制度が導入された。

② 生物医学の治験対象者の健康被害……生物医学研究の治験に自主的に参加する患者に発生した健康被害を救済するため、1988年12月20日の法律（現行の公衆衛生法典 L.1121-7）により、治験実施者に対する無過失責任に基づく損害賠償責任が規定されることになった。

③ 騒擾・集会による被害……騒擾や集会による被害に対する救済について、1983年1月7日の市町村、県、地方及び国の権限配分に関する法律により、国がその補償を実施することとされた。

④ 犯罪被害者……刑事事件の犯人が不明又は賠償能力に欠ける場合に、1977年1月3日の法律（現行の刑事訴訟法706-3条等）に基づき、国庫により設けられた基金を財源に委員会の審査により被害者に対して補償を支給する。

⑤ 交通事故の被害者……交通事故の損害は強制加入の民間保険により塡補されるのが原則である（1958年2月27日の法律。現行の保険法典 L.211-1）が、加害者が不明又は無保険の場合に対応するため、1985年7月5日の交通事故犠牲者の状況の改善及び補償手続きの加速化に関する法律（loi Badinter）に基づき補足的に被害者への補償を実施する。

⑥ 自然災害の被害者……自然災害による被害を塡補するため、1982年7月13日の自然災害犠牲者の補償に関する法律に基づき、火災保険等の損害保険への自然災害保障条項の挿入を義務化し、保険料等の保険契約の内容についても国が規制している。

⑦ テロ行為による損害……テロ行為による損害は賠償や保険により全面的に塡補することが不可能であることから、1986年9月9日のテロ対策に関する法律により、損害保険から徴収された拠出金により補償基金を造成し、テロによる身体的損害への補償が行われている。

第5章 ◆まとめ◆

1 我が国における連帯原理の生成発展

　本章では、フランスで生まれた連帯思想が日本にも影響を与え、連帯が現代の社会保障法にも不可欠な概念として根付いていることを明らかにすることで第1部のまとめとしたい。

　まず、我が国においても、ヨーロッパで生まれた連帯思想や概念は、法学の世界でも以前から認識されていた(1)。

　同様に、社会保障関係者の間でも、連帯思想はかなり認識されていたと推測される。それを例証する文献としては、以下のようなものがある。

① 高木武三郎「社会事業運営の問題」『社会事業』第23巻第4号（1939年7月）（社会保障研究所編『日本社会保障前史資料第6巻』（至誠堂、1983年）1067頁）
「その昔社会事業が慈善事業であった時代は、大体個人が個人を救済するのであったので、そこには必ずしも世人の理解を必要としなかった。然るに、この社会事業を動かす思想は、社会連帯主義から、国民全体主義へと進展して、今や全国民が全国民の為にする事業であると考へらるゝ様になったのであるから、この事業は世人の理解が必須の条件となって来るのである。」

② 後藤清「社会事業法の生成・分化・発展──我が国社会事業法の回顧と展望」『社会事業』第24巻第4号（1940年4月）（社会保障研究所編『日本社会保障前史資料第6巻』（至誠堂、1983年）1075頁）
「社会事業法の生成を妨げた右の如き無理解を排除し、社会問題の存在とその発生の原因とを明らかにしたのは、社会学である。とりわけ社会連帯思想の台頭は、社会問題の処理としての社会事業を、強固に理論づけるものであった。だが我が国においては、経済学や法律学は、その功利性も手伝って（殊に法律学はその修

（1）　古くは、織田萬「社会連帯論ニ就テ」法学志林第15巻第9号54-65頁；丸山岩吉『社会連帯主義』（早稲田泰文社、1923年）などがある。

第 5 章　まとめ

習が官僚登竜の具となったため)、急速な発達を遂げたが、功利性を伴わぬ社会学は、その発達甚だ遅々たるものがあった。ここに、隣保相扶主義を排除して公的救護義務主義に立脚せる救貧法が、漸く昭和 4 年にいたって「救護法」として制定された一つの理由が存する。」

③ 松沢兼人「社会事業の時局への再適応」『社会事業』第 24 巻第 4 号（1940 年 4 月）（社会保障研究所編『日本社会保障前史資料第 6 巻』（至誠堂、1983 年）1081 頁）

「第三の点は、社会事業の精神の問題であって、これは屡々本誌でも論じられた問題であり、未だ明確なる結論を得てゐる訳ではないが、こゝで再び諸氏の議論を繰返す必要もなく、要約すれば、初期の社会事業は、慈善、恩恵、宗教的信念、人道、博愛、寛容、仁慈、憐愍などと呼ばれる一聯の個人的感情により流露する動機によって経営せられたものが多く、現在に於ても未だ、この種のものが跡を断った訳ではない。併し、次いで、社会事業を支配した精神は、社会連帯、相互扶助、公共保育と云ふが如き社会的観念に基づくものである。これが現在社会事業界の指導精神と考へてよい。前のものが云はば、母性愛的感情より出てゐるものであるとすれば、これ等、社会学的概念より出てゐるものである。」

④ 牧賢一「新体制下に於ける日本社会事業の再編成に就いて」『社会事業』第 24 巻第 9 号（1940 年 9 月）（社会保障研究所編『日本社会保障前史資料第 6 巻』（至誠堂、1983 年）1096-1097 頁）

「抑、社会事業の指導理念であるが、社会事業夫れ自体が学的な理論或は純粋法則をもってゐるものでないことは茲に論ずるまでもない。社会事業を理論付け導くものは当該国家社会を支配し指導する理論であり思想である。従来の社会事業は人道主義的博愛思想に依る慈善事業であり、社会連帯主義に依る保護救済事業であり、自由主義思想に依る社会改良事業であり、或は又資本主義的観念による支配階級擁護策であるとされた。即ち社会事業を指導し、理論付け、説明し、目的付けたものは、当該時代を支配し、其処に主流となった社会思想であり政治理論であった。」

⑤「公的扶助 100 年の歩み（座談会記録）」、厚生省社会局保護課編集『生活保護 30 年史』（財団法人社会福祉調査会、1981 年）61 頁の中の吉田久一日本社会事業大学教授の発言

「吉田　府県の県庁所蔵文書などにありますね。大正六年あたりから、田子一民氏などから、公的救済を、社会連帯の角度から考えようという線が一つでてきてますけどもね。」

同書 75-76 頁の中の仲村優一（日本社会事業大学学監）及び福山政一（淑徳大

第1部　第5章　まとめ

　　学教授）の発言
　　「仲村　いわゆる大正デモクラシーの時代ですか、例の社会連帯主義の思想というのが大きく浮かび上がってきますね。たとえば、そういう社会連帯の思想というようなものと、古くからの、隣保相扶だとか、あるいは惰民養成をおそれるとか、そういうような考え方とは、どこでどういうふうに結び付いたのでしょうか。
　　福山　つまり、隣保相扶というのは、これは、社会連帯主義というような思想というものによって、さらに論理づけられるくらいのことですし、逆にこれを批判するような見方ではなかったね。そのときから、やはりなんといっても、資本主義経済の、いわゆる資本主義精神というものは、もうすべての人にしみわたっていますからね。資本主義精神からいうなら、やはり自己責任主義ですよ、あくまでもね。ですから、自分の生活は自分で責任をもって立てていかなければならんという考え方が先に立ってますからね。それですからこうした公の扶助を受けるということは、むしろ恥ずべきであって自己責任主義からいうならば、困ったって、結局自業自得だという考え方が先に立ちますからね、」

　このほか、岡山県社会事業協会からは、『連帯時報』という定期刊行物が 1923 年から発行されていることも注目される。その第 7 号（1923 年 3 月 1 日）から第 13 号（1923 年 5 月 1 日）にかけては、「社会連帯主義の提唱」という形でレオン・ブルジョワの連帯主義が紹介されている。

　このような動きは、我が国の社会福祉の発展過程にも影響を及ぼすことになる[2]。昭和恐慌下の 1929 年、それまでの恤救規則（1874 年）に代えて救護法が制定された。これは国家の責任による公的扶助義務を規定した点で、人民相互の情宜に因り無告の窮民を対象とした恩恵による救済という色彩が強かった恤救規則とは異なる性格を有していた。このような立法が昭和初期成立した背景には、内務省社会局関係者の努力があるが、それとともに、その理論的支えとして社会連帯思想が存在していたことも見逃せない。社会福祉の発展過程において、大正中期から大正後期は、それまでの事前から社会事業への転換が図られた時代であり、大正デモクラシーの影響により、社会連帯思想が社会事業の分野にも浸透していった時代であり、それから間もない時代に登場した救護法に社会連帯思想が

（2）　宇野正道『戦前日本における公的救済立法、「救護法」成立過程の再検討』季刊社会保障研究、1982 年、第 18 巻第 2 号、172 頁；池本美和子『日本における社会事業の形成——内務行政と連帯思想をめぐって——』（法律文化社、1999 年）

第5章 まとめ

影響していても何ら不思議はないわけである。実際、当時の救護法立案者の著作や発言には、社会連帯思想への言及がみられるところである。

ただし、「博愛」(友愛)と「連帯」の関係は、社会事業における前者から後者への発展というコンテクストで理解されていたように思われる。この点では、フランスに見られたような「博愛」と「連帯」との連関は意識されていなかったのではなかろうか。

戦後に入ると、実定法のレベルでも、我が国の社会保障法の基盤に「連帯(solidarité)」を位置付けることを首肯させる規定が登場する。例えば、国民年金法の制定に当たり、社会保障制度審議会が昭和33年6月14日に「国民年金制度に関する基本方策について」答申を出しているが、その中で拠出制のみならず無拠出制の年金を設ける理由を連帯に関連付けて次のように述べている。

「その理論的根拠は、一定年齢をこえた老齢者は、社会がある程度扶養する義務があるというにある。すなわち、一家の子女が個人的に行う老齢者の扶養を、社会連帯の立場における扶養に漸次切替え発展させようというのである。われわれはすでに義務教育制度を確立した。これは、父兄のもつ個別的な教育費負担の責務を、社会連帯の責務に切替え、発展させたものにほかならない。この考え方を、老齢あるいは母子、廃疾にも及ぼそうというのである。」

このような理解は、社会保険全体ではなく無拠出制年金に限って社会連帯と捉える点で連帯の捉え方としては狭い感があるが、社会連帯思想に立って無拠出制年金を位置付けようとしたことは紛れもない事実である[3]。実際、国民年金法1条では、国民年金を国民の共同連帯により国民生活の安定が損なわれることを防止する制度と位置付けている[4]。また、国民年金の場合には、法律名も厚生

---

(3) 社会保険庁年金保険部国民年金課『国民年金25年のあゆみ』(ぎょうせい、1985年) 50頁
(4) 現在、理念として連帯を掲げる法律としては、次のようなものが存在する。
① 国民年金法第1条「……国民生活の安定がそこなわれることを国民の共同連帯によって防止し、……」
② 高齢者の医療の確保に関する法律第1条「……国民の共同連帯の理念に基づき、前期高齢者に係る保険者間の費用負担の調整、後期高齢者に対する適切な医療の給付等を行うために……」
＊老人保健法第2条「……自助と連帯の精神に基づき、……老人の医療に要する費用を公平に負担するものとする。」
③ 介護保険法第1条「……国民の共同連帯の理念に基づき介護保険制度を設け、……」

175

第1部　第5章　まとめ

年金保険法と異なり国民年金「保険」法となっていない。このように国民年金法では、拠出能力がない低所得者も含め国民年金を社会全体に浸透させようとする意図が随所に読み取ることができる。現行制度に則して言えば、国民年金法では、年齢や制度の支給要件の関係が典型だが、自らの責によらず年金給付を受けられない者に対して、法律に根拠を置く補完的・福祉的な給付として補完的老齢福祉年金等が設けられている(5)。

これ以外にも福祉や医療関係の法律でも、連帯が登場する。比較的最近では、1982年に制定された老人保健法がその第2条において理念として連帯を掲げ、各保険者からの拠出金による共同事業として老人医療を連帯に結び付けているのが典型である(6)。

---

④　障害者基本法第6条第1項「国民は、社会連帯の理念に基づき、障害者の福祉の増進に協力するよう努めなければならない。」
　　第2項「国民は、社会連帯の理念に基づき、障害者の人格が尊重され、障害者が差別されることなく、社会、経済、文化その他あらゆる分野の活動に参加することができる社会の実現に寄与するよう努めなければならない。」
⑤　身体障害者福祉法第3条第2項「国民は、社会連帯の理念に基づき、身体障害者がその障害を克服し、社会経済活動に参加しようとする努力に対し、協力するよう努めなければならない。」
⑥　知的障害者福祉法第2条第2項「国民は、知的障害者の福祉に理解を深めるとともに、社会連帯の理念に基づき、知的障害者が社会経済活動に参加しようとする努力に対し、協力するよう努めなければならない。」
⑦　障害者の雇用の促進等に関する法律第5条「すべて事業主は、障害者の雇用に関し、社会連帯の理念に基づき、障害者である労働者が有意な職業人として自立しようとする努力に対して協力する責務を有するものであって、……」

（5）　これまでの補完的な福祉的給付としては、①1961年4月1日おいて45歳超の者に支給される補完的老齢福祉年金（旧国民年金法第79条の2）、②1961年4月1日おいて55歳超の者に対して1974年1月から支給される老齢特別給付金（1973年改正法附則第21条）、③1961年4月1日から1986年3月31日までの間に初診日のある障害でありながら障害年金の受給権を有したことのない障害者を対象とする障害基礎年金（いわゆる「谷間の年金」）（1994年改正法附則第6条）がある。
（6）　老人保健法の国会審議でも、制度の理念に関する質問に対して、吉原政府委員は、「この新しい制度も公と社会保険制度の連帯の共同事業と考えることができる」（1981年11月5日衆議院・社会労働委員会）とも、「連帯と公平ということに基礎を置いた制度というものを創設する必要がある」（1982年4月13日参議院・社会労働委員会）とも述べている。その場合の連帯が何かであるが、吉原政府委員は「これからの高齢化社会を考える場合には、……相互の間の自己責任の原則と、それから相互に助け合うという相互扶助といいますか、連帯の考え方というものは非常に大切だと思います」（1982年4月27日

第 5 章　まとめ

　法律以外にも目を向けると、近年では政府の審議会等でも社会保障の基礎に連帯を置く記述が散見されるようになっている。例えば、1995 年の社会保障制度審議会「社会保障体制の再構築に関する勧告」が、次のように述べている。

　「……我が国では、農村などにおける伝統的な家族制度と、その崩壊過程で戦前から形成されてきたより近代的な家族制度とが、重なり合いつつ解体に向かい、個人化の展開が急激であったこともあって、家族による支え合いが低下し、社会的にはしばしば他者との連関が生活中から取り残されようとしている。個人化が進展すればするだけ、他方で社会的連関が問われ連帯関係が同時に形成されないと、社会は解体する。社会保障は、個々人を基底とすると同時に、個々人の社会連帯によって成立するものであり、今後その役割はますます重要になるといわねばならない。」

　さらに直近では、2008 年 11 月 4 日に社会保障国民会議が取りまとめた「社会保障国民会議最終報告」では、社会保障制度が社会的な連帯・助け合いの仕組みであると位置付けている。すなわち、報告は「社会保障の制度設計に際しての基本的な考え方」の一項目として「自立と共生・社会的な公正の実現」を掲げ、「私たちの社会は、個人の自助・自律を基本とし、一人一人の安全と安心は、相互の助け合い・連帯によって支えられている。社会的な連帯・助け合いの仕組みである社会保障制度は、「所得再分配の機能」を通じて、給付の平等・負担の公平という「社会的公正」を実現するものである。」と述べている。

　このように連帯は、今日、我が国の社会保障を語るに当たり、なくてはならない概念となっているといえよう。

2　フランス社会保障法からの示唆
（1）　社会保障法への示唆

　以上、我が国における連帯に関する理論的変遷等に鑑みると、社会保障を巡り異口同音に連帯が唱えられる割には、連帯に関する理解は区々であり、実際のところ様々な捉え方が存在する。

　例えば、憲法の生存権規定との関係を考えてみよう。我が国の憲法 25 条第 1 項の規定は、一見すると最低限度の生活保障という文言から、連帯とは無関係な国家の一方的な責任であり、連帯は社会保険のみの拠り所のようにもみえる。し

参議院・社会労働委員会）と答弁しているように、連帯を相互扶助と類似の概念と捉えているように思われる。

かし、既に述べたように、連帯が必ず給付・反対給付のような有償関係である論理必然性はない。むしろ「帰属による連帯」に根差した無償の社会扶助こそ「国民連帯」の表れであり、給付・反対給付という保険原理に基づく「貢献による連帯」による社会保険の方が職域等の限定された連帯であるとも理解できる。結論的に言えば、社会保険のみならず社会扶助も連帯を理論の拠り所にしており、そこには連帯の範囲・射程に差があるのみであり、いずれにせよ連帯は生存権とも整合的な理念であると理解したい。

　また、連帯は、様々なレベルや射程を有する概念として使用される。我が国においても、「国民の共同連帯」、「社会連帯」など様々な修飾語が連帯には付されている。フランスにおいても、事情は同じで、「国民連帯（solidarité nationale）」、「職域連帯（solidarité professionelle）」が併用される。他方、ドイツにおいては、自治と自己責任によって運営される社会保険の基本原理としての連帯が「連帯原理（solidaritätsprinzip）」といった形でが使用される。我が国の社会保障制度に即して整理するならば、連帯はその成立の契機として

① 国民全般にわたる連帯である「国民連帯」
② 職域保険及び地域保険といった保険集団内部での連帯である「職域・地域連帯」

に分けて考えるのが適当であろう。このような捉え方は、連帯の範囲の広狭にも関係しており、最も狭い範囲の連帯としては、家族や親族の間の「家族連帯」とも言うべき連帯も存在する。

　以上の捉え方とは異なるが、連帯が成立する位相という点では、連帯は、

① 同一世代内の連帯である「世代内連帯」
② 世代を超えた連帯である「世代間連帯」

という分類が可能である。このうち社会保障に密接な関係を有するのが、世代間連帯である。世代間連帯は、親族扶養のように自然的世代間連帯（solidarités naturelles intergénérationnelles）も存在するが、現代社会にあっては、世代間連帯の機能が年金等の社会保障を通じて社会化され人工的世代間連帯（solidarités artificielles intergénérationnelles）として社会の安定に寄与している面がある[7]。また、年金のように世代間連帯の色彩の強い制度ではなく、子供や高齢者のように同一世代

（7）　C. Lavialle, «Temps et solidarité», in IFR, actes de colloques n° 6, *Solidarité(s), perspectives juridiques, sous la direction de Maryvonne Hecquard-Théron*, Presses de l'université des sciences sociales de Toulouse, 2009, pp.84-92

のみを対象とした制度であっても、これらの世代は必ずしも稼働年齢でないことから、同一世代内の連帯では制度の存立が困難であり、実際の制度には世代間連帯の要素が混じっていることが多い。

　これらの用語法には、当然、連帯のレベルや射程の違いがあるはずであるが、法解釈学的な意味での差異を抽出し、規範的な意味合いを持たせることまでは困難であろう。さらに、権利性という点では、連帯の概念から社会保険や社会扶助の権利義務関係を説明することは可能であるが、逆に連帯の概念を演繹することにより、各種社会保障制度における権利義務関係を導出することまでは困難であろう。つまり、連帯概念からは、総論的に権利義務関係を基礎付けることが可能であるが、さらに細部にわたる制度設計レベルの権利義務関係は、連帯を形成する関係者や当事者の裁量に委ねられている。その点では、連帯概念の有用性は、裁量性が強い実際の社会保障の制度設計に当たり、制度を巡る権利義務関係を基礎付ける指導原理である点にあると考える。

　生存権規定との関係で言えば、憲法の文言に根拠を有しない連帯は、生存権のような意味での規範性を有する法原理とは考えにくい。しかし、逆に生存権規定のみでは説明がしにくい多様な社会保障の仕組みを説明する際には便利な概念である。比喩的に言えば、連帯は、基本的に生存権の背後にあって前面に出ることはないが、時として制度の根拠付けに必要な範囲で生存権より前面に出てくる概念であると考える。

　このように連帯を謙抑的に理解するとして、フランスの連帯の理解も参考にするならば、我が国の社会保障において、連帯（国民連帯、職域・地域連帯）は次のような形で制度に表れていると言えよう。

　（ⅰ）　国民連帯の発現
　　① 最低生活保障のための制度（生活保護等）
　　② 無拠出制の社会保険給付（20歳前障害者の障害基礎年金等）
　　③ 社会保険への公費投入（社会保険の国庫負担、国民健康保険の保険料軽減制度等）
　　④ 社会保険各制度間の拠出金制度（基礎年金の拠出金制度、前期高齢者の財政調整制度）
　（ⅱ）　職域・地域連帯の発現
　　① 社会保険の強制加入・強制徴収等[8]

第1部　第5章　まとめ

　② 社会保険の応能保険料（被用者保険の定率保険料、国民健康保険保険料の応能部分等）
　③ 社会保険の保険料減免（災害時等の保険料減免、被用者保険の場合の育児休業期間中の保険料制度）
　④ 社会保険制度内の共同事業（国民健康保険の高額医療費共同事業、介護保険の財政安定化基金事業）

　別の捉え方をするならば、共助及び公助の仕組みとしての社会保障のうち公助は国民連帯の発現であり、共助は職域・地域連帯の発現であると理解することもできよう。つまり、フランス的に社会的なリスクによる損失や支出増の補塡のための仕組みとして社会保障が存在していると捉えるならば、リスクのプールによる保険の仕組みが連帯により修正を受け社会保険（共助）となり、さらに連帯の色彩が強まることにより社会保険の中の無拠出制給付ないし生活保護のような無拠出制の制度（公助）となっていくわけである。なお、職域・地域連帯の発現としての応能保険料、保険料減免や共同事業についても、公費が投入されれば、そこには国民連帯の要素も認められることになる。

　連帯の規範性に関連してもう一点指摘すべきは、連帯の有する強制的性格である。上述のように、社会保障制度には強制加入、応能負担等のように、意思主義、等価交換原則のような現代社会の基本原理に対する修正原理と捉えられる強制的な色彩を伴う制度がある。極端な場合には、保険料のように国税・地方税の例による強制徴収が認められる場合がある。そこまでの強制性は伴わないものの、各種給付の受給権の確認のための調査権限が行政機関等に付与される場合もある。プライバシー権等との関係で配慮を要するはずの強制的性格を有する手続き制度が許容される理由の一つには、連帯の有効性確保という点が挙げられる。

　最後に、フランス法に照らすなら、社会保障を基礎付ける原理として連帯を援用することの利点は、次の点にあると考える。

① まず、連帯の概念には相互性があり、自律的な個人を前提とする資本主義社会の規律との親和性があることである。もちろん、経済的強者が負担し、

（8）社会保険の強制加入、強制徴収等をより分析的に捉えるなら、被保険者の資格確認、標準報酬等の決定、保険料の決定、徴収、滞納処分などの過程から成っており、これらには行政行為としての処分性が認められる。また、これらの権能は、国に限らず、健康保険組合等の公法人にも付与されている。

経済的弱者が受益するという点では、私法を規律する等価交換原則は必ずしも成立しないが、相互に扶助する義務を負うことにより、潜在的な相互性は存在している点では、依然として自律自助の要素はあるといえよう。
② 次に、現実の社会保障は健保組合、厚年基金等の公法人によって運営されており、国家対国民という図式では説明しにくいが、連帯を援用すれば、これも職域連帯として説明できることである。
③ さらに、連帯には規範的性格があり、社会保障の有する強制的性格を説明できることである。すなわち、社会保障による所得再分配を通じた連帯の実現のためには、時として強制力が必要であるが、これは連帯を以て説明することができる。実際、国や地方公共団体に限らず公法人に対しても保険料等の強制徴収権限が付与されているが、これは公法人が公役務の担い手として連帯を実現することに着目した権能と捉えられることができよう。同じく社会保険においては、国民に加入を強制する一方、民間保険のような既往歴による加入の謝絶は認められず、リスク別の保険料も労災保険を除き採用されていない。このような社会保険の仕組みも連帯概念の反映と捉えることができよう。

（2） 社会保障法を越える連帯の意義

フランスの例を見ると、連帯は、社会保障法以外の法制度にも示唆を与える。その典型が国家賠償や損失補償等の国家補償法の分野である。

我が国においては、国家の不法行為責任に基づく損害賠償である国家賠償（国家賠償法等）やそれ以外の適法な国家作用による損失を塡補する損失補償（憲法29条3項等）総称的概念である国家補償を論じるに当たって、これを連帯や社会保障に関連づけることは少ないように思われる。実際のところ、社会保障制度審議会の昭和25年勧告以来の社会保障の体系の中でも、国家補償の精神に基づく「戦傷者戦没者遺族等援護法」等の戦後処理立法は、使用者としての国家との関係に着目した制度であり、狭義の社会保障からは区別されてきた。また、原爆の関係では、現在の「原子爆弾被爆者に対する援護に関する法律」の前身である（旧）「原子爆弾被爆者の医療等に関する法律」は、基本的には社会保障法であるが、戦争被害者の国家による救済という国家補償的側面や国家補償的配慮が根底にある制度との位置づけがなされている（広島地判昭51・7・27判時823・17、最判昭53・3・30民集32・2・435）。

第1部　第5章　まとめ

　確かに原因者が存在し、その違法又は適法な行為に起因して発生する損害に対する補償という切り口に立つ国家補償と、必ずしも原因者を特定しその補償責任を論じる必要のない社会保障と別物のような印象を受ける。しかし、現実の制度をみると、国家補償と社会保障とを厳然と区別することが困難な制度、あるいは、両方の性格が混在したような制度が存在する。その典型が原爆関係であるが、それ以外にも、次のような法律は、国民の間の連帯を基礎に置いた制度であり、両者の性格を併せ持つと理解することができそうである。なお、これらの制度のとらえ方としては、これ以外にも色々なアプローチがあるが、ここでは取り上げない。

① 犯罪被害者等給付金の支給等に関する法律……犯罪被害者である本人又は遺族に対して給付金を支給すること等を内容とする法律である。犯罪の防止等は国家の役割・機能であるが、犯罪の原因者が厳然と存在する中で、犯罪の結果責任を国が全ての場合に負うとまでは言い切れないであろうから、国が給付金の支給を行うのは、被害者とそれ以外の国民との連帯という意味で社会保障的性格を有した制度と捉えられる。
② 予防接種法……同法に基づく予防接種被害者救済制度（第11条等）は、予防接種に起因する疾病、障害、死亡の場合に医療等の給付を行うものである。予防接種という公的制度による健康被害の救済という点では、国家補償的な性格を有するとも考えられるが、予防接種自体は適法行為であり、一部の者に発生する被害を救済するという点では、被害者とそれ以外の国民との連帯に根差した制度とも捉えられる。

　このような社会保障的性格と国家補償的性格を具備する制度を考える場合には、連帯が介在させることにより、両者は同じレベルで捉えることが可能となる。かつて、デュギーが、国家責任は社会保険の考え方に基づいて構築することができると述べたが、それは、国家を大きな社会保険金庫のような保険者として捉え、公役務の遂行によって発生する損害を国家が補償するのは、国家の機関である公務員が非行を行ったというよりも、国家がいわゆる社会的リスクによって発生する国民に対する損害を補償するための保険機関であるという考え方に立っており、それとも相通ずるものがある[9]。

（9）　L. Duguit, *Traité de droit constitutionnel*, 3e., T. III, Ancienne Librairie Fontemoing et Cie,

フランスにおいては、デュギーに限らず、国家責任に基づく補償を連帯という視点から捉えることがある。我が国においても、仮に国家補償（広義）を連帯に根差した制度と位置付けた場合、これまでのように各制度が国家補償と社会保障の何れかと厳格に問う意義は減少するであろう。つまり、国家補償にしろ社会保障にしろ、国民の中の特定の者に限定されて発生するリスクがあるとすれば、それを国民の間の連帯により給付等により補償・保障していく制度であるということになる。具体的な法的手法は、伝統的な過失責任主義による損害賠償、過失責任主義の下での過失の推定による挙証責任の転換、過失責任から結果責任としての無過失責任への転換、賠償責任の共同化、原因を問わない社会保険など、様々な制度が可能である。そして、その結果として、色々な性格を併せ持つ混合型（ハイブリッド）の仕組みが制度化されることもあり得るわけである。要は、ある社会的リスクが存在し損害が発生した場合に、その問題が社会生活に内在する問題で国民的な連帯に関わるものかどうかの判断、そして連帯によって解決すべき必要性の程度によって選択されるべき制度が変わっていくことである。このことは、連帯の典型が社会保障であるとして、連帯が社会保障の専売特許ではなく、各種制度にも国家賠償にいう責任概念よりも連帯に基礎を置く制度を見出すことができることを意味するのである。

（3） 社会保障法の再構成

社会保障の権利関係を全て憲法第25条の生存権規定から演繹的に構築することは困難であろう。なぜなら、生活保護のように比較的直截に生存権規定が反映する分野もあるが、そこにおいても生活水準を巡っては裁量が存在している。ましてや、社会保険にあっては、拠出と給付に関する独自の理論体系が存在していることから、実際上問題となるのは、拠出と給付とを巡る権利関係であったり、給付のための保険料、公費等の財源論である。とりわけ、財源論に対して、生存権から導き出せる規範は乏しい。このように、制度設計の細部にわたって生存権規定が浸透し、これに直接依拠して制度が構築されているわけではない。

これは、あたかも民法第1条の信義則や権利濫用と民法の体系との関係に比することができる。民法の一般則は個別の契約等に及ぶが、それで民法の全てを説明できるわけではない。同様に、一応の制度化が完了した現在の社会保障法にお

1930, p.469

第1部　第5章　まとめ

いて、生存権規定は制度設計の出発点であり、事後的な司法審査の規範ではあるが、それによって社会保障の規範体系全てを説明しきることができない。つまり、生存権規定の意義は大きいが、伝家の宝刀のようなもので、各法レベルでは、より個別の権利関係に即した規範論が必要となるのである。

　このような認識を前提としながら、生存権の意義に立ち戻るとき、これまでのように全てを生存権規定にすがるような重荷がなくなることになる。逆に言えば、生存権規定に委ねられてきた衣を一枚一枚剝がしていくとき、最後に残るのが何かが問われることになる。

　この点で注目すべきは、生存権規定の有無に関わらず、社会保障制度は先進国には類似の制度が存在していることである。そして、憲法を頂点とする規範の体系に社会保障も位置付けられる限りにおいては、生存権規定の有無に関わらず社会保障法を貫く上位規範が存在している。少なくとも、存在すべきである。国際的な条約及びフランスの社会保障法に着目すると、その点は妥当する。すなわち、社会保障の最も基礎的なところには人の尊厳の理念があり、その確保・発展のための友愛又は連帯の理念があるのである。

　そうであれば、我が国の社会保障法を友愛及び連帯の理念に即して再構成することは、あながち無茶なことでもなかろう。

　そこで、第2部では、フランスの社会保障法の権利保障、とりわけ既得権保護の問題に焦点を当て、連帯がどのような役割を果たしているかを中心に分析を試みることとしたい。

第2部

フランス社会保障における権利保障
──社会保障給付に関する既得権概念を中心に──

第 1 章
◆ 社会保障と公法 ◆

第 1 節　社会保障と公役務

1　社会保障への公役務性の付与

社会保障の公役務性が認められた最初の判決が、1938 年の「エード・エ・プロテクスィオン（Aide et protection)」初級金庫対フォーヴェル事件に関する国務院判決である[1]。事の発端は、フォーヴェル氏が「エード・エ・プロテクスィオン」初級金庫の出納係と同時に、これと密接な関係のある共済の出納係も兼ねていたところ、1936 年 6 月 20 日の法律に基づく政令により、社会保障金庫の職員と民間企業の職員との兼職が禁止されたことにある。この禁止規定に対して、フォーヴェル氏及び参加人である初級金庫は、兼職禁止規定は公務員にのみ適用されるべきであって、これを政令でもって私法人である社会保険金庫職員にまで拡張するのは、政令の委任の範囲を超えること等を訴えた。ところが、国務院は、次のような理由にから訴えを棄却した。

「1936 年 6 月 20 日付法律第 1 条の最終項の表現によれば、《退職年金、全ての報酬、並びに国家の行政面及び財政面での良好な管理に反する任務を兼ねることは、廃止される》ことを思料し、

法律の表現及びその準備作業からして、公役務の遂行を担う組織であれば、その組織が私法人としての性格を有していようとも、そこに属する職員は全てこの規定の対象となることを思料し、

社会保険のサービスが公役務であること、その管理が特にいわゆる初級金庫に委ねられていること、そして、1935 年 10 月 30 日政令第 28 条 § 1 によれば、金庫が 1898 年 4 月 1 日付法律の規定に基づき創設され管理され、その結果、金庫が私的組織であるにも関わらず、その職員は、法的に他の就労を営むことが禁止されている

---

[1]　CE, 13 mai 1938, Caisse primaire «Aide et protection», D. 1939. 3. 65, concl. R. Latournerie, note A. Pépy; RD publ. 1938. 830, concl. R. Latournerie

第2部　第1章　社会保障と公法

者に含まれることを思料し、
　他方、政府には、公役務に属する就労と民間の就労との兼務について、公的な就労同士の兼務の禁止を緩和するために設けられた規定と同様の規定を定める如何なる義務もないことを思料し」

　この国務院判決により、社会保険の公役務性が認められることになった。ただ、その場合、当該初級金庫が私法人であることは疑いないことから、純粋に私法とは言えない法令に服するとすれば、改めて金庫の法的性格はどのようなものかが問題となる。この点に関して、ラトゥヌリ論告担当官は、その論告の中で、初級金庫は「純粋に私法的とは言えないが、これら私法機関としては、最も直近でかつ非典型的な例の一つであり、如何なる理由は別として、公役務の管理を委ねられていることから、この役割の必要性から、公法としてのある種の特徴を有している」と述べている。そして、その論告で触れられている所管大臣の見解によれば、問題の金庫は公施設法人でも公益施設でもない独特の機関であることが指摘されている。ここに、社会保険に公役務性が付与され、純粋の私法から公法的色彩が濃厚になっていく、一つの端緒を見ることができる。

　そもそもフランスの社会保険の歴史は、労災に関する事業主責任に着目して法制化された1898年4月9日の労災補償に関する法律（Loi du 9 avril 1898 sur l'indemnisation des accidents du travail）に基づく労災補償制度や、軍人・文官、船員・鉱山労働者等の特別制度を別とすれば、1910年4月5日の労働者及び農民の退職年金に関する法律（Loi du 5 avril 1910 sur les retraites ouvrières et paysannes）に始まる。フランスでは、既に19世紀から共済（mutualité）が発達していたが、一般の労働者向けの強制加入による社会保険は存在していなかった。そうした中で登場した1910年法は、商工業の被用者等を対象として、労使に折半での保険料拠出を求め、積立方式により外部積み立てされた資金（capital aliéné）を原資として、全国老齢退職年金金庫、共済、労使の退職年金金庫等に開設された個人口座から、国から支給される終身年金と合わせて、原則65歳から年金が支給されるという制度であった（第1〜16条）。他方、農民については、任意で自らが選択する金庫等に保険料を拠出することにより、その資金を元に国から支給される加算部分とを合わせた年金が支給されることになっていた（第36条）。なお、既に存在した共済との関係では、共済はその組合員向けへの年金の支給を継続することが認められていた（第17条）。このように1910年法による年金制度は、保険料の労使拠出や運営に関する金庫制度など、後の社会保険の萌芽ともいうべき特徴を

第 1 節　社会保障と公役務

兼ね備えている。とりわけ、被用者等の保険料拠出は、財源対策の問題以上の意味をもたない事業主及び国の負担と異なり、給付に関する受給権付与の役割を担っており、その点が社会扶助との違いを際立たせる要素であった[2]。しかしながら、今日の強制加入による社会保険と異なり、1910 年法の場合には、その制定過程において労働者からの保険料拠出の是非を巡る甲論乙駁の議論があった中で、ついに 1911 年 12 月 11 日の破毀院判決により、労使の保険料拠出は強制ではなく任意制とされてしまった[3]。

　その後の社会保障の歴史において、社会保険と言える制度は、1928-1930 年の社会保険法を待つ必要があった。同じ社会保険方式といっても、1928-1930 年の社会保険法においては、労使折半による保険料に基づく報酬比例の給付が行われる点で、拠出と給付の牽連性が明確であった。これに対して、第 2 次世界大戦後は、1945 年の社会保障の登場による社会保険から社会保障への発展の結果、社会保険にみられる加入・拠出と給付との牽連性は徐々に希薄化していった。このため、社会保障の給付に関しては、事前の行為によって受給権が決まるのではなく、リスクの発生によって一般的な受給権が付与されるようになる傾向がみられるようになった[4]。

　確かに、社会保険においても、民間の私保険と同じように、保険料拠出と給付との間に結びつきは認められるものの、大局的にみた場合、給付要件のような意味での制限的な条件は減少ないし消滅する傾向にある。この点に関して、デュラン（Durand）氏は、次のように述べている[5]。

「社会保障の概念は、公役務の組織を支配する一般原則に依拠する。全ての市民が、その支払った税金の金額に関わらず、正当な教育サービスを受けられるのと同様に、被保険者は、一定金額の保険料の支払を証明しなくとも、社会保障の給付を受けられるべきである。」

（2）　L.-E. Camaji, *La personne dans la protection sociale, Recherche sur la nature des droits des bénéficiaires de prestations sociales*, Dalloz, 2008, p.127
（3）　*ibid.*, pp.230-231; J.-J. Dupeyroux et al., *Droit de la sécurité sociale*, Dalloz, coll. Précis, 2008, p.26
（4）　J. Bordeloup, «La sécurité sociale à travers l'évolution de la jurisprudence de la Cour de cassation», Droit social, 1974, p.431
（5）　P. Durand, *La politique contemporaine de sécurité sociale*, publié en 1953, réed. par Dalloz, 2005, p.268

第 2 部　第 1 章　社会保障と公法

　このような社会保険における公役務性は、金庫が私法人である場合であっても、公権力の特権が付与されることにつながる。この点について、上記デュラン氏は、次のように述べている[6]。

　「私法制度に服するにも関わらず、金庫は公役務の管理に関与する。金庫は、行政行為に協働するのである。金庫は、公権力の特権が認められる。すなわち、強制徴収、被保険者に適用される内部規則の制定、保険料の加算に対する減免の付与である。また、社会保障立法に関して発生する争訟に関する非訟手続権限が付与されている。さらに、従業員を例外的な危険にさらす企業の保険料を加算する。近年の社会保障立法より前であっても、（そして、1935 年 10 月 28 日の法律的委任政令の下で、）国務院は、社会保険が公役務を構築するとの決定を行ったことが知られている。」

　現在、社会保障の公役務性は、疑いようのないものとなっており、1954 年 2 月 5 日付国務院判決（CE du 5 février 1954, *Association "El Hamidia"*, n° 05082）も、その点を確認している。すなわち、1949 年、アルジェリアのエル・ハミディア協会の家族手当への強制加入が問題となり、私法人でありながら公役務を遂行する県家族手当金庫に関する争訟が行政裁判所と司法裁判所の何れの管轄にあるのかという争点に関連して、訴えを提起された行政裁判所である国務院は、管轄が司法裁判所に帰属するとの判断に当たり、次のように判示して、金庫による公役務の遂行を確認している。

　「アルジェリアの家族手当制度及び私法上の組織である補償金庫に関する条文上の規定の全体からして、当該金庫が公役務の管理を任務としているが、当該金庫が所轄する事業主及び家族給付の受給者と当該金庫との関係は、私法上の関係である。」

2　社会保障法の公法的性格の増大

　社会保障の特徴は、その適用の拡大に伴う一般化と強制適用により、行政的公役務としての性格が付与されているにもかかわらず、その執行は、公施設法人である全国金庫を別にすれば私法人としての性格を有する地方金庫等の社会保障機関に委ねられていることである。ここから、社会保障機関の行為が、如何なる性格を有するかという問題が発生する。すなわち、社会保障機関の行う給付の裁定等の処分が行政行為（acte administratif）であるのか否かの問題である。

　社会保障機関が私法人としての性格を有し、争訟が司法裁判所の管轄であるな

---

[6]　*ibid.*, p.366

第 1 節　社会保障と公役務

らば、社会保障に関する行為は私法的な性格を有していると考えるのが素直である。実際、フランスでは、モンプール（Montpeur）、ブガン（Bouguen）、マニエ（Magnier）判決が出されるまでは、そのように考えられていた節がある[7]。ところが、1943 年 4 月 2 日付のブガン判決（CE, 2 avril 1943, n° 72210）を例に取ると、医師倫理規範第 27 条第 2 項が規定する診療所住所地外での診療所の開設を禁止する規定に基づき、医師会が行った診療所開設拒否決定に対して提起された越権訴訟の中で、国務院は、医師の活動に対する監督行為が公役務であることを承認している。この結果、社会保障の性格付にも変化の兆しが見られるようになる。

第 2 次世界大戦後になると、社会保障は公法的色彩を一層強めることになる。何をもって公法と私法を区別するかの問題はあるが、仮にラロック（P. Laroque）氏が指摘したように、私的な契約ではなく法令に基づき権利が発生し、私法とは両立しない義務が課せられるとき、それを公法と呼ぶとすれば、フランスにおいては、社会保障法は公役務の形態をとることにより、公法的色彩を強めてきたといえる[8]。

戦後の社会保障改革の中でも、社会保障法が公法的色彩を強めることになった契機は、1967 年の改革により一般制度に係る分野別に全国金庫が創設されたことであった[9]。それまでも全国に一の全国金庫が存在していたが、その全国金庫と地方の各金庫との間には階層的な上下関係はなく、かつ、各金庫の行為は全国金庫とは異なり行政行為とは考えられていなかった[10]。それが、1967 年の改革の結果、行政行為の主体である全国金庫の下に各金庫は組織化され、分野別に設けられた全国金庫の統制に服することになったのである。

---

[7]　Y. Saint-Jours, «De la nature juridique des actes unilatéraux accomplis et des conventions conclues par les organismes de sécurité sociale», J.C.P. 1983. 3113

[8]　P. Laroque, «International problems of social security: I», *International labour review*, Vol. LXVI July-December 1952, pp.4-5

[9]　Y. Saint-Jours, *Traité de sécurité sociale, Tome I, Le droit de la sécurité sociale*, 2ᵉ éd., L.G.D.J., 1984, p.132; Y. Saint-Jours, «De la nature juridique des actes unilatéraux accomplis et des conventions conclues par les organismes de sécurité sociale», *op.cit.*

[10]　Y. Saint-Jours, *Traité de sécurité sociale, op.cit.*, p.132

第 2 部　第 1 章　社会保障と公法

第 2 節　社会保険の保険関係の法的性質

1　強制加入の場合
（1）　強制加入による保険関係の成立
　社会保険（被用者保険の場合）においては、私保険への加入強制と異なり、事業主、保険者、被用者との間で同意を条件としない法的関係が成立する。これは、法律による強制の下で形成される契約関係（rapport contractuel）ではなく、権力により課せられた法的関係（rapport légal）であり、強制加入（assujettissement obligatoire）が社会保険の大きな特徴であるとされる[11]。

　実際、社会保障法典 L.311-2 条は、社会保険への強制加入について、次のように規定する。

> 「その国籍及び性別の如何に関わらず、被用者であるか、又は、地位及び場所の如何に関わらず、さらに収入の金額及び性格、契約の形態、性格及び効力の如何に関わらず、一人又は複数の使用者のために働いている者であるものは全て、その年齢に関係なく、そして年金の資格者であるか否かに関係なく、一般制度の社会保険に義務的に加入する」

　この条文から、判例は、社会保障への加入要件として、従属労働（travail dépendant）を特徴づけるところの
① 法的な服従関係（lien de subordination juridique）、
② 報酬（rémunération）、
③ 約定の存在（existence d'une convention）
を挙げる[12]。この中でも要となるのが法的な服従関係の存在であり、破毀院は当該概念を拡大解釈することで一般制度の対象者の範囲を拡げてきた[13]。なお、

---

(11)　P. Durand, *op.cit.*, p.62; フランスの契約に関して、山口教授は次のように述べている（山口俊夫『フランス債権法』（東京大学出版会、1986 年）11 頁）
　　「債務関係の発生、消滅、変更を目的とする複数者の意思の合致にもとづく約定を «convention» とよび、そのうちその発生を目的とするものを «contrat» とよぶ（第 1101 条：「契約（contrat）は 1 人もしくは数人が、他の 1 人もしくは数人に対し、あるものを与え、為しまたは為さざる義務を負うひとつの約定（convention）である」）。従って、contrat は一つの convention であるが、convention は常に contrat ではない。」

(12)　Y. Saint-Jours, *Traité de sécurité sociale, op.cit.*, p.59

192

第2節　社会保険の保険関係の法的性質

服従関係に関する代表的な判決が1996年11月13日のソシエテ・ジェネラル対オート・ガロンヌURSSAF（Société générale c/ U.R.S.S.A.F. de la Haute-Garonne）事件の破毀院判決（Cass. soc., 13 novembre 1996, n° 94-13187）であり、それによれば、「服従関係は、命令及び指揮を与え、従属者による執行を統制し懈怠を制裁する権能を有する使用者の管理下での労働の遂行によって特徴付けられる」と述べた上で、「使用者が一方的に労働の遂行の条件を決定する場合には、組織された役務の下での労働が服従の指標となる」としている。また、学説においても、デュペル氏を例にとれば、社会保障法典L.311-2条から、①服従又は従属関係（lien de subordination ou de dépendance）、②報酬（rémunération）、③約定（convention）を制度への加入の基準としており、判例に沿った整理をしている[14]。

この基準を巡っては、この他にも多くの判例が出されており、そこから次のような点が導出される[15]。

ア　服従又は従属関係の解釈の拡大　　全く独立して活動しているのならば別だが、そうでなく、活動地域の限定、活動報告の義務など、活動の方法について、強制的でないにしても、ある種の指揮（direction）又は統制（contrôle）が存在するならば、服従又は従属関係が認められる。この結果、ガソリンスタンドの自由委託者（gérant libre）のように、税法等では自営業者と扱われても、社会保障法上は従属労働者と扱われることがある。

このような他人の労働への容喙（ingérence）という基準に馴染まない場合として、医師、教授等のように職業的な自由が重視される職業がある[16]。このため、強制加入の基準としては、使用者が定める勤務時間及びその発する指示に基づき、使用者が労働者に提供する場所又は物的手段を使用することにより、使用者が定める報酬を対価として受け取る「組織された役務（sevice organisé）」が用いられるようになった。この結果として職業的独立性を維持しながら、一般制度への加入対象となる職種が拡大されることになった。しかし、1993年のレナ・ウェア（Rena Ware）判決を境に、再度、従属関係が重視されるようになっている[17]。特

---

(13)　P. Morvan, *Droit de la protection sociale*, coll. «Manuel», 3ᵉ édition, Litec, 2007, pp.247-248
(14)　J.-J. Dupeyroux, *Droit de la sécurité sociale*, coll. «Précis», 13ᵉ éd., Dalloz, 1998, p.354
(15)　*ibid.*, p.355 et s.; P. Morvan, *op.cit.*, pp.247-248
(16)　J.-C. Dosdat, «Le risque d'affiliation au régime géneral de la sécurité sociale de praticiens libéraux exerçant dans le cadre d'un établissement de santé privé», RTD sanit. soc., 1997, p.847（医師の職業上の独立性と労働の従属性は排除し合うものでないとしている。）
(17)　Cass. Plén., 8 janvier 1993, J.C.P. 93. 6. 22040, Y. Saint-Jours（レナ・ウェア製品の取次販

193

に前述のソシエテ・ジェネラル対オート・ガロンヌ URSSAF（Société générale c/ U.R.S.S.A.F. de la Haute-Garonne）判決は、組織されたサービスの基準を単なる指標にすぎず、法的な服従関係を基準とすることを打ち出している[18]。その点では、組織された役務は、あくまで法的服従の指標に過ぎないことになる。

　イ　報　酬　　報酬に基づき保険料や給付が算定される社会保険にとって、報酬は不可欠の要素である。従って、ボランティアや僅少な報酬は対象外となる。

　ウ　約　定　　社会保障法典 L.311-2条の規定は、契約の形式、性格又は効力を問わないことになっている。ここで問題になるのは、病院勤務の宗教関係者と私立学校で教師として働く宗教家の扱いである。これまでの判例は、被用者と宗教者との関係が必ずしも両立しないという前提には立たないものの、病院勤務は宗教者の宗教上の帰依に起因するものであり、病院の権力への服従も宗教上の上位者からの委任によるものであるとして、加入義務を否定している[19]。また、教師についても、宗教上の上位者への服従の意思に基づくものであって、特別な場合を除き、そこには約定はないとして、加入義務を原則として否定している。

　この社会保険への加入は、制度への加入義務（assujettissement）に基づき、労働者を雇った使用者が8日以内に所轄の金庫（原則として地区の初級疾病金庫）に登録（immatriculation）をすることによって行われる。使用者が登録をしない場合には、加入義務者が自ら登録を申請するか、金庫が職権で登録することができる。こうして被保険者と金庫との間の成立するのが加入（affiliation）である。

　　　売業者の一般制度への加入を巡って、一審判決が、レナ・ウェア社によって組織された販売サービスに統合されていることを理由に当該加入義務を認めたのに対して、控訴院は、全くの独立して業務を行っているとの認定に基づき一般制度への加入義務を否定し、破毀院も、控訴審判決を維持し、上告を棄却した。）

(18)　Cass. soc., 13 novembre 1996, n° 94-13187; Dr. soc. 1996.1067, note J.-J. Dupeyroux; J.C.P., éd. E, 1997. II. 911, note J. Barthélemy（講師が一般制度への加入義務があるかについて、破毀院は、服従関係の特徴として、命令及び指揮し、執行を統制し、服従違反を制裁する権限を有する事業主の権限の下で労働を執行することにあること、労働の執行の条件を事業主が一方的に決定するのであれば、組織されたサービスの下での労働は服従関係の一つの指標であることを理由に、当該講師には、このような意味での服従関係は認められないことを理由に、講師の一般制度への加入義務を否定した。）

(19)　Cass. Plén., 8 janvier 1993, n° 87-20036; R.J.S. 2/93, 180（修道会の病院で看護やソーシャルワークに従事してきた修道女への一般制度の適用について、破毀院は、当該修道女は彼女の修道会のために働いただけであって、そこには労働契約は存在しないと判示している。）; G. Vachet, «Assujettissment. Religieuses. Assurance vieillesse. Rachat de cotisation», RTD sanit. soc.,1993, p.479

第2節　社会保険の保険関係の法的性質

（2）　強制加入の法的性質

社会保障への強制加入は公序（ordre public）であることから、当事者の意思や当事者の関係の性格付けに関わりなく、加入条件を満たせば、原則として、その時点から効力を生ずるのであって、金庫等が確認した時点ではないと解されている[20]。従って、何らかの実際上の理由により、本人が給付を受けられないとしても、この加入義務は影響を受けない[21]。この場合の保険関係の法的性格については、契約的なものではないと解されている。

プレト氏は、給付の面でも、社会保障の法規的（statutaire）な性格が出ており、例えば、被保険者が年金支給を請求し、それが裁定されれば、個人的な都合で年金の取消を求めることはできないと記述している[22]。また、ボルドルゥ氏（J. Bordeloup）も、老齢保険に関して、その法的な地位（statut légal）としての性格から、違法な場合に限り、変更又は取消が可能であり、両当事者の合意によって変更することはできないと述べており[23]、同趣旨と考えられる。破毀院の判例によれば、年金権は法律の規定する地位、すなわち法的地位に起因するものであって、規定の原因に該当しなければ、過去になされた決定を変更するはできない[24]。逆に、法律の規定する条件を満たせば、給付を支給する義務があり、その支給を阻害する事情を考慮することはできないことになる[25]。

こうした社会保障の特徴について、ボルドルゥ氏は、社会保障法においては、意思自治に基づく市民法の原則から乖離し、人々が置かれた状況という事実が優位（prédominance du fait）となると評価した上で、任意加入場合を除けば、保険者を自由に選択できる普通法の一般原則は適用されず、被保険者に関する客観的かつ強行的な基準によって制度への加入が決まると述べている[26]。さらに、行政

---

(20)　J.-J. Dupeyroux, *Droit de la sécurité sociale, op.cit.*, p.374; X. Prétot, *Les grands arrêts du droit de la sécurité sociale*, Dalloz, 1998, p.246

(21)　*ibid.*, p.246

(22)　X. Prétot, *Les grands arrêts, op.cit.*, p.245

(23)　J. Bordeloup, *op.cit.*, p.428

(24)　X. Prétot, *Les grands arrêts, op.cit.*, pp.246-247; Cass. Soc., 12 oct. 1988, n° 86-13392; D. 1989, Somm. 308, obs. X. Prétot（事件は、老齢年金の受給者が、より有利な他の制度の給付を受けるために、現在受給注の年金を撤回することができるかが問題となった事例である。破毀院は、被保険者の地位は規則的な性格を有しており、本人の意思や希望によって、その地位を変更することはできないと判示している。）

(25)　X. Prétot, *Les grands arrêts, op.cit.*, p.247

(26)　J. Bordeloup, *op.cit.*, pp.423-424

第 2 部　第 1 章　社会保障と公法

法の一般原則では行政行為の遡及効が否定されているのに対して、社会保障への加入の場合には、遡及が認めれる。このことに関連して、ボルドルゥは、加入義務に関する法律は公序であり、一般制度への加入は法律が要求する条件を満たした時から即座に発生することが判例上も認められていると述べている[27]。

実際、社会保障制度への加入が義務的な法的地位に由来するのであって契約的性格を有しないことに関して、破毀院は次のように判示している[28]。

「裁判所は、……

　単一の申立事由のうちの第一部分につき、

　社会保障法典 L.111-1 条，L.615-1 条及び L.615-8 条、並びに 1985 年 1 月 25 日法律第 85-98 号第 37 条のうちの該当範囲における該条項に基づき、

　1992 年 11 月 24 日の判決により、ロンバール氏が清算人に指名された上で商人シビュエ氏の法定清算が宣告されたことに鑑み、

　その申立に基づき、法定更生手続開始決定より前の期間において社会保険料の支払いがないにも関わらず、その決定と法定清算を宣告する判決との間の期間を対象に、当事者が非農業非被用労働者疾病・出産保険金庫に対して当該制度による給付の受給を申請できるようにするため、第一審の理由を採用した控訴院は、とりわけ、加入の強制的性格が商人とその加入する機関との関係の契約的性格を何ら変えるものではなく、商人が更生手続開始決定より前の債権を支払うことが禁止されており、その結果、この決定より前の約定の債務者による履行を欠くにも関わらず契約者がその義務を果たさなければならないことを判示したことに鑑み、

　しかしながら、被用者が加入するに当たり異なる契約機関の間から選択することができるとしても、非農業非被用労働者疾病・出産保険制度は、法律上の義務的地位を保有していることに鑑み、

　シビュエ氏の金庫への加入、及びその結果としての給付の受給が契約に起因するものではなく、この地位に起因するものであるにもかかわらず、控訴院は、その判示したとおり、上記の条項に違背していることに鑑み、

　このような理由により、申立事由の第二部分につき判示するまでもなく、

　破棄し、取り消す。」

---

(27)　*ibid.*, p.426
(28)　Cass. Soc., 13 mars 1997, *Caisse d'assurance maladie et maternité des profession artisanales, industrielles et commerciales du Limousin c/ Lombard et autres*, n° 95-18358; TPS 1997, comm. 161

第 2 節　社会保険の保険関係の法的性質

（3）　強制加入の根底にある連帯

　強制加入による社会保障の根底にあるのは、保険関係を形成する保険集団内の連帯である。もちろん、民間保険の場合にも保険集団は存在するが、それは個人の契約によって形成された集団であって、個々の加入者の間に連帯が存在するわけではない。それに対して社会保障が前提とする集団にあっては、それは単なる個人の集団ではなく、何らかの紐帯に根差した連帯により形成された集団である。仮に集団としての連帯がなければ、加入を強制し保険料拠出を求めることの合理的説明は困難となろう。とりわけ賦課方式による年金制度においては、将来に向かって存続する保険集団の存在を前提としており、その拠り所となるのは連帯である。

　ここでは、社会保障の集団性とそこに存在する連帯について論じたカマジ氏の博士論文に依拠しながら考察してみたい[29]。まず、フランスにおいて社会保障の集団性は、1946 年の憲法前文第 11 項がその点を示唆する。すなわち、同項は社会保障の根拠の一つとされるところ、「国家は、全ての者、とりわけ児童、母及び高齢の労働者に対して、健康の保護、物質的安定、休息及び余暇を保障する。その年齢、その身体的・精神的状態、経済的状況により労働不能の状態にある全ての人は、共同体から生存に適する手段を獲得する権利を有する。」と規定しており、そこには「共同体（collectivité）」の存在が想定されている。また、個人は共同体から生活手段を獲得する権利を保障されていることからすれば、個人と共同体との間の連帯が不可欠であるとも言える。

　しかしながら、社会保障の実施のためには、給付のみならず財源が不可欠である[30]。その点で、社会保障は、連帯に基づき給付を行うのみならず、連帯を拠り所に保険料拠出等の負担を集団に求めることになる。その結果として、給付に関する団体と負担に関する団体は接近し、何れも国家レベルでの連帯を形成するとともに、団体の構成員が給付と負担の主体となることになる。

　また、カマジ氏によれば、以下に述べるように、社会保障法の基本的概念として登場する「制度（régime）」は、社会保障の集団性、そして連帯の存在を示唆するものである[31]。そもそも制度とは、社会保障法において、給付に対して受給権を有する特定の集団に適用される法的規定の集合体としての法的地位（satut）、

---

(29)　L.-E. Camaji, *op.cit.*
(30)　*ibid.*, p.99
(31)　*ibid.*, pp.100-104

第2部　第1章　社会保障と公法

あるいは、社会保障を管理する行政上の組織という意味での組織（organisation）の両方の意義を有する概念である[32]。しかしながら、制度は、このような講学上の概念に止まらない。社会保障法典及び労働法典は、制度の用語を使用しており、制度とは、法典の構造を画する実定法上の概念でもある。例えば、社会保障法典の巻名だけでも、L.111-1条で義務的制度（régime obligatoire）、第2・3巻で一般制度（regime général）、第6巻で非被用労働者制度（régime des travailleurs non salariés）、第7巻で諸制度（régimes divers）等が登場する。

さらに、社会保障の鍵概念である制度とは、その中核に連帯を内包する概念であることをカマジ氏は指摘している[33]。すなわち、一般的な私法の債権債務関係のように個人間の契約に基づく権利義務、つまり交換的正義によって説明可能な分野と異なり、社会保障は、個人に対して給付を行う集団による連帯のための制度として捉える必要があり、そこでは分配的正義が優越する。このため、社会保障の給付は、私法のように、単に保険料拠出に対する対価と捉えることは困難である。むしろ、社会保障においては、連帯に基づき社会的リスクを相互扶助化し、集団内部で給付に必要な負担を分配することになる。さらに言えば、社会保障の目標として所得再分配を位置付け、負担の配分を通じて所得再分配が行われることが社会保障の特徴である。その点で、社会保障における負担は、自らのためというよりも、集団のためのという色彩が強い。これは、民間保険とも、あるいは、負担と給付が報酬比例原則によっていた第2次世界大戦前の社会保険制度とも異なる点である。

このように連帯に根差した社会的リスクの相互扶助化あるいは所得再分配のための制度として社会保障を捉えるとき、連帯によって結ばれた集団構成員の社会保障への強制加入は制度の前提であり、その不可欠な要素ということになる。

2　任意加入の場合

加入が任意の場合にも、受給権の規則的性格が影響を及ぼす[34]。すなわち、

---

(32) J.-J. Dupeyroux *et al., Droit de la sécurité sociale*, 16ᵉ éd., Dalloz, coll. Précis, 2008, pp.209-211. なお、同書によれば、社会保障を所得再分配のための法規と捉えた場合には、制度の意義は、特定の集団の内部において再分配的な所得移転を組織する法的地位ということになり、その点で組織の側面よりも法的地位の側面が強まることになる。

(33) L.-E. Camaji, *op.cit.*, pp.103-104, pp.114-115

(34) X. Prétot, *Les grands arrêts, op.cit.*, p.247

第 2 節　社会保険の保険関係の法的性質

労災及び老齢に関する自主保険（assurance volontaire）並びに疾病に関する個人保険（assurance personnelle）は、加入が任意であるのも関わらず、契約的な性格を有しておらず、法律が規定する場合を除き離脱することができない[35]。

（1）自　主　保　険

　自主保険は、国外居住者が疾病、障害、母性、労災、老齢のリスクをカバーするために任意に制度加入の途を開くための仕組みである（CSS（社会保障法典）. L.742-1 等）。このため、自主保険は加入（adhésion）とともに脱退（résiliation）も任意になっており、脱退の申請をした翌月の初日からその効力が発生することになっている（CSS. R.742-7）。その場合に、任意保険の保険料は、四半期分又は 1 年分をまとめて事前に払うことになっている（CSS. R.742-6）関係から、脱退後の期間に対応する保険料、すなわち保険料の過払い分については、本人に返納されることになっている（CSS. R.742-7）。

　この脱退と保険料の返納に関連して、どの時点の保険料まで返納するべきかが問題となった事案がある。事件は、自主保険に 20 年加入している女性が、加入期間が増えても給付がそれ以上増えない時点を超えて 10 四半期に渡って保険料納付したことから、その 140 四半期分の保険料の返納を求めたものである。下級審は、この女性の主張を認め、140 四半期分の保険料が見返りとしての給付を有しないことを理由に金庫の不当利得と認定し、相当額を当該女性に返却するよう命じた。これに対して、破毀院は、保険料が自主保険への加入により発生する法的地位（statut légal）に関する規定に従って納付されたものであり、規定上も脱退の効力発生後に対応する期間の保険料分しか返納を予定していないことを理由に、原審を破棄・取消した[36]。

　このような訴訟が提起される背後には、自主保険へ加入を契約と捉え、保険料の納付に対する見返りとして給付額が増大しなければ、給付額に反映されない保険料部分は金庫の不当利得（民法典第 1235 条）になるという法律構成があるのではないだろうか。本破毀院判決に対するショーヴェル（Chauvel）の評釈には、自主保険「契約（contrat）」という表現が見られるほか、自主保険の保険料納付の動機には、被保険者にとって満額年金の獲得がその視野にあり、保険料を納付して

---

(35)　ibid.
(36)　Cass. soc., 18 mars 1985, *Cpam Arras/ Dame marsil épous Galvaire*, Dr. soc. 1985. 609, note P. Chauvel

も更なる給付に結びつかなければ、もはや保険料納付の誘因はなく、超過保険料は不当利得になると述べていることから、明示的ではないが自主保険を契約と認識している推測される[37]。

（2） 個人保険

全ての人に疾病保険の給付の恩恵を付与するために1978年に創設されたのが個人保険（loi nº 78-2 du 2 janvier 1978）である。2000年の普遍的疾病給付（CMU）の創設により個人保険は廃止されたが、廃止前の個人保険において、制度への加入は基本的に本人の意思によることになっていた。ただし、疾病保険の被保険者がその被保険者資格を喪失した場合には、当該制度の管理者は、本人が拒否しない限り、資格喪失者を個人保険に加入させなければならないことになっていた（旧CSS. L.741-3）。そして、個人保険加入者は、義務的な疾病保険に加入するか、又は1年以上海外に居住するのでなければ、その資格を喪失しないことになっていた（旧CSS. L.741-10、L.741-31）。

この個人保険の保険料負担を回避するため、個人保険からの抹消（radiation）を求める訴えに対して、パリの控訴院は、他の制度の被保険者か被扶養者にならない限り、個人保険からの抹消は認められないと判示している[38]。

3　社会保険における権利発生の機序
（1）　保険料拠出の位置付けの経緯

社会保険における保険料拠出の存在は、社会保険と社会扶助との差異の典型であり、この保険料拠出こそが社会保険の給付に対して権利性を付与するようにも思われる。実際、契約により保険関係が成立する民間保険においては、拠出と給付との間には対価性が存在しており、社会保険の場合にもその手の対価性が存在していても不思議ではない。

歴史的にみても、初期の社会保険の場合には、拠出と給付との対価性が意識されていた。例えば、1910年の労働者及び農民の退職年金に関する法律の制定過程では、事業主の保険料拠出や国からの財源繰入はともかくとして、労働者にも保険料拠出を求めることの是非が問われたが、その議論の中で労働者の保険料拠

---

(37) Cass. soc., 18 mars 1985, *Cpam Arras/ Dame marsil épous Galvaire*, nº 83-12311; Dr. soc. 1985.609, note P. Chauvel

(38) CA Paris, 19 nov. 1986, D. 1987. Somm. 320, obs. X. Prétot

第2節　社会保険の保険関係の法的性質

出の賛成派は、保険料拠出こそが労働者に対して受給権を付与する基礎であると主張した経緯がある[39]。実際、同法による年金は積立方式であり、積立金を原資として、個人単位の口座から支給されるという点では、貯蓄と同様に財産権的な仕組みに立脚していた[40]。つまり、労働者の保険料拠出には、単に給付のための財源というだけではなく、それにより財産権としての受給権が付与されるという意義があったことになる。

その後に登場する1928-1930年の社会保険法になると、労働者からの拠出の法的な意義は変質し始め、貯蓄のような財産権的な性格が認められるか微妙になってくる[41]。逆に言えば、当該社会保険法の登場により、次のような点で社会保険は民間保険との異質性を強めることになったのである[42]。

① 年金に関して、積立方式をとりながらも、既に退職年齢に達していた高齢者のために5年間の拠出を要件とする最低拠出年金を用意していた。これは、第2次世界大戦後の無拠出制年金につながる措置であり、反面、積立方式の色彩は弱まることになった。
② 労働者からの保険料拠出への認識度が高まるにつれて、労働組合を中心に、それが貯蓄というよりも給付への途を開く労働者の権利であると考えられるようになった。また、その場合の保険料は、労働者の賃金総体によって給付が賄われることに着目するならば、労働者集団による団体自治的な観点からは、労働者に社会保障給付への受給権を保証するための仕組みとも捉えられるようになった。

しかしながら、この時代においても、社会保険は保険料は、被用者分のみならず事業主分も含め賃金としての性質を有していると理解されていた[43]。つまり、保険料が賃金であれば、給付は賃金の繰延ということにもつながるわけであり、社会保険は依然として、保険料と給付の対価性の枠組みで捉えるべきことになる。

ところが、1945年の勅令に始まる戦後の社会保障計画においては、社会保障

---

(39)　L.-E. Camaji, *op.cit.*, pp.230-233
(40)　*ibid.*, p.233
(41)　*ibid.*, pp.234-236
(42)　*ibid.*
(43)　X. Prétot, *Les grands arrêts*, *op.cit.*, pp.147-148; 拙著『フランスに学ぶ社会保障改革』（中央法規、2000年）178頁

の一般化の理念の下で、保険料拠出の財産権的な性格は一層希薄化する。むしろ、戦後の社会保障法は、保険料拠出が社会保障の財源の一つであって、それ自体が労働者に給付に対する財産権を付与するものではないという方向に舵を切ることになる。

この点は、戦後の社会保障計画の中心人物であるラロック氏の論文に既に表れている[44]。すなわち、「かつて、社会的リスクに対する保護について、労働者、場合によればその事業主及び国に拠出を求める保険的方法と、予算を財源に得られる資金を元に公共団体が一方的に手当を支給する扶助的方法とが対比された。社会保障の一般的施策の中では、このような区分は、その存在意義の大半を失った。実際、社会保障の問題が全体的施策及び一般的制度の枠組みから提起されるようになるや、この制度の運営を確保し、医療支出をカバーし、被った損害を補償し、代替所得を支給するための財源が保険料であるか税財源であるかは、相対的に重要性を失っている。事実としては、常に、国家経済全体でこのような負担を賄っているのであって、社会保障支出全体の給付に必要な財源を賄うために、如何なる手法を採用するかは、もはや経済的・心理的な選択の問題ではなくなっている。全ての場合において、結果は同じである。常に、一方では、集団全体のために機能する公役務が存在し、他方では、とりわけ国民の収入の一部の権力的な仕組みによる配分が存在している。」と。

このラロック氏のような理解を突き詰めていくと、労働者の保険料拠出は、社会保障の財源確保の選択肢の一つであって、国民所得の社会保障への充当という点では、税財源と変わりなく、保険料による課税によるかは政策選択の問題ということになる。また、社会保障の受給権という点では、保険料拠出が権利性を基礎付けるのではなく、公役務の遂行を担う国家が法令を通じて労働者に受給権を付与するという考え方に権利性の基礎を求めるべきということになる[45]。

しかしながら、フランスの社会保障は、労使により自律的に運営される金庫制度を特徴しており、その基礎は労使による保険料拠出であったはずである。その点からすれば、戦後の社会保障制度においても、保険料拠出と給付とを対価関係で捉え、保険料拠出者である労使に対して、某か制度運営上の権利を付与することも考え方としてあり得る。結論は、保険料拠出に権利性の基礎を置くかどうか

---

(44) P. Laroque, «De l'asssurance à la sécurité sociale, l'expérience française», *Revue internationale du travail*, vol. LVII n° 6, 1948, p.627

(45) L.-E. Camaji, *op.cit.*, pp.237-238

第 2 節　社会保険の保険関係の法的性質

で変わってくる。仮に、労使の保険料拠出に特段の法的意義を見出さない考え方に立てば、労使による金庫運営は、法令により労使に授権された権能ということになる[46]。要は、受給権の付与について、社会保障の有する公役務の側面を重視するか、保険料拠出に対する給付という保険としての側面を重視するかの違いである[47]。従って、社会保障の中で、無拠出制の給付が増え、保険よりも公役務の側面が強まれば、労働者の保険料拠出自体に財産法的な意義を見出すことは現実的でなくなる。

（2）　保険料の対価性
〈対価性に関する判例の状況〉

さらに問題となるのは、社会保険の保険料拠出の法的な性格である。つまり、保険料は、給付との対価関係に立つ負担なのか、それとも、税と同じように対価性が存在しない負担なのかの問題である。この点に関して、判例は保険料と給付との間に某かの対価性を認めるている。

例えば、社会保障の保険料と給付との間で某かの対価性が認める判決としては、次のようなものがある。

① 1986 年 3 月 14 日付国務院判決（CE, 14 mars 1986, n° 54383）
「……自由業の老齢保険制度に関する 1982 年 7 月 13 日の法律により導入された新条文を勘案すると、負担すべき保険料全体の未払いが招来する結果に変更を加える問題の政令は、とりわけ給付に対する権利が保険料の支払いと結びついているという L.655 条によって想起される一般原則の態様を規定するに止まる。従って、当該政令の制定者は、その権限を逸脱していない。」

② 1990 年 10 月 26 日付国務院判決（CE, 26 octobre 1990, n° 72641, 72642）
「……保険法典 L.213-1 条が規定する保険料は、交通事故が義務的疾病保険制度にもたらす負担を考慮して創設されたものであるとすれば、書証からは、問題の政令によって規定された当該保険料の 15 ％の料率による収入が明らかに当該負担とかけ離れたものであるとはいえない。」

③ 1993 年 8 月 13 日付憲法院判決（Décision n° 93-325 DC du 13 août 1993）
「……義務的な社会保障制度への加入によって、当該制度へ支払われる保

---

[46]　*ibid.*, p.237
[47]　*ibid.*, pp.238-239

険料は、被保険者と事業主の何れにとっても義務的な支払いである。また、当該保険料は、当該制度によって支給される給付及び恩典に対する権利を付与する機能を有する。」

さらに一歩踏み込んで過去の判例をみると、次のとおり、判決の中で直截に対価性（contrepartie）に言及するものもみられる[48]。

① 1994年5月31日破毀院判決（Cass. Crim., 31 mai 1994, n° 93-81502）
「……件の者のフランスでの疾病、すなわち入院が可能であり、フランスの義務的制度への加入は、対価性を欠く財政的な義務を形成するものではない。」

② 1998年2月19日破毀院判決（Cass. soc., 19 février 1998, n° 96-17574, 96-17821）
「……老齢年金は現役の職業活動期間中に納付した保険料に対する対価であり、不在との宣告判決を受けるまでは、当該者を代理するものとして指定された者は、当該年金からの定期金の受取りを継続されるべきである。」

③ 2000年6月22日付破毀院判決（Cass. soc., 22 juin 2000, n° 99-1550）
「……追加書A103は、社会保障の特別制度に加入するような資格を発生させる別の活動を同時に営む企業の被用者は、その事業主が当該被用者のために納付した保険料の対価として、本協約により創設された制度に基づく退職年金の受給権を全く取得しないと規定するが、これは、保険料を納付したにもかかわらず、ある類型の被用者を配分から除外する効果を有するものである。……しかしながら、1947年3月14日付全国労働協約により創設された幹部職員補足退職年金制度は、職種間及び世代間の連帯に基礎を置く賦課方式による退職年金制度であり、退職者の権利はその個人的貯蓄に依拠するのではなく、現役労働者及びその事業主の拠出能力に依拠するものであることから、被保険者の義務の対価としての義務を保険者の負担として発生させるような、保険の仕組みには属さない。」

逆が真であれば、保険料と給付との対価性がない場合には、保険料ではないということになるが、実際、それを例証する判例として次のものが存在する。このような一般社会拠出金（CSG）及び社会債務償還拠出金（CRDS）に関する判決に照らせば、社会保障財源であっても、拠出と給付の受給権の付与とが切断されて

---

[48] *ibid.*, p.250

第 2 節　社会保険の保険関係の法的性質

いる場合には、保険料ではなく租税として位置付けられることになる[49]。

① 1990 年 12 月 28 日付憲法院判決（Décision n° 90-285 DC du 28 décembre 1990）
　「……これらの新拠出金は、憲法第 34 条が規定する「あらゆる性質の租税」の類型に入るものであり、その課税標準、税率及び徴収方法に関する規則の決定は、立法府に帰属する。」

② 2004 年 1 月 7 日付国務院の判決（CE, 7 janvier 2004, n° 237395）
　「……法律により設けられた上記二つの拠出金を納付する義務は、社会保障制度から支給される給付又は恩典に対する権利を付与することとの関係を全く有しない。……パリ控訴院は、国の憲法及び法律の規定の意味において、これら徴収金があらゆる性質の租税としての性格を有するものであって、社会保障の保険料の性格を有するものでないと判示したことは、誤りを犯したものではない。」

③ 2005 年 6 月 15 日付国務院判決（CE, 15 juin 2005, n° 258039）
　「……法律により設けられた上記二つの拠出金を納付する義務は、社会保障制度から支給される給付又は恩典に対する権利を付与することとの関係を全く有しない。……パリ控訴院は、国の憲法及び法律の規定の意味において、これら徴収金があらゆる性質の租税としての性格を有するものであって、社会保障の保険料の性格を有するものでないと判示したことは、誤りを犯したものではない。」

しかし、その一方で、次の破毀院判例（Cass. soc., 19 décembre 1996, n° 95-13915）から理解できるように、保険料の対価性とはいっても、社会保障の場合には、その意味合いは民間保険の保険料とは異なるものである。

　「……全ての職人が構成員として義務的に加入する職人老齢保険制度は、制度間の財政調整の対象となり、また、その管理及び財政均衡は、連帯原理に基づき、退職労働者の老齢年金の財政を確保し配分するための現役労働者から保険料を受け取る全国金庫によって確保されており、社会保障制度であることから、生命に関する直接保険に関する法律、規則及び行政上の規定の調整に関する 1992 年 11 月 10 日付欧州共同体理事会指令第 92-96 号の適用から除外されるものであり、裁判所は上記条項に違反する。」

---

(49)　拙著・前掲注(43) 184-206 頁

このように、判例を見る限り、保険料拠出に某かの対価性を認めつつも、民間保険の保険料とは性格が異なるという判断に立っていることには留意する必要がある。実際、社会保険においては、給付・反対給付均等の原則は成立せず収支相等の原則のみが成立することから、個人単位でみるならば、保険料と給付との間に厳密な意味での均衡は成立していない。保険料が拠出能力に応じた負担であるのに対して、社会保障を目的とする給付は、社会的な需要で測定される必要性に応じた水準に設定されることが多い。さらに、社会保障においては、保険料の拠出者である被保険者のみならず、失業者や退職者のように被保険者資格を喪失した者、被扶養者、被保険者死亡後の遺族等も給付対象となる場合がある。この点からすれば、そもそも社会保障の拠出者と受給者とは一対一対応の関係にあるわけではない。

また、社会保障が保険方式を採っていたとしても、給付に所得制限を課すような例があり、この場合には、保険料拠出はそのまま給付には結びつかないことになる。具体的には、家族手当について所得制限規定を設けることを盛り込んだ1998年社会保障予算法である。法律制定時に提起された訴えに対して、憲法院は、判決（Décision nº 97-393 DC du 18 décembre 1997）の中で、「立法者は、自ら設けた取扱い上の差異について、法律の目的に照らした客観的かつ合理的な基準に、その拠り所を求めた」と認定して上で、「訴えられた規定は、……義務的な社会保障制度に支払われた保険料が当該制度により支給される給付及び恩典に対する権利への資格を開くという規範に違背するものではない」と判示しており、法律の目的に照らして客観的・合理的な基準に基づくのであれば、拠出制の制度であっても所得制限が許容されることになる[50]。

〈対価性に関する学説の状況〉

このような点に着目した場合、社会保険の保険料の対価性を否定する立場もあり得る。例えば、否定説に立つカマジ氏は、公役務を有償と無償とに二分するならば、社会保障は無償の公役務に属するとの結論を導き出している[51]。つまり、社会保障給付の受給者には拠出者だけでなくそれ以外の者も含まれており、支給要件に該当すれば給付が支給されるという点では、社会保障の給付は無償の公役務の範疇に属するという主張である。

---

(50) R. Pellet, *Les finances sociales: économie, droit et politique*, L.G.D.J., 2001, p.184
(51) L.-E. Camaji, *op.cit.*, pp.239-247

第 2 節　社会保険の保険関係の法的性質

　また、対価性の点についても、カマジ氏は、前述の 1993 年 8 月 13 日付憲法院判決（Décision nº 93-325 DC du 13 août 1993）が「当該保険料は、当該制度によって支給される給付及び恩典に対する権利を付与する機能を有する。」と判示しているのに対して、前述の 2004 年 1 月 7 日付国務院の判決（CE, 7 janvier 2004）の方は、「法律により設けられた上記二つの拠出金を納付する義務は、社会保障制度から支給される給付又は恩典に対する権利を付与することとの関係を全く有しない。」と判示していることの違いに着目する。つまり、国務院の判決に照らせば、保険料の給付との繋がりは、対価というよりも給付に対する要件の一つと考えるべきであるということである[52]。

　このような保険料の対価性を否定する説に立った場合、社会保障の費用は受給者によって対価として拠出されているというよりも、法的には、拠出は給付の要件であっても対価ではなく、また、拠出者と受給者との関係も切断されているということになる。

　このほか、保険料との対価性を否定する説としては、会計検査院の報告官（rapporteur）等を務めるペレ氏（R. Pellet）の説がある。同氏は、社会保障法典 L.111-1 条が「当事者及びその被扶養者の義務的制度への加入（affiliation）」によって社会保障による保障が行われるという規定を援用し、社会保障の受給権の発生は、保険料拠出というよりは、制度への一般的な加入義務の結果である捉える[53]。その上で、同氏は、社会保障財政と国家財政に違いが存在することは留保しつつも、社会保障に充当される税と保険料とは同一化する傾向にあるとの立場から、社会保障の受給権は、保険料に対する見返りではなく、加入への見返りであるとして、次のような整理を行っている[54]。

① 社会保障制度への加入は、人が有償の活動を行った途端に義務的となる。ただし、それ以外の者について、帰属（rattachement）による加入もあり得る。
② 当該加入義務は、保険料又は拠出金を当該者又はその事業主が負担する義務を原則として負担することにつながる。
③ 社会保険料の支払いは、被保険者に対して給付への権利の資格を開くのに対して、このような権利は、憲法第 34 条の意味におけるあらゆる性格の租

---

(52)　*ibid.*, p.251
(53)　R. Pellet, *op.cit.*, p.183
(54)　*ibid.*, p.185

税であるところの社会的拠出金の支払が条件とはなっていない。
④　しかしながら、立法者は、無拠出制（non contributifs）の制度、すなわち、納付又は拠出を加入条件としない制度を創設することは自由である。
⑤　（拠出制又は無拠出制）制度（régime）への事前の加入義務により、それとは逆に当該制度の方が、その負担で、所得の喪失の費用、又は疾病、母性、障害、死亡、労災、老齢、家族といったリスク、すなわち被保険者が被る事故の発生に伴う各種費用を賄う給付を支給する義務を保障することになる。
⑥　給付の支給は、当然ながら事故の発生が条件となっているが、場合によれば、それと同時に立法者が規定する客観的で合理的な条件を課すことも可能であることから、問題は直接的・自動的な対価性でないことになる。このような例としては、いわゆる所得条件付（sous conditions de ressources）手当、すなわち、支給に当たり、一定の上限を下回る所得の証明を条件とし、憲法院が承認する原則に基づく手当が挙げられる。

　以上のような議論をさらに進めていった場合には、かつてデュラン氏が論じたように、社会保障の保険料は、制度創世記の労災補償制度のように労災補償を目的として民間保険に付保したり、家族手当の財源を補填し合うために事業主が拠出していた社会保険であれば純粋私法に属する債務であるが、その後、社会的リスクに対応するための公役務に基礎を置く強制加入による法定の制度に変質するにつれて、契約に基礎を置くのではなく税又はそれに近い性格を帯びるようになったという考え方が登場しても不思議ではない[55]。
　しかし、以下に述べるように、判例上は、保険料は租税とは異なるものであるとされており、保険料を租税と同一視することには無理がある。その点では、カマジ氏も、保険料は、賃金全体にスライドしながら国民所得に賦課される徴収金であり、税と同じように、公的収入を確保するために、職域連帯ではなく国民連帯に着目して実施される財源調達手段であるといった趣旨の主張をするに止まっている[56]。従って、保険料の法的性格を巡っては、様々な議論がなし得るが、判例に則して整理するならば、
・保険料に対価性がなければ租税として議会の統制に服することになることから、保険料には給付との関係で一定の対価性は存在しており、租税とは性格

---

(55)　P. Durand, *op.cit.*, p.291
(56)　L.-E. Camaji, *op.cit.*, pp.253-254

第2節　社会保険の保険関係の法的性質

を異にするが、
・そうはいっても、保険料の徴収は、国民連帯に基づく社会保障の一環として、公役務として実施されるものであることから、民間保険のような意味での契約に基礎を置くものとは異なり、その対価性には一定の修正が加えられていることになる。

（3）　保険料と租税との関係

　保険料の法的性格を考える上で、保険料と租税との関係が重要である。なぜなら、仮に保険料が租税と同じか、そうでなくとも類似した負担であるとするならば、1958年の第5共和政憲法第34条が規定する「あらゆる性質の租税（imposition de toutes natures）」として、賦課の基礎等について規定した法律（予算法）を毎年議会に提出する必要があるからである。もちろん、カマジ氏のように保険料に給付との対価性を認めないという説に立ったとしても、保険料が自動的に「あらゆる性質の租税」に含まれるかというと、そうではない。

　この論点について、裁判所の判例は明確で、保険料が租税とは異なるものであるとの立場である。その場合には、法律は、憲法第34条に則り、保険料につき社会保障の基本的原則に該当する範囲で規定すれば足りることになり、保険料の料率設定等は命令事項ということになる。

　そこで、憲法がいう「あらゆる性質の租税」の射程について、まず検討を加えることにする[57]。租税の外延を画するに当たっては、演繹法的に定義していく方法と帰納法的に租税に該当しないものの除外していく方法とが考えられる。

　まず、演繹的に租税（impôt）の定義について検討する。一般に租税は、
①国及びその他の公共機関、地方公共団体、地域的役割の公施設法人（例えば、州）の予算の歳出を賄うための義務的徴収金
②市民の負担能力に適合するよう調整された公的負担の配分手法

といった意味で使用される[58]。しかし、このような租税概念は抽象的であり、外延を把握することは容易ではない。そこで定義自体を操作するのではなく、むしろ消去法で租税から除外されるものが何かを考察し、そこから租税の射程を明らかにする方が有用であろう。その点で問題となるのは、強制徴収金（taxe para-

---

(57)　拙著・前掲注(43) 176-183頁
(58)　G. Cornu, *Vocabulaire juridique*, Quadrige/PUF, 2001, p.438

fiscale）と使用料（redevance）である。何れも法律として規定されるべき租税とは別物であり、強制徴収金又は使用料に該当しないことは、租税として議会の統制に服することにつながる。

　このうち強制徴収金は、租税に類似するが、国、地方公共団体及び行政的公施設法人以外の公法人又は私法人の財源として、経済的・社会的利益のために徴収される（予算法に関する組織法に関する1959年1月2日付勅令）ものであり、法律ではなく政令により創設が可能である。ただし、強制徴収金が政令で創設された場合であっても、毎年の予算法案において強制徴収金のリストを掲載し、その存続を議会に諮らなければならない。その点では、強制徴収金は租税に類似した側面がある。また、強制徴収金の充当先は、国、地方公共団体、行政的公施設法人以外の公法人・私法人であることから、財源の充当先が国だけでなく行政的公施設法人の場合であっても、当該財源は強制徴収金でないことになる[59]。これに対して、使用料は、文字通り提供された役務に対して賦課される料金である。その点で、使用料にあっては、役務との関係が密接であり、収入は役務提供に充当され、さらに使用料は役務量に応じた水準に設定されることになる[60]。

　このような理解は、判例によっても裏付けられている。まず、租税と強制徴収金との関係について、憲法院は、国、地方公共団体及び行政的公施設法人のための徴収金は常に強制徴収金ではなく租税であると判示している（Décision n° 70-61 L du 23 février 1970）。また、使用料について、憲法院は、料金水準が役務の消費量に直接結びついており、その収入が役務の運営及び投資に充当されることから、提供された役務に対する対価であると判示している（Décision n° 83-166 DC du 29 décembre 1983）。従って、これらの判例から考察するに、租税の場合には、まず課税主体が国、地方公共団体及び公施設法人に限定され、課税標準と役務との繋がりを欠き、課税水準も提供される役務との牽連性を欠き、その点で対価性を有しないといった特徴が抽出されることになる。

　以上の検討を前提に改めて保険料をみた場合、保険料には、租税、強制徴収金、使用料の何れとも異なる、次のような特徴が備わっていることがわかる[61]。

---

[59]　R. Pellet, *op.cit.*, p.165
[60]　L. Favoreu et L. Philip, *Les grandes décisions du Conseil constitutionnel*, Dalloz, 2003, pp.89-90
[61]　拙著・前掲注(43) 176-177頁

第 2 節　社会保険の保険関係の法的性質

① 保険料が強制徴収の対象となること。
② 保険料の納付義務が契約ではなく法規的な義務として発生すること。
③ 保険料収入が社会保障の財源としてそのまま充当されること。
④ 保険料の賦課徴収が社会保障機関に委ねられていること。

さらに一歩進んで、保険料を法的に定義することが可能かが問題となる。ペレ氏によれば、憲法上も保険料の定義に関する明確な文言を欠くが、憲法上の各種規定との関係で次のように定義されるとしている[62]。実際、社会保障財政法の創設を盛り込んだ 1996 年 1 月 22 日付の憲法的法律においては、社会保障財政法の機能として、収入の予測（prévision de recettes）を踏まえ支出の目標を決定することが規定されたものの、公的収入と異なり、財源調達について議会の認可が課せられたわけではなかった[63]。

「社会保険料とは、『あらゆる性質の租税』（憲法第 34 条）について毎年行っているのと異なり（組織勅令第 4 条）、市民の代表がその『必要性の確認を行う』（人権宣言第 14 条）ことができない『公的収入（ressources publiques）』（憲法第 40 条）である。」

以上のように理論上は、租税と保険料を同一視することは困難と考えられるが、判例においても、保険料は「あらゆる性質の租税」には含まれないという判断が確立している。例えば、憲法院は、既に 1960 年 12 月 20 日付判決（Décision n° 60-10 L du 20 décembre 1960）において、「社会保険制度について、納付義務を負う者の類型の決定及び事業主と被用者との間の当該義務の配分は、これら基本的原理に数えねばならないとしても、保険料納付において、これら各類型が負担すべき部分の率の決定は命令制定権に属する」と判示している。つまり、社会保障の保険料の決定は、法律事項である社会保障の基本的原理ではなく命令事項であるという形で、保険料の租税としての性格を認めなかった。

国務院については、前述の 1990 年 10 月 26 日付判決（CE. Ass., 26 octobre 1990, n° 72641, 72642）が次のように判示する中で、保険料の場合には租税に関する憲法第 34 条が適用されないことを前提とした判断を下している[64]。

---

[62]　R. Pellet, *op.cit.*, p.182
[63]　*ibid.*
[64]　X. Prétot, *Les grands arrêts, op.cit.*, pp.145-146

第2部 第1章 社会保障と公法

「一方において、前記の法律の規定は、国務院政令により、当該法律によって創設される保険料の料率を決定する権限を政府に付与している。従って、いずれにせよ、原告は、問題の政令が無権限であることを主張するために、あらゆる性質の租税の標準及び率に関する規定の決定を立法者に留保している憲法第34条の規定を有効に援用することはできない。」

このほか、保険料に関する争訟については、通常の社会保障に関する裁判所の管轄となることを前提にした判決が国務院及び破毀院から出されている（CE, 22 mars 1991, n° 77138; Cass. soc., 12 mars 1992, n° 89-16673）。このことも、保険料が租税としての性格を有しないことの例証である。

以上、保険料の特徴や定義からは、保険料が給付との関係で民間保険のような意味での明確な対価性を有しているか定かではないものの、1993年8月13日付憲法院判決を始めとする判例により、保険料が社会保障制度からの給付の受給権を付与する機能を有していることは承認されている。そして、租税との関係でいえば、保険料は、憲法や人権宣言等を踏まえた社会保障財政法上も議会による統制が租税より軽減されており、その前提として、租税と同じほどの対価性の欠如、財源としての一般性はないことになる。

（4） 社会保障の契約的構成の否定

第2次世界大戦後、社会保障は、双務契約的（synallagmatique）構成から乖離していくことになる。その例証は、第2次世界大戦を挟んで、給付に当たって保険料拠出を要件とする制度から、拠出制の骨格を維持しつつも保険料拠出を給付の要件としない制度の色彩を強めていったことである。

現在、フランスの社会保障は、多くの場合に拠出制原理（principe de contributivité）に依拠しながらも、給付に対する受給権は拠出の単に純粋な対価（contrepartie）としてではなく、被用者としての地位や賃金の受領という事実に基づく被用者集団への帰属ということによって発生することを指摘する論者もいる[65]。この点を敷衍すれば、社会保障は拠出制であるとしても、個々の保険料拠出が双務契約的な意味で給付に跳ね返るわけではなく、むしろ、保険集団に帰属することにより拠出が義務付けられるとともに、給付に対する受給権が発生するということである。

---

(65) J.-J. Dupeyroux *et al., op.cit.*, p.209

第 2 節　社会保険の保険関係の法的性質

　このような契約的構成の否定論者の一人であるカマジ氏によれば、現行制度における保険料拠出と給付との対価性の切断は、次の点に顕著に表れていることが指摘されている[66]。

① まず、1928-1930 年の社会保険法の下では、事業主の保険料未納の場合であっても、長期療養疾病及び労災に係る療養については、被用者は事業主に費用の償還を請求することができることになっていた（1935 年 10 月 28 日の委任立法である法律的政令（décret-loi））。このような返還請求権は、不法行為の場合の損害賠償に関する民法第 1382-1384 条に実定法上の淵源があるが、理論的には、社会保障に対する給付は保険事故発生前に保険料を納付している場合にのみ支給されるという原則に拠り所を求めることができる。

② これに対して 1945 年の勅令に基づく戦後の社会保障においては、事業主の保険料未納があった場合には、被保険者に対して行われた長期療養疾病及び労災に係る給付について、事業所の全被用者に係る保険料相当額を上限として、初級疾病金庫が事業主に対して費用の償還を請求することができることになっている（CSS. L.244-8）。このような措置は、拠出と給付との因果関係により正当化されるのではなく、社会保障の財源確保策の観点から未納者に対して発動される民事的制裁と考えるべきである。なお、現在、保険料の未納に対しては、10％を基準とする延滞金が課せられることになっている（CSS. R.243-18）。

③ さらに、現在の制度においては、保険料の未納があったからといって、制裁は事業主に対してであって、被用者等の給付が自動的に停止されるわけではない。むしろ、社会保障法典（L.161-151-1）は、社会保障への加入資格の喪失を居住要件への非該当等の場合に限定しており、この点では、給付に関する継続原則（principe de continuité）が妥当していることになる。

④ 年金の場合には、拠出に比例した給付額の算定方式に着目した場合には、拠出と給付がつながっているように思われるが、兵役期間が保険料納付済期間とみなされることからすれば、拠出は給付の法的な原因ではなく、単に受給権の発生要件や年金額の計算方法であるということになる。

　さらに、カマジ氏は、社会保険の契約的構成を否定する論拠として、次のよう

---

[66]　L.-E. Camaji, *op.cit.*, pp.255-258

第 2 部　第 1 章　社会保障と公法

な事例を挙げながら、保険料拠出が給付に結びつかない場合があることを指摘している(67)。

① 家族手当について、1998 年社会保障財政法が所得制限を設けたことから、高額所得層は、給付なしの拠出を強いられることになった。このことは、一見すると、保険料拠出が受給権を付与するという 1993 年 8 月 13 日の憲法院判決の内容と矛盾するように思われる。しかし、この点を援用する訴えに対して、憲法院は、1997 年 12 月 18 日判決（décision n° 97-393 DC du 18 décembre 1997）において、家族手当の所得制限が 1993 年の判決に違背しないと判示している。

② 賦課方式の年金において、保険料納付が遅滞した場合には、当該期間は給付額に反映させないことになっている。このことが財産権の保障を規定する欧州人権条約第 14 条に違背するとの訴えに対して、破毀院は、2001 年 5 月 11 日判決（Cass. soc., 11 mai 2001, n° 99-20420）において、徴収された保険料で各年の給付を賄うという賦課方式の下で財政均衡を図るためには、年金の受給権の決定に当たり、5 年以上納付が遅延した保険料を算入しないとしても、欧州人権規約に違背しないと判示した。

③ 複数の活動を営む労働者の場合、その主たる活動に係る制度のみ拠出を義務付けることもあるが、何れの制度へも拠出を義務付け、その上で疾病の場合の現物給付や障害給付については、併給調整により一の制度のみから給付が行われることもある（CSS. L.171-1 等）。このことは、拠出にもかかわらず給付に結びつかない状態を発生させるが、社会保障の単一性の表れである。つまり、拠出は報酬に賦課され、給付は目的のために一の給付が行われるという、二つの原則によって社会保障は成り立っていることを意味している。

④ 破毀院の 1997 年 2 月 20 日判決（Cass. soc., 20 février 1997, n° 95-14681）は、被用者がかつての事業主から賃金名目で金銭を受け取っていたとしても、既に労働していない場合には、仮に保険料を納付したとしても被保険者資格は発生せず、疾病保険の給付を受けることはできないと判示している。その点で、保険料拠出ではなく被保険者資格が給付の受給権にとって決定的である。実際、社会保障法典 L.111-1 条は、社会的リスクに対する保障が当事者の加

---

(67)　L.-E. Camaji, *op.cit.*, pp.258-262

第 2 節　社会保険の保険関係の法的性質

入等によって発生することを規定している。また、破毀院の 1992 年 2 月 6 日判決（Cass. soc., 6 février 1992, nº 90-13109）は、社会保障の一般制度への加入義務及びそこから発生する保険料納付義務は、強制加入に関する社会保障法典 L.311-2 条の要件が満たされたときに発生すると判示している。このことは、保険料の拠出が当該拠出者に対して被保険者資格を発生させるのではなく、法令に基づき、被保険者資格が発生し、その結果、給付に対する受給権の発生することを意味する。つまり、社会保障の給付に対する受給権及び保険料の拠出義務を発生させるのは、唯一、制度への加入という事実ということになる。

以上のような、社会保障の制度上の徴表に照らした場合、拠出と給付との間に給付・反対給付という意味での明確な対価性を見出し、社会保障の保険関係を双務契約的関係として整理することは困難ということになる。そこで、次章では、社会保障の法律関係に関するこのような特徴を踏まえ、給付の側面からその権利性を考察することとする。

第2章
◆ 社会保障給付の法的性格 ◆

第1節　受給権の憲法上の位置付け

1　法律事項と命令事項

　社会保障給付は、通常、保険料拠出に対して給付が行われることになっており、保険料拠出義務の履行が受給権の発生を決定付ける。その点で、社会保障給付の受給権と保険料拠出との間には、何らかの牽連性が存在するものの、その牽連性が等価交換的な意味での対価関係とまで言えるかは微妙である。しかも、他方では、社会保障が対応すべき国民連帯の要請に鑑みるなら、市民法的な色彩をもった拠出制の原則がこの国民連帯の要請に常に調和するわけではない。実際、家族手当、疾病給付等では、国民連帯の要請から保険料拠出を要件とせず給付が行われる場合がある。ここから、社会保障における受給権とは、保険料拠出との関係で如何なる権利と捉えるべきかという問題が生じてくることになる。

　フランスの場合、社会保障給付の受給権と保険料の拠出に関して、憲法の規定から、次の2点が導き出される[1]。

　第一に、給付の権利と保険料拠出の義務との関係は、憲法第34条が法律により規定することが要求されるところの社会保障の基本原理としの性格を帯びる。この結果、ある保険料拠出をある給付に結びつけること、逆に、この要件を緩和したり、廃止したりすることは、法律のみによってなし得ることになる。ただ、法律事項に関する憲法上の要請は「基本原理」に限定されることから、法律によって規定された基本原理を歪めたり無意味にしない限りで、命令（行政立法）をもって具体的内容を規定することは可能である。その点では、政府にはある種の裁量がある。

　第二に、給付の権利と保険料拠出との牽連関係により、社会保険料は、憲法第

（1）　X. Prétot, *Les grands arrêts du droit de la sécurité sociale*, Dalloz, 1998, pp.250-251

第1節　受給権の憲法上の位置付け

34条の意味でのあらゆる種類の租税と異なることになる。すなわち、社会保険料の特徴は、その拠出が被保険者又は被扶養者に対する給付への途を開くことにあり、保険料を拠出したにもかかわらず、何らの受給権も得られないとすれば、それは租税であり、立法府による強い関与が必要になる。

　社会保険料の法的性格に関して、判例も、この保険料拠出によって給付への権利が付与されることに言及する。例えば、「移民の抑制並びにフランスにおける外国人の入国、受入及び滞在に関する法律」に関する憲法院の判決は、

「義務的社会保障制度への加入に伴う当該制度へ支払われる保険料は、被保険者と同様に事業主からの義務的な支払を形成し、当該保険料は当該制度により支給される給付及び受益に対する権利についての資格を付与する」

と判示する（Décision n° 93-325 CC du 13 août 1993, n° 93-325）。

　また、民間保険会社連合会他に係る国務院判決では、社会保障の財源として自動車保険に賦課される保険料の具体的適用方法に関する政令の

「外面的な適法性に関して：―前述の法律の規定は、政府に対して、国務院の政令によって当該法律の規定が創設する保険料の料率を決めることを明確に認めており、従って、いずれにせよ、原告は、異議申し立ての対象である政令が無権限であることを主張するために、あらゆる種類の租税の賦課標準及び税率に関する規則の制定を国会に留保する憲法第34条の規定を有効に援用することはできない」

と判示する（CE. Ass., 26 octobre 1990, *Union des sociétés d'assurance du secteur privé et autres*, n° 72641, 72642）。

2　給付に対する既得権の保護の概観

　フランスにおいて憲法裁判所に相当する機関は、憲法院（Conseil constitutionnel）である。しかしながら、その憲法判断は、我が国の最高裁判所のような具体的争訟を対象とするのではなく、法律の事前審査という枠内において法律の憲法適合性の判断が行われる点で際だった特徴を有している。しかも、フランスの第5共和政憲法は人権規定を持たず、行政府優位の統治機構の下で、我が国でいうところの法律事項も内容によっては行政府の政令等の命令により規定されることも憲法上許容されている。社会保障の関連でいえば、1946年の第4共和政憲法前文は「健康への権利」及び「社会的保護への権利」を謳っているが、その具体的内容は立法に委ねられていることから、この分野での憲法院の貢献はあまりみられ

第2部　第2章　社会保障給付の法的性格

なかった[2]。
　しかしながら、度重なる社会保障制度改革による法令改正の結果として給付水準が引き下げられるなどの事態が発生するようになり、これが給付に対する期待権又は既得権の侵害に当たるのではないかという問題が発生するようになった。また、憲法院自身も1971年の判決において、第5共和政憲法前文が1789年の人権宣言に言及していることを拠り所に、人権宣言が憲法的価値を有することを明言して以来、法律の違憲審査に積極的に踏み込むこととなった。
　このような動きは、社会保障においても無縁ではない。実際、この期待権及び既得権を憲法上の所有権の保護の観点から立論しうるか否かが憲法院への訴えの中で問題となったことがある。例えば、「退職年金と活動所得との併有の可能性の制限に関する法律」は退職年金の受給者が再度就労した場合の保険料拠出義務を規定しているが、これが所有権の侵害ではないかという訴えである。これに関して、憲法院は、次のように説示して、拠出制年金の所有権的性格を否定し、訴えを退けた (Décision nº 85-200 CC du 16 janvier 1986)[3]。

「人及び市民の権利宣言第17条への違背に関する主張について：
5．訴えの申立者である国民議会議員は、連帯拠出金による過度の負担を回避するために一定の退職者がその年金を受給することを一時的に放棄することを強要するような法律が結局はその退職年金を退職者から奪うことに繋がると主張し、また、退職年金が有償による終身定期金（rente viagère）であって、法律が、人及び市民の権利宣言第17条に謳われた所有権に関する憲法上の保障に違背することなしには、正当かつ事前の補償なしに退職者からその年金の支給を剥奪することはできないと思料することに鑑み、
6．訴えの別の申立者である元老院議員は、公務員がその職を去ることを促進するために当該公務員に対して保障した活動による報酬と退職年金との併給を制限することにより、国が従前の約束を変更することになると思料し、また、公的退職年金の権利に関する一般原則に基づく既得権へのこのような違背が、正当かつ事前の保障がなければ、人及び市民の権利宣言第17条に反すると主張することに鑑み、
7．まず、憲法第34条に基づき、法律が労働及び社会保障法の基本原則を定めるで

（2）　*ibid.*, p.254. ただし、「健康への権利」等の憲法的価値が否定されるわけではない。例えば、たばこ広告の制限に関して、「健康への権利」と営業の自由及び所有権との関係が問題となった事案があるが、憲法院は、「憲法的価値を有する公衆衛生の要請」と述べている (Décision no 90-283 DC du 8 janvier 1981)。

（3）　*ibid.*, p.254

第 1 節　受給権の憲法上の位置付け

あり、この点で、就労する者、職のない者及び退職者の間の連帯を組織し、全ての社会保障機関がその任務を果たし得るように財政的均衡を維持することは法律の役割であり、そのような次第で、老齢制度に関しては、年金の計算及び支給に関する規則は、加入者の拠出金に関する規則と同じように、経済的又は社会的状況により悪化した制度の財政のために拠出することをその目的とすることもできることに鑑み、

8．次に、憲法第34条は、国の文官及び軍人である公務員に対して与えられる基本的保障に関する規則を制定する権限を法律に付与しており、また、こうした保障は、退職公務員がその現役活動期間においてその任務に付随する権利及び義務に向かい合うのと同様の身分状況に置かれるような年金であることに照らしてみた場合に、特に退職公務員に認められた年金権に関するものであることに鑑み、

9．上述のとおり、人及び市民の権利宣言第17条の違背に基づく主張を認容することはできないことに鑑み、」

このように保険料拠出が受給権に繋がるとしても、議会は、給付に関する条件の設定及び変更に関して広い裁量を有していることになる[4]。そして、保険料の拠出だけでは、その拠出者に対して如何なる既得権も付与されず、年金額が確定して初めて、その後の立法の適用が排除されるという意味での既得権を議論する余地が出てくることになる[5]。

この既得権を巡っては、様々な問題が生じる。例えば、子供が4人いる女性と結婚した船員が、船員年金の加算制度が改正されたことから、結婚後から制度改正までの分も含めて子供に係る加算を請求する訴えについて、破毀院は、制度改正前の期間に係る加算は認めなかったものの、改正後の加算については認容した (Cass. Soc., 13 mai 1980, *Beaudier c/ Etablissement national des invalides de la marine et autre* Bull. civ. V, n° 540, p327)。これは、既得権であっても、受給権本体ではなく、被保険者が新法による給付との差額を加算又は別個の給付として請求することを妨げるものではないことを示唆する。

このほかに既得権に関連しては、次のような判例がある。

① 年金の算定方法の変更が既得権の侵害に当たらないとした判決 (C.E., 29 juillet 1994, *Rault*, n° 153074; RJS 10/94 n° 1188)

---

[4]　*ibid.*
[5]　*ibid.*

第2部　第2章　社会保障給付の法的性格

　　年金改革に関する1993年7月22日法律第93-936号に基づき、年金の算定、加算及び再評価に関する3本の政令が制定されたところ、当該政令が年金に関する既得権を侵害するかという点が争点となった。判決は、
・政令が規定する年金の算定方法は、未だ支給されていない年金に適用されること
・年金等の再評価及び加算に関する政令の規定の適用時期は法律にも規定されていることから、当該政令が既得権を侵害するものではないと判示した。
② 補足制度の変更が給付の不可侵性を犯すものでないとした判決（Décision nº 94-348 CC du 3 août 1994）[6]

　　補足制度の改革に関する1994年8月8日法律第94-678号の合憲性に関する憲法訴訟の中で、法的安定性（sécurité juridique）を援用する訴えに対して、憲法院は、支給された年金の権利について、その不可侵性を認める憲法上の規定も原理も存在しないとして、次のように判示した。
　　「まず、如何なる規則も憲法原理も『裁定された年金権の不可侵性（intangibilité）』を保障するものでなく、それ故、この訴えは退けられるしかない……」
③ 乳幼児手当（allocation pour jeune enfant）への所得制限導入が既得権の侵害に当たらないと判示した例（C E., 3 mars 1997, *Baron et autres*, RJS 5/97 nº 611）

　　1996年1月24日勅令第96-51号により、乳幼児手当について所得制限が1月1日に遡って全面的に導入され、1996年1月から受給権が発生する妊婦に適用されたところ、国務院は次のように判示して、既得権を否定した。
「（関係部分のみ抜粋）
　……1996年1月1日に妊娠している女性は、所得制限なしの乳幼児手当の支給を規定していたL.531-1条1°の条項を維持するための既得権をその妊娠状態から取得しないこと、従って、上記の1995年12月30日法第2条により権限を付与された政府は、既得権を侵害することなく、1996年1月1日から開始する権利としての乳幼児手当の支給に所得制限を課すことができること、非難される条項は1996年1月1日より前の日まで遡って効果が発生するものではないことに鑑み、……
決定する：棄却」

（6）　A. de Laubadère et al., *Traité de droit administratif Tome 1*, 14e édition, L.G.D.J., 1996, p.631

第 1 節　受給権の憲法上の位置付け

　以上のような判例を見る限り、拠出制年金における拠出は受給要件であるにしても、そこから所有権的性格が発生するものではなく、その限りでは、権利の不可侵性も認められないことになる。
　この点を捉えて、デューペル（Dupeyroux）氏他の概説書は、次のように述べている[7]。

　「……多くの給付において、保険料拠出を伴う事前の加入が通常その受益の権利をもたらす条件であるとしても、立法者は受給権の要件を変更する広範な権能を有している。換言すると、受給権は、民法的意味での所有権の性格を有するわけではなく、規則的な性格、すなわち制度及び公的仕組みに結び付いている。」

　ただし、上記概説書も、立法者に付与された裁量については、次の二つの限界があることを指摘しており、拠出制の社会保障給付には、何某かの権利性があること自体が否定されているわけではない[8]。

① 新法による既存立法の改廃に関しては、「不可逆的歯止め（cliquet anti-retour）」の原則が適用され、憲法的性格を有する法的保障（garanties légales）の要請を奪うことができないこと（Décision n° 90-287 DC du 16 janvier 1991; Décision no 91-296 DC du 29 juillet 1991）。従って、憲法的性格を有する法的保障を侵害する法改正は、違憲ということになる。
② 社会保障を支え社会権の実効性を保障する原理である連帯原理を始めとして、社会保障制度の特性については、社会保障を貯蓄や私保険で大々的に代替するなどの侵害は許されないこと。従って、基礎的年金制度及び補足年金制度に入っている被用者を対象に、積立方式の年金基金を創設することは、この原則に反しないこと（Décision n° 97-388 DC du 20 mars 1997）。

　上記二つの限界のうち「不可逆的歯止め」の原則は、憲法院の判例によって、社会保障のみならず公衆衛生、住宅等の権利にも認められているが、それが何かについては、ボルジェト（Borgetto）氏及びラフォール（Lafore）氏が、次のように述べている[9]。

（7）　J.-J. Dupeyroux et al., *Droit de la sécurité sociale*, 15ᵉ édition, Dalloz, 2005, p.378
（8）　*ibid.*, pp.378-379
（9）　M. Borgetto et R. Lafore, *La république sociale, Contribution à l'étude de la question démocratique en France*, PUF, 2000, pp.236-240

221

第2部　第2章　社会保障給付の法的性格

- まず、不可逆的歯止めは、法律の改廃に対して、基本的人権を保護する必要性に由来すること。
- この原則により、「憲法第34条により立法者に留保された分野において、立法者は、いつでも旧条文を変更し、又は、旧条文を別の条文に置き換えることにより廃止することを決定する裁量を有するが、この権能は、憲法的性格を有する法的保障を奪うことまではできない」(Décision n° 86-210 DC du 29 juillet 1986) こと。
- この結果、法律は、既にある保障を単純に廃止したり、問題となっている権利の原則を侵害するような形で修正することにより、権利の実質に影響を及ぼしてはならないこと。
- 換言すると、経済的・社会的権利については、時間の中での必要性及び需要に応じて、その保障を再編することができるが、それは、厳密でないにしても概ね均衡する別の保障により代替されるという明白な条件の下においてである。
- この手法により、裁判官は注意深く判断に付される条文に対して審査を加えるという留保の下で、社会的共和国 (République sociale) の司法的保護は、適切な形で実現し補完されること。

そこで、以下では、まず、既得権が最も問題となる年金の権利性について考察し、その上で、社会保障に関する既得権を巡る法理を検討することとする。

3　社会保障給付に対する財産権保障

我が国において、既裁定年金の引下げとの関連で、既裁定年金が財産権に当たることを前提とした議論が展開されることが多い。その点で、年金以外の給付も含め社会保障給付が財産権に当たるとすれば、既得権保護の問題も財産権との関係で議論することが可能となる。フランスにおいては、社会保障給付と財産権保障との関係は、欧州人権条約の財産権保障との関係で問題が顕在化してきた。

欧州人権条約 (Convention de sauvegarde des droits de l'homme et des libertés fondamentales) は、欧州評議会 (Conseil de l'Europe) の国際条約として加盟国により1950年に署名され1953年に発効した人権保障のための条約である。条約は加盟国を拘束し、その実効性は欧州人権裁判所 (Cours européenne des droits de l'homme) によって担保されることになっている (同条約第19条以下)。

第 1 節　受給権の憲法上の位置付け

　欧州人権条約は、当初全ての人権カタログを網羅していなかったことから、条約の発効後に追加議定書（protocole additionnel）の形で人権保障の補完が行われてきた。その一つが、追加議定書第 1 号の第 1 条が規定する財産権の保障である。同条によれば、

　「全ての自然人及び法人は、財産権の尊重に対する権利を有する。如何なる者も、公益を理由とするか、法律又は国際法の一般原則が規定する条件に従う場合を除き所有権を奪われることはない。
　　前項の規定は、一般利益に適合する形での財産の使用を規整するため、若しくは税その他の拠出金又は罰金の支払いを確保するために必要と判断される法律を実施するという国家が保有する権利を奪うことはできでいない。」

とさる。ここで鍵となる概念が「財産（biens）」である。財産に当たるのであれば、欧州人権条約の保障が及び、個人もその保護が求め欧州人権裁判所に提訴できることになる。
　これまで欧州人権裁判所からは、欧州人権条約が保障する財産権の射程を示唆する数々の判決が出されてきた。その中には、財産権に社会保障給付が含まれるか否かについて判断したものもある。そのリーディングケースとなったのは、1996 年 9 月 16 日の判決（CEDH, 16 septembre 1996, *Gaygusuz c/ Autriche*）である。事案は、トルコ人である原告が失業状態にあるため拠出制の失業手当（緊急手当）の形態による退職年金の繰上支給をオーストリアで請求したところ、国籍要件を理由に支給が認められなかったことから、これが欧州人権条約の差別禁止条項（第 14 条）とともに財産権（追加議定書第 1 条）に抵触するとして提訴に及んだものである。裁判所はその判決の中で、失業手当の不支給が内外人無差別に抵触すると判示するに当たり、「緊急手当が適用されるべき法令に基づくものである限りにおいて、当該手当に対する権利は追加議定書第 1 号（P1-1）第 1 条の意味するところの財産権である」と指摘している。これ以降も、欧州人権裁判所は、追加議定書第 1 条の規定を老齢年金、寡婦年金、退職手当のほか、税その他の拠出金等の意味で社会保険料に適用してきている[10]。
　このような欧州人権裁判所の判決は、フランス国内にも影響を及ぼすことになり、破毀院及び国務院の判決においても、社会保障の無拠出制の給付も含めた各

（10）L.-E. Camaji, *La personne dans la protection sociale, Recherche sur la nature des droits des bénéficiaires de prestations sociales*, Dalloz, 2008, p.391

第 2 部　第 2 章　社会保障給付の法的性格

種給付、さらには保険料拠出や社会保障財源は、欧州人権条約追加議定書第 1 号第 1 条がいうところの「財産（biens）」として認められることになった[11]。この点を指摘する判決としては、以下のものがある。

① 破毀院の 1999 年 1 月 14 日判決（Cass. soc., 14 janvier 1999, *Bozkurt c/ CPAM de Saint-Étienne,* nº 97-12487）

　「1950 年 11 月 4 日の人権及び基本的自由の保護に関する欧州条約第 14 条及び 1952 年 3 月 20 日の当該条約の追加議定書第 1 号第 1 条に鑑み、……某氏がこの給付（筆者注：国民連帯基金からの付加手当）の支給に必要な全ての要件を満たしていることは疑いの余地はないことから、外国籍であることのみを根拠とする却下決定は、正当化することはできない。」

② 破毀院の 1999 年 10 月 21 日判決（Cass. soc., 21 octobre 1999, *Caisse d'allocation familiales de Grenoble c/ M. Kémal Kunt,* nº 98-10030）

　「欧州人権裁判所の解釈が示すように、1950 年 11 月 4 日の人権及び基本的自由の保護に関する欧州条約第 14 条及び 1952 年 3 月 20 日の当該条約の追加議定書第 1 号第 1 条は署名国の裁判管轄に属する全ての人に適用されるが、これらの規定を合わせみると、成人障害者手当のような給付の支給は、とりわけ出身国の違いに関わらず保障されなければならない。」

③ 破毀院の 2001 年 5 月 11 日判決（Cass. soc., 11 mai 2001, *Papot épouse Degouys c/ Caisse autonome de retraite des sages-femmes françaises,* nº 99-20420）

　「財政上の均衡を確保する必要があり、徴収される保険料により毎年の給付が支払われる賦課方式の退職年金制度において、5 年を超える遅延の後に支払われた保険料は年金に対する権利の決定に当たり考慮されないと規定する規則は、財産の尊重を規定する人権及び基本的自由に関する欧州条約の規定に反しない。」

④ 破毀院の 2003 年 3 月 25 日判決（Cass. soc., 25 mars 2003, *Caf de Creil c/ Mme Adriaenssens,* nº 01-20753）

　「社会保障法典は、その L.381-30 条において、受刑者が一般制度の疾病・

---

(11)　*ibid.*, pp.391-392; J.-P. Maguénaud et J. Mouly, «Le droit des travailleurs étrangers à l'allocation du Fonds de solidarité: la Chambre sociale de la Cour de cassation prend exemple sur la Cour européenne des droits de l'homme», Recueil Dalloz, 1999, p.334（国内裁判所が条約を適用するための手法としては、①条約の職権適用、②条約の解釈的拘束力（autorité de la chose interprétée）の承認を指摘している。））

第 1 節　受給権の憲法上の位置付け

母性保険に強制的に加入することを規定している。L.381-30-1 条は、この加入が現物給付に対する権利のみを付与するものであって、もしかの投獄の場合には、従前からの加入に基づき支給される傷病手当金の給付は停止される。勾留者の無実の推定は当該規定に影響するものではなく、労働の肉体的不能により発生する所得喪失を補償することを目的とする現金給付の性格から是認される制限を所有権にもたらすだけである。」

⑤ 国務院の 1999 年 3 月 5 日判決 (CE. Ass., 5 mars 1999, *Rouquette et autres,* n° 194658-196116)

「家族手当の給付に所得条件を課すことにした立法者は、公益上の目的である社会保障の家族部門の財政均衡を維持しようとしたものであり、それは法律の目的との関係において客観的・合理的な基準に基づくものであった。従って、社会保障法典 L.521-1 条が原告の財産の尊重に対する権利を不当に侵害し、人権及び基本的自由の保護に関する欧州条約第 14 条及び条約の追加議定書第 1 号第 1 条の両方の規定に由来する財産の尊重に対する権利における無差別の原則に違背すると原告が主張することは根拠を有しない。」

⑥ 国務院の 2002 年 6 月 12 日判決 (CE, 12 juin 2002, *Caisse autonome de retraite des médecins de France,* n° 229599)

「第一に、社会保障法典中の前記法律及び命令の規定に根拠を有する老齢一般化財政調整の仕組みは、条約の規定に照らして十分に明確な規範によって規定されている。第二に、当該義務的財政調整は、被保険者の保険料に由来し、前記の追加議定書第 1 号第 1 条の規定の意味における財産とみなすことができる収入を金庫が自由に使用することを制限しているとすれば、それは、異なる制度間の人口的不均衡を緩和し、従って、様々な被保険者が受給する退職年金給付に影響を及ぼす不公平を修正するために、一般利益に適合する形で老齢保険制度の財政的連帯を確保するためである。このような条件の下で、当該義務的財政調整を創設した社会保障法典の規定は、前記の条項に違背するものではない。」

⑦ 国務院の 2004 年 1 月 7 日判決 (CE, 7 jnvier 2004, n° 225451)

「本事案に適用される 1964 年 12 月 26 日の法律の後の条文であるところの文官・軍人退職年金法典 L.1 条に基づき、当該規定に規定された公務員がその任務を正規に終了するまでの間に提供した役務によって権利が付与される年金は、個人的な終身の金銭的手当である。従って、当該年金は、前記の人

第 2 部　第 2 章　社会保障給付の法的性格

権及び基本的自由の保護に関する欧州条約の追加議定書第 1 号第 1 条が意味するところの財産とみなされる債権を構成する。」

　欧州人権条約の財産権保障の根底にあるのは、第三者又は国家による個人の経済的利益に対する容喙からの個人の経済的利益の保護である[12]。この点を指摘するのが欧州人権裁判所の 1982 年 9 月 23 日判決（CEDH, 23 septembre 1982, *Sporrong et Lönnroth c/ Suède*）である。事案は、ストックホルム市の廃棄物処理場の建設許可期間が不当に長期にわたって更新されたために、建設計画区域の居住者が所有不動産を売却することなど所有権の使用・収益・処分に支障を来したことから、これが欧州人権条約追加議定書第 1 号第 1 条に違反するとして当該居住者が訴えに及んだものである。これに対して、欧州人権裁判所は、「開発許可は、法的には、当事者がその財産を使用及び利用する権利に触れるものではないものの、実際にそれを実行する可能性を大幅に減少させた。また、開発許可は、事前に収用の適法性を承認し、ストックホルム市が適当と考える時にいつでも収用に取りかかることを認めていた。従って、原告の所有権は不安定であり、取り消される状態にあった。」と判示した。その上で、裁判所は、一連の開発許可の更新が「所有権の保護と一般利益の要求との間を支配する適切な均衡を壊す状態を醸成した」との理由から、開発許可が上記追加議定書第 1 条に違反すると判示した。

　この欧州人権裁判所が採用する判断枠組みは、個人の経済的利益を広く財産権に含めた上で、当該経済的利益と一般利益（intérêt général）とを比較考量し、その均衡が破壊された場合には、財産権の侵害を認定するというものである[13]。逆に言えば、均衡が確保されることを条件に、個人の経済的利益も一般利益を理由に制限を課すことを許容していることになる。

　個人の経済的利益と一般利益の均衡の観点から財産権の侵害の有無を判断するという判断枠組みは、欧州司法裁判所のみならずフランスの国内裁判所も採用するところとなっている。例えば、2001 年 5 月 11 日の破毀院判決（前掲）は、5 年以上延滞した保険料を年金権の付与に勘案しない理由として、毎年の保険料によって賄われる賦課方式の年金が確保すべき財政均衡を挙げている。同様に、1999 年 3 月 5 日の国務院判決（前掲）も、家族手当に対する所得制限が財産権の尊重に対する不当な侵害でないことの理由として、家族手当部門の財政的均衡の

---

(12)　L.-E. Camaji, *op.cit.*, p.392
(13)　*ibid.*, pp.392-395

第 1 節　受給権の憲法上の位置付け

維持という公益を挙げている。また、個人の経済的利益と一般利益との均衡を判断するに当たっては、2004 年 1 月 7 日の国務院判決（前掲）が指摘するように、「課せられた犠牲が、当事者の財産の尊重に対する権利を過度に侵害しない」ことがメルクマールの一つになっている。つまり、これらの判決では、財産権に対する制約が客観的・合理的な基準により実施され、個人の経済的利益を過度に侵害するものでないなど、個人の経済的利益と一般利益との均衡が確保されるのであれば、社会保障の財政均衡という一般利益が個人の経済的利益に優先するような改革であっても、それは許容されることになる。また、そのことは見方を変えれば、社会保障という連帯に根差した集団的な制度にあっては、一般利益を優先し制度の持続可能性を確保することは、ひいては個人の経済的利益を保護することにもなると捉えることもできる[14]。

以上の点を要約すれば、社会保障給付という個人の経済的利益が財産権に当たるとしても、一般利益との均衡が必要であり、その均衡が破られるほどに個人の経済的利益に不当で過重な負担を課すものでない限りにおいて、破毀院及び国務院は個人的な経済的利益よりも一般利益を優先する傾向があり、社会保障給付の不可侵性の防波堤として、欧州人権条約によって国際的にも裏付けられた財産権の保障を援用することには限界があるということになる[15]。ただし、一見すると、個人の経済的利益に対して一般利益を優先するようにみえても、社会保険のように給付と負担で成り立っている制度の場合には、給付面で個人の経済的利益を抑制することは、負担面での個人の経済的利益を保護することにもつながることがあり、個人の経済的利益と一般利益は常に対立的というわけではないことには注意する必要がある。そこで、検討を更に進める。

4　年金の権利性の特殊性

老後の生活保障を担う長期保険としての年金制度は、人生にやり直しがきかないだけに、他の社会保障の分野以上に、その権利性が重要性を帯びる。これは、賦課方式をとるフランスとて例外ではない。そこで、年金の権利性について、既得権の概念を中心に検討を加えることにする。

まず、社会保障法典（L.351-1）は、年金について次のように規定しているこ

---

[14]　*ibid.*, p.400
[15]　*ibid.*, p.398

第 2 部　第 2 章　社会保障給付の法的性格

とを確認しておきたい。

「老齢保険は、一定の年齢から、裁定を請求した被保険者に対して、退職年金（pension de retraite）を保障する。」

さらに、同法典の政令部分（R.351-1）では、

「老齢保険に対する権利は、
　1　社会保険に関する法令に基づき拠出され、年金、終身定期金又は老齢被用者手当の受給のための予定日に先行する最後の四半期の末日をもって確定した保険料
　2　当該最終日における当事者の年齢
　3　年金の計算のために有効な保険期間である四半期数
を勘案して決定される。」

と規定している。

このような法文を見る限り、老齢保険においては、他の要件と並んで年齢が重要な要件となっている。ところで、老齢保険が保障する「老齢」というリスクを巡っては、これまでも、大きく次の2種類の捉え方が存在してきた[16]。

① 年金を現役時代に提供した役務に対する見返りと考える捉え方。この場合、被保険者は、一定の年齢に達することで、休息の権利を獲得し、正確な意味での「老齢」年金を受給することになる。
② 高齢者を障害者と考える捉え方。この場合、肉体的な衰え、年齢による障害、職業的に不十分な生産性の結果として、職業生活の継続が不可能となり、そこで年金は「退職」年金となる。

歴史を辿ると、フランスにおいても我が国と同様、年金は公務員の年金（恩給）が民間被用者等に先行した。この公務員年金の性格について、かつてオーリウ（Hauriou）が、次のように述べている[17]。

「年金は、繰り延べられた賃金（traitement différé）として、源泉徴収に基礎を置く手当であり、そして、一定の条件が満たされた場合に、退職した状態にある公務員に

---

(16)　P. Durand, *La politique contemporaine de sécurité sociale,* publié en 1953, réed. par Dalloz, 2005, p.193
(17)　M. Hauriou, *Précis de droit administratif et de droit public,* publié en 1933, réed. par Dalloz, 2002, p.769

第 1 節　受給権の憲法上の位置付け

対して終身定期金の形で支給される手当である。
　退職年金は、現役時代の間に源泉徴収された賃金が、退職時代の間を通じて、部分的に返還される限りにおいて、繰り延べられた賃金である。」

　公務員年金の繰延賃金的性格の問題は、2003 年の年金改革法案において、改めて顕在化する。その法案の改革内容は、一般制度及び公務員制度の多方面にわたるが、繰延賃金的性格が問題となったのは、次の点である。

① 満額年金の拠出期間を 2004 年から 2008 年にかけて 150 四半期（37.5 年）から一般制度と同じ 160 四半期（40 年）に引き上げ、その後は一般制度と同様に引き上げること。
② 拠出期間の伸長により、拠出 1 年当たりの給付率が 2 ％から徐々に低下し、2008 年には 1.875 ％となり、その後も低下し、2020 年には 1.8 ％まで低下することが見込まれること。

　そして、2003 年 7 月に国民議会（下院）及び元老院（上院）の議員から出された訴えは、いずれも給付率の引下げが公務員間の平等を侵害するという主張であるが、その主張の根拠として、次の理由を挙げている。

① 公務員の年金は、提供された役務に対する継続的又は繰延的な報酬であること。
② EU 条約の第 119 条（現行第 141 条）は、同一価値労働に対する男女の労働者間の賃金の平等を保障しているが、その場合の賃金に年金が含まれることを欧州司法裁判所も認めていること（CJCE, C366/99, Avis, 29 novembre 2001, Griesmar; CJCE 13 décembre 2001, Mouflin, Aff. C-206/00）。
③ 国務院もその判決の中で、「公務員にとって退職年金は、当該公務員の過去の公務の品位との関係において、当該公務員又はその承継人の物質的条件を保障するための繰延賃金となるものである」と判示していること（CE, 6 février 2002, Bab Hamed, n° 219383）。
④ 憲法院は、如何なる規則も憲法的価値を有する原則も、退職年金の受給権に対する不可侵性（intangibilité）を保障していないと判示している（Décision n° 94-348 DC du 3 août 1994）が、これは、将来に向けての改変には妥当するものの、問題の拠出 1 年当たりの拠出率のように、既に完了した過去の拠出に適用することは、公務員年金の性格に反すること。

第 2 部　第 2 章　社会保障給付の法的性格

⑤　裁定時の給付率が適用される結果、給付率が裁定者の手続の遅れ等の偶然による影響を受けることになり、受給者間の不公平を発生させること。

これに対して憲法院は、次の理由から、訴えを退けている（Décision n° 2003-483 DC du 14 août 2003）。

「まず、上述の通り、裁定される給付率の賃金に対する割合を変更するのは、立法者の自由であることに鑑み、
　次に、年金額の計算に適用される規則は権利の発生日に効力を有する規則であり、それ故、この計算は裁定業務の熱心さではなく公務員の状況に依存することに鑑み、
　最後に、既に行われたように、年金額の計算の規則や当該計算の経過措置を制定することにより、立法者は、憲法第 34 条に由来する法律の明確性（clarté）の原則を侵害するものでも、また、法律の理解可能性（intelligibilité）及びアクセス可能性（accessibilité）という憲法的価値の目標を侵害するものでもないことに鑑み、」

憲法院は、既に 1994 年 8 月 3 日の判決で、年金受給権の不可侵性を否定しているのであるが、上記判決により、未だ受給権が発生していない年金について、給付率等の条件を変更したとしても、年齢到達等による権利の発生日が同じであれば、裁定される年金は同一条件となることから、適用される規則は明確であるとともに、公務員間の公平性を侵害するものでもないことから、憲法に反することなく年金の受給条件を変更できることが明確になった。

このような繰延賃金に関する議論以外にも、年金の裁定の性格を巡る問題がある。社会保障法典 R.351-10 条は、「R.351-1 条及び R.351-9 条が規定する要件に従って裁定された年金又は終身定期金は、R.351-1 条が規定する要件に従って、老齢保険に対する権利の開始のために被保険者の勘定が閉められたにもかかわらず、その日より後の期間における拠出を考慮するために改定することはできない」と規定している。この規定振りからすると、いったん裁定された年金は権利として確定し、その不可侵性が保障されているようにも思われる。

しかし、この点に関する判例の態度は謙抑的である。すなわち、判例は、社会保障法典 R.351-10 条を、広く裁定年金の不可侵性を保障するための規定ということではなく、限られた場合においてのみ受給権の取扱いを受給権者及び保険者に委ねる趣旨の規定と解釈している[18]。例えば、破毀院の 2000 年 10 月 31 日判

---

(18)　L.-E. Camaji, *op.cit.*, pp.370-371; F. Muller, «Caractère définitif de la liquidation», RTD sanit. soc., 2001, p.166

決（Cass. soc., 31 octobre 2000, n° 99-11258）は、1981 年に裁定された年金の計算方法に誤り（金庫（MSA）に不利な過誤）があることが事後的に判明し、年金額の遡及減額が行われたことに対して、訴えが提起されたものであるが、裁判所は、「訴えの期間を過ぎた後は、法律が規定する場合を除き、当事者は年金の計算を変更することができない」と判示している。本判決を一般化して言えば、年金の裁定後、訴訟の提訴期間が過ぎた後は、法律が特に規定する場合を除き、当該年金の受給権は最終的なものとなり、当事者は年金の算定基礎を変更することはできず、仮に計算方法が誤っていたとしても、裁定された年金の減額を行うことはできないということになる[19]。

以上のように、繰延賃金のような年金の性格論、あるいは社会保障法典 R.351-10 条のような実定法上の規定を拠り所に年金の受給権に分析を加え、そこから直截に年金に対する権利の不可侵性を導き出すことは困難であることが明らかになった。そこで、以下では、社会保障を巡る一般法理を含む各種法理に視野を広げ、社会保障の受給権に関する検討を深めることとしたい。

第 2 節　社会保障の受給権を巡る法理

1　受給権の規則的性格

社会保障は、1938 年の「Caisse primaire «Aide et protection»」判決（CE, 13 mai 1938）により公役務としての性格が認められ、さらに、憲法上も健康及び社会保護に関する権利保障としての性格が付与され、社会保険から社会保障への発展を見ることになった。ここにおいて、社会保障の受給権は、被保険者としての社会保障への加入が契約でないのと同様に、規則的（statutaire）又は公序（ordre public）であると解されるに至る[20]。この結果、社会保障機関による給付裁定等の決定は、特別な裁判制度の管轄に服するとはいえ、それ自体は行政行為としての性格を帯びることになる[21]。

この受給権の規則的性格から、社会保障給付の特徴として、次の点を挙げることができる[22]。

---

(19) X. Prétot, *Protection sociale, 6 ans de jurisprudence 1997-2002*, Litec, 2003, p.273
(20) X. Prétot, *Les grands arrêts du droit de la sécurité sociale, op.cit.*, pp.245-247
(21) *ibid.*, p.246
(22) *ibid.*, pp.247-248

第2部　第2章　社会保障給付の法的性格

① 被保険者が一端年金の確定の手続きを踏むと、単なる個人的な都合で年金権を放棄することはできない。
② 支給要件を満たせば年金を支給すべきであって、社会保障機関は法定の支給要件以外の事情を勘案することは許されない。この結果、例えば、病気休暇期間中に事業主から賃金が支払われるとしても、初級疾病保険金庫が傷病手当金を減額することは許されないことになる。

2　既得権としての受給権

社会保障の権利の不可侵性がアプリオリに認められない中で、何らかの法理を援用することで既得権を保護する可能性がないかが問題となる。そこで、既得権に関係する法理として、まず不遡及原則から検討を始める。

（1）不遡及原則による既得権の保護

我が国の行政法において既得権が問題となる一例が、行政行為の撤回である。成立時に瑕疵のない行政行為の効力を将来的に消滅させる撤回について、通説・判例は、個別の法的根拠なく行政庁が行うことができるとするが、不利益処分の撤回と異なり、授益処分の撤回は、撤回権が制限されることがあるとされる[23]。つまり、不利益処分であれば、撤回は原則として自由に行えるのに対して、授益処分の場合には、行政庁が恣意的に撤回を行うことは許されず、相手方の信頼利益等の保護の必要性に照らした比較考量による判断が必要であるとされる。また、撤回の根拠は、公益適合性にあるとされるが、その場合の公益は相手方の既得権を上回るものであることが必要であるとされる[24]。

ところで、年金の既得権に関する議論は、法改正等による制度変更に伴って発生する問題でもある。年金の場合の既得権は、制度変更から派生する問題という点で、確かに行政行為の撤回のように、既存制度を前提とする個別の行政行為に関わる問題とは異なる。しかしながら、既得権の尊重という点からは、立法上の原則として「法律不遡及の原則」が導出される一方、行政行為の撤回の制限事由としても既得権の尊重が援用されるように、既得権尊重は広く一般性を有する概念である。したがって、法律における不遡及の原則も行政行為における撤回事由

---

[23]　塩野宏『行政法Ⅰ［第5版］』（有斐閣、2009年）172-177頁
[24]　同上

第 2 節　社会保障の受給権を巡る法理

の制限との間には、既得権尊重という点で共通性を有する。そうであれば、行政行為における既得権の問題やそれに関連する不遡及原則を検討することは、無益ではなかろう。

　実際、フランスにおいては、不遡及原則は、行政行為に止まらず立法も含め、広く法の一般原則の一類型として援用される。もともと不遡及原則は、1789 年の人権宣言第 8 条が「……何人も犯罪に先立って制定公布され、かつ適法に適用された法律によらなければ、処罰され得ない」（高木他編『人権宣言集』（岩波文庫、1957 年）132 頁）と規定されるように、フランスでも、刑罰法規について厳格に適用される。これに対して、他の法分野について、人権宣言以外の憲法規範で不遡及原則を明確に規定するものはないが、その他の分野でも刑罰法規ほどの厳格さは要求されないまでも学理上のみならず訴訟等においても援用されることがある[25]。

　行政行為について言えば、「不遡及性（non-rétroactivité）」は、既に 19 世紀に判例として登場している[26]。その後、この不遡及性は、国務院によって、行政立法及び個別行政行為を通じた法の一般原理として承認されることになる。その後、行政行為の不遡及原則は、憲法院によっても承認され、フランス公法の重要な概念となっている。そして、この不遡及原則を巡っては、豊富な判例が存在しており、そこから示唆を得ることができる[27]。

　学説に目を向けると、バルテルミ（J. Barthélemy）氏及びデュエズ（P. Duez）氏は、第 3 共和政の時代である 1933 年に出された『憲法概論（Traité de droit consti-

---

[25]　民法典第 2 条は、「法律は、将来に向かってのみ規定する。法律は、いささかも遡及効を有しない。」と規定されている。人権宣言については、1793 年の山嶽党憲法における権利宣言第 14 条が「……法律がその存在する以前に犯された犯罪を処罰するようなときは、その法律は、一の暴圧である。法律に与えられた遡及効は、一の重罪となるべきである。」（高木他編『人権宣言集』（岩波文庫、1957 年）145 頁）と規定している。また、1946 年の憲法の草案第 10 条では、「法律は遡及効を有することができない」と規定されていたが、現行憲法にはつながっていない。

[26]　M. Long et al., *Les grands arrêts de la jurisprudence administrative*, 1996, p.400

[27]　例えば、理工科学校の学費の返還免除に関する予算法の規定に関して、後述の憲法院の 1969 年 10 月 24 日判決（Décision no 69-57 L du 24 octobre 1969）は、「上記第 96 条第 II 項第 2 段落の規定によれば、当該条第 II 項の規定は『1959 年 7 月に卒業した理工科学校の卒業生に適用される』と言明されているが、これは遡及的性格を有していることから、命令制定権の管轄から逸脱している」と判示している。このことは、不遡及原則を前提に、それに対する例外は法律によってのみ設けることができることを意味している（L.-E. Camaji, *op.cit.*, p.313）。

第 2 部　第 2 章　社会保障給付の法的性格

tutionnel)』の中で、不遡及原則について、次のように整理している[28]。

・不遡及の原則は、
　① 新法は、過去を遡及的に規制することはできないことと
　② 新法は、常に将来を完全に規制することができるわけではないこと（ある種の状況は、将来に向かっても、新法の領域から外れること）
　の命題を含んでいる。
・このうち①の命題は、過去であるが故に、かつて正当であったことを突然不適法にすることは、立法者の権限ではないことを法律的に承認するものである。換言すると、これは、法律がその役割として正に組織し強化すべき法的安定性を体現するものである。
・これに対して②の命題については、新法によって規制される領域とそうでない領域を区分する基準に関して、困難な問題を生じさせる。例えば伝統的な議論としては、新法が適用されない「既得権（droits acquis）」と新法が適用される「単なる期待（simples expectatives）」との区分がある。如何なる基準で既得権と単なる期待を区分するかは、明確ではない。実際には、既得権を新法であっても適法に変更することのできない権利と定義した場合、新法によっても尊重されるべき状況が何かを問われても、回答がそこからは見いだせないなど、議論が悪循環に陥っている。
・そこで、両者を区分する基準としては、公法学者がいうところの
　ⅰ　一般的、没我的、抽象的、客観的な法的状況
　ⅱ　個別的、具体的、主観的な法的状況
　が考えられる。このうち一般的状況の場合には、新法が適用されるに対して、個別的状況の場合には、新法が適用されないことになる。

　　同じく第 3 共和政下の憲法学者であるカレ・ドゥ・マルベール（R. Carré de Malberg）の場合には、次のように、異なる立場に立つ。
・法律の規範は、立法者を除き、国家の全ての機関に課される。例えば、民法典第 2 条の不遡及の原則は、行政及び司法を拘束するが、立法者をつなぎ止めることはできない。
・1901 年 6 月 7 日の破毀院の判例が承認しているように、立法者は、自ら法

---

[28] J. Barthélemy et P. Duez, *Traité de droit constitutionnel*, publié en 1933, rééd. par Editions Panthéon Assas, 2004, pp.767-769

第 2 節　社会保障の受給権を巡る法理

律を改廃できるように、不遡及原則から逸脱することができる。

　このように不遡及原則の問題は、碩学により理論面の検討が行われてきたが、この問題を法の時間的抵触の問題として深化させたのがリヨン大学のルビエ（P. Roubier）氏であった。同氏は、1929 年及び 1933 年に 2 巻からなる『時間の中での法律の抵触（いわゆる法の不遡及の理論）』を著し、その後 1960 年に改訂版としての『経過法（時間における法の抵触）』によりその理論を集大成した[29]。同氏によれば、法の時間的適用関係を巡る抵触問題には、国と国の間という意味での地理的抵触の問題について国際私法が存在するように、一国内においても法的状態の時間的経過の中で新法と旧法の適用関係が問題が典型であるが、法の時間的抵触の問題が存在しており、それは経過法（droit transitoire）として理論化できるとして、具体的には、次のように述べている[30]。

・法は外国法の管轄の下で形成された法的関係を無視することができないことから、法の抵触に関する国際私法の問題が発生するが、それは法の適用の地理的な限界に起因して問題である。同様に、法は旧法によって既に形成された法的状態を無視することができないという点で時間的限界を有しており、そこから経過法ともいうべき法の時間的抵触の問題が発生する。その点で、国際私法も経過法も、法の抵触に関する問題を対象としており類似性を有する。
・法の時間的適用を考えるに当たっては、時間は過去、現在、未来に分けることが可能である。それとの関係で、法の適用は、
　① 過去に向かって法が遡及的効果を有する場合、
　② 現在から即座に法が適用される場合、
　③ 未来に向かって法の適用が繰り延べられる場合
とに分かれる。このうち①のように法が遡及的効果を有する場合には、旧法令の状態を攪乱することになることから、民法第 2 条が規定するように、法は将来に向かってのみ規定することになっており、遡及的効果は原則として否定される。これに対して、②のように新法令の公布から即座に施行されることや、③のように新法令の公布後も旧法令が適用される余地を残すことに

---

[29]　P. Roubier, *Le droit transitoire, Conflit des lois dans le temps*, Dalloz et Sirey, 1960, rééd. par Dalloz, 2008
[30]　*ibid.*, pp.6-7, pp.10-11, pp.172-173, p.391, pp.423-424, p.429

第2部　第2章　社会保障給付の法的性格

は、法的を攪乱されるような問題は発生しない。
・法令の公布は民法第1条が規定する様式行為であり、原則として官報公布に関する手続に従って規定された施行日から適用される。この点に照らすと、法の時間的適用に関して新たな法令は、施行されるや否や、既存の法的関係及び将来の法的関係に起因する全ての効果を伴う形で適用されることが原則である。これを法の即時的効果（effet immédiat de la loi）という。
・この法の即時的効果により、新法令は、旧法令の下で発生していた法的状態も含め、施行後に発生する全ての状態を支配する。ただし、旧法令の下の法的状態により既に完了している事実については、新法令が遡及適用されない限りは、影響を受けることはない。これに対して、現在も進行中の状況となると、法の即時的効果により新法令が適用されることになる。つまり、旧法令の下で発生している法的状態は、それが完了していない限りは、新法令によって規整されることになる。なお、契約の場合は、法の即時的効果を伴うことはなく、旧法が存続するのが原則である。
・法令に関する即時的効果が是認される理由は、仮に即時的効果を認めないとすれば、新法令が施行後も同一の法的状態に対して複数の法令が競合的に適用される事態が避けられないためである。これに対して、契約の場合には、契約当事者の予見に基づき利害により結びつけられた多様な関係であり、それが事後的に変更されることになれば、当事者の予見を覆すことになってしまうことから、即時的効果は否定されることになる。つまり、自由と平等に支えられた現代社会において、契約は私的自治実現のための法的多様性の手段であり、それがなかりせば、法令が画一的に全てを支配することになってしまう。
・したがって、契約は原則として変更されることがないのに対して、法令については、このような法の即時的効果の原則により、新法令が即座に将来に向かって法的状態を支配することになるわけである。
・このような即時的効果の有無の問題は、換言すれば、法的地位（statut légal）と契約との区分の問題でもある。すなわち、法的地位の場合であれば、法令により実質的・具体的に人又は物に関する法的状況が形成され、直接的に当事者全てに及ぶ権利義務関係が構築されるのに対して、契約の場合には、理念的・抽象的な法的状況を基礎として、契約当事者の間に限り自由に権利義務関係が構築される。さらに、契約関係が法的地位としての法令を基礎とし

て二次的に形成されるとするならば、当該契約関係は、一次的な存在である法令の影響を受ける。つまり、法令や制度が改変され、従来の契約の基礎が消失した場合には、契約も改変又は破棄を迫られることになる、これに対して、法令が契約の法的状態の基礎まで変更するのでなければ、現行の契約自体は維持されることになる。

・法的地位か契約かという点では、大半の労働法制は法的地位に関わる。例えば、工場労働における労働時間や労働条件は法的地位であり、労働契約の契約内容にかかわらず、法令の規整に服することになる。

(2) フランスにおける不遡及原則

1) はじめに

既に述べたルビエ氏の「法の即時的効果」からすれば、法は遡及的効果を有しないのが原則である。この不遡及原則を考える場合、それが原則とまで言えるかという観点からは、学理上の議論のみならず判例のレベルでも承認されているかどうかが重要である。また、検討に当たっては、フランスの場合、憲法院、国務院等の裁判所による違いの有無も重要である。

まず、不遡及原則を理解する上で重要な判例は、国務院が1948年に出した「ローロール (L'Aurore) 新聞社事件」(CE. Ass. 25 juin 1948, Société du journal «L'Aurore», Rec. 289) の判決である。当該事案は、1947年12月30日の命令 (arrêté) により、電気料金について、公布日である1948年1月1日以降実施される検針によって請求される料金から値上げ行われることになったところ、この値上が1948年1月1日より前の消費分に対しても及ぶため、ローロール新聞社から訴えが提起されたものである。国務院は、本件値上げが、

① 不遡及原則 (1948年より前の期間にも値上げが及ぶこと)、

② 平等原則 (1948年より前であっても、検針の時期によって料金が違うこと)

に反することを理由に、当該命令を取り消した。このうち、不遡及原則について、判決は、次のように述べている。

「連続する2回の検針の間の期間に応じてではあるが、1948年1月1日より後の最初の検針の時期によっては、1月1日より前の消費分が多かったり少なかったりすることになること、

この消費は値上げされた料金が適用されることが決定されたことにより、訴えら

第2部　第2章　社会保障給付の法的性格

れた命令は、規則は将来に向かってのみ規定することができるという原則……に反すること」

これに対して、不遡及原則に対する憲法院の態度は微妙である。もちろん、憲法院も、法律の時系列的な意味での適用関係において、法律の遡及を無制限には認めるわけではないものの、刑罰法規を別とすれば、一般的な不遡及原則を定立するのでなく、相当込み入った形で法律の遡及に関する判例を形成している[31]。

年金における既得権という点では、それが個別の行政処分というよりも法律の改変によって影響を受けることから、ここでは法律の遡及に関するフランスの憲法院の判例を取り上げ検討を加えたい。

2）租税法以外の法律の遡及

憲法院が法律の遡及に言及した判例としては、1969年10月24日の判決（CC décision n° 69-57 L du 24 octobre 1969, "*École polytechnique*"）が挙げられる。当該事案は、理工科学校の卒業生の報酬、手当及び奨学金の国への返還義務の免除条件が予算法に規定されたことに関して、このような規定が行政立法と法律の何れの管轄が問題となったものである。憲法院は、次のように述べて、返還免除自体は行政立法で規定できるが、その遡及は法律事項であると判示した。

「上記第96条第Ⅱ項第2段落の規定によれば、当該第Ⅱ項の規定は『1959年7月に卒業した理工科学校卒業生に対して適用される』と言明されており、それは遡及的性格を有することから、行政立法権の権限範囲を超えるものである。」

この判決から分かることは、一般的な不遡及原則を承認するのではなく、むしろ遡及は可能であるが、それは行政立法ではなく法律に留保されているということであり、その点で、憲法院は不遡及原則を承認するのではなく、遡及にも限界があるという立場である。

実際、憲法院は、法律の不遡及原則自体については、次の判例のように、これまで人権宣言第8条に照らして刑罰法規以外は憲法上の価値を有しないという立場で一貫していることが指摘されている[32]。

---

(31)　A.-L. Valembois, *La constitutionnalisation de l'exigence de sécurité juridique en droit français*, L.G.D.J., 2005, p.44

(32)　*ibid.*, p.329

① 1986年6月25日及び26日の判決（CC décision nº 86-207 du 25 et 26 juin 1986, "*Loi autorisant le Gouvernement à prendre diverses mesures d'ordre économique et social*"）

　本事案は、政府が法律ではなく勅令により各種社会経済対策を講じることを承認するための法律の中の雇用創出のための各種社会保険料等の減免に関する遡及適用の規定が不遡及原則に反するとの主張に対して、憲法院は、これが人権宣言第8条の不遡及原則に反するものではないと判示している。

　「35. 1789年の人及び市民の権利に関する宣言に照らして、不遡及原則は、刑罰に関してのみ憲法的価値を有する……」

② 2001年12月18日の判決（CC décision nº 2001-453 DC du 18 décembre 2001, "*Loi de financement de la Sécurité sociale pour 2002*"）

　本事案は、2002年の社会保障財政法の中で、社会保険料減免分の補塡のために2000年社会保障財政法において創設された基金に対する社会保障各制度等の債権を財政均衡のために遡及的に取り消すとの規定が不遡及原則に反するとの主張に対して、憲法院は、これが人権宣言第8条の不遡及原則に反するものではなく、一般利益を理由に、かつ、憲法上の要請からの法的保証を剥奪しない限りにおいて可能であると判示している。

　「27. 1789年の人及び市民の権利に関する宣言に照らして、不遡及原則は、刑罰に関してのみ憲法的価値を有することに鑑み、また、他の分野に関して、立法者は遡及規定を設ける権能を有するが、それは、十分な一般利益を理由があることを考慮し、かつ、憲法上の要請に関する法的保証を剥奪しないことを条件にのみ行うことができることに鑑み」

3）税法における法律の遡及

　憲法院による不遡及原則の適用を巡っては、税法の分野でも判例の蓄積がみられる。むしろ、立法者が税に関して遡及規定を頻用することから、税法の分野においてこそ、不遡及原則が問題になるとも言える。

　この関係で留意する必要があるのが、フランスにおいては、所得税や法人税の制度改正は予算法において行われ、改正法の適用が施行前に発生した所得にも及ぶことである。このような遡及適用には問題があるものの、影響が限定的であり、また、予め税率等が分かってしまえば、それに応じた租税回避行動を国民はとってしまうことから、是認されてきている[33]。しかしながら、納税者は予め税法

上のルールを知らされるべきであるという欲求を持っており、そこから税制の特徴として、税制上の優遇措置は優遇期間の終了より前に廃止されるべきではないという法的主張とともに、税法は遡及効を有するべきではないという法的主張が導き出される[34]。それだけに、税法においては、どのような考え方でどの程度まで遡及効を制限することができるかが重要となるわけである。

　このような税法の遡及効について、憲法院は、税法の遡及適用を許容しつつも、遡及適用を厳格に解釈し制限する傾向にある。その一つの表れが、1999年の社会保障財政法に盛り込まれた、保険償還薬のメーカーに対する特別拠出金の賦課方法の変更の遡及適用を巡る訴訟である。政府の改正案では、特別拠出金の控除を縮小する（賦課ベースを拡大する）代わりに、税率を引き下げることになっていたが、国民議会及び元老院の議員は、当該改正が既に納付された税の賦課ベースを変更するものであることから、税の通常の遡及を越え、不遡及原則等に反するとして訴えを提起した。これに対して、憲法院は、「人及び市民の権利に関する宣言の第8条に基づく、法律の不遡及の原則は、刑罰に関してのみ憲法的価値を有する」と判示した上で、「立法者が税の遡及規定を採用する裁量を有しているとしても、十分に一般的利益（intérêt général）上の必要性を考慮し、憲法上の要請に関する法的保障を奪わないという条件の下でのみ、それを行うことができる」との基準を示し、当該改正が十分な一般的利益上の必要性を有していないして、憲法違反と判示した（Décision n° 98-404 DC du 18 décembre 1998）。

　以下では、このほかの憲法院の判例を時代順に見ると、次のような形で整理できる[35]。

　　a　遡及適用を許容するかどうかについては、
　　　・①、③、④、⑤、⑥、⑦、⑧のように遡及適用を容認（不遡及原則の適用を排除）する判決と、
　　　・②（税法に関する罰則）、⑩（一般的利益の不備）、⑪（一般的利益の不備）のように遡及適用を制限する判決がある。

---

(33) *ibid.*, pp.330-332（国務院は、税制改正の影響が施行前にも及ぶことを「自然（naturelle）」又は「通常（ordinaire）」の遡及と呼び是認されるのに対して、税の規定の明確を謳いながら実際には恣意的な解釈規定を挿入するような改正を「恣意的（artificielle）」又は「異常（extraordinaire）」な遡及と呼び区別する。）
(34) L. Favoreu et L. Philip, *Les grandes décisions du Conseil constitutionnel*, Dalloz, 2003, p.910
(35) *ibid.*, p.911, p.913; A.-L. Valembois, *op.cit.*, pp.333-338

第2節　社会保障の受給権を巡る法理

b　このうち遡及適用を制限する②の判決は、税制上の制裁を刑罰の不遡及に関する人権宣言第8条と同じ土俵で捉えている。

c　これに対して、遡及適用に関して刑罰の不遡及原則と異なる条件を挙げる判決の中には、遡及適用の条件として、
・⑥、⑧のように、所有権を侵害しないことを挙げるもの、
・⑥、⑦、⑧のように、既判力を侵害しないことを挙げるもの
・⑧のように、時効に関する規則に抵触しないことを挙げるもの
・⑨のように、広い射程を持つ概念である「憲法上の要請に関する法的保証」を剥奪しないことを挙げるもの
・比較的最近（1986年以降）の判例である⑤、⑨、⑩、⑪のように、十分な一般的利益の必要性を明示するもの
などがある。

d　このように全体として、判例は税法における遡及適用の枠組みを詳細化する方向にあり、遡及適用の要件としては、
・遡及適用を正当化するに足りる十分な一般的利益が存在すること、及び
・他に代替可能な解決法が存在しないこと
を挙げることができる。

e　このうち要件として一般的利益を挙げる場合を敷衍すると、判例は不遡及を原則としながらも、憲法的価値は有しないとし、例外として遡及を許容しているという構造になっている。その場合でも、一般的利益とは、⑩の判例のように単なる財政上の必要性では不十分であり、税務当局のみならず納税者全体にとっての必要性といった意味での一般性が必要である。このため、十分な一般的利益の判断に当たっては、⑩の判例のように、遡及の程度と遡及により追求する目的との間の均衡から合憲性を判断する判例も登場することになる。

f　このほか既判力や時効との関連では、権利が確定的となる前の係争状態にある場合には遡及が許容されることになる。

① 1980年10月30日の判決（CC décision n° 80-126 du 30 octobre 1980, "*Loi de finance pour 1981*"）

　　1981年の予算法案の第13条第Ⅴ項第2段落（アルコール及びアルコール飲料に対する消費税等の見直し）が人権宣言第8条の原則に反して遡及適用を規

定しているとの主張に対して、憲法院は、次のように判示している。

「このような措置は、人及び市民の権利に関する宣言第8条が唯一関係する刑罰の分野に関わるわけではなく、従って、当該条項が定立する不遡及原則に反するものではない。」

② 1982年12月30日の判決（CC décision n° 82-155 DC du 30 décembre 1982, "*Loi de finances rectificatives pour 1982*"）

1982年の補正予算法案において、ニューカレドニアにおける所得税の税率、課税標準及び徴収方法が地域議会で決議されることともに、地域議会の1982年1月11日の決議を有効化するための規定が設けられたところ、地域議会の決議の有効化に関する規定が、当該決議の中の刑事罰に遡及効を付与するものであり不遡及原則に反するとの主張に対して、憲法院は、遅延損害金に相当する加算税のような場合を別とすれば、司法裁判所か行政裁判所かを問わず、税法に関する罰を規定する地域議会の決議は、不遡及原則に反することはできないと判示するに当たって、次のように述べている。

「このように定立された不遡及の原則は、刑事裁判機関によって適用される刑罰のみに関わるものではなく、仮に立法者が罰の言い渡しの役割を司法的性格を有しない当局に委ねたと考えたとしても、処罰としての性格を有するあらゆる罰に対して必然的に及ぶものである。」

③ 1983年12月29日の判決（CC décision n° 83-164 DC du 29 décembre 1983, "*Loi de finances pour 1984*"）

1984年の予算法案中の建造物に係る不動産税の非課税措置の期限を短縮する規定について、優遇措置の期間には契約的拘束力があり、この短縮は「国家の継続性の原則（le principe de la continuité de l'Etat）」に反するとの主張に対して、憲法院は、次のように判示している。

「憲法的価値を有する如何なる原則又は規則も、従前からの法の統制下にある既得の税の免除を見直し、又はその期間を短縮することを禁止していない。」

④ 1984年12月29日の判決（CC décision n° 84-184 DC du 29 décembre 1984, "*Loi de finances pour 1985*"）。

1985年の予算法案の中で、当該年より前の歳入を補塡するための税制上の措置を遡及的に規定することができるかが問題となったところ、憲法院は、次のように判示し、税制上の措置の遡及適用を認容した。

第 2 節　社会保障の受給権を巡る法理

「憲法的価値を有する如何なる原則又は規則も、税制上の措置が遡及的性格を有することを否定していない。」

⑤　1986 年 12 月 29 日の判決（C.C. décision n° 86-223 DC du 29 décembre 1986, "*Loi de finances rectificatives pour 1986*"）

　　1986 年の補正予算法案の中で、不適正な課税を遡及的に有効化する条項が盛り込まれているところ、当該条項が憲法に反するとの訴えに対して、憲法院は、次のように、遡及適用には制約はあるものの一般的利益も根拠に援用しながら遡及適用立法が可能であると判示して、訴えを退けた。

　　「法律的価値を有する民法第 2 条の規定の例外として、立法者は、一般的利益（intérêt général）を理由に、税務当局及び税務裁判官がその任務として適用すべき規則を遡及的に変更することができる。しかしながら、税法の遡及的適用には、二重の制約がある。一つには、人及び市民の権利に関する宣言の第 8 条によって提示された処罰法の不遡及の原則に則るならば、税法の遡及適用は、旧法と同様の制裁を科すのではない新たな規定の公布より前の行為を理由にして、納税者に対して制裁を科すことを権限当局に付与するものではない。また、一つには、税法の遡及適用は、既判力を有する判決によってその権利が承認された納税者を害することはできない。このような状況に鑑みると、裁判所に訴えたがまだ最終的な判決が出ていないものも含め、前記以外の納税者を別とすれば、立法者は、司法の独立という憲法上の原則に適合し、平等の原則に反するものでない。」

　　「旧法の支配下において発生した権利の存在という一事を以て、租税立法を遡及的に変更するという立法者の権能を反対に制限することはできない。」

⑥　1989 年 12 月 29 日の判決（CC décision n° 89-268 DC du 29 décembre 1989, "*Loi de finance pour 1990*"）

　　1990 年の予算法の中で、非課税措置の廃止が盛り込まれたところ、当該規定の施行日の設定が厳し過ぎるとの主張に対して、憲法院は、次のように判示して、憲法違反との訴えを退けた。

　　「法律の不遡及の原則は、人及び市民の権利に関する宣言の第 8 条に照らし、処罰に関してしか憲法的価値を有しない。」

　　また、海外法人が所有する不動産に対する市場価格による定額税制に関する解釈規定が破毀院の判例を侵害するとの主張に対して、判決の既判力により発生した権利を侵害するものではないとしつつ、そのための要件を次のよ

うに明確化している。

　「80. 法律的価値を有する民法第2条の規定の例外として、立法者は、一般的利益（intérêt général）を理由に、税務当局及び税務裁判官がその任務として適用すべき規則を遡及的に変更することができる。しかしながら、税法の遡及的適用には、二重の制約がある。一つには、人及び市民の権利に関する宣言の第8条によって提示された処罰法の不遡及の原則に則るならば、税法の遡及適用は、旧法と同様の制裁を科すのではない新たな規定の公布より前の行為を理由にして、納税者に対して制裁を科すことを権限当局に付与するものではない。また、一つには、税法の遡及適用は、既判力を有する判決によってその権利が承認された納税者を害することはできない。

⑦ 1988年12月29日の判決（CC décision n° 88-250 DC du 29 décembre 1988, "*Loi de finances rectificatives pour 1988*"）

　1988年の補正予算法の中で税の徴収に関する委任規定を設けるとともに、その公布による委任より前に行われた徴収手続の遡及的有効化も規定していたところ、これが判決の既判力を侵害し、人権宣言が承認する「市民の法的安全（la sécurité juridique des citoyens）」に反する形で時効の効力を消滅させるものであるなどを理由に訴えが提起されたところ、憲法院は、次のように判示して（前半は上記⑤と同文）、訴えを退けた。

　「法律的価値を有する民法第2条の規定の例外として、立法者は、一般的利益（intérêt général）を理由に、税務当局及び税務裁判官がその任務として適用すべき規則を遡及的に変更することができる。しかしながら、税法の遡及的適用には、二重の制約がある。一つには、人及び市民の権利に関する宣言の第8条によって提示された処罰法の不遡及の原則に則るならば、税法の遡及適用は、旧法と同様の制裁を科すのではない新たな規定の公布より前の行為を理由にして、納税者に対して制裁を科すことを権限当局に付与するものではない。また、一つには、税法の遡及適用は、既判力を有する判決によってその権利が承認された納税者を害することはできない。このような状況に鑑みると、裁判所に訴えたがまだ最終的な判決が出ていないものも含め、前記以外の納税者を別とすれば、立法者は、司法の独立という憲法上の原則に適合し、平等の原則に反するものでない。」

　「本件の場合、立法者は、徴税台帳の作成並びに徴税処分及び付遅滞の通知に関して、県における国の代表者及び税務当局の公務員の権能を遡及的に

第 2 節　社会保障の受給権を巡る法理

規定することにより、公的機関の職員の間の任務の配分のみを目的として、国その他の公的団体に最悪損害が及ぶような結果をもたらす争訟が発生することを回避しようとしている。従って、法律の如何なる条項も、既判力を有する判決によって納税者に生じた権利を侵害するものではない。ましてや、法律は、処罰的な性格を有する条項の不遡及の原則及びそこから派生する法的に獲得された時効の効果を遡及的に消滅させることを禁止する原則に反するものではない。同様に、批判されている規定は、訴えを起こした議員が与えているような射程を有しておらず、如何なる規則や憲法的価値を有する原則にも反しない。」

⑧ 1991 年 7 月 24 日の判決（CC décision nº 91-298 DC du 24 juillet 1991, "*Loi portant diverses dispositions d'ordre économique et financier*"）

　1991 年の経済的・財政的秩序に関する諸措置に関する法律に盛り込まれた付加価値税の規定が不遡及原則に反するとの訴えに対して、憲法院は、次のように判示して（前半は上記⑤と同文）、訴えを退けた。その際、当該規定が所有権の侵害に当たらないと述べていることが注目される。

　「法律的価値を有する民法第 2 条の規定の例外として、立法者は、一般的利益（intérêt général）を理由に、税務当局及び税務裁判官がその任務として適用すべき規則を遡及的に変更することができる。しかしながら、税法の遡及的適用には、二重の制約がある。一つには、人及び市民の権利に関する宣言の第 8 条によって提示された処罰法の不遡及の原則に則るならば、税法の遡及適用は、旧法と同様の制裁を科すのではない新たな規定の公布より前の行為を理由にして、納税者に対して制裁を科すことを権限当局に付与するものではない。また、一つには、税法の遡及適用は、既判力を有する判決によってその権利が承認された納税者を害することはできない。このような状況に鑑みると、裁判所に訴えたがまだ最終的な判決が出ていないものも含め、前記以外の納税者を別とすれば、立法者は、司法の独立という憲法上の原則に適合し、平等の原則に反するものでない。」

　「本件の場合、立法者は、税法の規定の射程を遡及的に詳述することにより、結果的に国に最悪損害が及ぶような争訟が発生することを回避しようとするものである。また、既判力を有する判決から生ずる権利は、明示的に保障されている。さらに、第 7 条第 I 段落の規定は、立法者が処罰的な性格を有する条文の不遡及の原則及び時効に関する原則から逸脱することを許して

いない。」

　「そのほか、第7-1条の適用は、納税者の資産に及ぶ影響によっても、所有権を侵害するものではない。それ以外の解釈は憲法に反する。」

⑨ 1996年12月28日の判決（CC décision n° 95-369 DC du 28 décembre 1995, "*Loi de finances pour 1996*"）。

　1996年の財政法の中で所得税の減額措置の廃止規定が盛り込まれたところ、当該規定が遡及適用であることから不遡及原則に反するとの主張に対して、憲法院は違憲ではないとして、次のように判示している。

　「人及び市民の権利に関する宣言第8条に照らして、法律の不遡及の原則は、刑罰にしか憲法上の価値を有しない。法律第4条は罰則を規定するものではなく、減税の時間的効力を制限するものである。立法者は、憲法上の要請の法的保証を剥奪しない限りにおいて、一定の条件の下で過去に制定した条文を適用しないようにできる新たな条文を採択する権能を有する。従って、本件において予定された措置の適用に関する日程を立法者が決定することは、憲法に反しない。」

　また、1996年の財政法の中で、国務院によって一旦破棄された金銭収納名義（tittre de perception）を立法的に有効化する規定が遡及的に債務又は租税を発生させることから憲法に違反するとの主張に対して、憲法院は、遡及適用のためには一般的利益を目的とすることが必要である述べた上で、当該規定が単なる財政的利益のみを目的とするとして、憲法違反との判断を示した。

　「既判力を有する判決が下されたのを受け、そして、行政行為によって当該判決が尊重されつつ、仮に立法者が遡及的に有効化するための措置を講ずる権能を使用する自由を有しているとしても、立法者は、それを一般的利益の目的のためにしか行使することができない。関係する金額、そして、本件の場合に影響を受けることのない民間航空関係の付属予算の財政的均衡に関する一般的条件に照らすと、本件のように金銭収納名義を再度問題にすることなく財政的利益のみを考慮することは、立法者が既に出された判決の効力を妨げたり、場合によれば、その他の者が介入することが許容されるだけの一般的利益の目的を構築しない。従って、また、訴えの提起者が援用する不利益について判断するまでもなく、第98条は憲法に反すると見なされるべきである。」

⑩ 1998年12月18日の判決（CC décision n° 98-404 D.C. du 18 décembre 1998, "*Loi*

第 2 節　社会保障の受給権を巡る法理

de financement de la sécurité sociale pour 1999"）

　本事案は、1999 年の社会保障財政法において、1996 年に疾病保険の財政対策のため創設された製薬企業の売上げに対する特例的拠出金（contribution exceptionnelle）について設けられていた控除制度及び税率を 2 年間遡及して変更することを内容とする条項が企業の追加納税を必要とすることから、不遡及原則に反して違憲であるとの主張について、憲法院は次のように主張を認容する判決を下した。

　「法律の不遡及の原則は、人及び市民の権利に関する宣言の第 8 条に照らし、処罰に関してしか憲法的価値を有しない。しかしながら、立法者は遡及的な税制の規定を採択する権能を有するとしても、それは、十分な一般的利益に関する動機を考慮し、かつ、憲法上の要請に関する法的保証を剥奪しないという条件の下においてのみ可能である。」

　「件の拠出金は例外的な性格を有しており、過去 2 年間徴収されてきており、そして立法者は賦課標準、税率及び税金の納付方法を遡及的に変更することの結果を是正するための遡及的でない措置を講ずる権能を有していることから、件の拠出金の賦課標準の算定方法を判決が否認することでもたらされる財政上の帰結は、賦課標準、税率及び税金の納付方法を遡及的に変更するのに十分な一般的利益に関する動機を形成しない。従って、その他の主張について判断するまでもなく、第 10 条は憲法に違背すると宣言されるべきである。」

⑪　2000 年 1 月 13 日の判決（CC décision n° 99-423 DC du 13 janvier 2000, *"Loi relative à la réduction négocié du temps de travail"*）。

　労働時間の短縮に関する法律の中に盛り込まれた 35 時間労働法制の実施の関係で、1998 年 6 月 13 日法律第 98-461 号に基づき締結された労働協約による労働時間等の協定内容が経過的にしか効力を有しなくなることに対して、これが労使の契約自由を侵害するとの訴えについて、憲法院は、次のように述べた上で違憲との判断を下した。

　「立法者は、その指示に従って締結された協約を評価して、当該協約の内容に照らして、既存の法律の規定を維持することも、協約と同方向又は反対方向に法律を修正することもできる。しかしながら、上述の憲法上の要請に反して協約を侵害することを留保した上で、本件の場合には、十分な一般的利益を理由とする場合のみ協約の内容を見直すことができる。」

第 2 部　第 2 章　社会保障給付の法的性格

「本件の場合、上記の 1998 年 6 月 13 日の法律の第 1 条が規定する労働時間の短縮が想定する結果に協約が反する場合、又は協約の締結の時点に効力を有する法令の規定に反する場合のように、協約の見直しが正当化できるときに限り、立法者は、このような協約の見直しを決定することができる。」

4）とりあえずの示唆

以上みたように、法律の定立に関する限り、刑事罰等のような場合や既判力等の侵害のような例外的な場合を別とすれば、不遡及原則による保護は必ずしも及ばないことになる。逆に言えば、法の一般原理としての不遡及原則の保護の必要性に照らし、これへの侵害は法律によってしか行い得ないことになる。また、遡及立法の場合であっても、立法者の権能は無制限ではなく、十分に一般利益を考慮し、憲法上の要請に基づく法的保障を侵奪しない限りにおいて、遡及規定を設けることができることになる(36)。

（3）　受給権者の法的地位

前述のように、不遡及原則に基づく既得権が必ずしも受給権者に認められないことは、社会保障給付に対する受給権が契約ではなく法的地位に由来することにも関わる。つまり、社会保障に関する法的状況は、契約によって形成されるのではなく、法令に基づき形成されるものであることから、原則として、法に関する即時的効果が発生することになる。その点からすれば、法令に関する不遡及原則が適用されてもよさそうであるが、受給権は法的地位に由来することから、受給権も法定地位としての規整に服することになる。そこで、ここでは、前述の憲法学理的な議論とは別に、法的地位に関する法的議論に焦点を当てることで受給権の問題を整理することとしたい。

まず、社会保障への加入による被保険者、受給権者等の状況が契約関係ではなく法的地位であることは、学説のみならず破毀院判例も従来から認めているところである(37)。例えば、破毀院の 1997 年 3 月 13 日判決（Cass. soc., 13 mars 1997, n° 95-18358）によれば、「非農業自営業者疾病・出産保険制度は法的地位（statut légal）であり、そのことにとって、被保険者が加入に当たり様々な協約組織を選

---

(36) P. Raimbault, *Recherche sur la sécurité juridique en droit administratif français*, L.G.D.J., 2009, p.69

(37) L.-E. Camaji, *op.cit.*, p.284

第 2 節　社会保障の受給権を巡る法理

択することができることとはほとんど重要ではな」く、某氏の「金庫への加入及びその結果としての給付の受領は契約ではなく、この地位の適用に由来する」と判示している。また、破毀院の 2001 年 11 月 15 日判決（Cass. Soc., 15 novembre 2001, nº 00-10178）においても、「非農業自営業者疾病保険制度は義務的な法的地位であり、この結果としての給付の受領は地位の適用に由来するものであり、自営業が変更された場合であっても、被保険者が給付の償還を受けるためには、当該制度の保険料を支払っていることが必要である」と判示しており、社会保障への加入が法的地位であることは疑問の余地はない。

　この社会保障の法的地位としての性格からは、その法的効果として、次のような特徴が導き出されることになる[38]。

① 公役務性を有する社会保障に関する法令は公序（ordre public）であり、制度への加入は個人の意思ではなく義務的である。
② 法的地位である社会保障制度は当事者の意思により改変することができないことから、社会保障給付に対する請求等を自己の都合だけ取り下げたり、訴えの期間経過後に取り下げることはできない。
③ 社会保障給付は法的地位に基づく公序としての性格を有することから、その受給者は、原則として法令に基づく権利を絶対的な形で放棄することができない。

　このような法的地位としての受給権から派生する効果は、破毀院の判例によって是認されるところである。例えば、社会保障が公序であることについて、破毀院の 2001 年 6 月 28 日（Cass. Soc., 28 juin 2001, nº 99-21876）は、「聖職者、修道会及び宗教団体の会員に関する社会保障法典 L.381-12 条の規定に基づく加入を請求しなかったとしても、当該関係者は、公序である社会保障の組織に関する規定に服するものである」と判示している。さらに、社会保障の公序としての性格から、法定の義務的な社会保障制度の代わりに集団保険等の民間保険に加入した場合には、当該保険契約は無効とされる（CSS. L.652-4）。この点につき、破毀院の 2000 年 2 月 3 月判決（Cass. Soc., 3 février 2000, nº 98-10863）は、問題となった生命保険であるところの「『アフィディア・ルトゥレット（Affidia Retraite）』という契約は、積立方式の年金により、義務的な老齢制度によって既に保障されているリ

---

[38]　*ibid.*, pp.285-286

第 2 部　第 2 章　社会保障給付の法的性格

スクを保障することを可能にするものであ」るが、「某氏は、契約の年次更新に当たり、オルガニック金庫（Caisse Organic）への保険料の支払を意識的に停止したものである」と判示し、当該保険契約を無効としなかった原審の判決を取り消しており、ここからも、義務的な社会保障制度に代替する保険契約が無効であることが確認できる。

　次に、自らの選択により社会保障給付を請求した以上は、自己の都合や期間経過後に取り下げることできないことも、破毀院の判示するところである[39]。例えば、訴訟提起期間経過後の取下げについて、破毀院の 1996 年 10 月 20 日判決（Cass. soc., 10 octobre 1996, n° 94-15447）は、「某氏は 1990 年 9 月 24 日に 1990 年 7 月 1 日からの年金の支給を既に選択しており、某氏からの裁定請求は訴訟の提起期間内に提出されたものではないことから、当該選択は取り下げることができなくなっている」と判示している。一方、自己の都合による取下げについて、破毀院の 1973 年 7 月 4 日判決（Cass. soc., 4 juillet 1973, n° 72-13544）は、「金庫により通知された給付決定の適法性については異議が出されておらず、控訴院は、被保険者の都合による変更のみを理由に当該決定を取り消す権能を有しない」と判示している。

　さらに、社会保障給付の権利を放棄できないことについても、破毀院は数々の判例を通じて指摘している[40]。例えば、破毀院の 1975 年 5 月 3 日付判決（Cass. soc., 3 mai 1974, n° 73-10689）では、「金庫はヴィダル氏の状態を的確に把握しており、また、同氏がその権利を喪失しておらず、かつ、自主的に放棄できないところの給付を支給する義務があることから、1964 年 12 月 15 日の判決により最終的に確定することになった補足的な補償を評価する中で考慮されるように、当該金庫は、第三者介護の必要性から生じる事後的な権利を一括して評価することを同氏が逸したことの結果を同氏の責めに帰することはできない」と判示した。また、破毀院の 1976 年 12 月 9 日付判決（Cass. soc., 9 décembre 1976, n° 75-14587）では、「社会保障金庫は、公序に関する法令の適用により、被保険者又はその被扶養者のために創設された給付を支給する義務を負って」おり、「地方金庫は、自らが義務を負っていることを否定しようがない法定の給付である障害年金の全額を支払うことを免れることも、放棄させることもできない」と判示している。こ

---

　(39)　*ibid.*, pp.286-287
　(40)　*ibid.*, pp.287-289

第 2 節　社会保障の受給権を巡る法理

のほか最近では、破毀院の 2001 年 4 月 5 日判決（Cass. Soc., 5 avril 2001, n° 99-19291）が「社会保障の権利を規定する法令上の規定は公序であり、被保険者及び社会保障機関がその判断で法的関係を改変する可能性は排除されていると指摘した判決は妥当であり、それ故、それに矛盾することなく控訴院が、年金の受給被保険者が当該年金を請求するための要件を充足している限りは、それを放棄することができないと結論付けたことは適切であった」と判示し、従来からの判例を確認している。ただし、破毀院の判例によれば、より有利な別の給付のために、ある給付の権利を放棄することは認められる。それを具体的に示す破毀院の判例が 2003 年 9 月 16 日判決（Cass. civ. 2e, 16 septembre 2003, n° 01-21352）であり、それによれば、より高額の年金を受給するための権利放棄に関連して、「社会保障法典 R.351-10 条の規定に基づき支給された年金の不可侵性の原則は、老齢年金の受給者がその給付を絶対的に放棄することの障害とはならない」とされている。この点では、既裁定年金の不可侵性も修正を受け、相対的な性格を有する権利ということになる[41]。

　このほか法的地位の問題は、「法の即時的効果」にも関連する問題である。既に述べたように、新法令が施行された場合、新法令の遡及適用のような事例を別とすれば、旧法令の下で完成した事実から発生する効果が尊重されることはあるにしても、将来に向かっては、旧法令の下で形成途上にあった状態も含め、新法令の規律に服するという「法の即時的効果」は、社会保障の受給権が法令に基づく権利であることから、社会保障の受給権に絡めて議論することができる。

　すなわち、「法の即時的効果」によれば、社会保障に関しては、被保険者資格の発生時点の法令ではなく、保険料の拠出義務、給付の受給権等が発生する時点の法令が適用されることになる[42]。実際、過去の破毀院の判例は、社会保障の法的状況に関して、一般的に「法の即時的効果」の適用を承認している。例えば、社会保障の事業主保険料に係る賦課標準からの控除率が 50％ から 30％ に引き下げられた場合に労働契約締結時に有効であった 50％ の控除率を引き続き適用すべきとの主張に対して、破毀院は、その 1995 年 3 月 3 日判決（Cass. soc., 3 mars 1995（RJS 5/1995 n° 592））において、「労働法典 L.322-12 条が規定する社会保険料の控除制度の恩恵を受ける事業主は、控除に関する権利を付与されることになっ

---

(41)　X. Prétot, «Renonciation définitive d'un assuré au bénéfice de la pension», Recueil Dalloz, 2003, p.2864

(42)　L.-E. Camaji, *op.cit.*, pp.292-293

第2部 第2章 社会保障給付の法的性格

た労働契約を締結したことをもって、この控除率を50％と規定した1993年2月22日付政令の規定を存続させるための如何なる既得権も導き出すことはない」と判示して、控除率の引下げを是認している。同様に、被保険者死亡後に寡婦に支給される切替年金についても、「法の即時的効果」が及ぶ。例えば、破毀院の1999年11月23日付判決（Cass. soc., 23 novembre 1999, n° 97-18980, 97-19055, 97-20248, 97-21053, 97-21393）は、切替年金の支給開始年齢の50歳から60歳への引上げに関して、「労働法典L.132-7条第2項によれば、労働協約の改正規定は、抗弁権の行使がなかったことから、旧規定に完全に代替し、それ故、当該改正規定は即時的効果を有していると、破棄申立てされた判決は適切に判示した上で、改正された協約の効力発生日において、加入者の寡婦である切替年金の受給権者の状況は変化しておらず、また、新規定は、未だ年金の受給権者となっておらず、その発生する可能性のある年金が遅延している類の者を規整するものであることを明らかにした」と摘示した上で、未だ裁定されていない切替年金の支給開始年齢引上げの有効性を承認している。つまり、切替年金の場合には、その前提となる死亡配偶者の年金裁定時に有効であった法令ではなく、切替年金自体の受給権発生時の法令の規整が及ぶことになる。また、この判決の前提としては、個人の既得権とは、既に発生済みの権利であって未だ単に権利の期待に止まる場合には既得権にはならないという破毀院の考え方が存在しているとされる[43]。

このような「法の即時的効果」が一般的な原理であることについては、破毀院の1990年11月8日付判決（Cass. soc., 8 novembre 1990, n° 82-16560）によって承認されている[44]。すなわち、「全ての新法は、それが施行された時点において継続中の契約でない法的状況について、将来に向かった効果のために即時的に適用される」と判示されている。この結果、社会保障のような公序に基づく法的地位に関する制度にあっては、「法の即時的効果」が広く及ぶことになり、法令による明文の規定さえあれば、既裁定年金も含め年金の引下げ等の見直しを行うことは可能ということになる。

これに対して、制度改正があった際に法令上の規定が設けられなかった場合には、既裁定年金の扱いがどうなるかについて、「法の即時的効果」の原理から直ちに結論を導き出せるかは微妙である。実際、既裁定年金に対する新法令の適用

---

[43] F. Muller, «Retraites complémentaires des salariés: la consécration de la négociation collective au plan communautaire», RTD sanit. soc., 2000, p.212
[44] *ibid.*, pp.292-293

第2節　社会保障の受給権を巡る法理

を巡る争訟が発生し、破毀院から次のような判決が出されている[45]。

① 1997年12月11日付破毀院判決（Cass. soc., 11 décembre 1997, n° 96-12492）
　「被保険者の権利は、その者の地位について、年金の裁定の日において効力を有していた命令の規定を適用することにより解釈されねばならない。」

② 1990年5月16日付破毀院判決（Cass. soc., 16 mai 1990, n° 87-20143）
　「労働法典L.351-18条の実施に関する1982年11月24日政令第82-991号第2条に基づき、当該政令の公布の時点から、L.351-2条が規定する手当は、65歳に到達した受給者には支給が停止される。」

③ 1980年5月13日付破毀院判決（Cass. soc., 13 mai 1980, n° 79-11457）
　「法律は、被保険者が請求することができる老齢給付の支給開始日を命令の範囲内において自ら確定することができる権能を当該被保険者に付与しており、そのように確定された日は、裁定行為の時点の如何に関わらず、年金の開始時点を決定付けると控訴院は的確に認定した。」

④ 1992年6月11日付破毀院判決（Cass. soc., 11 juin 1992, n° 90-13000）
　「規則第13条に挿入された新規定は、一時金による補足給付を許容する退職年金制度の構造の変更であり、新規定の施行より前に支給された補足給付付きの退職年金に適用する旨の明文の規定がない場合には、新規定は当該退職年金には適用されない。」

⑤ 1990年11月8日付破毀院判決（Cass. soc., 8 novembre 1990, n° 82-16560）
　「某氏は、既に裁定された年金の改定を請求したのではなく、当該年金に付加され、将来に向けて同氏に権利を付与することになるものの、その施行の日より前の期間までは権利の主張を認めていないR.14条の新規定による加算の給付を請求するものであり、控訴院は、上記の条文に違背する。」

⑥ 2003年4月3日付破毀院判決（Cass. civ., 3 avril 2003, n° 01-16295）
　「1995年6月30日政令第95-825号に基づき、民間航空法典R.426-15-4条第1項により導入された新規則は、訴訟となっている年金の計算方法及び支給の単なる見直しではなく、当事者が如何なる稼働活動であっても年金の受給と兼ねることが禁止される点において、当該者の権利開始の要件を変更するものであると指摘した上で、控訴院が、某氏が従前から自らの利益になる形で裁定を受けていた年金に関して某氏が当該規則の施行より前から有す

---

(45)　*ibid.*, pp.380-385

第 2 部　第 2 章　社会保障給付の法的性格

る既得権を侵害することは、明文の規定がない限り許されないと判示したことは適切であった。」

これらの判決から読み取れる破毀院の態度は、次のとおりである。

・裁定時の法令の規定によって年金の権利内容は確定することになり、その点で裁定の時点が重要である。
・法令の改廃により新法令を適用したことで、一旦確定した権利内容を見直し再裁定につながるような場合には、法令の明文の規定がない限り、引き続き旧法令が適用される。これに対して、給付の支給期間は、裁定時に確定する権利内容ではなく、その見直しも再裁定とは異なることから、改廃後の新法令が適用されることになる。
・つまり、裁定時に確定する権利内容は、法令の明文の規定がなければ、新法令が適用されないのに対して、確定した権利内容以外の事項には新法令が適用されるわけである。
・従って、確定した権利内容の範囲が重要となるが、破毀院の判決に照らすと、「制度の構造（économie）」に関わる「年金の改定」であるか否かがメルクマールとなっており、年金算定上の報酬、乗率等は計算方法として裁定時に確定した権利内容を構成するのに対して、年金の支給期間や子供に対する加算は裁定時に確定した権利内容とまではいえないことになる。なお、年金裁定後の在職者に関する年金の支給の扱いは、年金の計算方法等ではなく年金の受給開始要件に関わるものであり、法令による明文の規定がない限りは、既得権として保護されることが判示されている。

このような破毀院の判決に照らすと、法令上の明文の規定を欠く場合において既裁定年金に対する不可侵性が認められるかといえば、そうではない。破毀院は、正面から不可侵性を認めるのではなく、年金の裁定行為に着目し、その時点で確定した権利内容等について新法令の適用が排除されるという論理を展開し、確定した権利内容等の当てはめは個々の裁判に委ねられている。

（4） 不遡及原則以外の法理

1）既得権保護に関連する各種原則の検討の必要性

　既得権の保護を理論付け、その拠り所となる法的原則としては、不遡及原則以外にも法的安定性の原則、正当な信頼の原則等が挙げられる。ここでは、これらの原則について、不遡及原則との関係も念頭に置きつつ検討を加えることとする。

2）法的安定性の原則

〈法的安定性の原則の意義〉

　不遡及原則をも包含する、より基本的な原則としては、まず「法的安定性の原則（principe de sécurité juridique）」を挙げることができる。これについて、国務院の2006年の報告書は、

- 「法的安定性の原則とは、市民による乗り越えがたいほどの努力を喚起しなくとも、市民が、適用される法によって許されること及び守られることを決定できることを意味する。この結果に到達するためには、策定された規範は、明確かつ明瞭でなければならず、時間の中で、過度に頻繁な改廃や、とりわけ予見不可能な改廃に服することがあってはならない。」とも、
- 「法的安定性の原則は、法が予見可能であるとともに、法的状況が比較的安定的であることを前提とする。」

とも述べている[46]。また、不遡及原則との関係で言えば、法的安定性の原則は、不遡及の原則の基礎の上に存在する原則でもある[47]。

　そもそも法的安定性の原則は、18世紀の啓蒙思想の時代に、政府の専制を抑制するために登場し、19世紀ドイツにおいて理論構築された「法治国家（Rechtsstät）」の概念とも関係しているとされる[48]。フランスにおいて、この法治国家（État de droit）の概念が導入されたのは、1920年、カレ・ドゥ・マルベール（R. Carré de Malberg）によってであった[49]。そのカレ・ドゥ・マルベールの『国家の一般理論に関する試論』によれば、法治国家は次のように定義される[50]。

---

(46) Le Conseil d'État, *Rapport public 2006*, pp.281-282
(47) *ibid.*, p.283
(48) A.-L. Valembois, *op.cit.*, p.27
(49) *ibid.*
(50) R. Carré de Malberg, *Contribution à la théorie générale de l'État*, t. 1, 1920, réed. Dalloz, 2004, pp.488-489

第 2 部　第 2 章　社会保障給付の法的性格

「法治国家とは、その臣民との関係において、そして、その個々人の地位を保障するために、国家自らをして法制度に服従せしむる国家を意味する。その場合、国家の主体に対する行為が規範によって発動されるが、その規範のあるものは市民に留保される権利を決定し、また、別の規範は予め国家的目的を実現するため使用し得る方法及び手段を確定させるという点において、法治国家である。すなわち、2種類の規範は、それにより規定される法的秩序に国家を服従させることを通じて、いずれも国家の権力を制限することを目的とするものである。」

この定義によれば、法治国家とは国家自らが法制度に拘束されるという原理であり、そこには、法による国家権力の制限とともに、法による国民の権利の保障という二重の意義を見出すことができる。

その後、法治国家の概念は、フランスの国家の在り方を基礎付ける原理として確立することとなる。今日、法治国家の原理については、

① 形式面から言えば、法治国家の下での階層的・体系的な法形式（法源論）による規範定立により、法規範に予測可能性や安定性が付与され、

② 実質面では、法治国家が民主主義と結び付き、自由権のような個人的権利、市民としての政治的権利、社会権のような社会的権利、人間生命に関する権利、そして権利保障に対する権利といった各種権利を保障するための装置となっているが、

③ このうち保障権（droit-garantie）とも呼称される権利保障に対する権利（droit à la garantie des droits）は、裁判を受ける権利、比例原則、平等原則等を含む概念であり、法的安定性の確保によってそれが実効性が確保されるという点で、法的安定性の要請は各種権利の前提であり、法治国家の実質化のための概念となっている[51]。

かくして法治国家の概念を基礎として様々な法的な原理・原則が構築されることになるが、法的安定性もその一端を担う重要な要素である。すなわち、法は一般的・抽象的規範として安定性・継続性を有しており、法治国家がその法に服する国家を意味する限りにおいて、法的安定性は法治国家の概念と密接に結び付くことになる。そして、法治国家の概念こそが法的安定性を最も適切に保障し得る国家制度ということになるわけである。

---

[51]　A.-L. Valembois, *op.cit.*, pp.31-59

第2節　社会保障の受給権を巡る法理

〈法的安定性に関する学説〉

　このような法的安定性の概念について、最近公刊された博士論文において、憲法学の立場から明晰な分析を加えているのが、フランシュ・コンテ大学のヴァランボワ（A.-L. Valembois）氏である[52]。ここでは、既得権に関連する範囲で、同氏の博士論文である『フランス法における法的安定性の要請の憲法規範化』に主として依拠しながら敷衍することにしたい[53]。

　まず、ヴァランボワ氏は、法的安定性が憲法上の価値を有するまでの規範性があるかを検討するため、法的安定性を「原則（principe）」ではなく一般的な意味での「要請（exigence）」と呼ぶところから出発する[54]。このように原則ではなく要請が使用される場面としては、憲法院の判例がある。例えば、家族手当への所得制限が問題となった1997年12月18日の判決（Décision n° 97-393 DC du 18 décembre 1997）では、「1946年の憲法前文の第10項及び第11項の規定に基づく憲法的要請は、家族のための国民連帯に関する政策の実施を示唆する」と述べられており、その要請の帰結として各種支援策の実施が要請されるものの如何なる具体的給付等を選択するかは裁量に委ねられている。このことが示すように、憲法的「要請」は「原則」より弱い規範性を有することになる。

　その上で、ヴァランボワ氏は、法的安定性には、

① 法による安定性（sécurité *par* le droit）。と

② 法の安定性（sécurité *de* droit）

の二つの側面があることを指摘する[55]。このうち「法による安定性」とは、専制に対して法による保護を確保するという点で、伝統的な法の目的であり、その存在意義でもあるが、これとともに法は、正義（justice）と社会発展（progrès social）という別の目的も有しており、これらの目的全体が法秩序を形成する基礎的価値として、相互に均衡・調和が図られる必要があるとする。これに対して、「法の安定性」については、法制度が有する二つの内在的矛盾のために、法の安定性が危険にさらされていること故に、法制度の安定化の役割を担うとする。こ

---

(52) 行政法の分野でも、ランボー（P. Raimbault）氏が『フランス行政法における法的安定性に関する研究』を博士論文として公刊している（P. Raimbault, *op.cit.*）。

(53) A.-L. Valembois, *op.cit.*

(54) *ibid.*, p.3（この場合の要請とは、規範の形式や程度に関係なく、法律や憲法によって課せられた本質部分を意味するものであり、憲法院による正式な憲法規範化を意味するわけではない。）

(55) *ibid.*, pp.4-10

257

第2部　第2章　社会保障給付の法的性格

こにおける矛盾とは、まず法制度が多様な人間活動を規律することにより社会関係の安定化が図られる一方で、社会の発展により規律すべき対象が多様化・複雑化するにつれて、変遷する法制度が不安定要因となるという問題である。また、第二の矛盾とは、法制度がもたらす不安定性に対応するための法的仕組みが複雑化・肥大化し、それがさらに法的安定性を到達不可能なものにするという問題である。

　このように法的安定性が有する多面的な性格に加え、この概念が有する意義的な曖昧性が法的安定性の理解を一層困難にする[56]。この点について、ヴァランボワ氏は、法的安定性の定義は単純だが回答困難な問題であると指摘する[57]。すなわち、「安定性（sécurité）」とは、一般的に、不安に思うような危険が全くなく、その結果としての精神的な静寂を意味することから、法的安定性が示唆する内容は多様であり、概念も多義的であるとされる。それゆえ、法的安定性を機能的に定義することは困難であるが、それが、義務の適切な履行が容易に確保され、権利の実現に不確実性がないことを意味することが共通認識であり、そこには、権利主体が認識し予見するという意味で予見可能性が存在することにも異存がないとする。

　さらに、そこからヴァランボワ氏は、法的安定性については、
① 法の認識と権利主体の行為がもたらす法的効果の予見という意味での静態的概念と
② 法の安定性及び予見可能性という意味での動態的概念
が存在することを指摘する[58]。このうち静態的な法的安定は、法の認識という

---

(56) ランボー氏も、法的安定性を①法による安定性と②法の安定性に二分した上で、②から①が技術的に直接示唆されるわけではないが、安定性が損なわれ法としての存在意義が失われる虞がある法的予見可能性の希薄化が許容されない限りにおいては、両者は目的論的には重なり合うとする（P. Raimbault, *op.cit.*, p.10）。しかし、法的安定性を法制度の組織・機能に関する技術的規範の集合体に還元することは不可能であり、法的安定性に関する定義の欠落を前提として、法的安定性がフランス公法に組み込まれている程度や形態を確定することが必要であるとしている（*ibid.*, p.10 et p.31）。

(57) A.-L. Valembois, *op.cit.*, pp.12-13

(58) *ibid.*, pp.13-18. ランボー氏の場合には、法的安定性の原則は、過去から未来に向かっての時間軸のみならず、国内外といった意味で空間軸において機能を果たすとしてた上で、そうした時間的・空間的広がりに中で、法的安定性は①法の単一性、②主体間の平等、③規範の安定性、④規範の予見可能性の四つの要素に分解されるとする（P. Raimbault, *op.cit.*, p.625）。さらに、ランボー氏の場合にも、法的安定性が法秩序の本質的な静態性と

258

第2節　社会保障の受給権を巡る法理

点で法規範へのアクセス可能性を示唆しており、そこから法規範の公知性、明確性及び詳細性が要請されることになる。これに対して、動態的な法的安定性については、法主体が自らの行為がもたらす法的効果を予測し行動できることが要請されることから、時系列的な意味で変遷する法規範に関する予測可能性が求められることになる。また、予測可能性という点では、法規範には一定の安定性が必要となる。この法規範の安定性は、不変を意味するわけではなく、むしろ継続性、恒常性、一貫性を意味しており、法規範の変更に当たっては、新たな規範を直ちに適用するのではなく経過措置を設けるなど法技術を示唆する。その点で、法規範の遡及的変更が典型であるが、法規範の突然の変更は抑制すべきことが要請される。この点は、公法における規範の設定行為の不可侵性とも関連しており、法的安定性は、主観的な法的状態の固定化を示唆する。そして、その現れが、時効による失権であったり、既決力や既判力である。

その上で、ヴァランボワ氏は、動態的な法的安定性が、
① 法規範への実質的・知的なアクセス可能性
② 行為及び規範自体がもたらす法的効果の予見可能性
③ 法の予測可能性を確保し獲得された状況を固定化するための安定性
を含意すると分析している[59]。

〈法的安定性と既得権保護〉

ヴァランボワ氏の分析は多岐にわたるが、法的安定性から派生する概念について、EU法及び欧州共同体加盟国の法とフランス法との比較により、法的安定性の本質を明らかにしようとしている。同氏によれば、法的安定性の捉え方は国によって異なるが、明確性（clarté）、正確性（précision）、公知性（publicité）及び不遡及（non-rétroactivité）の原則、正当な信頼（confiance légitime）の保護、既得権（droits acquis）の尊重等が法的安定性の派生概念あるいは下位概念であることにはコンセンサスがあり、相互に補完的・弾力的に使用されているとして、これらの概念に検討を加えている[60]。

ヴァランボワ氏は、法的安定性の派生概念を
① 法のアクセス可能性……法の公知性、明確性及び正確性、法秩序の一貫性

法秩序の必要的な変革という動態性という相対立する性格を有する（*ibid.*, pp.627-628）ことに着目し、様々な角度から分析を展開している。

(59) A.-L. Valembois, *op.cit.*, p.18
(60) *ibid.*, p.189

第 2 部　第 2 章　社会保障給付の法的性格

　　や法規範の実効性
　② 法の安定性及び予見可能性……既得権の保護、不遡及の原則、正当な信頼
　　の保護

に分けて分析する[61]。

　このうち既得権の保護に関係するのは、②法の安定性及び予見可能性である。同氏によれば、法の安定性及び予見可能性に関連する概念は、何れも規範の時間的な側面に関連しており、時間軸の中で法規範が保持すべき可変性（mutabilité）及び適法性（légalité）の要請と安定性（stabilité）及び予見可能性（prévisibilité）の要請との妥協の上に構築されていることを指摘している[62]。

　その点で法的安定性の要請は既得権のみに関わる問題ではないが、ここでは既得権に関係する「既得権の保護」及び「不遡及の原則」に限って、その概要を紹介することとしたい。

　まず、権利の既得権化やその不可侵性ともいうべき既得権保護について、ヴァランボワ氏の分析は、大要次のとおりである[63]。

・その安定性や不可侵性によって特徴付けられる既得権は、法的安定性の最も典型的な例であり、主観的な要素の強い正当な信頼の原則と比べて、客観的な要素に依拠している。
・欧州諸国において既得権の保護は、既得権保護自体を同名の原則として援用するか、法的安定性の原則や法規の撤回・取消に関する規範を援用することにより実現される。
・その際、既得権保護は、法規範の可変性（mutabilité）や適法性（légalité）の要請との調和が必要となる。
・このうち可変性の要請は法的安定性の要請に優越するのが原則であり、欧州諸国において既得権が保護されるのは例外的である。すなわち、フランスにおいては、何人も法規範、とりわけ法律の維持に関する既得権を有しないという考え方は、他の欧州諸国でも妥当する。従って、法規範の廃止は原則として可能である。ただし、法規範の廃止に当たっては、権限及び手続に関する規則に従い、正当な信頼の原則を尊重することが必要である。

---

(61)　*ibid.*, pp.190-250
(62)　*ibid.*, pp.200-201
(63)　*ibid.*, pp.202-204

第2節　社会保障の受給権を巡る法理

・また、権利創設的な行為については、その遡及的な取消（retrait）は法的安定性の要請から禁止されるのが原則である。すなわち、欧州各国で広範に認められている考え方は、行政が当事者に権利を付与した場合には、権利が既得権化し、正当な信頼や状況の安定性が行政の利益に優越するというものである。従って、権利や特権が付与された適法な行為の場合、その遡及的な取消は法の一般原則に反すると見なされる。

これに関連して、ヴァランボワ氏は、既得権の保護について適法性の原則との関係で分析を加えている[64]。

・適法性の原則との関係で言えば、既得権の保護は既得権の保護という一般的な原則によっては保護されないのが一般的である。既得権の保護のためには、撤回（abrogation）や取消（retrait）、時効（prescription）期間、既判力（autorité de chose jugée）等の法技術を援用することが必要となる。
・争訟の場合には、既得権は、争訟を終局させるための既判力や訴えの期間によって保護される。そして、これらの原則は、法的安定性の保障のためのものである。
・行政行為の場合には、適法性と法的安定性との調整は、違法な行政行為の取消や撤回を巡って展開される。このうち違法な行政行為の将来に向けての撤回は、遡及的な効果を伴わないことから、権利の予見可能性という点で問題は少ない。従って、違法な行政行為の撤回は、EU法も含めて許容されており、特に違法な行政行為が第三者の権利を侵害する場合には義務でもある。これに対して、違法な行政行為の取消については、国によって対応が異なる。フランス、ベルギー、リュクセンブルク及びオランダの場合には、取消の期間を客観的に決めているのに対して、ドイツ、イタリア及びギリシャの場合には、取消の適否を法的安定性や正当な信頼の原則に照らして主観的に決めるという対応である。それに対して、EU司法裁判所の対応は、違法な行政行為の撤回について法的安定性に照らした当事者の利益を考慮するという形で、合理的な期間（délai raisonable）の範囲内において違法な行政行為の取消を承認している（C.J.C.E. 12 juillet 1957, *Algera e. a. c/ Assemblée,* affaire jointes 7/56 et 3/57 à 7/57）。

---

[64] *ibid.*, pp.204-210

第2部　第2章　社会保障給付の法的性格

　次にヴァランボワ氏は、既得権の保護に関連する「不遡及の原則」について、次のような検討を加えている[65]。

- 法規範の遡及は秩序を破壊し信頼を裏切るという点で、不安定性の原因の最たるものであり、それに対する不遡及の原則は法的安定性の原則の発現の一形態である。しかしながら、EU司法裁判所においては、法規範の遡及適用に関して判示するに当たり、不遡及原則を直接援用するのではなく、法的安定性の原則で代替することがみられる。また、欧州各国においては、ドイツのように不遡及原則に代えて正当な信頼の原則が援用されたり、ベルギー、オーストリア、スイスやギリシャのように法規範の遡及適用を平等原則に基づき判断する国もある。
- 法規範の遡及適用は、大きく、
  ① 規範の効力が公布より前に遡る「真正の遡及（rétroactivité véritable）」と
  ② 規範の効力は将来に向けて発生するが、従前の規範によって発生していた状況に影響を及ぼす「不真正の遡及（pseudo-rétroactivité）」と
  に分けることができる。法的安定性の観点からは、真正の遡及は不真正の遡及よりも大きな攪乱要因であり、その点で厳格な統制に服すべきである。
- まず、真正の遡及が問題になる場面は、法律及び行政行為の遡及と、訴訟における取消による遡及に分けられる。このうち法令の遡及については、遡及処罰の禁止は欧州諸国共通の原則となっているのに対して、刑罰法規以外の法律の遡及は多くの国で憲法上は禁止されておらず、判例を通じて遡及効の制限が行われている。
- 例えば、EUにおいては、ローマ条約第191条により、法令の施行は法令の規定がない場合は公布から20日後となっている以外は制限はない。しかしながら、欧州司法裁判所は、法的安定性の原則に照らして、一般的には遡及効には否定的であり、法令の目的を達成するために必要であり、かつ、当事者の正当な信頼が十分尊重される場合に限り、例外的に遡及効を承認している（CJCE, 25 janvier 1979 *Racke c/ Hauptzollamt Mainz,* aff. 98/78; 25 janvier 1979, *Racke c/ Hauptzollamt Landau,* aff. 99/78; 12 novembre 1981, *Salumi,* aff. 212 à 217/80）。ただし、欧州司法裁判所の判例は、EU法の対象が主として経済的な問題であることから、遡及効に対しては弾力的である。欧州人権条約の場合にも、

---

(65)　*ibid.*, pp.210-233

第 2 節　社会保障の受給権を巡る法理

条約上は遡及に関する規定はない。このため欧州人権裁判所は、判例を通じて、民事法における遡及効を公益によって正当化される場合に制限している。
・もう一つの類型である不真正の遡及の場合には、真正の遡及よりは制限が少ない。一般に、旧法によって形成された状況や法律関係を恣意的に変更するのでない限りは、不利益変更を伴う法規を制定することが可能である。ただし、不真正の遡及の場合であっても、法的安定性や正当な信頼の原則を理由とした制限は判例を通じて承認されている。例えば、欧州司法裁判所の場合、法規を手続法と実体法とに区分し、手続法が施行時にペンディング状態にある全ての状況に即適用されるのに対して、実体法は旧法の下で形成された状況について将来に向けて効力を発生するしている (CJCE, 4 juillet 1973, *Westzucker Gmbh c/ Einfuhr- und Vorratsstelle für Zucker*, aff. 1/73)。この場合問題となるのは、旧法の下での状況が完成していない場合の扱いであるが、欧州司法裁判所は、法的安定性等の観点から個人の利益が保護される余地があることを認めている。

〈法的安定性の憲法規範性〉

このように欧州的視点からは、法的安定性は重要な権利保障のための概念となることは明らかである。しかしながら、それが直ちにフランス国内法において憲法規範的な価値を持ち、訴訟を通じて保障されることにつながるかについては、検討を要する。

最も直截な憲法規範化は、憲法改正による法的安定性の原則の明文化である。憲法改正の発議権は大統領と議員が有する（憲法 89 条）が、これまでも、議員提案により法的安定性に関する憲法改正が提案されたことがある。具体的には、2000 年に国民議会のミヨン（C. Millon）議員及びメイラン（M. Meylan）議員から出された提案と元老院のカルル（J.-C. Carle）議員から出された提案である[66]。何れの提案も、憲法第 34 条第 1 段落の前に次の二つの段落を挿入する内容であるが、結局、委員会に付託されたものの店晒しのままとなった。

「法律は明確でなくてはならず、その適用は市民にとって予見可能でなくてはならない。

　法律は将来に向かってのみ規定する。法律は、その例外として、達成すべき目的が必要とし、及び市民の正当な信頼が十分尊重される場合に限り、遡及的効力を持

---

(66)　*ibid.*, pp.362-364

第2部　第2章　社会保障給付の法的性格

つことができる。」

　次に考え得る選択肢は、憲法院等の判例法による憲法規範化である[67]。しかしながら、この法的安定性の原則に関する限り、憲法院は、同原則を考慮した判決を出すことはあるものの、同原則を明示的に援用することはない[68]。実際、憲法院は、1789年の人権宣言及び憲法第66条が謳う個人の安全、基本的人権の分野において獲得された法的状況、憲法第34条に由来する法的明確性の要請のような事案では、法的安定性の原則に言及することがあるが、その憲法的価値を承認するには至っていない[69]。

　そうは言いながらも、ヴァランボワ氏の評価によれば、法的安定性に対する憲法院の態度は、明確に態度を表明することを留保しているのであって、正当な信頼の原則に対する直截かつ明確で、刺々しい態度と異なり、むしろ好意的とも言える[70]。つまり、憲法院は、提訴者が法的安定性の原則を援用したとしても、正当な信頼の原則の適用を否定する一方で、法的安定性の原則については言及しないことなどの事実に照らすと、憲法院は、法的安定性の原則に対してあえて黙りを決め込んでいるとも解釈できるということである[71]。

　なお、注意しなくてはいけないのは、法的安定性の原則に対する憲法院の謙抑的な態度には、憲法の番人である憲法院にあっては、行政裁判所と異なり、成文憲法の根拠なしに、法的規律を創造することはできないという意味での自己抑制が影響していることである[72]。その現れが、憲法院が承認しようとする権利や原則を憲法上の何れかの規定に当てはめる憲法規範的価値を公式に承認する手法である[73]。特に最近においては、憲法院は、憲法の規定の外で新たな原則を構

---

(67)　そもそもフランスの場合、EU指令等のEU法は直接適用されるのではなく国内担保法を通じて間接的に実施されるという原則に立っている。このため、憲法院による違憲審査については、EU法の国内施行義務に関する限り、それは第5共和政憲法第88条の1に基礎付けられた憲法の要請であって、違憲立法の違憲性もEU法そのものではなく憲法第88条の1への違背に求められることになる。従って、憲法院の違憲審査権が、EU法との関係でも、あくまで国内最高法規である憲法を介した間接的違憲審査に止まることに留意する必要がある。以上について、伊藤洋一「EC法の優越とフランス憲法規範」慶應法学第12号（2009：1）101頁以下（2009年）を参照。

(68)　Le Conseil d'État, *op.cit.*, p.287

(69)　L. Favoreu et L. Philip, *op.cit.*, pp.913-914

(70)　A.-L. Valembois, *op.cit.*, p.365

(71)　*ibid.*, pp.369-370

(72)　*ibid.*, p.371

第2節　社会保障の受給権を巡る法理

築することを止め、憲法裁判の正当性の保持及び民主的性格の保障への配慮から、権利や原則を憲法の規定に結びつける傾向があることも指摘されている[74]。

　憲法院は、権利や原則の拠り所を成文の憲法に見出すためには、その広範な解釈権限を大胆に駆使する必要があり、このため1789年の人権宣言等の憲法ブロックが活用されることになる[75]。例えば、1791年の人権宣言は、1971年の判決（CC décision n° 71-44 D.C. du 16 juillet 1971, "*Liberté d'association*"）によって存在が承認された憲法ブロックを構成するものとして、その憲法規範性が承認されているが、同人権宣言第16条の権利の保障（garantie des droits）や第2条の安全への権利（droit à la sûreté）等が法的安定性の原則の原則との関係で援用される可能性がある[76]。この点に関してヴァランボワ氏は、次のように評価している[77]。

① 第16条の権利の保障は、法的安定性を確保するための権利と位置付けることが可能であり、法的安定性の原則の根拠をここに求めることも考えられる。この点に関して、憲法院の態度は明確ではないものの、そのような整理は可能であり、あり得ることである。
② 第2条の安全に対する権利は、神聖不可侵の権利である。この権利の射程が刑罰に限定されているのか、人・財産・権利の安全といった広い意味かについては、議論がある。憲法院は自らの立場を言明することを回避しているが、何れの立場であっても、そこから（狭義説の場合）帰納的又は（広義説の場合）演繹的に論理を展開することで、法的安定性の原則を根拠付けることが可能である。

　また、ヴァランボワ氏は、法的安定性の原則と関係する憲法ブロックとして、次のようなものを挙げている[78]。

① 1789年の人権宣言の前文
　　前文は自然権の存在を確認しているが、これは革命家が暗黙裡に承認した最初の権利としての「権利の承認に対する権利（droit à la reconnaissance du

---

(73)　*ibid.*, p.371
(74)　*ibid.*, p.374
(75)　*ibid.*, pp.373-375
(76)　*ibid.*, pp.375-380
(77)　*ibid.*, pp.377-380
(78)　*ibid.*, pp.380-387

droit et des droits)」であり、その前文の中には、法的安定性に対する関心が込められている。

② 1789年の人権宣言の第4条
第4条は自由権を規定するが、これは自らの意思に基づいて生活を構築する可能性であり、その点で法的秩序に対する信頼が前提となる。その点で、自由権と法的安定性とは結び付くことになる。

③ 1789年の人権宣言の第16条
第16条の「権利の保証（garantie des droits)」は、不平等、特権、専制等を否定し、法による権力の抑制を通じて権利を保障するという点で、フランスにおける法治国家の媒介概念である。

④ 1958年の憲法の第34条
第34条は、規範の明確性（例えば、法律の明確性）のような、法的安定性の派生概念の根拠となる規定である。また、同条は、憲法上法律に留保される事項を明確に規定し、これにより恣意を排するという点で、法的安定性を支える規定である。

⑤ 平等の原則
平等の原則は、1789年の人権宣言（第1，6，13条）、1946年の憲法の前文及び1958年の憲法（第1条）で承認された原則である。この平等の原則は、法規範の一般性及び抽象性を要請し、恣意性を排除するという点において、法的安定性と共通点を有する。このため平等の原則は、法的安定性の原則にも応えることになる。

⑥ 国家の継続性
国家の継続性（continuité de l'État）は、1958年の憲法第5条で規定されているが、これは法の予見可能性の前提となる。このため、正当な信頼の原則と国家の継続性とを結びつける論者もいる。

しかしながら、これらの憲法ブロックは、必ずしも体系的かつ明確に法的安定性の原則を規定したものではない。このため、ヴァランボワ氏も、このような憲法ブロックは法的安定性の原則に対する関心を示しているが、個別の規定が単独で法的安定性の原則を根拠付けるにしては、不鮮明で、法的にも内容不足で不明確であることを認めている[79]。その上で、同氏は、これらの憲法ブロックは、

---

(79) *ibid.*, p.388

第2節　社会保障の受給権を巡る法理

法的安定性に対する関心を示しており、次のような説明及び理由から、システム論的な解釈を施すことにより、法的安定性の原則を憲法上根拠付けることができると主張している[80]。

- 憲法院は、憲法ブロックに存在する精神、論理等を援用しながら、異なる規定の調和や秩序を構築しようとしていることから、憲法ブロックの規定を歴史的及び論理的な方法で解釈することに貢献するこができる
- このような考え方については、憲法院も憲法秩序の存在の源泉を憲法に求めており、また、法的安定性は法・秩序・憲法という概念から演繹できることから、憲法全体から法的安定性の原則を導出することには理由がある。

以上のとおり、憲法院は法的安定性の原則を真正面から承認することには消極的である。つまり、憲法院は法的安定性を真っ向から否定しないものの、法的安定性を判決の理由として明示的に援用するのではなく、法律の不遡及原則等のより技術的な原則に依拠することにより結論を導いている[81]。

このような憲法院の態度と比べると国務院については、法的安定性の原則がその判断に影響を及ぼしている。例えば、一定期間を越えた場合には、仮に違法な行政行為であっても取り消すことができないという判断を示した「カシェ女史（Dame Cachet）」判決（CE, 3 novembre 1922, n° 74010）や、行政行為の不遡及原則を打ち出した「ローロール新聞社（Société du Journal l'Aurore）」判決（CE, Ass., 25 juin 1948）は、いずれも法的安定性の原則に示唆を得ているが、国務院が同原則を法の一般原則として明確に承認したことはない[82]。

3）正当な信頼の原則
〈正当な信頼の原則の意義〉

法的安定性以外の既得権保護に関連する概念としては、「正当な信頼（confiance légitime）」の原則がある。この原則は、法的規範の改廃を制限し、相手方が正当かつ根拠をもって有する信頼を安定的な状況に置き、法規的規則をあまりにも突然変更することにより、その信頼を欺いてはならないということである[83]。

---

(80) *ibid.*, pp.388-390
(81) P. Raimbault, *op.cit.*, pp.583-584
(82) Le Conseil d'État, *op.cit.*, pp.292-293
(83) *ibid.*, p.283

第2部　第2章　社会保障給付の法的性格

　この概念に関する議論は、フランスでも存在するものの、元々はドイツの「信頼の原則（Vertrauensschutz）」に由来している。ドイツにおいて、この信頼の原則は、既にワイマール期に登場していたが、戦後になり法治国家概念の実質化の過程で確立していったものであり、それが1950年代以降ドイツ以外のEU加盟国やEU自体においても援用・拡大してきたものである[84]。その点で重要なのは、欧州共同体司法裁判所においても、1962年の「ボッシュ（Bosch）」判決（CJCE, 6 avril 1962 13/61, De Geus en Uitdenbogerd/ Bosch）により正当な信頼の原則は法の原則として承認され、EUレベルでも認知されたことである。

　正当な信頼の原則を既に述べた不遡及の原則や既得権保護の原則と比較すると、次の2点において特徴的である[85]。

① 不遡及及び既得権保護の原則が基本的に客観的（objectif）な性格を有するのに対して、正当な信頼の原則の方はその主観主義（subjectivisme）によって特徴付けられる。
② 正当な信頼の原則は、不遡及及び既得権保護の原則よりも射程が広い。従って、不遡及の原則の関係で言えば、正当な信頼の原則は真正な遡及以外の場合にも援用可能であり、遡及の真正性の如何にかかわらず、結果的に個人に及ぶ損害を緩和・修復する目的の場合にも援用可能である。また、既得権保護の関係で言えば、正当な信頼の原則は、既得権になる前の権利や形成途上にある権利、さらには潜在的な権利をも保護することが可能である。

　法治国家の概念との関係で言うと、正当な信頼の原則は、法治国家の実質化を図る概念でもある。実際、ドイツの憲法裁判所をはじめ、EU各国においては、正当な信頼の原則を市民の国家に対する信頼という形で法治国家の概念から導き出すことがあり、その点では正当な信頼の原則は法治国家に直接結び付いている[86]。また、この原則が典型的に現れるのは、正当な信頼の原則に基づき正義及び公正を実現する場合である。例えば、裁判官が、公権力の介入は国民にとっ

---

(84)　A.-L. Valembois, *op.cit.*, p.229; P. Raimbault, *op.cit.*, p.410
(85)　*ibid.*, p.232. ここでいう主観的あるいは客観的とは、言い換えれば、正当な信頼の原則が個人の利益という意味でミクロの法レベルに注目するのに対して、不遡及及び既得権保護の原則の方は、法秩序全体という意味でマクロの法レベルに注目するということでもある（*ibid.*, pp.236-237）
(86)　*ibid.*, p.238

て予見可能であるべきとの考え方に立ち、正義や公正に照らし、適法性の原則を弾力化するような場合において、正当な信頼の原則が援用され得ることになる[87]。つまり、法治国家の下で正当な信頼の原則は、行政行為の撤回や遡及立法を制限する点で適法性の原則に対して抑止力となっており、正当な信頼の原則により形式的ではなく実質的な意味での法治国家が実現されるのである[88]。その点では、正当な信頼の原則は、不遡及及び既得権保護の原則と全く別物というわけではなく、何れの概念も、同じく実質的な法治国家概念である法的安定性を助長促進する点で共通性を有することになる[89]。

〈正当な信頼の原則による保護の要件・機序〉

次に、正当な信頼の原則が、どのような要件や機序で主観的な個人の状況を保護することになるのかを考える必要がある。これもヴァランボワ氏に従えば、次のように整理することができる[90]。

① 信頼の基礎の存在

　　正当な信頼が原則が適用されるためには、公的主体による保証的性格を有する状況の存在が出発点である。つまり、公的主体による行為等を契機として、当事者において信頼の基礎としての希望や期待が発生する場合に、正当な信頼の原則が適用されることになる。従って、訴えが提起された場合、裁判官は、信頼に値する状況かどうかについて、公的主体の行為等を客観的に評価するとともに、信頼が発生した当事者の能力を主観的に評価することにより判断することになる。

② 基礎における信頼状況の存在

　　公的主体の行為等により当事者に信頼状況が発生したとして、その状況は継続され、維持され、そして尊重される必要がある。その上で、信頼状況を発生させた公的主体が自らの行為等に反して、信頼を裏切ることから、正当な信頼を回復する必要が出てくることになる。

---

(87)　*ibid.*, pp.59-62
(88)　P. Raimbault, *op.cit.*, p.410
(89)　A.-L. Valembois, *op.cit.*, p.232（ヴァランボワ氏は、正当な信頼の原則は不遡及及び既得権保護の原則と比べて補足的であり、EU法において、裁判官は、まず不遡及及び既得権保護の原則の適用を模索し、次に正当な信頼の原則の可能性を模索することも指摘している。）
(90)　*ibid.*, pp.240-250

③ 信頼の正当性

信頼が保護に値するためには、当該信頼が正当であることが必要がある。その正当性については、

　　a　信頼を裏切る措置の不予見性と
　　b　正当な信頼の原則によって保護される当事者の善意（bonne foi）

とが要件となる。このうちの第一の要件は、公的主体の行為等の破棄が予見不可能であることを意味する。EUの欧州司法裁判所を例にとると、経過措置の期間が短かったり、そもそも経過措置がなく即適用されるような場合に、正当な信頼の原則に対する違背を認めている。これに対して、第二要件については、信頼に正当性があるかどうかによって判断される。同じく欧州司法裁判所を例にとると、当事者からの虚偽申告等により違法に特権等が付与されたような場合には、当該違法な決定は正当な信頼に値しないことから、遡及的取消が可能である。また、当事者が違法性を承知していたり、投機的な行動等も正当な信頼による保護の対象とはならない。

④ 正当な信頼の実効的な保護

信頼が保護されるためには、一般利益（intérêt général）に反しないことが必要である。すなわち、信頼保護の前提において、主観的な状況を侵害しても正当と考えられるほどの、絶対的、優越的、重大といった表現に相応しい緊急性、重大な動機、公益性が存在していないことが必要となる。欧州司法裁判所を例にとると、個人に特権等を付与する違法な行政行為について、適法性の観点から個人の利益よりも公益が優越することを理由に遡及的取消が認められている。

⑤ 正当な信頼の保護の方法

正当な信頼を破壊する行為に対する解決方法としては、訴訟上、

　　a　当該行為の取消
　　b　当該行為に関する経過措置の設定
　　c　当該行為によって破壊された状況の回復
　　d　当該行為に対する損害賠償

が考えられる。

〈正当な信頼の原則の裁判規範性〉

以上のように正当な信頼の原則は、行政の相手方に対して法定状況がもたらす心理的要素を重視して、行政の相手方が有する正当な信頼を保護しようという点

第2節　社会保障の受給権を巡る法理

で、時間的な変化の中で生み出された状況を制度的に解釈すことで既得権を保護しようとするフランス的なアプローチと異なり、ドイツやEUで多用される[91]。

具体的に言えば、例えば、違法な行政行為の取消（retrait）及びその取消期間について、フランスの場合には、違法な行政行為であっても、既得権の保護の観点から、取消期間は原則として訴えの期間に限定され、それ以降は取消が制限されるのに対して、正当な信頼を重視するドイツ等の場合には、行政の相手方が正当な信頼を有する場合を除いて、違法な行政行為は取り消すことが可能であり、その取消期間も相手方の信頼を考慮し、かつ、具体的状況に応じて、合理的に判断されることになる[92]。その点では、正当な信頼の原則を援用することの方が、法的安定性の原則よりも、裁判を受ける人の期待に沿った裁判官の解釈の途を開き、事案の柔軟な解決が可能になると言える[93]。しかし、他方では、正当な信頼の理論は個人の主観に着目するだけに、解決がケースバイケース対応になるという内在的特徴を有しており、正当な信頼の原則が却って法的な安定ではなく不安定要因となりうるわけである[94]。

いずれにせよ、フランスの場合には、裁判所は公法分野に関する限り、正当な信頼の原則の直接的な採用には消極的である。例えば憲法院の場合、正当な信頼の原則（principe de confiance légitime）の憲法的価値も否定しており、遡及適用の可否を巡っては、既に述べたように十分な一般的利益等の概念を操作することで結論が導き出されている[95]。この点を明確にしたのは、次の二つの判例である。

① 1996年12月20日の判決（C.C. décision n° 96-385 DC du 20 décembre 1996, "Loi de finances pour 1997"）

　　1997年の予算法において、職業訓練費用を賄うための事業主拠出金の受皿機関に対して特別拠出金（目的税）を課税するという内容の規定が盛り込

---

(91)　C. Yannakopoulos, *La notion de droits acquis en droit administratif français*, LGDJ, 1997, p.274, p.438, p.544

(92)　*ibid.*, p.438

(93)　*ibid.*, p.274; Le Conseil d'État, *op.cit.*, p.284

(94)　A.-L. Valembois, *op.cit.*, pp.237-238（例えば、有効化（validation）のための立法により行政行為を遡及的に適法化することは、法的安定性の原則にかなっているとしても、個人の主観的な状況を侵害するという点では、正当な信頼の原則には反することになる。従って、法的安定性の原則は、個人の利益を保護することも侵害することもあるのに対して、正当な信頼の原則は個人の利益の保護に収斂するという違いが存在することになる。）

(95)　L. Favoreu et L. Philip, *op.cit.*, p.914; A.-L. Valembois, *op.cit.*, pp.348-351

まれたところ、これが四半世紀にわたり資金を管理してきた労使の正当な信頼を侵害するとの主張に対して、憲法院は、次のように判示して、正当な信頼の原則の適用を否定した。

「争点の拠出金は、ましてや労使の交渉能力を侵害するものではないことから、契約の自由に反するものではなく、それ故に、実際訴えの理由を欠く。その他、如何なる憲法的規範も、いわゆる『正当な信頼』の原則を保障していない。」

② 1997年11月7日の判決 (C.C. décision n° 97-391 DC du 7 novembre 1997, "*Loi portant mesures urgentes à caractère fiscal et financier*")

税制・財政上の緊急措置に関する法律に盛り込まれた対策のうち、資産の譲渡に伴う資産の評価増又は評価減に対する課税措置の遡及適用を巡って、憲法院は、次のように判示して、正当な信頼の原則の適用を否定した。

「法律の不遡及の原則は、人及び市民の権利に関する宣言の第8条に照らし、処罰に関してのみ憲法的価値を有する。立法者は、憲法上の要請による法的保障を奪わない場合には、遡及的な税制上の措置を採用することができる。憲法的価値を有する如何なる規範も、いわゆる『正当な信頼』の原則を保障していない。」

以上のような正当な信頼の原則に対するフランスの憲法判例の否定的態度の理由について、ヴァランボワ氏は分析しており、その大要は次の2点である[96]。

① 正当な信頼の原則を根拠付ける憲法ブロック（bloc de constitutionnalité）の不存在
　　憲法規範性を根拠付ける条文がないことから、憲法院は単なる評価として正当な信頼の原則が存在していないと述べていると捉えられる。
② フランス的な憲法規範性の統制が正当な信頼の原則に適合的でないこと
　　憲法院の法律の審査は抽象的・予防的・客観的な性格を有しており、具体的・事後的・個別的な評価を要する正当な信頼の侵害というアプローチとは相容れない面がある。

もちろん、フランスにおいても、正当な信頼の原則が保護しようとする個人の利益が憲法院によって否定されているわけではない。この点に関して、ヴァラン

---

(96)　A.-L. Valembois, *op.cit.*, pp.351-353

第 2 節　社会保障の受給権を巡る法理

ボワ氏は、憲法院も法律が個人に醸成する信頼についても個々の事例に応じて暗黙のうちに評価した上で判決を下しており、正当な信頼の原則に対する憲法院の明らかに否定的態度は緩和されていると指摘している(97)。

　このような憲法院の態度と同様に、行政裁判所の系統でも正当な信頼の原則の完全な採用には消極的な傾向が見られる(98)。その点で代表的な判例が、「フレムート（Freymuth）」事件判決である。当該事案は、家庭廃棄物の輸入の事実上の禁止を引き起こす政令改正が EU 指令を受けて制定されたことに対して、廃棄物処理業者が政令の取消しを国務院に求めるとともに、別訴において廃棄物処理の停止に伴う損害賠償を請求したというものである。

　このうち 1996 年 4 月 15 日の国務院判決（CE, 15 avril 1996, *M. Freymuth et autres,* nº 142020）は、正当な信頼の原則との関係では、件の政令が「公害を誘発する廃棄物の輸入の許可を知事が拒否することができる要件を明確化しているだけであり、前述の指令が認める原則に反するものではない」との理由から、訴えを退けている。つまり、「正当な信頼」という表現を避け、「指令が認める原則」との表現を使用している。これに対して、1999 年 6 月 17 日の損害賠償請求に対するナンシー行政控訴院の判決（CAA Nancy, 17 juin 1999, *Entreprise Freymuth c. Ministre de l'Environnement,* nº 95NC00226）の方では、正当な信頼の原則に従い政令の施行までの経過期間を設けるべきとの主張に対して、「フレムート社は、共同体法、詰まるところ国内行政法を根拠とする正当な信頼の原則への違背を有効に主張することはできない」と述べている。このことは、裁判所が EU 法が及ぶ範疇と国内法の適用に止まる範疇を区分した上で、本件の事業が EU 法が及ぶ範疇に入ることで EU 法の原則が適用されることを示唆するが、本事案に関する限り、裁判所は要件が整っていないとして訴えを退けたのであった(99)。

　その後の国務院判決においても、正当な信頼を国内法上の原則として取り入れることには慎重であり、EU 法との関係で最小限必要な場合に限って正当な信頼の原則を援用するのみである。また、その場合でも、係争事案が EU 法の実施法令等に該当しないとして、通常は正当な信頼の原則の適用を結果的に排除していることが指摘されている(100)。例えば、国務院が正当な信頼の原則の適用を排除

---

(97)　*ibid.,* pp.353-356
(98)　P.Raimbault, *op.cit.,* pp.419-421
(99)　*ibid.,* pp.422-423
(100)　*ibid.,* p.424

第 2 部　第 2 章　社会保障給付の法的性格

する場合の典型的な論法としては、2001 年 5 月 9 日の 2 本の判決 (CE, 9 mai 2001, *Entreprise personnelle transports Freymouth et Société mosellane de transactions (2 espèces)*, nº 210944, 211162) を挙げることができる。この中で、裁判所は、正当な信頼の原則は、「フランスの行政裁判官が勘案すべき法的状況が共同体法により規律されている場合に限り、国内裁判所において適用されるに止まる」と述べた上で、問題の政令が共同体法の実施政令でないこと等を理由に正当な信頼の原則の適用を排除した。

このような正当な信頼の原則に対する消極的態度の背景には、同原則がそもそも国内由来でないことに加え、フランスの裁判による適法性統制が客観主義的であって主観主義的でないことが正当な信頼の原則と親和性を欠くことなど指摘されている[101]。

このほか、司法裁判所の系統においては、1989 年 6 月 14 日の破毀院判決 (Cass. soc., 14 juin 1989, nº 86-16750) のように、加入すべき社会保障制度が間違っていた場合であっても、既に加入している制度との関係で既得権が発生しているような事案について、本来加入すべき制度は「法的関係の安定性の原則（principe de la sécurité des rapports juridiques）」を侵害することはできないといった形で、正当な信頼の原則を暗示する判決は見られる。しかし、司法裁判所の場合にも、基本的に正当な信頼の原則は採用されていないことが指摘されている[102]。

以上の点を総合すると、フランスにおいては、正当な信頼の原則を始めとする EU 法の原則の国内法への影響は大きな時代の流れとして否定できないとしても、正当な信頼の原則自体については、客観主義的なフランスの訴訟体系にあって親和性が乏しく、何れの裁判所の系統も直接的な国内適用には消極的といえよう。

（5）　既得権の司法による保障

ここまで既得権保護の拠り所となる各種法理に着目しながら検討を加えてきた。いわば理論面に着目してきたわけであるが、ここでは、憲法院等の司法の場において、実際のところ、どのように既得権が保護されるのか分析を試みることとしたい。特に法律に内在する可変性との関係で、憲法院等による司法統制がどのように及ぶのかという視点で検討を加えることになる。また、既に既得権保護に関

---

(101)　*ibid.*, pp.424-427
(102)　*ibid.*, p.420

第 2 節　社会保障の受給権を巡る法理

する判例を取り上げているが、ここでは司法統制という視点から、各種原則を横断的に取り上げることになる。

　まず、立法府は、憲法に基づく権能として法律を制定できると同時に法律の改廃もできることが原則である。ここから法律は、社会経済の変化につれて、それ自体も変化していく必要がある。一方、このような法律の可変性 (mutabilité) は、既に発生した状況や権利に影響を及ぼすことから、権利主体にとってはマイナスの影響もある。このため、法律の可変性も司法審査を通じて、既得権保護との関係で統制が及ぶことになる。

　フランスの憲法院は、法律をアプリオリ (a priori) かつ抽象的に審査することから、既得権に関わるような法律の時間的な適用の問題についても、基本的に客観的かつ抽象的に検討する傾向にある。ここでは、ヴァランボワ氏の分析に沿って、この問題について整理することとしたい[103]。

　まず、既得権が何によって保障されるかという観点からは、問題を法源論的にみる必要がある。フランスの憲法は厳格な改正手続に服するという点で硬性憲法であり、そのことが既得権等の権利保障の一つの担保になる。しかしながら、その一方で憲法自ら改正規定（第89条）を設けるとともに、立法府に法律の制定・改廃の権能を付与している（第34条）ことから、憲法上も永久不変の法律のみならず憲法も想定されておらず、法律の存続のための既得権はないことになる[104]。

　これに対して、憲法院は、次に述べるように、法律の可変性を承認しながらも、法的安定性の要請の観点からの制限を加えるが、その程度は限定的であるとされる[105]。

　すなわち、憲法院の判例によれば、将来の法律に特定の内容を押しつけるような法律の規定は効力を有しないとされている。この結果、法律に関して、立法者は自ら拘束されることはなく、従前の法律を暗黙裡であるとしても無条件に廃止・改廃したり、例外を設けることができるというのが憲法院の基本的立場である[106]。

---

(103)　A.-L. Valembois, *op.cit.*, pp.296-356
(104)　*ibid.*, pp.296-297
(105)　*ibid.*, pp.298-303
(106)　C.C. décision n° 82-142 D.C. du 29 juillet 1989, *Loi portant réforme de la planification*; n° 86-217 du 18 septembre 1986, *Loi relative à la liberté de communication*; n° 86-220 D.C. du 22

第2部 第2章 社会保障給付の法的性格

しかしながら、このような法律の可変性に対しては、憲法院の判例上、「歯止め（cliquet）」を設けており、このことが既得権保護の関係で問題となる。ところで、この場合の歯止めとは、後退や逆戻りを止めるためのレバーのような意味で使われており、判決を通じて憲法上の原則に対する保証が脅かされることを防止している。しかしながら、憲法院による歯止めとは、そもそも既得権の保護とは異なる視点からのものである。これまで、「歯止め」については、次の四つの先例的判決があるが、これらは大きく「歯止め」的な効力を有する判決（①、②）と「上限（seuil）」又は「天井（plancher）」的な効力を有する判決（③、④）に分かれる。つまり、③及び④の判決の場合には、判決は法的保証を剥奪できないとするものの、議会が法的保証を後退させることまで禁止しているとは言えない。何れの類型であっても、これらの判決は法律の可変性を否定するものではなく、人権や憲法上の原則・原理がより効果的に保障しようとするものであり、権利の本質的部分が代替措置等によって維持される限りにおいて、法律の改変は許容されることになる。従って、これら歯止め判決等をもって、既得権の存在を憲法院が承認したとまでは言えないことになる。

① 1984年1月20日付判決（CC décision n° 83-165 D.C. du 20 janvier 1984, "*Libertés universitaire*"）

　本判決は、1968年11月12日の高等教育の方向性に関する法律が教育者に法的な保証を与えるものであることから、これを代替的な同等の保証なしに完全に廃止する規定は憲法に反するとして、次のように判示している。

　「42. 新法の規定に反する旧法の規定の廃止、そして新規則による置き換えまでの間における旧規則の効力の存続は、憲法への適合性の観点からの異議を喚起しないのに対して、教育者に対して憲法上の要請に適合する保証を与えている規定を含む1968年11月12日の法律を完全に廃止することは、本法において同等の保証によって当該保証が代替されていない場合には、憲法に適合しない……」

② 1984年10月10・11日付判決（CC décision n° 84-181 D.C. des 10 et 11 octobre 1984, "*Enterprises de presse*"）

　本判決は、報道企業の地位に関する法律の中の報道の多元主義に関する規

---

décembre 1986, *Loi relative à la limite d'âge et aux modalités de recrutement de certains fonctionnaires civils de l'Etat*

第 2 節　社会保障の受給権を巡る法理

定が表現の自由等の報道の権利を侵害するのではないかとの主張に対して、基本的人権等のより実効性のある行使を可能にするべきとの立場から、報道の多元主義の追求・維持・発達は憲法に反しないとして、次のように判示している。

「37. しかしながら、基本的人権は、その存在が他の権利及び人権の尊重並びに国民主権の本質的な保証の一つであるだけに、基本的人権について、法律はそれをより効果的にするか、又は憲法的価値を有するその他の規則若しくは原則と調和させるため以外に、その行使に関する規則を設けることができない……」

③ 1986 年 7 月 29 日付判決（CC décision n° 86-210 D.C. du 29 juillet 1986, *Loi portant réforme du régime juridique de la press*）

本判決は、報道の法的制度に関する改革に関する法律について、報道の財政的透明性及び多元主義の観点から提起された訴えに対して、法の改廃を承認しつつ、議会の権能行使に当たっては憲法上の要請による法的保証を剥奪できないと判示している。

「 2 ……しかしながら、この権能の行使によって、憲法的性格を有する要請による法的保証を剥奪することまではできない……」

④ 1986 年 9 月 18 日付判決（CC décision n° 86-217 D.C. du 18 septembre 1986, *Loi relative à la liberté de communication*）

本判決は、情報通信の自由に関する法律により、視聴覚情報通信高等当局を全国情報通信・自由委員会に再編するとの規定について、議会に法律の改廃の権能認めつつ、その権能の行使に当たっては憲法上の要請による法的保証を剥奪できないと判示している。

「 4 ……しかしながら、この権能の行使によって、憲法的性格を有する要請による法的保証を剥奪することまではできない……」

このように憲法院の判例において、法律の可変性に対する制限は限定的であるが、既存の法的状況等が保護される場合がある。その一例が、次のような法律の適用に関する施行時期の問題である[107]。

例えば、前述の報道企業に関する②の判決において、憲法院は報道企業が遵守すべき新たな規則は即座に適用されるのではなく 2 年間の猶予期間が必要である

---

[107]　A.-L. Valembois, *op.cit.*, pp.303-305

として、関係の条項が違憲とされたが、施行時期について次のように判示している。

「立法者は、憲法第34条が立法者に付与した権能を行使して基本的人権の行使を再編し、必要と考える場合には、従前効力を有していた規則よりも厳格な規則を将来に向かって採用することができるが、基本的人権に関わる既存の状況については、それを見直すことができるのは、二つの場合に限られる。一つは、そのような状況が不法に獲得された場合である。もう一つは、その見直しが憲法が追究する目的の実現を確保するために本当に必要な場合である。」

この判例により、立法者が基本的人権に関係する状況を見直すためには、憲法上の目的の実現ということが必要となるとの考え方が構築された。しかしながら、全ての場合において、獲得された状況とみなされ法律の即時的な適用を免れるわけではない。その典型が税法の分野であり、憲法院は、過去に承認された免税措置を見直したり、その期間を縮減することができるとの立場である。例えば、1983年12月29日の憲法院の判決（CC décision n° 83-164 D.C. du 29 décembre 1983, "Perquisitions fiscales"）では、建物所有権に関する不動産税の免除期間を1984年以降25年から15年に短縮する法律について、税制上の優遇措置の期間は契約上の義務としての性格を帯びており、その見直しは「国家の継続性の原則（le principe de continuité de l'État）」に違背するとの訴えに対して、憲法院は次のように判示している。

「3．憲法的価値を有する如何なる原則又は規則も、法律が従前の法律の下で獲得された免税を見直したり、あるいはその期間を縮減すること禁止していない……」

（6） 不遡及原則の根底にある既得権の保障

フランスにおいては、行政行為に関する限り、不遡及原則は法の一般原理として確立したものになっている。これに対して、不遡及原則の根底にある既得権（droits acquis）自体となると、その概念や不遡及原則等の法の一般原理との関係も含め、公法分野では必ずしも十分に解明されていない。しかし、行政法を考えるに当たって、この既得権は法的安定性の要請を出発点とし、行政行為の取消及び撤回の不遡及原則（principe de non-rétroactivité）の形で具現化する重要な鍵概念となる可能性を持っている。

しかも、既得権を法律の可変性（mutabilité）の原則との関係で考えると、

第 2 節　社会保障の受給権を巡る法理

① 既得権は特定の行為を維持するための権利ではなく、現在の状況を新法が侵害しないことに対する権利という意味合いを持っているほか、
② 新法が尊重するべき既存状況があるとすれば、当該状況は旧法から直接発生するわけでという点で、旧法を個別事例に当てはめることにより発生することから、既得権には、法律が有する時間的な効果にも関わる概念である[108]。それだけに、長期保険として時間的な要素を含む年金については、この既得権にまで遡って考察することが不可欠であろう。

そこで、本稿では、この既得権について、行政法の立場から多面的に検討を加えたヤンナコプロス（C. Yannakopoulos）氏の議論に主として依拠しながら、特に年金における既得権の問題を考えることとする[109]。

まず、既得権とは、法律行為の撤回や取消における不遡及の原則に関係するほか、法律行為を巡る時間的な変化に対して過去に形成された状況を権力から保護するため原理であるが、同氏は、論文の中で次のように定義している[110]。

「『既得権』という表現は、様々な変化の発生に対して、比較的安定的、すなわち不変的である（又は、あるべき）もの、状況又は性質であることを一般に意味する。」[111]
「既得権は、いわゆる権利創設的な行政行為の維持に対する権利である」[112]
「フランス行政法における既得権とは、獲得された状況、すなわち、ある行政行為又はある事実によって創造された状況又は行政機関による具体化の過程において時間の中で変遷する状況の維持に対する権利である。」[113]

しかし、既得権を概念として明確に定義することは困難であることに留意する必要がある。確かに既得権は法的に保護された状態いった形で定義されたとしても、それは純粋に機能的な定義や原理の表明に止まるのであって、概念的な定義とは言えない[114]。ヤンナカプロス氏も、このような既得権概念の問題を認識しており、このため民法学説では既得権の概念の有用性や存在さえも否定され、代

---

[108]　C. Yannakopoulos, *op.cit.*, pp.46-47
[109]　*ibid.*
[110]　*ibid.*, pp.2-6
[111]　*ibid.*, pp.2-3
[112]　*ibid.*, p.7
[113]　*ibid.*, p.21
[114]　P. Raimbault, *op.cit.*, p.63

第 2 部　第 2 章　社会保障給付の法的性格

わりに不遡及の原則、法的状況の安定性の原則（principe de la stabilité des situations juridiques）等の概念が使用されているとも、述べている[115]。

そこで、ヤンナカプロス氏は、既得権を行政行為によって創出され、時間的な状況の変化の中で獲得された状況の存続に対する権利といった視点から捉え、

① 既得権の発生の原因、態様等
② 既得権の特徴、内容等
③ 既得権の機能等

に分けて分析している。その際、同氏は、既得権の現象を説明するためには、行為、状況及び権利の創設に関する態様及び特徴を時間の中で探求すること、すなわち、行政法の時系列的な接近方法を優先させることが適当であると主張している[116]。

このように既得権の発生について、権利と事実との間に展開される時間的あるいは動態的な関係を重視する立場から、ヤンナカプロス氏は、次のような議論を展開する[117]。

・行政的な事実は法規範に淵源を有するが、一旦事実が発生すると、今度は新たな法規範を形成することがあるという意味で、権利と事実との間には弁証法的関係が存在する。そして、この行政的な事実から権利への逆流から、法律行為の不可逆性という意味での「既得」権が発生する。
・時間との関係で行政行為を捉えた場合、行政行為には、
　① 単一の事実作用（opération unique）によって行政との関係は終了し、行政行為の効果は継続するものの、それは行政による負担ではないもの（例えば、建築許可、産業施設の設置の許可、勲章を付ける権利の許可、解雇の認可）、すなわち、1度許認可が与えられれば、行政の権能は消滅するもの、
　② 行政行為が継続的な状況をもたらし、その効果が継続的に更新されるもの（例えば、飲食業の許可、運転免許、ラジオ放送の許可、行政財産の占有許可、会社の定款の認可）、
　③ 単一の事実作用から生ずるが、行政効果は継続し、行政を拘束するという点で、①と②の混合形態（例えば、公務員制度関係の行政行為、年金、終

---

(115)　C. Yannakopoulos, *op.cit.*, pp.7-8
(116)　*ibid.*, p.20
(117)　*ibid.*, pp.193-205

身補償金）
がある。

・このような行政行為の性格の違いから、時間的経過の中で形成される行政的な事実は、個別ケースによって異なり、その結果として、行政行為の撤回（abrogation）や取消（retrait）の在り方も変わってくる。具体的には、①の場合には、事実作用の単一性から、将来に向かっての撤回はなく、違法な行政行為により利益が侵害されたような場合の取消しか考え得ない。反対に、状態が継続する②の場合には、撤回しかないことになるが、これは、行政の全くの裁量に委ねられるわけではなく、撤回を正当化するだけの一般的利益（公益）が必要とされる。これに対して、③の年金のような場合には、取消も撤回もあり得ることになる。

・いずれにせよ、撤回や取消の有効性は裁判所の判断に服することになり、行政行為の制度的な特徴が裁判官の作業の枠組みを作ることになる。いずれにせよ、裁判官による既得権の判断には個別的・裁量的な要素がある。また、撤回を正当化するために、一般的利益が援用される場合には、その一般的利益は常に広義の概念というわけではなく、問題となっている行政活動や状況に限定された利益ということもある。

以上、ヤンナカプロス氏の整理によれば、年金は、単一の事実作用から生じ、その効果が継続する権利に分類されることになる。

次に、ヤンナカプロス氏は、既得権の性格について、行政行為が介在することにより時間的に形成される権利・義務関係の総体としての法的状況（situation juridique）を制度（institution）論的に捉えようとする[118]。確かに既得権の問題は、行政行為自体ではなく当該行政行為が発生させる個々の効果に関わる問題であり、その点で、規範を特定個人に適用した場合の効果、すなわち規範の具現化としての法的状況の側面から捉えることができる[119]。そこで、特に既得権を法的状況という現象面から捉えた場合には、次のような分析が可能となる[120]。

① 法的状況の分析とは、法的状況が形成される過程における関係者と行政との関係の分析であり、法的状況は時間的経過の中の一定段階で既得権となる。

---

(118) *ibid.*, pp.306
(119) P. Raimbault, *op.cit.*, p.63
(120) C. Yannakopoulos, *op.cit.*, p.325

② 確定した法的状況から、既得権は導き出されることから、既得権の不可侵性の性格や程度は、当該法的状況に依存することになる。

このような法的状況という視点から既得権を考察することは、不遡及原則以外の法的安定性や信頼保護の原則の何れもが、過去から現在、さらには将来に向けた時間軸の中で定立され改変される法律等の規範に関係することに照らしても妥当なアプローチであろう。そこで、ここでは既得権の発生の機序に関して、ヤンナカプロス氏による現象面からの分析を紹介することとしたい[121]。

1）獲得された状況

・まず、「獲得された状況（situation acquise）」とは、潜在的であった状況（許認可、補償、賦課、罰則）が実質化した状況（許認可による授益、補償の権利及び授益、賦課決定・徴収された税金、科せられた罰則）に変質・転換するなど、行政制度において法的状況が実現していく過程で関係者と行政との間で発生する状況である。
・ところが、法的状況が時間的流れの中で獲得された状況に至る時点は、制度の性格によって異なる。従って、この獲得された状況に至る過程は、個別の行政的な決定の前の時点、同じ時点、後の時点に分けることができる。
・このうち行政的な決定がなされる前の時点について言えば、法的状況は行政行為のみならず一定の事実によっても生じることから、個別の決定の前であっても、一般的な規範の適用を条件付ける事実が完成すれば、獲得された状況が生じ得る。例えば、年金に関する「ヴィラール氏（Sieur Villard）」判決（CE, 19 juin 1959, Rec. 373, concl. Braibant）は、行政当局は、将来に向けての決定を行うに当たって、過去の状況を基礎に置くことができるというものである。同事件の政府委員（Commissaire du Gouvernement）であるブレバン（G. Braibant）氏によれば、給付に関する制度変更があった場合、全ての必要条件を満たす者が受給権を有していた制度に対して給付を請求したときには、新制度の適用を免れるべきであると述べている。このことは、個別の行政決定より前であっても、獲得された状況が旧制度及びそれに基づく請求によって発生することを示している。

---

(121) *ibid.*, pp.325-341

第2節　社会保障の受給権を巡る法理

・次に、個別の決定とともに獲得された状況が生ずる場合であるが、これは個別の決定が獲得された状況を発生させる。これについては、一般的規範が変更され、当該規範が適用される場合と、獲得された状況に関する決定自体が変更される場合（撤回、取消、一部変更）とがある。
・最後に、獲得された状況が行政行為の決定より後の条件の完成によって発生する場合である。この獲得された状況発生の条件は、当該決定に明示されることもあれば、問題となっている制度的状況によって暗黙のうちに決まることもある。

2）獲得された状況をもたらす行為

・法的状況をもたらす行為には、様々な性格のものが混在する。それらを大きく分けると、
　① 一般的規範（法律、行政立法）の定立や個別の行政決定のような法的行為（acte juridique）、
　② 個別の行政決定の前に一般的規範の適用及び獲得された状況をもたらす事実、並びに行政決定の後に個別の決定に影響を及ぼし獲得された状況をもたらす事実
に二分される。
・このうち②の行政決定の前に一般的規範の適用及び獲得された状況をもたらす事実は、継続的でない1回限りの事実、継続的な事実、そして連続的な事実に分かれる。行政決定の後に個別の決定に影響を及ぼし獲得された状況をもたらす事実も、同様に分類される。このうち連続的な事実は、単一の事実作用によって継続的な状況を発生させる年金の月々の支給のようなケースである。
・獲得された状況の契機は多様であることから、それをもたらす事実の個別の解釈が必要となる。例えば、1回限りの事実によって獲得された状況がもたらされる場合、当該事実が行政決定の前か後かが重要であり、行政決定の前にある事実が生じていれば、遡及適用の問題が生じる。また、継続的又は連続的な事実の場合であれば、獲得された状況の発生の時点を特定することが重要となる。

次にヤンナカプロス氏は、獲得された状況の性格を確定的な状況と不安定な状

第2部　第2章　社会保障給付の法的性格

況に分けて、次のように分析する(122)。

1）最終的に確定した獲得された状況

・獲得された状況が確定的となるのは、単一の事実作用（opération unique）のように、その事実作用が最終的に実現し、その効果が即座に消滅する場合である。例えば、単一の事実作用に該当する建築許可の場合、もちろん、その効果は存続するが、それは、建物の所有者であることの効果であって、行政との間の許認可とは関係ない。
・このように獲得された状況においては、制度の内容も確定的に実現することから、行政行為は取消の対象となりえず、将来に向けた撤回のみが可能であるなど、その不可侵性は強固なものになる。

2）不安定な獲得された状況

・行政による事実作用が継続的な場合には、制度の内容は時間を追って実現し、その効果も消滅せず確定的でないことから、獲得された状況は不安定なものとなる。例えば、この類型に該当する警察許可、公有財産の占有許可、滞在許可のような場合には、獲得された状況は確定的ではなく、制度及び事実の変更の影響を受けることになる。また、年金や終身補償金のような場合には、単一の事実作用と継続的な状況の両方の特質を有する。つまり、行為が継続的に更新するわけでないという点では、単一の事実作用と捉えられる一方、制度の内容の実現が確定的でない点では、継続的な事実作用に含まれることになる。

　そして、行為の効果が継続的に行政に及ぶことから、公務員及び年金に関する制度の大部分は、真に債権としての性格を帯びることがある。例えば、1975年4月9日の国務院の判決（CE, 9 avril 1975, *Ministre de l'Agriculture et du Développement c/ Sieur Auvray*, Rec. p.222）は、「ジュラ県知事は、1971年3月1日に、オーヴレ氏に終身退職補償金を支給する旨の証書を交付したことにより、当該者に対して、満60歳の日に繰下支給の効果が伴う3,000フランの非補足的終身退職補償金に対する権利を承認するとともに、1,500フランの

---

(122)　*ibid.*, pp.342-348

第 2 節　社会保障の受給権を巡る法理

補足的再構成補償金に対する権利も承認した。この決定は、権利を創設するものである。従って、当該決定が不適法であったとしても、訴訟提起期間を経過した後は、当該決定を取り消すことはできない。」と判示している。
・制度の内容が確定的ではないという不安定な状況は、時間の推移の中で権利の不可侵性を保障されず、可変性（mutabilité）の原則の適用を受けることになる。この結果、継続的な状況の解消については、将来に向けた撤回ではなく取消の対象となる。これに対して、年金のように単一の事実作用により継続的な状況をもたらす場合には、取消のみならず撤回も可能である、仮に年金が違法に支給されたとしても、支給済み額を返還させるのではなく、将来に向けた撤回に止めることもできる。また、単一の事実作用により継続的な状況をもたらす場合には、新たに定立される規範について、遡及的効果を持たせることも、即時的効果を持たせることも可能である。

　以上の裁判例の分析から年金に関して言えることは、年金は裁定という単一の事実作用によって効果が発生するとともに、年金の月々の支払いという形で継続的効果を発生させることから、単一の事実作用と継続的な状況の両方の特徴を兼ね備えていることである。このため、年金については、理論上は取消のみならず撤回も可能ということになる。

　ところで、ヤンナカプロス氏が用いる「獲得された状況（situation acquise）」の概念は、「既得権（droits acquis）」とは類義語であるものの、既得権が獲得された状況を前提とするのに対して、全ての獲得された状況が既得権を含意するわけではない点において、それぞれが独立した概念である[123]。まず、獲得された状況は、既得権を同定するための基準となる概念であり、その点で既得権とは、獲得された状況を維持する権利と捉えることができる[124]。この時間の経過の中で発生する諸状況との関係で権利が獲得されていくという同氏の議論によれば、既得権の発生の有無は、獲得された状況の解釈に依存することになる[125]。そして、行政機関とその相手方との間で獲得（構築）される状況の解釈は、最終的には裁判所の判断に委ねられることになることから、その状況によっては、既得権が発生しないこともあり得るという結論になる[126]。ヤンナカプロス氏は、獲得され

---

(123)　C. Yannakopoulos, *op.cit.*, pp.348-349
(124)　*ibid.*, p.349
(125)　*ibid.*, p.349

た状況に関する諸類型を例示的に取り上げ分析を加えているが、ここでは、行政とその相手方との関係に限定して、同氏の議論の要点のみを以下紹介する[127]。

・不特定多数を対象とする公役務のような場合、不特定多数の利益に関わる獲得された諸状況を生じさせるが、公役務の可変性の原則に照らして、限定された関係者が特定される場合を別とすれば、不特定多数の者全体に対して既得権が発生することはない。諸状況を維持する利益が集団的で個人の活動領域を越える程度が強ければ強いほど、権利の変更に対する保護は受け入れにくくなる。

・行政行為に向けての手続過程に着目した場合、行政行為は行政に付与された権能ではあっても、権利ではない。そして、行政行為に関する行政の権能は、１回の行政行為で消滅することのない継続的な性格を有している。それ故、行政の権能は獲得された継続的状況としての特徴を有しており、行政の権能に関する新法の規定は即時的に適用される。また、行政の権能が権利ではないことから、行政行為の実現過程の途上において、旧法の効果が残存することはない。

・行政の相手方について、既得権を保持させることに繋がる獲得された状況を同定するためには、先ず行政とその相手方との間に成立する法的状況を同定する必要がある。ところで、行政行為は行政の権能であっても、その相手方の権利ではないにも関わらず、既得権が発生する契機は、行政行為の実現過程において、行政の相手方からの申請行為の存在と、異議や不服がある場合の防御権及び対審の原則（principe de contradictoire）の行使にある。このうち、申請行為を巡っては、申請に関する義務と権利が発生する。つまり、行政行為の申請に当たって、行政の相手方は、申請の様式や手続を遵守する義務がある一方、行政に対して行政行為の意思決定を求める権利が発生する。ただし、一旦申請が為された後は、残りの手続は行政に帰属し、申請の適法性は、行政行為が決定される時点に効力を有する法律によって判断される。しかしながら、行政の相手方が行政行為の決定に関する権利を有する場合、行政への申請が実態的権利に結び付く場合がある。例えば、行政が年金の支払う義務がある場合、行政への申請は、行政を拘束する状況を発生させることがあ

---

(126)　*ibid.*, p.355

(127)　*ibid.*, pp.355-386

第 2 節　社会保障の受給権を巡る法理

る。この関係の「ルモー（Roumeaux）」事件（CE, 18 mai 1956, Rec. p.212）では、高齢者に対する一時的手当の支給の際に、直系卑属の状況を考慮しないこと、及び遡及効を有しないことを内容とする 1951 年 3 月 27 日の法律第 3 条の規定が、当該法律より前に行われた申請には適用されないことを判示している。この判決から、実態的な既得権の存在が行政手続きに関しても既得権を発生させることが導き出される。

　既得権については、行政行為によって継続的な状況が生じた後に、立法行為、個別の行政行為も含め、何らかの新たな行為（acte nouveau）が行われた場合に、既存の状況がどうなるかという問題がある。ここでは、年金の権利性の視点から、行政行為のうちでも、単一の事実作用から生ずるが、その行政効果が継続し、行政を拘束するという、上述の混合類型の行政上の事実作用をとりあげる。ヤンナカプロス氏によれば、単一の事実作用として完結しながら継続的状況を生じさせる混合類型の典型が公務員及び年金受給者の地位であり、これらの地位は、時間の経過の中で刻々と発生する状況とは独立した一つの地位であるという点で、行政財産の占有者のように行政財産の占有以外の要素を考え得ない地位とは異なる特徴を有する[128]。この混合類型の場合には、取消（retrait）と撤回（abrogation）、遡及効と不遡及の何れもあり得るという特徴があることから、既得権に関する裁判所の判断は、事案の法的状況によることになる[129]。以下、ヤンナカプロス氏の分析の要点のみ述べておくことにする[130]。

・個別の判決の中での取消と撤回の用語法の区別は、必ずしも十分なされておらず、別の用語が使用されることもある。こうした曖昧さが付きまとうものの、裁判所の判断は、合目的に新たな行為を機能的に性格付けることにより行われる。つまり、事案の実体のほか既に生じている状況の効果を保護すべきかどうかについて判断を示した上で、裁判所は、撤回か取消かの選択について、事案の解決に最も相応しい判断をすることになる。
・遡及と不遡及の判断について、例えば、新たな行為が年金の受給権発生に関わる場合には、その創設、変更又は廃止が将来に向かってしか適用されないとしても、当該行為は遡及的と考えられる。新たな行為の適用に関する裁判

---

(128)　*ibid.*, pp.484-485
(129)　*ibid.*, pp.486-487
(130)　*ibid.*, pp.487-499

287

所の判断は、遡及的効果又は即時的効果を同定し演繹的に導き出されるというよりも、事案の状況や新たな行為により生ずる変更の内容及び目的を分析し、新たな行為の適用の可否を決定している。
・混合類型の場合、単一の事実作用は時間の経過の中で消滅することがなく、継続的な状況を生みだしていることから、当初の行為とは反対方向の行為によって権利が改廃できることになる。従って、反対方向の行為がなければ、混合類型における権利の不可侵性は、単一の事実作用の類型の場合に近くなる。同様に、将来に向けて新たな行為が実施される場合であっても、それまでの間に適法に生じた状況は保護されるべきことになる。さらに、既に生じている状況が適法でなくとも、行政の相手方が善意である場合には、当該状況は保護されるべきことになる。このような単一の事実作用の側面ではなく、状況の継続性の側面に視点を移すと、権利は流動的で、新たな行為が一般利益による可変性の影響を受けることになる。従って、混合類型の場合には、事実作用から生じる状況に関する解釈を行う際の視点の置き方によって、単一の事実作用により確定的に決定された状況から生ずる不可侵性が重視されることもあれば、継続的な状況に起因する権利の流動性が重視される場合もあることになる。

(7) 法律の可変性との関係

　一般的利益の充足を目的とする行政において、一般的利益は個人の利益に優越する至上命題であり、団体としての需要の変化や一般的利益の要請に応じて公役務を見直し適合させていく必要がある[131]。この一般利益の充足という行政目的に沿って公役務を適合させていくこと、それが行政行為や行政立法等の可変性 (mutabilité) の原則である。この可変性の原則は、フランスにおいて公役務の本質に由来する基本原則の一つとして広く承認されているのみならず、法律についても適用し得ることが一般的に承認されている[132]。この場合、可変性の原則は、

---

(131) P. Raimbault, *op.cit.*, p.45

(132) 古くは、ジェーズ氏が「法律、行政命令の廃止 (abrogation) は、如何なる時代にも可能である。一般的・非個人的な法的状況及びそれを創造する行為のもつ特徴は、如何なる時点でも変更可能であることである。」と述べている (G. Jèze, *Les principes généraux du droit administratif, La technique juridique du droit public français Tome 1,* 1925, réédition par Dalloz en 2005, p.112)。

第 2 節　社会保障の受給権を巡る法理

何人も一般的な法秩序の定常化を主張することができないが故に、法律はそれを維持する権利を生まないという原理となる[133]。

　この可変性の原則に照らすならば、法律から権利が発生するとしても、それを維持することを可能にするような既得権はあり得ないとになる。このように、一般的な法令の維持に対する権利は存在せず、行政立法に限らず法律の場合にも、立法者は何時でも旧法を改廃できることは、次のとおり憲法院の 1985 年 1 月 18 日付判決（Décision n° 84-185 DC du 18 janvier 1985）によっても承認されている[134]。

> 「通常の法律は全て同じ法的価値を有することから、如何なる規則又は憲法的価値を有する原則も、ある法律が従前の法律の規定を廃止することを禁ずるものではない。しかし、この廃止が憲法的価値を有する権利又は自由の行使を侵害する結果をもたらすのであれば別である。」

　ヤンナカプロス氏によれば、これは、1793 年の山嶽党憲法における権利宣言第 28 条の「一の世代は、その法律に将来の世代を服属させることはできない」を適用したものである[135]。同様の考え方はジェーズ（G. Jèze）氏もとるところであり、同氏は可変性の理由として、「政治、経済、社会等の制度に後の世代を閉じこめることは、政治的に馬鹿げており、空想的でもあり、かつ、犯罪的である」ことを指摘している[136]。

　また、ヤンナカプロス氏によれば、法律に関する既得権の否定は、次のように、デュギー等の学説に根拠を見出すことができるとしている[137]。

　例えば、デュギーの場合であれば、法律は社会連帯（solidarité sociale）に起因する社会的な各種規範の公的承認であり、この社会連帯が生成発展し変化するものであることから、法律の可変性が根拠付けられる。実際、デュギーは、次のように述べている。

> 「社会連帯の事実、及び全ての個人がこの連帯が含意する法律に服するという事実により、全ての個人は、何かを欲することができ、それが法の規則に沿っていれば、それを獲得することができる。全ての個人は、規則によって、欲する権能を有する

---

[133] C. Yannakopoulos, *op.cit.*, p.38
[134] *ibid.*, pp.38-39
[135] *ibid.*, p.39
[136] G. Jèze, *op.cit.*, p.112
[137] *ibid.*, p.39, p.286

第 2 部　第 2 章　社会保障給付の法的性格

が、獲得する権能は有しない。全ての人は、法の規則に従って欲したときにのみ、獲得する権能を有するであろう。」(138)

「まず、法の規則は、それ自体として如何なる主観的権利も付与することはできず、また、法の規則は、何かを欲する客観的権能を含意するに止まることから、原則として法の規則の確認に過ぎないところの法律は、決して主観的権利を付与するものではなく、従って、法律から派生する既得権に関する止まることのない全ての議論は、無益であり、また、公法及び私法に関する主観的権利、主観的権利及び客観的権利の反射（reflexes）に関するイェーリニックの考案した巧みな区分は認められない。」(139)

「法の規則は、その基礎において不変であるが、その適用において可変であり、時代及び国により、そして社会連帯が体現する様々な形態に応じて変化する。」(140)

「この法的権力は、本質的かつ継続的に変化する。そして、実証的な立法者の役割が、何よりも法の規則を確認することにあるとすれば、立法者は、法の規則のやむことのない変遷をフォローし、確認し、具現化することにより、これらの権能の範囲及び射程を変える能力と義務を有する。実証的な立法は、社会連帯の恒常的な変化にできるだけ的確に適応するため、継続的かつ永遠に変遷する可能性と義務がある。」(141)

「この社会的規則は変化することができるし、この権能も変化するであろう。また、この社会的規則は消滅することができるし、この権能も消滅するであろう。何人も嘆いたり、存在もしないところのいわゆる個人的権利が侵害されたと言うこともできない。社会連帯の要素は変化するのであるから、客観的規則は変化する。それは、いささかも個人に内在する権利が廃止されたり、制約されたりするのではない。」(142)

　同様にジェーズも、「一般的で、没我的で、法律又は規則による法的状況は、本質的に法律、規則によって変更可能（modifiable）である」と述べている(143)。
　このような法律の可変性は、現代の行政法においても三つの原則の一つに数えられている。すなわち、公法人又は私法人によって遂行される公役務に関する

① 可変性の原則（principe de mutabilité）
② 継続性の原則（principe de continuité）

---

(138)　L. Duguit, *L'État, le droit objectif et la loi positive*, 2004, Dalloz, p.139
(139)　*ibid.*, pp.148-149
(140)　*ibid.*, p.150
(141)　*ibid.*, p.151
(142)　*ibid.*, p.152
(143)　G. Jèze, *op.cit*, p.14

第2節　社会保障の受給権を巡る法理

③　平等の原則（principe d'égalité）

である[144]。この場合の可変性の原則とは、既に述べたように公役務の制度は必要がある度に集団的な需要の変化及び一般利益（intérêt général）の要請に適応することができなければならないことを意味する[145]。そして、変遷を実現するために、既得権や契約的な拘束に派生して、法的な障害が生ずることはないとされる[146]。

以上のような法律の可変性を前提としながらも、法律の改廃に関する立法者の裁量には、基本的人権（libertés publiques）から来る制約があることを、憲法院はこれまでの判例で認めている。この結果、旧法によって認められていた基本的人権の行使を新法によって制約することはできないことになる。

なお、ヤンナカプロス氏によれば、判例の中には、基本的人権に関わる現状を変更できる場合を、①現状が不法に形成された場合と②憲法上の目的を実現する上で真に必要な場合に限定するものがあり、このような「歯止め（cliquet）」判決は、一見既得権を認めているようであるが、その実は法律の可変性の原則と基本的人権に関連する現状の安定性の保護との均衡を図るものであると評価している[147]。さらに、同氏は、このような可変性と現状の安定性との均衡を巡って、憲法院の判例は、時代によって、次の二つの傾向があることを指摘している[148]。

① 最初の時代、憲法院は、新法は旧法と「同等の保証（garanties équivalentes）」を提供し、基本的人権の行使をより実効あるものにすべきとの立場に立っていた。この結果、既得権を消滅させることのないよう進歩的な立法が課せられ、立法者は単に基本的人権を侵害しないようにするだけではなく、積極的な関与が必要となった。

② 次の時代、行政裁判官は、立法者が旧法をいつでも改廃することができるが、この権能の行使が憲法的価値を有する原則の法的保証（garanties légales）を無にしてはならないという立場を取るようになった。これは、新法の憲法適合性を旧法との関係ではなく、憲法との関係で考える立場に転換したことを意味する。

---

(144)　R. Chapus, *Droit administratif général Tome 1*, Montchrestien, 1998, pp.556-562
(145)　*ibid.*, p.557
(146)　*ibid.*, p.557
(147)　C. Yannakopoulos, *op.cit.*, pp.41-42
(148)　*ibid.*, pp.42-45

以上のような法律の可変性について、ヤンナカプロス氏は、

- 法律も含め、全ての法的な行為は原則として可変的であるが、
- 各行為は副次的効果としてある種の不可変更性 (intangibilité) が課せられる場合があり、
- それが法的な行為自体の不可変更性を招くわけではなく、不可変更性と認められる効果を侵害しない限りは、法的な行為の変更は可能である、

と結論付けている[149]。

（8） 既得権尊重と一般的利益

既に述べたように、法の不遡及原則を打ち破る論拠として、「一般的利益 (intérêt général)」が判例でも援用されることから、既得権を考える上で、それが何かについて探ることが避けられない。

この点に関連して、行政行為の撤回についてであるが、ヤンナカプロス氏は、「一方的行政行為の撤回に関する判例は、一般的利益の可変性と創造された状況の安定性を要求する個人の利益との継続的妥協である」と述べている[150]。つまり、法律について言えば、法律の可変性を認める方向での一般的利益と、既得権を尊重する方向での状況の安定性との均衡の上で制度変更が認められることになると言える。

そこで、まず、一般的利益を定義するとすれば、一応、それは公的善のためになること、又は全ての人の利益になることを意味する[151]。

ところが、国務院は一般的利益を援用するものの、判決を通じてその定義を明らかにしたことはない[152]。また、理論上も一般的利益については、各自がほぼ直感的又は経験的にその実体及び特徴を認識するものの、その概念を定義し性格付けることは困難であるとされる[153]。また、一般的利益は、商工業的公役務も含めた行政作用の全体を支配する概念である[154]。したがって、一般的利益には、

---

(149) *ibid.,* p.53

(150) *ibid.,* pp.105-106

(151) G. Cornu, *Vocabulaire juridique*, Quadrige / PUF, 2001, p.472

(152) S. Saunier, «Solidarité et services publics», in IFR, actes de colloques n° 6, *Solidarité(s), perspectives juridiques, sous la direction de Maryvonne Hecquard-Théron*, Presses de l'université des sciences sociales de Toulouse, 2009, pp.264-265

(153) A. de Laubadère et al., *op.cit.*, p.14

第2節　社会保障の受給権を巡る法理

不確定概念としての汎用性がある一方、そこにはある種の曖昧性が伴うといえよう。換言すれば、一般的利益に関する限り、その中身を探究することよりも、それが判決の中で果たす機能に注目すべきということになる[155]。

　ヤンナカプロス氏によれば、判例は、次の通り、①既得権を否定する方向で一般的力を広く捉える場合と、②創造された状況の相対的安定性を認知し行政の権能を制限する方向で具体的法的状況を捉える場合に分けることができる[156]。

① 一般的利益の広範な捉え方
　・一連の判例は一般的利益を広く捉え、行政財産及び警察に関する状況について既得権を否定している。例えば、道路の占用許可について、既得権を否定するのに、当初は道路の利益を援用していたが、次第に道路自体とは別の一般的な利益を撤回の理由とすることが認められるようになった。また、飲食店等の警察許可については、国務院は公序（ordre public）を理由に既得権を否定することが多い。
　・行政作用の目的となる一般的利益を広く捉えることは、既得権の存在にとってマイナスである。このことは、行政当局が撤回等の理由として援用する行政作用の目的として、財政的目的さえも登場することになる。
② 具体的状況に関連した一般的利益の捉え方
　・判例の中には、問題となる行政作用の目的に応じて一般的利益を捉え、不安定で取消可能な状況の場合であっても、創造された具体的な状況の相対的安定性を確保するものもある。例えば、薬局の許可については、それが受益者のための権利を創設するものであることから、許可の撤回は、単なる一般的利益ではなく患者の利益によって正当化される必要があるとされる。
　・つまり、一般的利益が問題の行政作用の目的に則して評価されるとすれば、行政は、その創造された状況を尊重すべきであり、当該状況によって制約を受けた一般的利益によって正当化される場合にしか既得権を侵害することができない。

　以上を総合すると、時間の推移とともに、行政作用によって創造された状況に

---

(154)　J. Rivero et J. Waline, *Droit administratif*, 16ᵉ édition, Dalloz, 1996, p.29
(155)　S. Saunier, «Solidarité et services publics», *op.cit.*, p.265
(156)　C. Yannakopoulos, *op.cit.*, pp.106-113

より、当該状況の相対的安定性を正当化するだけの利益及び一般的利益が発生する場合があることになる(157)。

（9）　法の一般原則とその限界

既得権保護に関する不遡及原則等の原則は、いずれも「法の一般原則（principes généraux du droit）」と言われる法源である。これまで述べてきたように、フランスにおいては、国務院を中心とする判例法形成の過程で法の一般原則が果たした役割は大きい。とりわけ、社会法のような分野では、エヴァルド（F. Ewald）氏が指摘するように、訴訟を通じて対立する利害の調整を図り問題を解決していく上で、法の一般原則は典型的な規範として機能してきた(158)。そのエヴァルド氏は、社会法における規範としての法の一般原則の重要性に鑑み、その特徴を次のように整理している(159)。

① 法の一般原則は、実定法に反しない限り、法的な価値を有し行政権を拘束する不文法である。
② 法の一般原則は、裁判官によって発明された法ではなく、公平に則して判決を下すために発見された法である。
③ 法の一般原則は、我々の法制度の根底にある客観法である。
④ 法の一般原則の適用は、法治国家における適法性の確保の観点からの裁判官（及び学理）と立法及び行政との均衡の再構築である。
⑤ 法の一般原則の適用は、裁判官にとって法の適用ということの特殊な一形態に過ぎない。

そこで、最後に社会法にとって重要な法の一般原則の意義とその限界を確認しておきたい。

まず、法の一般原則は不文法源の一つであるが、行政に対して拘束力を有する実定法としての価値を有しており、それに違背する行為は取消及び損害賠償の対象となる点が重要である(160)。

国務院は、1945年10月26日の「アラミュ（Aramu）」判決（CE. Ass., 26 octobre

---

(157)　*ibid.*, p.113
(158)　F. Ewald, *L'État providence*, Grasset, 1986, p.506
(159)　*ibid.*, pp.506-513

第 2 節　社会保障の受給権を巡る法理

1945, *Aramu et autres*, Rec. 213）以来、条文がない場合であっても、行政が法の一般原則によって拘束されることを明示的に承認した。その後、憲法院も 1969 年 6 月 26 日判決（Décision no 69-55, CC, 26 juin 1969）において、「我々の法の一般原則によれば、行政による無回答は、拒否の決定に該当するものであり、本件の場合、立法的な決定によってしか、これを回避することはできない」と判示しており、法の一般原則の適用除外となる立法を行う権能を立法府に認めるという形で、法の一般原則に憲法的価値を承認するに至った。この結果、法の一般原則は、法律の憲法適合性と行政行為の適法性の両方の審査基準となっている(161)。

次に、法の一般原則の法源としての位置付けであるが、1958 年の第 5 共和政憲法制定より前は、法の一般原則は法律と同等であることから、法律により法の一般原則と異なる規定を設けることができると考えられていた(162)。しかし、第 5 共和政憲法第 37 条において、法律事項以外は命令事項として行政立法の管轄とされたことから、法律によらない規則が登場することで、法源の問題が顕在化した。これに対する考え方は、論者によって異なるが、次のように整理できる(163)。

① 法の一般原則を憲法と同等と捉える説。その中には、次のように、少なくとも憲法の前文から導出できる原則を憲法と同等と捉える説がある。

　「……これらの権能を行使する場合において、海外領土において適用される法律の規定とともに、特に憲法の前文から導出され、法律の規定が存在しない場合にも全ての行政立法の権限当局を拘束する法の一般原則を尊重する義務がある。」（CE. Sect., 26 juin 1959, *Syndicat général des ingénieurs-conseils*, n° 92099）

② 法の一般原則には、法律を超える位置付けはなく、実際には法律と命令（行政立法）との間に位置するという説。これは、行政裁判所が、法の一般原則に基づき命令を破棄することができるのに対して、法律は破棄できないことが理由である。

---

(160)　A. de Laubadère et al., *op.cit.*, pp.626-633; R. Chapus, *op.cit.*, pp.84-86; J. Rivero et J. Waline, *Droit administratif*, 1996, pp.69-70（J. リヴェロ著、兼子他編訳『フランス行政法』（東京大学出版会、1982 年）80-83 頁）
(161)　A. de Laubadère et al., *op.cit.*, p.628
(162)　*ibid.*, p.632; R. Chapus, *op.cit.*, pp.105-106
(163)　A. de Laubadère et al., *op.cit.*, pp.632-633

第 2 部　第 2 章　社会保障給付の法的性格

③ 法の一般原則を法律と同等と捉える説。この場合には、法律により、法の一般原則に違背する事項を定めることができることになる（上記 1969 年 6 月 26 日の憲法院判決（Décision n° 69-55, CC, 26 juin 1969））。

このうち、法の一般原則として、憲法の前文から原則を導出する説については、注意が必要である。すなわち、行政裁判所は、憲法の前文から法の一般原則を導出したり[164]、さらには憲法の前文を直接援用したりすることもあるが、憲法の前文については、直接適用が可能な規定と法律による媒介が必要な規定がある。社会保障のような債権的権利の場合には、裁判所は、前文の直接適用を否定している[165]。

以上のように、法の一般原則は、権利保護のための裁判規範として重要な役割を果たしているが、法源として見た場合には、必ずしも完全ではない面があると言える。

3　小　括

以上、社会保障における既得権の問題について縷々述べたが、不遡及原則、それ以外の正当な信頼の原則等の法の一般原則によって既得権を一般的に承認することは困難であることが明らかとなった。これは、結局のところ、社会保障が法令に基づき創設された公序の性格を有する制度であり、それ故、被保険者等の当事者は契約ではなく規範的な地位に置かれることが関係している。

そうであれば、社会保障に関する権利が如何なる権利であるかを再度検討してみる必要があろう。この点に関して、最後に権利の発生の機序に着目することで整理したい。最も権利性が強いと思われる拠出制の制度を考えてみると、給付が報酬比例になっている場合が典型であるが、毎度の保険料拠出は将来の給付に対して持分的に一定の権利を付与するようにも思われる。しかし、実際には、保険料拠出は給付に対する既得権の意味での権利性を付与することはなく、権利は保

---

[164] 前文に基づき通常の家庭生活を送る権利を法の一般原則とした判例（CE. Ass., 8 décembre 1978, *Groupe d'Information et de Soutien des Travailleurs Immigrés et autres*, n° 10097, 10677, 10679）は、「法の一般原則、とりわけ、1958 年 10 月 4 日の憲法が言及する 1946 年 10 月 27 日の憲法の前文に基づき、フランスに適法に生活する外国人は、国民と同じように、通常の家庭生活を送る権利を有する」と述べている。

[165] M. Borgetto et R. Lafore, *Droit de l'aide et de l'action sociales*, Montchrestien, 2004, pp.54-55

第 2 節　社会保障の受給権を巡る法理

険事故（リスク）の発生によって初めて付与されることになる。つまり、裁定等の行為を媒介する場合もあるが、基本的に保険事故発生時点において権利は発生するのであり、法の適用という点では、裁定時の法令が適用されることになる。

　実際、このように給付に関する裁定より前に如何なる権利も発生しないという理解は、国務院及び破毀院の判例が是認するところである[166]。例えば、国務院は、既に述べたように政令による新たな年金の計算方法が既得権を侵害するという訴えに対して、1994 年 7 月 29 日判決（CE, 29 juillet 1994, n° 153074）は、「政令第 93-1022 号及び第 93-1024 号は、未だ裁定されていない年金の計算に関する新たな条件を定めるものであり、既得権を侵害するものではない」と判示している。同様に破毀院も、1999 年 11 月 23 日判決（Cass. soc., 23 novembre 1999, n° 97-18980）において、新たな労働協約の規定は即時的効果を有しており、元の規定に対して完全に置き換わると摘示した上で、年金の未裁定者については、「単に未確定の権利（droit éventuel）が遅延しているだけである」と判示している。つまり、これらの判例に照らすならば、基礎制度のみならず補足制度も含めた社会保障に対する権利は、裁定より前には発生せず、あくまでも裁定時の法令が適用されることになる[167]。このように、権利の機序の面においても、社会保障給付に関する既得権は確認し得ないことになる。

　これに対して、付加的年金制度のような場合には、拠出自体が何らかの権利をもたらしても不思議ではない。しかしながら、破毀院の判例を見る限り、事業主が一定の保険料拠出のみを義務付けられる確定拠出型のみならず、確定給付型の年金であっても、給付に対する権利を予め保証しているわけではない[168]。例えば、2002 年 5 月 28 日判決（Cass. soc., 28 mai 2002, n° 00-12918）は、「1973 年の協定の改定をもたらし、それに代替する 1994 年 9 月の労働協定に由来する新たな制度が施行される日より後に退職が認められた被用者は、1973 年の協定によって創設された制度に関する方法に基づく付加的年金の裁定を受けることに関して、如何なる既得権も有しておらず、その給付が確定型であったとしても保障されているわけでない」と判示している。つまり、付加的年金制度の場合には、社会保障法典上、財政的・法的な保障措置が規定されているなら格別、さもなければ、

---

(166)　Ph. Chenillet et F. Kessler, «Réforme des retraites: validité des décrets d'application de la loi du 22 juillet 1993», RTD sanit. soc., 1995, p.209; L.-E. Camaji, *op.cit.*, pp.315-317
(167)　*ibid.*, p.319
(168)　*ibid.*, pp.317-318

第2部　第2章　社会保障給付の法的性格

基礎制度や補足制度の場合と異なり、労働協約・協定等の解釈上、給付に対する保証が付与されていると言えるかが重要である[169]。もちろん、積立方式のように給付に対する保証が存在するのであれば、制度変更にも関わらず給付に対する権利は維持されることになる。

　以上要約すれば、フランスの場合、社会保障給付に対する既得権のような権利を確認することは困難である。せいぜい、積立方式による付加的年金制度のように、給付に対する保証が存在する場合には、制度の変更があったとしても、従前の制度が適用されることがあるくらいである。一般には、裁定前の社会保障給付に対する権利性は認められず、給付に関する法令の改廃は被保険者等に対して対抗力を有しており、裁定時に効力を有する規範が適用されることになるわけである。

　次章では、社会的保護の中でも社会保障以外の失業保険、補足制度、福利厚生制度、共済及び付加的年金制度に視野を広げ、それぞれの法的性格の考察を試みることとしたい。

---

(169)　*ibid.*, pp.318-319; Y. Saint-Jours, «Les droits garants à une retraite supplémentaire sont définitivement acquis avant leur liquidation», Recueil Dalloz, 2002, p.3167

第3章
◆ 社会保障関連制度の法的性格 ◆

第1節　失業保険との比較

1　失業保険の意義

　失業保険が対象とする失業は、労災保険の労災職業病とともに職業活動に起因するリスクである点において、疾病、老齢、家族等の社会保障分野と性格を異にする。さらに、同じ職業活動の起因するリスクとはいえ、失業は、かつての世界恐慌のような歴史的経験に照らしても、発生の時期、程度や期間は予測の困難性が高いリスクである。その点では、経済状況と密接に関連する失業保険は、統計学的な予測可能性の下で制度が設計される社会保険の中にあって、保険技術的に見て異色の存在といえる。このため失業保険は、我が国も含め社会保障の歴史の中でも比較的遅く登場してきた分野であり、その制度設計も1911年にイギリスが最初の失業保険制度を創設して以来国により様々であった。いずれにせよ失業のリスクは職種や人によって異なっており、制度が成立するためには、保険集団内の連帯の存在が不可欠の前提である[1]。

　その点では、フランスは、イギリスのように早くから工業化が進んだ国とは事情を異にしていた。第二次世界大戦前のフランスは、1930年代に入るまで農業中心の国家であり、失業問題が労働者を包含する保険集団を形成するまでのリスクとはなっていなかった[2]。このため、戦前の失業者向け制度は、基金を財源として地方公共団体を経由して失業者へ支給される社会扶助や自主的な共済等からの給付に限られていた[3]。戦後においても、ILOの失業給付条約（第44号条約）を批准したことに伴う制度改正が1951年に行われるが、不十分なものに止

（1）　P. Durand, *La politique contemporaine de sécurité sociale*, publié en 1953, rééd. par Dalloz, 2005, p.215
（2）　J.-P. Laborde, *Droit de la sécurité sociale*, PUF, 2004, p.77
（3）　J.-J. Dupeyroux et al., *Droit de la sécurité sociale*, Dalloz, coll. Précis, 2008, pp.1148-1149

まった。このため、フランスの本格的な失業保険制度の創設は、他の社会保障制度と比べると遅く、ようやく1958年になってからであった。この時期は、ローマ条約（1957年署名）の発効に伴う産業の再編に起因する技術的失業が増大しており、そうした時代状況の中で、失業保険は、1958年12月31日の職際間協定としての全国労働協約（convention collective nationale）により創設された[4]。

戦後の疾病保険、老齢保険等の社会保障は、戦前の社会保険を基礎としながらも、国民連帯という新たな発想の下で法定の制度として、国民を広く包摂する一般化の理念の実現に向けて再出発を期した。これに対して、失業保険の場合には、このように社会保障の拡大の一環としてではなく、労使自治を基本とする労働協約に基礎を置く別制度として構築された。この点に関しては、戦後社会保障の構築に当たって、他のヨーロッパ諸国、とりわけイギリスと比較して、フランスでは失業問題よりも家族手当の問題が重視されたことが指摘されている[5]。さらに、この背景には、その当時、

① 社会保険の大部分の制度が被用者の代表を中心に運営され、さらに公権力による過度に子細で抑圧的な監督に服していたのに対して、

② 年金の分野で補足制度が労使同数代表制により運営されており、

労使同数代表制による労働協約に基づく制度の方が労使にとって魅力的であったことから、補足制度に倣った制度が採用されたという経緯的側面も指摘できよう[6]。また、我が国との比較でいうならば、失業保険に限らず補足的な社会保障制度に関して、全国職際間協定のような形で企業横断的な全国レベルの労働協約・協定が締結できる素地があることも重要であろう[7]。

失業保険制度は、その後、幾多の改革を経て現在に至る[8]。まず、1967年の

（4）　J.-J. Dupeyroux, *Droit de la sécurité sociale*, coll. Précis, Dalloz, 1998, p.1032

（5）　P. Laroque, «De l'assurance sociale à la sécurité sociale, L'expérience française», Revue Internationale du Travail, 1948, p.621 et s.

（6）　J.-J. Dupeyroux, *op.cit.*, p.1032; J.-P. Chauchard, *Droit de la sécurité sociale*, coll. manuel, L.G.D.J., 1998, pp.431-432; J.-P. Laborde, *op.cit.*, p.78

（7）　かつて林迪廣氏が「労働協約とは、まさに、実定法上これを肯認すると否とにかゝわらず、それが経営において社会的事実として確固たる地位を占めるときは、まさに自覚的統一意思を担い手とそいて、既存の就業規則に挑戦し、これを制度的に変更し、優越するものとして機能する。……また、全国的組織の労働協約は全く就業規則とは別個の観点から、企業経営を越えてこれを横断的に制約するものとなる。」と述べている（林迪廣「労働契約・就業規則および労働協約の相互的関連についての考察」法政研究・20巻（1）・93-94頁（1952年））が、フランスこそがその代表格と言えよう。

第 1 節　失業保険との比較

勅令（1967 年 7 月 13 日勅令第 67-580 号）により、失業保険の対象が全労働者及びそれに準ずる者にまで強制的に拡大される。その後、1970 年に入り、経済の高度成長期の終焉後の失業者の増大という時代背景の下で、1979 年には制度の一元化（unification）という形で大幅な見直しが行われた。具体的には、それまで失業保険と併存していた公的な扶助制度が廃止され、失業保険制度の中に組み込まれることになった。これにより、統一的な制度が創設されるとともに、就労を促進する観点から、給付に関する逓減制が採用された。さらに、連帯の観点から注目すべきは、失業保険の財源として、職域連帯としての保険料以外に国民連帯の証として国庫補助が導入されたことである[9]。

しかし、失業者の増大及び長期化はその後も続き、雇用回復の兆しは見えないばかりか、1981 年から導入された連帯契約（contrat de solidarité）が原因となり、失業保険財政は悪化し、ついに 1958 年の協約はフランス経営者評議会（CNPF）により破棄されることになった。このため、従前の協約の効力を暫定的に存続させるための政令により、失業保険制度はかろうじて存続することになった。

このような紆余曲折を経て、当事者の交渉の末、使用者の意向や利益も反映する形で、現在まで基本的骨格を維持するものの財政的にも新たな考え方に立つ制度が 1984 年に導入されることになった[10]。すなわち、1975 年の改革により一元的制度となった失業保険は、1984 年 3 月 21 日の勅令第 84-198 号により、労働法典も大きく次の 2 種類の制度に分かれることになったのである[11]。

① 保険原理に則り労使の責任の下にある保険制度（régime d'assurance、CT.（労働法典）L.351-3 ～ L.351-8（現行の L.5422-1 ～ L.5422-22））
② 国民連帯に則り公的責任の下にある連帯制度（régime de solidarité、CT. L.351-9 ～ L.351-11（現行の L.5423-1 ～ 5422-33））

このうち連帯制度は、連帯原理に則り、保険制度からの給付が打ち切られた失業者等に対して支給される特定連帯手当（allocation de solidarité spécifique）等の給付である[12]。失業扶助に相当する連帯制度の財源は国費及び 1 ％の特別連帯拠

---

(8)　失業保険制度の改正経緯については、J.-P. Chauchard, *op.cit.*, pp.432-434; J.-J. Dupeyroux et al., *op.cit.*, pp.1151-1153 を参照。
(9)　J.-J. Dupeyroux et al., *op.cit.*, p.1151
(10)　J.-P. Laborde, *op.cit.*, p.79
(11)　J.-J. Dupeyroux, *op.cit.*, pp.1034-1040

301

第 2 部　第 3 章　社会保障関連制度の法的性格

出金（公務員等に賦課される拠出金）から造成される連帯基金であり、給付は最低所得保障的な性格を帯びる[13]。給付は商工業雇用協会（ASSEDIC）から支給されるが、給付の開始、停止及び廃止に関する権限は、県知事（権限の委任を受けた県労働局長（DDTEFP））に留保されている。

これに対して、1958 年の労働協約による制度の枠組みを基本的に継承する保険制度の方は、被用者全体の職際間の連帯に基づき、雇用復帰支援手当（ARE）等の保険手当（allocation d'assurance）の支給について、事前拠出による保険料を財源に運営される制度である[14]。保険手当の場合には、保険原理という点で他の社会保険（社会保障）制度と共通する面も多い。しかも、賃金・保険料・給付の 3 要素の結びつきという伝統的な三角形が残っており、また、被保険者の賃金に応じた給付という意味での保険原理が色濃く見られる点では、社会保障制度以上に社会保険的である[15]。実際、社会保障とはいわないものの、労働法典（L.5422-1 条等）上も保険制度（régime d'assurance）、保険手当（allocation d'assurance）といった名称が用いられている。

しかしながら、制度の根底にある労働協約の法的性格となると、必ずしも自明ではない。なぜなら、労働協約と言いながらも、失業手当の給付要件を始めとして、制度の基本的な枠組みは労働法典（L.5422-1 条以下）に規定されており、労使による自由な協約というよりも法定の制度となっているからである[16]。しか

---

[12] 連帯制度に属する給付としては、特定連帯手当（ASS）のほか待機一時手当（ATA）、退職年金相当手当（AER）、職業訓練終了手当（AFF）などがある（J.-J. Dupeyroux et al., op.cit., pp.1190-1197）。このうち特定連帯手当は、原則 6 月間支給される（更新可能）。手当の受給には、離職前 10 年間に 5 年以上の就業等の要件のほか、収入制限（2010 年で単身 1,059.80 ユーロ／月、夫婦 1,665.40 ユーロ／月）があり、収入に応じて給付額（単身で 605.60 ユーロ／月未満の場合で 454.20 ユーロ／月、夫婦で 1,211.20 ユーロ／月未満の場合で 454.20 ユーロ／月・人）が設定されている。

[13] ibid., pp.1039-1040

[14] 財源である保険料は、総賃金の 6.4 ％（労 2.4 ％、使 4.0 ％）となっている（2009 年）。雇用復帰手当の受給には、50 歳未満で離職前 28 月の間、50 歳以上で離職前 36 月の間に 4 月以上就労していたことなどの要件がある。給付水準は、離職前の基準賃金日額の 40.4 ％に定額部分を加えた金額（最低保障が基準賃金日額の 57.4 ％、上限が基準賃金日額の 75 ％）となっており、加入期間に応じた給付日数の間手当が支給される（J.-J. Dupeyroux et al., op.cit., pp.1187-1190）。ただし、給付期間は、最長でも 50 歳未満で 24 月、50 歳以上で 36 月に制限されている。

[15] ibid., pp.1031-1032

[16] X. Prétot, Les grands arrêts du droit de la sécurité sociale, Dalloz, 1998, p.626

し、私法的な性格を伺わせるような面もある。例えば、制度の実施方法（mesures d'application）は、労使の合意による労働協約が規定することになっている（CT. L.5422-20 条）。また、一般制度の全国金庫が公施設法人であるのに対して、失業保険の管理を行う商工業雇用協会（ASSEDIC）及びその全国団体としての商工業雇用全国職業間連合（UNEDIC）の法人格は、1901 年 7 月 1 日法に基づく社団である[17]。そこで、次に、失業保険に係る労働協約の法的性格を中心に検討を加えることにしたい。

2 失業給付と公役務

前述のようにフランスの失業給付制度は、保険原理による保険制度と連帯原理（国民連帯）による連帯制度という異なる二つの原理に則った制度となっている。その点で、フランスの失業給付制度には、二元性（dualisme）があることになる[18]。

失業保険制度のうち連帯手当は、商工業雇用協会（ASSEDIC）、現在では雇用所から支給されるものの、国家の計算において（pour le compte de l'Etat）行われていることから、そこには一種の社会扶助としての公役務性が見出される[19]。この結果、連帯手当に関する争訟は、行政裁判所の管轄になる。

これに対して、保険制度からの保険手当の支給に関する公役務性については、国務院の判断は示されてこなかった[20]。しかし、学説は、失業保険制度において、1979 年の改革以降特に顕著となった公法的色彩、給付の公役務への漸進的な接近を指摘している[21]。この公役務への接近の傍証として、失業保険の給付が一般的利益のための活動であることに関して、次の点が指摘されている[22]。

---

(17) 公共職業紹介機関の見直しや労使関係の近代化の流れを踏まえた 2008 年の法改正により、2009 年 1 月以降 ASSEDIC は職業紹介機関である ANPE（Agence naionale pour l'emploi）と一体化され、失業給付と職業紹介等をワンストップで行う雇用所（Pôle emploi）が創設された。

(18) J.-J. Dupeyroux *et al.*, *op.cit.*, p.1153; 矢野昌浩「フランスにおける労働市場政策と法—失業保険制度を中心として—」琉球法学第 80 号 218 頁以下（2008 年）は、二元性を①失業保険制度それ自体における二元性、②失業保険制度を含む失業補償制度における二元性、③失業補償制度を含む就労支援制度における二元性の三つに分類している。

(19) J.-P. Chauchard, *op.cit.*, p.435

(20) *ibid.*

(21) *ibid.*, p.436

(22) *ibid.*

① 商工業雇用協会は私法人であるにもかかわらず、労使の強制加入義務のような公権力特権を保有している一方、財政等に関して公権力の監督を受けること。
② 労働協約の大臣認可により、制度（加入、保険料・受給権、支給）の効力が全体として署名当事者以外の使用者に対しても義務的になること。

1997 年になると、国務院から、それまで学説の流れに沿って、保険手当の支給が一般的利益（intérêt général）及び公役務の性格を有するという内容の判決が出されることになった[23]。すなわち、1997 年 11 月 28 日付国務院判決（CE, 28 novembre 1997, n° 142926）は、商工業雇用協会に対して「このように授権された一般的利益の任務に鑑みると、当該組織は、前述の 1978 年 7 月 17 日付法律第 2 条の意味における公役務の管理を任務とするものと考えられねばならない」と判示している。

以上まとめると、失業保険制度は、一般的利益の充足を目的として私法人により遂行される公役務であり、商工業関係企業の強制加入義務等の公権力特権に基づく各種義務付けなどにより、制度の公役務性が次第に高まってきたといえる。

3　失業保険に関する労働協約の性格

現在の失業保険制度の大枠は、2009 年 2 月 19 日付の協約（Convention du 19 février 2009 relative à l'indemnisation du chômage）によって規定されている。この協約上の制度である失業保険は、1958 年の創設時には、単に一般的な労働協約の法的枠組みに根ざす制度であったが、その後、1979 年の労働協約が 1982 年の経済危機により経営者団体（CNPF）によって一方的に破棄されたことから、1984 年 3 月 21 日の勅令第 84-198 号により、法律上も独自の根拠規定を有するようになった。つまり、失業保険に関する労働協約は、それ自体としては私法上の契約であるが、法律の規定に基づき締結されることになったわけである。現在も失業保険は代表的労使団体により締結される労働協約による制度であるが、その締結に当たっては労働法典 L.5421-1 条以下の規制に服することになる。

このような失業保険の独自性から、失業保険に関する労働協約の性格は必ずしも明確でない。そして、このことは、失業保険に関する労働協約が如何なる性格

---

(23)　R. Pellet, *Les finances sociales: économie, droit et politique*, L.G.D.J., 2001, p.170

第 1 節　失業保険との比較

かという問題を生じさせることにもなる。

　労働法典（L.5422-20 及び 5422-21 条）によれば、失業保険の拠り所である労働協約については、大臣の特別な認可を要することになっているが、この大臣認可の決定により効力が適用対象である職業全体に及ぶという点は、一般的な労働協約の拡張（extension）及び拡大（élargissement）と同じである[24]。また、失業保険の場合の大臣認可に当たっては、通常の労働協約の拡張及び拡大に関する公告の手続きが適用されることになっている（CT. L.5422-21 条）。しかし、そのことから直ちに失業保険に関する労働協約をして通常の労働協約と同列に扱うべしという結論にはならない。結論的に言えば、失業保険の場合の労働協約は、独自の性格を有するものとされる[25]。

　この点が問題となった事件として、1984 年のフランス認可カジノ組合事件に関する国務院判決がある[26]。これは、1979 年 3 月 27 日の労働協約に基づき、チップを収入とするカジノ従業員等に関して締結された 1980 年 3 月 17 日の協定について 1980 年 6 月 6 日付けで行われた大臣の認可に対して提起された越権訴訟である。訴えは棄却されるが、訴訟での争点の一つは、カジノ業界を構成員としないフランス経営者評議会（CNPF）が署名当事者となって、チップを収入源とする特殊な勤務形態であるカジノ従業員等の場合の保険料算定方法を協定で規律することができるかという点であった。すなわち、カジノ業界を傘下に置かないフランス経営者評議会が締結した協定の有効性の有無の問題である。この点に関して、国務院は次のように判示する。

「まず、1980 年 3 月 17 日の協定は、事業主については、フランス経営者評議会が署名したことに鑑み、

　この協定は、それにより修正された付属書も含め、全国協約の適用範囲に入るカジノ及びクラブの従業員が受け取る報酬の特殊な性格による必要性に対して、1979 年 3 月 27 日の全国職際間協約を適合させるため規定を設けるに止まることに鑑み、

　そして、この協定は 1979 年 3 月 27 日の協約の要素をなすものであり、当該協定

---

(24)　X. Prétot, *Les grands arrêts*, *op.cit.*, p.926. なお、制度創設時の労働協約については、大臣の承認決定ではなく、1959 年 1 月 7 日の勅令により、適用対象となる全ての被用者及び事業主に効力が拡大されている（J.-J. Dupeyroux *et al.*, *Droit de la sécurité sociale*, coll. Précis, Dalloz, 2008, p.1150）。

(25)　*ibid.*, p.627

(26)　CE, 24 octobre 1984, *Syndicat des casinos autorisés de France*, n° 26398; Dr. soc. 1985. 285, concl. B. Lasserre; RTD sanit. soc. 1985. 251, obs. X. Prétot

第2部　第3章　社会保障関連制度の法的性格

の署名当事者としての組合の代表性は前記協約の適用範囲の観点から解釈されるべきであることに鑑み、

その結果、カジノを経営する如何なる企業も1979年3月27日の協約の署名当事者であるフランス経営者評議会の構成員でないとしても、その状況は1980年3月17日の協定を認可する決定が違法性によって損なわれることにはならないことに鑑み、」

この判決に関するラセール（B. Lasserre）論告担当官は、その論告の中で、「我々は、古典的な労働協約の前にいるのではなく、失業保険に関する協定の前にいる」と述べた上で、「失業保険に関する協定が、労働協約と異なり、必ず、全国的で、かつ、職際間であること、そして、その認可に関して、労働協約の拡張と異なる規則に服することを立法者が実際のところ求めているとすれば、それは、思うに、立法者がこのような制度に固有の要求を考慮しようとしたためである」と論じている。

この点を敷衍すれば、失業保険に関する協約の大臣認可は、一般の労働協約における拡張及び拡大適用と同様の効果を付与する行為であり、失業保険に関する協約は、手続的には、一般の労働協約と異なる性格を有するに至ったと考えられる。

また、失業保険に関する協約は、疾病保険における全国疾病保険金庫等と全国医師組合との協約のように、規則的（法規的）効果を伴う契約行為とも異なるとされる[27]。

失業保険に関する協約は、公役務の遂行及び普通法外条項という点では行政契約の特徴を備えており、しかも、大臣の認可決定がなければ効力が生じない。しかし、協約の当事者に公法人が含まれていないことから、協約自体は私法としての性格を有すると解されている。敷衍すれば、失業保険には、一般的利益（intérêt général）の達成、公権力特権（prérogative de puissance publique）、国家の介入等の公役務としての特色を備えるが、その公役務は私法人（organisme de droit privé）によって遂行されていることになる[28]。このような失業保険に関する労働協約の特徴から、裁判管轄について、次の2点が導出される[29]。

---

(27)　X. Prétot, *Les grands arrêts, op.cit.*, p.627
(28)　J.-J. Dupeyroux et al., *op.cit.*, pp.1174-1175
(29)　X. Pétot, *Les grands arrêts, op.cit.*, p.628

第 1 節　失業保険との比較

① 労働協約自体は私法上の契約（contrat de droit privé）であり、先決問題（question préjudicielle）として司法裁判所の管轄に属すること。
② 労働大臣による認可決定は一方的行政行為（acte administratif unilatéral）であり、行政裁判所の管轄に属すること。

このため、この協約の認可決定に対して越権訴訟が国務院に提起された場合に、国務院は、当該協約の違法性が申立事由となっているときは、協約の私法的性格を理由に違法性を先決問題として司法裁判所に送り、その判断に委ねることになる(30)。例えば、労働大臣が 1990 年 5 月 14 日付で行った失業保険に関する協約等の認可の取消を求める軍職業下士官協会全国・連合会議からの越権訴訟に対する判決の中で、国務院は、次のように判示し、その私法的性格を承認している(31)。

「労働法典 L.352-2 条に規定する合意の承認に係る大臣決定の適法性は、問題となっている合意の規定の有効性に必然的に関わってくることに鑑み、そして、この有効性について深刻な異議が提起されたときには、認可決定に対して向けられた越権訴訟が権限をもって係属する行政裁判所は、当該合意が有する私法としての性格から、この先決問題の審査を司法裁判所に移送しなければならないことに鑑み、……」

また、国務院は、全国商工業雇用連合（UNEDIC）から出された通達の性格について、当該通達が私法的性格を有する失業保険に関する 1958 年の協約を補完

---

(30)　行政裁判所は管轄の拡大に慎重であるが、先行問題による司法裁判所の管轄については、次の留保が必要である。
　① 協約の当事者であるべき労働組合を欠いたまま締結された協約の承認、協約交渉の条件について、行政裁判所は判決を下すことができる（CE, 21 oct. 1991, *CGT*, n° 99577, 99578; D. 1994, Somm. 244, obs. D. Chelle et X. Prétot）。
　② 一定の職種に対する給付の創設に関する手続きが協約に明確に規定されており、承認決定の対象となる合意及び決定が当該手続きに準拠していないことが厳格に否認されない場合には、大臣は当該合意及び決定を承認しないことができることから、行政裁判所は自ら当該合意及び決定を取り消すことができる（CE, 30 juillet 1997, *Fédération nationale des syndicats du spectacle, de l'audiovisuel et de l'action culturelle CGT*, n° 143924; RJS 10/97, n° 1121）。
(31)　CE, 29 juillet 1994, *Assemblée nationale et fédérale d'Associations de sous-officiers de carrière de l'armée française*, n° 118327; RJS 10/94, n° 1165. このほか、同趣旨の判例として、CE, 21 juin 1996, *Fischer et autres*, n° 112844, 112845, 113537, 113538, 164891; RJS 8-9/96, n° 964 がある。

するために 1972 年 3 月 27 日に締結された全国職際間合意に係るものであることから、越権訴訟の対象となる行政行為ではないと判示している[32]。

これに対して、認可決定（②）については、その行政行為性を前提にして、行政裁判所による適法性の審査が行われている。例えば、失業保険に関する協約の締結に当たっては、代表的な全ての労働組合の署名が必要（CT. 352-2。現行のCT. L.5422-23）にも関わらず、CGT（労働総連合）の署名を欠いた協約を大臣が承認決定した事案について、行政裁判所は、その承認決定の適法性を審査している[33]。

また、大臣による認可決定の行政行為としての性格については、次のような判決が存在する。すなわち、失業手当の受給者が退職年齢まで受給権を継続できる年齢の下限を 57.5 歳から 58.5 歳に引き上げることを内容とする協約の追加書（avenant）等を大臣が承認決定したことに対して、フランス管理職連合が、当該年齢引き上げが連帯制度の受給者を増大させ、その財政を悪化させることを理由に当該認可決定について越権訴訟を提起したところ、国務院は、大臣が有する権限は労働法典に照らして認可か却下かを決定するかに止まり、当該追加書等が公序に反しない以上、認可決定は違法でないと判示している[34]。

以上のような失業給付の協約としての性格の曖昧さは、見方を変えれば、法律及びそれに根拠を置く国の関与による協約の原理に対する修正でもある。現在、失業保険制度の大枠は労働法典（L.5422-20 条以下）に規定されており、労使が締結する協約も法典の規整に服する形で内容が規定されていくことになる。その点では、失業保険制度が有する公役務性が結果的に制度への公的関与を強めており、協約制度としての本質は失わせないとしても、一面で制度の国営化（étatisation）が進んでいると捉えられよう。

4　失業保険に関する個別処分の性格

失業保険の実施機関が保険料拠出者、給付受給者等との関係で展開される個々の行為は、そこに公役務性が認められれば、行政行為となるはずである[35]。実際、一般制度について、裁判所は、社会保障機関による処分に行政行為としての

---

(32)　CE, 9 nov. 1983, *Marchand Le Poitevin*, n° 26761; RD publ. 1984. 1079
(33)　CE, 21 oct. 1991, *CGT*, n° 99577, 99578; D. 1994. 244, obs. D. Chelle et X. Prétot
(34)　CE, 3 juillet 1996, *Confédération française de l'encadrement*, n° 136028; RJS 8-9/96, n° 965
(35)　J.-J. Dupeyroux *et al.*, *op.cit.*, pp.1075-1176

第 1 節　失業保険との比較

性格を認めている(36)。しかし、失業保険に関する限り、既に述べたように公役務との関係について判断は示されておらず、この点に関する裁判所の態度は必ずしも明確ではない(37)。

　例えば、破毀院は、公権力による承認を理由に、ASSEDIC の内部規則の定立を法規的な行政行為であると判示している(38)。その点では、破毀院は、失業保険の公役務性に着目して、社会保障に関する争訟の解決方法を失業保険にも準用していると言える(39)。しかし、この ASSEDIC の決定権限については、留保が必要である。つまり、失業者の状況の認定に関する規定を適用する権限は第一義的には ASSEDIC に帰属するが、その ASSEDIC の認定を訂正し、法規に照らして判断するのは、裁判官の役割であると判示されている(40)。ただし、ASSEDIC が給付を行う前段階として被用者の解雇の性格を判断したり、更には、手当の失権後に例外的に給付の延長を決定することは、ASSEDIC の本来的権限であることから、そのような場合には、破棄院も ASSEDIC の権限を代替するような原審の判断を破棄することがあることが指摘されている(41)。

　このような破毀院の態度と異なり、国務院及び権限裁判所は、ASSEDIC と受給者等との関係は純粋に私法的であることを理由に、機械的にその手の争訟を行政裁判所の管轄から排除する傾向があると指摘されている(42)。

　なお、2008 年の改革により ANPE と ASSEDIC を統合して創設される機関は公法人であるが、UNEDIC 自体は存続し、新機関の会計、労働関係も民間企業と同じであることなどから、以上のような個別処分の性格を巡る議論には影響を及ぼさないことが指摘されている(43)。

---

(36)　*ibid.*

(37)　*ibid.*

(38)　Cass. soc., 4 mai 1984, *ASSEDIC Sambre-Escaut c/ Flamant*, n° 83-10503; RTD sanit. soc. 1985. 104, obs. X Prétot（本事案では、ASSEDIC の内部規則が大臣承認の対象となることから、行政行為の性格を有しており、司法裁判所ではなく ASSEDIC の住所地の行政裁判所の管轄に属することが判示されている。）

(39)　X. Prétot, *Les grands arrêts, op.cit.*, p.637

(40)　Cass. soc., 5 juillet 1995, *Rocchi c/ ASSEDIC du Var*, n° 93-18918; RJS 10/95, n° 1040（本事案の場合には、失業給付の水準の決定に必要となる参照賃金から異常に高い報酬を除外するに当たっての判断権限が争点となった。）

(41)　X. Prétot, *Les grands arrêts, op.cit.*, p.637

(42)　*ibid.*, p.638

(43)　J.-J. Dupeyroux *et al., op.cit.*, p.1176

第2部　第3章　社会保障関連制度の法的性格

5　失業保険の保険料の法的性格

　失業保険のうちの保険制度に係る費用は、原則として、労使の拠出による保険料（contribution）によって賄われる（CT. L.5422-9条）。そして、その際の保険料の賦課標準は、上限までの粗報酬（rémunérations brutes）である（同条）。なお、現在（2009年）の保険料率は（労2.40％、使4％）となっている。

　この失業保険の保険料については、それが社会保障制度と同様の意味での社会保険料といえるかが問題となる。社会保険における受給権と拠出との牽連性をして社会保険料の本質と考えれば、狭義の社会保障制度の保険料のみが社会保険料ということにはならないとも考えられる。しかし、失業保険の保険料の場合も、ASSEDICによる徴収に関して、督促、執行令状等による強制徴収の手続きが用意されている（CT. L.5422-15～L.5422-19条）。これは、1992年12月31日付法律第92-1146号により、社会保障の保険料に倣って導入され、現行の労働法典に引き継がれているものであり、その点ではASSEDICに対しても社会保障機関と同様の公権力特権（prérogative de puissance publique）が付与されたことを意味する[44]。

　それでは、失業保険の保険料に関する判例はどうか。その点を端的に示すのは、憲法院の1995年1月25日付判決（Cons. const., décision n° 94-357 DC du 25 janvier 1995）である。同判決は、1995年の「社会秩序に関する各種施策に関する法律」に関する憲法院の審査の中で、失業した労働者に対する再就労のための訓練費を保険料財源から充当することができるかという論点に関連して検討が加えられたものである。判決に当たり、憲法院は、「労働法典L.351-3-1条に規定された保険料（contribution）は、事業主及び被用者の負担による社会保険料（cotisations sociales）としての性格を有する」と判示している。

　以上のような保険料の強制徴収という点に着目すれば、失業保険の保険料が社会保障の保険料と同じ性格を有しており、何れも憲法第40条が規定する公的財源（ressources publiques）ということになる[45]。

6　失業保険の権利性

　これまで縷々述べたように失業保険に関する労働協約は、通常の労働協約とは異なる特徴を有している。このことは、失業保険に対する権利にも反映されてい

---

(44)　R. Pellet, *op.cit.*, p.170
(45)　*ibid.*, p.172

第 1 節　失業保険との比較

る。

　例えば、失業保険の場合には有利原則の適用はなく、失業保険に関する労使間の協約が優越することになる。例えば、2001 年 7 月 11 日の国務院判決（CE, 11 juillet 2001, *Syndicat Sud travail et autres*, n° 228361, 228545, 228606, 229013, 229095, 229851, 229867, 229925, 229926, 229940, 229947, 229966, 229967）では、労働法典 L.351-20 条が失業給付と各種社会保障給付等との併給要件は失業保険に関する労働協約により定められると規定していたことから、労働協約の中で年金との併給規定が設けられたことに対して、原告が有利原則の適用を主張した事案が存在する。判決の中で裁判所は、協約の締結当事者が併給の扱いを定めることができるとした上で、「当該条項が規定する規則が労働法典 L.132-4 条に基づく有利原則に反すると原告が有効に主張することは、労働法典の当該規定は労働協約及び協定にのみ適用されるものであることからしてできるものではない」と判示している。

　また、既裁定の失業保険に関する給付について、制度変更があった場合に受給者が従前の給付を受けられるという意味での既得権があるかという点に関しても、裁判所は否定的である。問題の発端は、2002 年 12 月 20 日の労使合意により失業給付の要件の厳格化と並んで支給期間の短縮措置が盛り込まれたことにある。具体的には、給付期間の短縮措置の対象者には、新規の受給者のみならず既に給付を受給中の 2003 年 1 月 1 日前の失業者や 2002 年 12 月 31 日の時点で解雇手続き中の者も含まれており、その場合、わずかに 1 年だけの経過措置が講じられているものの、2004 年 1 月 1 日からは 50 歳未満の受給者には新たな短縮措置が適用されることになったことから、失業者の間に反発が広がった。失業者の中には、不法に既得権を侵害されたとして、従前の権利の回復を裁判所に求める者も出てきた。このため、失業給付の引下措置は、いわゆる「再計算（recalculés）」の問題として社会問題化することになった[46]。

　このため、労働大臣は、2004 年 5 月 3 日の談話の中で、2004 年 1 月 1 日の協約の関係規定が適用されないよう必要な措置を講じる旨の対応を宣言した。他方、裁判の関係では、国務院が 2004 年 5 月 11 日判決（CE, 11 mai 2004, *Association AC !*, n° 255886, 255887, 255888, 255889, 255890, 255891, 255892）により、給付の短縮措置に関する 2003 年 2 月 5 日の大臣認可を取り消す判決を下し、事態は急展開する

（46）　P. Morvan, *Droit de la protection sociale*, Litec, 2007, p.451

ことになった。この判決の中で、裁判所は越権訴訟に伴う大臣認可の取消しにより当該認可は最初から存在しなかったことになるが、一般的利益の観点からその影響は甚大であることに鑑み、その効果は2004年7月1日以降に発生させるという「将来に向けての転回（revirement pour l'avenir）」の留保が付された[47]。

これに対して司法裁判所では、権利回復等を求める訴訟は継続し、ついに2007年1月31日には破毀院から判決 (Cass. soc., 31 janvier 2007, n° 04-19464) が出されることになった。事案は、失業給付の期間短縮措置の対象となった原告が従来通りの雇用復帰支援手当 (allocation d'aide au retour à l'emploi) の支給及び損害賠償をASSEDIC等に求めたのものである。これに対して、裁判所は、「各求職者が署名した雇用復帰支援計画（PARE）はASSEDICが一定期間にわたり雇用復帰支援手当てを支給する約定を含むものではなく、また、その手当の率及び期間は、協約に付属する規則第36条に基づきASSEDICが示す当該手当の給付支給決定に由来するものであり、控訴院は、上記条項を誤った適用により侵害するものである」と判示し、原告の訴えを認容した原審の判決を取り消した。この判決の根底にあるのは、雇用復帰支援計画に伴う義務を履行することの反対給付として雇用復帰支援手当が支給されるという契約的構成を裁判所は採用していないことである。

類似の判決は、既に1990年5月16日に破毀院から出されている (Cass. soc., 16 mai 1990, n° 87-20143)。この事案の場合には、1979年3月27日の協約により、それまで65歳3月まで支給されることになっていた手当が65歳までの支給に短縮されたことに対して、原告が法律不遡及の原則に基づく既得権の侵害を理由に訴えを起こしたものである。これに対して裁判所は、「これら規則は本件の当事者に適用されるものであり」、原告は「65歳を超えて所得保障手当の継続を主張することはできない」との控訴院の判断は正当であると判示している。

これらの判決に照らすなら、失業保険の場合には、私法的な労働協約の形態をとりながらも、大臣認可など労働法典に基づく規律に服しており、連帯に基づく制度としての色彩が強くなっている。その点では、失業保険に関する限り、受給者の既得権も制約を受けることがあり得ると考えられる。

7 小括

以上のように私法人であるASSEDIC及びUNEDICにより管理運営されてきた

---

(47) *ibid.*, p.453

失業給付制度は、社会扶助としての性格を有する連帯手当のみならず保険手当も一般的利益の追求を目的とした公役務の遂行であるとされる。このため失業給付は労使間の労働協約上の制度でありながら、保険料は社会保障制度の社会保険料と同じように公権力特権としての強制徴収権が付与されている。また、失業給付に関する労働協約の法的基礎は一般の労働協約と異なり、労働法典に基づくものとなっており、労働協約の大臣認可により労働協約としての拡張や拡大の効果が発生するという際だった特徴を有している。

このような失業給付の特徴は、労働協約という私法的枠組みを基礎に置きつつも、一般的利益の要請から公法的色彩を強めてきたことの証である。失業給付において民間保険的な保険原理が貫徹するのであれば、事後的な制度変更による給付期間の短縮等の措置は許されないと考えられるが、破毀院の判決は受給者にそのような既得権は認めていない。現在の雇用復帰支援及び失業補償に関する2006年1月18日の協約では、失業者の雇用復帰支援手当に関連して、労使が権利義務の発生する団体契約（contrat collectif）の保証者と位置付けられており、失業保険制度の集団的性格を読み取ることができる。そして、その点では、現在の失業給付は、連帯により保険原理が修正された制度になっていると考えるべきであろう。

第2節　補足制度との比較

1　補足制度の意義

世界の多くの国で年金制度は、公的年金・企業年金・私的年金の3段階、さらにはそれ以上の多段階で構築されている[48]。この点では、フランスも例外でない。

フランスの年金制度は、一般制度等の基礎制度（1階）、補足制度（2階）、付加的年金制度（3階）によって構成されているといわれる。このうちの補足制度も、モザイク状の基礎制度と同じように、様々な制度が併存する。基礎制度の場合には、民間被用者を対象とする一般制度が代表的な制度であるが、これに対応する補足制度は、同じく民間の被用者を対象とする幹部職員のための幹部職員年

---

[48] 多段階の年金制度を指摘する世界銀行の報告書としては、*Averting the old age crisis*, 1994, World Bank; R. Holtzman and J. E. Stiglitz (ed.), *New ideas about old age security*, 2001, World Bank ; R. Holtzman and E. Palmer (ed.), *Pension reform*, 2005, World Bank がある。

第2部　第3章　社会保障関連制度の法的性格

金機関一般協会（AGIRC）と一般職員も対象とする補足年金制度協会（ARRCO）である。

　この被用者向け補足制度は、労働協約を基礎として労使により創設され管理される制度であるという点では、フランス以外の諸国の企業年金に相当するものである。しかし、フランスの補足制度は、社会保障法典による規整の下で法的に加入が強制され、賦課方式で運営されるという点では、法的な強制加入ではなく積立方式を採用する他国の企業年金制度とは異なる特徴を有している。

　このため補足制度は、企業年金と公的年金の特徴の両方を有しているとも考えることができる。また、補足制度の位置付けも、論者や視点違いによって区々になる可能性がある。ここでは、法的に補足制度の権利性という視点から、この補足制度に検討を加えることとしたい。

2　補足制度の一般化

　補足制度の検討に当たっては、まず歴史的な経緯を一応押さえておく必要があろう[49]。

　フランスにおいて、第2次世界大戦後の社会保障改革は、それまで社会保険の適用除外となっていた幹部職員向けの労働協約に基づく年金制度にも影響を与えることになる。

　その第一は、1945年の改革により打ち出された社会保障制度の一般化（généralisation）である。これにより、幹部職員も一般労働者と同様に社会保障の適用対象となったが、1970年代に至るまで社会保障（基礎制度）からの年金等の給付水準は、必ずしも高くなく、幹部職員にとって満足のいくものではなかった。そうした中で、より高い年金水準を求め、基礎制度としての一般制度への強制加入に反対する幹部職員は、その打開策を模索するための労使による委員会での協議を経て、1974年3月14日の全国労働協約により補足年金制度を創設することになる[50]。

---

[49]　補足制度の沿革も含め、制度の全体像を整理した論考としては、江口隆裕「フランスの補足年金制度──その改革に向けた歩み」一橋大学経済研究所、PIE Discussion Paper No. 277, 2005 がある。

[50]　F. Kessler, *Droit de la protection sociale*, Dalloz, 2000, pp.373-374, pp.98-99; S. Michas Béguerie, *Régimes privés de retraites complémentaires, Perspectives comparative et européenne*, L.G.D.J., 1998, pp.78-82. 第二次世界大戦前において、幹部職員は、その所得水準が高いために労働者を対象とする社会保険（1930年）の適用除外対象であった。このため、老齢、障害、死亡等のリスクに対応するために、1930年代を通じて、労働協約に基づく年金制

第 2 節　補足制度との比較

　その第二は、戦後のインフレにより戦前の積立制度の下での年金資産の価値が目減りしたことである。それにも関わらず、労働協約に基づく制度は、社会保障と同等の給付を確保することが義務付けられており、価値の目減りに対応するためには、適用を拡大し、一般制度と同様の賦課方式を採用することが不可避となったことも、1947 年の補足制度創設の誘因となった[51]。

　このように創設された最初の補足制度は、幹部職員等を対象に、一般制度の保険料の賦課基準を超える報酬を賦課標準とする保険料を財源に、一般制度からの年金を補完・上乗せする年金を支給しようとするものであり、その運営機関として幹部職員年金機関一般協会（AGIRC）が登場することになった[52]。

　こうした基礎制度への上乗せとしての性格から、最初の補足制度は賃金水準の高い幹部職員のみを対象に出発したが、同様の要求は幹部職員以外の一般職員にも広がった。こうした要求に対応するため、1950 年代に入ると、1953 年に金属産業職工長等年金機関（IRCACIM）が創設されたのをはじめ、企業（例えば、ルノー）、業種（例えば、銀行、社会保障機関の被用者及び官吏以外の国の職員、公共事業）、職種等を単位に補足的な年金制度が創設されていく[53]。しかしながら、労使が補足制度をさらに拡大するためには、転職に伴う年金の受給権のポータビリティ（portabilité）を如何に保証するかといった技術的に解決が問題があり、フランス経営者評議会（CNPF）の検討を経て、1957 年 5 月 15 日の全国職業間協定により UNIRS（全国被用者年金機関連合会）が設置されることになった[54]。

度が幹部職員のために創設された。また、労働協約による制度創設を可能にする制度的環境としては、世界恐慌、ファシズムの台頭等の世界情勢があり、フランスでは、人民戦線政府の成立後の 1936 年にマティニョン協定が成立し、従業員代表制のほか労働協約の締結権等が盛り込まれた。こうして労働協約には好都合な時代状況の中で、1937 年 5 月 14 日の労使の全国協定により、任意加入又は強制加入（県段階の労働協約が存在する場合）による積立方式の年金が制度化された。この結果、社会保険の対象外となっている一定賃金以上の被用者を対象として、全国的に制度創設が慫慂され、労働協約が成立した地方では、制度創設が強制されることになった。さらに、1936 年には、別途、労働協約の拡張適用を認める労働協約法が成立していたことから、1938 年 7 月 8 日の公共事業分野の全国協約は省令により拡張適用されることになった。こうして、第 2 次世界大戦の終戦時点で、幹部職員のための協約による年金制度は約 20 万人の加入者を数えるほどとなり、その存在は無視し得ない状況になっていたのである。

(51)　S. Michas Béguerie, *op.cit*, pp.82-83
(52)　F. Kessler, *op.cit.*, p.99
(53)　F. Kessler, *op.cit.*, p.99; F. Netter, «Histoire des retraites complementaire de salariés», Droit social, n° 1, janvier 1977, p.60

第2部　第3章　社会保障関連制度の法的性格

しかし、このUNIRSへの加盟は義務的ではなかったことから、使用者によっては、コスト削減のために補足制度に加入しない企業もあり、補足制度の適用を巡る被用者間の不均衡が顕在化することになる[55]。このため、1961年には、一般職員の補足制度を一般化するととともに、一般職員のための制度間調整（連帯準備金を使った財政調整等）を図るための協定が1960年12月8日に締結されることになった[56]。この協定の付属書により創設されたのが、現在まで続く、一般職員等の補足制度に係る補足年金制度協会（ARRCO）である[57]。こうして、被用者の転職、企業の倒産等に伴う年金権の保護のような問題は、制度間調整のための機関としてARRCOが創設されることで一応の解決を見ることになる[58]。そして、このことは、特定企業への忠誠に対する見返りとしての性格が強かった補足制度が、個別企業の枠を超えて、次第に労働に対する見返りとしての制度に変容していくことを意味する。

その後も補足制度に関する法制の整備が続くが、この時点で全ての被用者が制度に取り込まれたわけではなく、依然として1961年の協約の適用対象の外にある被用者類型や適用が留保された被用者類型が存在した[59]。補足制度の一般化が実現するのは、1972年12月29日付の法律第72-1223号においてであり、これにより補足年金制度の適用拡大が図られ、一般制度又は農業制度（MSA）に加入する被用者は、次のとおり、原則として補足年金制度に加入しなければならなくなった（CSS. L.921-1条）[60]。

「社会保障の一般制度又は農業社会保険の老齢保険の強制的に加入する被用者の類型及び同類型に該当する旧被用者については、本編又は農業法典第1050条第1編に基づき許可された補足年金機関により運営される補足年金制度に帰属しない場合には、L.311-3条第11号又は第12号に規定する条件で保険一般代理業を営む者を除き、これらの機関の何れかに強制的に加入する。

職業間及び一般的な連帯は、必要に応じて、本法典L.911-4条及び農業法典第

---

(54) F. Kessler, *op.cit.*, p.99; F. Netter, *op.cit.*, p.60
(55) F. Kessler, *op.cit.*, p.374 ; F. Netter, *op.cit.*, p.60
(56) F. Kessler, *op.cit.*, p.374
(57) 付属書（annexe）とは、労働協約に付属する規定であり、特に特定の主題又は特定の類型の被用者を対象とする規定である（G. Cornu, Vocabulaire juridique, PUF, 2000, p.56）。
(58) F. Netter, *op.cit.*, p.61
(59) *ibid.*, p.62
(60) F. Kessler, *op.cit.*, p.100

第 2 節　補足制度との比較

1051 条に規定する手続きを同時に適用しながら、機関の間で組織される。」

　この現行の社会保障法典の規定は、1945 年 10 月 4 日の社会保障の組織に関する勅令、その後の社会保障法典 L.4 条、そして L.732-1 条等の規定を引き継ぐものである[61]。なお、現行の規定の出発点となっているのが、1945 年の勅令第 18 条であり、そこでは、次のような規定により社会保障機関及び共済以外の制度主体の存在が認められていた。

「第 18 条　前編に規定する機関及び共済（sociétés de secours mutuels）を除くほか、労働者及びそれに準ずる者のために単独又は複数の企業の枠組みにおいて設立されるあらゆる性格の福利厚生又は社会保障の機関は、労働及び社会保障担当大臣の認可により、かつ、社会保障組織に由来する給付に付加される給付を支給することを目的とする場合に限り、維持され、又は創設されることができる。

　公行政の一般的法規は、対象となる機関が受益者からの掛金に依存するか否かに応じた認可の付与が服するべき条件、機関の運営規則及び清算条件を規定する。」

　このような発展を遂げてきた補足制度であるが、現在、被用者は、原則として補足制度の連合組織である ARRCO 及び AGIRC の下に創設された補足制度に加入することになっている[62]。また、1973 年 6 月 6 日の協定以降は、幹部職員は、AGIRC とともに ARRCO にも二重加入することになり、報酬の一定部分について 4 ％（現在は 6 ％）の契約保険料を ARRCO に拠出するようになった[63]。ただし、官吏の身分を有しない国及び公的団体の職員及び航空機搭乗員については、法令に基づく別制度（それぞれ IRCANTEC、CRPNPAC）が設けられている[64]。一

---

(61)　*ibid.*, pp.373-375

(62)　AGIRC が当初から単一の制度として創設されたのに対して、ARRCO の方は、1999 年の時点で自律性を有する 90 の機関と 45 の制度によって構成されていた。このため、ARRCO の場合には、拠出及び給付等に関する要件は単一ではなく、制度によって異なっていたが、1996 年 4 月 25 日の協定の方針に基づき、1998 年 6 月 18 日の追加書第 48 号により、1999 年 1 月から制度の単一化が図られることになっている（F. Kessler, *op.cit.*, p.375, p.386; J.-J. Dupeyroux et al., *op.cit.*, pp.1085-1086）。その場合にポイント制の下での年金額の扱いが問題となるが、ポイント制も ARRCO の仕組みに単一化されることになった（*ibid.*）。

(63)　F. Kessler, *op.cit.*, p.101

(64)　官吏の身分を有する公務員や軍人の場合には、1 階部分の特別制度から上乗せの 2 階部分（加算）が支給されることになっている（S. Orallo et N. Corato, *Fonctionnaires, vos retraites après la réforme,* Prat, 2004, p.18）。さらに、付加的な年金を支給する全国公務員福利

317

第2部　第3章　社会保障関連制度の法的性格

方、自営業者の場合には、法定の年金制度を拡充する形で補足制度が設けられている。

現在、この被用者の補足制度は、その制度の大枠は社会保障法典第9巻（被用者の補足的社会保護及び労使同数的性格の機関に関する規定）の下に5編にわたり規定されている。この中で、補足制度は、社会保障法典（第9巻第1編）の規定に従って、拡大及び拡張された全国職際協定（accords nationaux interprofessionnels étendus et élargis）により創設されることになっている（CSS. L.921-4）。この点では、社会保障法典は、補足制度に関して労使の自律性が尊重されている[65]。また、現行社会保障法典では、1993年1月27日の法律が年金に関して、①義務的な補足制度と②任意的な付加的年金（retraite supplémenatire）制度を区分するとともに、年金と③年金以外のリスクとを区分した流れを引き継いでいる。付加的年金制については、社会保障法典第9巻の中の第4編（付加的年金の管理の機関）が充てられている（CSS. L.941-1以下）。

なお、補足制度について確認しておくべき点として、その公役務性の有無である。前述の1972年の法律により制度への加入が義務化されたことからすれば、単に労使の労働協約上の制度を超えた公役務性が付与されたと捉える余地がある。社会保障について公役務性を承認した1938年5月13日の国務院判決（CE, 13 mai 1938, *Caisse primaire "aide et protection"*）の論理に従えば、公役務の遂行主体としては、財政的自律性を有する私法人であることが制約要因にはならないはずである。しかし、1976年に国務院が共和国斡旋員（Médiateur）に対して示した解釈では、補足制度への加入が強制的であったとしても、立法者は補足制度に財政的自律性及び私法的性格を有しているとして、その公役務性を認めていない[66]。

もちろん、この国務院の見解は、批判の余地がある。その後、1994年8月8日付法律第94-678号により社会保障法典L.921-1条として規定された強制加入に関する条項では、社会保障制度の老齢保険に加入する被用者は何れかの補足制度に強制的に加入すべきことが規定されている。さらに、同法典L.922-1条及びL.922-4条により、補足制度機関及びその連合会は非営利の私法人であるが、一般利益の任務を遂行することが規定されている。また、保険料の徴収については、同法典L.922-7条により、社会保障の保険料の先取特権等の担保に関する規定が

厚生金庫（PREFON）等があるが、こちらは任意加入の制度である（*ibid.*, p.63 et s.）。
(65) J.-J. Dupeyroux, *Droit de la sécurité sociale*, coll. Précis, Dalloz, 1998, p.970
(66) R. Pellet, *op.cit.*, pp.174-175

第 2 節　補足制度との比較

準用されることになっている。このような規定に照らして場合には、1976 年の国務院の解釈にもかかわらず、補足制度は社会保障に近付いてきている。実際、憲法院の判決でも、基礎制度と補足制度は、1946 年の憲法前文の第 11 項が規定する国家による高齢者等への生存手段の保障という点では同一視されている[67]。具体的には、1997 年に退職年金貯蓄計画の創設に関する法律が憲法院の審査に付された際、退職年金貯蓄計画が 1946 年の憲法の前文第 11 項に反するとの訴えに対して、憲法院は、1997 年 3 月 20 日付判決（décision du 97-388 DC du 20 mars 1997）において、件の法律が「社会保障の老齢保険に関する一般制度及び補足制度に起因する権利及び義務を変更するものでな」く、第 11 項の「規定により宣言にされた原則を侵害するとはみなされない」と判示しており、基礎制度と補足制度を第 11 項との関係で同列に扱われている。

このように補足制度の公役務性については、必ずしも明確でない点がある。しかし、実定法上は、補足制度が一般利益の任務の遂行であることは間違いなく、その点で補足制度が基礎制度に近接する制度であることは間違いないであろう。

3　法的側面からの補足制度の経緯

第 2 次世界大戦後の補足制度は、1947 年に全国職際間協定という形で創設されたが、その際に、事業主主導で戦前に導入された付加的年金制度の関係で既に存在していた労働協約が法的枠組みとして利用され、その後の補足制度の法的性格を方向付けることになった。そこで、ここでは、労働協約と密接な関係を有する補足制度に関する協定の性格の側面から、その歴史的経緯を簡単に振り返ることとしたい[68]。

---

[67]　*ibid.*, pp.177-178
[68]　補足年金に関する規整は、労働協約と密接な関係を有することから、フランスの労働協約制度の概要に触れておくことにする（S. Michas Béguerie, *op.cit.*, pp.132-137）。フランスでは、1919 年 3 月 19 日の法律が初めて労働協約について規定した。その特徴は、労働条件を内容とする協約の人的及び地理的な適用範囲を当事者の合意に委ねた点にあり、その限りでは契約的な色彩が強い。その後、1936 年には、同年 6 月 24 日付法律において労働協約の拡張適用（extension）が規定されることとなり、大臣の決定があった場合には、協約の適用対象業種に属する全ての事業主及び被用者は協約に服することが義務付けられた。この 1936 年はマティニョン協定が締結された年であり、労働協約は契約的色彩の強いものであった。これに対して、第 2 次世界大戦後の 1946 年に制定された同年 12 月 23 日付法律は、協約締結交渉に対する政府の関与、大臣の認可の義務付け、それによる協約に対する法規的性格の付与などが規定されており、その時代環境の影響もあって政府主導

第2部　第3章　社会保障関連制度の法的性格

〈制度創設時の法的性格の不明確性〉

　ここで注目されるのは、1947年に労働協約が締結された制度創設当初においては、その法的性格が必ずしも明確でなかったという点である[69]。1947年時点では、既に1946年に労働協約に関する法制が整備されていたが、そもそも労働協約は、年金ではなく労働条件に関する労使の合意であり、年金制度に関する限り、伝統的な労働協約の範疇から逸脱する要素が存在していた[70]。例えば、1947年の労働協約は、特定業種の労働条件を規定するのではなく、幹部職員を対象に業種を跨る全国レベルの労働協約であり、その内容も労働条件そのものではなく年金であった。もちろん、労働協約の適用範囲を拡大することになる拡張適用が望ましという前提に立てば、業種横断的な全国協約という枠組みは、法の精神に則しているといえる。

　このような1947年の労働協約が内在する不明確性について、以下法令及び判例に触れる形で検討を加えてみたい。

　まず、1945年10月4日の勅令を実施するために制定された1946年6月8日の政令（décret n° 46-1378 du 8 juin 1946）は、年金に関する労働協約について、次のように規定していた[71]。

による統制色の強いものとなった。このように1936年と1946年の法律は、労働協約が契約的性格と法規的性格の何れを帯びるのかという点で対照的であった。このように労働協約を巡る相違点を止揚することになったのが、1950年2月11日付の労働協約及び集団的労働争議の解決手続きに関する法律（loi n° 59-205 du 11 février 1959）であった。同法の労働法典の改正部分（第1条）では、労働協約が労使代表により締結される労働条件に関する合意（accord）であることが規定された（CT. 31条a）。また、全国労働協約は、義務的記載事項（組合活動の自由、職種別の賃金要素、全国最低賃金等）と任意的記載事項に分けることができるが、そのうち任意的記載事項には、従業員の補足年金制度が含まれることが規定された（CT. 31条g）。さらに、労働協約の適用については、拡張適用が規定され、代表的労働組合又は大臣からの求めがあった場合には、高等労働協約委員会の意見を聴いた上で、大臣が労働協約の適用対象となる業種及び地域の全体にその効力を拡張することを決定することができることになった（CT. 31条j）。このように1950年法によって、他の契約と同じように労働協約の場合にも、署名当事者には契約上の義務が課されるとともに、その適用に当たっては、個々の契約が義務的に従うべき法規的性格を帯びることが明確になった。すなわち、1950年法は、労働協約に関して契約的性格と法規的性格との中庸を実現することになったのである。

(69)　X. Prétot, *Les grands arrêts*, *op.cit.*, p.663
(70)　S. Michas Béguerie, *op.cit.*, pp.137-139
(71)　F. Netter, *op.cit.*, p.60

第 2 節　補足制度との比較

「第 43 条　あらゆる種類の福利厚生又は社会保障の機関は、労働協約によるか、個別の契約によるかに関わらず、単一又は複数の企業の従業員の全体又は一部を集めることにより、被用者及びそれに準ずる者に対して、貯蓄、生存又は死亡の場合の一時金、老齢年金、障害年金又は労働災害の場合の年金、寡婦又は孤児年金の形態により、社会保障法制に基づく給付に付加するための給付を形成するところ、当該機関は、関係労働者の拠出によらず運営される場合であっても、本章の規定に適合しなければならない。

　本規定は、共済、1945 年 10 月 4 日付勅令第 17 条が規定する機関及び社会保障金庫には適用されない。」

「第 51 条　加入者の義務及び権利並びに使用者の義務は、使用者と秘密投票によって確認される関係労働者の過半数との間の協定又は秘密投票、さもなければ、労働協約によって見直しを行うことができる。

　合意に至らない場合には、争訟は集団的労働争議に関して適用される手続きに従って解決される。」

このうち上記政令の第 51 条は、補足制度に関する加入者の権利義務関係又は使用者の義務についてであるが、見直しの手段として加入者の全体投票及び労働協約を規定するものである。現在は、補足制度も含めた集団的保障（garanties collectives）の手段として労働協約、被用者の全体投票及び使用者の一方的決定が社会保障法典（L.911-1）上も明確に規定されているが、その淵源はこの政令にある。この時代、政府が全体投票及び労働協約を補足制度の見直しのための手段として位置付けた理由には、当事者である被用者を自らの制度の財政及び決定に関与させるという意図があったことが指摘されている[72]。

その後、補足年金制度に関しては、1959 年 2 月 4 日付の勅令（ordonnance nº 59-238 du 4 février 1959）が、次のように一般の労働協約という第 1 の類型とともに補足年金制度のみを目的とする協定という第 2 の類型を明確に規定することになった。

「第 1 条　従業員の補足年金制度は、労働法典第 1 巻第 31 f 条以下の条の規定に従って拡大適用される労働協約の規定の対象となる。

　前項の規定とは別に、補足年金制度に関する職種別又は職種間の枠組みに基づく機関のみを目的とする協定は、当該協定が労働協約に関する 1950 年 2 月 11 日付法律の意味における最も代表的な使用者及び労働者の組合団体の間で締結され、かつ、当

---

(72)　S. Michas Béguerie, *op.cit.*, p.131

第 2 部　第 3 章　社会保障関連制度の法的性格

該協定が効力を有する法令の規定に違反する如何なる規定も含まない場合には、労働
労働担当大臣及び財政・経済問題担当大臣の決定により認可を受けることができる。
　　（以下　略）」

　このように補足制度は、当初から労働協約と密接な関係を持つ制度として発展することとなった。しかし、考えてみるに労働協約は、本来労働法上の集団的労使関係を規整するものであり、年金のように財政の均衡を確保しながら同じルールに基づく給付をしていく必要のある社会保障には必ずしも適合的でない面があった。1946 年 12 月 23 日の法律に基づき締結された 1947 年 3 月 14 日の労働協約は大臣によって認可されたものの、当該協約は職種横断的である一方、その目的は年金に限定されたものであったことから、はたして労働協約制度に合致するかに関する疑義が払拭できなかった(73)。また、1947 年 5 月 9 日の銀行の労働協約の場合には、銀行員を対象にしており、幹部職員の福利厚生に関する労働協約という枠組みから逸脱するという疑義があった。

〈法的性格に関する問題の立法的解決〉

　このような幹部職員のための年金に関する全国労働協約に関する疑義については、1950 年 2 月 11 日の法律第 22 条において、1947 年 3 月 14 日の労働協約を拡張適用された労働協約とみなす旨の規定が設けられることで、ひとまず立法的解決を見た(74)。しかし、その後においても、労使代表によって締結される労働協約の形式を踏んだとしても、補足制度に関する協定である限り、その目的が限定されており、拡張の対象となる労働協約に含まれるべき規定を欠いているのではないかという疑義は依然として残されていた(75)。

　このため、例えば、1947 年 3 月 14 日付の全国幹部職員退職年金・福利厚生労働協約に関する 1952 年 10 月 13 日付第 1 追加書並びにそれを補完・修正するための 1953 年 7 月 9 日及び 1954 年 1 月 16 日付協定により、同協約の対象である業種及び地域の全使用者及び全被用者について補足制度を拡張（extension）適用することに関して、1955 年 1 月 15 日付けで行われた厚生大臣決定に対して、越権訴訟が提起されている。国務院は、1959 年 1 月 2 日付の判決の中で、次のように説示して、原告の主張を容認した上で、大臣の決定を取り消した(76)。

---

(73)　F. Netter, *op.cit.*, p.60
(74)　*ibid.*, p.60
(75)　*ibid.*
(76)　CE. Sect., 2 janvier 1959, *Groupement national des ingénieurs, cadres et assimilés et autres et*

第 2 節　補足制度との比較

「　異議が申し立てられている決定の適法性について；

申立のその余の主張について検討するまでもなく：

一方において、《国土全体における特定の事業分野の使用者と労働者との関係を規定することを目的とする》労働協約が拡張され得るとともに、この労働協約が特定の職業的類型のために締結される付属書を保持し得るのは、労働法典第 1 編第 31 条 – f 第 1 及び第 3 項と第 31 条 – j 第 1 項の双方の規定が相俟ってであることに鑑み、異議が申し立てられている決定により義務化され、商工業活動の分野全体にとって共通の職業類型に関わる協定は、特定の事業分野の使用者と労働者との関係を規律することを目的とせず、ましてや、そのような目的を有する協約に対する付属書を構成するものではないことに鑑み；

他方において、1950 年 2 月 11 日の法律第 22 条第 2 項の文言によれば、《1946 年 12 月 23 日の法律の適用による認可決定の対象となる労働協約は、引き続き有効であり、この法律に規定された拡張の対象となるとみなされる》とすれば、前記 1950 年 2 月 11 日の法律の施行後において、そして当該法律の規定する条件において、上記第 22 条に規定される協約の署名当事者により締結された追加書が労働法典第 1 編第 31 条 – f 及び第 31 条 – j の規定が要求する条件を満たさない場合にまで、この規定によって、厚生大臣が当該追加書の拡張を行うことまでを射程にしておらず、そのような効果も発生しないであろうことに鑑み、従って、1947 年 3 月 14 日に締結された全国幹部職員退職年金・福利厚生労働協約が 1947 年 3 月 31 日付認可決定の対象であったにもかかわらず、厚生大臣が、異議が申し立てられた決定により 1952 年 10 月 13 日の追加書及びそれを補完・修正する協定を拡張することでもって、その権限を越えていると異議申立人が主張することには理由があることに鑑み、；……

（決定が幹部職員退職年金・福利厚生労働協約に対する 1952 年 10 月 13 日付追加書第 1 号と当該追加書の修正・補完を行う協定を拡張する点において、当該決定を取り消す。）」

この国務院判決は、結論的には大臣決定による 1947 年の労働協約の拡張適用を取り消すものであったが、その判決理由のポイントは、当該協約が商工業全体（業種横断的）の一定職種類型（幹部職員）を強制的に対象とするものであるが、

① 労働協約は一定の事業分野の労使関係を規律するものであること、

② 当該労働協約の付属書で拡張適用をもたらすような内容を規定することができないこと

にあった。

---

sieur Nouvet, Rec. CE, p.13

しかし、このような理由で労働協約による補足制度が取り消されることは、その影響の大きさからして、社会的・政治的には許されるものではなかった。このため、政府は、この国務院の取消判決に対処するため、1959年2月4日付の勅令第59-238号及び1959年6月5日付の政令が制定されることになった。このうちの勅令の第1条では、1947年の労働協約の付属書に係る拡張適用に関する大臣決定の適法化（validation）が規定され、国務院の取消判決の問題は立法的に解決された。さらに、この制度改正により、補足制度に関する労働協定について、大臣による特別な認可手続き及びそれによる拡張適用が制度化されることになった[77]。すなわち、一般の労使交渉の場合とは異なるアド・ホックな委員会から意見を聴取した後、大臣の認可を経て、労働協定の規定の効力が当該協定が対象とする使用者及び被用者の全てに及ぶことになる。この補足制度に関する労働協定の効力に関して、1971年と1972年に破毀院が出した判決は、認可された労働協定の適用については、当該規定が想定する適用対象に包含される限りには、個々の使用者が当該協定が規定する補足年金制度への加入に同意する必要はないことを判示している[78]。

以上のような争訟が起こる一つの理由は、1959年の勅令以降も、補足制度の法的枠組みに関して、①一般の労働協約と②補足制度のみを目的とする協定という2類型が併存していることにあった。そして、このことが、②補足制度のみを目的とする協定にも労働協約に関する一般の労働法規が適用されるか否かを巡る学説上の対立をも生み出していた[79]。ただ、この点に関しては、1994年8月8日の法律による社会保障法典の改正により、補足制度に関する労働協約・協定（conventions et accords collectifs）に対して労働法典の労働協約に関する規定が適用されることが明確に規定されることになり（CSS. L.911-3）、一応の立法的解決をみた。

しかしながら、これにより補足制度に対する労働協約法制の適用関係に関する問題が全て解決したわけではなかった。労働協約法制が補足制度にも及ぶとして

---

(77) X. Prétot, *Les grands arrêts*, *op.cit.*, p.663
(78) Cass. soc., 2 juillet 1970, *ICIRS c/ Picart*, nº 69-12407; D. 1971, Somm. 19; Cass. soc., 6 octobre 1971, *Caisse interprofessionnelle de prévoyance des salariés c/ SARL Société de distribution de matériels automatiques et électriques*, nº 70-10518; D. 1972, Somm. 43
(79) 補足制度を目的とする協定について、ラングロワ氏（Ph. Langlois）が労働協約に関する一般の労働法規の適用を主張したのに対して、デューペル氏（J.-J. Dupeyroux）は反対した（後述）。

第2節　補足制度との比較

も、依然として、補足制度に関する労働協約・協定の独自性を認めようとする説も存在する。確かに、補足年金制度に関する労働協約・協定は、一般的な労働協約・協定と異なる形式をとっており、学説上も「年金労働協定（accord collectif de retraite）」とも呼ばれることがある[80]。

いずれにせよ、現行の社会保障法典（L.911-3）は、補足年金に関する労働協約・協定（以下「年金労働協定」という。）について、労働法典第1編第3章の労働協約・協定に関する規定が適用されることを明確に規定しているのは事実である。そこで、次にこの年金労働協定を一般的な労働協約・協定と比較しながら、その性格について、より詳細に検討することとしたい。

4　補足年金に関する年金労働協定の法的性格
〈法的性格の検討の必要性〉

年金労働協定が準拠する社会保障法典第9巻（被用者の補足的社会保護及び労使同数制の機関に関する規定）第1編（被用者の補足的社会保護に関する総則）は、法定の社会保障制度を補完し、労働協約・協定に基づき創設される被用者等に対する集団的保障（grantie collective）に関する総則的・一般的な規定である（CSS. L.911-1）。そこでは、年金労働協定について、労働法典（第1編第3章）の「労働に関する労働協約及び協定」の規定を適用することを定めている（CSS. L.911-3）。しかし、年金労働協定の拡大及び拡張適用については、社会保障の独自性から、労働法と異なる手続きが採用されいる。すなわち、社会保障法典第9巻第1編は、次のように規定するのである。

① 適用対象範囲にある全ての被用者等への協定の効力の拡張（extension）は、政令で定める委員会の意見を聴いた上で社会保障及び予算担当大臣の決定（arrêté）により決定される（CSS. L.911-3条）[81]。
② 適用対象範囲にない被用者等への協定の効力の全部又は一部の拡大（élargissement）は、①の委員会の意見を聴いた上で社会保障及び予算担当大臣の決定により行うことができる（CSS. L.911-4条）。

従って、現行の補足制度に関する年金労働協定には、労働法典の労働協約・協

---

(80)　S. Michas Béguerie, *op.cit.*, p.141
(81)　政令で定める委員会とは、労働協約について意見を述べる団体交渉全国委員会（Commission nationale de la négociation collective）とは別の特別な委員会を意味する。

定の規定が全面的に準用されるが、規定の準用がそのまま法的性格の同一性をも意味するものではなく、さらに拡大及び拡張適用に関して独自の規定を設けていることから、年金労働協定の性格については、別途の検討が必要になる[82]。

〈法的性格に関する学説の状況〉

　まず、年金労働協定に対する労働協約・協定の全面的準用という点に着目して、年金労働協定の独自性を認めない立場があり得る[83]。このような見解に立った場合、年金労働協定について独自の規整部分があるとしても、それだけで年金労働協定が一般の労働協約・協定とが別物であることを意味するわけではなく、むしろ両者の違いは程度の問題ということになる。具体的には、

- 年金労働協定も一般の労働協約・協定も、集団的な労使関係の調整を目的として、同じ基準に基づき最も代表的とされた労使団体によって交渉・締結されること、
- 年金労働協定の場合の認可（agrément）も一般の労働協約・協定の場合の拡張（extention）も、適用対象となる業種・地域につき一般的に効力が及ぶことになること、

などから、年金労働協定と一般の労働協約・協定との間には共通点が多かった。さらに、1989年7月10日の法律により社会保障法典が改正され、年金労働協定について「認可」に代えて「拡張」という用語が充てられることとなり（CSS. L.731-1。現行のL.911-3）、一般の労働協約・協定と用語の面でも同一となった。

　これに対して、年金労働協定の独自性・自律性を唱え、一般の労働協約・協定の適用に懐疑的な見解も多く存在する。例えば、デュペル氏は、労働法の労働協約・協定は将来に向けての労使関係の調整を目的とするのに対して、補足制度のための年金労働協定は過去の労働に起因する既得権を巡る関係であることから、労働協約・協定の手続きを年金労働協定にそのまま適用するには無理があるとして、次の2点を指摘している[84]。

① 有期の協定が破棄されたり、更新されなかったりした場合を考えると、労働法典の協定の改定（L.2261-7）や個人の既得権の保護（L.2261-13）の規定を補足制度にそのまま適用しても機能しないこと。このため、ARRCO及び

---

(82) X. Prétot, *Les grands arrêts, op.cit.*, pp.663-664
(83) S. Michas Béguerie, *op.cit.*, pp.143-145の中の学説の状況を参照。
(84) J.-J. Dupeyroux, *Droit de la sécurité sociale, op.cit.*, pp.951-952

第 2 節　補足制度との比較

AGIRC の制度の場合であれば、国による介入が設けられているし、その他の制度の場合にも、1994 年の法改正により、保険料拠出に応じた財源の留保が課せられていること。
② 協定の改定により、受給権の引下げが行われる場合に、労働法典の個人の既得権の保護では、未だ給付が開始していない個人の既得権（期待権）について十分な保護が確保されないこと。

　実際、年金労働協定の有効期間を見てみると、一般の労働協約・協定の場合には、5 年が有効期間の上限となっているが、1993 年 2 月 10 日の ARRCO に関する協定の有効期間は 1993 年 1 月から 1999 年 12 月 31 日までの 7 年間とされている。この点を考えてみると、そもそも年金のような長期の保険について、根拠となる協定に有効期限があることが適当かという問題が潜んでいる。また、給付水準の切下げ等の改定について言えば、一般の労働協約・協定では、署名当事者である代表的労働組合のみが同意権を有しているが（CT. L.2261-7)、補足制度のような年金の場合に労働組合が拒否権を有することが既得権保護の観点から適当かという問題もある[85]。
　このような点に関して、プレト氏は、補足制度に関する年金労働協定の法的性格について、一般の労働関係の労働協約・協定と同一視することに対して、次のような留保を付けていることが注目される[86]。

① 同一視は、確実ではないこと。すなわち、法制度の準用は、自動的にそれに対応する制度の性格付まで同じとなることを意味しないわけで、それゆえ、厳格な法的視点からは、年金労働協定は一般の労働協約・協定とは法的に異なる類型を構築するとも主張できることになる。
② 社会的保護制度の運営に固有の制約を軽視することになる同一視が時宜にかなっているか疑わしいこと。社会的保護の場合には、必然的に時間が関わってくるが、それが労働に関する労働協約・協定制度を結局のところ特徴付ける不安定性と両立するか微妙である。

　以上のような年金労働協定の独自性に鑑み、それを一般の労働協約・協定とは別のものと考えた場合には、モルヴァン氏が指摘するように、年金労働協定は

---

(85)　S. Michas Béguerie, *op.cit.*, pp.151-152
(86)　X. Prétot, *op.cit.*, p.664

第 2 部　第 3 章　社会保障関連制度の法的性格

「社会保障労働協約（conventions collectives de sécurité sociale）」としての性格を帯びることにもなる[87]。

〈財政方式が法的性格に与える影響〉

　少々視点を異にするが、補足制度に関する年金労働協定の性格に微妙に影響を与えているのが、年金の財政方式である。補足制度においては、積立方式（capitalisation）ではなく賦課方式（répartition）が採用されているため、財政の均衡を維持するためには、集団としての保険料拠出者と年金受給者、そして保険料率と年金水準との間に一定の安定的関係が確保される必要がある[88]。しかし、個別の業種や企業を単位とする制度では、業種や企業ごとの栄枯盛衰があるために、制度の長期的安定及び受給権の保障を図ることは容易ではない。その点で、保険関係の成立を個人や個別企業の意思に委ね、契約法的な等価交換原理に則った制度を設計することは、賦課方式を採用した補足制度にあっては困難となる。この結果、補足制度の場合には、大臣による決定の手続きを経ることにより、単に年金労働協定に署名した経営者団体参加の企業以外の企業も含め国全体が制度の対象となってくることで、制度の持続可能性が担保されている[89]。

---

(87)　P. Morvan, *Droit de la protection sociale*, *op.cit.*, p.524
(88)　F. Netter, «Histoire des retraites complementaire de salariés», *op.cit.*, p.61
(89)　P. Morvan, *op.cit.*, p.525. モルヴァン氏は、年金労働協定の独自性を協調し過ぎることには慎重ではあるが、基本的に年金労働協定の独自性を承認している。その根拠としては、賦課方式に由来する年金労働協定の独自性のほかに、次のような点を上げている。第一は、年金労働協定に関する追加書の発効期日が、拡大・拡張に関する大臣決定の日ではなく、追加書が規定する日又は署名の日であること。また、年金労働協定が不確定期限というよりも永久的であることを制度が想定していること。第二に、一般的に労働法で認められている有利原則（principe de faveur）は適用されないこと。仮に有利原則を認めた場合には、特定の事業主及び被用者に限って単一の規則からの逸脱が可能となり、連帯に根ざした制度の趣旨に反することになる。第三に、社会保障法典 L.911-3 条は、労働協約・協定に関する労働法典の準用を規定しているが、その対象は集団的保障である福利厚生及び付加的年金制度であって補足的年金制度は含まれていないこと。なお、モルヴァン氏が指摘する有利原則については、①公序（ordre public）に属する強行法規が適用される場合、②補充的な規範（norme suplétive）が適用される場合、③排他的な規範（norme exclusive）が適用される場合、④例外的な規範（norme dérogatoire）が適用される場合には、その適用が排除されるとされており、社会的保護等は④の範疇に含まれるとされる（G. Vachet, «Le principe de faveur dans les rapports entre sources de droit», *in* (dir.) B. Teyssié, *Les principes dans la jurisprudence de la chambre sociale de la Cour de cassation*, Dalloz, 2008, pp.79-87）。なお、労働法典は、各企業・施設の事情に適合させるために、職種別・職種間の労働協約・協定とは異なる定めを企業内・施設内の労働協約・協定により設けることを一般的に容認して

第 2 節　補足制度との比較

　実際、人口の高齢化、産業構造の変化等に対応するため、1961 年 12 月 8 日の協定の追加書としての性格を有する 1970 年 6 月 17 日の協定が締結され、実際に徴収される保険料は、契約保険料（cotisation contractuelle）に徴収率（taux d'appel）を乗じて算定されることになった[90]。他方、年金額の方は、依然として契約保険料を基礎に算定されることから、この徴収率による保険料の上乗せ分は給付に反映されないことになる。ところでこの年金額であるが、基礎制度とは異なる点数制が採用されている。具体的には、年金額は、各自の年金額は拠出した契約保険料を基準賃金（salaire de référence）で除した点数（point）を拠出期間全体にわたって累計して得られる点数の合計に単価（valeur）を乗じて算定される[91]。このうちの点数とは、いわば拠出した契約保険料の年金への転換率（rendement）であり、この点数により将来の年金受給権が担保されることになる。点数の価値である単価は、各制度が賃金等の変動を勘案して毎年設定されている[92]。
　前述のように契約保険料のみが年金の受給権に反映されることから、徴収率を乗じた実際の保険料との差額は、年金権に反映されない部分ということになる。この場合の徴収率は、財政均衡を確保するため各金庫の人口構成を反映して設定されることから、徴収率の導入は、補足制度における世代間連帯を強める効果を

　　いる（L.2253-1 条）が、社会保障法典 L.912-1 条が規定する集団的保障等の場合には、特別な規定を設けることが禁止されている（L.2253-3 条）。
(90)　例えば、ARRCO の契約保険料の料率（taux contractuels）は、社会保障上限賃金（保険料の賦課対象賃金のことであり、2010 年時点で月 2,885 ユーロ）までの賃金（第 1 区分）に係る部分と社会保障上限賃金からその 4 倍までの賃金（第 2 区分）に係る部分に乗じられる。第 1 区分については、非幹部職員と幹部職員の何れも 6 ％であるが、徴収率が 125 ％となっていることから、実際の保険料（taux appelés）は 7.5 ％（6 ％ × 1.25）、となる。これに対して第 2 区分は非幹部職員のみが適用対象であり、実際の保険料率で 20 ％（16 ％ × 1.25）となる。他方、AGIRC の場合には、社会保障上限賃金からその 4 倍までの B 区分と社会保障上限賃金の 4 倍から 8 倍までの C 区分に保険料が賦課される。このうち B 区分の契約保険料は 16 ％、徴収率が 125 ％となっていることから、実際の保険料は 20 ％（16 ％ × 1.25）となる。これに対して C 区分は、実際の保険料率で 20.30 ％（16.24 ％ × 1.25）となる。以上の保険料以外に財源対策のための保険料（AGFF、CET）が存在している。
(91)　基準賃金は、労使による合同委員会が賃金全体の中央値（メディアン）から毎年算定することになっている。したがって、点数の 1 点は標準的な賃金に対応することになる。また、年金額の算定に必要な点数の単価は、ARRCO で 1.1884 ユーロ、AGIRC で 0.4216 ユーロである（2010 年）。
(92)　単価は制度毎に設定されるが、ARRCO の場合で 14.4047 ユーロ、AGIRC の場合で 5.0249 ユーロとなっている（2010 年）。

第2部　第3章　社会保障関連制度の法的性格

有していたことになる。
〈連帯が年金労働協定に与える影響〉
　ここまで制度に則して述べた補足制度の財政方式に起因する特徴とは、言い換えれば、年金労働協定に内在する連帯の証でもあり、この点が、一般の労働協約・協定と年金労働協定との違いを際立たせる特徴でもある。そこで、年金労働協定に内在する連帯の要素、そこから生じる一般の労働協約・協定との差異について、少し敷衍することにしたい[93]。
　第1点は、年金労働協定には、年金給付の支給と制度 (régime) の実施という2種類の目的があることである。このうちの年金給付の支給は、被用者が享受し得る利益を事業主に義務付けるという限りにおいて、一般の労働協約・協定の射程である社会的保証 (garanties sociales) に包含される概念であるのに対して、制度という概念は、一般の労働協約・協定にはない概念である。
　第2点は、この年金労働協定に固有の制度という概念は、連帯と不即不離の関係にあることである[94]。すなわち、年金労働協定の下で、その適用対象となる加入者に対して、加入及び保険料拠出が強制され、加入者の共通財源からリスクに応じた再分配が行われる点で、年金労働協定は、連帯に根差した再分配のため仕組みである。このため、一般の労働協約・協定の場合であれば、被用者にとって利益となる限りで、賃金からの控除が認められ、労働協約・協定の効力が労働契約に及ぶことになるが、年金労働協定の場合には、保険料拠出が被用者にとって必ずしも有利になるわけでない。このことも、年金労働協定が一般の労働協約・協定と親和性を有しないことの例証である。
　以上、縷々述べたように年金労働協定の法的性格については、一般の労働協約・協定との違いの有無を巡って諸説が存在する。しかし、ここで重要なのは、

---

(93)　S. Michas Béguerie, *op.cit.*, pp.146-149

(94)　1994年3月10日の破毀院判決 (Cass. soc., 10 mars 1994, *SA Bayer France c/ I.R.P.V.R.P., I.N.P.R. et A.G.I.R.C.*, n° 91-11516) は、補足制度への競争法の適用の可否に関する事案であったが、裁判所は補足制度に競争法（価格及び競争の自由）が適用されないと判示するに当たり、補足制度における制度とは、「基礎的社会保障制度と同じように、適用対象に含まれる事業主及び被用者にとって強制加入である仕組みに依拠し、保険料を受領し給付を配分する組織に対して、その法的性格にかかわらず、当該組織に付託された使命に応えるための特別の義務が課せられる」ものであると定義している。従って、補足制度における「制度」の概念は、企業 (entreprise) とは異なるものとなる (G. Vachet, RTD sanit. soc., 1995, p.140)。

第2節　補足制度との比較

議論が錯綜する原因の一つが、年金労働協定には、一般の労働協約・協定にはない特徴として、加入者間の連帯の存在が根底にあるこである。ただ、このことは、強制加入による保険料の義務的拠出という特徴のほか、長期保険としての年金の特性（永続性）と相まって、現役加入者のみならず退職者である年金受給者の既得権保護の扱いのように社会保障固有の問題を発生させることにもなる。さらに言えば、むしろ、退職により労働契約が終了した後にこそ、年金に関する既得権の問題が発生するのであり、この点は一般の労働協約・協定の射程外である。そして、このことは、既得権保護という補足制度に特徴的な問題を解決するためには、労働協約・協定に関する法理論のみならず、制度に内在する連帯の要素を考慮することの必要性を示唆するものである。

5　補足制度の当事者の法律関係

補足制度は、年金労働協定の適用対象となる業種の使用者に対して義務的である[95]。そのため、大臣の認可決定により年金労働協定の効力が拡張された場合には、それまで年金労働協定の署名当事者でなかった事業者に対しても加入義務が発生することになる[96]。また、未加入の事業者に対する補足制度の適用に当たっては、年金労働協定によりその加入義務が発生した時点まで遡及適用が行われることになる[97]。さらに、加入義務は、協約又は協定の対象となっている全ての被用者及び見なし適用対象者に及ぶ[98]。

---

(95)　X. Prétot, *Les grands arrêts, op.cit.*, p.664

(96)　Cass., soc., 30 novembre 1989, *Caisse interprofessionnelle de retraite par répartition par l'industrie et le commerce c/ Association «Foyer du Fay»*, n° 86-18001; D. 1990, Somm. 194（老人ホームを営む非営利社団は、新たな協定により加入義務が発生するが、その時点について言えば、当該社団は1961年12月8日の全国協定の署名当事者であるCNPFの傘下の業種であるとの証明がないことから、1972年12月28日の大臣決定により認可された1972年6月27日の労働協定の適用の時からのみ当該社団に対しては加入義務が発生することになる。）

(97)　Cass. soc., 31 mai 1990, *Roubenne c/ IRPSACM*, n° 83-10825; D. 1991, Somm. 132（1961年12月8日の全国協定は1962年3月27日の大臣決定により認可されたが、1963年に創設された原告企業は、補足制度に加入しなかったところ、その後1977年になって遡及適用の形で1963年に遡って加入手続きが行われたことについて、破毀院は、加入義務は商業登記の時から発生することを承認した。）

(98)　例えば、Cass. soc., 8 avril 1987, *Bibard c/ Caisse de retraite par répartition des ingénieurs, cadres et assimilés (C.R.I.C.A.)*, n° 84-14759; D. 1988, Somm. 35（1947年3月14日の全国協定の適用を拡張する追加書に付属する1970年1月10日の協定により、私立の技術教育部

331

第2部　第3章　社会保障関連制度の法的性格

補足制度の当事者関係の基本となるのが、企業、被用者及び補足年金機関（institution de retraite complémentaire）の三当事者関係であり、その点について社会保障法典（L.922-2）は次のように規定する。

「補足年金機関に加入する単一又は複数の企業は、その加入構成員（membres adhérents）となる。
　企業の補足年金機関への加入は、L.921-1条の規定により当該機関の保障対象となる類型に該当する全ての被用者の加入をもたらす。これらの被用者は、補足年金の給付の直接的な受給者である元被用者及び被用者に準ずる者とともに、補足年金機関の参加構成員（membres participants）となる。」

このような三当事者関係を分解すると、
① 企業と被用者の間の労働契約
② 企業と補足年金機関との間の加入契約
③ 被用者と補足年金機関との間の関係

という3種類の関係によって構成されるはずである。ただし、補足年金機関との関係は、主として企業との間で展開されており、被用者との関係は相対的に希薄である[99]。このことの例証は、補足年金に関する年金労働協定と労働契約との関係に典型的に現れる。補足年金の場合には、労働契約が補足制度への加入の前提であるが、そうかといって年金労働協定が労働契約に組み入れられ労働契約の内容になることはなく、年金労働協定に関しては、労働契約への非組入れ原則（principe de non-incorporation）が妥当する[100]。このため、個々の被用者からみた場合には、年金労働協定自体は契約の形態をとるものの、労働契約に対しては、労働協定の規範的効力により、一種の規範として当該年金労働協定の規律が及ぶことになる[101]。従って、補足制度に加入する被用者は、契約関係ではなく法規

　　　門にも協定の適用が拡張されたが、その中で一定の条件を充足する教師は幹部職員と見なされることになったが、その中には、国から給与を受けている技術リセの教師も含まれる。このため、保険料の引上げに伴う補足制度の運営機関からの加入・脱退に当たっては、当該教師も含めて意見を聴くべきところ、事務職のみの意見を聴取したことから、その意見聴取が無効とされた。

(99)　S. Michas Béguerie, op.cit., pp.369-370
(100)　L.-E. Camaji, La personne dans la protection sociale, Recherche sur la nature des droits des bénéficiaires de prestations sociales, Dalloz, 2008, p.304
(101)　労働協約の規範的効力としては、①即時的効力（effet immédiat）、②強制的効力（effet impératif）、③自動的効力（effet automatique）が指摘されている（J. Pélissier et al., Droit

第 2 節　補足制度との比較

的な地位（position statutaire）に置かれることになる[102]。いずれにせよ、補足制度における当事者関係は、労使以外に補足年金機関という独自の主体が介在することによる三当事者関係であるが故に、一般的な労使関係の枠組みを超えており、独自の検討が必要になる。

　次に補足制度の管理運営に当たる補足年金機関であるが、この点について、現行の社会保障法典 L.922-1 条は、次のように規定する。

「補足年金機関は、非営利であって、かつ、一般的利益の任務を充足する私法人であり、L.922-2 条及びその代表者によって定められる加入構成員及び参加構成員によって、同数制で運営されるものである。当該機関は、社会保障担当大臣の決定により運営を認可される。……」

　この場合の加入構成員（adhérent）とは事業主（企業）であり、参加構成員（participant）とは被用者等である[103]。このうちの加入構成員がどの補足年金機関に加入するかは、労働協約・協定に基づき特定の期間に加入すべき義務がない限りにおいて自由であるが、事前に従業員代表との協議が必要である。また、加入構成員が補足年金機関に加入するに当たり、同じ類型の被用者のうち特定の者だけを参加構成員から排除するような対応は認められていない。制度が賦課方式で運営されることもあり、一律かつ包括的に同じ類型の被用者を同じ補足年金機関に加入させることが必要である。

　当事者関係に関して最後に検討を加える必要があるのが、労働組合の代表性の問題である。これまで労働協約・協定ということで労働組合の存在を当然のこととして考察してきた。しかしながら、何故に労働組合が組合員でも現役被用者でもない退職者について代表性を有するのかという問題は、解明されていない。

　この点については、1999 年 11 月 23 日の破毀院判決（Cass. soc. du 23 novembre 1999, n° 97-18980; 97-19055; 97-20248; 97-21053; 97-2139302249）が労働組合の代表性を承認している（詳細は後述）。また、その後、破毀院は 2001 年 5 月 31 日判決（Cass. soc., 31 mai 2001, n° 98-22510）でも、同様の判決を下している。両判決が判示するところによれば、「労働法典 L.411-7 条に基づき、その職務の遂行を終え

---

　　　　du travail, Dalloz, 2000, p.815; 山崎文夫『フランス労働法論』（総合労働研究所、1997 年）72 頁）。
（102）　L.-E. Camaji, *op.cit.*, p.305
（103）　F. Kessler, *op.cit.*, p.381; P. Morvan, *op.cit.*, pp.504-505

た者は労働組合に加入することができる」こと、そして、「同法典L.131-2条及びL.132-1条を結びつけた規定として考えた場合、労働協約は、被用者の雇用及び労働に関する条件全体並びにその社会的保障を扱う権能を有するものであり、それは退職者も包含する」ことが労働組合の代表性の根拠として挙げられている。また、実質的に考えても、賦課方式をとる補足制度の場合には現役被用者と退職者との世代間連帯の要素が強いことから、労働組合としては、被用者のみならず退職者の利益の調和を図りながら、両者の利益を代表することが求められることになるわけで、労働組合が代表性を有することには合理性がある[104]。

6　補足制度における受給権の保護

　強制加入である補足制度においても、参加構成員である被用者は保険料拠出に対する見返りとして年金が支給されるが、賦課方式の下にあって保険料と年金との間に給付反対給付均等の原則は成立しないという基礎制度の年金と同様の関係が存在する。確かに補足制度が点数方式を始めとする独自の年金算定方式を採用しているが、この点は賦課方式である補足制度の本質には影響しない。もちろん、加入者が保険料拠出に対して獲得した点数はその時点で確定し、事後的にそれを変更することはできないが、加入者・受給者の年齢構成の変化により、点数の単価を変更すれば、年金水準は常に変動する可能性がある[105]。このため、裁定後の年金であっても、悪い方向に (*in pejus*) 見直されることもあり得ることになる[106]。しかしながら、法律を基礎とする基礎制度の法理関係と異なり、労働協約・協定の規整が及ぶ年金労働協定を基礎として成立する補足制度にあっては、

---

(104) L.-E. Camaji, *op.cit.*, pp.344-345. 確かに我が国でも、労組法上の「労働者」（3条）は、労基法上の労働者概念と異なり、団体交渉の必要性から、現に使用されていない失業者や退職者も含まれると解される場合があることに照らすと、労働組合に退職者との関係でも代表性を認めることは、あながち不合理とは言えないであろう。

(105) 破毀院の1999年11月23日判決 (Cass. soc., 23 novembre 1999, n° 97-18980, 97-19055, 97-20248, 97-21053, 97-21393) は、「補足制度機関は、改定協定の施行前に裁定されている年金の加入者によって獲得された点数が如何なる形で獲得されたかにかかわらず、その点数を侵害することは許されない」と判示しており、点数方式による補足制度の点数を縮減することは許されない。これは、賦課方式による年金の場合には、獲得された点数が保険料総額に対する持ち分となり、特定の受給者のみ点数を縮減することは受給者間の平等を害するためである (L.-E. Camaji, *op.cit.*, pp.373-375)。このため、加入者全体に共通の点数単価を変更するのと、点数を変更するのとでは、異なる意味を持つことになる。

(106) S. Michas Béguerie, *op.cit.*, p.371

第 2 節　補足制度との比較

被用者の年金に対する権利が基礎制度と全く同じとまで言えるかは検討を要する。そこで、ここでは、補足制度における年金受給権の保護に焦点を当て検討を加えることにしたい。

（1）　年金権の法的性格

まず、年金受給権の権利としての性格についてである。補足制度は賦課方式であるとはいえ、拠出した保険料に対して、何らの給付も行わないことは許されない。従って、拠出段階において、将来の年金について、確定的で不可侵の権利といった意味での受給権は発生していないとしても、何らかの権利性は存在していると考えるべきであろう。制度に則していえば、保険料拠出によって獲得される点数の単価（価値）は不確定で、将来の保険料収入に依存するが、将来においても被用者個人が既に獲得した点数自体を変更することはできないと考えられる[107]。

このような不確定な権利をどう捉えるかについては、諸説あるが、一つの考え方は、年金に対する権利を確定の権利（droit définitif）ではなく未確定の権利（droit éventuel）と位置付けるものである[108]。そもそも、権利は、その確度に応じて、①既得権（droit acquis）、②条件付の権利（droit conditionnel）、③未確定の権利（droit éventuel）、④期待（expectative）に分けることができる[109]。この点では、未確定の権利は、既得権や条件付きの権利のような確度は有しないものの、正確には権利とは言えない期待とは異なり、あくまでも形成途上にある不完全な権利ということになる。破毀院の 1987 年 11 月 5 日の判決（Cass. soc., 5 novembre 1987, Bull. n° 619, p.393）は、未確定の権利とは、権利の発生に必要な全ての要素が具備

---

(107)　*ibid.*, pp.371-372
(108)　「未確定の権利」の論者の一人は、デュペル氏である（Michas Béguerie, *op.cit.*, p.373）。
(109)　この 4 分類によれば、それぞれの概念は次のとおりである（P. Morvan, *op.cit.*, p.526）。既得権とは、権利の発生により、遡及のための法律によらなければ、侵害が認められない権利である。次に条件付き権利とは、権利は停止条件が付いた状態にある。条件付き権利の場合、その権利の保有者は権利の保存行為や実現を図るための特権を有する一方、債権者は当該権利を差し押さえることも可能である。これに対して、未確定の権利は実在の権利であり、権利の保有者は保存行為が可能であるが、権利の実現が未確定なものをいう。未確定の権利は、条件付き権利と異なり、発生するかどうか不確実な偶然の事実に権利の発生が依存する権利である。従って、権利は偶然的な事実により発生することから、権利に遡及効はなく、将来に向かって権利が発生することになる。最後に期待とは、保存行為も含め如何なる特権も付与するものではなく、それ自体権利ではない。

第 2 部　第 3 章　社会保障関連制度の法的性格

されておらず、その完成が将来の不確定な要素に依存している不確実な権利と定義し、それは不完全な権利（droit imparfait）であるとしている。未確定な権利の代表例は、相続開始前の推定相続人の権利であるが、年金の場合には、現在から将来に向けて、時間軸を退職等により年金の受給権が発生する時点の前後に分けて、それより前の権利状況を未確定の権利として捉える考え方である[110]。しかし、このような時間軸で年金に対する権利を捉えることが可能かというと、そもそも年金の水準は退職後の受給者であっても見直しがあり得ることから権利として不安定であり、未確定の権利という捉え方には疑問が指摘されている[111]。

年金に対する権利の別の捉え方としては、著作権に関する追求権（droit de suite）に着目するものがある。この追求権とは、1957 年 3 月 11 日の法律（第 42 条）によれば、作品の作者がその生存中に当該作品の公売又は商人を介しての販売が行われた際に売価に対して有する不可譲の持分権（droit inaliénable de participation）である。そして、作者者の死亡後は、この権利は 50 年間にわたり基本的に相続人（用益権については、配偶者）に対して存続することになっている（同条）。この追求権は、そもそも著作権に関するベルヌ条約等で規定されており、著作者が著作物を譲渡した後も売買の利益に与れることになる。

ところで、追求権に関しては、それが売却の際に顕在化するだけであって通常は単なる期待に止まるのか、作者の死亡時に相続の対象となるような権利なのかについて議論があったが、破毀院の 1989 年 1 月 11 日判決（Cass. civ. 1ère, 11 janvier 1989, n° 87-11976）により、追求権が間欠泉や満ち欠けのような権利で、売却の度に顕在化する権利であり、相続時に相続人によって確定的に取得される権利であると判示することにより、決着が付けられた[112]。すなわち、破毀院は、作品の販売に対する参加権は作者の「相続人に引き継がれ、その後も、受遺者を別とすれば、その相続人に引き継がれるものであり、それ故、法定の帰属の結果として芸術家に繋がりを有する者がこの権利の唯一の資格者となる」と説示している。その含意は、追求権については、相続人が作品から取得する財産やその収益の価値は未確定であるが、その発生時から権利として存在しているという点にある。ここから、追求権に倣って年金に対する権利を考えてみると、年金の場合

---

(110)　山口俊夫編集『フランス法辞典』（東京大学出版会、2002 年）214 頁；S. Michas Béguerie, *op.cit.*, pp.373-374
(111)　*ibid.*, p.374
(112)　*ibid.*, p.375

にも、退職より前から権利は存在しており、権利の価値は不確かではあるものの、保険料の拠出時から何らかの権利が発生することになる[113]。この他、年金に対する権利の追求権との類似点としては、譲渡及び差押えの禁止があり、将来の年金受給者は、その一身専属的な権利を放棄することはできないことも指摘されている[114]。しかしながら、年金に対する権利は、裁定後も水準の見直しが可能であり、その点では追求権と同一視することはできない。

(2) 年金権の不可侵性の有無

次に国務院及び破毀院の判例から、年金に対する権利の不可侵性の有無について検討を加えることにしたい。

〈国務院の判例〉

まず国務院の場合、1996年11月8日の判決（CE, 8 novembre 1996, *Syndicat national Force ouvirère des cadres des organismes sociaux c/ Fédération nationale CGT des personnels des organismes sociaux*, n° 157442, 157453）が年金受給者に対する既得権という意味での権利の不可侵性を否定している。本事案は、一般制度を管理する機関の職員に対する補足制度を社会機関等職員福利厚生金庫（CPPOSS）からAGIRC及びARRCOに移管するために交わされた労使の合意文書を社会問題大臣が認可したところ、年金受給者の既得権の侵害等を理由に認可決定の取消しを求める訴えが提起されたものである。これに対する国務院の判決では、当該合意文書が既得権の侵害に当たらない理由として、次の点を指摘している。

「1947年12月12日の全国福利厚生労働協約第43条の規定によれば、『本協約により支給される給付は、予定された収入が十分である限りにおいて保障されているものである。当該給付は、必要があれば減額することができる。』となっており、本規定から明確に導き出されるところによれば、本規定は、協約が適用される被用者又は退職者に対して既得権を発生させることの障害となるものである。」

この国務院判決の論理は、制度の根拠となっている労働協約の文言の解釈に止まっており、実際のところ労使による労働協約の改変の限界は明確ではない[115]。このため、補足制度における権利の不可侵性の問題は、裁判管轄における先決問

---

(113) *ibid.*, p.374
(114) *ibid.*, p.376
(115) L.-E. Camaji, *op.cit.*, pp.372-374

題（question préjudicielle）として、国務院ではなく労働協約の実体面の審理を行う破毀院に委ねられることになる。

〈破毀院の判例〉

　この関係の破毀院判決のうち第一に挙げられるのが、1999 年 11 月 23 日の判決（Cass. Soc., 23 novembre 1999, *CGT-ADECARE et autres c/ AGIRC et autres*, n° 97-1890）である。事案の概要は、次の通りである。

　まず、1994 年 2 月 9 日の労働協定及びその追加協定書（avenant A159）は、幹部職員のための補足制度（AGIRC）の立て直しを図るため、

- 扶養親族のための加算の減額（1995 年が 4 %、1995 年が 15 %、1996 と 1997 年が 20 %）
- 配偶者のための遺族年金（切替年金）の支給開始年齢の 60 歳統一（女性の場合の 50 歳から 60 歳への引上げ、男性の場合の 65 歳から 60 歳への引下げ）
- 失業者のための年金受給者から徴収される連帯拠出金の創設

が盛り込まれた。これは、社会経済状況や人口構造の変化する中で、賦課方式により運営される補足制度が直面する財政逼迫を乗り切るための対策を内容とするものであった。この協定自体は 1994 年 11 月 8 日に大臣によって認可されたものの、内容的には加入者及び受給者に対しては厳しい措置を含んでいた。例えば、既に退職している年金受給者が年金の凍結ではなく、連帯拠出金という形で拠出負担することは、如何に例外的とはいえ、それまでにないことであった。このため関係者の反発は強く、退職者、家族関係団体及び一部労働組合（協定に署名しなかった労働組合である CGT）から当該認可の取消を求める越権訴訟が提起された。訴えに対して国務院は、1996 年 7 月 26 日の判決（CE, 26 juillet 1996, *ADECARE et autres*）で、労働協定の適法性の判断が当該認可の有効性の先決問題であるとして、手続きの延期を決定した。これを受け、訴訟の舞台は行政裁判所から司法裁判所に移され、1999 年 11 月 23 日には、破毀院から判決が出されることになった。

　この事案における争点の一つは、正に年金に対する権利の不可侵性である。この点に関しては、多様な解決方法が考え得る[116]。例えば原告の立場に立てば、年金の裁定とは、保険料拠出という債務の履行を通じて蓄積された点数を年金に変えるものであり、年金の裁定以降、受給者は債権者となり、年金受給権は不可

---

(116)　S. Michas Béguerie, *op.cit.*, pp.377-378

第 2 節　補足制度との比較

侵となる。その点で、年金の裁定は、単なる技術的性格の行為ではなく、権利を確定的にするという法的な効果を伴うことになる。従って、裁定後の年金を受給者からみれば第三者である労使がその合意である労働協定によって変更することは許されないことになるはずである。これに対して、被告側の立場に立てば、受給者の権利も現役の加入者と同様に保険料拠出に由来しており、それを規定する労働協定の変更は全ての関係者を拘束することになる。その場合、年金の裁定とは、年金額を算定するための技術的な行為に止まり、受給権者は現役の加入者と同様に確定的な権利を取得するわけではないことになる。従って、裁定後であっても、労使は労働協定によって、年金の水準を決定する点数の単価を変更することができることになる。

　ところで、件の破毀院判決は、結論的には、後者の判断に立ち、裁定後の年金に対する権利には不可侵性があるとの主張を支持しなかった[117]。具体的には、賦課方式の下で年金給付に必要な財源は現役の保険料で賄うべきであって、年金受給者に拠出を求めることは許されないとの主張に対して、裁判所は、「如何なる法律又は命令の条項も、また、如何なる一般原則も、制度の義務的な均衡維持を目的として、経済状況のために恵まれない一定類型の幹部職員のための連帯拠出金を賄うために、全ての退職者からの貢献を規定することを禁止していない」ことを理由に、当該主張を退けた。また、年金の裁定によって、年金受給者の配偶者が 50 歳から遺族年金を受給できる権利が発生するとの主張等に対しては、裁判所は、「拒否権の行使がなかったことから、労働法典 L.132-7 条第 2 項に基づき、労働協約の修正条項は、従前の規定に完全に置き換わり、その結果、当該修正条項は即時的効果を有すると原審は正当に判断した上で、破棄申立てされた原審の判決は、修正された協定の発効日において切替年金の受給者である加入者

---

[117]　本事案の第 1 審であるパリ大審裁判所の 1996 年 2 月 13 日判決（T.G.I. Paris, 13 février 1996）でも、既に年金に対する権利の不可侵性を認めない判決が下されている（Michas Béguerie, *op.cit.*, pp.378-379）。その判決理由として、裁判所は、年金の裁定によって年金に対する既得権が付与されるとしても、それは裁定額に対する権利を保障するものではなく、年金の裁定はあくまでも保険料拠出義務の終了と年金に対する権利の開始との技術的な境界にすぎず、そもそも賦課方式は年金に対する権利の不可侵性とは相容れないといった点を挙げている（*ibid.*）。また、第 2 審であるパリ控訴院の 1997 年 7 月 1 日判決（C.A. Paris, 1 juillet 1997）では、年金に対する権利について、拠出によって獲得された点数は現役及び退職者の現在及び将来の保険料に対する権利を表象しており、労使が制度を見直す場合も加入者によって獲得された点数を変更することはできないと判示している（*ibid.*）。

の未亡人の状況は変更されておらず、新条項は年金の未だ受給者となっておらず、その年金に対する未確定の権利が繰り延べられている者に対してのみ効力を有することを指摘したものである」と摘示した上で、主張には理由はなく、控訴院の判決は法的に正当であると判示している。

　このように司法裁判所の判決を見る限り、賦課方式をとる補足制度において、年金に対する権利の不可侵性は、改定前の年金労働協定に対する改定後の年金労働協定の即時的効果を理由に否定されており、年金に対する権利とは、せいぜい年金額の算定基礎である点数の総和を媒介とした保険料財源に対する持分に止まることになる[118]。敷衍すれば、このような年金労働協定が即時的効果を有することの意味合いは、補足制度において加入者は契約的な地位ではなく法規的な地位に置かれており、年金労働協定が改定されれば、その効果が規範として加入者に及ぶということである。実際、破毀院の判決では、改定後の労働協約は、改定後の労働契約のみならず継続中の労働契約にも効力が及ぶことをを指摘しているものがある[119]。例えば、1997年11月19日判決（Cass. soc., 19 novembre 1997, n° 95-40280）は、「労働協約の届出の日である1993年3月15日において、試用期間が6月であることを定める規定は、それより不利な労働契約の規定から置き換わるものであり、それ故、1993年6月7日に事業主が試用期間の終了を主張した場合には、当該契約は確定的なものとなり、結果として、その破棄は解雇とみなされる」と判示しているが、これは労働協約の即時的効果を拠り所とする判決といえる。

　さらに言えば、補足制度のような社会保障においては、労働法以上に同一の規律を特定の保険集団に画一的に適用し、財政上の均衡を確保しつつ、連帯の発現ともいうべき所得再分配等の目的に沿って制度の持続可能性を確保する必要があることも、法令の即時的効果が求められる実質的理由である[120]。そうは言っても、即時的効果を伴う法令の改廃も無制限ではなく、平等原則（principe d'égalité）や比例原則（principe de proportionnalité）のような一般則に適合的であることが求

---

[118]　破毀院の判決が既裁定年金に対する受給者の既得権を否定しているとしても、その結果として既裁定年金の改定方式の変更のみならず金額をで引き下げることまで認めているかは明らかではないことが指摘されている（L.-E. Camaji, *op.cit.*, pp.377-378）。ただし、本事案に関する限り、年金受給者に対しても失業者のための連帯拠出金が課せられることからすれば、実質的に年金額の引下げと同じ効果を有しているともいえる（*ibid.*）。

[119]　*ibid.*, p.306

[120]　*ibid.*, pp.306-307

第 2 節　補足制度との比較

められる[121]。例えば、給付の引下げは受給者に対して差別的であってはならず、全ての受給者に比例的でなければならないということが平等原則から求められる。また、比例原則からは、制度の改廃を行うに当たっては、達成すべき目的との関係で最も侵害の程度が少ない適切な方法が選択されるべきということになる。これらの点について、破毀院の 2001 年 5 月 31 日付判決（Cass. soc., 31 mai 2001, Buffière et al. c/ Fédération nationale CGT des personnels des secteurs financiers et al., n° 98-22510）は、「加入者の権利を守るための措置を講ずることにより補足年金制度の財政的均衡を確保することは、補足制度の管理を担う労使の権能であることから、控訴院が給付の不可侵性に関する全ての概念を排除したことは正当であり、連帯、平等及び比例の原則を保証するために講じられた措置が法令上の規範に適合すると判示したことは正当である」と述べているところである。

〈憲法院の判例〉

　それでは、このような年金に対する権利の理解の仕方は、国務院や破毀院等に固有のものであろうか。この点について、次に憲法保障の側面から検討を加えることにする。

　補足制度の年金に関する受給権をその保護という視点から見ると、1946 年第四共和政憲法前文第 8 項で保障されている労働者の労働条件決定への参加の権利が社会保障の基本原則の決定に関する議会の関与（第五共和政憲法第 34 条）によって制約を受けるなど、当事者の関与による受給権の保護は必ずしも十分ではなく、それが補足制度の弱点となっている[122]。

　補足制度における年金に対する権利の不安定性は、年金の裁定後に制度変更があった場合の既裁定年金の変更後の制度の適用に典型的に現れる。例えば、裁定後の労働協定の追加書に基づく制度変更により、所得保障の観点から年金額算定上の点数の特例加算が行われる場合であっても、既に幹部職員としての職を辞して、年金を受給している者については、当該特例加算が適用されなかったとしても違法ではないとする判決がある[123]。この判決は、年金裁定による受給権付与後に保険料拠出があったとしても、既裁定の年金等の額の変更が行われないという社会保障法典 R.351-10 条の規定を補足制度にも援用している。これは、基礎制度の既裁定年金について、裁定により既得権（droit acquis）の形成ともいうべ

---

(121)　*ibid.*, pp.386-387
(122)　X. Prétot, *Les grands arrêts, op.cit.*, pp.667-668
(123)　Paris, 20 février 1990, *Sillet c/ Institution de prévoyance des cadres*, D. 1991, Somm. 131

き状況が発生する反面、未裁定の被保険者にあっては、保険料を拠出したとしても、それは単なる期待（simple expectation）にすぎず、法改正によって変更が可能であるという基礎制度の年金に関する論理を逆転させて、補足制度にも適用したものと言える[124]。

結論を先取りすると、憲法院は、既裁定後の年金に対する権利の不可侵性を否定する[125]。例えば、補足制度ではなく付加的補足制度に関する案件であるが、憲法院は、EC指令（Directives n° 92/49 et n° 92/96 des 18 juin et 10 novembre 1992）の実施のための被用者に係る補足制度の改正法が法公布後の給付についてのみ給付債務に相当する資産の積立てを要求していることについて、それが既裁定年金の不可侵性（l'intangibilité des droits à retraite liquidés）を侵害するとの主張に対して、「如何なる規整も如何なる憲法上の原則も裁定された年金に対する権利の不可侵性を保証していない」と判示しており、憲法上の原則に照らしても年金に対する権利の不可侵性は見出せないということになる[126]。

〈既裁定年金の不可侵性の否定〉

以上のように、補足制度については、既裁定年金に対する不可侵性は行政・司法裁判所及び憲法院のいずれにおいても否定されている。このことは、補足制度の基礎となっている労働協約・協定の理論に照らしても首肯されるところである。労働協約・協定は、その法規的（規範的）性格（nature réglementaire）から、個々の被用者の労働契約に組み込まれることなく、自動的・強制的・即時的に適用される。この労働協約・協定の特徴を補足制度に引き付けて考えると、次のような分析が可能である。

・労働契約による雇用関係の成立は、補足制度が適用される要件ではあるが、適用自体は労働契約の効果ではない。
・補足制度の内容は、個々の労働者が労働契約の内容として契約的に定めるものではなく、事業主等と労働組合等との間で締結される労働協約・協定によって法規的（規範的）に定められることになる。
・そうであれば、労働協約・協定に承認されている自動的効果（effet automatique）、強制的効果（effet impératif）、即時的効果（effet immédiat）が補足制度にも適用されることになる。

---

(124) Paris, 20 février 1990, *Sillet c/ Institution de prévoyance des cadres*, préc.
(125) X. Prétot, *Les grands arrêts, op.cit.*, p.668
(126) Cons. const., décision n° 94-348 DC du août 1994, RJS 10/94 n° 1194

第 2 節　補足制度との比較

・仮に補足制度の制度変更があり、既裁定年金にも改正の効果が及ぶとすれば、それは労働協約・協定の即時的効果の表れとも捉えることができる。

　さらに、補足制度の制度変更に伴う即時的効果をその必要性という点にまで遡れば、そこには補足制度が世代間の連帯ともいうべき賦課方式に則り運営されていることが関係してくる。つまり、補足制度の財政の均衡は現役世代の保険料により確保されており、その財政均衡を確保するためには、世代間の連帯の観点から、保険料収入と給付支出が全体として相償うよう、現役の保険料のみならず年金受給者の給付も見直すことが許容されるという考え方が根底にあることになる[127]。実際、破毀院の 2001 年 5 月 31 日判決（Cass. soc., 31 mai 2001, n° 98-22510）は、「加入者の権利を保護するための措置を講じることにより、退職年金制度の財政均衡を確保することは、補足制度の組織の管理を担う労使の権能である」と判示していることも、そのことを端的に示している。

　世代間連帯に着目した場合には、補足制度が有する集団性も重要である。この点に関して、社会保障の場合には、連帯により結びついた集団（collectivité solidaire）を構築していることから、労働法と比べても、同一集団の中の個人に対して単一の規範を即時的に適用する必要性が高く、個人毎に適用される法規が異なることは社会保障の原則に反するとの主張がみられる[128]。また、賦課方式の下で財政均衡を確保するためには、年金受給者の給付引下げではなく、現役の保険料引上げによる対応も保険理論上は可能でるにもかかわらず、前者の対応をとるとすれば、それは制度加入者等から成る連帯関係にある者の集団（communauté des solidaires）としての連帯の選択（un choix de la solidarité）に関わる問題ともいえる[129]。これは、まさに労働協約・協定が有する法規的（規範的）性格が、連帯による集団に関する制度としての補足制度において労働法以上に即時的効果を通じて端的に表れていることを意味している。

　以上縷々述べたように、補足制度は強制加入による賦課方式、年金額の計算に関する点数制などを特徴としているが、これらの制度的特徴はその根底にある連帯に由来する集団性と深く結びついている。さらに、これらの制度的特徴は、財政の均衡を確保し制度を持続可能なものとするための法原則としての連帯原則、あるいは、法治国家（État de droit）を構成する要素としての平等原則及び比例原

---

[127]　L.-E. Camaji, *op.cit.*, pp.366-367
[128]　*ibid.*, pp.306-307
[129]　*ibid.*, pp.368-369

則、さらには労働協約に関する即時的効果など、破毀院等の判例法を通じて形成された諸原則がバランスをとりながら適用されることにより担保されることになる。その結果として、補足制度の場合、受給権者等の既得権という意味での権利の不可侵性は直接的に保障されることにはならないとしても、賦課方式の下で現役の被用者と年金受給者の利益の均衡が図られることは、結果的には年金受給者等の受給権の保護につながることになるとも捉えられる。

いずれにせよ、補足制度においても、受給権者等に対して、何らの権利保護も及ばないことにはならない。そこで、次に権利保護が問題となる典型例である企業再編等の場合をみてみることにする。

（３）　企業再編等の場合の権利の保護
〈既得権の保護〉

強制加入の賦課方式により運営される補足制度の場合には、制度の消滅は想定されないとしても、制度に加入する企業の営業譲渡、合併等による再編や清算等による消滅は常に起こり得る。このため、企業再編等の末に被用者の年金に対する権利が、どのようになるかは重要な問題であり、そこから年金に対する権利の保護の程度や特徴がみえてくることにもなる。

まず、社会保障法典（L.913-2）は、企業の破綻又は譲渡等があった場合に切替年金も含めた年金に対する既得権又は形成途上にある権利を消滅させることができないことを次のように規定していることを確認しておきたい。

「L.913-2条　事業主の支払不能の場合又は契約による譲渡若しくは合併に起因する企業、事業所若しくは事業所の一部の他の事業主への移転の場合に、被用者又は元被用者の切替年金も含めた年金に係る給付に対する既得権又は形成途上にある権利の喪失をもたらす如何なる規定も、協約、協定又はL.911-1条が規定する一方的決定に挿入される場合には無効である。」

この規定により、補足制度においては、企業再編等により既得権を喪失するような措置を講ずることが禁止されることになる。実際、補足制度の場合、付加的な掛金が存在したり、一定の範囲まで幹部職員の制度への加入が認められることなどから、企業の再編等によって被用者の給付水準が変動する可能性があるが、本規定があることにより、被用者の従前の既得権が保護されることになる[130]。

---

(130)　S. Michas Béguerie, *op.cit.*, pp.381-382

以上の点を踏まえ、年金に対する権利の保護について、①企業の破綻等により消滅する場合の経済的連続性の問題と②企業の合併等により存続する場合の年金労働協定の効力の問題とに分けて検討することにする[131]。

〈企業の破綻等により消滅する場合の権利保護〉

　第一の企業が破綻等により消滅する場合には、事業が後続企業により存続するとしても、法的には前後の企業の間には同一性はなく、別の法人格を有する企業の下で事業が営まれるにすぎない。このため、消滅企業の下での年金に対する権利は、後続企業によっては保障されない可能性がある。しかし、このような事態は、経済的連続性（suite économique）の理論を援用することによって回避することが考えられる。経済的連続性の理論とは、企業の消滅後も従前の事業が後続企業によって継続される場合には、両者の法人格が異なっていたとしても、従前の権利・義務関係が承継されるというものである。この法人格否認法理に相当する理論を補足制度に当てはめるとすれば、このような場合、後続企業は補足制度への加入を拒否することはできないことになる。

　経済的連続性の概念の実定法上の根拠としては、企業承継に関する労働法典（旧122-12、現L.1224-1）の規定の中で、次のように労働契約の存続が規定されていることが挙げられる。

　　「L.1224-1　相続、譲渡、合併、資本の変更、企業の会社への出資を始めとして、使用者の法的状況の変更が生じた場合には、変更の日に有効である全ての労働契約は、新使用者と企業の従業員との間で存続する。」

　このほかの経済的連続性の法的拠り所としては、幹部職員に関する限り、1947年3月14日の労働協約第6条が、新規加入者に対して従来より低い掛金を適用することにより掛金負担を軽減することを禁止していることが挙げられる。したがって、幹部職員の場合には、労働法典の規定（L.1224-1）を援用しなくとも、1947年の労働協約を根拠とすることが可能であり、その方が直截である。これに対して、非幹部職員のための労働協約においては、類似の規定を欠いていることから、労働法典の規定を援用するしかないことになる。

　このような経済的連続性の理論は、個人企業の法人成りのように企業の法人格が変更され、その結果として加入金庫の変更が生じ掛金が下がるような場合に、

---

(131)　*ibid.*, pp.382-396

第 2 部　第 3 章　社会保障関連制度の法的性格

裁判所が後続企業に対して従前の掛金率を維持するよう判示する場合の理論的根拠として、次のように 1981 年 7 月 7 日の破毀院判決で初めて登場し、その後も裁判所によって援用されている。ただし、経済的連続性が存在する場合であっても、次の 1982 年 5 月 26 日の破毀院判決にみられるように、法人格の変更があった時点で、雇用されていない幹部職員に対しては経済的連続性の理論は適用されない。嚆矢となった 1981 年破毀院以降の一連の判例から導かれる経済的連続性の成立要件は、事業の同一性及び従業員の再雇用であり、法人の変更の際の労働契約がそのまま存続することが証明されれば十分とされる。

① 1981 年 7 月 7 日付破毀院判決 (Cass. soc., 7 juillet 1981, *Comptoir général des cafés c/ C.R.I.C., Le régime de retraite des cadres et la jurisprudence, A.G.I.R.C.*, n° 80-10506)

事案は、法人成りした個人企業が、それに合わせて加入する金庫を変更し、結果的に掛金が 16％から 8％に下がったのに対して、原審であるパリ控訴院が従来と同じ 16％の掛金を拠出するよう判示したのに対して、会社側が上告したものである。破毀院は、次のように判示して、上告を棄却した。

「控訴院は、コントワール・ジェネラル・デ・カフェ社の事業は、掛金率 16％でもって中央賦課方式年金金庫に加入していた個人企業によって従前営まれていた事業と同じであると認定した。同一企業の全ての給付対象従業員に対して同一の補足制度及び掛金率であるとの原則があることから、この加入は企業の現在及び将来の幹部職員の状況に対する規整を終了させるものではなく、それ故、事業主の法的状況の単なる変更にすぎない営業財産の譲渡による会社の実施は、労働法典 L.122-12 条の適用により、従業員に対して従前約束された義務を同一の給付及びそれに対する掛金でもって存続させることになる。したがって、保険会社の下で同程度に有利な率での加入が可能であるとの議論は重要ではなく、それはまた本件には当てはまらないことから、理由に対する批判は認められない。」

② 1982 年 5 月 26 日付破毀院判決 (Cass. soc., 26 mai 1982, *C.I.P.C. c/ Société Lelong et fils*, n° 82-12438)

事案は、別会社の営業財産を取得した会社に対して、幹部職員のための補足制度の金庫（C.I.P.C.）が当該会社に適用されていた 8％の掛金ではなく従前の企業が適用していた 12％の掛金を請求したことに対して、原審であるパリ控

第 2 節　補足制度との比較

訴院は、同一企業における加入制度及び掛金の同一性の原則はあるものの、法人格の変更の日において労働契約は継続していないことから従前の企業の掛金率 12％の適用を認めなかった。これに対して上告がなされたところ、破毀院は、次のように判示して上告を棄却した。

「事業主の法的状況の変更があった日において継続中の労働契約が存在していないことから、労働法典 L.122-12 条は適用されない。ルロン・エ・フィス社は、同一の事業を営んでいるとしても、従前の会社によって約束された義務を負ってはおらず、控訴院の判決は法的に正当である。」

ところで、経済的連続性の実定法上の拠り所としては、労働法典の規定（L.1224-1）が幹部職員である場合もない場合も最大公約数的に存在するわけであるが、当該規定は本来労働契約の当事者である使用者と労働者という二当事者関係を規律するものであり、これに金庫等が加わった三当事者関係である補足制度の拠り所としては弱い面がある。したがって、裁判所が補足制度に労働法典の規定を援用するということは、非組入原則にもかかわらず、暗黙裏に労働協約に基づく権利の労働契約への組入（incorporation）という形で、年金給付を賃金と同一視していることになる。この点について、破毀院の 1987 年 7 月 16 日判決（Cass. soc., 16 juillet 1987, n° 84-13736）は、原審であるパリ控訴院が労働法典の規定が事業主による補足制度への加入契約には拡大適用されないとしたのに対して、次のとおり、営業財産の譲渡による事業主の変更を単なる事業主の法人格の変更として捉え、労働法典の規定に基づき従前の約定がそのまま適用されるとして、控訴院の判決を法的基礎を欠くものとして破毀している。

「判決が性格に指摘するように、ヴォワチュリエ社は、当該会社が加入していた機関の内部規則によって賦課された義務を遵守する必要があり、その結果、当該判決の第 1 の請求は正当である。新事業主からは、同一企業の全ての加入従業員について補足制度及び掛金率は同一であるという原則が主張されていないが、事業主の法的状況の単なる変更であるヴァランシエンヌ事業所の譲渡は、労働法典 L.122-12 条の適用により、この事業所の「幹部」従業員のために従前行われた約定を存続させることになる。デュボワ・マテリオ社によって行われた CIRRIC への加入が関係従業員に対してヴォワチュリエ社の RESURCA への加入が当該従業員に対して行っていた給付と同じ給付を付与しているかを調べず、前者の会社が後者の会社に対してこれら給付の消滅が後者の金庫の下で後者の会社にもたらす影響を保証しなければならないが、控訴院は当該決定に関する法的基礎を与えていない。」

第2部　第3章　社会保障関連制度の法的性格

さらに、判例によっては、経済的連続性の理論を持ち出すまでもなく、労働法典の規定を直截に援用するものもある。例えば、破毀院の1990年7月4日の判決（Cass. soc., 4 juillet 1990, n° 86-17946）は、企業の法的清算のため営業財産賃貸借（location-gérance）を経て営業財産が譲渡される際に、契約上従業員の再雇用は行わず労働契約も継続しないことが賃貸借契約に明記されていた場合であっても、労働法典の規定（L.1224-1）が公序（ordre public）であって、1947年の労働協約に基づき従前の企業の掛金率が適用される旨次のように判示している。

「事業主の法的状況の変更があった場合であっても継続中の労働契約が維持され、個別の協約によって適用除外を設けることはできないという労働法典L.122-12条第2項の公序の規定は、その活動を再開する経済主体がその同一性が保持している全ての場合において適用されなければならない。この規定は、法的清算の枠組みにおいて、経済状況を理由に企業の更生のための解雇を宣言することを妨げるものではないが、雇用が維持される被用者の労働契約は新事業主との間で継続される。その結果として、ヤンセン社の営業財産がヤンセン・ロワヤル社に譲渡されるところの取引行為は、1947年3月14日の全国年金・福利厚生労働協約の第6条第3項の規定の適用対象となり、それによれば、企業の譲渡の場合も掛金率の引上げは有効である。」

以上のように、経済的連続性の理論と密接な関係を持ちながら、労働法典の雇用継続に関する規定は、補足制度の従前の制度の適用を保障する実定法上の拠り所としての意義を有していると評価できる。

〈企業の合併等により存続する場合の権利保護〉
次に第二の企業の合併等による存続の場合について検討を加える[132]。

まず、この問題を検討するに当たっては、既に述べた年金労働協定の法的性格を巡って、一般の労働協約・協定と類似のものとする捉え方と異質のものとする捉え方があることを想起する必要がある。なぜなら、年金労働協定について、社会保障法典（L.911-3）が労働法典の労働協約・協定に関する規定の一般的準用を規定しており、その労働法典（例えば、L.2261-10、2261-13）の中で、企業の合併等の際の被用者の権利保護も規定されているからである。例えば、労働法典は、企業の合併等があった場合に、新たな労働協約・協定の締結に至らなかったとしても、最大1年間は従前の協約・協定の効力が存続すること（余後効）が規定さ

---

(132)　*ibid.*, pp.388-396

れている（L.2261-10）ほか、仮に新たな協約・協定が成立しなかったとしても、被用者が個人的に獲得した利益は維持されることが規定されている（L.2261-13）。

　これらの規定が年金労働協定にも適用されるという立場に立つならば、企業の再編等に対しても労働協約・協定の破棄の場合と同じ規定が適用されることになる。これに対して、年金労働協定が一般の労働協約・協定と異質なものであるという立場に立つならば、結論は逆になるであろう。

　ところが、年金労働協定と一般の労働協約・協定との同質性を認める立場であっても、実際には、企業の再編等との際の年金労働協定の扱いの特殊性は認めざるを得ない。具体的にいえば、現役の被用者の場合には、掛金の拠出が継続していることから、年金に対する権利が既得権化したとはいえないし、他方、年金の受給者の方は既に被用者でないことから、労使関係を規律する労働協約・協定の対象といえるか疑問であるなど、一般の労働協約・協定をそのまま適用することは困難であるのは明らかである。そこで、年金労働協定への労働法典の適用があくまで準用規定によることに着目し、必要な読替等の弾力的解釈は可能であるという理屈から、例えば、規整の対象を「被用者」に限定せず給付の「受給者」も含めるといった解釈を行うなどして、問題を解決することになる。

　このように年金労働協定と一般の労働協約・協定との同質性・異質性を巡っては、各種問題が惹起されるが、ここで重要なのは、年金労働協定に基づく年金に対する権利が、労働法典（L.2261-13）が規定する個人的に獲得された既得権として、企業の再編等の場合にも保護されるのか否かである。この点については、既に述べたように、1999年11月23日の破毀院判決（Cass. soc., 23 novembre 1999）が年金に対する既得権を承認しなかった。したがって、現時点での裁判所の判断は、年金に対する権利を労働法典が規定するような個人的に獲得された既得権とはみなしていないといえる。

　かかる状況から企業の再編等を巡る問題については、実際には補足制度に関する年金労働協定にそれぞれ規定を設けることにより、被用者の権利保護を図っている。具体的には、被用者集団に対する影響という観点から、企業の吸収・対等合併、営業譲渡、経営権取得等の行為を広く再編等の規整範囲に取り込み、企業に適用される条件の単一性（unicité）の原則の下で、同一の被用者集団に対して適用される掛金率及び加入機関の単一性を義務付けている。したがって、複数の企業が結合する場合であっても、従業員の業務及び人事が別であったり、事業所が地理的・業務的に別々であったりする限りにおいて、それぞれを別集団とみな

し、従前の掛金率及び加入機関を維持することができることになる。

　企業の再編等に際して、掛金率を変更するためには、補足制度における労使対等との原則から、労使代表による合意又は被用者の全員投票の手続きが必要となる。これに対して、加入機関の変更については、手続きが制度によって異なっている。幹部職員の制度（AGIRC）の場合には、単一の制度であることから加入機関によって年金に対する権利に違いが生じないこともあり、事業主が自由に加入機関を選択できる（従業員に対する協議は義務ではない）。これに対して、非幹部職員の制度（ARRCO）の場合には、単一の制度でないこともあり、事業主が加入期間を変更するためには、予め被用者に情報提供をした上で当事者又はその代表者の同意を得る必要がある。

　以上のように企業の再編等の場合には、社会保障法典により準用される労働法典に基づく個人の既得権の保護規定というよりも、むしろ補足制度に関する年金労働協定自体に基づく協約上の規整が被用者等の権利保護において重要な役割を果たしていると結論付けられる。

7　欧州連合から見た補足制度の特徴

　欧州連合は、2004年に「社会保障制度の調整に関する規則（Règlement CEE n° 883/2004 du 29 avril 2004）」を制定し、社会保障における待遇の平等、期間通算、現金給付の海外支給、二重給付の調整等の規定を設けている。また、職域年金に関しては、2003年に「職域年金機関の活動及び監視に関する法律に関する指令（Directive n° 2003/41/CE du 3 juin 2003）」を制定し、その活動、会計、資産運用等について規制している。

　これらの欧州連合の法制は、共通市場の形成に関するその他の法制、とりわけ民間保険、人の移動等に関する法制との関係で、補足制度が如何なる制度として位置付け得るのかという問題を喚起する。例えば、社会保障機関と位置付けられれば、競争政策に関する規制の対象外となるのに対して、そうでなければ、職域年金機関又は民間保険会社と同様の規制に服することになる。

　一例を挙げれば、上記職域年金指令は、「職域年金機関（institution de retraite professionnel）」を、如何なる形態であるかにかかわらず、加入企業等とは別途設立され、職域年金の支給を目的として協約又は契約に基づき積立方式により運営される機関と定義している（6条）。また、適用対象として、基礎的社会保障の運営機関、賦課方式による機関、内部積立方式を実施する企業等が除外されること

を規定している（2条）。このような規定に照らすと、フランスの補足制度は基礎的な社会保障制度とは異なるものの賦課方式で運営されており、職域年金機関として職域年金指令の規整に服するか、条文上必ずしも明確ではない。

補足制度の性格の曖昧性は、義務的な保険料率以外に任意の付加保険料を設定することが認められていたことも関係している。つまり、付加保険料による任意給付（opération facultative）は、基礎制度のような社会保障とは異なるという疑義を生起させることになるからである。ところが、この任意給付については、1993年2月10日及び1994年2月9日の補足制度に関する合意により、付加保険料が廃止され契約保険料率の単一化が実現することになったことから、問題が解決することになった。そうなると、補足制度は、以前にも増して基礎制度に近い性格のものとも考えられるようになる。

欧州司法裁判所との関係で補足制度の性格が問題となるのは、大きく次の二つの局面である。すなわち、

① 第一は、EU条約第141条（旧第119条）が規定する男女同一賃金原則がいうところの賃金に補足制度の給付が含まれるかという問題であり、

② 第二は、EU条約第49条（旧第59条）から第55条（旧第66条）が規定するサービスの自由、第81条（旧第85条）から第89条（旧第94条）が規定する競争政策に関する規制が補足制度に適用されるかという問題である。

このうち①の点について、欧州司法裁判所は、付加的年金制度や福利厚生制度のみならず補足制度も含め年金も男女同一賃金原則にいうところの賃金に含まれることをバーバー判決（CJCE, 17 mai 1990, *Barber*, aff. C262/88, Rec p.1944）において判示している。賦課方式による法定の制度である補足制度も含めて年金の給付が繰延賃金のような意味で賃金と言えるかについては、判決以降も紆余曲折があるが、フランスにおいても、最終的には、2001年2月22日の勅令により、それまであった年金支給開始年齢や遺族年金に関する女性への配慮措置が廃止されることになった。その結果、現在、被用者等に対して給付される集団的保障（garanties collectives）については、母性保護を理由とする場合を除き、性差に基づく差別が禁止され、そのような規定は無効となった（CSS. L.913-1）。そして、この集団的保証という概念は、基礎制度を補完するため、労働協約・協定、事業主の提案に対する当事者の多数による承認、事業主の一方的決定により創設され制度を意味しており、協定に基づく補足制度もこれに含まれ得ることになる。

これに対して②の点については、より詰めた議論を要する。まず、自由競争に

第 2 部　第 3 章　社会保障関連制度の法的性格

関する規整が及ぶ対象である「企業（entreprise）」の概念に基礎的社会保障制度の運営主体である金庫が含まれる否かが問題となった事案にプセ及びピストル事件（CJCE, 17 février 1993, *Poucet et Pistre*, C.159/91）がある。欧州司法裁判所は、結論的には、社会保障に関する公役務の遂行を担う疾病金庫等の機関は、専ら社会的性格の機能を果たしており、このような活動は国民連帯原理に根差す非営利目的の活動であるほか、給付も保険料拠出額に関わりなく法令に基づき支給されるものであることから、このような活動は経済的活動ではないと結論付けている。それでは、如何なる場合が企業に該当しないかが問題となるが、それに関するメルクマールとして、判決は次の点を挙げている。

① 制度が社会的目的を目指すものであって、連帯原理に根差したものであること。
② 具体的には、疾病、老齢、死亡及び障害のリスクについて、加入時の資産及び健康状態に関係なく、対象者全体に対して給付を行うこと。これを年金制度についていえば、現役労働者からの拠出によって退職者の年金が賄われるような場合に連帯が示されることになる。あるいは、保険料拠出なしに年金が支給されたり、保険料拠出に比例しない年金が支給される場合も、連帯の表れである。
③ このため、制度は、連帯原理及び財政均衡の達成に不可欠な強制加入制度を採用していること。

ところが、欧州司法裁判所は、労働協約に基づき創設されたオランダの職域年金制度（年金基金）の事件（CJCE, 21 septembre 1999, *Maatschappij Drijvende Bokken BV*, C.219/97）においては、当該年金基金が担う一般経済的利益（intétêt économique général）という特別な社会的任務の遂行の観点から加入に関する独占的地位は是認されるとされたものの、企業該当性については、プセ及びピストル事件とは異なる判断を下している。具体的には、当該年金基金は非営利で利潤を目的とせず、適用対象企業の被用者について強制加入であり、また、加入に当たり医学的審査も不要であり、さらに保険料も個人のリスクに関係なく設定されるなど、連帯に根差した制度としての特徴を有しているにもかかわらず、当該年金基金が企業に該当するとされた。その判断の決め手となったのは、財政方式であった。すなわち、当該年金基金は、積立方式により自ら掛金と給付を決めるなど保険会社と同様の経済活動を行っていることから、その限りでは企業に該当するとされた。

第 2 節　補足制度との比較

　以上、欧州司法裁判所の二つの判決に鑑みると、補足制度が基礎的制度と同じように企業に該当しないのか、オランダの年金基金のように企業に該当するのかは微妙である。オランダの年金基金とフランスの補足制度は、強制加入であり、連帯に根差した制度として自律的に運営されている点で共通しているが、財政方式がフランスの場合には賦課方式である点でオランダの積立方式と異なっている。
　この点に関して、欧州司法裁判所の判例の中で、補足制度機関は、「社会保障機関（institutions de sécurité sociale）」とみなされ、その結果競争政策の対象外となり、保険に関する指令も適用されないことが判示されている[133]。これは、補足制度については、「老齢保険制度に根を下ろしており、リスクの選択がなく、保険料が収入に比例しており、特定の場合には保険料拠出が免除され、早期の死亡の場合でも相続権がなく、利潤目的がなく、選出された無報酬の者によって運営され、数理的積立がない」ことから、補足制度は、「社会的目的を追求し、連帯原理に則っている」ためであるとされる[134]。
　この補足制度の第二の社会保障とも言うべき社会保障類似の性格から、欧州連合との関係では、逆に補足制度に対しては、社会保障に関する欧州の規制が及ぶことになる[135]。

8　小　括

　フランスの補足制度は、もともと 1947 年及び 1961 年の労働協約を出発点に発展したものの、1972 年の法律による一般化により強制加入的な性格が強まった。また、財政的にも賦課方式を採用し、機関の間の財政調整も行われるなど、世代間の連帯あるいは制度間の連帯がその特徴としてみられる。さらに、上記のような EU 条約の自由競争の原則、さらには保険に関する指令との関係もあり、フランスの補足制度は、これら EU の規制との関係でも、連帯に根差した制度としての性格を強めている。
　実際、1994 年 8 月 8 日の法律により、連帯の制度内在化は顕著にみられるようになっている。例えば、補足制度機関は、各機関同士で職域間又は一般的な連帯を構築することになっている（CSS. L.9221-1）。また、補足制度機関は私法上の非営利法人で関係者により自律的に運営されることになっているが、その任務

---

[133]　F. Kessler, *op.cit.*, pp.377-378
[134]　*ibid.*, p.377
[135]　*ibid.*, p.378

として一般的利益（intérêt général）を担うことになっている（CSS. L.922-1）。

このような制度的特徴に鑑みるならば、補足制度は機能的には基礎制度の上乗せとしての企業年金の特徴を有しつつも、法的には基礎制度と同じように賦課方式による世代間連帯に根差した制度としての性格を強めているといえよう。ただし、補足制度の法的な基礎が労働協約・協定にあるという点では、法的にも基礎制度とは異なる基礎の上に構築されていることは、留保する必要がある。

第3節　福利厚生制度との比較

1　福利厚生の必要性及びその概要
〈福利厚生の必要性と登場〉

フランスにおいては、疾病、障害、老齢、失業等の社会的リスクに起因する所得の喪失又は費用の増大については、連帯に基礎を置く社会保障によって補填されることが基本である。しかしながら、法定の基礎的制度とも言い換えられる社会保障によって、社会的リスクに起因する所得喪失や費用増大が全て補填されるわけではない。このいわば社会保障の欠落部分あるいは不足部分を補填するのが、補足的・補完的な機能を担う「福利厚生（prévoyance）」制度である[136]。その点で、福利厚生制度は基礎的な社会保障制度を理解する上でも必要となることから、ます福利厚生制度について検討を加えることとしたい。

ここで注意すべき点は、福利厚生制度として単一の実定法上の制度が存在するわけではなく、共済、福利厚生機関、民間保険会社等によって担われる制度の総

---

[136]　プレヴォワヤンス「prévoyance」の原義は、状況を予見し備える行為である。言い換えれば、様々なリスクに対応するための相互扶助制度ということになり、日本語の「福利厚生」が実態的に近い。我が国では、戦前において鐘紡、八幡製鉄所等で企業の福利厚生として共済制度が設けられたが、その中には疾病、死亡等に対する扶助料もみられたことから、プレヴォワヤンスに福利厚生の訳を当てることとしたい。なお、藤田至孝・塩野谷祐一編『企業内福祉と社会保障』（東京大学出版会、1997年）では、労働の場としての企業において雇用主が従業員やその家族に対して提供する賃金以外の給付やサービスを意味する概念として「企業内福祉」が使用されている。同書によれば、企業内福祉は国によって多様である、フランスの福利厚生も「企業内福祉」と位置付けられている（345-349頁）。なお、我が国においては、企業等の福利厚生施策として共済会が設けられ、祝金、死亡給付金、傷害見舞金、医療費補助、生活支援、災害見舞金、年金や退職者共済事業が展開されているが、統一的な法制度はなく、運営方式も従業員団体方式、人格のない社団方式、労働組合方式など区々である（「労務事情」2002年7月15日号（No.1014）4頁以下）。

第 3 節　福利厚生制度との比較

称として講学上使用されることが多い概念であることである。しかしながら、後述のエヴァン法のように福利厚生を射程とする立法も存在するほか、社会保障法典には福利厚生機関（institutions de prévoyance）に関する規定（L.931-1 等）もあるなど、実定法上も福利厚生の概念は重要である。そこで、ここでは、福利厚生の概念の検討から始めることとしたい。

　まず、福利厚生という用語は、連帯主義の主唱者であるブルジョワが1908年11月26日に社会衛生連合（Alliance d'hygiène sociale）の総会で行った挨拶の中でも、「福利厚生は、可能であればどこでも救済に代替しなければならない」という表現で既に登場する[137]。その発言の趣旨は、個人が予め生命や健康を守るために備えることは、経済的には人的資源の保護につながり、財政的にも人的・金銭的喪失を防ぐことになり、福利厚生の推進は社会の義務でもあるということにあった[138]。この点に照らすと、福利厚生には、社会扶助のような事後的な救貧ではなく、事前的な防貧施策としての性格が含意されているといえよう。

　ところで時代は下り、第2次世界大戦後になると、現在の社会保障の出発点となった1945年10月4日の勅令（ordonnance）にも、福利厚生は、次のような形で登場する。

「第18条　前編に規定された機関、及び被用者又はみなし被用者のために単一又は複数の企業の枠組みにより設立された共済（sociétés de secours mutuels）を除くほか、福利厚生又は社会保障の機関は、労働・社会保障大臣の認可を得て、かつ、社会保障組織に由来する給付に付加される給付を支給することのみを目的とする場合にのみ存続又は創設することができる。……」

〈福利厚生の概念〉

　このような歴史を有する「福利厚生（prévoyance）」という用語はそもそも一般名詞であり、語義としては、炯眼により将来を見通し、起こるべき事態にあらかじめ備えるための方途であり、時に、そのような人の属性を意味する[139]。しかしながら、これが法制度となった場合、（補足的）福利厚生が何かについては、それを定義する法令は存在しない。また、そもそもの用語法も論者によって異

---

(137)　L. Bourgeois, *La politique de la prévoyance sociale, I, La doctrine et la méthode*, Bibliothèque-Charpentier, 1914, p.172
(138)　*ibid.*, pp.172-173
(139)　*Le Robert micro*, Dictionnaires Le Robert, 1998, p.1054

第2部　第3章　社会保障関連制度の法的性格

なっているなど、福利厚生の概念としての内容は曖昧である[140]。そこでここでは、社会保障法に関する文献から補足的福利厚生に関する既述がどうなっているかを概観してみる。

① デュペル氏（J.-J. Dupeyroux）他[141]

　福利厚生の用語は、その目的及び機能は異なるが、任意（法的には、労働協約が適用されることにより被用者について義務的になり得る。）である点で共通性を有する。福利厚生は、疾病、障害、死亡等のような個別の特定のリスクに対して備えることを目的とする。また、一般に年金基金（fonds de pension）と呼ばれる個人又は集団を単位とする積立方式の再補足年金に関する規定も福利厚生の類型に属する。

② モルヴァン氏（P. Morvan）[142]

　福利厚生制度（prévoyance）は、厳密な意味では、老齢を除く主要な社会的リスク（死亡、不能、障害、疾病、事故、母性及び失業）を対象とする。すなわち、予見可能であったり意思に依存する退職と異なり、予見不可能で意思に依存しない事象を対象とするのが福利厚生である。

③ ショーシャー氏（J.-P. Chauchard）氏[143]

　（特に自営業者に関して）基礎的制度では不十分にしか考慮されていない分野である主に障害、死亡及び疾病について、任意にとどまるものの保障を行うことを目的に、保険会社、福利厚生のための機関又は金庫及び共済機関をまとめた総称である。

④ ケスレー氏（F. Kessler）[144]

　福利厚生は、貯蓄のように個人的なもの、あるいは、同一の制度内において多数の個人の間でリスクの分配を行うような集団的なものとして存在しうる。

⑤ トーラン氏（T. Tauran）[145]

　福利厚生は、特定の事象に対して備えることを目的に個人が引き受ける努

---

(140) J.-J. Cauchard, *op.cit.*, p.464
(141) J.-J. Dupeyroux et al., *op.cit.*, p.1094
(142) P. Morvan, *Droit de la protection sociale, op.cit.*, p.542
(143) J.-P. Chauchard, *op.cit.*, p.65
(144) F. Kessler, *op.cit.*, p.27
(145) T. Tauran, *Droit de la sécurité sociale*, Presses universitaires de Grenoble, 2000, p.41

第 3 節　福利厚生制度との比較

力に関係していることから、ある種の帰属的な趣のある用語である。ところで福利厚生は、2点において社会保障と区別されることになる。一点目は、福利厚生の概念は、社会保障と異なっており、現実には社会保障において欠ける部分を埋めることを可能にする技術であることである。二点目は、社会保障への加入が強制であるのに対して、福利厚生への加入は原則として任意であることである。ただし、この任意性は、原則と例外が逆転することがままある。

　これらの記述からは、福利厚生に関して、法解釈的な意味での定義の明晰性は読み取れない。対象となるリスクという点では、疾病、障害、死亡等が含まれるのは共通しているが、年金（老齢）が含まれるかどうかは論者によって異なっている。また、加入の強制性に関しては、労働協約等によって強制されることがあるにしても、基礎的な制度のような意味での法定の強制加入ではない点は共通している。これに関連する論点としては、制度の枠組みの基礎が個人と団体の何れにあるのかという問題があるが、福利厚生の場合には両方あり得ると言えよう。
　このような定義の問題について、積立方式による補足的社会保護制度について論じたジロン（P. Giron）氏の論文によれば、社会保護（社会保障）に関する法定制度の代表格として社会保障（社会保険）が存在する一方で福利厚生が存在しているが、その提供する保障の独自性は決定の「任意性」にあることが指摘されている[146]。このような星雲状況にあって、我々としては、福利厚生に関して演繹的に検討するのではなく、過去から現在までの制度の中から帰納的に福利厚生の法的特徴を明らかにしていかざるを得ない。
　現時点でいえば、法文上は、福利厚生と補足的な年金である付加的年金制度とは区別されており、福利厚生には老齢リスクは含まれず、疾病、死亡、障害、事故等による人体への損害を意味すると考えられる[147]。例えば、福利厚生におい

---

(146) P. Giron, *Protection sociale complémentaire par capitalisation: droit et fiscalité*, L.G.D.J., 1993, p.19（なお、ジロン氏自身は、福利厚生のみならず年金、さらに基礎的な社会保障制度も含めた用語として、「年金・福利厚生（retraite-prévoyance）」を使用し、それに「任意（facultative）」又は「補足的（complémentaire）」を加えることで補足的福利厚生を示している（ibid., p.20）。ただし、年金の場合には、単に「補足的年金」といった場合には、AGIRC、ARRCO のような義務的な補足年金の意味となる（ibid., p.22）。
(147) 補足制度（régimes complémentaires）という用語を使用し、それを①年金制度（régimes de retraite）と②福利厚生制度（régimes de prévoyance）に二分し、福利厚生に死亡、労務不能、障害、傷病に関する給付を含める整理がみられる（M. Berra, *L'apport de la loi*

357

第2部　第3章　社会保障関連制度の法的性格

て、後述のようにその受給権保護に大きな役割を果たした1989年12月31日法律第89-1009号、いわゆるエヴァン法（loi Evin）の第1条によれば、

「本法の規定は、死亡リスク、人の肉体の完全性若しくは母性を侵害するリスク、又は労務不能、障害若しくは失業のリスクの予防及び保障を目的とする行為に適用される」

と規定されている。また、福利厚生機関（institutions de prévoyance）の根拠規定となる社会保障法典 L.931-1条では、福利厚生機関の目的として

　a）その履行が人の生存期間に関わる約定を参加者と契約し、結婚若しくは子供の出生の際に一時金を支給し、又は積立の目的で貯蓄を行い、そのために規定された約定を契約すること、
　b）事故及び疾病に関係する人体の損害のリスクを保障すること
　c）失業のリスクを保障すること

を挙げており、失業は含まれるものの、老齢リスクは規定されていない。

ただし、福利厚生の射程を歴史的にみる限り、法文上、その概念は必ずしも明確ではなかった。例えば、社会保障の組織に関する1945年10月6日付勅令の実施のための公行政の規則に関する1946年6月8日付政令第46-1378号第43条では、次のように福利厚生には老齢リスクも含まれると解し得るような規定となっていた。

「第43条　労働協約に基づき、又は個別の契約に基づき、貯蓄、生命又は死亡に関する一時金、老齢による退職年金、障害年金又は労働災害の場合の年金、寡婦又は遺児年金の形でもって、社会保障に関する法律によって支給される給付に付加するものとして、被用者又はみなし被用者に対して支給される給付を形成する、あらゆる種類の福利厚生又は社会保障機関は、一部若しくは全部の従業員又は複数の企業によって構成されるところ、関係する労働者の拠出なしに運営される場合であっても、本章の規定に適合しなければならない。

本規定は、共済、1945年10月4日付勅令第17条が規定する機関及び社会保障金庫は対象としない。」

このように1946年6月8日付政令に照らした場合、福利厚生は連帯に基づき公役務を遂行する社会保障制度及びそれに付随する強制加入の補足年金制度と対比されるべきものであり、福利厚生と年金とが必ずしも対立関係にあるわけでは

---

　　　du 8 août 1994 à la mise en place de la protection sociale complémentaire (*Étude du Titre I de la loi)*, Faculté de droit et de science politique d'Aix-Marseille, 1997, p.9）。

第3節　福利厚生制度との比較

ないという趣旨の指摘もみられる[148]。

〈福利厚生の実体〉

　次に福利厚生の実体面に着目してみることにする。その関係でまず指摘すべきは、福利厚生が基礎的な社会保障制度と併存しながら、補足的な役割を果たす制度として発展してきたことである。この福利厚生が必要とされる背景は何であろうか。ポイントをまとめれば、以下のような事由が指摘できよう。

- 疾病保険は責任料金（tarif de responsabilité）と言われる給付対象費用の範囲において、一定の給付率で医療費の保障をしており、支給対象外となる医療費及び一負担は患者の負担となること。
- 被保険者が死亡した場合に支給される社会保障給付は、一時金としての死亡一時金や所得制限付きで支給期間が限定された寡婦保険の手当等に限定されており、死亡に係る給付は支給要件、給付水準等の面で不十分であること。
- 傷病による就労不能の場合の傷病手当金の水準は報酬の50％が基本であり、その余の部分は労使の協定で使用者が全面的又は部分的に補填することが多いものの、当該補填期間が経過した後は傷病手当金のみの保障しかなくなること。
- 障害の固定又は傷病手当金の支給から3年の期間経過により、障害の程度に応じて障害年金が支給されるのが原則であるが、その給付水準には上限（第一類型で報酬の30％、第二類型で報酬の50％、第三類型で報酬の50％と第三者介護割増40％）があることから、従前所得が全面的に保障されるわけでないこと。

　このように、法定の基礎的な社会保障制度、さらにこれに失業保険及び補足年金を加えても、必ずしも個々人に必要な全ての給付又はサービスが賄われることにならない。そうした場合に、失業保険等も含めた基礎的な社会保障制度によっては対応できないか、不足する部分を全て自助努力に委ね、公的な関与を一切行わないのも一つの選択である。フランスにおいては、そうした部分を補足的福利厚生（prévoyance complémentaire）という共助の仕組みを構築することで対応してきたといえる[149]。

---

(148) G. Lyon-Caen, «La deuxième jeunesse de la prévoyance sociale», in Droit social, Nº 4 Avril 1986, p.293

(149) 補足的福利厚生（prévoyance complémentaire）の用語は、Liaisons sociales, La prévoyance complémentaire, Supplément au Nº 12020 du 29 septembre 1995 に倣った。

第 2 部　第 3 章　社会保障関連制度の法的性格

　補足的福利厚生制度を巡っては、このような制度の経緯論的な背景以外にフランス人の国民性が制度の発展に関わっているというジロン氏の指摘がある[150]。すなわち、フランスでは、第 2 次世界大戦後の時代状況の中で、国民連帯を標榜した社会保障が国家の関与の下で発達してきたが、根底において個人主義者であるフランス人にあっては、「国家の比重（dose d'étatisme）」と「個人の比重（dose de privé）」との間には補償関係があり、社会保障への国家の関与が増えれば、法律によって課せられた独占的なその保障を踏み越えようとして、個人はその自由を行使しようとする。そして、この均衡はフランス人の根底に存在しており、公私の均衡を求めて常に変化していく。フランスにおいて、民間保険が成功している理由の一つは、ここにあると。

　以上述べたように、補足的福利厚生制度は、歴史的な経緯や国民性、さらには時代を取り巻く社会経済環境の中で独自の発展を遂げてきたものであるだけに、一元的な制度になっているわけでもなく、また、必ずしも統一的な法制が存在してきたわけでもない。しかも、補足的福利厚生という実定法上の用語及び定義が確立しているわけでもない。しかし、基礎的社会保障制度の欠缺又は不足を補完する法的枠組みが現に存在し、社会保護の中の不可欠の要素となっているのも事実である。そこで、ここでは、各種社会的リスクに対する相互扶助的な保障であって、基礎的な社会保障制度でカバーされないか、さもなければ不十分な部分を補足する制度を総称する概念として「補足的福利厚生制度」を使用する[151]。

　なお、補足的福利厚生制度の必要性が是認されたとしても、個人からの拠出や給付に対する税制の如何によっては、補足的福利厚生制度の発展をみることはできない。その点では、補足的福利厚生制度と税制との関係が重要である。個人が補足的福利厚生制度を選択する要素の一つは、基礎的な社会保障制度に対する不安という主観的要素であるが、補足的福利厚生制度が魅力的でなければ、個人が加入を選択することにはならない。これを敷衍すれば、個人からの拠出を一種の貯蓄（投資）と捉えた場合、制度加入に当たり個人は消費と貯蓄（投資）との選

---

(150)　P. Giron, *op.cit.*, pp.3-4
(151)　ある種のリスクに対する被保護者の権利の強化を目的とした 1989 年 12 月 31 日の法律第 89-1009 号、いわゆるエヴァン法（loi Evin）は、各種補足的福利厚生を実施するに当たっての共通の規範の定立を目指した立法である。そこでは、実施主体等は異なるものの、補足的福利厚生という点では共通する法的枠組みの存在が暗黙の前提となっていると考える。

択を行うわけで、その際には、税制が個人の意思決定の重要な要素となるということである[152]。

2　補足的福利厚生の分析の枠組み

補足的福利厚生制度を分析の方法や視角は、論者の問題意識、手法等によって異なる。例えば、前述のジロン氏（P. Giron）の論考を参考に構成すると、

① 対象となるリスク（退職、それ以外のリスク）
② 法的な手段（福利厚生機関、共済、民間保険等）
③ 財政手法（賦課方式、積立方式）

といった分類に沿った分析が考えられる[153]。

このうちの「法的手段（②）」は、言い換えれば、何れも保険的方法を採用していることから、対象となるリスクを付保する引受先のことである[154]。現在、フランスで制度上認められているのは、共済、保険会社（相互保険会社、無名保険会社）、福利厚生機関の３類型である（図表３-３-１）。

図表３-３-１　付保先の類型

共　済	相互保険会社	無名保険会社	福利厚生機関
共済法典 (L.111-1)	保険法典 (L.322-26-1)	保険法典 (L.322-1、R.322-5)	社会保障法典 (第９巻第３編 L.931-1)
		商法典 (L.224-1以下)	農村法典 (L.727-2)
非営利私法人	資本金を有しない非商業目的の民事会社	資本金を有する商事会社 （株式会社）	非営利の私法人

（出典）X. Camlong, *Mutualité et prevoyance complémentaire*, L'Argus, 2005, pp.64-65

---

(152)　P. Giron, *op.cit.*, pp.4-6
(153)　*ibid.*, p.15を参考としているが、用語法は修正を加えている。
(154)　モルヴァン氏は、集団的な保険実施のための法的手段（support juridique）という表現で、グループ保険契約、福利厚生機関との契約、共済との契約を挙げている（P. Morvan, *Droit de la protection sociale, op.cit.*, pp.570-573）。

第 2 部　第 3 章　社会保障関連制度の法的性格

付保先の類型毎の検討は後で行うこととし、ここでは、補足的福利厚生制度共通の法的な性格を明らかにするという目的に沿って、概ね次のような順番で分類を行った上で分析を加えていくことにしたい[155]。

① 加入の任意性・集団性の有無による形態
② 加入の契機となる法的手段の違いによる分類
③ 保障を実行する主体の違いによる分類

また、このような分析方法は、1989 年のエヴァン法（loi Evin）以来、補足的福利厚生制度について、制度（régime）とその管理者（gestionnaire）を区分しているフランスの制度を理解する上でも適切といえる[156]。つまり、フランスでは、エヴァン法によって、補足的福利厚生制度の規整に関して、企業等の権利・義務関係の総体としての制度と、企業等との契約により企業が負う福利厚生制度上の義務の加入者への保障を履行する管理者とが明確に区分されることになり、制度に関係する上記①及び②の問題と、管理者に関係する③の問題を分けて考えることが制度の理解につながると考えられる。

以上、結論的に言えば、補足的福利厚生制度においては、
① 保障の創設を可能にする法的な枠組み（例えば、職域単位の制度であれば、労使関係に基礎を置く労働協約・協定、全体投票、使用者の一方的決定）
② 集団的な付保を可能にする法的枠組み（具体的には、共済、福利厚生機関、保険会社との契約）
が制度の法的基礎として必要不可欠であるということになる[157]。

3　補足的福利厚生の形態

福利厚生に係る法律関係成立の契機は、本来、
① 使用者が一方的に創設した制度への個人単位での加入による個別的保障

---

[155] 付保先のうち保険会社に関する検討は、保険法の分野であることから、基本的に本稿の対象としない。

[156] J.-F. Cesaro, «Protection sociale d'entreprise et assurance», *Droit social*, N° 2 février 2006, p.165. 制度と管理者の峻別の帰結として、法律上列挙された福利厚生に関するリスクについては、自家保険が禁止され、限定的な管理者に対する付保のみが認められることになった。また、補足的福利厚生制度に関する法律関係は、企業、受益者、管理者の三当事者の間で展開されることになる。

[157] M. Berra, *op.cit.*, p.71

第3節　福利厚生制度との比較

（garanties individuelles）と
② 労使により創設された制度への企業、職種等の集団単位での加入による集団的保障（garanties collectives）と

に分かれる[158]。このほか、企業委員会が社会的・文化的活動の一環として創設した福利厚生に、被用者が任意に加入するという手法もある[159]。

ところがエヴァン法（loi Évin）においては、被用者が集団的に保障される場合のみを規定しており、個々人の労働契約に基づく個別的保障は意識的に除外されている[160]。また、社会保障法典（L.911-1条以下）でも、集団的保障が規定されるのみで個別的保障は規定されていない[161]。

これに対して、社会保障法典が規定においては、同じく集団的保障を規定しながら、その集団的保障の概念には、次のようにエヴァン法が規定していない退職年金や退職金、さらには傷病から復職後の能力低下に伴う職務上の不適応（inaptitude）も含まれている[162]。しかも、集団的保障として列挙されている給付は、「とりわけ（notamment）」という字句に照らして、限定列挙でないことは明らかである[163]。

「L.911-2条　L.911-1条に言及されている集団的保障は、とりわけ、被用者、元被用者及び被扶養者のために、死亡リスク、人の肉体的完全性を侵害するか、若しくは母性に関係するリスク、労務不能若しくは障害のリスク、不適応のリスク若しくは失業のリスク、又は退職年金、退職若しくは職歴の終了の補償若しくは手当に備えることを目的とする。」

従って、厳密に言えば、社会保障法典とエヴァン法では対象とする給付類型に法文上の差異があり、社会保障法典の方がより広範な給付を射程に置いていることになる。しかし、エヴァン法及び社会保障法典の何れの場合であっても、法による規整からは個人的保障が除外され集団的保障のみが念頭に置かれる点は共通

---

(158)　F. Kessler, *op.cit.*, p.410
(159)　*ibid.*
(160)　M. Berra, *op.cit.*, p.24
(161)　F. Kessler, *op.cit.*, p.410
(162)　M. Berra, *op.cit.*, p.26
(163)　社会保障法典の規定は限定列挙でないことから、その射程に基礎的な社会保障制度の対象外のリスク（例えば、介護）も集団的保障に入りうることが指摘されている（*ibid.*, pp.26-27）。

第 2 部　第 3 章　社会保障関連制度の法的性格

である[164]。

　そこで、このように様々な形態の福利厚生を強制加入・任意加入、個別的加入・集団的加入というメルクマールで区分すると、大きく次の 3 類型に区分されることになる[165]。

① 強制加入による集団的な保障
② 任意加入による集団的な保障
③ 任意加入による個別的な保障

　このうち①の強制加入による集団的な保障の形態としては、次のものがある[166]。

・労働協約・協定等に基づき、一又は複数の職種（幹部職員、事務職、工員等）単位若しくは企業単位で創設される保障（この場合には、その実施のために福利厚生機関を設置するか、又は保険会社と保険契約を締結することが多い。）
・労働協約・協定、全体投票（レファレンダム）による協定案の承認に基づき、複数の中小企業を単位に創設される保障（この場合には、その実施のために保険会社と保険契約を締結することが多い。）

　これに対して②及び③の保障は、何れの場合も一定の集団に属する個人が任意に加入することができる点に特徴があるが、その形態はさらに次の 4 類型に分けられる[167]。

---

[164] 参考までに保険法典をみると、グループ保険（assurance de groupe）に関する総則規定（L.141-1 条）の中では、「グループ保険とは、人の人生の間に発生するリスク、人の肉体的完全性を冒すリスク若しくは母性に関係するリスク、労務不能若しくは障害のリスク又は失業のリスクを保障するために、契約に規定する条件に合致する全ての者が加入することを目的として、法人又は事業主によって申し込まれる契約である。」と規定されている。社会保障法典の規定ぶるに比べると不明確であるが、「人の人生の間に発生するリスク」には死亡、退職年金、退職一時金が含まれ、「人の肉体の完全性を冒すリスク若しくは母性に関係するリスク」とは医療費関係のリスクを意味する（G. Bellocq, *La protection sociale dans l'entreprise*, L'Argus, 2006, pp.35-36）。また、グループ保険は、契約類型としては第三者のためにする契約（民法典第 1121 条）であり、第三者の受益のためには掛金拠出が要件となることが一般的であることから有償契約である（P. Morvan, *Droit de la protection sociale, op.cit.*, p.570）。

[165] Liaisons sociales, *op.cit.*, pp.10-14
[166] *ibid.*, pp.10-11
[167] *ibid.*, pp.11-14

第3節　福利厚生制度との比較

- 労働協約・協定等に基づき、一又は複数の職種単位若しくは企業単位で創設される保障・労働協約・協定、全体投票（レファレンダム）による協定案の承認に基づき、複数の中小企業を単位に創設される保障
- 開放型集団（groupes ouverts）による保障（この場合には、1901年法に基づく社団、労働組合、共済、補足年金制度等が保障機関との間に立って、その会員、被保険者等が加入することができる仕組みを設けることになる。）
- 個人単位の任意加入による個人的な保障

以上のように補足的福利厚生は様々な観点から分類が可能であるとしても、法的側面から重要なのは、法的効果の違いという点では、加入の強制性と任意性の区分である。そこで、詳細は後に触れるとして、ここでは大まかなイメージをつかむため、強制加入か任意加入かの差に起因する各保障の特徴を次に掲げることに止める（図表3-3-2）[168]。

図表3-3-2　**補足的福利厚生保障の方法別の特徴**

	強制加入による集団的保障	任意加入による集団的又は個別的な保障
技術的要素	・保障機関は付保される集団の危険率を評価した上で保障を引き受けるか否かを決定することが可能。 ・保障機関は一旦引き受けた後は集団の全ての対象者に保障を行う義務。	・保障機関は個々の対象者の危険率を評価した上で加入者の選択を行い、加入を拒否することが可能。
社会的要素	・労働法から借用された手法に基づく加入義務：労働協約・協定、レファレンダムにより承認された協定、被用者からの反対の意思表示のない場合の使用者による一方的決定	・集団的な保障と個別的な保障の何れの場合も被用者の加入の自由。
掛金の扱い（所得税）	・一定の範囲で掛金の控除が可能。	・掛金の控除なし。
事業主の掛金の社会保障上の扱い	・一定の範囲で社会保険料の賦課標準からの掛金の控除が可能。	・任意的な保障が真に制度を構築している場合には、一定の範囲で社会保険料の賦課標準からの掛金の控除が可能。 ・補足的な保障のための個々の掛金については、社会保険料の賦課標準からの掛金の控除は不可。

---

(168) *ibid.*, p.14

一点だけ述べれば、ここから読み取れることは、強制加入の集団的保障の場合には、集団内部での連帯が存在しており、掛金に関する税法上の優遇措置が講じられていることである。もちろん、労働協約に基づき任意加入の福利厚生制度を創設することができないわけではないし、エヴァン法や社会保障法典が集団的保障という場合に強制加入のもののみを指すわけではない[169]。しかし、税法まで見渡した場合には、連帯に根差した集団性による強制加入の有無は、法的には重要な要素であると評価できよう。

4　福利厚生成立の契機

福利厚生について、それを規定する社会保障法典 L.911-1 条以下の条文は、集団的労使関係とも言えそうな集団的枠組みを成立の契機とする保障についてのみを規定している。このことからすると、個々の労働者と使用者との間の労働契約（contrat de travail）が福利厚生成立に関与する余地はなさそうである。しかし、実際には、中小企業の事業主が中心となって設けられた福利厚生が典型であるが、労働契約と福利厚生が結びつくことにより、個別の労働契約が福利厚生成立の契機となることがある[170]。従って、福利厚生については、大きく個別の労働契約による場合と集団的枠組みによる場合とを分けて、その成立の機序を検討する必要があることになる。

（1）労働契約による場合

労働契約と福利厚生を結びつける選択肢は、次の3種類である[171]。

① 労働契約による制度の直接的な創設

　労働契約の締結に当たり、企業の負担による福利厚生を被用者のために規定することは有効であり、その場合には当該約定は当事者を拘束する。このため、福利厚生の見直しは労働契約及びその効果の実質的変更をもたらすことになる。

② 事業主による決定

　労働契約の締結より後に事業主の単独の決定により福利厚生が創設される

---

[169]　M. Berra, *op.cit.*, p.25
[170]　P. Giron, *op.cit.*, p.66
[171]　*ibid.*, pp.66-67

ことがある。その結果、福利厚生の申し込みにより被用者に負担が発生するような場合には、労働契約の履行条件の変更として、被用者の同意が必要となる。この点については、エヴァン法（Loi n° 89-1009 du 31 décembre 1989）第11条が、「使用者の単独の決定の結果集団的保障が実施されるより前から企業に雇用されている被用者については、……本人の意思に反して当該制度に拠出を強制してはならない」と規定していることからも、是認される。

③ 慣　習

福利厚生の労働契約への明示的な挿入によることのほか、安定性（stabilité）、公知性（noteriété）及び先行性（antériorité）を条件として、企業による福利厚生の実務慣行も労働契約の要素となる。このような慣行は、上記の事業主による決定と同様の条件により効果が発生する。

この3種類の方法のうち②と③は福利厚生の任意的性格を有することを意味している。このため事業主及び被用者の拠出の税控除が認められない（租税一般法典第83条）ことになり、付加的年金制度のような場合には、制度創設に関して任意性の有無が決定的な意味合いを持つことになる[172]。

なお、何れの場合であっても、福利厚生の適用には被用者個人の同意が必要であることには変わりはない。その点で福利厚生の実施に当たっては、被用者個人の同意の関係で共済及び福利厚生機関への加入の余地はなく、民間保険への加入が唯一可能な選択肢ということになる[173]。

（2）　集団的保障による場合

福利厚生に関する社会保障法典の規定は変遷を重ねてきており、初めにその点について触れる必要があろう。もともと社会保障法典 R.731-8 条で規定されていた集団的保障は、1989年7月10日の法律（loi n° 89-474 du 10 juillet 1989）第7条により、社会保障法典 L.731-8 条において次のように位置づけられることになる。

> 「L.731-8 条　被用者の退職年金又は福利厚生に関する補足制度は、複数職業、職業又は企業を単位とする労働協定によるか、国務院政令によって規定された条件に従って事業主から提案された協定案を当事者の過半数で承認することによって、創設又は変更される。

---

[172]　*ibid.*, p.67
[173]　*ibid.*, pp.67-68

第 2 部　第 3 章　社会保障関連制度の法的性格

当該補足制度は、労働法典第 1 巻第 3 編第 3 章の規定に従って理解され拡大適用されるべき労働協約の規定の対象にもなり得る。」

その後、社会保障法典 L.731-8 条は、同年 12 月 31 日の法律（loi n° 89-1014 du 31 décembre 1989）により同法典 L.731-1 条に改めて規定されることになっ後、1994 年法（loi n° 94-678 du 8 août 1994）により、被用者の補足的社会保護に関する総則の冒頭に次のように規定されることになった。

「L.911-1 条　法律又は規則の規定により創設されない限りにおいて、被用者、元被用者及び被扶養者が社会保障機関に由来する集団的保障を補完するために受給する集団的保障については、労働協約又は協定によるか、事業主から提案された協定案を当事者の過半数で承認するか、事業主から各当事者に渡された書類により確認されるところの事業主からの一方的決定によって規定される。」

この 1994 年の改正の結果、それまでの補足「制度（régime）」に代えて「集団的保障（garanties collectives）」が使用されることになった。この集団的保障という概念をどう理解するかであるが、デューペル氏等は、制度が加入者からの強制的な拠出によって賄われる共通の器（pot commun）から必要な給付を行うという点で、関係者の集団内での連帯に根差した再分配（redistribution）と結びついた概念であり、年金でいえば賦課方式が典型であるのに対して、集団的保障の方は、このような方式に限定されないより広範な類型の保障を包含するより一般的な概念であると述べている[174]。

現在、社会保障法典が規定する集団的保障に限定すれば、福利厚生の成立の契機となる法的媒体（枠組み）は、解釈上、次の 4 類型に区分することが可能である[175]。

① 福利厚生を目的とする労働協定
② 労働協約の中に盛り込まれた福利厚生に関する条項
③ 事業主からの提案による福利厚生に関する協定案の被用者の過半数による承認、すなわち全体投票（référendum、レファレンダム）
④ 使用者による福利厚生の創設に関する一方的決定

これら 4 類型のうち、福利厚生に係る労働協約・協定は労働法上の労働協約・

---

(174)　J.-J. Dupeyroux et al., *op.cit.*, p.1041
(175)　F. Kessler, *op.cit.*, p.410

第3節　福利厚生制度との比較

協定でもあることから、労働法の手続きに則して実施される。これに対して、全体投票及び使用者の一方的決定は、労働法典には基本的に規定のない社会保障法に独自の手法といえる[176]。何れの場合であっても、福利厚生という観点から、次のような共通の手続、受給権保護に関する規則が設けられている[177]。

① 福利厚生の創設は文書によること（CT. L.132-2（現行 L.2231-3 等）、CSS. L.911-1）。

　労働協約・協定の場合には、文書（acte écrit）によらない合意は無効であり、かつ、当該協約・協定が関係者に配布されるか、閲覧に供されることが必要である。全体投票及び使用者の一方的決定の場合には、文書が関係者に交付されることが必要である。

② 福利厚生の適用対象の地理的・人的な範囲を創設文書に明確に規定すること。

　具体的には、適用対象となる職種、地理的範囲、企業、被用者の種別等の情報である。

③ 福利厚生の開始時期及び有効期間を設立文書に規定すること（労働協約・協定について、CT. L.132-10（現行 L.2231-6、L.2261-1）及び L.132-6（現行 L.2222-4）。全体投票について、CSS. L.911-5）。

　福利厚生の開始時期は、当局への届出を要する労働協約・協定の場合には、届出の日又は文書に規定する日である。全体投票及び使用者の一方的決定の場合には、文書に規定する日となる。福利厚生の有効期間については、労働協約及び協定並びに全体投票の場合が有期（全体投票の場合には5年未満）又は無期であることが必要である。これに対して、使用者の一方的決定の場合には、無期であるのが一般的である。

④ 福利厚生の更新、見直し及び破棄について、設立文書の中で規定すること（労働協約及び協定について、CT. L.132-6（現行 L.2222-4）。全体投票については、実施政令が未制定。）

　このうち、労働協約・協定については、更新及び見直しの方法や時期を規定しなければならない。また、有期の労働協約・協定の場合には、当事者全ての合意がなければ、期限より前の破棄は認められないのに対して、無期の労働協約・協定の場合には、予告期間等を規定すれば、破棄が認められる。

---

(176)　*ibid.*, p.415
(177)　*ibid.*, p.412; Liaisons sociales, *op.cit.*, pp.43-44

第 2 部 　第 3 章 　社会保障関連制度の法的性格

⑤ 死亡、労働不能及び障害に関する定期金形態の給付について、設立文書の中で、保障機関の変更の場合の受給権の継続付与を規定すること（CSS. L.912-3）。また、保障機関の変更があった場合の支給途上にある給付のスライド（改定）についても、規定すること（CSS. L.912-3）。

なお、これら 4 種類の類型のうちの何れを選択するかは、労使関係者の選択に委ねられており、選択すべき優先順位はない。また、ある方式から別の方式も、社会保障法典の許容する範囲で可能である。すなわち、前記③及び④から①又は②への変更、あるいは④から③への変更は認められているが、それ以外の変更は禁止されている（CSS. L.911-5）（図表 3 - 3 - 3 ）。

―――― 図表 3 - 3 - 3 　**集団的保障の変更（社会保障法典 L.911-5 第 2 項）** ――――

新制度＼旧制度	労働協約	全体投票	一方的決定
労働協約	可能（C.T. 132-7）	可　能	可　能
全体投票	不　可	可　能	可　能
一方的決定	不　可	不　可	可　能

（出典）　M. Berra, *L'apport de la loi du 8 août 1994 à la mise en place de la protection sociale complémentaire (Étude du Titre I de la loi)*, Faculté de droit et de science politique d'Aix-Marseille, 1997, p.61

福利厚生の法的媒体としての労働協約・協定、全体投票、使用者一方的決定は、共通の原則とともに、それぞれの特徴を有しており、以下その概略を述べることとしたい[178]。

1 ）労働協約・協定による場合

福利厚生に関する条項を含む労働協約の場合も、福利厚生を目的とする労働協定の場合も（CT. L.132-1、現行 L.2221-2）、労働協約・協定に関する労働法典の関連規定（CT. L.131-1、現行 L.2221-1）が適用されると同時に、福利厚生の観点から社会保障法典（L.911-1、L.911-3）上の規制が重畳的に及ぶことになる[179]。こ

---

[178] 　福利厚生に関する 3 類型は、我が国において企業年金制度の創設・変更等の場合に登場する労働協約、従業員過半数代表の同意、就業規則にほぼ対応していると考えられる。

[179] 　フランスの労働協約法制は、1919 年法、1936 年法、1946 年法、1950 年法、1971 年法を経て 1982 年法に至る。労働協約・協定の対象については、1919 年法が「労働条件」に限定していたのに対して、1982 年法により「労働者の雇用及び労働条件並びにその社会的保障（garanties sociales）の総体」とされた（外尾健一『外尾健一著作集 第 6 巻 フラ

第 3 節　福利厚生制度との比較

のため、学説上は、
　① 福利厚生に関する労働協約・協定は、労働法上の労働協約（convention collective）・協定（accord collectif）とは異なる社会保障独自の協約・協定と考える説と、
　② 福利厚生に関する労働協約・協定も、通常の労働法上の労働協約・協定と考える説

とがある(180)。両者の違いは、①が労働法典の関係規定の準用をもって社会保障の独自性の証と捉えるのに対して、②の方は労働法典の関係規定の準用は労働法上の労働協約・協定との同質性の証と捉えている点にある。

　何れの説を採るにせよ、問題は立法的に解決されており、福利厚生の場合であっても労働法典の規定が準用されることに変わりはない(181)。まず、労働協約・協定の交渉については、交渉権を有する労使代表に委ねられており、職業単位、部門単位、企業単位、事業所単位、複数事業所単位等の枠組みにより交渉が行われる（CT. L.2232-1 等）。この場合、労働協約・協定の交渉当事者（CT. L.2232-16）、交渉目的（CT. L.2232-20）をはじめ、交渉条件、労働組合への情報提供、設立文書の当局への提出、企業委員会の意見聴取後の掲示といった手続きは、労働法典の規定が適用される。

　また、労働協約・協定には、被用者への保障内容、事業主の義務、被用者の拠

　　ンス労働協約法の研究』（信山社、2003 年）354 頁）。これにより、法律的には、福利厚生等も含めた広範な事項が労働協約・協定の射程に入ることが明確になった。なお、労働法典（L.2221-2）によれば、労働協約が労働者の雇用及び労働条件並びに社会的保障の全体を規定するものであるのに対して、労働協定はこれらのうちの一部の事項に限って規定するものであると定義されている。労働協定であっても、労働協約と同じ法的効力が付与される点では、両者に違いはない。

(180)　M. Berra, *op.cit.*, p.24（同書によれば、①の説はデューペル氏、②の説はラングロワ氏が代表である。）

(181)　労働協約については、2004 年のフィヨン法により、職業的・土地の階層のうち下位レベルの協約で上位レベルの協約より不利な規定を定めてはならないという有利原則等の見直しが行われている。つまり、一定範囲で下位レベルの協約で上位レベルの協約に抵触する権限を有することが可能となった。ただし、企業協定については、部門協定や職際協定との関係で労働者に不利益を課すことになる抵触協定の締結が禁止されており、その制限対象の一つが社会保障法典 L.912-1 条が規定する企業年金等の補足的集団保障制度である（CT. L.2253-3 条）。このような労働協約・協定制度の全体にみられる協約自治の強化については、野田進「フランスにおける団体交渉制度の改革——2004 年フィヨン法の紹介と検討」法政研究 71 巻（3）368-345 頁（2005 年）を参照。

出も含めた財政方式、制度の管理方法等を規定する必要がある。ただし、労働協約・協定の内容をどの程度詳細に定めるかは、交渉当事者の裁量に委ねられており、それぞれの労働協約・協定によって区々である[182]。このほか、福利厚生の対象リスクが保障機関によって担保されることから、保障機関を設立文書で指定することもあり得る。そこから保障機関の独占という問題が出てくるが、福利厚生の連帯的性格から独占禁止には抵触しないと解されてる[183]。また、保障の実施が保障機関に委ねられることから、協約・協定の効力発生時期は、保障機関との契約の効力発生時期に影響されることになる。

このほか、一般の労働協約・協定と同様に福利厚生の場合にも、その効力の拡張（extension）又は拡大（élargissement）が行い得るかが問題となる[184]。福利厚生が拡張されれば、労働協約・協定の適用対象となっている職業分野及び地理的範囲にある全ての被用者に福利厚生が及ぶことになる。また、福利厚生が拡大されれば、それまで労働協約・協定の適用対象外であった職業分野及び地理的範囲にあった被用者や被扶養者にも福利厚生が及ぶことになる。このような拡張及び拡大は、理論上は、福利厚生の場合であっても可能であるはずであるが、現実には、拡大が行われることはあまりないようである[185]。

拡張及び拡大の手続きに関しては、それが労働協約であれば、一般的な労働協約の手続きに準じた手続きで福利厚生が創設されるのに対して、福利厚生のみを目的とする労働協定の場合には、労働法典ではなく社会保障法典に基づく特別な手続きに服することになっている[186]（図表3-3-4）。

---

(182) P. Morvan, *Droit de la protection sociale, op.cit.*, p.596
(183) F. Kessler, *op.cit.*, p.414; Liaisons sociales, *op.cit.*, p.47
(184) 労働協約・協定について拡張とは、一定の条件の下に、協約・協定に定められた職業的地域的適用範囲に含まれる全ての使用者及び労働者に対し、その効力を及ぼすこととする行政行為であり、拡大とは、既に拡張された協約・協定の効力を、その職業的地域的適用範囲外にある使用者及び労働者にも及ぼすこととする行政行為と定義される（外尾健一『外尾健一著作集第6巻フランス労働協約法の研究』（信山社、2003年）368頁）。フランスにおいては、1936年に拡張制度が導入され、その後1950年の法改正を経るなどして拡張制度は発展してきており、労働組合の組織率が低い中にあって労働協約・協定が重要性を有している理由はこの拡張制度にある（盛誠吾「フランス労働協約拡張制度の展開」『一橋論叢』102巻1号（1989年）1-23頁）。
(185) Liaisons sociales, *op.cit.*, p.53
(186) *ibid.*, p.53; P. Morvan, *Droit de la ptotection sociale, op.cit.*, p.594

第3節　福利厚生制度との比較

―――― 図表3-3-4　**福利厚生に関する労働協約・協定の拡張の仕組み** ――――

福利厚生のみを目的とする労働協定	福利厚生に関する条項を含んだ労働協約
↓	↓
厚生大臣に対する拡張の申請	労働大臣に対する拡張の申請

↓

拡張案に関する意見広告の官報への掲載と労使関係者その他利害関係者からの2週間以内の意見提出

↓

社会保障法典L.911-4に規定する退職年金・福利厚生委員会（COMAREP）の意見聴取	全国団体交渉委員会の協約・協定小委員会の意見聴取
↓	↓
厚生大臣・大蔵大臣による拡張決定	労働大臣による拡張決定

↓

○拡張を拒否できる場合
　・現行の法令の規定に違背する条項
　・協約の経済に変動来さずに削除することができるものの、業種の状況に適合しない条項
○拡張を認容できる場合
　・現行の法令の規定に照らすと不十分な条項

↓

拡張された協約・協定の規定の労働省公報への掲載

（出典）　Liaisons sociales, *La prévoyance complémentaire*, Supplément au N° 12020 du 29 septembre 1995, p.54

2）全体投票（レファレンダム）

　事業主から提案された協定案について当事者の過半数による承認による全体投票方式については、社会保障法典L.911-1条、1989年12月31日法律第89-1009号（エヴァン法）第2条、共済法典L.121-1条において言及されている。しかしながら、全体投票に関する実施政令が未制定であるため、具体的な実施方法は相当程度当事者の自由に委ねられている[187]。その場合であっても、当事者が事理を弁識して意思決定できるよう、事前に最小限の情報が提供されることが必要で

ある[188]。具体的には、全体投票の実施に当たって、企業委員会との協議及び関係者への情報提供のための文書の配布が望ましいとされている[189]。

これをまとめれば、全体投票は、一般的に、
・全体投票の実施日の決定
・当事者への情報提供
・全体投票の実施

の3段階を経ることになる[190]。

このような全体投票による承認を巡っては、その法的性格についての議論がある。通常の労働協定と同様の効果を発生させる行為であるとの説がある一方で、承認によって生ずる労働協定を非典型的な協定と捉えようが、それを協定と見なすことには問題があり、むしろ、被用者による制度への加入に関する同意を伴う一方的決定にすぎないとの説がある[191]。

3）使用者の一方的決定

社会保障法典 L.911-1 条は、個々の当事者への書面の交付を条件として、使用者がその一方的決定により被用者及び退職者並びに被扶養者を対象とする福利厚生を設けることができることを明確に規定している。

この方式の場合、使用者の一方的決定であるだけに、被用者に対する法的効果は労働協約・協定や全体投票に比べ弱いはずである。実際、エヴァン法第11条は、福利厚生の制度創設より前から企業に勤務する被用者は、「自らの意思に反して（contre son gré）」掛金の拠出を強制されることはないと規定している[192]。このため、使用者の一方的決定による場合には、被用者からの掛金の拠出は禁止されていないが制度の複雑化を招くほか、任意の被用者拠出には税制上の優遇措置が適用されないこともあり、実際上は使用者の全額拠出により制度は運営され

---

(187)　F. Kessler, *op.cit.*, pp.415-416
(188)　*ibid.*, pp.415-416
(189)　*ibid.*, p.416
(190)　Liaisons sociales, *op.cit.*, p.54
(191)　F. Kessler, *op.cit.*, p.415
(192)　福利厚生以外の集団的保障の場合にも、被用者の沈黙のみではその労働契約の変更の承諾とは見なされないというのが判例（Cass. soc. du 8 octobre 1987, *Raquin et Tapiez*, n° 84-41902）の態度であり、事業主の一方的決定により集団的保障が強制力を有するのは、掛金の全額を事業主が負担する前提の場合だけであることになる（M. Berra, *op.cit.*, p.54）。

第 3 節　福利厚生制度との比較

ることになる[193]。

　これに対して、使用者との関係では、使用者の一方的意思であるとはいえ、一旦制度が創設された以上は、制度創設後は使用者にとって義務的なものになる。これが何故かが問題となるが、その理由を使用者が保険に加入することにより発生する給付に対する権利が慣習（usage）であることをもって説明するものがある[194]。その拠り所として挙げられているのが、1984年12月18日付グルノーブル控訴院の判決（Cour d'appel de Grenoble, 18 décembre 1984, *SMV c/ CGT et CE*）である[195]。同判決は、「従業員に宛てられた様々な回状により明らかなように、使用者は、その一方的及び自主的な決定として、労働者及びETDA従業員に対して福利厚生に関する契約の恩典を付与し、それまで他の類型の従業員に限られていた掛金を負担するようにするとともに、従前からARCILに加入していた幹部職員の賃金について行っていた天引きも廃止することを伝達したこと」、そして、「この決定は、この保障をもって賃金の要素としようという経営層の意思を表しているものの、従業員は、社会的目的が賃金的性格に引き続き混じり合っているとしても、従業員にかかる負担を負うものではないこと」を挙げた上で、「1977年6月1日から、この規定は労働契約に包摂されることになり、それ故、当該規定は、その性格として自発的であって、使用者の法令上、協約上又は契約上の義務からは独立性を有する社会的事業というものとは相容れない義務的な性格を有することになった」と結論付けている。

　また、費用については、使用者の一方的提案によって創設される制度であるだけに、使用者が全面的に負担するのが原則であるが、被用者が費用の一部を負担することもある。その場合、被用者の負担は、実質的に賃金からの控除であることから、その限りで労働契約の変更を意味する。そして、1989年のエヴァン法11条は、福利厚生の実施に際して、被用者がその意に反して加入を強制されることがないことを規定している。もし、被用者の意に反して福利厚生を一方的に実施しても、当該被用者に対抗できない。しかし、現実には、被用者の費用負担を伴う福利厚生が労働契約の要素をなすために、合意の不成立は被用者にとって解雇の危険が生ずることになり、被用者の保護は十分とは言えないことが指摘さ

---

(193)　M. Berra, *op.cit.*, p.62
(194)　J. Barthelemy, «L'évolution du système de protection sociale complémentaire de l'entreprise», *Droit social*, N° 4 avril 1986, p.307
(195)　*ibid*, p.312

第2部　第3章　社会保障関連制度の法的性格

れている[196]。

これに対して、福利厚生が発足した後に雇用される者の場合には、事業主は福利厚生の適用を強制することができる。このような福利厚生の適用を労働契約の要素をなすと考える説によれば、福利厚生の条件の変更・解除は契約条件の変更に当たり、被用者の不同意はやはり解雇の危険を生ずることになる[197]。

以上の点に加えて、使用者の一方的決定による福利厚生の場合には、福利厚生による義務を保険会社に付保することにより保障するとしても、当該保険会社との契約関係は福利厚生上の義務とは切断されており、使用者の被用者に対する義務に影響をしないことなることが指摘されている[198]。

なお、使用者の一方的決定の場合、そして全体投票の場合には、労働協約・協定の場合と異なり、適用対象範囲は個別企業、個別事業所又は複数の事業所に限定される[199]（図表3-3-5）。

図表3-3-5　**集団的保障の適用範囲**

	労働協約・協定	全体投票	一方的決定
複数の職業間	○		
単一の職業	○		
全国・地方・地域単位	○		
地理的地区区分	○		
零細企業グループ	○		
企業	○	○	○
事業所又は複数の事業所	○	○	○

（出典）　X. Camlong, *Mutualité et prévoyance complémentaire,* L'Argus, 2005, p.105

---

[196]　F. Kessler, *op.cit.*, p.417
[197]　*ibid.*
[198]　J. Barthelemy, *op.cit.*, p.307; M. Berra, *op.cit.*, p.55（逆に言えば、保険法の規制が使用者の一方的決定による保険契約にも及ぶことになる。例えば、第三者を被保険者とする契約死亡保険の場合、その書面による同意が必要であるという保険法典L.132-2条の規定が適用されることになる。これに対して、付保先が福利厚生機関の場合には、社会保障法典L.932-23条は、そのような規定は設けておらず、書面による同意は不要ということになる。）
[199]　X. Camlong, *Mutualité et prévoyance complémentaire,* L'Argus, 2005, pp.104-105

第3節　福利厚生制度との比較

　以上縷々述べた集団的保障の成立の契機は、結局のところ、福祉厚生に関する権利・義務の確定に向けた企業内部の個別の労使交渉・協議やその積み重ねにある。この福利厚生に向けての交渉・協議という点に着目した場合、そこから浮かび上がる特徴としては、次のような点が指摘されている[200]。

① 団体交渉
　　企業の被用者全体に適用される福利厚生という点では、労使間の団体交渉に関する規範が適当である。
② 契約の法定化
　　団体交渉の結果として定まるはずの福利厚生の契約内容に関して、法律が様々な規定を設けている。
③ 交渉の法律への従属
　　契約内容を確定させる交渉自体が法律の規制に服することになっている。
④ 交渉方法の法定化
　　福利厚生を形成する方法が、労働協約・協定、事業主からの提案の承認、事業主の一方的決定という形で法定化されている。

5　集団的保障と労働契約との関係

　労働法典（L.2221-1）は、労働協約・協定が被用者の労働・雇用条件とともに「社会的保障（garanties sociales）」の全体を交渉対象の射程に置くものであることを規定している。この規定を見る限りでも、社会保障法典の「集団的保障」の概念との親近性を感じさせる。そこで、ここでは、労働協約・協定との関係も意識しながら、集団的保障と労働契約との関係を検討することにする。
〈強制的な集団的保障の有効性〉
　集団的保障が労働協約・協定又は全体投票によって創設される場合、被用者は個人の意思にかかわらず集団的保障への加入、さらには掛金の拠出が強制されることになる。その点で、集団的保障は、被用者にとって単に利益的側面のみならず不利益的側面も有する可能性がある。ここから、集団的保障の創設は、労働契約及びその契約内容を構成する賃金に対して侵害的性格を有するのではないかという疑問が生ずる。また、強制的性格の集団的保障と労働契約との関係をどのように考えるかという問題もある。

---

[200]　J.-F. Cesaro, *op.cit.*, pp.166-167.

第 2 部　第 3 章　社会保障関連制度の法的性格

　もちろん、福利厚生について規定した 1946 年 6 月 8 日付政令第 51 条において、既に「加入者の義務及び利益並びに使用者の義務は、使用者と秘密投票によって確認された関係労働者の過半数との間の協定、又は労働協約によって修正することができる」と規定されていたことからすれば、集団的保障について被用者に義務が発生することは想定内ともいえる。しかしながら、伝統的な労働協約・協定観に立つならば、労働協約・協定は、社会的保障に関して被用者のための利益を規定するものであって、賃金の減少につながるような義務を創設するものではないということになる[201]。

　この点に関しては、次の二つの判決が、労働契約との関係でも強制的な集団的保障の有効性について論じている。

① 1976 年 1 月 14 日付破毀院判決（Cass. soc., 14 janvier 1976, *S.A. Philips c/ Dlle Maillard*, n° 73-40764; Dr. soc. 1986, 281）

　本事案は、フィリップス社が、1969 年に、障害及び死亡に関する補足的保障の創設を従業員に諮ることになり、その中で、過半数の同意が得られれば、保障への加入を集団的かつ義務的なものにする一方、会社としても費用の 2/3 を負担すると述べたことに起因する。そして、従業員の過半数は同意したことから、会社として民間会社のグループ保険と契約し、80 ％を超える被用者が加入書類に記入した。しかしながら、マヤール嬢は、それを行わず、自分の賃金から天引きされた掛金を返還するよう請求したというものである。

　これについて、事実審判事は、原告の主張を認めたが、その理由として、

・使用者が述べているように、これは福利厚生機関の創設の問題ではなく、グループ保険への加入の問題であることから、1946 年 6 月 8 日付政令の規定及び 1947 年 3 月 12 日付規則の規定とは関係ないこと、

・また、1938 年 12 月 30 日付政令を修正した 1956 年 1 月 24 日付政令によれば、グループ保険を強制するためには、付保される人員の 75 ％の同意を得る必要があるところ、それを満たしていないこと、

・そして、マヤール嬢の労働契約は加入義務を規定しておらず、それを規定すれば、1956 年 1 月 24 日付政令に反することになること

を挙げて、保険契約証は当事者に対抗することができないとした。

　これに対して、フィリップス社は、控訴院の判決について、

---

[201]　J. Barthelemy, *op.cit.*, p.306

第 3 節　福利厚生制度との比較

・1947 年 3 月 12 日付規則第 2-5 条によれば、福利厚生機関の創設は企業と過半数の関係者の合意という単純な正当事由で認可されることができるところ、判決は、その結論において、当該条項の適用を形式的に排除するものではないないこと、
・他方、1956 年 1 月 24 日付政令により修正された 1938 年 12 月 30 日付政令第 121 条が規定する強制加入という概念は、保険者と契約企業との関係を規律するにとどまるものであり、この企業とその従業員との関係を規律するものではないこと、
・そして、過半数以上で承認された被用者の条件の改善につながる労働条件の変更であれば、それが本質的なものでなければ、使用者の一方的な手続きでなしうる

との理由を挙げて、申し立てを行った。

　これに対して、破毀院は
「しかしながら、事実審判事の認定するところによれば、
　一方では、フィリップス社によって提案された障害・死亡に関する補足的保障制度が、社会保障法典 L.4 条並び 1946 年 6 月 8 日付政令第 46-1378 号第 43 条及び第 44-3 条の意味において、1938 年 6 月 14 日付政令によって規整される民間保険会社の媒介によって直接又は専属的に給付が確保されているところの『あらゆる種類の福利厚生又は社会保障の機関』を形成するとしても、当該機関は、その活動開始前に労働大臣の決定により認可を受けなければならず、
　また、当該認可を得るためには、1947 年 3 月 12 日付規則第 2-5 条に基づき、関係する労働者の過半数による労働協約又は協定によって制度が正当化されなければならず、
　また、フィリップ社は、その従業員の負担となる義務の創設を正当化するための前述の条項を満足することにつながるだけのものを従業員に要求したり得たことが主張されておらず、
　また、他方では、福利厚生機関が合法的に創設されていないために、修正後の 1938 年 12 月 30 日付政令第 121 条 m の規定は、フィリップス社が主張するような形では、同社と被用者との関係には関係していないとしても、同社は、その被用者に対して、自分の意思に反してまで団体保険への拠出を強制することになれば、その純収入を減少させることになり、さらには、本件の場合、会社と保険者との関係に影響ないだけではなく、個人的に加入した企業のその他

第2部　第3章　社会保障関連制度の法的性格

の従業員のための給付にも影響がないことから、そのような拠出を合法的に強制することはできないことになる。」

　以上の理由から、破毀院は、控訴院判決を正当であると認め、上告を棄却した。

② 1984年1月5日付破毀院判決 (Cass. soc., 5 janvier 1984, *Jourdain c/ Sté Penven*, Dr. soc. 1986, 282)

　本事案は、マルク・ジュルダン氏が、自分が拒否したにもかかわらず、使用者であるパンヴァン社が契約してしまった補足的保険を理由に、同氏の賃金からの天引きを償還するよう請求するために、労働審判所に対して、損害賠償を求めて訴えたというものである。

　これに対して、労働審判所が訴えを棄却し、さらにその原判決維持判決が出されたことから、ジュルダン氏は、それに異議を申し立てた。同氏の主張は、福利厚生制度への加入を強制する法令上又は協約上の義務がなければ、いかなる被用者もそれに加入することを強制されることはなく、様々な福利厚生制度から選択する自由は絶対的であるというものであった。

　「しかしながら、事実審判事の認定するところによれば、

　パンヴァン社は、1978年の間に、一方において、その従業員に対して、福利厚生機関の下での補足的保険を提案したところ、当該福利厚生機関の規約は、使用者が負担の一部をもつことで全ての被用者が廉価な掛金で一定のリスクについての付加的な保障を受けられるような形で、全ての被用者が集団的な制度に加入することを想定しており、それは、さらに1946年6月8日付政令第46.1378号の規定も許容するものであるが、他方において、関係する従業員の過半数による有効な同意を取り付けていることから、

　その射程の如何に関わらず、このような形で労働契約の履行条件に加えられた修正は、企業内労働協定に由来するものであり、全ての被用者の利益において定立されるものであり、それ故に各個人に対して強制されるものであると正当に結論づけることができる。」

　以上の理由から、破毀院は、判決は正当であるとして、上告を棄却した。

以上、2件の判決の要点をまとめると、つぎのとおりである。
まず、①の判決では、
・会社からその従業員に対して提案された障害・死亡に関する補足的保障制度

が社会保障法典 L.4 条の意味における「あらゆる種類の福利厚生又は社会保障の機関」に該当し、その給付が民間保険会社によって専ら直接的に確保されているとしても、当該制度について、使用者は関係する労働者の過半数の同意による労働協約・協定を締結した上で、労働大臣の決定による認可を得なければならないこと、

・福利厚生機関が適法に創設されない場合には、使用者は、被用者の意思に反してグループ保険に拠出させ、当該被用者の実際の賃金を減少させてはならず、また、それによって、会社と保険者との関係、さらには個人として加入したその他の企業の従業員の利益となる給付に影響を及ぼしてはならないこと

が判示されている。

これに対して、②の判決では、

・使用者が、福利厚生機関に付保する形での補足的保険をその従業員に提案し、関係する従業員の過半数の有効な同意を取り付けている場合には、提案された保険に加入することを拒否した被用者は、この保険を理由にその賃金について行われた天引きによって起こる労働契約の履行条件の変更が全被用者の利益のために締結された企業内労働協定に由来するものであり、被用者個人に強制されることから、当該変更に異議を唱えることはできないこと

が判示されている。

これから言えることは、過半数の従業員の同意を得て有効に成立した福利厚生制度の場合には、従業員はもはや掛金の拠出義務を免れることはできないのに対して、過半数の同意が得られないか、又は福利厚生制度が有効に成立していない場合には、従業員は使用者から提案された制度への拠出を拒否できるということである[202]。従って、上記2本の判決は結論を異にしているが、破毀院判決の基底にある考え方としては、首尾一貫していることになる[203]。

〈労働協約・協定と労働契約との関係〉

さて、判決は、福利厚生制度のための掛金の賃金からの控除（源泉徴収）の根拠を労働協定に求めたわけであるが、結果的に使用者・被用者間の合意として有効に成立したはずの労働契約が使用者・被用者・福利厚生機関・保険会社との関

---

[202] ②の判決では、従業員代表の過半数の同意が問題となっているが、事案は企業内労働協定（accord d'entreprise）に関わるものであることから、労働組合との間で締結される場合にも妥当すると考えられる（J. Barthelemy, *op.cit.*, p.310）。

[203] P. Giron, *op.cit.*, p.85

係で事後的に変更されることには変わりはない。その点を労働契約との関係で、どのように理解するかが問題となる。

　ジロン氏は、労働契約は、被用者個人の承認なしに一般利益のために変更可能な附合契約（contrat d'adhésion）の性格を帯びると述べて、さらに、私法の観点から、次のような議論を展開する[204]。

- まず、民法典第1134条が「適法に形成された約定（les conventions）は、それをなした者にとって法律に代わるものとなる」と規定していることから、全ての当事者の同意なしには契約の履行条件を変更することができないことが示唆される。つまり、契約の強制力である。
- また、使用者が福利厚生制度を労働契約に盛り込んだとしても、民法第1165条が、約定は契約当事者のみを拘束し、第三者にを害することができないと規定していることから、既に発生している労働契約にまで効力を拡張することはできないはずである。
- 従って、既存の労働契約の効力まで変更ができるとすれば、より上位の規範に根拠を求めるか、新たな法的な枠組みを考えるしかないことになる。
- これに対する回答は、労働法典L.2254-1条の次のような規定によって立法的に与えられている。

　「L.2254-1条　使用者が協約又は協定の規定に服するときには、これらの規定は、より有利な規定がある場合を除き、当該使用者との間で交わされた労働契約に適用される。」

- すなわち、労働協約・協定の規定は、この労働法典の規定により規範的（法規的）性格（caractère réglementaire）を帯びることになり、公序（ordre public）として使用者、そして交渉に参加しなかった被用者も含めた全被用者に適用されることになるのである、と。

　上記指摘のうち最後の点は、労働協約・協定の規範的効力の問題そのものである。古くは、フランスの労働協約の性質を巡っては、契約説と法規説の対立から始まり、1919年の労働協約法により労働協約に契約性と法規性とを複合的に二重に認める所説が受け入れられ、その後の協約法制の発展の理論的基調となってきたことが知られている[205]。現在、フランスにおいては、労働協約・協定に関

　　（204）　*ibid.*, pp.85-87

第3節　福利厚生制度との比較

する限り、純然たる契約理論が適用されるわけではなく、協約の効力という点では法規性を帯びることになる。すなわち、労働協約・協定に関しては、契約の相対性が修正されており、使用者が協約・協定の署名当事者である使用者団体に加盟していれば、もう一方の協約・協定の署名当事者である労働組合の組合員でない非組合員や署名当事者以外の労働組合の組合員に対しても協約・協定の効力が原則として及ぶことになる[206]。従って、福利厚生制度についても、この労働協約・協定の規範的効力により、個々の被用者の労働契約は修正を受けることになるわけである。

さらに、このような労働協約・協定が有する公序としての規範性から、次のような法的効果が労働契約との関係で発生することが指摘されている[207]。ただし、このような規範的効力については、個々の労働契約が協約・協定より有利な場合には、労働契約の内容の方が優越することになっており、その点で規範的効力は条件付きである[208]。

① 即時的効力（effet immédiat）

　これは、労働協約・協定は、その効力発生後、現在及び将来の労働契約に直ちに適用されることを意味する。具体的には、労働協約・協定の従業員への周知を条件として、原則として、当該協約・協定を当局に届け出た後に効力が発生することになる（CT. L.2261-1 条）。

② 強制的効力（effet impératif）

　これは、労働協約・協定が個々の労働契約の内容にも及び、使用者に義務を課す一方、被用者に権利を付与することを意味する。すなわち、被用者を保護する観点から、労働協約・協定があたかも法律と同じように労働契約を支配し、より有利な規定である場合を除き、個々の労働契約は労働協約・協

---

(205)　石崎政一郎『フランスの労働協約法』（勁草書房、1955 年）271-278 頁
(206)　外尾健一『外尾健一著作集第 6 巻フランス労働協約法の研究』（信山社、2003 年）362 頁
(207)　P. Giron, *op.cit.*, pp.87-88; J. Pélissier et al., *Droit du travail*, Dalloz, 2000, p.815; 山崎文夫『フランス労働法論』（総合労働研究所、1997 年）72 頁
(208)　労働協約・協定は個別労働契約に基づく労働条件を変更できないと考えられており、本質的に労働契約の要素とされている事項の変更には労働者の同意が必要であるというのがフランス特有の個別労働条件変更法理であり、有利原則とともに労働者保護の機能を果たすことが指摘されている（桑村裕美子「労働関係法制──ドイツおよびフランスの動向」水町勇一郎・連合総研編『労働法改革』（日本経済新聞出版社、2010 年）96 頁）。

第2部　第3章　社会保障関連制度の法的性格

定の規定から逸脱したり、利益を放棄することができないことになる。
③　自動的効力（effet automatique）
　　これは、労働協約・協定の規定の方が労働契約より有利な場合には、労働協約・協定の規定の方が直ちに適用されることを意味する。この結果、労働協約・協定に反する労働契約の規定は、当然の権利として（ipso jure）、労働協約・協定の規定に置き換えられることになる。

　福利厚生に関する被用者の権利に着目した場合、上記三つの法的効果は、いずれも被用者の権利を高めるだけでなく低める可能性がある。これに関連して検討すべき点としては、例えば、即時的効力が現在及び将来の労働協約・協定のみならず、過去の労働契約にも及ぶかどうかである。即時的効力の含意からすれば、労働協約・協定は将来の労働契約のみならず、既に成立している労働契約にも効力が及ぶと考えるべきことになる。さらに、これを法令の不遡及原則の問題と関連づけ、労働協約・協定の場合には遡及効を有していることから、その署名より前に効力がなくなった労働契約にも適用されるという見解もある[209]。また、強制的効力の関連では、被用者は、雇用契約が継続している限り、労働協約・協定に由来する利益を放棄することができないが、労働協約・協定の破棄又は停止の後も効力が経過的に存続する暫定期間中も同様であるとされる[210]。さらに、自動的効力についていえば、労働協約・協定による労働契約の差し替えは、労働協約・協定の有効期間に限られるのが原則であるが、その間に被用者に発生した既得権は存続するとされる[211]。
　このように公序によって労働協約・協定が労働契約の内容を侵食することが、なぜ可能となるかが問題となる。説明可能性のある理論としては、私法上の概念である「附合（adjonction）」や「組入（incorporation）」が挙げられる[212]。

---

[209]　J. Pélissier et al., *op.cit.*, p.815. 同書は、1980年3月12日の判決（Cass. soc., 13 mars 1980, *Jurisp.* U.I.M.M. 1981, p.47）において、賃金に関する追加協定書が1977年に署名され、1976年4月1日から適用されることになったが、これは、反対の趣旨の規定がない限りにおいて、1976年8月において有効な契約に服する全ての被用者のために締結されたものであり、ある被用者の契約が追加協定書の署名より前に終了したことに関係なく適用されることになる（*ibid.*）と判示されていることを引用している。

[210]　*ibid.*, p.816

[211]　*ibid.*, p.818

[212]　P. Giron, *op.cit.*, p.87

第 3 節　福利厚生制度との比較

　このうち、附合の考え方に立てば、労働協約・協定が労働契約に介入する間は、労働契約の適用範囲は縮減するが、労働協約・協定が消滅した後は、元の労働契約の効力は全面的に復活・回復することになる。つまり、労働協約・協定の公序が労働契約の上に覆い被さるが、それによって労働契約が統合されたり変質するわけではないのである。

　これに対して、組入の場合には、労働協約・協定は労働契約の要素となり、個別の労働契約によって当事者が当初封印した契約内容を補完したり、改善したり、変質させたりすることになる。その点で、労働契約は、契約当初から、被用者の直接の了解なしに法的に変質する可能性を秘めていることになる。

　このうち組入が成立するならば、労働協約・協定が終了した後も、被用者は、労働協約・協定による利益を引き続き主張することができることになる。組入の拠り所としては、使用者と労働協約・協定を署名する者を被用者の代表と捉え、代理（représentation）の仕組みを援用することが考えられる[213]。

　しかしながら、法令、判例、学説の何れもが、このような附合や組入の考え方には立っていない。実際、破毀院の 1999 年 2 月 10 日判決（Cass. soc., 10 février 1999, n° 97-13015）は、「被用者の過半数により承認された方針に基づく提案に由来する補足年金制度は、被用者の集団的規程（statut collectif）であり、被用者の労働契約に組み入れられることはない」と判示しているところである[214]。

　したがって、フランス法に関する限り、労働協約・協定の労働契約への非組入れ原則（principe de non-incorporation）が確立していることになる[215]。これは、そもそも労働協約・協定は締結過程からは契約として成立するが、個々の労働者への効力という点では規範（法規）であるという、労働協約・協定の二重的性格（nature duale）に起因する[216]。つまり、組入についていえば、労働協約・協定は

---

(213)　J. Pélissier et al., *op.cit.*, p.817
(214)　組入が労働協約・協定や全体投票による福利厚生に妥当しないことは判例の承認するところであり、事業主の一方的決定の場合も同様であると考えられるが、これには異説もある（L.-E. Camaji, *op.cit.*, p.308）。例えば、リヨン・カーン氏は、事業主の一方的決定の場合には、既採用の被用者はその決定を拒否することができることから、当該決定は労働契約の変更であること、そして、新規採用の被用者は当該決定への個別的加入であることを理由に、事業主の一方的決定が組入に該当することを主張している（G. Lyon-Caen, *La prévoyance*, Dalloz, 1994, pp.48-49）。
(215)　P. Giron, *op.cit.*, pp.87-88; Pélissier et al., *op.cit.*, p.818; L.-E. Camaji, *op.cit.*, p.304
(216)　L.-E. Camaji, *op.cit.*, p.304

労働契約に組み入れられるものではなく、労働契約の内容になるわけではないということになる（外部規律説）[217]。このため、労働協約・協定の変更があったからといって、労働協約・協定の廃止より前に個別的既得利益が発生しているような場合を別とすれば、労働契約の内容には影響がないことになる。その点では、労働協約・協定が組入に該当しないことは、労働協約・協定の締結は法規定立行為（acte règle）であり、規範的（法規的）性格（nature réglementaire）を有しているということになるわけである[218]。

以上まとめると、労働協約・協定を基礎とする福利厚生においては、その制度の適用を受ける被用者の地位は、労働協約・協定の即時的効果により契約的性格ではなく規範的（法規的）性格を帯びることになるとともに、その効力は個別の労働契約に基づく雇用関係をも支配することになるわけである。

6　福利厚生と企業委員会との関係

企業委員会（comité d'entreprise）は、従業員の利益を企業の経営等に反映させるため、従業員代表及び組合代表を構成員として、事業主が主宰する諮問・決定機関である（CT. L.2323-1 以下）。具体的には、企業委員会は、労働時間編成等の経済的事項に関しては諮問機関として、また、福利厚生施設の運営等の社会的事項について決定機関としての機能を担う[219]。こうした労働法典上の機能に加え、企業委員会には、被用者の雇用条件や、被用者が享受する補足的な集団的保障（CSS. L.911-2）に関する条件について、自ら提案したり、事業主からの諮問に応じるという役割が付与されている[220]。

それでは、この企業委員会と福利厚生との関係は、どのように整理されるのであろうか。まず、企業における福利厚生は、被用者の雇用条件に関わる問題であると同時に補足的な集団的保障でもあることから、その創設に当たっては、企業

---

(217)　荒木尚志・山川隆一・労働政策研究・研修機構編『諸外国の労働契約法制』（労働政策研究・研修機構、2006 年）235 頁
(218)　J. Pélissier et al., *op.cit.*, p.818. なお、労働協約・協定については、契約説、法規説等が存在する。
(219)　桑村裕美子「労働関係法制——ドイツおよびフランスの動向」水町勇一郎・連合総研編『労働法改革』（日本経済新聞出版社、2010 年）96 頁
(220)　1994 年 8 月 8 日の法律により福利厚生ではなく集団的保障と規定されることになり、年金や退職金も含めた集団保障全体が対象に含まれることになった（M. Berra, *op.cit.*, pp.65-66）。

第3節　福利厚生制度との比較

委員会との事前協議が必要になると解されている[221]。実際、エヴァン法第14条は、福利厚生制度の実施に当たり、企業委員会が事前に情報提供及び協議を受けるべきことを規定している。

　さらに、福利厚生制度が創設された後も、企業委員会からの求めがある場合等には、事業主は、毎年、保険機関が作成する経理報告を提出しなければならないことになっている（CT. L.2323-49）。さらに、企業委員会は、主として被用者及びその家族の利益のために企業内に設けられた社会・文化活動を実施・管理・参加することができることになっており（CT. L.2323-83）、福利厚生に関する特別委員会を設置することも可能とされている[222]。このような広範な権能に照らした場合、企業委員会は、単なる事業主の対話相手ではなく、企業内福利厚生の当事者となっているとの指摘もある[223]。

　しかしながら、社会保障法典（L.911-1）は企業委員会を集団的保障の当事者には位置付けておらず、企業委員会が自ら被用者に対して強制力をもつような制度を創設することは認められていないと解されている[224]。その説を裏付けるのが1996年3月27日付破毀院判決（Cass. soc., 27 mars 1996）であり、同判決は、企業委員会が加入を義務付けた共済からの掛金の返還請求に関する事案において、「被用者に対して共済への加入を強制する権限は企業委員会にはない」と判示している。

　この点に関連するが、企業委員会はグループ保険への加入を被用者に強制することはできないとしても、任意の制度を被用者に提供したり、社会・文化活動の範疇に入る限りにおいて、事業主にとって義務的でない制度であれば企業委員会として運営することが可能である考えられる。実際、1993年6月22日付破毀院判決（Cass. soc., 22 juin 1993, n° 91-1768）では、企業委員会が管理する共済に被用者が自らの選択により加入するという制度における事業主掛金が賃金とみなされ社会保険料の賦課対象となったという事案について、裁判所は、法律及び協約上の義務の外において、事業主が共済に任意に加入する被用者のために任意で行う掛金の負担は、その掛金が社会保険料の賦課対象となるかどうかにかかわらず、企業委員会がその管理を要求することができる社会活動に該当すると判示してい

---

(221)　J.-F. Cesaro, *op.cit.*, pp.168-169
(222)　*ibid.*, p.169
(223)　*ibid,*.
(224)　J.-F. Cesaro, *op.cit.*, p.169

る。これに対して、労働協定や全体投票により創設された義務的な福利厚生制度は、企業委員会の権能に入らないことになるが、そのほか事業主の一方的決定による制度も、社会保障法典の規定により使用者にとっては義務的な性格を帯びることから、企業委員会の活動範囲には入らないとの見解がある[225]。

　結論的に言えば、企業委員会が実施できる社会・文化活動とは、使用者にとって法令上も協約上も義務的でなく、従業員全体に差別なく開放されている事業である[226]。要するに、使用者にとっての任意性と対象の全体性が社会・文化活動のメルクマールということになる。そこで、この原則を具体的に当てはめると、例えば、

① 被用者の共済掛金の負担対象が従業員全体でなくなると、当該共済の掛金負担事業は企業委員会の社会・文化活動の対象ではなくなるほか、

② 事業主からの拠出が法令又は協約上の義務であるとすれば、もはや社会・文化活動とは言えなくなり、事業主は付保先の保険機関を選択する自由を獲得する

といった帰結が導かれることになる[227]。

　ところで、福利厚生制度の管理を企業委員会が委ねられた場合には、その責任が問題となるが、この点については、企業委員会の責任が常に発生するわけではないことが指摘されている[228]。つまり、保険機関との関係では企業が契約者となることから、例えば、企業委員会の決定に過失があった場合には、企業が決定自体の責任を負うことはなく、その責任は決定の遂行に関する場合に限定されるとされる。

　以上、福利厚生制度との関係で企業委員会に検討を加えたが、本書で取り上げる労働協約・協定、全体投票、使用者の一方的決定による集団的保障の場合には、一般には使用者の掛金拠出が義務的になっており、その限りにおいては企業委員会の活動範囲を超えることになると考えられる。

7　福利厚生に関する保障機関との契約

労働協約・協定、全体投票（レファレンダム）等を契機として創設される福利

---

[225]　*ibid.*, p.169
[226]　M. Berra, *op.cit.*, pp.66-67
[227]　*ibid.*
[228]　J.-F. Cesaro, *op.cit.*, p.169

第3節　福利厚生制度との比較

厚生制度については、それを事業主が自ら実施すること（自家保険）も理論上はあり得る。しかし、エヴァン法以来、企業が対象リスクを付保するための契約を保障機関との間で締結することによって実施されることが一般的となった[229]。すなわち、

- ・福利厚生は、労働協約・協定、全体投票による協定の承認又は使用者の一方的決定に基礎を置きつつも、
- ・福利厚生に関して使用者が被用者に対して負う責任は、掛金の拠出を前提にして、保障機関によって担保される

という2段階構造で実施されることになる[230]。

ここでいう保障機関としては、エヴァン法（第1条）によれば、
① 保険法典に規定される企業
② 社会保障法典第7巻第2編第2章を根拠とする機関
③ 農村法典第7巻第2編第2章第4節を根拠とする機関
④ 共済法典を根拠とする共済

のみが許容されている。なお、このうち①の企業とは保険会社であり、このエヴァン法により明確に福利厚生の引受手としての地位が確認された。また、②及び③の機関とは福利厚生機関（institutions de prévoyance）である。

これは、使用者（企業）が、掛金の拠出を条件として、福利厚生のための財政的なリスクを企業の資産から保障機関の資産に移転すること、即ち、福利厚生に関する使用者の責任が、実際には保障機関によって担保されることを意味する[231]。

---

[229] Liaisons sociales, *op.cit.*, p.16, p.46（福利厚生を実施するためには、保障の主体としての保障機関が不可欠である。そのためには、
- ・労使が自ら保障機関を創設し、そこに福利厚生を担わせる方法
- ・労使が外部の保障機関を指定し、労働協約・協定の対象企業が一律に当該保障機関と契約する方法
- ・労使が保障機関の選択を労働協約・協定の当事者である個別企業に委ねる方法

がある。このうち、企業単位で保障機関を選択する場合には、さらに
- ・企業単位の労働協約・協定又はレファレンダムによって、保障機関を自ら創設する方法
- ・企業単位の労働協約・協定又はレファレンダムによって、外部の保障機関を選択する方法
- ・使用者のみで保障機関を選択する方法

がある。）

[230] *ibid.*, p.16
[231] F. Kessler, *op.cit.*, p.428

第2部　第3章　社会保障関連制度の法的性格

　この場合、使用者は掛金の拠出義務を負う一方、保障機関の方も、使用者との契約に基づき、受託者として給付に関する責任を負うことになる。そして、福利厚生に起因する企業の社会的負債（passif social）は、保障機関により適切に福利厚生が管理運営されている限り、企業の会計上顕在化しない。しかしながら、保障機関によって保障される給付が労使間で約束された給付水準に及ばない場合には、受託者としての保障機関には責任はないことから、その差については、使用者が負担しなければならないことになる[232]。

　このような福利厚生の構造を図示すると、次のようになる（図表3-3-6）。

図表3-3-6　福利厚生の構造

企業による補足的な社会給付
被用者の全部又は一部に対して、保障として決定された給付を支給すべき使用者の責任

⇩

保障機関
約束された給付を使用者に代わって支給すべき義務
技術的準備金の負債とそれに対応する資産の計上

⇩　　　　　　　　　⇩

企業の債務と保障機関の債務とが均衡する場合	保障機関の債務が企業の債務より少ないか、準備金が不足する場合
⇩	⇩
企業にとって社会的負債なし	企業にとって社会的債務あり

（出典）　Liaisons sociales, *La prévoyance complémentaire*, Supplément au N° 12020 du 29 septembre 1995, p.16

　ところで、このような使用者と保障機関、さらには被用者との間に発生する法律関係は、どのように捉えられるのであろうか。伝統的な考え方としては、次のとおり、この三当事者関係を「第三者のためにする契約（stipulation pour autrui）」と捉えるものがある[233]。すなわち、民法典1121条が「それが本人のためにする約定の条件又は本人が他人になす贈与の条件であるときは、第三者の利益のた

---

(232)　Liaisons sociales, *op.cit.*, pp.16-17
(233)　X. Camlong, *op.cit.*, p.118; P. Giron, *op.cit.*, pp.78-79

めにも約定することができる。この約定を交わした者は、第三者が受益の意思を表明した場合には、約定を撤回することができない。」と規定していることから、これに基づき、第三者に債務を負担する諾約者（promettant）が保障機関、諾約者に債務を負担させる要約者（stipulant）が使用者又は企業、諾約者から給付を受ける第三者としての受益者（tier bénéficiaire）が被用者であると捉えることになる。その結果、元々は保障機関との間で契約当事者でない被用者が保障機関に対して直接給付を請求する権利を取得することになる。言い換えれば、使用者等と保障機関との間で締結された契約の効果が、第三者のためにする契約という法律構成により、第三者である被用者にも及ぶことになるわけである。その効果を整理すると、

- 約定を引き受けた受益者に対しては、保障を撤回することはできず、また、その同意なく保障を変更することもできなくなり、
- 受益者は保障機関に対して直接給付の支払いを求めることができるようになる、

ということになる（図表3-3-7）。

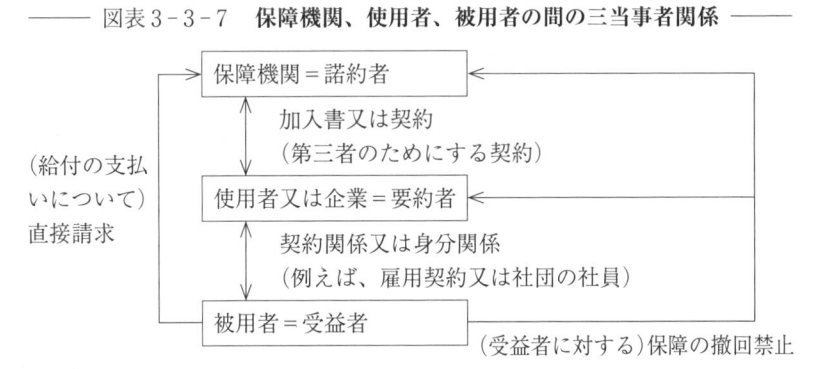

―――― 図表3-3-7　**保障機関、使用者、被用者の間の三当事者関係** ――――

```
                  ┌─────────────────┐
          ┌──────→│  保障機関＝諾約者  │←──────┐
          │       └─────────────────┘        │
          │            ↕ 加入書又は契約          │
          │           （第三者のためにする契約）    │
(給付の支払 │       ┌─────────────────┐        │
 いについて) │       │ 使用者又は企業＝要約者 │        │
  直接請求  │       └─────────────────┘        │
          │            ↕ 契約関係又は身分関係      │
          │           （例えば、雇用契約又は社団の社員）│
          │       ┌─────────────────┐        │
          └──────│   被用者＝受益者   │        │
                  └─────────────────┘        │
                    （受益者に対する）保障の撤回禁止
```

（資料）　X. Camlong, *Mutualité et prévoyance complémentaire*, L'Argus, 2005, p.119 を参考に作成

　この第三者のためにする契約という法律構成については、保険法典はそれを前提としつつも、受益者の権利に対しては、一定の制限を設けている。すなわち、保険法典 L.112-1 条では、「保険者が加入者に対して対抗することができる例外については、それが如何なるものであっても、契約の受益者にも対抗することができる。」と規定されている。さらに、これを補完する形で、同法典 L.112-6 条

では、「保険者は、保険契約証券の所持者又はそれによって受益を主張する第三者に対して、元の加入者に対抗することができる例外を対抗することができる。」と規定されている。これら規定により、受益者は保険者に対して直接権利を行使できる一方、その権利は、保険者が加入者に対抗することができる例外事項について、加入者と同じ義務が伴うことになる[234]。

しかしながら、このような保険法的な説明は、被用者の保障への参加が任意である場合には、不自然なものとなる。つまり、使用者と保障機関とが契約を締結した時点では、被用者が保障へ参加していない場合には、被用者は保障を享受するために自ら受益の意思を表明する必要があることになってしまう。その点では、第三者のためにする契約というよりも、掛金、給付等の一般的条件を規定する枠組契約に被用者が署名することにより加入するという団体契約の考え方に拠った方がいいという指摘もある[235]。

このほか、被用者と使用者又は企業との関係について、裁判所が両者の間に黙示の委任（mandat tacite）の存在を認める場合もあることが指摘されている[236]。

8　事業主等による情報提供義務

事業主自身が保障機関から情報提供を受けることに関しては、共済法典に該当する規定のない共済の場合を別として、福利厚生機関に関する社会保障法典（CSS. R.931-1）及び保険会社に関する保険法典（CA.(保険法典) L.112-2）が関係規定を設けている。

福利厚生の透明性確保の観点からは、これに止まらず関係の被用者及び企業委員会にも情報が提供されるべきである。このため、共済法典（R.325-1、R.325-6）、社会保障法典（L.932-6）及び保険法典（L.140-4）の何れの場合も、事業主（契約締結者）に対して、被用者への情報提供義務を課している。さらに、判例により、契約の引受手にも、適切なアドバイスをすべき義務が課せられている[237]。また、仮に使用者が情報提供義務に違反し、被用者が給付を喪失した場合には、その損害を使用者が負担すべきとするのが判例であり、その情報提供の証明責任は使用

---

(234)　P. Giron, *op.cit.*, p.79
(235)　X. Camlong, *op.cit.*, p.118
(236)　S. Silland et D. Bucheton, «La prévoyance collective des salariés : les incertitudes du droit», *in Droit social*, N° 4 avril 1986, p.319
(237)　F. Kessler, *op.cit.*, p.429

第3節　福利厚生制度との比較

者にある。
　このように補足的福利厚生を巡る三当事者関係から、様々な義務が発生するが、ここでは、保険契約を例に整理すると次のとおりとなる[238]。

① 保険者から契約者に交付される説明書類
　　保険者は、契約に先だって、契約者である企業等に対して所定の内容・様式に従って作成された説明文書を交付しなければならない（CA. L.112-3）。
② 被保険者に関する情報
　　契約者である企業等は、制度の加入者である被用者に対して、当該被用者が取得することになる権利を示した情報提供文書を交付しなければならない。つまり、被用者は、契約に関する自らの権利・義務を知る権利を有しており、この情報提供文書を通じて、事業主は契約内容を正確に被用者に知らせる義務を負うことになる。さらに、情報提供に関する事業主の義務は、制度創設時に止まらず、給付の引下げも含め、契約の変更の場合にも及ぶことになる。
③ 保険者による情報に関する原則
　　保険者は、情報提供義務を負うとともに、情報提供を求めることが可能である。如何なる法令も、契約者である企業等に情報を求めることを禁止していない。また、情報に関する一般的義務及び信義誠実の原則に基づき、保険者からの求めがあれば、企業等は保有する情報を提供すべきである。仮に情報提供義務に違反した場合には、錯誤又は故意による不実の告知による詐欺に起因する責任として、問題を処理するべきである。ただし、契約の無効は、被用者に不利益を及ぼすことになることから、制限的に考えるべきである。
　　情報提供義務は、被用者にも及ぶ。すなわち、被用者が保険リスクの発生原因であり、情報の唯一の保有者である場合があることから、主要な情報提供義務は被用者にかかることになる。したがって、被用者は、保険者に対する告知書に答える義務を負うことになる。
　　仮に情報提供義務に故意に違反し、保険リスクに関する評価を誤らせた場合には、契約は無効となる。かつ、その場合には、保険者は既に支払われた保険料を返還する義務はなく、未払いの保険料も請求することができる。契約を無効とするためには、被保険者の悪意を立証する必要があるが、それが不可能な場合であっても、掛金の引上げ又は契約の解除で対応することは可

---

[238]　J.-F. Cesaro, *op.cit.*, pp.170-172

能である。また、保険事故が発生した後に、不実の告知が発覚した場合には、保険金額を引き下げることが可能である。

④ グループ保険の保険者による情報

　グループ保険の場合には、個人の不実告知の結果として、契約全体が無効になるのではなく、当該個人の加入が無効となると考えるべきである。この点で問題となるのは、エヴァン法第２条が契約より前の傷病の後遺症についても保障を義務付けていることとの関係である。解釈によっては、被用者の不実告知があったとしても、保険事故に対する保障義務を免れないという解決方法も考えられる。しかし、同条の解釈としては、被用者の過去の傷病等のリスクによって付保を謝絶すること（リスクの選択）は禁止しているものの、集団全体のリスクに応じて掛金を設定したり、企業等との契約自体を謝絶することは可能と考えるべきである。また、被用者個人の不実告知については、リスクに関して保険者の契約上の判断を歪めることになることから、保険契約一般の原則が適用されるべきである[239]。さらに、契約後も、被用者は保険リスクに関係する新たな事実が発生した場合には、申告する義務を負うべきである[240]。

⑤ 契約締結時の残余的な規整の影響

　契約時には保険に関する規整とともに、状況に応じて、一般法も含め、その他の契約に関する規整が及ぶことになる。例えば、事業主が義務的なグループ保険に加入する場合には、関係する被用者全体を対象としなければならない[241]。

---

[239] 2005年4月7日付破毀院判決（Cass. 2ème civ., 7 avril 2005, n° 03-19972）は、被用者の過去の休業に関する不実告知を理由とする保険金不払いに関する案件であったが、原審が保険会社に対して保険金の支払いを命じたのに対して、保険会社から上告がなされたが、破毀院は、保険会社が不実告知によるリスクの過小評価が如何なる点で生じているか証明されていないとして、訴えを退けた。これは、契約が1998年であったのに対して、休業が1993年という過去の事実であったことから、裁判所が公正（equité）の観点から下した判断であることが指摘されている（J.-F. Cesaro, *op.cit.*, p.171）。

[240] 2004年1月22日付破毀院判決（Cass. 2ème civ., 22 janvier 2004, n° 02-20532）は、告知時には判明していなかったエイズ感染の事実が契約時までに判明した場合には、被用者は保険者に対して感染の事実を告知する義務を負うとの判断を示している。

[241] 1994年11月8日付破毀院判決（Cass. soc., 8 novembre 1994, n° 93-11239）は、事業主がある被用者についてグループ保険（死亡保険）への加入を怠った場合には、労働契約上の事業主の義務として、損害賠償の形で逸失した保険（死亡一時金）相当の支払い請求

第 3 節　福利厚生制度との比較

　その他の情報提供義務としては、労働法典上の義務がある。労働法典（L.2323-27）によれば、企業内のあらゆる集団的保障の実施について、被用者の代表への事前の情報提供及び協議が義務付けられている。また、事業主は、企業委員会等が要求する場合には、毎年、集団的保障機関が提供する契約等に係る会計報告を提出することが義務付けられている（CT. L.2323-49）。さらに、企業委員会は、自らの発意で又は使用者からの求めに応じて、福利厚生に関する条件の改善に関する提案について検討する権限を有している（CT. L.2323-1 等）。
　このほか、福利厚生が単一の保障機関によって長期間実施されることは、福利厚生の独占による私物化（既得権化）を招くことから、少なくとも 5 年に 1 回は保障機関の見直しを義務付けている（CSS. L.912-2 等）。これは、毎年の会計報告等のチェックとは趣旨目的を異にするものであり、福利厚生の実施状況、実績等を勘案して保障機関の変更を検討することに主眼がある[242]。

9　福利厚生における権利の保護

　強制加入による制度の場合には、社会経済の変動がなく一定の加入者が継続的に確保されるならば、賦課方式により積立金を保有せずとも、時々の加入者からの掛金で必要な財源が調達されることで制度の存続が可能となる。これに対して、任意加入の場合には、加入及び脱退の自由が制度の前提であるため、加入者数の安定性はア・プリオリに想定し得ない。このため、必要な財源を積立方式で確保するのでなければ、加入者の受給権は保護されないことになるであろう。
　また、福利厚生が純粋に私法的な規律に委ねられる場合には、高リスク者の謝絶（排除）という選択の問題が発生する。この結果、民間保険のように既往症等を理由にリスクの高い者が福利厚生から排除されることになれば、法定の基礎的制度ではないとはいえ、社会保障に対する補足的性格を有する福利厚生にとっては、望ましいことではない。
　さらには、企業の合併、倒産等があった場合、被用者が退職した場合又は保障機関を変更した場合に、被用者の受給権がどのようになるのかという問題もある。例えば、労働法典 L.1224-1 条は、企業の合併、譲渡等により事業主が変わった場合にも、新事業主と労働者との間には従来の労働契約の効力が継続することを

を認めた。

[242]　Liaisons sociales, *op.cit.*, pp.47-48

第2部　第3章　社会保障関連制度の法的性格

規定しているものの、これは第三者に対しては対抗力を有しない。従って、元の事業主が保障機関との間で締結していた福利厚生に関する契約は自動的に新しい事業主に承継されるわけではなく、新しい事業主の下での福利厚生の保障機関（第三者）に対して元の福利厚生から発生する効果を主張することはできないことになる[243]。もちろん、このような場合には、裁判を通じて新事業主の責任を個別に追求する途がないわけではない。つまり、新事業主が福利厚生に関する契約を引き継がない場合に、新事業主が元々の福利厚生に関する契約上の義務を尊重しないことが過失による懈怠を構成し、不法行為による損害賠償責任を発生させるといった判決（Cass. soc., 4 février 1997, n° 95-41468; Cass. soc., 19 janvier 1999, n° 96-44688, 97-43785）が破毀院によって出されている[244]。

このほか、受給権の保護が及ぶ対象者の問題もある。被用者本人の受給権の問題もあるが、その被用者が失業や退職した場合、あるいは被用者が死亡後に遺族が残される場合に、それぞれの受給権はどうなるのかという問題ある。仮に、何らの保護規定もなければ、失業、退職、死亡という事態の発生によって、突然保護が及ばなくなってしまう。

こうした様々な受給権保護の問題については、福利厚生成立の契機が労働協約・協定であれば、労働協約・協定に関する契約法的な原理により対応できるようにも思われる。しかし、労働協約・協定の中では、受給権の保護は触れられたとしても、その規程振りが簡潔すぎて、必ずしも問題の解決にならないのが一般的である[245]。また、福利厚生の対象リスクが保険会社との間で第三者のための契約である保険（グループ保険）として付保されている場合には、被保険者の事前同意が要求される（CA. L.132-2）としても、保険の契約内容自体は契約者（使用者）が決めることになるため、被保険者の利益が常に尊重される保障はない[246]。

このように当事者の自治や訴訟を通じた個別的解決に委ねるだけでは受給権の保護が十分とは言えず、しかも、多様な形態の福利厚生の枠組みが存在する中で、受給権保護に関する共通ルールの必要性に応える形で制定されたのが、1989年のエヴァン法であった。同法の第1章が正にそのための規定であり、章名である

---

[243]　P. Morvan, *Droit de la protection sociale*, *op.cit.*, p.582
[244]　*ibid.*
[245]　P. Laigre, «La loi prévoyance», Droit social, N° 4 avril 1990, p.371
[246]　*ibid.*, p.371

第3節　福利厚生制度との比較

「保険法典に規定される企業、社会保障法典第9編第3章及び農事法典第7編第2章第2節第4款に盛り込まれた相互保障機関並びに共済法典に盛り込まれた共済によって実施される事業の共通の規定」が法律の性格を端的に表象している。

そこで、ここでは、1990年1月2日から施行されたエヴァン法に主として着目しながら、加入者の権利の保護の観点から、私法的な契約法上の原理がどのように修正されるのかについて検討を加える。

（1）受給権の保護

① 契約の解約の場合の支給途上にある給付水準の維持

エヴァン法が施行されるまでは、保障機関の変更、企業の倒産等により、保障機関との契約が解約された場合には、

・支給途上にある定期金による給付（年金等）の完全かつ全面的な停止
・支給開始時の水準（過去のスライドがない状態の水準）での給付の継続
・解約時の水準での給付の継続

の何れかの措置がとられてきた[247]。

これに対して、エヴァン法は既裁定給付維持の原則を打ち立てた[248]。それが同法第7条の規定であり、次のように規定することで、契約の解約時点で達成していた水準でもって契約が本来予定していた期限まで給付が継続されることが保障されることになった。

「7　被保険者又は加入者が人の肉体的完全性を侵すこと及び母性に関係するリスク、死亡のリスク、又は不能若しくは障害のリスクに対して集団的に保障を受ける場合には、契約又は協約の解除又は更新拒絶は、その履行期間中に取得又は発生した受給権であって、その給付が即時的又は繰延的であるものの支給に影響を及ぼさない。あらゆる性格の給付の支給は、契約又は協約に見直し規定がある場合を別として、解除又は更新拒絶より前に義務又は支払が生じた直近の給付の水準と同じ水準で継続される。このような見直しは、解除又は更新拒絶のみを理由として設けられてはならない。

　約定は、申し込みを受けた全ての契約又は協約について、同等の資産によって表象される準備金により常に担保されなければならない。」

---

(247)　Liaisons sociales, *op.cit.*, p.30
(248)　L.-E. Camaji, *op.cit.*, p.332

第2部　第3章　社会保障関連制度の法的性格

この契約終了後の権利保護に関する第7条の要点は、次の2点である。

ア　契約が解約等により終了した場合であっても、契約の履行期間に直接由来するか繰り延べられてきた給付、又は当該期間に既得権化若しくは発生した給付には影響しないこと[249]。なお、この規定は、グループ保険契約の有効期間内に発生した保険事故は、それより後に行われた解約によっても影響を受けないという民法典第1134条やその関連の判例の考え方を反映したもの

---

[249]　このように給付が維持されるためには、リスクが契約期間に発生することが必要であり、傷病が契約終了後に発生しても保障機関からの給付はなされないとされる（J.-F. Cesaro, *op.cit.*, p.174）。この点について、破毀院の2004年10月21日判決（Cass. 2ème civ., 21 octobre 2004）では、死亡・障害一時金（重度障害の場合には、一時金が2倍）に関する保険契約に加入していた被用者が事故による重度障害を理由に2倍額の障害一時金を請求したのに対して、保険会社は当該事故は過去の病的状態を悪化させたとしても決定的な障害の要因ではなく、障害が固定したのは契約終了後であるとして一時金の支給を謝絶したことについて、裁判所は、障害一時金の保障対象となっているリスクは過去の疾病又は事故の時点ではなく障害の固定の時点で発生したものであり、この時点では被用者は既に退職しているために契約の対象となっておらず保障の対象とはならず、また、保険契約解約時に給付に関する権利は獲得されていないことからエヴァン法第7条にも反しないと判示した。これに対して、破毀院の2002年10月2日判決（Cass. 1ère civ., 2 octobre 2002）では、集団的福利厚生に加入する職業運転手が業務災害のため一時的休業の間は休業補償を受けていたが、その後に運転不適格と判断され免許証を取り上げられたことから補償一時金を請求したが、その時点では既に契約が解約されていたため支払いが謝絶された事案について、裁判所は、当該補償一時金は契約が有効であった間に支給された休業補償に代替するものであり、繰延的給付（prestation diférée）であると判示した。したがって、契約解除後に発生した運転免許証取上げに伴う補償一時金の支払い義務の問題である本事案の場合には、裁判所は、免許証と取上げの原因となった事故が契約期間中に発生し、その結果一時的休業に対する休業補償が支給されたことに着目して、補償一時金の支給を認めている。このような裁判所の判断については、①契約破棄より以前に原因となる事故が発生していることと、②契約の条項の中に原因となる事故と請求された給付とを結びつける可能性を見出すことができることが要件となっていることが指摘されている（J.-F. Cesaro, *op.cit.*, p.174）。同様の問題は、死亡を理由とする遺族給付にも発生する。つまり、加入者が長期にわたる傷病の後に死亡した場合であって、その死亡が保険契約解除後であったとしたならば、果たして遺族給付が保障機関からなされるかが問題となる。この点に関して、破毀院の判決（Cass. 1ère civ., 22 mai 2001）は給付に否定的であったが、2001年7月17日のエヴァン法の改正により、契約の破棄又は更新停止があった場合にも、障害や労働不能が契約期間内であるならば、当該障害や労働不能に起因する死亡に関する給付は保障されるべきことが規定された（同法第7-1条）。さらに、社会保障法典L.912-3条の規定により、保障機関の変更があった場合にも、死亡給付に関する権利保護が確保されるよう労働協約、事業主の一方的決定等に規定すべきことが義務付けられており、当該権利保護は事業主にも対抗し得ることになっている（L.-E. Camaji, *op.cit.*, p.333）。

第 3 節　福利厚生制度との比較

であることが指摘されている[250]。

　イ　継続後の掛金の水準については、契約上の掛金の改定を別として、契約終了直前の給付と同等の水準の給付に見合った掛金とされていること[251]。

　従って、契約が解約等で終了した場合であっても、エヴァン法第 7 条により契約終了時の給付水準の維持が義務付けられ、給付水準の引下げや給付の打切りは許されなくなった（図表 3 - 3 - 8 ）。このようなエヴァン法の規整の考え方は、次のように、その後の破毀院の判決の中にも反映されている[252]。

　ア　例えば、1995 年 6 月 13 日付破毀院判決（Cass. 1ère civ., 13 juin 1995, n° 92-15595; Bull. civ. I, n° 254）では、障害のために退職し年金を受給していた元被用者がグループ保険の制度変更による満了に伴い年金の支給が打ち切られた事案について、裁判所は、制度が積立方式ではなく毎年更新の賦課方式であっても、民法第 1134 条が規定するように「グループ保険契約書の有効期間内に発生した事故に関係する給付は、その後の当該契約書の解約によって影響を受けることはない」と判示している。

　イ　同様に、2001 年 1 月 30 日付破毀院判決（Cass. 1ère civ., 30 janvier 2001, n° 98-17936 ; Bull. civ. I, n° 16）では、事故による麻痺のために休業の後退職した元被用者が休業中はグループ保険から休業補償を受けていたものの、退職時には保険契約が解約されていたため障害補償の請求が認められなかった事案について、裁判所は、「グループ保険契約書の有効期間内に発生した事故に関係する給付は、その後の当該保険契約書の解約によって影響を受けることはない」と判示するとともに、当該障害が契約の履行期間中に発生し、障害補償給付に対する権利も契約の支配が及ぶ中で形成されたことも理由として挙

---

[250]　P. Morvan, *Droit de la protection sociale, op.cit.*, p.576
[251]　この既得権等の存続の権利は、一定の被用者に対して掛金の減免が認められていたとしても、新たな契約によって減免の扱いを変更することは可能とされる（J.-F. Cesaro, *op.cit.*, p.174）。この点について、破毀院の 1999 年 6 月 29 日判決（Cass. 1ère civ., 29 juin 1999）は、グループ保険から労務不能に伴う補足的給付を受けるとともに、その間の掛金が免除されていたところ、制度変更に伴い掛金免除が廃止されたことから、免除廃止後に払うことになった掛金の返還を求めた事案について、裁判所は、新たな掛金の仕組みは事業主の一方的決定ではなく適法な団体交渉を経て決定されたものであり、エヴァン法第 7 条も掛金の支払い及び免除に関する規定ではないことから適用されないと判示した。
[252]　J.-F. Cesaro, *op.cit.*, p.174; L.-E. Camaji, *op.cit.*, p.332

第2部　第3章　社会保障関連制度の法的性格

図表3-3-8　**解約時の給付水準の保障**

［エヴァン法が禁止する対応］

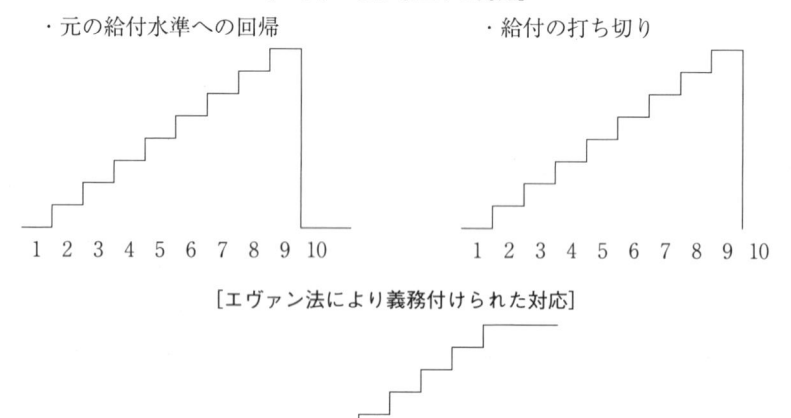

・元の給付水準への回帰

・給付の打ち切り

［エヴァン法により義務付けられた対応］

（出典）　Liaisons sociales, *La prévoyance complémentaire*, Supplément au N° 12020 du 29 septembre 1995, p.31

げている。
ウ　このほか類似の判決としては、2001年12月19日付破毀院判決（Cass. soc., 19 décembre 2001, n° 99-41089）がある。同判決では、集団的福利厚生に加入した企業の幹部職員が長期の傷病治療を経て障害が固定したことから給付を受けていたところ、当該企業が契約を解除したことから、保険会社が給付を停止したことに対して、裁判所は、「集団的福利厚生に関するグループ保険の有効期間内に生じた事故の発生に関連した給付は、この保険契約書の事後的な解除によって影響を受けることはない」と判示している。
エ　さらに、2003年3月18日付破毀院判決（Cass. soc., 18 mars 2003, n° 01-41669）では、グループ保険等に加入していた被用者が労災及びその後の疾病のために休業の後に解雇され、補足的給付を請求した事案について、裁判所は、「グループ保険契約書の有効期間内に発生した事故に関係する給付は、その後の当該契約書の解約によって影響を受けることはない」と判示すると

第 3 節　福利厚生制度との比較

ともに、保険契約上、契約の適用対象被用者でなくなった日から保障が停止するほか、給付から 3 年後又は労働契約の破棄をもって保障が強制的に終了することが規定されていたとしても、保険事故の発生が保険契約の解約より前である場合には、当該保険契約上の規定を理由に被用者に対抗することはできないとの判示している。

　上記 4 本の判例を通じて確認できるのは、破毀院も、年金、障害給付等に関する限り、エヴァン法の権利保護の考え方と軌を一にする態度をとっていることである。ただし、エヴァン法については、次のとおり 2 点ばかり留意すべき点がある。

　その第 1 は、エヴァン法第 7 条の受給権の保護規定は経過措置の対象になっておらず（第 29 条）、また、強行規定（disposition d'ordre public）でもある（第 10 条）ことから、法の施行の前後を問わず全ての福利厚生に関する協約又は契約に一律に適用されることである[253]。その場合、契約又は協約の解除又は更新拒絶後においても、同水準で継続的に給付を行うためには、第 7 条が規定するように、保障機関は積極財産に裏付けられた準備金を保有しいることが必要である。換言すれば、保障機関は受給権保護のためのソルベンシー・マージン（marge de solvabilité）を保持すべきことが義務付けられていることになる。仮に賦課方式による運営がされていたとすれば、積立方式への転換が迫られることになる[254]。また、解約時に準備金の積立不足がある場合には、契約者である使用者は、保障機関に対して解約補償金（indemnité de résiliation）の形で不足分を補填することも必要となる（第 29 条）。しかしながら、使用者が解約の事態に追い込まれるのは、一般的には企業のリストラや倒産であることから、はたして解約補償金を実際に払い得るかは疑問なしとはしないことが指摘されている[255]。

　第 2 に、準備金の確保については、保険会社、共済、福利厚生機関を通じて、既に各法典が財政的健全性確保のための規定を設けていた（CA. R.331-1、CSS. R.931-10-1 以下、CM.（共済法典）R.322-1 以下）ことから、エヴァン法自体に新味

---

[253] P. Laigre, *op.cit.*, p.372（第 7 条に言う「協約」とは、共済に関する協約を意味し、労働協約・協定は、その私法契約（contrat de droit privé）としての性格から、法文上の「契約」の方に分類される。いずれにせよ、レグル氏は、法の趣旨から受給権の保護の対象となる協約及び契約は広く解釈されるべきことを指摘している。）

[254] P. Morvan, *Droit de la protection sociale, op.cit.*, p.576

[255] P. Laigre, *op.cit.*, p.375

401

があるわけではなかったことである[256]。むしろエヴァン法が重要な意味を持ったのは、保障機関が解約後も保障すべき給付の水準を解約時の保障水準とすることを義務付けた点にある。また、この受給権の保護については、企業が直面する合併、倒産等の有為転変の影響に対して、福利厚生を中和できる点でも、企業と被用者の双方にとって重要な意味を持っていた。

② 保障機関変更の場合の改定分の支給

企業の合併により、又は自主的に保障機関を変更した場合には、保障機関の変更がなければ保障されたであろうスライド等による給付の改定分の扱いが問題となる[257]。この点に関してエヴァン法は規定していないことから、その取扱いは、福利厚生の当事者（一方的決定の場合には、使用者。全体投票の場合には、労使。労働協約・協定の場合には、労使代表。）の問題に立ち戻ることになる。

この点に関して、社会保障法典L.912-3条は、保障機関の変更があった場合でも、福利厚生を規定する労働協約・協定、全体投票又は事業主の一方的決定において、死亡、労働不能及び障害に関する年金給付について受給権保護の一環として、給付に係る改定（スライド）分の存続を規定することを義務付けている。実際、破毀院の1992年4月22日判決（Cass. 1ère civ., 22 avril 1992, n° 90-21691）では、グループ保険の保険会社が変更された後、改定分の支払いを行っていた2番目の保険会社が当該改定分の返還を求める訴えについて、破毀院は、その主張を認め改定分の返還を命じた原審（控訴院）の判決を破棄した。

問題は、改定分を賄うための資金である。仮に積立不足のために、改定分を賄うだけの準備金が不足している場合には、事業主がその不足分の補填（補償）義務を負うことになるとの指摘がある[258]。しかしながら、この改定分の扱いは、そもそも保障機関と被用者との間の問題ではなく、事業主と被用者との間の問題であり、社会保障法典（L.911-1以下）が規定する労働協約・協定の中で、保障機関の変更があった場合の改定分の扱いも予め規定しておくべきであるとの指摘もみられる[259]。仮に労使の協議により、保障機関が変更があった場合にも、改定分を支給することが事業主に義務付けられていれば、新保障機関との契約に改

---

(256) *ibid.*, p.373
(257) Liaisons sociales, *op.cit.*, pp.30-32
(258) L.-E. Camaji, *op.cit.*, p.332
(259) J.-F. Cesaro, *op.cit.*, p.174

第3節　福利厚生制度との比較

定分の扱いを盛り込まなかった場合には、事業主がその改定分を保障する義務を負うことになるわけである。

実際に改定分を継続して支給する方法としては、
・解約した保障機関が引き続き改訂分を支給する対応と
・新たな保障機関が改訂分を支給する対応（図表3-3-9）

とが考え得る。後者の場合には、従前の水準に係る給付と改訂分に係る給付を行う保障機関が分かれることから、この不都合を避けるためには、最初の保障機関との契約の際に、従前の水準に係る給付についても、解約後は新たな保障機関に財源を移管する旨の条項を盛り込むことが望ましいとされている。

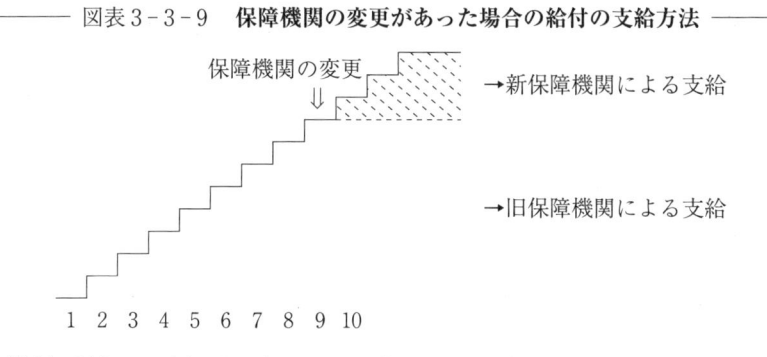

――――― 図表3-3-9　**保障機関の変更があった場合の給付の支給方法** ―――――

→新保障機関による支給

→旧保障機関による支給

1 2 3 4 5 6 7 8 9 10

（出典）　Liaisons sociales, *La prévoyance complémentaire,* Supplément au N° 12020 du 29 septembre 1995, p.32

③　傷病手当金及び障害年金の受給者が死亡した場合の保障

傷病手当金又は障害年金を受給している者が死亡した場合であって、その時点で既に使用者との雇用関係がなくなっているときには、必ずしも死亡給付が支給されることにはならない。この不都合を回避するためには、傷病手当金又は障害年金の受給者を引き続き福利厚生の加入者に加えるか、又は、福利厚生の加入者全体で傷病手当金及び障害年金の受給者の死亡保障のための特別の掛金を負担するかの何れかの対応が必要であった[260]。

かかる不都合を回避するため、2001年7月17日法律第2001-624号による改正後のエヴァン法第7-1条は、死亡、労務不能及び障害に関する契約において労

───────
(260)　Liaisons sociales, *op.cit.*, p.32

403

務不能又は障害より後に発生する死亡に関する保障も盛り込むことを義務付けた。すなわち、労務不能又は障害の保障期間終了前に発生した死亡の場合には、契約が解除されていたとしても、死亡保障の対象となることが明文化された[261]。

このように傷病手当金又は障害年金の受給者に対する死亡給付が福利厚生に盛り込まれている場合には、解約により保障機関の変更があるときでも、当該死亡給付を引き続き保障することが義務付けられている（CSS. L.912-3）。

（2） 医学的リスクによる加入者の選択の制限

加入者の選択が認められると、リスクの高い者が排除されたり、加入前に発生した傷病に対する給付が拒否されたりすることになる。このよな医学的リスクに起因する加入者の選択について、エヴァン法は一定の制限を加えている。

① 強制加入による集団的な保障の場合

保険法の基本原則の一つは、契約より後の損害しか保証を行わないことである[262]。

これに対してエヴァン法第2条は、強制加入による集団的保障について、
・保障の引受より前に発生していた傷病を理由に保障を拒否すること、
・公的な疾病保険が給付対象としている疾病等を福利厚生の給付から除外すること
を次のように禁止している。

「2　労働協約又は労働協定に基づき、使用者から提案された協定案の関係者による過半数の承認の結果として、又は使用者の一方的な決定により、被用者が、死亡のリスク、人の肉体的完全性を侵すリスク若しくは母性に関係するリスク又は労務不能若しくは障害のリスクに対して、集団的に付保される場合には、その保障を行う機関は、虚偽申告の際に予定されている制裁による場合を別として、契約若しくは協約の締結又はそれらへの加入より前に発生していた病的状態の継続に対しても給付を行う。

社会保障の一般制度の疾病保険において現物給付の支給に関する権利が付与される病的状態又は疾病については、如何なる場合にも、疾病、母性又は事故によって発生する費用の償還又は補償に関する規定であって、第一項に規定する契約又は協

---

(261)　P. Morvan, *Droit de la protection sociale, op.cit.*, pp.576-577
(262)　J.-F. Cesaro, *op.cit.*, p.173

第3節　福利厚生制度との比較

約の適用対象であるものの適用に当たって、その対象から除外されることはない。」

　同条には、解釈上の留意点がある。まず、過去の傷病を理由とする契約の謝絶は禁止されていると解されるが、これは保障の遡及を意味するものではなく、過去の傷病に対する直接的又は繰延的な給付まで保障する義務を課すものではない[263]。また、エヴァン法第2条の条文に照らすと、過去の傷病を理由とする契約の謝絶の禁止は、被用者による不実告知がある場合には適用されないと考えられる。このほかの留意点としては、給付の対象となる「病的状態（état pathologique）」の解釈の問題がある。病的状態が疾病が発症する前の潜在的な状況を意味するのであれば、保険者にとって給付を制限することにつながり好都合であるが、第2条と対になっている第3条が給付除外の対象として過去の「疾病（maladie）」と規定していることからすれば、病的状態とは、この疾病と同じ意味であり、医学用語としての「疾病状態（état morbide）」に相当するといえる[264]。

　このような保障機関によるリスクの選択が禁止される結果、リスクの高い加入者が存在する場合に、保障機関は、対象となる集団全体の保障を引き受けるか、引受けを拒絶するかしか選択肢がないことになる。実際には、保障機関としては、福利厚生の集団が大きければ、医学的な質問票及び検査なしに保障を引き受け、当該集団が小さい場合には、質問票及び検査の結果を踏まえて引き受けの有無を判断しているようである[265]。

　他方、福利厚生の給付水準の設定に関しては、特段の規制はない。従って、当事者は、福利厚生による医療費の償還率を自由に決定することができる。また、リスクが高い加入者について、通常の掛金より高い付加保険料を設けることも、法文上は禁止されていない。しかし、付加保険料の設定は、所得税の保険料控除に必要な、被保険者全体についての均一保険料の要件に反することから、所得税の控除が受けられないという問題が発生する[266]。

　なお、エヴァン法第2条のリスク選択の禁止については、保障機関の変更があった場合に、第7条の受給権の保護との関係で、何れの保障機関から給付を行

---

(263)　*ibid.*
(264)　*ibid.*, pp.173-174. 1998年7月7日付破毀院判決（Cass. 1ère civ., 7 juillet 1998）は、第2条の規定を公序に関わるものとし、被保険者の過去の健康状態に起因してい発生したリスクやグループの人間を付保することを謝絶することは許されないと述べている。
(265)　Liaisons sociales, *op.cit.*, p.34
(266)　P. Laigre, *op.cit.*, p.377

うのかという意味で、法の適用に関する抵触の問題を生じさせる。例えば、保障機関が変更された場合、第2条は加入前の病的状態も保障対象とすることから新保障機関が給付を行うのか、第7条が契約解除後の給付の継続を規定することから旧保障機関が給付を行うのかという問題である。この点については、次の三つの可能性があることが指摘されている[267]。

1）新保障機関から給付

これは第7条に対して第2条を優越させる選択肢である。この場合には、新保障機関が一元的に給付を行うことになり、新保障機関も旧保障機関が行う保障内容を照会する必要もないことから、被用者集団と保障機関の何れにとっても簡便である。

2）旧保障機関から給付

これは第2条に対して第7条及び第7-1条を優越させる選択肢である。この場合には、契約期間中の保険事故に対して契約解約後も給付を行うことから、給付の発生原因と給付義務とが対応しており、技術的には優れている。

3）新保障機関と旧保障機関の両方に給付義務

新保障機関と旧保障機関の両方が給付義務を負い、被保険者は何れに請求することも可能という選択肢である。この場合には、保障機関同士で給付費用を分担することになる。

この論点に関して、破毀院は、2003年4月29日の判決（Cass. soc., 29 avril 2003, n° 01-01978）において、「被保険者が傷病の結果として労務不能に陥った場合には、保険者からの給付は当該職員の地位がその治療を完全に継続し得なくなるまで繰り延べられるものの、当該給付に対する権利は獲得されたものである」と判示している。このことは、傷の発生から一定期間経過後の障害の固定に伴う給付について給付の繰延（prestations différées）という考え方に破毀院が立つことを示唆する[268]。実際、破毀院は、最初の保障機関との契約期間中に傷病が発生し労務不能が確認され傷病手当金が支給されたものの、障害の固定の段階では、既に最初の契約が終了していたとしても、「年金の支給は同じ契約の履行に属する繰延給付を構成する」ことを理由に、最初の保障機関から障害年金が支給される

---

(267) J.-F. Cesaro, *op.cit.*, p.175

(268) P. Morvan, *Droit de la protection sociale, op.cit.*, p.577

べきであると判示している（Cass. soc., 16 janvier 2007, n° 05-43434）。

このような破毀院の判決の場合には、どうしても個別の契約内容により結論が異なる面があるが、傷病の発生から障害の固定までの間に保障機関の変更があった場合には、エヴァン法第7条に基づき旧保障機関が障害に関する給付を行うことが一応の結論といえよう[269]。

② 任意加入による集団的保障又は個人的保障の場合

任意加入による集団的保障又は加入が自由な個人的保障の場合には、
・加入者が当該疾病が保障対象外であることを団体契約の加入証明書又は個人契約の特則により十分承知していること（契約書に保障対象外となる疾病を明確に記載していること）、
・疾病が保障の引受け又は加入より前に発生していることを保障機関が証明すること

を条件に、保障機関による保障の義務が免除される[270]。これに関しては、エヴァン法第3条が、次のように規定している。

「3　本法第2条に規定された以外の集団的な事業及び個人単位の事業については、引受け又は加入を承諾した機関は、虚偽申告の場合に予定されている制裁による場合を別として、当事者の加入又は契約若しくは協約の締結より前に発生した病的状態の継続に対する給付を行わなければならない。

ただし、次の条件の場合には、当事者の加入又は契約若しくは協約の締結より前に罹患した疾病の継続に対する給付を拒絶することができる。

ａ）その継続が給付対象とならない従前の疾病が個人の契約又は団体契約の加入証明書に明示されていること。

ｂ）疾病が契約の締結又は団体契約への当事者の加入より前であることの証明を当該機関が行うこと。

前項に規定する場合において、証明の管理は、職業上の秘密に関する刑法典第378条の規定に従って行われる。」

また、第3条の場合には、第2条の規定と異なり、特定の疾病に限定して保障を拒否することも禁止されていない[271]。このように、任意加入においては、概

---

[269]　*ibid.*
[270]　Liaisons sociales, *op.cit.*, p.35; P. Laigre, *op.cit.*, p.377
[271]　P. Laigre, *op.cit.*, p.377

して契約法的な原理が優越しており、一定の予告期間を置きさえすれば、契約の解約も自由に認められるように思われるが、エヴァン法は一定の範囲で解約に制限を加えている。すなわち、同法第6条は、契約から2年経過した後は、保障機関が一方的に契約を解約することが禁止されるとともに、リスクの増大に伴う保険料の引上げも、特定の加入者に限定して行うことは禁じられており、集団全体の保険料を引き上げることしか認められていない。

③ 福利厚生の終了後の受給権の保障

　一般的な無期限の労働協約・協定の場合には、全ての署名当事者による意思表示を条件に協約・協定を廃棄する途が開かれている（CT. L.2261-9条等）が、効力が存続する暫定期間の後も、被用者個人が獲得した既得権としての個別的既得利益（avantages individuels acquis）は維持される。このような個人の既得権の概念において、労働協約・協定が廃棄した時点では具体的に発生していない権利の扱いという点で、「獲得した」権利とは何かが問題となる。この点について、裁判所は、明確ではないが、被用者が実際に享受していた利益のみが対象となるのであって、労働協約・協定が破棄され暫定期間が満了した後の退職や解雇に伴う利益には既得権を承認してこなかった言われる[272]。そして、1987年以降、破毀院は、既に発生した権利のみに既得権性を認め、単に可能性のあるというだけでは権利性を認めないとの判断をとるようなった。この場合、既得権となる発生した権利には、継続的・定期的な性格の権利（賃金及び休暇手当の権利）は含まれるが、偶発的・一時的な事態の発生に関連する権利（母性休暇、退職手当、解雇手当）には既得権がないと考えられることが指摘されている[273]。

　このような労働協約・協定の破棄に関する理論からは、福利厚生が終了した場合の扱いは、必ずしも明確に導き出せない。おそらくは、集団的かつ強制的な福利厚生が契約の満了、退職等により終了した場合には、そのままであれば、従前の加入者に対する福利厚生の継続は保障されないことになるであろう。また、グループ保険の考え方からしても、被用者は保険集団に入っていることが必要であり、労働契約の終了等により保険集団から離脱すれば、保険からも離脱することになりそうである[274]。保険法典L.141-1条によれば、グループ保険の場合、被

---

(272)　J. Pélissier et al., *op.cit.*, p.804
(273)　*ibid.*, p.805
(274)　J.-F. Cesaro, *op.cit.*, p.175

第 3 節　福利厚生制度との比較

保険者は契約者である事業主との間に同一的性格のつながり (lien de même nature)、すなわち雇用関係があることが契約の要件となっている。従って、退職した被保険者はグループ保険の支給対象から除外されるのが原則である[275]。

ところが、エヴァン法は福利厚生が終了後の扱いを規定することにより、以下の場合について、従前の加入者へ受給権を保障する途を開くことになった[276]。

　ア　旧被用者等に対する医療費保障の継続（第 4 条）
　　・労務不能、障害若しくは定年を理由に退職した者、又は退職後に失業状態に陥った者について、雇用契約終了後 6 月以内に申請することを条件に、
　　・死亡した被用者の被扶養者について、被用者の死亡後 6 月以内に申請することを条件に、
　　個人単位に医療保障（短期のリスクである疾病、事故、母性に関する保障）に継続加入することを許容している。これ以外の事由で退職した者については、医療保障への継続加入が義務付けられているわけでも、禁止されているわけでもないことから、保障機関との契約で加入を認めても構わないとされている。
　　　この場合の加入者の利益を保護する観点から、
　　・保障機関が継続加入者の医学的リスクに着目した選択、医学審査等を行ってはならないこと、
　　・継続加入者の掛金が強制加入者の掛金の 150％を超えてはならないこと、
　　・継続加入に関する取扱を保障機関との契約の中で規定すべきこと
　　が必要である。なお、エヴァン法では、退職者等への医療保障の継続を義務付けているものの、保障内容が強制加入者と全く同じであることまでも強制しているわけではない。従って、保障内容が極端に異なるのでなければ、強制加入者と継続加入者との間で保障内容にある程度の差を設けることは許容されている。
　イ　保障機関との契約終了後の個人単位での福利厚生への加入（第 5 条）
　　　エヴァン法は、企業のリストラ等に伴い強制的な集団的保障である福利厚

---

[275]　これに対して、退職により雇用契約が解除されることで福利厚生の終了する場合であっても、雇用契約期間内に発生した保険事故に由来する給付に対する権利は維持される必要があり、仮に事業主が退職者の権利を故意又は過失により侵害した場合には、損害賠償の責任を負うことになる（P. Morvan, *op.cit.*, pp.573-574）。

[276]　Liaisons sociales, *op.cit.*, pp.36-38; J.-F. Cesaro, *op.cit.*, p.174; P. Morvan, *op.cit.*, p.574

第2部　第3章　社会保障関連制度の法的性格

生制度が破棄される場合であっても、従前の加入者への保障がなくなることを防ぐため、予め保障機関との契約の中で個人単位での加入に係る手続き及び掛金に関する条項を置くよう義務付けている。これは、法的枠組みが集団的保障としての福利厚生から個人的福利厚生に転換することと理解できる。

　この場合には、アの場合と異なり、医療保障以外のリスク保障も含めた福利厚生が対象とするリスク全体が継続加入の対象となり得る。また、継続加入の際の掛金の上限のような制限もない。さらに言えば、エヴァン法第5条の規定振りからすると、契約に継続加入の途を付与する条項を挿入することは「ならぬ (doit)」規定であるが、保障機関が保障を行うことは「できる (peut)」規定となっており、継続加入のためには加入要件を満たす必要がある点で、条文の規定は明確さを欠くとの指摘もある[277]。ただし、医学審査、告知書等は、一定の場合を除き義務付けることが禁止されている。

10　福利厚生の終了

　企業のリストラ、合併、分割、譲渡等に伴い、福利厚生の基底をなす法的媒体が失効する場合に、直ちに福利厚生自体を廃止させていいのかという問題が生じる。仮に福利厚生が直ちに廃止されれば、それまでの加入者全体の地位を激変させることになる。また、給付の支給という継続的性格を内在する制度である福利厚生の本質からすれば、突然の保障の停止は当然ながら望ましいことではない。

　この点に関して、福利厚生が労働協約・協定に基づく場合には、労働協約・協定の暫定的効力の存続（余後効）に関する労働法典 L.2261-9 条等（旧 L.132-8 条）が適用される。これは、一般的な労働協約・協定に適用される一種の激変緩和措置であり、

・労働協約・協定を両当事者が破棄するためには、当事者の定めた予告期間（それがない場合には、3月の予告期間）が必要であること、また、
・予告期間満了から新たな労働協約・協定の発効まで（さもなければ、1年間）は元の労働協約・協定の効力が存続すること

などが規定されている。しかし、この規定も、労使間で解決する一般的な労働条件についてであれば問題はないのであろうが、労働協約・協定に基づき社会的リスクがさらに保障機関に付保される福利厚生の場合には、必ずしも適合的でない

---

(277)　J.-F. Cesaro, *op.cit.*, p.177

第3節　福利厚生制度との比較

事態が生じる。つまり、福利厚生の効力が1年間延長されたとしても、実際に保障を行っているのは保障機関であることから、保障機関との契約も1年の延長期間に対応していなければ、実効性を欠くことになるのである[278]（図表3-3-10）。

仮に労働協約・協定の余後効の期間内に新たな協約・協定が締結されないとすれば、関係する企業の被用者は個人的に獲得された権利に限り保持できることを労働法典（L.2261-13条）は規定している。しかしながら、福利厚生に関する権利については、保険事故の発生や協約上の条件の成就等によって、初めてその権利が不確定の権利から確定的な権利に変わることから、何が個人的に獲得された権利であるかは、制度に則して個別に判断せざるを得ないことになる[279]。

これに対して、福利厚生の基礎が全体投票（レファレンダム）又は事業主の一方的決定にある場合には、そもそも労働法典及び社会保障法典にも明確な規定がない。

そこで、例えば全体投票による制度について考えてみると、社会保障法典L.911-5条は、制度廃止の方法について政令に委任しているものの、現在までそのための政令は未制定である。また、労働協約・協定における余後効に相当する規定は、労働法典にも見出せない。とは言え、期限なしの全体投票による制度は、

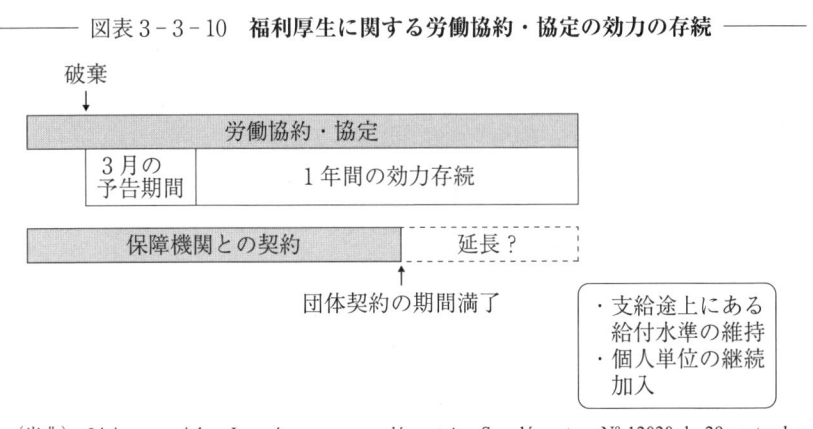

―――― 図表3-3-10　福利厚生に関する労働協約・協定の効力の存続 ――――

（出典）　Liaisons sociales, *La prévoyance complémentaire*, Supplément au N° 12020 du 29 septembre 1995, p.118

---

(278)　Liaisons sociales, *op.cit.*, p.118
(279)　P. Morvan, *Droit de la protection sociale, op.cit.*, p.608

第2部　第3章　社会保障関連制度の法的性格

不正又は非行によるものでなく、かつ、既得権を尊重する限りにおいて、事業主により将来に向けて破棄することが可能であり、理論上は、このような権能は被用者側にも認められるべきであるともいえる。

　次に事業主の一方的決定による福利厚生制度についてみると、過去の破毀院の判決は、このような制度を慣習（usage）に由来する制度と見なしてきている。従って、慣習としての福利厚生制度は個々人の雇用契約には組み入れられるわけではなく、適法な廃止は被用者に対抗することができるが、そのためには、慣習の廃止に関する労働法典の規則や判例法に従うことが必要である[280]。

　具体的には、破毀院の1999年6月1日判決（Cass. Soc., 1re juin 1999, n° 96-44500）が「労働協約に基づく義務を超えて、事業主がその被用者に確保する保護に関する一方的約定は、場合によれば行われる交渉に必要な十分な期間の間に、被用者を代表する機関及び被用者に情報を提供した後でなければ、破棄することができない」と判示するように、交渉に必要な期間を置いた上で関係者に情報を提供することが必要である。従って、仮にこのような手続きが踏まれていない場合には、従前の条件で給付を継続しなければならないことになる（Cass. soc., 26 octobre 2005, n° 03-45781）。実際、破毀院の判決の中には、リストラの際に新使用者が交渉に必要な期間を置き、必要な情報を提供した上で手当の破棄を通告するのでなければ、慣習（usage）と同じように、福利厚生の効力が存続すると判示するもの（Cass. soc., 23 septembre 1992, *ASSEDIC de l'Isère et autres c/ Ait Byalla Mohamed et autres*, n° 89-45656）もある[281]。

　これを整理すると、使用者の一方的決定による福利厚生制度の廃止について特段の理由は必要ではないが、廃止に当たっては、

① 集団的保障の場合には、従業員代表に対する情報提供及び協議

② 個々の被用者への通告

③ 交渉に十分な事前予告期間

が必要となる[282]。

　このように、福利厚生の法的基礎が何であるかに関わらず、それが破棄等により終了することになれば、様々な問題が生ずることだけは確かである。このため、福利厚生の法的媒体の効力の存続よりも、むしろ、エヴァン法が規定するように、

---

　(280)　*ibid.,* p.610; M. Berra, *op.cit.*, p.58
　(281)　Liaisons sociales, *op.cit.*, p.118
　(282)　M. Berra, *op.cit.*, p.59

支給途上にある給付と同水準の給付の継続及び福利厚生への個人単位での継続加入によって、実際には問題の解決が図られることになる[283]。

保障機関と事業主との契約関係に着目した場合、当該契約の終了原因としては、①事業主による加入義務又は掛金拠出義務の不履行、②事業主の破綻が考えられる。給付の対象者である被用者と保障機関との間には、直接の契約関係はないことから、それぞれの場合について、次のような受給権保護の問題が発生する[284]。

（1）　事業主による加入義務又は掛金拠出義務の不履行

保障機関は事業主による被用者の加入及び掛金の拠出を条件に保障義務を負うに止まることから、事業主がこれら義務を履行しない場合には、保障機関は給付を行う義務はない。これは、基礎制度において、事業主の保険料の未納が直ちに給付の不支給につながらないのと異なる点である。

それでは、福利厚生に関する義務は誰が履行すべきかといえば、労働協約等の当事者である事業主ということになる。破毀院の1990年6月19日判決（Cass. soc., 19 juin 1990, n° 87-43560）も、事業主が追加的な負担を負うべき主たる債務者であるとして、次のように判示している。

「建築関係の労働協約の規定を尊重すべき事業主が、十分な福利厚生制度への加入により、破棄することのできないものとして予定された協約上の社会的的給付を被用者に確保しなかったと摘示した控訴院は、事業主が当該規定に基づき追加的な負担を負うべきであると適切に判断しており、破棄申立理由に該当するようなものはない。」

なお、事業主の労働協約等による義務は、「為す債務（obligation de faire）」であり、それ故、債務不履行は損害賠償事由に該当する（民法典第1142条）ことから、被用者としては、債務不履行に起因する損害を回復するための損害賠償（dommages-intérêts）を請求することができると解されている。

（2）　事業主の破綻

企業破綻に関する1980年10月20日のEC指令（80/987/CEE）を実施するための国内法として、1994年にいわゆるヴェーユ法（1994年8月8日法律第94-678

---

(283)　Liaisons sociales, *op.cit.*, p.118
(284)　L.-E. Camaji, *op.cit.*, pp.335-338; P. Morvan, *op.cit.*, p.614

第2部　第3章　社会保障関連制度の法的性格

号）が制定され、社会保障法典（L.913-2条）の中に事業主の破綻の場合の年金の受給権保護が規定されることになった。それによれば、企業の支払不能又は譲渡・合併があった場合に、切替年金も含めた年金の受給権の喪失を招くようなことになれば、その年金に関する労働協約・協定又は決定は無効であるとされた。しかしながら、労働協約・協定や決定が無効であるとしても、実際のところ、どのように受給権が確保されるかは明確ではない。一般に、倒産等の企業破綻の場合の賃金債権の保証（立替払）のための仕組みとしては、使用者の賃金不払いに対する保険制度があり、その管理のための組織として賃金債権保険制度管理協会（AGS）が設置されている（CT. L.3253-6条以下）。その財源は事業主からの拠出金であり、実際の制度運営は失業保険制度の管理機関（UNEDIC）が責任を負っている。仮に福利厚生に係る掛金やそこから発生する給付に対する受給権が賃金債権に含まれるのであれば、事業主の破綻が起きた場合であっても、権利は保護されることになる。

　この点につき、労働法典L.3253-8条は、賃金債権に法定の制度及び法律で義務付けられた協約上の制度に係る保険料は保険制度の保障対象になることを規定している。従って、義務的制度の保険料及び一般社会拠出金（CSG）等の拠出金、補足年金制度及び失業保険制度の保険料が賃金債権として保護されることは間違いがない。

　これに対して、福利厚生に関する給付については、法律上の規定がない。破毀院の判決によれば、賃金債権保険制度管理協会による保証制度は、労働契約の履行により発生する被用者に対する支払債務を保証する制度であるとの前提に立って、次のような場合は、保障対象とならないとされている。

① 保障機関から支払われた給付が被用者に対して支払われていないとしても、当該債権は事業主の責任を追求すべきものであって、労働契約に由来するものではないことから、保険の対象とはならない（Cass. soc., 22 février 1994, n° 92-40805; Cass. soc., 15 mars 1994, n° 92-44576）。

② 自己負担分の医療費の保障のため被用者から徴収した掛金が保障機関に支払われなかったために、当該医療費の保証が受けられなかったとしても、当該債権は労働契約の履行に由来するものではなく、事業主の責任を追求すべきものであることから、保険によって保障されない（Cass. soc., 4 mai 1993, n° 92-40395）。

第3節　福利厚生制度との比較

これに対して、同じく破毀院判決であっても、次の場合には、福利厚生への加入が強制的であって、保証制度の対象となると判示している。

① 義務的な補足制度に加入しなかったために生じた傷病手当金相当の疾病による休業補償の不払いは、労働契約の履行に由来して被用者に発生する債権であり、保証制度（AGS）により保証されなければならない（Cass. soc., 8 janvier 2002, n° 99-44220）。
② 労働協約に基づき事業主が福利厚生のため納付すべき掛金が未納であったことにより生じた損害の補填のための賠償は、労働契約の履行に由来する債権であり、保証制度（AGS）に対抗することができる（Cass. soc., 31 mars 1998, n° 95-44333; Cass. soc., 30 mars 1999, n° 96-44332）。

このような破毀院の判決に照らすと、労働協約等に基づき事業主が被用者を福利厚生に加入させ、掛金を拠出する義務を負っているにもかかわらず、それを履行しない場合には、保障機関には給付の義務は発生せず、事業主が契約上の責任を負うべきことになることから、被用者が事業主に対して請求しうる損害賠償債権が保証制度の対象とすべき債権に入ってくるということになる。

11　小　括

以上の考察から、まず、指摘できるのは、福利厚生に関する法的枠組みの多様性と自由度の高さである。福利厚生という概念に括られながらも、その実施の契機が労働協約・協定、全体投票（レファレンダム）、使用者の一方的決定に分かれ、その保障も共済、福利厚生機関、民間保険会社といった保障機関により実施され、さらには、加入も集団単位・個人単位、任意・強制と分かれる。要は、労使関係の中で労使の意思により様々な福利厚生が形成し得ることになる。

いずれにしても、福利厚生は契約法的な枠組みを基礎としながら、労働協約・協定にみられるように、それが労働法又は社会保障法上の要請から一定の修正を受けるという構造になっている。つまり、労働協約・協定が有する各種規範的効力により、また、エヴァン法等による法規整により、私法的な契約原理が相当程度修正されることになるのである。

その結果、雇用契約の存続を前提に、福利厚生への加入が被用者に強制される場合が生ずることになる。そして、他方においては、使用者との雇用関係の存続を前提としない個人資格での任意加入の途が開かれており、そこには、生活の保

障という社会保障の現実の要請を見て取ることができる。

次に指摘できるのは、様々な福利厚生の法的枠組みの中で、加入者の権利保護に関して共通規則が形成されてきていることである。特に、これは1989年のエヴァン法、その後の改正に顕著に見られる傾向である。このことは、我が国においては、企業年金関係法を別とすれば、社会保障法体系の中で福利厚生が十分位置付けられていないこととは対照的である。

しかしながら、このエヴァン法の場合も、就職から退職までに転職等が想定されるライフサイクルの視点で見るならば、受給権の保護の効果は限定的である。つまり、継続加入による継続給付は保障されているが、受給権のポータビリティのような意味での保護に関する規定は、エヴァン法等には見られないように思われる。

以上の点とは視点を異にするが、フランスにおいては、後述の企業年金等の制度を考える場合にも福利厚生の法的枠組みが用いられる。つまり、集団的な労使関係の中で労働協約等に基礎を置く制度として企業年金等が創設されてきており、福利厚生が重要な役割を果たすことになる。その点では、労働協約に基づく制度というよりは、退職金制度の延長線上にある就業規則上の制度として位置付けられ、就業規則に関する規整との関係で理解されることが多い我が国の企業年金とは状況を異にする[285]。

第4節　共済との比較

1　社会保障の原点としての共済

フランスにおいては、各種保険事故に対する保障を行う民間組織（非営利の私法人）として、保険会社とは異なる法人形態として共済（mutuelle）が存在する[286]。この共済は、疾病保険の自己負担部分を給付のほか、葬祭費等の支給、

---

(285)　菊池高志氏は、「退職一時金にせよ、年金にせよ、受給資格などを就業規則に委ねる現行制度には多大な疑問がある。労働者の老後所得の保障が制度目的とされるのであれば、こんにちの状態は根本的に改められるべきものと言えよう。」と述べ、退職金制度は労使の対等な交渉により決定される協約によるべきことを指摘している（菊池高志「退職金制度の法律問題」法政研究54巻2-4号332頁、338頁（1988年））。

(286)　共済は、法的には非営利の社団である（M. Rocard, *Mutualité et droit communautaire*, La documentation française, 1999, p.31）。

医療・福祉施設の運営等の活動を行うなど、公的な社会保障を補完する制度として独自の地位を築いている[287]。ちなみに、この共済の組織数は、かつては5,000 近くに上ったともいわれるが、EU の保険指令の共済への適用による影響から、現在は減少傾向にあるものの、2007 年末で活動中のものは 1,875 となっている[288]。

また、共済は、フランスにおいて協同組合（coopérative）、社団法人（association）、財団法人（fondation）とともに社会的経済（économie sociale）の一翼を担う組織でもある。この社会的経済は、資本主義の中にあって、利潤追求を目的とする株式会社等とは異なって、社会と経済との調和を求める法人である。その思想は古く、19 世紀のデュノワィエ（C. Dunoyer）、フーリエ（C. Fourier）、ジード（C. Gide）といった思想家に淵源を求めることができる。

1970 年代以降、社会的経済関係の団体の組織化が進み、国家行政レベルでも 1981 年には社会経済担当組織が創設されるなど、社会的経済は制度的にも認知されることになった[289]。このうち社会的経済の全国組織である全国共済・協同組合・社団法人活動連絡協議会（CNLAMCA）が 1980 年に策定した社会的経済憲章（Charte de l'économie sociale）は、「社会的経済の企業は民主的に運営され、連帯により結ばれ、義務及び権利において平等な会員により構成される」（第 1 条）ことや、「社会的経済の企業は、その目的が人類の奉仕にあることを宣言する」（第 7 条）ことを謳っている。

このように共済は、社会保障とともに連帯に深く根差した制度である。現在、共済は社会保障の代替ではなく補完的な役割を果たすに止まるが、歴史的にはむしろ社会保障よりも古く、その原点とも言える制度である。それ故、歴史的側面も含めて共済を理解することは、フランスの社会保障を理解する上で不可欠な作業であるといえる。

---

(287) 破毀院は、組合員の権利義務を規定する定款に従い、共済へ加入した場合に生ずる契約関係については、保険法の規定は適用されないと判示している（Cass. ch. mixte, 18 février 1972, *Société «Union mutuelle des sportifs» c/ Bertrand*, JCP 1972. II. 17091, obs. R.C.）。
(288) http://www.acam-france.fr/info/Les_mutuelles/020104（保険・共済監視当局（ACAM）のホームページ）
(289) P. Toucas-Truyen, *Histoire de la mutualité et des assurances, L'actualité d'un choix*, Syros, 1998, p.104

第 2 部　第 3 章　社会保障関連制度の法的性格

2　共済の歴史
〈革命期から第二次世界大戦までの時代〉

　現在では社会保障の補完的機能を担う共済制度であるが、過去に遡ると、現在の社会保障制度より長い歴史を有している。古くは、中世の同業組合（compagnonnage、corporation）の中から現在の共済の先駆けともいえる相互扶助組織が出現し、フランス革命前夜のアンシャン・レジューム期には、同業組合とは独立した組織として加入者の拠出を財源に保障を提供するものが出現するようになっていたことが指摘されている[290]。しかし、フランス革命の混乱は、この共済の前身組織を無傷のままにはしなかった。レンヌ（Rennes）選出の議員であったル・シャプリエ（G. Le Chapelier）は、同業者による結社の禁止を規定した1791年6月14日及び17日の法律を起草した。同法はその後起草者の名前を付してル・シャプリエ法と呼ばれることになるが、ル・シャプリエ自身は、共済の前身組織がそれまで果たしてきた労働者に対する扶助機能は、国家自らが担うことを想定していた[291]。

　このようなル・シャプリエ法による団体規制にもかかわらず、現実には、共済の前身組織は公認のもの以外の黙認のものも含め、その数は着実に増加していった。これに呼応するかのように政府の敵対的態度も軟化することになり、1839年には、政府自ら共済に関するモデル定款を配布するまでになった。さらに1850年には、同年7月15日付法律により共済組織が県知事の認可を条件として公益認定を受けることが可能になるなど、共済組織は法的にもきちんとした位置付けが付与されることになった[292]。このような政府の方針転換の背景には、国家が国民に対する扶助を実施するという革命の建前にもかかわらず、職域や地域等を単位に形成される共済による相互扶助に疾病、死亡等の保障を委ねざるを得ないという現実的要請があった[293]。その結果、1898年には、共済組合への国による監視を軽減し、その存在を公認する法律（1898年4月1日付法律）が制定されることになった。なお、19世紀を通じて共済組織が増加していった背景には、労働組合が1884年の職業組合法の制定まで公認された存在ではなく、労働組合

---

　(290)　*ibid.*, pp.19-21
　(291)　*ibid.*, p.22
　(292)　*ibid.*, p.24, p.26;（dir.）M. de Montalembert, *La protection sociale en France*, La documentation française, 2004, p.87
　(293)　P. Toucas-truyen, *op.cit.*, pp.31-32

第 4 節　共済との比較

のカムフラージュ（camouflage）又は二重機能（doublage）を共済組織が果たしていた事実があることには留意する必要があろう[294]。

　共済に関する組織の名称は 19 世紀から第二次世界大戦までの「共済組合（sociétés de secours mutuels）」、戦後の「共済会（sociétés mutualistes）」から、現在の共済まで変遷しているが、前述のとおり共済は歴史的に社会保障の補完というよりも、それに代替する機能を果たしてきた。そもそも共済は中世の同業組合等に淵源を有すると言われるが、現在の社会保障との関係では、19 世紀の近代産業の発展期において、ル・シャプリエ法により結社としての同業組合が禁止される中で、共済は禁止の対象外とされ、職業や職能集団（仕立職人、時計職人、建築職人、パン職人等）を単位として構成員間の連帯の証として現場レベルで発展していった[295]。とりわけ、19 世紀に興隆してきた社会主義運動やそれと連動した労働組合運動とは一線を画していた共済組合は、19 世紀末のブルジョワ等の連帯主義の運動とも共鳴する形で顕著な発展を遂げることになる。

　その一方、1928 年の社会保険法が失敗に帰し、1930 年になって改正社会保険法が成立する過程で、ドイツ等のヨーロッパ色と比べてフランスの社会保険導入を遅らせた遠因の一つは共済の存在であった[296]。年金に関して言えば、1910 年には労働者農民年金法が成立していたが、その運営は一元的な全国組織ではなく既存の全国老齢年金金庫のほか共済組合も活用されることになっていた。また、それより前の 1898 年に法制化が図られた労災補償法は、使用者の無過失責任主義を前提に使用者の保証責任を履行するための枠組みとして全国災害保険金庫のほか共済組合等も活用することが認められていた。このような共済組合が既に存在していたこともあり、1930 年の社会保険法の下でも共済組合は社会保険の運営を担うことになった。具体的には、労使の設立による金庫と並んで既存の共済組合が類似金庫（caisse d'affinité）として県単位の金庫と同格の運営機関として存続することになり、第二次世界大戦後の社会保障が目指したような全国統一的な単一金庫は実現しなかったのである[297]。

---

(294)　大和田敢太『フランス労働法の研究』（文理閣、1995 年）71 頁
(295)　M.-C. Blais, *La solidarité, Histoire d'une idée*, Gallimard, 2007, p.57；廣澤孝行「フランス第三共和政期における共済組合運動の展開」『松山大学論集』第 17 巻第 5 号、1 頁以下（2005 年）
(296)　M. Laroque et E. Aubry, «La réforme du Code de la mutualité», *Droit social*, n° 4, avril 1986, p.355; P. Toucas-Truyen, *op.cit.*, pp.70-71（1928 年の社会保険法の制定に当たっては、共済組合のほか、労働組合、医師組合、使用者も社会保険に反対・抵抗した。）

419

このような事例を見る限り、社会保険や社会保障が登場する以前にあって、共済は元々社会保険の代替機能を果たしてきたが、1930年の社会保険法を契機に、両者の競合関係の中で、社会保険が次第に共済に取って代わっていくことになった。この点で、二つの対戦の間の戦間期は、社会保障にとっても時代の転換の過程であったと言える。しかも、第二次世界大戦前において共済組合は、社会保険の運営に当たる金庫の創設を通じて、結果的には共済組合に取って代わることになる社会保険の発展に自らが主導的な役割を果たしたことも銘記されなければならないであろう。

〈第二次世界大戦後の時代〉

戦後はラロック・プランに基づく社会保障の一般化の流れの中で、それまでばらばらであった制度を単一組織（organisation unique）の下に統一することが試みられることになった(298)。このため、共済は社会保障の制度運営を担うという意味での社会保障の代替的機能は喪失するものの、社会保障の脇にあってそれを補完するという意味での補完的機能はむしろ増大していくことになる(299)。その際、共済が実施しうる事業は制度上一般的・包括的なものであったが、実際に共済が重要な役割を担っていったのは、疾病保険の一部負担、入院時日額負担等の保険対象外費用の支払であった。とりわけ、社会保障財政の悪化に伴い、その後給付水準の引下げがあったことにより、共済の役割はなお一層増大することになった。これは一面で共済が社会保障の縮減に対する緩衝材としての役割を果たしてきたことを意味する。その点で、戦後においても共済の機能は縮小するのではなく、むしろ一連の社会保障改革により、総体として拡大してきたと評価できよう。ただし、社会保障でも疾病以外の分野である年金等に目を転じると共済の役割は限定的であり、労働協約に基づく補足年金のための組織（ARCCO、AGIRC）や保険会社等が重要な役割を果たしている。これは、既に述べたように、伝統的に共済が職域ではなく地域等の単位での相互扶助組織として発展してきており、戦後においても、共済が労使とは一線を画していたことや、共済の場合には、長期保険

---

(297) 共済が地域を単位とした個人単位の加入よる組織に止まっており、19世紀に労働組合とは袂を分かったこともあり、その間隙を縫うように労働組合の主導による金庫が創設されたほか、労災補償の伝統から使用者の主導による金庫もみられた（P. Toucas-Truyen, *op.cit.*, pp.71-73）。

(298) P. Laroque, «Le plan français de sécurité sociale», *Revue française du travail*, Avril 1946, pp.11-12

(299) P. Toucas-Truyen, *op.cit.*, p.85

第4節　共済との比較

である年金に必要な再保険制度が保険会社のように認められていなかったことなどが影響している[300]。

このように社会保障の原点としての共済は、現在別の面で社会保障と密接かつ重要な関係を有する。その第一は、地方及び地区の社会保障機関は、社会保障法典及びその実施のための法令が規定するほかは、共済法典の規定に従って創設され運営されることになっていることである（CSS. L.216-1）。その点で、社会保障は共済と共通の性格を有する面があることになる。第二に、加入者100人以上の共済については、その申請により初級疾病保険金庫の連絡機関（correspondant）として、初級疾病保険金庫の理事会の決定に従って、医療費請求の書類作成、医療費の支払等に関する取次ぎ的な事務が委ねられていることである（CSS. L.211-4等）。さらに、国の官吏及び司法官の共済等の場合には、これらの取次ぎ事務に加えて、共済内地区事務局（section locale mutualiste）として、疾病及び出産の現物給付に係る費用の支払の事務も委ねられている[301]。その点で、共済内地区事務局は社会保障の実施の一翼を担っており、取扱手数料が支給される一方、初級疾病保険金庫の監督に服することになる[302]。共済のこのような任務の付与は、法律の立案者である国会議員の名前を付して「モリス法（loi Morice）」と呼ばれる1947年3月10日の法律に遡るが、その背景には、社会保障の一般化による共済の機能縮小に対する見返り措置の側面があったことが指摘されている[303]。

一般制度以外の制度に目を転じると、共済が公的な社会保障の実施機関となることがある。この場合には、共済はより直接的に社会保障制度の実施の一翼を担うことになる。例えば、農業経営者の疾病・出産・障害保険である農業経営者疾病保険（AMEXA）の場合、農業経営者は、基幹的な役割を果たす農業社会共済金庫（caisse de mutualité sociale agricole）以外に、農業共済保険金庫（caisse d'assurances mutuelles agricoles（mutualité 1900））、共済、保険会社その他の大臣の認可を受けた機関のうちから自らが加入する機関を選択できることになっている[304]。つ

---

(300)　*ibid.*, pp.85-88

(301)　G. Huteau et E. Le Bont, *Sécurité sociale et politiques sociales*, Masson, 1994, pp.402-403（加入者1000人を超えることを条件に、初級疾病保険金庫の認可を受ければ、共済内地区事務局になりうるが、その効率性の面から、全国疾病保険金庫は新たな共済内地区事務局の認可に積極的でない。）

(302)　*ibid.*, p.403

(303)　M. Laroque et E. Aubry, *op.cit.*, p.356; G. Huteau et E. Le Bont, *op.cit.*, p.402; P. Toucas-Truyen, *op.cit.*, pp.84-85

まり、農業経営者には加入機関の自由選択権が付与されており、各農業経営者が選択した認可機関が加入者の登録、保険料徴収、給付等の実施に当たる。ただし、農業経営者疾病制度の実施機関の中での共済の比重は低く、保険会社が15％、農業共済保険金庫が80％を占めているのに対して、共済は5％に止まる[305]。

農業以外の自営業者のための総合的な制度である自営業者社会制度（RSI）の場合には、一定の要件に該当する保険会社又は共済に被保険者である自営業者の保険料徴収及び給付の事務を委託することができることになっている（CSS. L.611-20）。この自営業者制度の委託機関となろうとする保険会社又は共済は、全国金庫の決定を受け、全国金庫との間で契約を締結することが必要である（CSS. R.611-79以下）。このような現行制度は、従来分立していた自営業者関係の金庫（CANCAV、ORGANIC、CANAM）を一部の例外を除き統合するという2000年以降の一連の改革により導入されたものである。従前の非農業非被用者疾病保険制度を例に取ると、委託機関となっていた180の機関のうちの2/3が共済であり、自営業者の場合には、保険会社より共済の比重が高かった[306]。なお、委託機関となった場合には、本来業務である補足的な給付の契約につながる可能性があることから、委託機関になることは、共済や保険会社には、メリットがあるとの指摘があり、興味深い[307]。

このように組織法的には社会保障と密接な関係を持ち、社会保障とも共通点を有する共済制度を加入及び給付の面から見ることは、フランスの社会保障の特徴を理解する上で重要であろう。特に、社会保障の法的性格の解明には、社会保障と類似性を有する共済との比較が不可欠と思料する（図表3-4-1）。

なお、共済の加入員は約1,800万人に上っており、給付の対象者も3,800万人を数える[308]。このため、現在でも共済組織は全体で973（2008年）存在しているが、前年の1,070と比べても100近く減少するなど、近年その数は減少傾向にある[309]。この傾向は競合関係にある民間保険や福利厚生機関にも見られるとこ

---

(304) Dupeyroux *et al., op.cit.*, p.975; G. Huteau et E. Le Bont, *op.cit.*, p.403

(305) G. Huteau et E. Le Bont, *op.cit.*, pp.403-404

(306) Dupeyroux, *Droit de la sécurité sociale*, coll. Précis, Dalloz, 1998, p.836; G.Huteau et E. Le Bont, *op.cit.*, p.404（保険会社が40％なのに対して、共済が60％を占めるが、共済加入者が多いのは、手工業者であって、商人はより少なく、自由業の場合にはほとんどいないとの記述がある。）

(307) Dupeyroux, *op.cit.*, p.836; G. Huteau et E. Le Bont, *op.cit.*, p.404

(308) J.-J. Dupeyroux et al., *op.cit.*, p.1105

図表3-4-1 　　**補足的社会保障制度**

	共済	福利厚生	民間保険
地位	共済法典に基づき、加入員及びその家族の利益のために、集団及び連帯による福利厚生のための取組を実施する非営利団体	社会保障法典L.731-1条等に基づき、補足的な年金及びそれとは別途の福利厚生のための取組を実施する非営利団体	保険法典に基づく公立又は民間の営利企業
加入方法	原則として任意加入（労働協約等の場合には強制加入もあり）	労働協約に基づき強制加入（又は任意加入）	強制加入（団体保険の場合）又は任意加入
連帯の範囲	自由に選択された集団の中の連帯（職域又は非職域）	全国的、業種単位又は企業単位の連帯	業種、企業又は個人単位の連帯
管理方法	当事者による管理：加入者全員による理事会の選挙	労使管理：労使、その他代表制を有する組織により配分された理事会	株主（相互保険会社の場合には、社員）による管理
財政方式	収入に応じた統一的な保険料	報酬に応じた保険料	（個々人又は団体の）リスクに応じた保険料
主たる給付対象リスク	疾病及び補足的な福利厚生給付（葬儀代、部屋代等）	補足年金、付加的補足年金及び福利厚生	積立による（個人）年金及び福利厚生

（出典）　M.-T. Join-Lambertde, *Politiques sociales*, Dalloz, 1994, p.306 を参考に加筆修正

ろであり、背景には、EU統合の中での財務体質の強化による競争条件の改善の必要性などがある。いずれにしても保険会社と比べて共済は小規模であるものの、疾病給付に関しては民間保険会社や福祉厚生機関を凌ぐ市場占有率を有している。現在、共済については、フランス共済全国連合会（FNMF）の下にほとんど全ての組織が全国組織化されている[310]。

---

(309) 　Acam, *Rapport d'activité* 2008, p.4（保険関係の機関は、民間保険会社386、共済973、福利厚生機関が61、計1,420となっており、共済は約69％を占める。）

(310) 　最も重要な連合会であるフランス共済全国連合会（FNMF）のほか、労働組合のう

第 2 部　第 3 章　社会保障関連制度の法的性格

3　共済の概念

　共済は、現在社会保障法典とは別の体系である「共済法典（Code de la mutualité）」によって規律されている[311]。その共済法典の冒頭にある目的規定（L.111-1）によれば、共済は次のように定義される[312]。

　「L.111-1 条　I．共済は、非営利の私法人である。……共済は、その組合員の文化、精神、教養及び肉体の発展並びにその生活条件の改善に寄与するために、とりわけその組合員の保険料により拠出される掛金により、当該者及びその被扶養者の利益のために、その規約に規定する条件に基づき、福利厚生、連帯及び互助に関する事業を営む。……」

　続いて共済が目的とすべき事業としては、次のようなものが規定されている[313]。

　　ちのCGTに近い立場のフランス共済連合会（FMF）、共済全国職業間連合会（FNIM）があった（J.-J. Dupeyroux et al., *op.cit.*, p.1105）。このうちFMFは、2002年からFNMFに加盟している。
[311]　現在の共済法典は、EU指令に対応するとともに、①共済に関する1898年4月1日付法律、②共済の地位に関する1945年10月19日付令第45-2456号、③共済法典の改正に関する1985年7月25日付法律第85-773号の原則を踏まえて条項を現代化するため、2001年4月19日の勅令第2001-350号により改定されたものである（X. Camlong, *Mutualité et prévoyance complémentaire*, L'Argus, 2005, p.86）。なお、現在においても、共済は共済法典以外に商法典が準用されたり、エヴァン法等の規整が適用されることに留意する必要がある（*ibid.*）。
[312]　2001年の改正前は、次のように定義されていた。
　　「L.111-1 条　共済は、その組合員の保険料により、組合員及びその家族のために、とりわけ次のことを確保するために、福利厚生（prévoyance）、連帯及び互助に関する事業を営むことを任務とする非営利の団体である。
　一　人に関わる社会的リスクの防止及びその結果の回復
　二　出産の促進並びに児童、家族及び高齢者・障害者の保護
　三　組合員の文化的、精神的、知的及び身体的な発達並びにその生活条件の改善」
[313]　共済の保険事業の概念を理解するには、EUの保険指令等が採用する「生命（vie）」関連事業と「非生命（non-vie）」関連事業の区分を踏まえる必要がある（M. Roacard, *Mutualité et droit communautaire*, La documentation française, 1999, pp.13-15）。すなわち、EU法では、保険事業者（entreprise d'assurance）の活動を通常の対人保険及び対物保険に区分するのではなく、生命関連事業と非生命関連事業に区分している。このうち生命関連事業には、人の生存・死亡・混合保険、年金、トンチン年金、婚姻・出生保険、労災を含む事故保険等が含まれるのに対して、非生命関連事業には、労災を含む事故保険、疾病保険、自動車・鉄道・飛行機・船舶保険、貨物保険、災害保険、その他の損害保険、信用保険、保証保険等

第 4 節　共済との比較

① 保険事業
　・事故及び疾病に関連する肉体的損害のリスクの保障
　・その履行が人生の期間に依存する約定（すなわち、老齢、死亡）の締結、結婚又は子供の出産の場合の一時金の支給、一定の約定を締結する場合の積立を目的とする貯蓄
　・法的な保護及び人的な支援に関する事業
　・失業に関連する所得喪失に対する保障
　・組合員の住居又はその被扶養者の住居の取得、建築、貸与又は改善を目的として、その参加組合員によって契約された約定に対する共済による保証
② 事故又は疾病に関連する肉体的損害のリスクの予防、並びに要介護又は障害の状態にある児童、家族、高齢者の保護
③ 社会事業の実施又は保健・社会・文化事業の管理
④ 法定の疾病・出産保険制度の管理への参加

　このような定義規定に照らすと、共済の対象には社会保障及び社会扶助が対象としないリスクも含まれることになり、結果として共済の射程は人に関わる全てのリスクに及ぶことになる[314]。つまり、共済は疾病保険の補足的な給付のほかにも、制度上は年金、死亡、労務不能等の様々な保険を提供することが可能となっている。現実には共済の活動の主舞台は疾病の分野であり、近年になり競争が激化し共済のアイデンティティが問われているものの、共済は医療費の一部負担の補填に関して、現在でも枢要な役割を果たしている[315]。

　共済がこのように社会保障と関連しつつも別個の制度であり、かつ、保険的方法によるリスクの保障を目的とすることから、共済は社会保障のみならず民間保険との関係でもその位置付けが問題となる。もちろん、保険会社の中には、共済の名称を付する共済形態の民間保険（société mutuelle d'assurance, société à forme mutuelle）もあるが、これはあくまで保険法典の規整に服する営利法人であり、共済とは異なる[316]。

―――――――――――

　が含まれる。従って、労災を含む事故保険は両事業の相互乗り入れの分野ということになる。これを共済との関係で考えると、疾病保険は他の事故と同じように非生命関連事業ということになるのに対して、年金、結婚、出産等の分野は生命関連事業ということになる。
(314)　X. Prétot, *Les grands arrêts, op.cit.*, p.655
(315)　G. Huteau et E. Le Bont, *op.cit.*, p.395
(316)　*ibid.*, p.396. 共済法典 L.122-3 条によれば、共済形態の保険会社が会社名に「共済

第 2 部　第 3 章　社会保障関連制度の法的性格

　しかし、共済と民間保険との関係について、より本質的な問題は別のところにある。例えば、保険に関する法令（1930 年 7 月 13 日の法律）が保険会社でなく保険という法的手法を規律するものであるなら、保険的手法を用いる限り、共済にも当該法令が適用される余地があるのではないかという疑義である。この共済と保険との関係については、次の 1972 年 2 月 18 日の破毀院判決（Cass. ch. mixte, 18 février 1972, Sté Union mutuelle des sportifs c/ Bertrand, n° 70-12469; J.C.P., 1972. II. 17091）により、2 年の消滅時効の進行が鑑定人の指名により中断するという 1930 年 7 月 13 日の法律の規定は民間保険についてのみ適用があるものであって、共済法典に基づく制度である共済には適用されないことが示されている。したがって、保険的方法によるとはいえ、共済に対しては、共済法典に保険法典と同様の規定が設けられることがあるにせよ、民間保険に関する法令の直接的な適用が制限されることになる。

「法廷は……単一の攻撃防御方法の第一分肢について……民法第 1134 条に鑑み……異議が申し立てされた認容判決は、スポーツ共済連合会が 1965 年 1 月 31 日のサッカーの試合の最中の骨折の犠牲者であり当該共済加入者であるベルトゥランに保険契約の規定する年金を支払うよう命じたことから……このため、当該判決は、1968 年 4 月 26 日にベルトゥランによって起こされた行動が消滅時効に該当するとの共済の主張を、彼が「全ての補償に関する行動及び申請は事故から 2 年の期間で時効消滅する」と規定する内部規則の条項を承知していることが証明されていないとの理由で排除したことから……しかしながら、原審の裁判官の前で弁論において、ベルトゥランはこの規定の不知に関して主張せず、この結果、共済連合会は、この主張を否定することができる文書を必要に応じて提出したり、それについて論ずるに至らなかったことから……したがって、控訴院は、係争の限界の外で判決を行い上記条項を侵した……攻撃防御方法の第二分肢について……1930 年 7 月 13 日の法律第 27 条第 2 項に鑑み……この条項が規定する鑑定人の指名は、通常の理由とともに、当該法律第 25 条により規定された 2 年の消滅時効を中断する性格を有するが、問題となっている法律によって規制される保険契約に起因する行為についてのみ適用されることから……異議が申し立てられた判決は、ベルトゥランによって起こされた行動の時効から導き出される攻撃防御方法を退けるため、この時効がまず 1965 年 11 月 22 日の共済からの支払いにより中断し、次に、1930 年 7 月 13 日の法律第 27 条第

（mutuelle）」を付す場合にも、常に「保険（assurance）」と一緒であることが必要であり、こうした例外を除き、共済に相当する名称（mutuel, mutuelle, mutualité）を付すことは禁じられている。

第4節　共済との比較

2項に基づく1967年9月15日付の急速審理手続きによる命令による鑑定人の指名により再度中断したとの認定を行ったことから……しかしながら、スポーツ共済連合会のような共済法典による規制を受ける共済会（société mutualiste）の場合には、同法典第5条第5項に基づく定款が何よりもその加入者の義務と権利とを規定しており、共済会への加入に伴う契約関係は1930年7月13日の法律の規定の対象外であることから……控訴院は、その行った判決により、上記条項の適用の誤りを犯した……
　これらの理由から……1970年4月28日パリ控訴院により当事者に出された判決を破毀・取り消し、アンジェ控訴院に再送する。」

4　共済の事業内容

　共済の主たる事業が疾病保険の一部負担等の補塡を中心に展開されてきたことは既に述べたが、共済法典上は、これに限らず福利厚生、連帯及び互助に関する広範な事業が行い得ることになっている。
　ところが共済の事業実施に当たっては、保険事業の兼営禁止ともいうべき「専門性の原則（principe de spécialité）」が適用されることが問題となる[317]。この原則は、経緯的には1992年のEU指令（Directive 92/49/CEE et 92/96/CEE du Conseil du 18 juin et 10 novembre 1992）の国内法制化を図るため、2001年4月19日付勅令（Ordonnance n° 2001-350 du 19 avril 2001）による共済法典の全面改正により明確に規定されることになったものである[318]。また、この原則の主眼は、保険事業者が保険以外の事業を兼営し、その結果として保険事業の健全性が危殆することを防止する点にある。より具体的に言えば、保険以外の事業（例えば医療・福祉施設の経営）に起因するリスクは、保険の健全性に関する規則によっては回避できないことから、想定外のリスクから本業である保険事業を守ろうという発想が専門性の原則の根底にはあることになる[319]。
　ところでEU指令が言うところの専門性の原則であるが、これは大別すると、
① 外部的専門性（spécialité externe）の原則……保険事業と他の商業活動との兼営の禁止
② 内部的専門性（spécialité interne）の原則……保険事業のうちの生命関連事業

---

(317)　J.-J. Dupeyroux et al., op.cit., pp.1062-1063, pp.1105-1106
(318)　1992年のEU指令は、保険会社の場合には1994年1月4日法律第94-5号により、福利厚生機関の場合には1994年8月8日法律第94-678号により国内法制化が実施されていた。
(319)　M. Roacard, op.cit., pp.44-45

と非生命関連事業との兼営の禁止
から構成される[320]。このうち外部的専門性の原則にいう商業活動（activité commerciale）は営利といった狭い意味ではなく、そこには保険事業者と競争関係に立つその他の事業が広く含まれるとされる。また、指令の適用対象である保険事業者（entreprises d'assurance）には、民間保険会社のみならず共済も含まれる。従って、共済が実施する保健・医療・福祉関係の施設等の運営事業も兼営禁止原則に抵触することになる。このため共済法典では、共済の事業のうちリスクに対する保障を内容とする保険事業（再保険及び代行（substitution）を含む。）と、予防事業や保健・福祉事業等の事業を兼営することが原則として禁じられることになった（CM. L.111-1）。

　この専門性の原則に対する例外は、保険事業を行う共済がその付帯事業として共済加入者等に限定して予防事業や保健・福祉事業等を保険契約に係る現物給付として実施する場合である。しかし、共済が専門性の原則を回避し本格的に予防事業や保健・福祉事業を実施する手法としては、共済自ら代行法人（専用集団（groupement dédié））を創設することが可能である[321]（図表3-4-2）。これは、ある共済が総会で当該共済の成り代わりとしての代行法人の創設を決定し、共済法典の共済設立の手続きに従って代行法人を設立するという方法である（CM. L.111-3、L.114-9、L.114-12、L.114-23等）。経緯的には、フランス共済全国連合会（FNMF）が共済法典の改正に際して提案した「共済利益集団（groupement d'intérêts mutualistes）」のアイデアを継承する仕組みである[322]。すなわち、兼営禁止の原則に鑑み、共済（総会、理事会）が有する権能及び原資を一部を姉妹共済組織（mutuelles sœurs）である共済利益集団に移管し、そことの契約に基づき保険事業以外の事業を当該共済利益集団に行わせる仕組みである。

---

(320)　*ibid.*, p.16
(321)　X. Camlong, *op.cit.*, p.134
(322)　M. Roacard, *op.cit.*, pp.40-48

第4節　共済との比較

―――――――― 図表3-4-2　**代行法人の創設** ――――――――

目的：専門性の原則の遵守

設立母体である共済の総会による設立決定（L.111-3、L.114-9 f)）
　・定足数及び特別多数決の充足（L.114-12 1）
　・余剰資産の範囲内での出資及びソルヴェンシーに関する規則の遵守

⇩

代行法人の設立総会（L.111-3）
　・定款の採択
　・理事の任命
　　設立母体である共済の出身理事が2/3を超えないこと
　　理事の兼職制限の上限数の計算上専用集団を算入しないこと（L.114-23）
　・設立母体である共済とは異なる会計人等の任命（L.111-3、L.114-38）
　・（必要な場合）予想財務計画の承認

⇩

全国共済名簿への登録（L.111-1、R.414-1）

⇩

認可の申請（L.211-7）

（注）　代行法人の掛金が設立母体の共済の掛金に含まれる場合には、代行法人の定款の中に掛金の配分割合を規定する必要がある（L.111-3）。
（出典）　X. Camlong, *Mutualité et prévoyance complémentaire,* L'Argus, 2005, p.135 を一部加筆修正

　このような共済制度の見直しは、EU指令に基づき共済と民間保険会社等とを同一平面に置くものであり、共済の独自性を主張する共済関係者の反対の中で行われた。しかし、その一方で制度見直しは、老齢等の長期リスクの保障を行う共済が疾病等の短期リスクを兼営することを可能にするものであったことに留意する必要があろう[323]。確かに、疾病以外の各種社会的リスクに関連する福利厚生

---

[323]　従来の制度では、短期保険である疾病保険の一部負担等の補填や休業補償は保険技術上の問題があまりないのに対して、事故、労働不能・障害、老齢、死亡等の長期リスクに関するいわゆる福利厚生となると、共済がそれらの事業を実施するためには、それ相応の保険技術及び資産管理が必要となるため、共済法典は、事業の適正な実施確保の観点から、原則として、共済自体ではなく、自律共済金庫（caisse autonome mutualiste）又は全国福利厚生金庫（caisse nationale de prévoyance）のみが福利厚生事業を実施できることを規定していた（旧CM. L.321-1等）。さらに、自律共済金庫も、老齢、死亡等の人の生涯の期間に係るリスクと事故及び労働不能・生涯のような単発のリスクとを同じ金庫で兼営す

事業は、共済に関する 1898 年の憲章（Charte de la mutualité）でも想定されていたが、実際にこうした事業が拡大されるのは、1970 年の末からであった[324]。その点で、共済の専門性の原則は、民間保険会社等との競争の増大と相まって、共済の事業展開に影響を与えることになったことを指摘しておきたい。

5　共済の法的枠組み

共済の法的枠組みとして、サン・ジュール（Y. Saint-Jours）氏は、共済契約（contrat mutualiste）、共済会規約（statuts de sociétés mutualistes）、共済組織（structures mutualistes）の 3 点を挙げる[325]。同時に共済の特徴としては、共済契約が存在するとともに、共済会規約に基づき連帯のための活動を行い、それに対応する保険料を徴収するといった目的（spécialité）を遂行し、目的遂行に必要な権利義務の主体としての能力（capacité civile）を有すること、そして、共済特有の組織を備えていることが、共済に独自性を付与している。このような共済がその遂行する目的・活動に適合するべきことを専門性の原則（principe de spécialité）というが、これが共済の活動に一定の制約を課していることは前述のとおりである[326]。

ここで共済の特徴を共済法典に則して述べれば、次のようになる（図表 3-4-3）。各共済の本部、目的、加入・脱退、理事会等の組織、組合員の権利義務等については、規約準則に従い作成された規約で規定される（CM. L.114-4 等）。共済の最高意思決定機関は、組合員等で構成される総代会（Assemblée Générale）である（CM. L.114-6 等）。総代会は少なくとも年 1 回開催されることになっている（CM. L.114-8）が、通常の運営管理は理事会（conseil d'administration）に委ねられている（CM. L.114-6 等）。共済には被用者として勤務する職員等もいるが、無報酬を原則として共済の意思決定及びその執行に当たる総会及び理事会とは制度上

ることは認められていなかった（旧 CM. R.321-2）。従って、全てのリスクをカバーするためには、二つの自律共済金庫を創設する必要があった。また、自律共済金庫は共済によって創設され、共済とは別に管理されるが、共済から独立した独自の法人格を有するわけではなかった（旧 CM. L.321-3）。さらに、共済による福利厚生事業については、資産管理上の各種規制が設けられており、その面では、共済にも保険会社に類似する規制が及んでいた（旧 CM. R.322-1 以下）。

(324)　G. Huteau et E. Le Bont, *op.cit.*, p.405
(325)　Cass., ch. mixte, 18 février 1972, *Sté Union mutuelle des sportifs c/ Bertrand*, J.C.P., 1972. II. 17091
(326)　X. Camlong, *op.cit.*, p.136

第 4 節　共済との比較

は一線を画されている。換言すれば、共済の管理運営は民主的な原理に則った総会及び理事会によって担われている。このため総会の意思決定も、一人一票（un homme, une voix）の原則により行使されることになる[327]。なお、共済事業の健全性確保に関しては、共済以外に保険会社及び福利厚生機関も含めた監視機関として監査委員会（commission de contrôle）が設置され、共済に対して報告徴収を求めたり、必要に応じて勧告を出したり、是正措置を命じたりすることができることになっている（CM. L.510-1）。

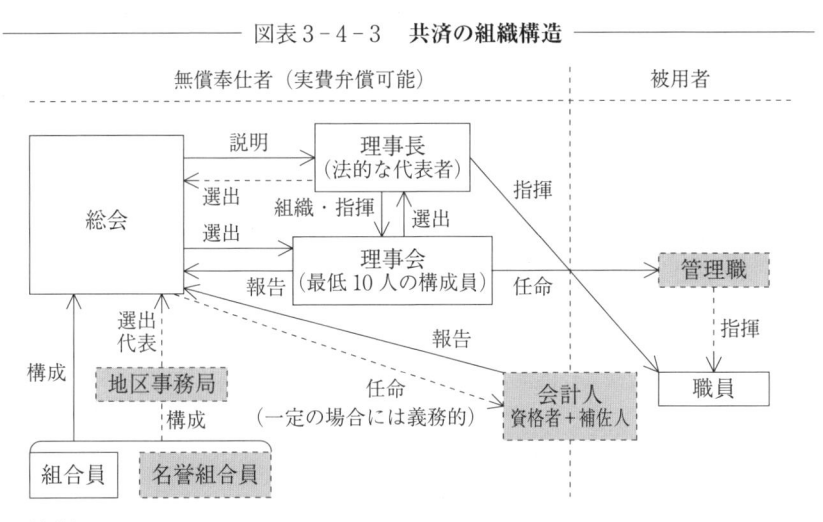

図表 3-4-3　**共済の組織構造**

```
          無償奉仕者（実費弁償可能）             │    被用者
                                                │
              ┌──説明──→ ┌─理事長────┐   │
              │           │（法的な代表者）│   │
              │←─選出── └───────────┘   │
   ┌──────┐    組織・指揮│ ↑選出         指揮│
   │      │←─選出────→┌─理事会────┐→┌──────┐
   │ 総会 │              │（最低10人の  │  │ 管理職 │
   │      │←─報告──── │ 構成員）    │  └──────┘
   └──────┘             └──────┘   任命│  ↓指揮
      ↑    選出                 │ 報告       │
      │    代表│                │            │┌──────┐
      │   ┌──────┐    任命    ↓            │职員    │
   構成│  │地区事務局│（一定の場合には義務的）└──────┘
      │   └──────┘       ┌──────┐
      │     構成│            │ 会計人  │
   ┌──────┐ ┌──────┐   │資格者＋補佐人│
   │ 組合員 │ │名誉組合員│   └──────┘
   └──────┘ └──────┘
```

（出典）X. Camlong, *Mutualité et prévoyance complémentaire*, L'Argus, 2005, p.225

　共済の団体組織として、共済を構成員とする協会（union）のほか共済及び協会を構成員とする連合会（fédération）の設置が認められている（CM. L.111-1 等）[328]。このうち連合会は、社会的リスクの保険自体を行う組織ではなく、共済の利益を代表した活動のほか保健・福祉事業や予防活動を行う。また、連合会は、共済の再保険や保証事業を担う協会を設立することができる[329]。
　共済のこのような自律的な連帯組織としての特徴にも関わらず、共済の設立等

---

(327) *ibid.*, p.224
(328) Y. Saint-Jours, *Traité de sécurité sociale, Tome I, Le droit de la sécurité sociale*, L.G.D.J., 1984, pp.475-477
(329) J.-J. Dupeyroux *et al.*, *op.cit.*, p.1107

第2部　第3章　社会保障関連制度の法的性格

は準則主義ではなく、行政による各種許認可や監督に服することになっている（図表3-4-4）。例えば共済会規約の定立及び変更に当たっては、共済は担当大臣又は県保健・社会問題局（DDASS）又は大臣の承認（agrément）が要求される（CM. L.211-7、CM. R.211-7等）。このため当該承認は行政行為（acte administratif）としての性格を有することになり、申請の却下は越権訴訟の対象となる。

図表3-4-4　共済会規約の承認

	規約の承認	規約の変更*
管轄行政庁	共済担当大臣又は県保健・社会問題局（県知事の委任による）	
手続き	事前承認が必要であり、事務処理期間は3月（行政による不作為は、申請の却下と見なされる。）	承認が必要であるが、3月の事務処理期間を超過した場合には、黙示の承認と見なされる（理由を通知すれば、1回に限り処理期間の延長が可能）
承認の却下事由	・法律又は規約例の義務的条項に違反する場合 ・支出又は約定に不相応な収入	左に同じ

*　掛金及び給付の金額又は料率は、1月内に届出を行えばいいことになっている。
（出典）　Liaisons sociales, *La prévoyance complémentaire*, Supplément au n° 12020 du 29 séptembre 1995, p.101

6　共済契約の特質

共済が連帯あるいは相互扶助の精神に根差した制度であり、共済契約により当事者の法律関係が成立することは既に述べたが、このことは共済への加入が相互の意思の合致という契約的基礎の上に成り立っていることを意味する。そこで、ここでは共済の契約の側面をより詳細に検討する。

まず、共済の特質は、それが掛金及び給付に関して民間保険と同様の契約としての性格を有することは勿論であるが、同時に加入者としての地位に由来する身分的規定（dispositions statutaires）の適用を受ける点にある[330]。つまり、加入者は共済という社団の構成員であり、契約内容もその加入者により構成される総会によって規定されるのである。そして、この結果として共済の加入者は、民間保険と異なり共済との関係で消費者であると同時に意思決定者の地位を有することに

---

(330)　M. Roacard, *op.cit.*, pp.33-34

第4節　共済との比較

なる。
　次に共済法典に則して、共済契約について検討を加える。その点では、共済法典（L.221-1）が重要である。それによれば、「参加組合員又は名誉組合員と共済又は連合会との相互の約定は、加入文書への署名、場合によれば団体契約への加入により発生する」と規定されており、その上で加入方法は次の2種類に分けて規定されている[331]。

「L.221-2　I．契約上の約定は、個人的事業又は団体的事業に対応する。
　II．ある者がL.111-1条Iの1°規定する活動の枠組みにおいて共済又はその共済への加入の結果として連合会への加入文書に署名することにより行われる事業を個人的事業（opération individuelle）という。……
　III．次の事業を団体的事業（opération collective）という。
　1°　……
　2°　……」

この条項が規定するように、共済への加入方法は、
① 個人的加入
② 団体的加入
に分かれる[332]。このうちでも個人的加入が共済の基本である。この個人加入の場合、加入は個人の意思に基づく任意であり、共済と加入者との間の任意の契約により成立する。このため、企業委員会（comité d'entreprise）であっても、被用者の共済への加入を義務化することはできないことは、破毀院も認めるところである。すなわち、企業委員会には、労働組合と同じ意味での被用者の代表性がない

---

[331]　2001年の改正前の共済法典では、組合員の権利義務について次のように規定していた。
　「L.121-1条　共済は、一方において、保険料の支払いと引き替えに、社会的給付の権利を取得するか、取得させる加入員を、また、他方において、社会的給付を受給しないで、保険料を支払い、寄付を行い、又は同等の役務を提供する名誉会員を認める。
　　共済が団体相扶共済、とりわけ団体的福利厚生及び保険に係る特定活動に関する1959年1月7日勅令第59-75号により規定される福利厚生に参加するときには、共済への加入は、労働契約、協約、団体合意、若しくは、国務院の政令により規定される条件に従い、事業主から提案されたか、又はこの目的のために関係者を代表する権限のある団体により同意された合意案に対する関係者の過半数以上の承認により生ずる。関係者は、共済に個人資格で加入する組合員である。」

[332]　*ibid.*, p.1007

第 2 部　第 3 章　社会保障関連制度の法的性格

ことから、破毀院は、1996 年 3 月 27 日の判決においても、企業委員会には共済組合への加入を強制する権限はなく、各人が個人的に加入に同意するのであれば格別、そうでなければ、企業委員会が共済組合への加入を決定したからといって、事業主が掛金を賃金から天引きするのは、民法第 1134 条に反するとして、次のように判示している[333]。

「民法第 1134 条に照らし、
　1988 年、1989 年及び 1990 年の賃金から徴収された出版産業共済組合の掛金の返還を求めるバリュ氏の請求を棄却するために、控訴院は、1989 年 1 月 9 日の決定により、ラ・モンターニュ社の全ての従業員に対して義務的となる出版産業共済組合への加入が 100％の給付に関するものであることをラ・モンターニュ社の企業委員会が決定したこと、また、掛金の増額を必然的にもたらすこの決定が全ての人に課せられることを被用者は無視できないと判示したことに鑑み、
　一方では、企業委員会には、共済組合への加入を被用者に強制する権限がなく、他方では、控訴院は被用者が個人的に出版産業共済組合に加入したことを確認していないにもかかわらず、このような判決を下していることから、控訴院は上記の条項に違反することに鑑み、
　これらの理由から、1988 年、1989 年及び 1990 年の共済組合の掛金の返還に関する請求についてのみ、1992 年 9 月 7 日のリオム控訴院の判決を当事者との関係で破棄し、取り消し、前述の判決より前に存在した状況に関する原因及び当事者に関しては、理由あるものとして、リモージュ控訴院に差し戻す。」

留意すべきは、共済への加入は任意であるが、その契約内容は共済規約又は定款により拘束されることから、契約としては附合契約（contrat d'adhésion）の性格を有することである[334]。このため、個人的加入については、定款等に従って加入資格を特定の団体の会員や組合員に限ることも、一定の要件に該当しなくなった場合に給付を停止したり、組合員資格を剥奪することも可能となる[335]。なお、ここで契約の基礎となる共済規約が掛金及び給付に関する加入者と共済との契約内容を規定する文書であるのに対して、定款は共済の加入者及び機関を規律する設立文書である（CM. L. 114-1）。

---

(333)　Cass. soc., 27 mars 1996, *Baruch c/ Sté La Montagne*, n° 92-44933 ; RJS 5/96 n° 562
(334)　X. Prétot, *Les grands arrêts*, *op.cit.*, p.658; Y. Saint-Jours, *Traité de sécurité sociale*, *op.cit.*, p.476
(335)　X. Prétot, *Les grands arrêts*, *op.cit.*, p.658

第4節　共済との比較

　このような特徴を有する共済の加入契約は、私法上の契約と解されている[336]。この点は、組合員が公務員であって国の補助を受けている共済の場合でも異なるところはなく、その場合の契約は私法上の契約関係である[337]。さらに、共済は、必ずしも企業及び労使関係の存在を前提にしないことから、被用者のみならず、退職者、非被用者等の加入も否定していない[338]。

　以上の個人的加入（①）と異なり、団体的加入（②）の場合には、職域等を単位として労働契約、労働協約・協定等に基づき共済への加入が行われる。このため、加入が個人個人の自発的意思による任意的事業（opération facultative）だけではなく、加入強制が伴うに義務的事業（opération obligatoire）がある（CM. L.221-2）。この点では、団体単位の強制加入は、少なくとも制度上は共済への任意加入の原則の例外をなす。法的には、このような加入強制については、その是非が問題となるが、破毀院は企業の従業員に団体合意に基づく加入義務を是認する判決を下している[339]。

　そこで次に、団体的加入の場合の共済契約の性格を考える必要が出てくる（図表3-4-5）。団体的加入については、個人的加入の場合と同様に加入文書への署名による共済規約又は定款への加入（附合契約）の類型のほかに、当事者の交渉による団体契約（contrat collectif）への署名による加入（談合契約（contrat de gré à gré））の類型がある[340]。さらに言えば、団体的加入の場合には、加入者個人と共済との関係が問題となる。この点に関する伝統的な分析は、保険者、申込者及び被保険者の関係を第三者のための契約とする説である[341]。この説によれば、要約者（stipulant）である事業主は、諾約者（promettant）である共済から、受益第三者（tier bénéficiaire）である加入者に対する債務を負担することになる。この結果、受益を表明した加入者に対する保障は撤回不能となり、当該加入者は共済に対して直接給付を請求することができることになる。ただし、団体的加入であっ

---

(336)　ibid., pp.657-658
(337)　CE, 20 juillet 1988, Coulet, D. 1989, Somm. 311, obs. X. Prétot
(338)　Liaisons sociales, op.cit., p.100
(339)　Cass. soc., 5 juin 1986, Société Renault Véhicule industriels c/ Azzouz, n° 83-44750; RTD sanit. soc., 1987. 453, obs. D. Thouvenin（事業所内労働協定に基づき加入が義務付けられた場合に、共済掛金の給与天引きを容認）; Cass. soc., 5 novembre 1996, Mutuelle de la Dépêche du Midi et autres c/ Mme Lataste, Dr. soc. 1996. 984, obs. P. Laigre
(340)　X. Camlong, op.cit., p.272
(341)　ibid., p.118

ても任意加入の場合には、要約者と諾約者との共済契約の時点では、実際のところ被用者は共済に加入しておらず、別途加入の意思を表明する必要があることから、共済契約は掛金や給付の一般的な条件を規定した枠組契約（contrat cadre）に止まり、被用者は加入書類に署名することで共済に加入することになる。その点では、団体的加入であっても任意の共済の場合には、第三者のための契約というよりも契約群の理論（théorie de groupes de contrats）に近いとの指摘もある[342]。そのような理解に立つ場合、任意加入の共済については、契約は契約当事者のみを拘束するという契約の相対性（民法1165条）で捉えるよりは、枠組契約に基づき形成される契約の総体として捉える方が実態に合致することになる。

図表3-4-5　**共済契約の性格**

個人的加入	団体的加入	
加入文書 ・共済規約又は定款への加入（CM. L.221-1、L.221-2Ⅱ）	加入文書 ・共済規約又は定款への加入（CM. L.221-1、L.221-2Ⅲ）	契約書 ・定款への加入 （CM. L.221-1、L.221-2Ⅲ）
附合契約（contrat d'adhésion）	附合契約（contrat d'adhésion）	談合契約（contrat de gré à gré）
理事会の提案に基づく総会による変更（CM. L.114-1第1項、L.221-5Ⅰ）	理事会の提案に基づく総会による変更（CM. L.114-1第1項、L.221-5Ⅰ）	当事者の署名による変更契約書による変更（CM. L.221-5Ⅱ）

（出典）　X. Camlong, *Mutualité et prévoyance complémentaire*, L'Argus, 2005, p.273

　いずれにせよ団体的加入による共済は、何れの形態であっても集団的保障であることには違いはない。このため、企業委員会（comité d'entreprise）との間で労働法典（L.2323-1以下）に基づき、制度実施に関する事前協議、実施後の定期協議、制度変更の際の狭義等が義務付けられることになる（図表3-4-6）。この他にも指摘すべき点としては、団体加入を加入単位で見ると、企業別又は企業間共済（mutuelles d'entreprises ou interentreprises）、職域別又は職域間共済（mutuelles à caractère professionnel ou interprofessionnel）等の形態が存在することである（CM. L.115-1、CM. L.115-4）。このうち企業別・企業間共済は、特定の企業又は企業連合体の被用者及び退職者並びにその被扶養者を対象にして事業を行う共済であり、企業委

---

[342]　*ibid.*

第4節　共済との比較

員会（comité d'entreprise）の管理の下に置かれる。これに対して、職域別・職域間共済の場合には、共済の理事会の決定に基づき、傘下の企業を単位に支部（section）を設置することができる（CM. L. 115-1）。

　共済契約について最後に指摘すべきは、1989年のエヴァン法の影響である。既に述べたようにエヴァン法は福利厚生制度全体を通じて加入者等の権利保護のための共通の仕組みを導入することを主眼としており、当然ながら共済もその射程に入り得ることになる。エヴァン法の影響としては、
　①　団体加入の場合の退職者、失業者及び障害者に対する権利の存続義務と
　②　共済、民間保険及び福利厚生機関に対する規整の均一化
が挙げられる。このうち①により、共済のみならず民間保険も集団保険による団体加入に関する限り、ハイリスク集団を除外することができなくなり、ハイリスク集団の引受けを共済と保険会社が分担することになった[343]。これに対して②は、共済、民間保険、福利厚生機関が活動する保障リスクの垣根を取り払うものであり、従来にも増して医療分野における競争が拡大することにつながった[344]。

　このほか共済の契約で重要な点は、医学的選別（sélection médicale）を禁止していることである。すなわち、「悪いリスク（mauvais risques）」といわれる病歴、既往症等を有する高齢者等を加入対象から排除したり、通常より高い掛金を設定したりするリスク選択が禁止されている（CM. L.112-1等）。その結果として、民間保険のような給付・反対給付均等の原則は自ずと成立しないことになる[345]。要するに、このような加入者間の処遇平等の原則（principe d'égalité de traitement）こそが、共済が脈々と引き継ぐ連帯主義の伝統であり共済の倫理的価値でもある[346]。実際、共済においては、
　①　組合員又は給付を受けようとする者に係る医学的情報の収集

---

(343)　P. Toucas-Truyen, *op.cit.*, p.113
(344)　*ibid.*
(345)　共済は、民間保険では必然的と思われる給付・反対給付均等の原則に基づく個別保険料を採用しない点で異色である。共済においては、危険混合の原則が重視され、年齢等の限定的な事由のみ掛金の等級化が可能であるが、それ以上の掛金の個別化は認められていないことから、保険学的には個別保険料主義ではなく平均保険料主義の考え方に立っていると言えよう。なお、保険料設定に関する保険学的な技術については、真屋尚生『保険理論と自由平等』（東洋経済新報社、1991年）6頁を参照。
(346)　P. Morvan, *Droit de la protection sociale, op.cit.*, p.561

437

第 2 部　第 3 章　社会保障関連制度の法的性格

─── 図表 3-4-6　**団体加入の場合の企業委員会及び被用者との協議等** ───

	企業委員会	被用者
制度実施前	○被用者が享受する集団的保障の条件改善に向けた提案に関する提案（CT. L.2323-1、CSS. L.911-2） ○義務的な事前通知及び協議（CT. L.2323-27、CSS. L.911-2 等）	
制度実施期間中		○事業主による被用者への保障及び適用に関する詳細情報の通知（エヴァン法 12 条、CM. L.221-6）
制度実施後	○（要請により）毎年：保険契約の決算に関する報告の事業主からの提出（CT. L.2323-49、CT. L.2323-60、エヴァン法 15 条） ○毎四半期：企業からの掛金拠出の遅延に関する事業主による通知（CT. L.2314-31） ○被用者が享受する集団的保障の条件改善に向けた提案に関する提案（CT. L.2323-1、CSS. L.911-2）	
制度変更時	○義務的な事前通知及び協議（CT. L.2323-27、CSS. L.911-2 等）	○下記のリスク保障の削減に関する加入被用者に対する事業主からの文書（手紙、通知）による事前情報提供の義務（エヴァン法 12 条、CM. L.221-6） ・死亡 ・人の肉体の完全性への侵害 ・母性関係 ・労務不能 ・障害

（出典）　X. Camlong, *Mutualité et prévoyance complémentaire*, L'Argus, 2005, p.107 を一部修正

②　健康状態に応じた掛金の設定

が禁止されているが、これも平等原則の反映である[347]。

---

(347)　X. Camlong, *op.cit.*, p.240

第4節　共済との比較

　さらに言えば、この平等処遇の根底にも連帯の存在があると考えられる。その証に医療費償還等に関する共済契約のうちでも、上記①及び②の要件に該当する契約類型（個人的加入又は任意的な団体的加入の場合には①及び②の要件、強制的な団体的加入の場合には②の要件）は、一般租税法典（CGI. 995条）上「連帯契約（contrat solidaire）」と呼ばれ、保険契約関係の税（疾病保険契約特別税7％）が非課税となっており、一般の保険契約とは異なる扱いを受けている[348]。ただし、全ての加入者の掛金が同一ということではない（図表3-4-7）。共済法典（CM. L.112-1）によれば、共済の掛金に差を設けられる事由は、所得、共済への加入期間や加入している社会保障制度、居住地、被扶養者の数、加入者の年齢が限定列挙されており、その範囲での掛金の差は許容される[349]。同様に給付に差を設

―――― 図表3-4-7　医療費償還等に関する共済契約の掛金及び給付の基準 ――――

対象となる契約	: 疾病、母性又は事故に起因する費用の償還又は補償に関する個人的又は任意的な団体的加入による事業 ＋ 禁止事項： 　a．加入者又は給付を受けようとする者に係る医学的情報（問診票）の収集 　b．健康状態に応じた掛金の設定

掛金	給付
次の6つの基準に応じた設定 ①所得 ②共済への加入期間 ③加入している社会保障制度 ④居住地 ⑤被扶養者の人数 ⑥加入者の年齢	次の2つの基準に応じた水準 ①支払い掛金 ②家族の状況

（出典）　X. Camlong, *Mutualité et prévoyance complémentaire*, L'Argus, 2005, p.241 を一部修正

---

[348]　民間保険会社や福利厚生機関の場合にも、共済と同じようにリスク選択をしないなどの要件を満たせば、連帯契約として疾病保険契約特別税が非課税となる。

[349]　逆に言えば、年齢に応じた掛金設定は許容されることから、若い年齢層の加入者を集めることが財政収支の改善に繋がることになる。

けることも制限されているが、支払われた掛金及び加入者の家族構成の違いに応じた給付は許容されている[350]。

7 共済における権利保全

共済の契約内容の変更は、個人的加入と団体的加入の場合とで手続きを異にする[351]。まず、個人的加入の場合には、規約の変更は理事会からの提案に基づき総会で可決されることが必要である（CM. L.114-1）。さらに加入書類に規定された保障の変更が加入者に対して対抗力を有するためには、当該変更が各加入者に通知されることが必要である（CM. L.221-5）。これに対して団体的加入の場合には、共済契約が定型の加入文書への署名（付合契約（contrat d'adhésion））ではなく個別協議に基づく集団契約への署名（談合契約（contrat de gré à gré））によるのであれば、契約の変更も関係者による変更契約への署名により確認される必要がある（CM. L.221-5）。

このような契約変更のうち団体的加入については、既に述べたように共済に関してもエヴァン法の規整が及ぶことになる[352]。例えば、契約変更により給付が削減される場合、契約者は加入者に対して当該削減を文書で事前に通知しなければならない（エヴァン法第12条）。また、死亡、障害等を事由とする年金形式の給付については、契約が廃止されたり、更新されなかった場合であっても、共済は契約の終了直前の水準で給付を継続することが義務付けられている（エヴァン法第7条）。ただし、共済等の保険者が変更されるようなケースでは、元の保険者が従来の給付を継続するのではなく、新たな保険者が原資の移管を受けて従前分も含めて給付を行うという選択肢もあり、かつ、それの方が一般的であるとされる（図表3-4-8）。

この他にも、エヴァン法は共済の団体的加入の場合の加入者の権利保全のための措置を設けているが、その要点は、契約期間を通じて潜在的状態にある給付、繰延状態にある給付、既得権化した給付又は既発生の給付は、当初予定されていた水準と同等以上の水準で引き続き支給されるべきであるという考え方に立っている[353]。詳細に見るならば、権利保全のルールは、加入が義務的か任意的かな

---

(350)　X. Camlong, *op.cit.*, p.240
(351)　*ibid.*, p.122
(352)　*ibid.*, p.120
(353)　*ibid.*, p.110

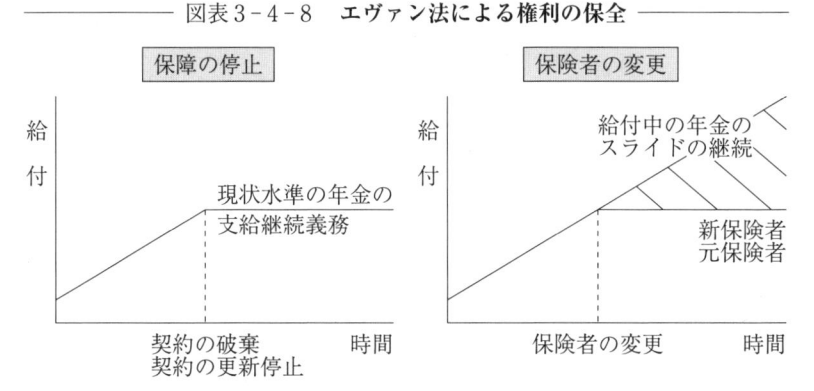

図表3-4-8　エヴァン法による権利の保全

（出典）　X. Camlong, *Mutualité et prévoyance complémentaire*, L'Argus, 2005, p.121

どの違いによって異なるが、この点は既に福利厚生に関して述べており、ここでは総括表（図表3-4-9）を掲げることに止める。

　現在、共済に関する権利保護法制は民間保険や福利厚生機関と同様なものになっている。このため共済に関しても、財政上の健全性確保のためのソルベンシー・マージン率（marge de solvabilité）、責任準備金、投資規制等の規律が適用されることになっている（CM. L.212-1 等）。また、年金事業に関しては、保障債務に応じた積立金の区分勘定による保全等の特則が設けられている（CM. L.222-1 等）。このほか、死亡保険に関する事業についても、その特殊性に応じた特則が設けられている（CM. L.223-1 等）。

　さらに共済が破綻した場合への対応としては、連合会が設ける連合会保証制度（systèmes fédéraux de garantie）から傘下の共済等の加入者に支払われる給付の仕組みがある（CM. L.111-6）。また、連合会保証制度を補完する制度としては、共済等からの拠出金によって賄われる共済・協会破綻補償基金（fonds de garantie contre la défaillance des mutuelles et unions）があり、破綻した共済等から引受先の共済等への資産移管に当たっての不足分の補填や引受先が見つからない場合の補償等の事業を行うことになっている（CM. L.431-1 等）。

8　小　括

　連帯に根差した共済の最大の特徴は、加入者間の平等であり、自主管理の原則（principe d'autogestion）である[354]。この19世紀の連帯主義以来の精神は、共済と

第 2 部　第 3 章　社会保障関連制度の法的性格

図表 3-4-9　団体的加入の場合の個人の権利保全

契約の類型	契約の状態	受給者	対象リスク	効　果	条　文
全ての類型	解　除	被用者	・人の肉体的完全性に対する侵害 ・母性 ・不能 ・障害	契約の履行期間中の潜在的状態・繰延状態・既得権状態にある給付の最終的な水準での支給（更改可能）	エヴァン法 7 条
任　意	有効又は解除	契約加入者	・疾病 ・母性 ・事故 ＋ （加入又は契約への署名から 2 年以降） ・労務不能 ・障害 ・失業リスク ・（付加的給付としての）死亡	請求があった場合の保証の切り下げなしでの費用の償還又は補償の個別的継続（加入者の属性に応じた個別の掛金）	エヴァン法 6 条
強　制	解　除	被用者	・死亡 ・人の肉体的完全性に対する侵害 ・母性 ・労務不能 ・障害	予告期間より前に行われた全ての請求に対する個別的な給付（保証に関する待機期間、病歴告知等の条件なし）の継続	エヴァン法 5 条
	有　効	不能・障害・老齢年金又は失業の場合の代替所得の受給者である元被用者（自発的退職を除く）	・疾病 ・母性 ・事故	労働契約解除後 6 月以内に行われた全ての請求につき無期限の個別的な給付（保証に関する待機期間、病歴告知等なし）の継続 掛金の増加≦被用者に適用される掛金の 50 ％	エヴァン法 4 条 90 年政令 1 条
		死亡した世帯主たる被用者の被扶養者	・疾病 ・母性 ・事故	死亡後 6 月以内に行われた全ての請求につき最低 12 月間の個別的な給付（保証に関する待機期間、病歴告知等なし）の継続 掛金の増加≦被用者に適用される掛金の 50 ％	エヴァン法 4 条 90 年政令 1 条
	有効又は解除	労務不能又は障害の状態にある被用者	・死亡 ・労務不能 ・障害	契約の解除の場合も含め労務不能又は障害の状態にある全ての期間を通じた死亡保証の継続	エヴァン法 7-1 条

（注）　90 年政令とは 1990 年 8 月 30 日政令第 90-769 号
（出典）　X. Camlong, *Mutualité et prévoyance complémentaire,* L'Argus, 2005, p.111 を一部加筆修正

第4節　共済との比較

いう集団内部でのギブアンドテイクの形で現在も息づいていることになる。確かに共済においては、保険数理的公正（équité actuarielle）に基づきリスクに応じた掛金が適用される民間保険と異なり、「同一掛金、同一給付（à cotisation égale, prestation égale）」と言われるように、理論上は性別や健康状態の如何に関わらず均一掛金が適用されることになっている[355]。従って、共済の場合には、民間保険の基本原則である給付・反対給付均等の原則が保険契約者平等待遇の原則に立脚しているのとは異なる基盤に立っていることになる[356]。対比的に言えば、民間保険が個人主義的な公平性を体現するのに対して、共済は連帯主義的な公平性を実現していることになる。

　これとも関係するが、同じ連帯に基礎を置くにしても強制加入である社会保険と異なり、任意加入を原則とする共済にあっては、悪いリスク（mauvais risques）といわれるハイリスク集団を抱えることで制度の破綻を招く可能性のみならず、過剰給付等のモラルハザードを招来する危険性を常に持ち合わせている。もちろん共済としても、加入に当たって素行良好証明（certificat de bonne vie et mœurs）の提出を求めたり、喧嘩、悪行等の問題行動に起因する傷病を保障対象から除外するなどの措置を講じている。しかし、社会的経済憲章にも謳われた人類の厚生への貢献という理念に照らして場合には、掛金設定によってハイリスク集団の問題の解決が可能は民間保険と異なり、共済においては、疾病予防等の保健福祉事業、薬局や診療所等の設置等の活動を通じた医療費抑制が重要となっている[357]。

　以上、総じて言えることは、任意加入の契約を出発点とする制度であるにもかかわらず、掛金体系を典型として連帯に根差した制度であるが故に社会保険に類似した側面を有するのが共済である。そして、そのことが民間保険等との競争関係にさらされる中で共済の強みにも弱みにもなっているといえよう。

　翻って我が国の状況を見ると、フランスのような共済に直接対応する法制度は存在しない。歴史的には、社会保険の前史においては、鐘紡を始めとする共済が

---

[354]　J.-J. Dupeyroux et al., *op.cit.*, p.1104
[355]　P. Toucas-Truyen, *op.cit.*, pp.171-173. 実際には、年齢制限、正式加入の前の予備的加入期間を設ける共済の存在が指摘されている（*ibid.*, pp.179-180）。
[356]　保険と共済の本質については、庭田範秋「保険論と共済論」三田商学研究、9巻1号（1996年）1-20頁。なお、庭田氏は、保険の本質を予備的貨幣説を発展させた経済的保障説を主張しており、それは社会保険も含めた保険をもって、経済的保障機能を達成するための予備的貨幣を社会的形態蓄積する制度として捉えている。
[357]　P. Toucas-Truyen, *op.cit.*, pp.174-175

存在したが、社会保険の登場とともに、健康保険組合等として制度内に吸収されていくことになる。つまり、健康保険実施に当たって、共済兼営方式は採用されなかったのである。この点が社会保険の先駆けとしての共済が補足的な制度として社会保障を補完することに新たな役割を見出したフランスとは異なる。敢えて共済の本質を任意加入による連帯に求めるとするなら、我が国では生活協同組合等が実施する共済がフランスの共済に比較的近いことになる[358]。このことは、我が国において、保険と比べた共済の意義が必ずしも十分認識されていないことからすれば、一つの参考になるものと思料する。

第5節　福利厚生機関との比較

1　福利厚生機関の概要

既に述べたように福利厚生 (prévoyance) は、予め予見し備えるといった意味の動詞 prévenir から派生しており、一般的には、一定のリスクに備え、それから生じる結果をカバーするための保障制度を意味する[359]。

この福利厚生機関を理解するには、歴史的経緯を知る必要がある。何故なら、福利厚生機関は、第2次世界大戦後の社会経済環境の産物であるからである。周知のように、戦後のフランスは社会保障の一般化等を目指すが、多くの試練が待ちかまえていた。まず、社会保険等については、戦前からの制度が分立しており、既存の各制度が個別の利益の温存を図ろうとした。また、年金の水準等の面での官民格差は始めとする違いが存在していた。その中にあって、福利厚生機関は、基礎的な社会保障制度及び補足制度からの年金によっては不足する退職後の所得を企業のイニシアティブで確保しようとするものであった[360]。

---

[358]　かつて庭田範秋氏は、相互扶助に関する制度を①救貧的相互扶助—全国民的相互扶助—社会保険、②連帯的相互扶助—共通基盤上相互扶助—共済、③制度的相互扶助—結成集団内相互扶助—保険に分類している（庭田範秋「新共済事業論：その理念と運動路線」三田商学研究、30巻4号（1987年）、1-18頁）。それによれば、ある特定のファクターを巡って職域、地域等の共通の基盤の上で人々が集団を形成し、その連帯の中で行われる相互扶助が共済ということになる。この点は、フランスの共済にも基本的に当てはまるところであろう。

[359]　G. Cornu, *Vocabulaire juridique*, 8ᵉ édition, PUF, 2000, p.670

[360]　G. Richarte, *La retraite surcomplémenatire d'entreprise*, Presses Universitaire d'Aix-Marseille, 1995, p.57

第5節　福利厚生機関との比較

　このよな背景の下で、第2次世界大戦後の社会保障にあって福利厚生機関は、基礎的な社会保障制度以外では共済と並んで事業を行い得る主体として独占的な地位が付与されることになった。ただ、その特徴は、戦後の集団的労使関係の中で企業のイニシアティブで創設されたという点にある。このため、福利厚生機関は企業とは別の法人格を有するが、程度の違いはともかくとして、企業との接点を有する法人であるといえる[361]。

　福利厚生機関の根拠規定を辿ると、最初に登場するのが1956年12月10日付政令第55-1279号により整備された社会保障法典第4条の次のような規定であった。

　「第1条から第3条までに規定される機関及び被用者又はみなし被用者のために単一又は複数の企業によって設立される共済を除くほか、あらゆる種類の福利厚生又は社会保障機関のみが、労働・社会保障担当大臣の認可を得て、社会保障組織から支給される給付に付加する形で給付を支給することを唯一の目的として、存続又は創設されることができる。」

　このように福利厚生機関の根拠規定が当時の社会保障法典第4条であることから、一般にL.4機関（法律第4条機関）と称されることがある。なお、同条は1945年10月4日付勅令第18条の規定を引き継ぐものである。その後、社会保障法典の改正を経て、現在、福利厚生機関（institutions de prévoyance）については、次のように規定されている[362]。

　「L.931-1条　福利厚生機関は、非営利の目的を有し、L.931-3条に規定する加入構成員及び参加構成員により同数制により運営される私法上の法人である。
　　福利厚生機関は、
　a）人の生命の期間に依存して履行される義務を参加構成員との間で契約したり、婚姻又は子供の出生の際に一時金を支給することを約束したり、積立のための貯蓄を募集したり、このため一定の義務を契約したりすること、
　b）事故及び疾病に関連する肉体的損害のリスクを保障すること、
　c）失業のリスクを保障すること
　を目的とする。

---

(361)　*ibid.*, p.58
(362)　条文中「人の生命の期間に依存して履行される義務」に関する契約とは、概ね生命保険に相当する。

ただし、同一の機関が本条のa及びcに規定された業務を行うことはできない。（以下　略）」

　この福利厚生機関に関する社会保障法典の規定については、幾つか留意すべき点がある。まず、被用者に対する基礎制度に対する上乗せである集団的保障（garanties collectives）が対象とする社会的リスクには、肉体的損害、母性、労務不能、障害及び失業に関する給付のほか、退職の際の一時金・報償金及び年金を含む（CSS. L.911-1、L.911-2）のに対して、そもそもの厳密な意味での「福利厚生」には年金は含まれないことである[363]。

　また、ここでいう「加入構成員」及び「参加構成員」とは、それぞれ企業と被用者（受給者を含む）を意味する。その点で、福利厚生機関は、労使同数代表制により運営される機関ということになる。また、このような労使同数代表制による集団的な運営は、福利厚生の他の形態である共済及び民間保険会社と比べた場合の福利厚生機関の一つの特徴といえる。

　このような機関の性格から、福利厚生機関は、労働協約・協定、事業主から提案され関係者の過半数によって承認された協定、又は、加入構成員と参加構成員が出席する総会での両者の協定により創設される（CSS. L.931-1）。さらに、事業を開始するためには、厚生大臣による認可が必要となる（CSS. L.931-4）。

2　福利厚生の事業内容

　社会保障法典（L.931-1）が規定する保障内容を具体の事業に即して列挙すれば、大きく

① 死亡、労務不能・障害、休業補償（月給制化）、介護、上乗せ年金、退職一時金等の福利厚生と

② 疾病保険の一部負担の補填という補足的医療保障

とに分かれる[364]。

---

[363]　福利厚生（prévoyance）は予防的な語感を持つ言葉であるが、
　① これを厳密な意味で捉えた場合には、福利厚生としては、予見可能性がなく自らの意思によらないリスクである死亡、労務不能・障害、疾病・事故、母性及び失業が対象となるのに対して、
　② 社会保障法典（L.911-2）がいう集団的保障を福利厚生と捉えた場合には、予見可能性があり、場合によれば自発的でもある退職という事象も福利厚生の対象となっている（P. Morvan, *Droit de la protection sociale, op.cit.*, p.542）。

第5節　福利厚生機関との比較

　福利厚生機関が扱う実際の事業内容の推移をみると、1995年末の時点で87機関が存在しており、それらの事業規模は248億フラン（1994年）に達していた[365]。事業の分野としては、疾病が45.4％、死亡が16.5％、障害が19.5％、教育貸付が9％、休業補償の月給制化が4.5％、解雇補償手当が2％、貯蓄が1.7％、介護が1％となっていた[366]。

　それから約10年後の2006年の時点では、福利厚生機関技術センター（CTIP）のデータによれば、加盟福利厚生機関の数は、62に上っており、加入企業数にして200万、参加被用者は、退職者も含め医療給付関係で540万人、その他の給付関係で1,200万人である[367]。また、掛金収入が102.84億ユーロ、給付支出が92.80億ユーロとなっている[368]。さらに、事業の内訳を掛金収入でみると、疾病が43％、死亡が21％、障害が21％、退職一時金が7％、休業補償の月給制化が4％、上乗せ年金が4％となっている[369]。

　福利厚生機関が補足的福利厚生全体に占める位置をみてみる。保険・共済監視当局（ACAM）の報告書（2006年）によれば、補足的福利厚生を実施する機関は2,604に上り、内訳は保険会社378、再保険会社29、共済199、福利厚生機関66、上乗せ退職年金機関80となっている[370]。このうち上乗せ退職年金機関を除いた補足的福利厚生の市場は、保険会社が87.0％、福利厚生機関が4.4％、共済が8.5％を占めている（図表3-5-1）[371]。したがって、補足的福利厚生における保険会社の比重が圧倒的に高く、福利厚生機関の比重はさほどではないことになる。

---

(364)　Centre Technique des Institutions de Prévoyance, *Rapport annuel* 2006, 2007, p.6. この報告書を作成している福利厚生機関技術センター（CTIP）は、1986年に福利厚生機関によって創設された全国団体であり、福利厚生機関の構成員である労使団体の同数代表（各15名、計30名）からなる理事会によって運営されている。
(365)　Dupeyroux, *Droit de la sécurité sociale*, coll. Précis, Dalloz, 1998, p.1006
(366)　*ibid.*, p.1006
(367)　Centre Technique des Institutions de Prévoyance, *op.cit.*, p.1 et 8.
(368)　*ibid.*, p.11
(369)　*ibid.*, p.12
(370)　Autorité de Contrôle des assurances et des Mutuelles, *Rapport* 2006, p.1
(371)　*ibid.*, p.17

第2部　第3章　社会保障関連制度の法的性格

―――――――― 図表 3 - 5 - 1　**保険市場の状況**（2006 年）――――――――

	保険会社	福利厚生機関	共　済
生命保険の分野	96.4 %	1.9 %	1.7 %
生命保険以外の分野	73.1 %	8.2 %	18.7 %
合　計	87.0 %	4.4 %	8.5 %

（出典）　Autorité de Contrôle des Assurances et des Mutuelles, *Rapport 2006*, p.17

3　制度の法的性格

　福利厚生機関が何かについては、それが機関（institution）という名称でありながら、福利厚生に関する制度（régime）を意味する場合もあるなど、必ずしも明確ではない。実際、1946 年 6 月 8 日付政令から出発した社会保障法典上も、機関と制度が混用されていることが指摘されている[372]。

　この点に関して国務院は、1980 年 10 月 28 日付見解（avis）の中で、社会保障法典が規定する「あらゆる種類の福利厚生又は社会保障機関」とは、単一又は複数の企業の枠組みでもって、被用者及びみなし被用者に対して、社会保障組織が予定する給付に付加される給付に対する権利を付与することを目指すところの全ての制度、規定又は組織であって、法人格の有無を問わないと述べている。

　これに対して、現行の社会保障法典上（L.931-1 条）に着目した場合、福利厚生機関は、
　・私法人としての法人格を有すること
　・非営利であること
　・労使同数代表制によって運営されること
に、その特徴を見出すことができる。また、株式会社である民間保険会社と比べた場合、株主に対する配当も存在しないことも、その特徴として指摘できる。

4　福利厚生機関の創設及び運営方法

福利厚生機関の創設方法について、社会保障法典（L.931-1）は、
① 労働協約・協定
② 使用者による提案の承認（使用者からの提案に対する関係者による過半数の承

---

[372]　S. Silland et D. Bucheton, «La prévoyance collective des salariés: les incertitudes du droit», *in Droit social*, N° 4 avril 1986, p.315

第5節　福利厚生機関との比較

認）
　③　労使代表者の合意（総会における加入構成員である企業代表及び参加構成員である労働者代表の間の合意）

を規定している。また、福利厚生機関の創設に当たっては、社会保障担当大臣の認可が義務付けられている（CSS. L.931-4）。

福利厚生機関のより具体的な創設方法は、社会保障法典の国務院政令（R.931-1-3）において規定されており、それによれば福利厚生機関は、

　a　適用対象が単一の業種・職種の場合には、一又は複数の使用者団体と一又は複数の労働組合との間の労働協約・協定の締結、

　b　適用対象が単一の企業の場合には、企業別労働協約・協定の締結又は使用者の提案の承認、

　c　適用対象が複数の業種・職種又は企業の場合には、労使代表者の合意
によって創設されることになる。

このような方法によって創設される福利厚生機関をその創設単位の視点で分類すると、次のような3種類の機関に分類することができる[373]。

　①　職種別機関（institution professionnelle）
　　　労働協約・協定によって、単一の業種・職種を対象に構成される福利厚生機関であり、福利厚生機関技術センター傘下の機関のうち19を数える。
　②　職際間機関（institution interprofessionnelle）
　　　複数の企業とその被用者の代表の合意によって、複数の業種・職種を対象に創設される福利厚生機関であり、福利厚生機関技術センター傘下の機関のうちの34を数える。
　③　企業別機関（institution d'entreprise）
　　　企業別の労働協約・協定、使用者の提案の承認によって、企業単位で創設される福利厚生機関であり、福利厚生機関技術センター傘下の機関のうち7を数える。

個々の企業についてみた場合、福利厚生機関への加入は、福利厚生機関規程への加入書類（bulletin d'adhésion à un règlement）によって確認されることになり、ここから掛金拠出等の契約上の義務が発生することになる[374]。

---

(373)　Centre Technique des Institutions de Prévoyance, *op.cit.*, p.7

第2部　第3章　社会保障関連制度の法的性格

　このように福利厚生機関の創設には、労使の協議、とりわけ労働協約・協定が深く関わっている(375)。実際、現在、存在する全国レベルの労働協約300のうち2/3に当たる約200が福利厚生について規定しており、さらにそのうちの2/3に当たる約130の労働協約が福利厚生を管理する機関を指定又は勧告している。このように労働協約の中で規定される機関としては、約90％が福利厚生機関を挙げており、保険会社及び共済は例外的である。

　なお、福利厚生機関技術センターの報告書によれば、それぞれの福利厚生機関は複数の福利厚生機関、共済、民間保険会社等によって構成されるグループに加盟していることが多い(376)。これにより、福利厚生機関は、連携により加入企業や参加被用者のニーズに適切に応えるとともに、再保険により運営基盤を強化するなどのメリットを享受することになる。

　創設された福利厚生機関の運営については、
・加入構成員である単一又は複数の企業
・参加構成員である被用者、任意加入又は個人加入の場合の元被用者及び被扶養者、受給権に基づき給付を受け取り始めた後の被用者、元被用者及び被扶養者

によって、労使同数代表制の考え方に立ち運営されることが社会保障法典（L.931-3）に規定されている。これを受け、社会保障法典（L.931-15）は、実際に福利厚生の運営を担う機関として理事会及び総会を規定し、さらに、その運営に関しては株式会社に関する商法典の規定が準用されることが規定されている。

　以上縷々述べた福利厚生の創設方法を要約すると次のとおりである。

・まず、創設方法としては、労働協約・協定が最も一般的な方法である。労働協約であれば、通常の企業、事業所又は職種単位の労働協約の中に福利厚生の創設が盛り込まれることになるのに対して、労働協定の場合には、福利厚生の創設のみを目的として締結されることになる。労働協約・協定の締結交渉のイニシアティブは、労働者代表と企業代表の何れからでも可能である。また、この場合の労使それぞれの代表は、労働側については、一又は複数の

---

(374)　P. Morvan, *Droit de la protection sociale, op.cit.*, pp.572-573
(375)　Centre Technique des Institutions de Prévoyance, *op.cit.*, p.9; http://www.gnp.fr/Imprimer.aspx?page=Panorama.aspx&rub=comprendre（福利厚生機関である Groupement National de Prévoyance のホームページ）
(376)　Centre Technique des Institutions de Prévoyance, *op.cit.*, p.5

全国的労働組合又は企業内労働組合、使用者側については、一又は複数の使用者団体又は個々の使用者が認められている。
・次に使用者からの提案の承認であるが、これは企業内の福利厚生機関の創設の手段となる。使用者の作成した案を対象労働者へ文書により通知し、承認を得ることが必要となる。
・最後に全体投票（référendum）については、多くの場合、使用者が福利厚生の計画案を作成し、企業委員会（comité d'entreprise）が存在する場合はその意見を聴取した後に秘密投票に付されることになる。この投票は、賛成か反対の何れかの選択ししかなく、一般的には過半数の賛成を得れば承認されることになるが、承認の要件を加重すること（例えば、2／3の賛成）も可能である。

5　福利厚生機関の財政運営

　社会保障法典（L.931-31）は、加入者に対する権利を保護のため、福利厚生機関に対して、ソルヴェンシー・マージン（marge de solvabilité）、技術的準備金（provision technique）、料金、投資、その他の積極財産に関する規制を設けることを規定している。現在の財政運営上の規制は、EUの保険に関する指令を反映させるべく制定された1994年8月8日法とその関係の政令によって規律されている[377]。
　規制のうちソルヴェンシー・マージンは、契約上の義務の履行に必要な自己資本等による支払能力であり、一定の計算方法によるソルヴェンシー・マージンの確保が義務づけられている（CSS. 931-10-9以下）。また、技術的準備金等は、契約内容を履行するために必要な積極財産によって構成される準備金であり、年金に関する数理的準備金、災害の支払いのための準備金、未収掛金に関する準備金、災害による支払いのための準備金をはじめとする様々な準備金が義務付けられている（CSS. R.931-10-14以下）。これらは、福利厚生に関する契約の履行を確保するのに必要な、財政上の安全のための規範（norme prudentielle）であり、その点は民間保険の場合と同様である[378]。

6　福利厚生の終了等

　企業の破産や再編に伴い福利厚生に関する保険機関との契約が破棄されること

---

[377]　J.-J. Dupeyroux et al., *op.cit.*, p.1094
[378]　*Prévoyance complémentaire d'entreprise*, Éditions Francis Lefebvre, 1996, p.179

があるが、事業を引き継ぐ企業が福利厚生を存続させる意思がない場合には、被用者は従前の福利厚生に関する利益を喪失する可能性がある。その点については、エヴァン法第5条が、集団的保障に関する団体契約が終了する場合には、予告期間を設け、保険機関が定める掛金を支払うことにより個人単位での継続加入の途を与えることを規定している。また、この個人加入については、全ての被用者が対象であり、加入期間の長短や加入者の健康状態によって差別をしてはならないことになっている。ただし、保険機関が契約の継続を提案するに当たっての掛金は自由である。

このほか、被用者の権利保護という点では、既に支給が開始したり、リスク（保険事故）が発生している給付については、契約が終了した後も、保険機関は支払いをしなければならないことになっている。

福利厚生機関の合併又は分割については、官報公告による債権者への通知、社会保障担当大臣の認可等の手続きを条件として、保険証券譲渡（transfert de portefeuille）の形で加入証券を他の福利厚生機関、保険会社又は共済に譲渡することが認められている（CSS. L.931-16条）。このほか、保険証券譲渡によらず直接的な合併・分割も可能であり、その場合には社会保障担当大臣の認可が必要である（CSS. L.931-17）。

第6節　付加的年金制度

1　はじめに

〈付加的年金制度の位置付け〉

フランスにおける老後の所得保障は、公務員も含めた被用者の場合、主として社会保障による基礎制度（régime de base）と、その上乗せとしての補足制度（régime complémentaire（AGIRC、ARRCO等））から支給される年金によって賄われてき

---

(379)　フランス語で年金という場合、「pension」のほかに本来は退職や退職年金という意味の「retraite」が使用されることがある。本稿では、特に必要がある場合を除き、何れの場合も年金という訳語を充てている。なお、フランスの年金制度は、基礎制度と補足制度の何れも職業により制度が分立している。基礎制度についていえば、民間被用者のための一般制度（régime général）、農業被用者制度、公務員等の各種特別制度（régimes spéciaux）、各種自営業者のための制度（手工業者のCANCAVA、商工業者のORGANIC、自由業者のCNAVPL、弁護士のCNBF等）に分かれる。補足制度については、民間被用者及び農業被用者のためのARRCO及びAGIRC、官吏のための任意制度（PREFON、CREF）、官庁雇

た[379]。しかし、この2階建ての年金制度の場合、比較的所得の高い幹部職員に関する限り、退職前所得と比べた所得代替率が低くなる傾向にある。このため、老後所得の補塡のための手段として、あるいは会社への貢献の見返りとして、更なる年金の上乗せを目的とした再補足制度（régime surcomplémentaire）と呼ばれる年金制度が主として会社の幹部職員向けに存在してきた[380]。

フランスの基礎制度及び補足制度の特徴は、民間被用者に関する限り、何れも強制加入による義務的な制度であるとともに、その財政も賦課方式により運営されている点にある[381]。この背景の一つとしては、労使も含めて国民が積立方式に対して懐疑的であり、むしろ連帯に根差した賦課方式による年金に対して愛着を持っていることが挙げられる[382]。このことは、フランスにおいて、賦課方式ではなく積立方式による年金の普及や制度化を図ることに関して、議論の対立を喚起してきた。そして、そのことが障害となり、フランスに関する限り、これまで3階部分に相当する積立方式による企業年金の比重は低かった。

その一方で、これとは一見矛盾するようだが、フランスでは個人の自助努力としての民間保険の比重が伝統的に高く、特に1990年代を通じて保険商品の保有が増大してきた。実際、国立統計局（INSEE）のアンケート調査（2003-2004年）によれば、生命保険、年金貯蓄商品に加入している家計は、それぞれ平均で35％、9.7％となっている[383]。つまり、生命保険の普及状況に比べ、年金貯蓄商品の保有状況は低く、フランスにおいて、これまで付加的年金制度の比重は低

　　用人のための義務的制度（IRCANTEC）及び任意制度（PREFON、CREF）、自営業者ための各制度の補足的給付部分等があり、基礎制度との関係で適用関係は錯綜している。
(380) 満額年金に必要な期間（37〜42年）働いたとして支給される年金の代替率は、労働者で70〜90％、事務職で65〜85％、中間管理職で50〜70％、上級管理職で30〜50％、企業経営幹部で20〜35％となる（G. Bellocq, *La protection sociale dans l'entreprise*, L'Argus, 2006, p.15）。
(381) フランス語の「制度（régime）」という言葉は、所得再分配、集団構成員間の連帯といった考え方と結びついた独特の意味合いがあることが指摘されている（S. Michas Béguerie, *Régimes privés de retraites complémentaires, perspectives comparative et européenne*, L.G.D.J, 1998, p.1）。
(382) Avis de M. Xavier Betrand présenté au nom de la commission des finances, de l'économie générale et du plan sur le projet de loi (n° 885) portant réforme des retraites (N° 899)
(383) M. Duée, «L'épargne en prévision de la retraite en 2003-2004», *Étude et résultats*, N° 500, juin 2006, DREES, pp.1-2. なお、年金貯蓄商品の保有年齢層に関して言えば、40歳くらいまで保有率が増大し、その後40代、50代は安定し、60代以降にその取り崩しが始まる（*ibid*, pp.2-3）。

第 2 部　第 3 章　社会保障関連制度の法的性格

かったことが伺われる[384]。

〈1990 年代以降の状況の変化〉

　ところが 1990 年代以降、こうした状況には変化の兆しが見られるようになった。とりわけ年金に関しては、人口の高齢化、そして 2005 年以降本格化するベビーブーム世代の退職が賦課方式による年金の基盤を揺るがすことになるとの懸念が高まってきたのである。つまり、賦課方式の下で人口の高齢化による給付増に対応し、制度の持続可能性を確保していくためには、基本的に保険料の引上げか、さもなければ給付の切下げかの選択を迫られることになるわけであり、フランスにおいても年金の将来に対する不安は自ずと高まっていった。また、それと歩調を合わせるように、従来は社会保障の片隅に追いやられていた積立方式による付加的年金制度への関心も高まるようになった。

　近年の年金改革の先駆けとなったのは、1991 年のロカール（Rocard）首相による年金白書である[385]。これを契機に付加的年金制度も含め年金改革の気運が高まり、基礎制度について言えば、1993 年にバラデュール（Baladur）首相の下で、満額年金の加入期間を 37.5 年から 40 年に延長する改革が実施されることになる（1993 年 7 月 22 日法律第 93-936 号）。その後、1995 年のジュペ（Jupé）首相の時代に試みられた公務員年金改革は、当事者の反対運動により一旦挫折する。しかし、21 世紀を前にした 1999 年には、ベビーブーム世代の退職による 2006 年以降の支出増大の影響を平準化するための改革案を盛り込んだシャルパン（Charpin）報告が出されることになる。同報告の特徴は、積立方式の年金基金の創設と賦課方式の年金制度の中での積立金の造成の二者択一のうち後者を優先したという点にあり、実際、同年の社会保障財政法による改革で基礎制度に積立基金（fonds de réserves）が創設されることになった[386]。

　こうした基礎制度の改革と比べると緩やかではあるが、1989 年のエヴァン法の制定以降も 1990 年代を通じて、フランス流の積立方式の企業年金ともいうべき年金基金（fonds de pension）の制度化に向けた動きが確実に進行していった[387]。

---

(384)　国立統計局のアンケート（2000 年）等から推計される民間被用者の付加的年金制度への加入率は 2～3％に止まっていることが指摘されている（Avis de M. Xavier Betrand présenté au nom de la commission des finances, de l'économie générale et du plan sur le projet de loi (n° 885) portant réforme des retraites (N° 899)）。

(385)　Conseil d'analyse économique, *Retraite et épargne*, La documentation française, 1998, p.47

(386)　J.-M. Charpin, *Rapport au Premier ministre, L'avenir de nos retraites*, La documentaion française, 1999; J.-J. Dupeyroux *et al., op.cit.*, p.1128

454

第6節 付加的年金制度

とりわけ、経済界はいわゆる年金基金等の創設に熱心であり、運動の先頭に立つ保険会社の業界団体（FFSA）からは、1991年5月、フランスのそれまでのタブーを打ち破り、積立方式による年金基金の提言が発表された。それ以降、経済界から各種提言（図表3-5-2）が出されるが、それらは、
・フランス経済における過少貯蓄への対応
・株式運用の推進による証券市場の活性化
・中小企業を始めとする企業の資本の増強

を目的に掲げていた[388]。このことは、年金基金等の創設が、単に人口の高齢化への対応を目指すだけではなく、フランス経済が置かれた国際競争を意識したものであることを意味していた。このため、年金基金等の創設は、年金固有の議論に止まらない広がりを持つようになっていたのである。さらに、政治の場においても、1990年代に入り、国会議員から年金基金等の創設に関する提言（図表3-5-2）が出されるようになったことも影響している[389]。

――― 図表3-5-2　付加的年金制度に関する各会からの提案 ―――

◇ 経済界からの提案 ◇

	AFB 1993年	AFEP（フランス民間企業協会）1992年	AREPER（福利厚生探求協会）1992年	CNPF	FFSA 1991年
名　称	退職年金貯蓄基金	補足的退職年金積立	年金基金	退職年金基金	年金基金
創　設	企業又は認可機関	企業	企業、職域団体・自営業者団体	企業、認可機関	企業、職域団体・自営業者団体
管　理	外部積立 株式運用中心	内部積立 決算上は特記	保険会社、共済又は福利厚生機関による外部積	事業主拠出は、企業による内部積立	保険会社、共済又は福利厚生機関による

[387]　ロカールの年金白書は、長期的な積立金の造成が経済の成長を促進し、賦課方式による年金の負担を軽減するとの考え方を提示した。これの具体化のための選択肢としては、積立方式の職域単位の制度の創設か賦課方式の年金制度の中での積立部分の創設がある中で、経済界（大企業は自社年金に積極的であったことから保険業界）や政府（財務省及び厚生労働省は消極的であったことから経済省）を中心に積立方式による年金基金の気運が高まったことが指摘されている（E. Reynaud, *Les retraites en France, Le rôle des régimes complémentaires*, La documentation française, 1994, pp.21-24）。

[388]　Conseil d'analyse économique, *op.cit.*, p.48

[389]　*ibid.*

第2部　第3章　社会保障関連制度の法的性格

				立	被用者拠出は、外部積立で、一定割合を株式運用	外部積立
給付方法	年金又は一時金	退職後の補足的年金 10年で受給権が発生、転職の場合には失権	退職後の年金 死亡の場合には、配偶者への遺族給付	年金又は退職時に一時金	退職時は年金 死亡の場合には、配偶者への遺族給付
税制	拠出時非課税 給付時は、一時金は非課税、年金は課税	法人税から控除	被用者拠出は所得税から控除、年金は課税 事業主拠出は非課税・保険料非賦課	事業主拠出は非課税・保険料非賦課 被用者拠出は社会保険料賦課上限の8倍の3％の範囲で所得税から控除 給付時は中立	事業主拠出は非課税・保険料非賦課 被用者拠出は一定限度まで所得税から控除 給付時は所得税は課税

（出典）　Conseil d'analyse économique, *Retraite et épargne*, La documentation française, 1998, p.49

◇　政界からの提案　◇

	マリニ（Marini）提案　1993年 ＊中道政党（UDF）、保守政党（RPR）の元老員議員7名	ミヨン・トマ（Millon-Thomas）提案　1993年 ＊中道政党（UDF）の国民議会議員	バロー（Barrot）計画　1994年	国民議会の財政委員会　1994年
名称	年金基金	企業貯蓄・退職年金計画（PEER）	年金基金（fonds de pension）	退職年金貯蓄計画
創設	企業等、自営業者団体	企業直轄又は職域団体経由	企業単独又は金融機関・職域団体経由	企業、保険会社、銀行等
管理	保険会社、共済、福利厚生機関による外部積立 企業自身の基金への財源拠出	金融機関による外部積立 基金の配分は、企業自身の自己資本20％、上場株式46.6％、債券又は有価証券33.4％	外部積立 拠出企業の自己資本への投資に関する規整（自己資本への投資が可能）	外部積立又は内部積立 事業主拠出の10～30％を企業の株式 被用者拠出の拠出企業の株式への投資は20％が上限
給付方法	終身年金 死亡の場合の配偶	最低期間10年 年金の場合は10年、一	退職時の年金 一般制度と同じ	退職時の年金 年金が月300フラ

	者への給付 例外を除き事前の取り崩しなし	時金の場合は20年 解約による引出は10年まで	率でスライド	ン未満の場合には一時金
税　制	被用者の拠出につき一定限度で所得税から控除 給付時に課税	事業主拠出につき、保険料は非賦課、法人税は受給者毎に年24,000フランの範囲で非課税 被用者拠出につき、年20,000フランの範囲で非課税 給付につき、年150,000フランの範囲で60％の控除付きで課税	社会保険料賦課上限の50％の範囲で拠出時非賦課 企業の上乗せ拠出につき保険料非賦課 年金制度に応じて給付時課税	法人税及び所得税の非課税 計画への拠出は、義務的年金制度の社会保険料のみ賦課

(出典)　Conseil d'analyse économique, *Retraite et épargne*, La documentation française, 1998, p.50 を参考に一部修正

〈付加的年金制度関係の改革の展開〉

　これら各界からの提言等にもかかわらず、積立方式による年金基金等の創設の動きは、基礎制度のみならず補足制度も含めた既存制度を年金基金等でもって部分的にでも代替させるという動きには至らなかった。フランスにおいては、世代間契約ともいうべき広範な連帯に根差した賦課方式に対する愛着には強固なものがあり、もともと積立方式に対する不信が強かった。また、専門家の間では、賦課方式を積立方式に転換するためには、既に受給中の年金を賄うための追加負担（二重の負担）が必要なことから、それは技術的に不可能なことは共通認識であった[390]。

　以上のような事情もあり、付加的年金制度に関する提言等の多くは、実現しないままに終わった。しかしながら、部分的ではあるが、1990年代を通じてフランス流の付加的年金制度の構想は少しずつ制度化に向かって進んでいった。その先鞭をつけたのは、1994年に制定されたマドラン法（loi Madelin）と呼ばれる1994年2月11日法律第94-126号であった。これは、自営業者が保険契約した場合の税制上の優遇措置を規定するもので、これにより自営業者に付加的年金への途が開かれることになった[391]。また、同じ1994年には、EUの1977年及び1980年の指令を実施するため、ヴェーユ法（loi Veil）と呼ばれる1994年8月8

---

(390)　S. Michas Béguerie, *op.cit.*, pp.373-374, pp.460-461
(391)　Conseil d'analyse économique, *op.cit.*, p.52; A. Dubreuil et É. Giraud, *Épargne retraite, le guide pratique*, Prat, 2010, pp.125-127

第２部　第３章　社会保障関連制度の法的性格

日法律第 94-678 号が制定された[392]。

---

(392)　マドラン法に基づく保険契約は、農業以外の自営業者1,000人以上を加入員とする非営利社団（association）を通じて保険機関（保険会社、共済、福利厚生機関）とグループ保険契約を締結することにより実施される（P. Morvan, «L'épargne retraite dans tous ses états», *Droit social*, N° 2 février 2006, p.182）。この場合の加入員の掛金については、税制上、所得から一定の控除が認められている（CGI. 154 条）。また、マドラン法の下での自営業者とは、非商業利益（BNC）又は工業・商業利益（BIC）に課税される自然人及びその従業員配偶者である（P. Lamy, *L'épargne salariale et la retraite en 20 concepts*, Arnaud franel, 2007, p.111）。なお、自営業者に対する付加的年金制度については、次のような点で注意が必要である（*ibid.*, p.183; P. Morvan, *Droit de la protection sociale*, *op.cit.*, p.617）。
① マドラン法は農業以外の自営業者を対象としたものであったが、農業経営者についても、1997 年に同様の制度が導入されている（loi n° 97-1051 du 18 novembre 1997）。
② 自営業者のための基礎制度を運営する金庫（商人は ORGANIC、手工業者は CNCAVA、自由業は CNAVPL の下で 11 の職種別支部、弁護士は CNBF）は、任意加入による付加的年金制度を実施することができる（CSS. L.635-1、L.644-1、L.723-14）。この基礎制度による付加的年金制度の実施に当たっては、保険契約の当事者となる非営利法人の設立を必要としない点で簡明であり、これまで実施例がみられる。例えば、商人については、補足的 ORGANIC（ORGANIC complémentaire）として制度が運営されてきた（2003 年のフィヨン法第 84 条により、強制加入による共済である MEDICIS に転換された。）。手工業者については、任意加入の積立方式による付加的年金制度（ARIA）が設けられており、手工業者年金保険全国共済（MNRA）のための金庫（AVA）が運営している。自由業については、職種別の支部が強制加入の補足的年金制度を運営しているが、任意加入の付加的年金制度（FONLIB）を設けることが認められている。例えば、弁護士については、フランス弁護士全国金庫（CNBF）が任意加入による付加的年金制度（AVOCAPI）を設けている。また、医師の場合にも、フランス医師退職年金自律金庫（CARMF）が加入者に対して任意加入の制度（CAPIMED）を設けている。
　このような自営業者のための付加的年金制度以外にも、フランスでは、次のような職種については、個別の付加的年金制度が存在している（J.-J. Dupeyroux *et al., Droit de la sécurité sociale*, coll. précis, Dalloz, 2005, pp.1101-1102; P. Morvan, *Droit de la protection sociale*, *op.cit.*, p.33, pp.616-627; Sénat, Rapport d'information（N° 486）fait au nom de la commission des finances, du contôle budgétaire et des comptes économiques de la nation sur l'épargne retraite, par M. Philippe MARINI 等）。
① PREFON：1968 年に公務員等を対象に創設された確定拠出型（ポイント制）の任意の年金制度である。運営は国から保険会社（CNP）に委ねられ、さらにそこから複数の保険会社（AXA、AGF、GAN）に再保険されている。
② COREVA：1988 年に農業経営者を対象に創設された任意の制度で、1997 年の法改正により大幅な見直しが行われている。この結果、それまで農業社会共済中央金庫（CCM-SA）が独占していた管理運営が保険会社や共済にも開放され、現在はマドラン法に類似した制度となっている。
③ FONPEL：1993 年に地方議会議員を対象に創設された基金。

第 6 節　付加的年金制度

　その後 1997 年には、トマ法（loi Thomas）と呼ばれる 1997 年 3 月 25 日法（法律第 97-277 号）が制定された。同法による年金貯蓄計画は、労使合意（6 月間に合意が成立しない場合には、事業主の一方的決定）により創設されることになっており、被用者の掛金（一定範囲で所得税の控除）の拠出に加え、事業主はその 4 倍まで拠出することが認められていた。退職後の給付については、確定拠出型の年金によるほか一時金の選択も一定範囲で認められていた。積立金については、保険会社、共済又は福利厚生機関の形態による年金貯蓄基金（fonds d'épargne retraite）との契約することでの外部積立が義務付けられていた。しかし、同法は、制度創設に当たり労使合意が成立しない場合には、事業主の一方的決定により制度創設が可能であったことから、事業主としては、業種単位の労使合意に基づく制度ではなく、それより被用者に不利な企業単位の制度を維持する余地を残していた。その点で、トマ法では、労働法典（L.132-23。現行 L.2253-1）が規定する有利性原則（principe de faveur）から逸脱することが可能であり、法的には問題を含む制度であった[393]。また、同法については、これを商機と捉える金融関係者が期待を抱いたのに対して、労働組合関係者等の当事者は、年金貯蓄基金にアングロサクソン的な自由主義の臭いを感じていたこともあり、制度の実施には概して批判的であった[394]。折りしも 1997 年 5 月には左翼政権が誕生したこともあり、

---

④ CAREL：1993 年に地方議会議員を対象に創設された金庫。
⑤ CRH：1961 年に病院の職員向けに創設された確定拠出型の制度である。運営は、労使によって構成される公立病院社会活動管理委員会（CGOS）が保険会社（AGF）と契約し、この保険会社が手続き、資金管理等を引き受けることにより行われている。
⑥ COREM：もともとは 1949 年に教師向けに創設された共済制度で、2／3 が賦課方式で、1／3 が積立方式で運営されていた。両方式の混合方式は、1959 年 1 月 7 日の勅令第 59-75 号により許容されていたものであるが、その後の共済法典により完全な積立が求められるようになった（1998 年までは経過措置で混合方式を許容）。このため、2002 年の改革に伴い、公務員補足年金（CREF）は共済補足年金（COREM）に制度変更されることになった。この結果、2005 年以降、制度には職種に関係なく加入できるようになった。現行の制度は確定拠出方式で、年金共済連合（UMR）によって共済形態により運営されている。

(393)　S. Michas Béguerie, *op.cit.*, p.479（トマ法は、被用者による拠出が基本となっているにもかかわらず、事業主の一方的決定による創設が可能であったり、制度の運営に関する労使同数監視委員会の権能が限定的であるなど、有利性原則以外にも問題を有していた。）
(394)　P. Morvan, *Droit de la protection sociale, op.cit.*, p.618. なお、トマ法は、既に存在していた付加的年金機関（IRS）に対して、給付の履行のために外部の保険機関と保険契約を締結するか、自家保険により必要な原資を準備金として計上するかを義務付けた。ただし、

第 2 部　第 3 章　社会保障関連制度の法的性格

同法は実施政令が未制定のまま放置されることになった。時の政権としては、老後の所得保障の充実に関しては、年金基金ではなく被用者貯蓄（épargne salariale）を推進したり、前述のように基礎制度に積立基金を設けることで、老後所得保障の強化を図ることを政策として選択したのである[395]。この結果、付加的年金制度の先駆けであるトマ法は、遂に 2002 年に廃止されることになった。しかしながら、このような全体として付加的年金制度の必要性が高まるという時代の流れは変わるものではなく、その後、民間被用者等を対象にした年金貯蓄計画（plan d'épargne retraite）という名の制度の下で年金貯蓄基金（fonds d'épargne retraite）の法制化が実現することになった。

その後の付加的年金制度の展開にとって、とりわけ重要だったのが 2003 年のフィヨン法（loi Fillon）である。これは正式には、年金改革に関する 2003 年 8 月 21 日法（法律第 2003-775 号。以下「2003 年年金改革法」）であり、付加的年金制度以外にも、基礎制度に関する年金額算定方式の変更、公務員年金の一般制度に準じた改革、年金積立基金の造成など広範な内容を含む改革であった[396]。その主たる狙いは、就労期間と加入期間を延ばすことにより高い水準の年金を維持することにあった。このため基礎制度においては、60 歳以上の加入者に対する加算率（年 3 %）等の創設、早期支給の減額率の緩和（年 5 %）を始めとして、年金の支給要件の弾力化・柔軟化が図られた。これと軌を一にして、3 階部分の年金に相当する付加的年金制度（retraite supplémentaire）についても、多様な制度を用意することで退職の選択肢が拡大されることになった[397]。

もちろん、付加的年金制度を実施主体でみた場合には、既に論じた補足的福利厚生に関連する機関がなし得る事業の一分野であり、その限りでは、ここで改めて論じる意味は乏しい。しかし、2003 年年金改革法は、3 階部分の制度設計及

　　　新たに設立される付加的年金機関の場合には、自家保険による選択が制限されることになり、実際のところ、フランスにおいて自家保険による付加的年金制度は経過的にしか存続しないことになった。さらに、2003 年年金改革法第 116 条により、付加的年金機関は、2008 年までに福利厚生機関に転換するか、年金の管理を福利厚生機関、共済又は民間保険会社に委ねることが義務付けられた。

(395)　P. Morvan, «L'épargne retraite dans tous ses états», *op.cit.*, p.183
(396)　江口隆裕『変貌する世界と日本の年金、年金の基本原理から考える』（法律文化社、2008 年）65 頁以下
(397)　X. Gaullier, «La réforme des retraites et les entreprises : quelles fins de carrière?», *Droit social*, N° 6 juin 2004, p.643

び年金の受給権という点では、フランスの年金制度に新機軸をもたらす改革であり、ここでは、その点も踏まえ、付加的年金制度を取り上げて論じることとしたい。

（2）　付加的年金制度の歴史的経緯

　フランスの付加的年金制度の現状を考えてみるに、そこに何らかの特徴があるとすれば、年金が社会経済に深く関わる制度である以上、それはフランスの経済社会や行政制度の状況、とりわけフランス的労使関係の反映として捉えることができよう。しかも、そのようなフランス的特徴は突然ではなく、歴史的に形成されてきた可能性が高い。そこで、ここでは、フランスの付加的年金制度の歴史的経緯についても、必要最小限ではあるが触れることにしたい[398]。

〈事業主主導による付加的年金制度の登場〉

　フランスの社会保障の原点は、19世紀に登場する互助組織としての共済（société de secours mutuel、mutuelle）にあることが夙に知られているが、その共済にあって老齢リスクは、労働者の寿命が短いこともあり、目の前のリスクである失業や疾病等と比べると二次的なものとみられていた[399]。また、1884年3月21日の法律により、結社の自由（liberté d'association）が認められ、労使それぞれが自主的に年金金庫を創設することが可能となったが、実際の設立状況は芳しくなかった。もちろん、老齢リスクに関しては、1930年に社会保険が制度化される以前も、1905年に高齢者に対する扶助、1910年に老齢保険が法制化されているが、付加的年金制度についていえば、19世紀前半に一部職種向けに自主的な協会等が設立がみられたものの、全体としては制度の普及は低調であった。

　19世紀以降の付加的年金制度の発展は、むしろ事業主側から起こる。言うまでもなく19世紀は、フランスにおいても資本主義の発展期であり、産業の発展

---

(398)　S. Michas Béguerie, *op.cit.*, pp.32-49, pp.53-86, pp.92-97

(399)　連帯主義の大立者であるブルジョワは、1901年12月20日に共済関係者に対して行った挨拶の中で、共済の位置付けとしてそれが国家の責任を代替・補完・軽減する組織であり、国家は共済の発展を阻害しないのみならず支援すべきと述べた上で、疾病等のリスクに比べ老齢リスク分野での共済の活動が低調であることに関連して、老齢リスクは既にある全国年金金庫（CNR）に委ねるのみならず共済も自律的・自主的な組織としての優位性を発揮することで年金分野に積極的に取り組むべきことを主張した（L. Bourgeois, *La politique de la prévoyance sociale, I, La doctrine et la méthode*, Bibliothèque-Charpentier, 1914, p.151, pp.157-158）。

第2部　第3章　社会保障関連制度の法的性格

にとって不可欠な生産要素である良質な労働力の確保・維持は事業主にとっても重要な関心事であった。つまり、被用者の企業への帰属意識を高め、安定的な労使関係の下で被用者の継続な就業を確保することは、事業主にとってもプラスであった。このため、19世紀半ば以降、事業主による年金金庫が創設されるようになった（1850年6月18日の法律による老齢年金金庫の創設）。また、事業主の中には、永年勤続に対する報償として、被用者の退職時に年金を支給するものも出てくるなど、事業主による取組が萌芽期の付加的年金制度の原型となった。要するに、被用者の忠誠心の確保や労務管理の手段として、事業主主導の付加的年金制度が登場したことになる。

　そうは言っても、事業主の主導による付加的年金制度の適用対象範囲は、鉱業、鉄道、鉄鋼などの業種を中心に限定的なものに止まった。しかも、年金の受給に必要な加入期間、退職時における在職要件、さらには過酷な労働により短かった寿命などの関係もあり、退職時まで企業に勤め上げることで年金を受給できる被用者は限定的であった。

〈事業主主導の制度の権利の脆弱性〉

　付加的年金制度が事業主主導であるということは、事業主の都合により被用者の権利保護が脆弱となる可能性を内包している。しかも、付加的年金制度の多くは事業主の拠出によるものであったことから、拠出及び給付の水準も事業主の裁量や企業業績に左右されることが多かった。また、制度の運営・管理も事業主に委ねられていたことから、離退職時や破産時における被用者の権利は不安定なものであった。これを法的に言えば、事業主の継続的な決定が一般的に事実としての状態を形成し、その決定に慣習（usage）としての性格を付与するものの、事業主が受給権等の制度内容に関する裁量を有しており、被用者は恵与（liberalité）として年金を受給するが、年金の受給権は主張できないということになる。

　付加的年金制度の権利の脆弱性に起因する問題は、既に19世紀後半には裁判上も顕在化している。例えば、1889年、行政処分の取消に関する国務院の権限を認めたカド判決（CE, 13 décembre 1889, Cadot, n° 66145）である。この中で、マルセーユ市の土木局長であったカド氏が失職したことに伴う損害賠償を求めたことに対して、損害の原因の一つとして、年金金庫のための過去の給与天引分に対する権利を喪失したことを主張したのに対して、裁判所は、当該権利の喪失は有効であるとの判断を示している。しかし、このような判断は被用者にとって酷であり不当であることから、その後裁判所も、年金金庫の規則が当事者間の契約であ

第 6 節　付加的年金制度

り、金庫はその履行義務を負うとの考え方に立って、不当に解雇された被用者に対する賠償金の支払いに当たって、給与からの天引分のほか支給される年金も考慮した金額を算定するものが登場するようになった。しかしながら、裁判を通じた解決には限界があり、被用者保護のための法制化が求められるようになった。その結果、1890 年 12 月 20 日の法律（不当解雇の場合の損害賠償において、年金のための給与天引分等の勘案）と 1895 年 12 月 27 日の法律（企業の破産、譲渡、清算等の場合において、被用者拠出について先取特権を承認。企業の資産と金庫の資産との分離等による拠出の権利保全）の 2 本の法律が制定され、被用者の権利保護が強化されることになった。

また、付加的年金制度の発展過程で中心となった業種である鉄道や鉱業関係の制度においては、19 世紀末以降、金庫の創設や制度運営について立法化が図られることになった。例えば、鉄道については、1890 年 12 月 27 日の法律（規約等の大臣承認制）、1909 年 7 月 21 日の法律（規約に関する最低基準の遵守の義務付け）等が制定された。また、鉱業については、19 世紀末にフランス北部で大規模なストライキが発生し、これが契機となり、1894 年 6 月 29 日の法律により労使に対して全国年金金庫（CNR）への拠出が義務付けられることになった[400]。このような付加的年金制度に関連する立法の動向は、19 世紀末に制定された各種労働者保護のための立法（1890 年の労働者解雇保護法、1892 年の婦女子労働法、1893 年の労働安全衛生法、1898 年の労働災害補償法）とも軌を一にするものであり、社会保障立法のみが独自の発展を遂げたわけではないことに留意する必要がある[401]。

以上のように事業主主導で登場した付加的年金制度は、その形態に着目すると、
① 企業の外部機関への拠出による外部積立方式（全国年金金庫等への事業主の

---

[400]　全国年金金庫は、共済が老齢リスクに対して十分な保障をなしえないことに鑑み、1850 年 6 月 18 日の法律によって創設されたものであり、加入者が個人毎の通帳（livret）を保有し、金庫への任意拠出の見返りとして終身年金が支給されることになっていた（S. Michas Béguerie, *op.cit.*, p.57）。この全国年金金庫は、ドイツのビスマルクが社会保険を導入する際に示唆を与えたほか、通帳方式による管理が 1930 年の社会保険に影響を与えるなど、フランスの社会保障の歴史上重要である（*ibid.*, p.62）。

[401]　労災補償に関しては、1898 年 4 月 9 日の労災補償法により、民法典に基づく損害賠償請求による処理から職業危険の理論に依拠する無過失責任原理による処理に転換することになるが、それが可能となった理由の一つは、使用者の責任をカバーする保険の発達があったことが指摘されている（岩村正彦『労災補償と損害賠償』（東大出版会、1984 年）236-237 頁）。その点でも、各種社会立法の時代背景性が重要である。

単独拠出又は労使の共同拠出による制度)、
② 企業自らの金庫による内部積立方式（単独企業又は複数企業によって創設された金庫への事業主の単独拠出又は労使の共同拠出による制度)

に分けることができる。このうち②は大企業中心に広まったが、数的には①の制度の方が多かった。また、②の場合には、企業の資産と混じってしまう可能性があることから、倒産等を考えた場合には、①の方が権利保護という点では優れていた。

〈1910年の労働者・農民年金法以降の立法の影響〉

　フランスにおいては、1910年4月5日の労働者及び農民の退職年金に関する法律（以下「労働者・農民年金法」という。）により、強制加入、労使拠出による社会保険が導入された。この労働者・農民年金法では、被保険者の個人勘定の管理は、①全国老齢年金金庫のほか、②共済、③国及び労使の三者構成による県・地方年金金庫、④労使の年金金庫、⑤加入使用者との連帯により結合した労働組合による保証金庫、⑥職種別労働組合による年金金庫に委ねられることになっていた（第14条）。このため、それまで存在していた事業主による年金金庫は、必要な給付水準を確保することなどの要件を満たせば、認可を得ることにより引き続き存続することが認められた（第19条）。仮に認可を得なければ、従来の年金金庫は清算されることになっていた（第31条）。しかし実際には、事業主による金庫等は、民事組合（société civile）や社団（association）に形態を変えて存続するなど、法の規制を迂回する方法が存在していた。いずれにせよ、事業主主導による付加的年金制度は、労働者・農民年金法の制定後も生き残っていくことになった。

　その後、1930年には、1928年4月5日の社会保険に関する法律を修正する形で、疾病、障害、老齢、死亡等に関する社会保険が導入された。1930年の社会保険法は、強制加入、労使拠出等の特徴を有する制度であり、年金については、30年加入で60歳から従前所得の40％を支給するものであったが、適用対象者は、年収が15,000フラン未満の被用者に限定されていた（第1条）。また、法施行前から存在していた事業主による金庫、民事組合及び社団形態も含めた金庫等の付加的年金制度については、給付十分な財政状況にあることを条件に存続することが許可されることになっていた（第44条）。

　この結果、社会保険の立法による制度化後も、
① 社会保険制度の適用除外となる一定収入以上の被用者
② 社会保険制度と同等（équivalence）とみなされる制度に加入する被用者が社

第 6 節　付加的年金制度

　　会保険ではなく労働協約等に基づく付加的年金制度に加入することとなった。
　　このほか社会保険の適用が問題となる場合としては、
③　社会保険の適用対象となる賃金上限額の引上げにより社会保険の適用対象
　　となる被用者があるが、1938 年 6 月 14 日の勅令（décret loi）が社会保険の
　　適用を免除し、付加的年金制度への継続加入を容認した[402]。このように社
　　会保険の適用除外は一種の宥恕措置であり、社会保険と同等水準の年金が支
　　給されることが求められるなど、社会保険との同等性が要件となっていた。

　この社会保険の適用対象となる賃金上限額が典型であるが、第 2 次世界大戦前の社会保険制度は、総じていえば、経済的弱者である被用者の保護という伝統的な社会保険の特徴を維持していた。この点は、1930 年の社会保険法にも妥当する。社会保険法上の適用除外となった被用者（主として技術者、幹部職員）であっても、老後の備えが必要であることには変わりなく、これら被用者は社会保険法以外に老後の備えを求める必要が生じた。このため、適用除外となった被用者は、1930 年から 1940 年にかけて協約に基づく年金制度を導入・発展させていくことになった。

　しかも、時代は、世界恐慌後の社会経済情勢の混乱の中で、ブルカラーのみならず技術者や幹部職員も含めて、社会全体として労働運動が活発化した時期でもあった。1936 年には、賃金の増額、団結権の尊重、従業員代表制等を盛り込んだマティニョン協定（Accord de Matignon）が締結され、それを反映した労働協約法制、2 週間の有給休暇制度、さらには週 40 時間労働制等が立法化された[403]。まさに、このようなプロ・レイバー的な時代環境も、協約に基づく年金制度には好都合であったことも無視できないであろう。

　実際、1936 年 6 月 24 日には労働協約等に関する法律が制定されたことを受けて、いよいよ協定に基づく年金制度のための法的基礎が用意されたことになった[404]。この結果、1936 年以降、パリ地方の金属・機械工業関係（1936 年 7 月 19

---

(402)　これとは異なり、被用者の賃金が上昇し、社会保険の適用対象となる賃金上限額を超えた場合には、1937 年 12 月 31 日の法律が社会保険の継続適用を義務付けた（S. Michas Béguerie, *op.cit.*, pp.94-95）。
(403)　外尾健一『外尾健一著作集 第 6 巻 フランス労働協約法の研究』（信山社、2003 年）231-239 頁
(404)　フランスにおける最初の労働協約法は 1919 年に遡るが、それより前の 1884 年法により労働組合の自由が解放されて以降、労働協約では、賃金、労働時間などのほか、退職年金基金の設立もその内容に含んでいたことが指摘されている（山崎文夫『フランス労働

第2部　第3章　社会保障関連制度の法的性格

日)、公共事業関係 (1936年11月28日)、パリ地方の化学技術者関係 (1937年1月30日) を皮切りに労働協約が締結され、その中に年金制度の必要性に関する合意が盛り込まれることになった。さらに、1937年5月14日に締結された金属関係労使の労働協約では、初めて年金制度創設に向けての意思表明がなされることになった。制度を実際に実施するためには、各企業が労働協約に規定された制度に個別に加入する必要があった。その点では、労働協約に基づく制度は任意の制度であったが、全国的にも加入が勧奨され、地方によっては労働協約により年金制度が強制される場合もあった。その後も、1937年から1938年にかけて、化学工業、電力業界、公共事業関係にも、労働協約による年金制度が拡大していった。

〈第2次世界大戦後の状況〉

　第2次世界大戦後、フランスは連帯の理念の下で社会保障の一般化 (généralisation) に向けて改革が展開されることになる。年金についていえば、戦前の積立方式の制度は事実上崩壊し、新たに賦課方式の下で、できるだけ広範な被保険者を強制加入させる必要が生じた。このことは、具体的には、従来は適用除外となっていた幹部職員にも制度が適用拡大される動きとなって現れた。これに対して、1944年には設立されていた幹部職員の労働組合である管理職総同盟 (CGC) は、年金を税及び賃金と並ぶ三大テーマと位置付け、年金に関する既得権維持のため、一般労働者と同じ制度への加入に反対した。また、幹部職員とはいっても、様々な被用者が含まれることから、労働組合の団結力を高める上でも、老後の所得保障である年金は皆の利害が一致する格好のテーマであった。とは言え、結果的には、幹部職員も一般労働者と同じ年金制度に加入することになったが、それと引き替えに、全国レベルの労使団体による2本の労働協約が1947年3月14日締結され、幹部職員向けの補足年金制度 (AGIRC) が創設されることになった。

　このような経緯で成立した補足年金制度は、両大戦間の戦間期に発展した事業主主導による付加的年金制度の流れを継承するものである。ただし、第2次世界大戦前の制度が幹部職員に関する限り、社会保険の適用除外となっていた関係で、社会保険と代替関係にあったのに対して、戦後は社会保障制度の一般化により幹部職員にも社会保障が適用されるようになった関係で、社会保障と補完関係になった。その点では、第2次世界大戦を挟んで付加的年金制度の機能は大きく変

法論』(総合労働研究所、1997年) 52頁)。

第6節　付加的年金制度

化したと言える。
　以上のような付加的年金制度の歴史的経緯を整理すると、
・付加的年金制度は、第2次世界大戦後の社会保障、とりわけ補足制度の基礎となる制度であったが、逆説的にも、社会保障制度の充実は付加的年金制度の役割を限定的なものに止めることになったこと、
・幹部職員向けに事業主主導で発展してきた付加的年金制度を推進することは、富裕層優遇との批判を招く可能性もあり、連帯に根差した賦課方式による年金制度とは相容れない面があることから、積立方式による付加的年金制度を推進することは政治的にも微妙な問題であり、このため税制上の優遇措置を別とすれば法制化（社会保障法・労働法制上の規定の整備）が遅れ、制度の発展がみられなかったこと

が重要な点として指摘できよう[405]。

2　EU法等の付加的年金制度への影響
〈EU法等の比重の増大〉
　フランスの付加的年金制度も、それが企業の活動と結びついた存在であるだけに、世界経済や欧州統合等の潮流と無縁ではあり得ない。そこで、ここではフランスの社会保障法制に直接的・間接的影響を及ぼすEU法等に焦点を当ててみよう。
　ところで、現代において国際的潮流の企業年金への影響の典型は、退職給付に関する国際的な会計基準の急激な見直しの動きである。フランスの商法典（L.123-13）では、もともと年金、退職金等の企業の退職給付債務は決算の付属書に記載することが義務付けていた。しかし、退職給付債務を引当金として決算に計上することまでは義務付けておらず、決算への計上は企業の任意とされていた。しかしながら、新たな国際会計基準（特にIAS 19及びIAS 24）は、上場企業に対して退職給付債務を決算に計上することを義務付けたことがフランスの付加的年金制度にも影響を与えることになった。具体的には、国際会計基準委員会

---

[405]　S. Michas Béguerie, *op.cit.*, pp.465-467（①大企業において1950年代を通じて「自家制度（régimes maisons）」が発展したが、補足制度の充実により、それとの競合関係が生じ、1970年代に制度が閉鎖されたこと、②その後の年金制度改革により付加的年金制度の必要性は高まったが、富裕層優遇との懸念から、歴代の政権は政治的に微妙な問題である付加的年金制度の拡充に躊躇したことが指摘されている。）

第2部　第3章　社会保障関連制度の法的性格

(IASB) が作成し、EU が 2002 年 7 月 19 日付の共同体規則 (Règlement communautaire nº 1606/2002 du 19 juillet 2002) 等により、
① 年金を従業員の提供した労働の対価として退職後に支給される「従業員給付 (employee benefits)」(IAS 19) として捉え、将来の年金給付であってもその認識時点で発生している年金負債を貸借対照表に計上することが義務付けられるとともに、
②「関連当事者についての開示 (Related party disclosure)」(IAS 24) の対象として、従業員の退職給付制度（企業年金）、経営者の退職後給付等が含まれることになり、フランスでは 2007 年 12 月 31 日から全ての上場企業に適用されることになった[406]。

この一例からもわかるように、EU において規則、指令等の形式でもって制定される共同体法（EU 法）は、加盟国に対して法的拘束力を有しており、国内法の比重の高い社会保障にとっても決して無縁ではない。既に 1971 年には、ローマ条約第 51 条が規定する労働者の域内移動の自由 (libre circulation) を実現するため、「共同体 (EU) の域内を移動する被用者等に対する社会保障制度の適用に関する規則 (Règlement 1408/71 CEE du 14 juin 1971)」が、1958 年の旧規則に代わるものとして制定されている。

社会保障の分野における共同体法の取組みは、他の法分野と同様に加盟国の制度間の差異・抵触を解消することにより整合性の確保を目指す調整 (coordination) 又は各国制度の近接化を図る調和化 (harmonisation) を基本としている[407]。1971 年の規則は、このうちの調整のための取組みの一例である。国境地帯で人々が隣国で勤務したり、そうでなくとも外国勤務のため派遣されたりする場合に、社会保障（疾病、母性、障害、老齢、遺族、労災、失業、家族手当等の給付）の二重適用、法の欠缺等の問題が発生する可能性がある。1971 年の規則は、社会保障の適用関係から生ずる域内移動の障害要因を除去するため、社会保障の給付と負担について内外人平等待遇の原則を規定するほか、域内を移動する被用者等に対する社会保険の適用法令（準拠法）等を規定するものであった。具体的な手法としては、
① 合算及び按分の原則 (principes de totalisation et de proratisation) に則り、給付

---

(406)　P. Morvan, *Droit de la protection sociale, op.cit.*, p.199
(407)　G. Cornu, *op.cit.*

第 6 節　付加的年金制度

に必要な期間に関して外国期間を合算して要件を判断した上で、内外それぞれの期間に応じて給付を按分する形で、合算と按分が行われたり、
② 給付の移管可能性の原則（principe de transférabilité）に則り、外国においても社会保障給付の受給を認める形で、国内居住要件を満たさない場合であっても給付が行われるようにする、

のが典型である[408]。

しかし、このような社会保障分野の共同体法の取組みは、上記の 1971 年の規則も含め、基礎的な社会保障制度が中心であった。補足的制度の場合には、基礎的制度以上に制度の有り様は、国によって区々であり、その間の調整は容易ではなかった[409]。しかし、それだけに補足的制度の調整の不備によって移動の自由が阻害される危険性も否定できなかった。このため、基礎的な制度以外の補足的制度に関しても、EU としても問題意識を持っており、調整のための取組が皆無というわけではなかった。実際のところ、年金基金に関して、これまでも何回かにわたり EU から指令が出されてきた。

---

(408)　S. Michas Béguerie, *op.cit.*, pp.499-503
(409)　補足的制度の多様性という点では、加盟国の中でもフランスの補足制度は独特である。フランスの場合、協約に基づく制度であるにしても、基礎制度の年金に対する上乗せとして、制度の方式としては、基礎制度の同様に強制加入の賦課方式により運営されている。このため、フランスの補足制度はその名称にも関わらず、その位置付けが、1971 年の規則等の共同体法の体系において、基礎制度と補足的制度の何れの性格を有するかは必ずしも自明ではなかった（以下の記述は、S. Michas Béguerie, *op.cit.*, pp.505-512 を参照）。1971 年の規則の条項によれば、その適用対象となる社会保障制度とは、法令上の制度であって、協約上の制度は加盟国が適用を宣言しない限りは適用除外とされている（第 4 条）。実際、フランの場合、協約に基づく失業保険については、1973 年 3 月 23 日付の宣言により、1971 年の規則の適用対象とされた。これに対して、年金に係る補足制度については、受給に必要な資格期間はなく、外国での受給も可能であり、移動の自由の観点からは障害となるべきものはなかった。また、財政的には賦課方式で運営されており、その点でフランス国内で就労するのであれば、内外人の区別なく強制適用となっており、この平等待遇という点でも、1971 年の規則との間に矛盾はない。しかしながら、補足制度は、法令上の制度である基礎制度とは異なり、あくまでも 1947 年の協約及び 1961 年の協定という協約上の制度であり、その保険者である ARRCO 及び AGIRC は非営利の私法人であった。ところが、補足制度の運営機関は、任務という点では、一般利益の遂行を任務としていた（CSS. L.922-1）。このようフランスの補足制度の位置付けは、何とも微妙であるが、仮に補足的制度としての性格を有しているとすれば、保険者である ARRCO 及び AGIRC は、EU の競争政策に関する規制を受ける可能性が生じることから、制度の位置づけは単なる解釈論に止まらない問題を有していた。

第 2 部　第 3 章　社会保障関連制度の法的性格

　古いものとしては、1986 年に「社会保障の職域制度における男女の平等待遇に関する指令（Directive 378/86/CEE）」が出されている。これは、既に 1979 年に出された「社会保障における男女の平等待遇に関する指令（Directive 79/7/CEE）」が法定の社会保障制度を対象としていたのに対して、1986 年の指令の方は、企業や職域を単位とする制度を対象とする点で違いがある。この 1986 年の指令については、1990 年のバーバー判決（後述）により、職域年金が賃金としての性格を具備していることを理由に年金支給に関する男女差が男女同一賃金原則に反するとの判断が示された。これを契機に職域制度についても、法定退職年齢の男女差に起因して年金額に格差が生じないようにするため、1997 年に見直しが行われている（Directive 96/97/CEE du 20 décembre 1996 JO N° L46/20 du 17 février 1997）。

　以上から容易に分かることであるが、過去に出されたこれらの指令は職域制度に関わるもであるとはいえ、付加的年金制度に特化した包括的な規整というよりも、それとは異なる観点からの局部的・断片的な指令に止まっていた[410]。このため、

① 前述のように男女同一賃金原則を職域の社会保障制度において男女平等待遇の確保という形で実現する指令のほか、
② 企業譲渡等における労働者の権利保持（Directive 77/187/CEE du 14 février 1977 JO N° L61 du 5 mars 1977）、
③ 事業主の破綻の際の労働者の保護（Directive 80/987/CEE du 20 octobre 1980 JO N° L283 du 28 octobre 1980）

に関する指令がそれぞれの必要から制定されてきた。このうち、後者の 2 本の指令（②、③）は、企業等の譲渡や破綻の場合の年金給付に関する既得権及び形成途上にある権利の保護に関する内容を含むものであった。

　ここで、フランスの社会保障法制にとって共同体法が無視できない存在であることについて、具体例を挙げて考えてみたい。例えば、ヴェーユ法（loi Veil）といわれる 1994 年の被用者の補足的社会保護制度に関する法律（Loi n° 94-678 du 8 août 1994）は、前記 2 本の指令（②、③）の国内法化を図るものであった。これにより、社会保障法典（L.913-2）上、事業主の破綻又は企業等の譲渡の場合に退職年金等の給付に関する既得権又は形成途上にある権利を喪失させる労働協約・協定又は事業主の一方的決定が無効であることが明確化された。その一方で、

---

(410)　*ibid.*, p.10

第6節　付加的年金制度

　補足年金制度については、付加的年金制度に関するEUの規制が及ぶことを回避するため、社会保障法典（L.921-1）の改正を行い、補足年金制度を強制加入とするとともに職域間の一般的な連帯を理念として謳うことで、補足年金制度に独占的な地位が付与されることを明確化した。

　その後、EUでは、付加的年金制度に関する包括的な規整が整備されることになる。ただし、そこまでの道程は単線ではなく、紆余曲折を重ねることになる。まず、1993年に年金基金の資産の管理及び運用に関する指令が一旦は準備されるが、実現に至らなかった。翌1994年には、指令から通知（communication）に形を変えて、年金基金の資産の管理及び運用の自由が規定される動きが生じた。しかし、通知という名の勧告の形態であっても、各国間の共通原則を定立することはできず、結局、ドイツ及びフランスの反対もあり頓挫することになった[411]。

　このような失敗を経て、ようやく2003年に「職域年金機関の活動及び監視に関する2003年6月3日付欧州議会及び理事会指令第2003/41/CE号」が制定された。この年金指令は、域内における職域年金の市場構築を目指すものであり、運用に関してもプリューデント・パーソン・ルール（prudent person rule）を課す（18条）など国外での活動の条件として、十分な水準の技術的準備金の積立が義務付けられている（第15条）。また、積立金の管理運用に関する各種規律を設けることにより、同指令は職域年金機関の国境を越える活動を促進するものとなった[412]。フランスにおいては、この年金基金指令を国内法制化により担保するため、2006年3月23日付で「付加的職域年金に関する勅令第2006-344号」が制定され、年金貯蓄契約に基づく権利の移管を同種の制度内又は民衆貯蓄制度（PERP）との間で行うための規定の明確化が図られるとともに、労使同数監視委員会における加入者の利益の反映及び資産の区分の明確化も規定された。

〈自由競争に関する欧州司法裁判所の判例〉

　EUと付加的年金制度との関わりという点では、欧州司法裁判所も重要である。モルヴァン氏の指摘によれば、付加的年金制度に関する判決は、

　① 自由競争（libre concurrence）と
　② 男女同一賃金（égalité des rémunérations entre hommes et femmes）

の分野で際立っている[413]。

---

(411) *ibid.*, p.13
(412) J.-M. Servais, *Droit social de l'Union Européenne*, Bruylant, 2008, p.263
(413) P. Morvan, «L'épargne retraite dans tous ses états», *op.cit.*, p.179

第 2 部　第 3 章　社会保障関連制度の法的性格

　このうち①の自由競争に関する訴訟では、欧州経済共同体（CEE）条約第 81 条（旧第 85 条）及び第 82 条（旧第 86 条）が規定する自由競争に関する規整（競争阻害行為の禁止及び支配的地位の濫用の禁止）の適用対象である「企業（entreprise）」に関連して、社会保障の運営主体が解釈上この企業の概念に該当するか否かが争点となってきた。そもそも EU の競争法の分野では、企業には、営利法人のみならず非営利法人も含まれ、財又はサービスを市場に供給するあらゆる経済活動の実施主体が規制対象となっていたことから、法人格や営利・非営利の別は企業であるかのメルクマールには関係しないとされてきた[414]。この点は、社会保障の運営主体の場合にも当てはまるはずである。ところが、社会保障の運営主体と企業の概念との関係が問題となったプセ及びピストル事件（CJCE, 17 février 1993, *Poucet et Pistre*, Aff. C. 159/91）では、社会保障の運営主体である金庫は企業に該当しないとされた。

　本件を少し敷衍する。この事案では、プセ氏とピストル氏が民間保険会社を自由に選択するのではなくラングドック・ルシヨン地方共済金庫（CAMULRAC）や全国老齢保険補償独立金庫（CANCAVA）に強制加入しなければならないことが EU の自由競争原則に反することが問題となった。この訴えに対して欧州司法裁判所は、条約の規制対象となる企業を法人格や財政運営の如何に関わらず経済活動を行う主体と捉えているが、その場合であっても社会保障に関する公役務を遂行する機関は企業に該当しないと判示している。判決は、その結論を導くに当たり、まず、社会保障制度の設計は加盟国の権限であって、共同体法による侵害は許されないと述べた上で、企業に該当しない社会保障機関のメルクマールとして、次のような点を挙げている。

・制度が社会的目的を目指すものであって、連帯原理に根差したものであること。
・具体的には、疾病、老齢、死亡及び障害のリスクについて、加入時の資産及び健康状態に関係なく、対象者全体に対して給付を行うこと。これを年金制度について言えば、現役労働者からの拠出によって退職者の年金が賄われるような場合に連帯が示されることになる。あるいは、保険料拠出なしに年金が支給されたり、保険料拠出に比例しない年金が支給される場合も、連帯の表れである。

---

(414)　P. Morvan, *Droit de la protection sociale, op.cit.*, p.32

第 6 節　付加的年金制度

・このため、制度は、連帯原理及び財政均衡の達成に不可欠な強制加入制度を採用していること。

その上で、裁判所は、社会保障に関する公役務の遂行を担う疾病金庫等の機関は、専ら社会的性格の機能を担っており、このような活動は国民連帯原理に根差す非営利目的の活動であるほか、給付も保険料拠出額に関わりなく法令に基づき支給されるものであることから、このような活動は経済的活動ではないと結論付けている[415]。

このプセ及びピストル事件が基礎的社会保障制度に関する事案であったのに対して、労働協約・協定に基づく職域の年金制度が問題となったものとして、オランダの年金基金の事件（CJCE, 21 septembre 1999, *Maatschappij Drijvende Bokken BV*, Aff. C. 219/97）がある。この事案では、労使間の団体交渉によって締結された労働協約に基づき、特定の職域を対象として創設された補足的年金制度であって、制度への加入が当局にとって義務付けられたものを運営する年金基金が企業に該当するのか、それとも基礎的制度と同様に企業に該当しないのかが争点となった。確かに、当該年金基金は非営利で利潤を目的とせず、適用対象企業の被用者について強制加入であり、また、加入に当たり医学的審査も不要であり、さらに保険料も個人のリスクに関係なく設定されるなど、連帯に根差した制度としての特徴を有している。しかしながら、これに対する判決は、当該年金基金を企業とみなすというものであった。判決では、条約の第81条（旧第85条）以下で規定する企業が経済的活動を行う主体という意味であれば、その法人格や財政方式に関わらず企業に当たる場合があるという考え方に立ち、上記年金基金が社会的目的を持った非営利の主体であっても、それだけでは企業に当たらないとは言えず、積立方式により自ら掛金と給付を決めるなど保険会社と同様の経済活動を行っていることに照らし、年金基金は企業に該当することが判示されている。他方、裁判所は、条約の第82条（旧第86条）及び第86条（旧第89条）は、支配的地位の濫用の禁止及び公企業に対する規則の適用について規定しているところ、ある年金

---

[415] 類似の判決としては、フランス保険会社連盟（FFSA）事件（CJCE, 16 novembre 1995, *FFSA*, Aff. C. 244/94）がある。この事案では、農業経営者の老齢保険（基礎制度）の保険者である COREVA が任意加入による積立方式の年金を農業社会共済中央金庫（CCMSA）に管理運営させていたところ、これが生命保険に関する EU 指令に反するとの訴えに対する判決の中で、欧州司法裁判所は、制度が任意加入であり保険会社と競合する活動であることを特に重視して管理運営機関が企業に該当すると判示している。

第 2 部　第 3 章　社会保障関連制度の法的性格

基金が市場において支配的地位を占めたとしても、政府が特定の職域における補足的年金制度の運営を一の年金基金に委ねることを禁止するものではなく、このような独占的な権利及び競争の制限は、年金基金が担う一般経済的利益（intétêt économique général）という特別な社会的任務の遂行の観点から、条約第 86 条（旧第 90 条）第 2 項（一般経済的利益のための事業運営に当たる企業等が規則に従う義務があるのは、その任務の法律上・事実上の遂行を妨げない限りにおいてであることを規定）によって是認されるとも判示している。そして、判決の中で、特に年金基金の独占的地位が許容される理由として、裁判所が挙げているのは、仮に年金基金の独占的地位を廃止した場合には、リスクの少ない若年者を多く雇用する企業は掛金の安い保険会社に逃げ出すことになり、年金基金はリスクの高い中高年の加入者ばかりになり、一般経済的利益の追求が不可能になってしまうことを挙げている。この判決のポイントは、仮に社会保障が強制加入であったとしても、保険制度を運営する以上は社会保障の運営機関は企業に該当することになるが、一般経済的利益という特別な任務の遂行を担うことから独占的地位が許されるという点にある。つまり、企業に該当しても、独占的地位が許容される場合があることが認められたのである[416]。

　以上、二つの判決に鑑みると、欧州司法裁判所は、社会保障機関について、自由競争に関する条約の規制の適用が除外される範囲を限定する傾向があり、付加的年金制度に関する限り、強制加入による非営利の制度であっても、その主体は条約が規定する「企業」に該当することになる。

〈男女同一賃金に関する欧州司法裁判所の判例〉

　次に問題となるのは、男女同一賃金原則である[417]。そもそも男女同一賃金については、条約第 141 条（旧第 119 条）が賃金に関する男女間の平等待遇に関する原則として規定しており、そこで規定する賃金（rémunération）には、現金のみならず現物の賃金も含まれ、支払方法も直接であるか間接であるかを問わず、さ

---

(416)　類似の判決としては、パヴロフ事件（CJCE, 12 septembre 2000, *Pavel Pavlov et autres*, Aff. C. 180 à 184/98）がある。この事案では、オランダの専門医の全国団体によって創設された強制加入による積立方式の補足的年金制度に関する基金は、積立方式にる掛金及び給付を自ら決定し運営することから企業に該当するが、それだけで公権力により特定の年金基金に補足的年金制度の運営に関する独占的な地位が付与されることが否定されるわけではないと判示されている。

(417)　EU の男女平等法制については、竹中康之「EU 社会保障法における男女平等判例の展開」『海外社会保障研究』(128 号、1999 年 Autumn、15 頁以下) を参照。

第6節　付加的年金制度

らに賃金の中身も通常の賃金や俸給に限らず全ての利益が含まれることになっている（同条第2項）。従って、ここでいう賃金は、雇用に対して支給されるものであれば、必ずしも通常の賃金に限定されない。しかしながら、賃金という概念に年金まで含まれるか否かは明白ではない。

欧州司法裁判所は、この男女同一賃金原則の射程について、ドゥフレンヌ判決（CJCE, 25 mai 1971, *Defrenne*, aff. 80/70）において、基礎制度である年金の支給開始年齢が男女で異なることに関して、当該年金は雇用契約を契機として保険料拠出が行われるものの、それは法令上の義務に基づくのであって、事業主拠出故に年金が賃金となるわけではないと判示している。そこから、裁判所は、基礎制度に関する限り、年金には賃金としての性格はなく、支給開始年齢の男女差は許容されるとの結論を導き出している[418]。

これに対して、企業年金の賃金的性格の有無に関する欧州司法裁判所の判断は、基礎制度と結論を異にする。この関係では、1990年5月17日のバーバー判決（CJCE, 17 mai 1990, *Barber*, Aff. C. 262/88）が有名である。当該事案では、解雇された男性労働者が男女間の支給開始年齢の違いにより、解雇後に企業年金を受給できなかったことが、男女同一賃金の原則に反するのではないかという点が問題となった[419]。

この訴えに対する裁判所の判断は、次のとおりである。まず、経済的理由による解雇の際に使用者から労働者に支払われ給付は、現金か現物か、あるいは、現在か将来かの如何に関わらず、労働契約に基づき労働者が取得する権利としての賃金の一形態であり、それに対しては条約第141条（旧第119条）第2項が適用されることになる。ところで、本事案で問題となったのは、労使間の協議又は事業主の一方的決定によって創設され、事業主のみの拠出又は労使双方の拠出によって賄われる企業年金であって、法定の年金制度に代替する（contracted-out）役割を果たしているものである。また、当該企業年金は、資産を外部に信託し受託者による信託財産の管理が行われており、給付も信託から支払われることから、事業主からの独立が確保されている。基礎的制度から支給される年金であれば、

---

[418]　本事件の原告については、男女同一賃金原則を根拠に男女の賃金格差分を請求したドゥフレンヌ（第2）事件がある（中村民雄・須網隆夫編著『EU法基本判例集』（日本評論社、2007年）45-54頁）。

[419]　事案の詳細な紹介については、山田晋「EC社会保障法における年金」『海外社会保障情報』（109号、4頁以下）参照。

第 2 部　第 3 章　社会保障関連制度の法的性格

条約第 141 条（旧第 119 条）の対象外になるのは明らかであったが、訴訟での争点の一つは、このような企業年金からの給付が被用者の賃金としての性格を有するか否かであった。これについて裁判所は、特定の企業の被用者を対象として事業主のイニシアティブにより創設され全額事業主負担によって運営される制度であることなどから、当該企業年金の給付に賃金としての性格を認め、条約第 141 条が適用されるとの判断を示した(420)。その上で裁判所は、条約第 141 条は男女間のあらゆる差別を禁止していることを理由に、当該企業年金制度に存在した男女間の支給開始年齢の差が条約に違反すると判断したのであった。

このように裁判所が付加的年金に賃金としての性格を認めることとも関連して、年金に対する権利が拠出時や給付時などの何れの時期から発生するのかという論点が生じる。仮に、拠出時にその掛金分の年金に対する権利が発生しているとするならば、制度改正があった場合でも、既に拠出した掛金には、改正の効果を及ぼすべきでないということになりそうである。逆に給付時まで権利が発生しないとすれば、改正以降に裁定される年金に改正の効果を及ぼすのに問題はなさそうである。

そこで、同じく男女同一賃金が問題となって判例として、1993 年 10 月 6 日のテン・ウーファー事件（CJCE, 6 octobre 1993, *Ten Oever*, Aff. C. 109/91）に検討を加える必要がある(421)。この事案では、妻の死亡後に夫が亡妻の企業年金に対して遺族年金を請求したところ、死亡時点では遺族年金の支給対象は女性に限られていたことから支給が認められず訴訟に及んだものであり、遺族年金の賃金該当性及び男女同一賃金原則が問題となった(422)。判決では、政府は労使の求めにより

---

(420) 久保知行『退職給付制度の構造改革』（東洋経済新報社、1999 年）30 頁（「退職給付保護法のある米国とドイツはもちろんであるが、1990 年の欧州共同体裁判所のバーバー判決でも、「企業年金制度からの給付は賃金の一部である」とされている。」）

(421) 山田晋「EC 社会保障法における年金」『海外社会保障情報』（109 号、10 頁以下）参照。

(422) 条約第 141 条の適用については、1986 年 7 月 24 日、職域社会保障制度における男女の平等待遇に関する原則の実施に関する指令（86/378/CEE）が出されている。同指令は、法定の社会保障制度を補完・代替するために、単一又は複数の職域等を単位として創設される強制又は任意の職域制度を適用対象としており（第 2 条）、その中には疾病、傷害、老齢、労災、失業の他、雇用を原因として事業主が支給するものであれば、遺族及び家族手当等の給付も含まれる（第 4 条）。ただし、老齢給付、遺族給付等に関しては、男女同一賃金原則に対する例外として、その実施を延期するための特例措置が設けられていた（9 条）。しかしながら、バーバー判決等が出されたことから、1986 年の指令の見直し

第6節　付加的年金制度

企業年金の拡張適用を宣言することはできるものの、当該企業年金自体は法律ではなく労使協議によって創設されたものであり、労使の拠出によって賄われていることを理由に、当該企業年金については、男女同一賃金に関する条約第141条（旧第119条）が適用されると判示した。また、問題の給付が遺族年金であって、退職年金のように被用者本人に支給されるものでないことに関しては、遺族年金の淵源が死亡者が企業年金に加入していたことにあり、死亡者の雇用関係の中で当該死亡者の雇用を理由に支給されるものであることから、遺族に対する給付であっても、賃金としての性格がなくなるわけでないと判示している。もともと条約第141条は、賃金は直接的に支払われるものだけではなく間接的に支払われるものも含めと規定している。その点では、本判決の意義は、切替年金（pension de réversion）ともいわれる遺族年金が間接的な賃金に当たるとの判断を示したとも解釈できる[423]。

このように、男女同一賃金の観点からの判断に当たっても、欧州司法裁判所は、基礎的制度の代替的性格を有する企業年金給付や、本人ではなく遺族に支給される遺族年金についても賃金としての性格を認めており、その点で賃金的性格を有する企業年金給付の範囲を広く解していると考えられる。

3　付加的年金制度の意義

付加的年金制度とは、一言でいえば、基礎制度（1階）及び補足制度（2階）の上乗せとなる3階部分の年金制度である。しかし、このような年金制度の多層構造を巡っては、別の整理も可能である。例えば、義務的な全国制度であるか否かという点からすれば、補足制度は基礎制度と同様に1階部分を構成し、2階は

が行われることになり、1996年12月20日には、平等待遇に関する特例措置の見直しを行う指令（96/97/CE）が出された。なお、同指令の実施猶予期間は1997年6月30日までとなっていたところ、フランスはこれを実施せず、EUとの間で係争化した。最終的には、欧州司法裁判所の1999年7月8日の判決（CJCE, 8 juillet 1999, *Commission c. République française*, Aff. C. 354/98）を受けて、フランスも、2001年2月22日の勅令（Ordonnance n° 2001-178 du 22 février 2001）により、補足制度、付加的年金制度及び福利厚生制度における年金の支給開始年齢及び遺族年金について男女差を許容する規定（CSS. L. 913-1の最終項）を廃止せざるを得ないことになった。現在、フランスでは、労働協約・協定、全体投票及び使用者の一方的決定に基づく制度に関して、母性を理由とする規定を除き、性差による差別を含む規定は無効であることが社会保障法典上の原則として規定されている（CSS. L. 913-1）。

(423)　S. Michas Bégueri, *op.cit.*, p.522

第2部　第3章　社会保障関連制度の法的性格

付加的年金制度のような企業単位の制度、3階が個人単位の制度という分類もあり得る（図表3-5-3）[424]。この捉え方からすれば、我が国でいう企業年金に相当するフランスの制度は、付加的年金制度の方かもしれない。何れの捉え方をするにせよ、フランスの年金制度も、他の先進国同様に重層的な保障となっていることには変わりない[425]。

図表3-5-3　フランスの年金の3層構造

個人年金	個人単位の任意加入の制度
付加的年金制度	企業が契約する団体単位の義務的な制度又は個人単位の任意的な制度
ARRCO及びAGIRC 基礎的な社会保障制度	全国的な義務的な保障制度

（出典）　G. Bellocq, *La protection sociale dans l'entreprise*, L'Argus, 2006, p. 124 を参考に一部修正

このような機能面からの分類に対して、法制度上の分類という視点に立った場合には、付加的年金制度は、フランスの国内法制上、福利厚生とともに集団的保障（garaties collective）を構成すると考えられる。具体的には、社会保障法典第9

---

[424] G. Bellocq, *La protection sociale dans l'entreprise*, L'Argus, 2006, p.124; S. Michas Béguerie, *op.cit.*, p.3（EU及び学説は、補足制度を一般制度と同じ基礎制度に含めることで一致していると指摘している。）; X. Prétot, «La conformité à la Constitution de la loi instituant les fonds de pension», *Droit social*, N° 5 mai 1997, p.477（1997年3月20日の年金貯蓄計画に関する法律に関する憲法院判決（Décision n° 97-388 du mars 1997）において、年金貯蓄計画が基礎的及び補足的な義務的制度に徐々に置き換わることによって1946年の憲法前文第11項が侵害されるとの訴えに対して、憲法院が当該訴えを退けるに当たり、基礎制度と補足制度を一括りに扱っている。この点について、プレト氏は、社会保障制度の場合には、議会によって基本的な事項及び財政の均衡条件が定められることに比べれば、補足制度は自律性を有しており社会保障制度と全く同じではないにしても、制度への強制加入及び制度実施に関する連帯という点では、補足制度には社会保障制度に関する法が及び得ると指摘している。）

[425] 多層構造の制度（multipilar system）を提唱した世界銀行の報告書では、老後の所得保障が公的年金制度、職域年金制度、私的貯蓄制度の3段階に整理されているが、フランスの補足年金制度は強制加入・賦課方式であるものの職域年金制度（occupational pension plan）に分類されている（World Bank, *Averting the old age crisis*, Oxford University Press, 1994, p.170）。

第 6 節　付加的年金制度

巻「被用者の補足的社会保護及び労使同数制の機関に関する規定」の第 1 編「被用者の補足的社会保護に関する総則」の冒頭の定義規定（L.911-2）がこの集団的保障を定義しており、その中で福利厚生に関するリスク以外に「退職年金、退職又は職業人生の終了に係る補償又は手当の形態による給付」が集団的保障の代表例として挙げられている。

さらに、付加的年金制度については、2003 年年金改革法第 107 条が、「賦課方式による義務的年金制度を補完するため、全ての人は、個人の資格又は職業活動の枠組みにおいて、財政的安全及び税の下の平等を条件に、一又は複数の年金のための貯蓄商品へのアクセスを有する」ことを規定した。

この条文は、全ての人に付加的年金制度へのアクセスを保障することを謳うものであるが、ここから次の 6 つの原則が導き出されることを元老院（Sénat）の報告書は指摘している[426]。

① 付加的年金制度へのアクセスは、職業上の地位（被用者、自営業者、公務員、失業者、無職者）に関わりなく、全ての人に保障されるべきこと。
② 付加的年金制度へのアクセスは、個人単位（個人の資格）又は職域単位（企業の内部又は外部において個人単位又は団体単位）でなされること。
③ 付加的年金制度へのアクセスは、特に退職年金のために設けられた商品によるべきこと。
④ 付加的年金制度の提供は、一又は複数の商品へのアクセスが可能となるよう多様であるべきこと。
⑤ 付加的年金制度は、財政的な安全が付与されるべきこと。
⑥ 付加的年金制度は、税の下での平等を保障しつつ、特に税の控除を行うことにより、国によって促進されるべきこと。

このように付加的年金制度が拠って立つ原則とは、お題目的に言えば柔軟性（souplesse）であり、各種プランの中から個人単位又は団体単位での加入の途が用意されている点に特徴を見出すことができる[427]。

---

(426)　Sénat, Rapport n° 382（2002-2003）de M. Dominique LECLERC, fait au nom de la commission des affaires sociales, déposé le 4 juillet 2003

(427)　Assemblée nationale, Avis de M. Xavier Bertrand présenté au nom de la commission des finances, de l'économie générale et du plan sur le projet de loi（n° 885）portant réforme des retraites（N° 899）

4 付加的年金制度の法的枠組み

付加的年金制度の特徴の一つは、制度を規律する法律が一つに集約されていないことである。法典としては、少なくとも租税、保険、共済、社会保障及び労働の五つの法典が関係しており、それ以外に2003年年金改革法の第108条が大衆年金貯蓄計画（PERP）を規定するなど、付加的年金制度に関する統一法典は存在せず関係法令は分散している。このため、付加的年金制度は、様々な類型の制度の集合体ともいうべきものである。ここでは、様々な付加的年金制度のうち主要なものを取り上げ、それらの概観を掴むことにしたい[428]。

なお、付加的年金制度の場合も、分析に当たって、1989年のエヴァン法が規整する補足的福利厚生制度（前述）がそうであったように、制度（régime）とその管理機関（gestionnaire）とを意識的に区分して考えていく必要がある。以下の記述は、制度という視点から、加入の任意性・集団性の有無か加入の契機となる法的手段を中心として論じている。その反面、制度の実施主体である管理機関については、必ずしも個別に言及されているわけではない。フランスにおける付加的年金制度の管理機関としては、

① 企業又は複数の企業が設立する金庫
② 内部留保方式（自家保険）の場合には企業
③ 外部に付保される場合には共済、福利厚生機関及び民間保険会社

を挙げることができる[429]。

このうち①の企業等の金庫は独立した法人格を有しており、ドイツの共済金庫（Unterstützungskasse）や年金金庫（Pensionskasse）に相当する制度と考えられる[430]。

---

[428] 以下の記述に当たっては、特に記さない限り、G. Bellecq, *La protection sociale dans l'entreprise, op.cit.*, pp.158-186; J.-J. Dupeyroux et al., *Droit de la sécurité sociale, op.cit.*, pp.1122-1131; Sénat, Rapport n° 382（2002-2003）de M. Dominique LECLERC, fait au nom de la commission des affaires sociales, déposé le 4 juillet 2003; P. Morvan, «L'épargne retraite dans tous ses états», *Droit social*, N° 2 février 2006, p.179 et s.; P. Lamy, *L'épargne salariale et la retraite en 20 concepts*, Arnaud franel, 2007, pp.25-36, pp.112-115, pp.117-128, pp.135-143, pp.145-150, pp.153-154; P. Morvan, *Droit de la protection sociale, op.cit.*, pp.618627; G. Richarte, *La retraite surcomplémenatire d'entreprise*, Presses Universitaire d'Aix-Marseille, 1995; A. Dubreuil et É. Giraud, *Épargne retraite*, le guide pratique, Prat, 2010 を参照。

[429] S. Michas Béguerie, *op.cit.*, p.467

[430] ドイツの制度については、企業年金連合会『企業年金に関する基礎資料』（2008年、366-367頁）、ハラルト・コンラット（宮崎理枝訳）「近年のドイツにおける企業年金制度の展開」『海外社会保障研究』（Summer 2005 No.151、98頁）を参照。

ただ、フランスにおいては、この形態は元々化学、金属、石油等の限られた業界にしか広まっておらず、かつ、その数も減少傾向にあった[431]。そうした中、1994年8月4日の法律は、この制度の管理機関に対して「付加的年金機関（institutions de retraite supplémentaire）」という名称を付与する一方、新規の設立は原則として認めないことが規定された（CSS. L.941-1）。その後、2003年8月21日の法律により同条は改正され、既に解散途上にある場合を除き、2008年末までに福利厚生機関（institution de prévoyance）に転換することが義務付けられた（CSS. L.941-1）。その点で、①の企業等による金庫は、既に時代の役割を終え、既裁定年金の支給等のため経過的に存続していると言えよう。次に②の自家保険は、ドイツに広くみられる引当金制度（Direktzusage）に相当する制度と考えられる。この場合には、内部留保（積立）により企業自らが制度の運営に当たることによる事務負担に加え、その保障内容を決算に関する財務書類に計上する必要があることも手伝って、フランスにおいては自家保険による付加的年金制度の役割は限定的である[432]。しかも、内部留保による管理は、政府からも好ましくないとみられており、税制上も積立を利益から控除することが認められておらず、確定給付型の年金制度に課せられる拠出金の率が2009年以降は6％から12％に引き上げられた[433]。このような制度環境の中で、付加的年金制度の中心は外部積立方式であり、付加的年金制度の管理機関としては、共済、福利厚生機関及び民間保険会社を念頭に置けばいいことになる[434]。

（1） 大衆年金貯蓄計画（PERP）

大衆年金貯蓄計画（PERP）は、2003年の年金改革法により新たに導入された制度である。同制度は、当初「年金目的個人的貯蓄計画（PEIR）」と呼ばれていたが、2004年に現在の名称に変更された。同制度の特徴は、3点である。

---

(431) S. Michas Béguerie, *op.cit.*, p.468. 世界の主流は資金を社外に積み立てる外部積立方式であるが、日本とドイツにおいては、資金を内部に確保し企業経営上のニーズに活用する内部留保方式が広く利用されてきたことが指摘されている（久保知行『退職給付制度の構造改革』（東洋経済新報社、1999年）14頁）。
(432) *ibid.*, p.469.
(433) P. Morvan, *Droit de la protection sociale, op.cit.*, pp.558-559.
(434) 管理機関は事業主から掛金を受領することにより付保されたリスクに対する給付を実施する責任を負うが、実際の給付を別の機関に実施させることも、まれではあるが存在していることが指摘されている（*ibid.*, p.557）。

第2部　第3章　社会保障関連制度の法的性格

① 給付は、一時金ではなく終身年金による給付を原則とすること。
② 制度への加入は、個人単位の任意加入方式であること。
③ 加入手続きは、加入者によって構成される社団を通じて、加入者の名においてなされること。

　大衆年金貯蓄計画は、マドラン法により自営業者向けの年金貯蓄制度が既に導入され、公務員についても別途付加的年金制度が存在する中で、一般の被用者に対しては、同種の制度が欠けていたことから創設された面がある。その点では、大衆年金貯蓄制度は、マドラン法に基づく年金貯蓄制度に被用者も包含した一般版とも言うべきものであり、正確な意味での義務的な付加的年金制度ではない。また、大衆貯蓄計画は、2003年年金改革法で同じく導入された後述の団体年金貯蓄計画（PERCO）とともに、年金貯蓄計画の柱となる制度である。

　大衆年金貯蓄計画の法的枠組みを敷衍するに、この制度は個人単位での任意の保険契約であり、職業の如何に関わらず全ての個人が加入することができることに特徴がある。この場合の保険契約は、100人以上を構成員として設立される非営利社団（1901年法）である「大衆年金貯蓄グループ（GERP）」が福利厚生機関、共済又は保険会社との間で締結することになっている[435]。積立原資は個人勘定として個人単位で管理されることから、加入者はいつでも制度からの脱退及び再加入が可能である。また、積立原資については、別の大衆年金貯蓄計画に限って移管が可能である[436]。このような枠組みを一言でいえば、制度加入者（participant）のために、大衆年金貯蓄グループが申込者（souscripteur）となって保険管理

---

[435] 非営利社団を通じて100人以上の単位で制度に加入する方法は、マドラン法により途が開かれた自営業者のための契約制度でも採用されており、これがモデルとなっている。この社団形態をとる大衆年金貯蓄グループの場合、2004年4月21日付政令（décret nº 2004-342 du 21 avril 2004）が規制を設けており、総会、理事会、監視委員会（comité de surveillance）等の設置に関する規定、さらには理事の注意義務（obligations de diligence）、秘密保持義務等に関する倫理規定（règles de déontologie）の作成を義務付けている。また、資産の保全の観点からは、契約の履行に必要な積立が義務付けているほか、積立不足の場合の是正措置など安全上の規定（règles prudentielles）も設けられている。このうち制度の財政的な健全性を担保するのが監視委員会で、5年に1度の財政再計算が義務付けられているほか、保険・共済監視当局（ACAM）への定期的な報告も行うことになっている。なお、この保険・共済監視当局によれば、2008年1月時点で53の大衆年金貯蓄グループが存在している（http://www.acm-francefr/info/Les_GERP/020402）。
[436] 別制度への原資移管に当たっては、移管費用は原資の5％を超えることはできないことになっている。

機関（organisme d'assurance gestionnaire）との間で保険契約を締結することによって成立する三当事者関係といえよう。

　給付は、退職年金の他に遺族給付や障害給付を組み込むことができるが、労務不能や介護のようなリスクは対象とすることができない。給付の中心である退職年金については、終身年金として退職時又は60歳から支給される必要がある。従って、一時金による給付は原則として認めていない。ただし例外的に、加入者の失業給付が切れた場合、自営業が破産した場合、あるいは障害者となった場合には、通常より前倒しで一時金又は年金による給付を受け取ることができる。

　掛金については、所得税の課税に当たって、純所得（必要経費又は収入の10％を控除した所得）の10％を上限に控除が認められている。ただし、控除額には上下限が設けられており、最低額が社会保険料賦課上限の10％（2009年で3,218ユーロ）、最高額が社会保険料賦課上限の8倍の10％（2009年で26,621ユーロ）となっている。社会保険料等の扱いについては、掛金は社会保険料、一般社会拠出金等の賦課対象とならない。

　給付については、居住用の住宅の取得の場合を除き一時金による支給は認められておらず、年金による支給のみが可能である。また、年金課税という点では、大衆貯蓄計画からの年金給付に対しては、義務的な年金の場合と同様に10％の控除はあるものの所得税が課される。

　なお、以上の一般的な大衆年金貯蓄計画とは別に「企業大衆年金貯蓄計画（PERP-E）」といわれる企業単位の付加的年金制度を活用した枠組みが存在している。

（2）　一般租税法典第39条の適用を受ける制度

　一般租税法典第39条は、そもそも法人税（impôt sur les sociétés）からの経費の控除に関する一般規定であり、付加的年金制度への掛金拠出にも同条が適用される。その結果、一般租税法典第39条を拠り所に非課税措置を受ける付加的年金制度が登場することになるが、このような制度とは、端的に言えば義務的な性格を有する確定給付型の年金制度ということになる。

　この制度は、経緯的には、基礎制度及び補足制度からの年金に上乗せするために幹部職員を主たる対象として発展してきた制度である。確定給付の類型としては、大きく次の2種類がある（図表3-5-4）。

第2部　第3章　社会保障関連制度の法的性格

① 差額保証（garanties différentielles）

　退職後に従前所得の一定割合が確保されるよう、その一定割合に相当する金額と基礎制度及び補足制度からの年金との差額を確定給付による年金として支給する制度である。このような差額支給ということから、「帽子（chapeau）」制度とも呼ばれる。

② 追加保証（garanties additionnelles）

　基礎制度及び補足制度の金額とは関係なく、退職直前の所得の一定割合を支給する制度である。

―――― 図表3-5-4　**差額保証と追加保証のイメージ** ――――

企業の義務	企業の義務
義務的な制度からの年金と合わせて従前所得の70％を保証	義務的な制度からの年金に加えて従前所得の15％を保証

差額保証制度　　　　　　　追加保証制度
被用者 A　B　C　D　　　被用者 A　B　C　D

年　金　　　　　　　　　　年　金

■ 集団的積立による企業制度
▨ AGIRCによる年金
▧ ARRCOによる年金
▥ 基礎的社会保障制度による年金

（出典）　G. Bellocq, *La protection sociale dans l'entreprise*, L'Argus, 2006, p. 160

制度の運営については、企業自らの自家保険による内部での自主管理と保険契約による外部管理の２種類がある。このうち自主管理の場合には、企業は保険数理上の必要額を計算し、EUの規則（1606/2002）に従い決算に準備金を計上しなければならない。これに対して、外部管理の場合には、企業は保証に必要な年金の支払いを外部の保険機関に委ねることになる。この保険機関との契約に当たっては、労使の労働協約・協定、使用者による一方的決定等の福利厚生に関する手続きを経ることになる。全体投票による承認による制度創設については、手続きを規定する政令が1994年以来未制定であり、このため、その代替として、企業は被用者の投票にかけた上で使用者の一方的決定という形をとることがみられる。

税制については、明確に位置付けられた被用者集団を対象にした義務的な外部管理による制度であることを条件に、掛金の全額を負担する事業主からの拠出が一般租税法典第39条の優遇措置の対象となる。より具体的にいえば、非課税要件は次のとおりである。

① 制度の根拠規定が法律、労働協約・協定、慣習、使用者の一方的決定のように事業主に対抗力を有すること。
② 制度の対象となる被用者の範囲が客観的に決められており、制度が名目的・個別的でないこと。なお、使用者の一方的決定の場合には、被用者全員が対象となっていること。
③ 給付が最終俸給に比して極端に高額でなく、終身年金であること。
④ 事業主拠出分について企業は所有権を喪失し、その資産を構成しないこと。

この制度の下では、被用者からの拠出は想定されていない。ただ、理論上は、事業主拠出も被用者への賃金とみなされ、所得税の課税対象となる可能性があるが、この制度における年金給付は被用者が退職時に在籍することを要件としており、権利として確定していない不安定な権利保障であるとの考え方に立ち、事業主拠出が被用者の所得とみなされて課税されることはない。これに対して、被用者の退職後に支給される年金については、その時点で被用者の所得として所得税の課税対象となる。なお、実際にある制度の中には、被用者に対しても掛金拠出を求めるものもある。

この事業主拠出については、社会保険料は賦課されないが、社会保障法典L.137-11条が規定する特別拠出金の賦課対象となる。

被用者の権利保護という点では、自主管理の場合、企業の業績にかかわらず対

象者の死亡まで保証上の義務を負うことになるが、外部管理の場合にも、仮に掛金の未納のために保険契約が解除されたとしても、被用者との関係では使用者の義務は残ることになる。

このように確定給付型の制度は、被用者の権利保護を巡る様々な問題を生起させる（詳細は後述）。例えば、企業が清算された場合、保険機関は契約上の資産を清算人に交付し、企業が被用者に負う義務は清算人が弁済することになる。また、企業の譲渡、売却、吸収合併等の合併等による再編が行われた場合、被用者に対する企業の労働契約上の義務は存続することになっている（CT. L.1224-1）。このほか、労働協約・協定によって規定された給付水準の切下げについては、新たな労働協約・協定によって切下げを行うことは可能であり、新たな労働協約・協定の発効後に関する限り、被用者に既得権はないことになる（Cass. civ., 28 mai 2002, n° 00-12918）。

（3）　一般租税法典第83条の適用を受ける制度

一般租税法典第83条は、所得税の課税所得からの控除に関する規定であるが、これにより非課税措置の適用を受けられる付加的年金制度を一般に「第83条契約（contrat article 83）」とよぶ。

この第83条契約による制度が対象とする年金は、義務的な確定拠出型の制度である。この確定拠出型の制度において、重要なのは掛金である。掛金はその全部又は一部を事業主が拠出することが要件となっており、被用者の掛金は拠出額の一部に止まることになる。掛金の決定方法については、被用者負担部分がある場合は、使用者が単独で決定することは許されず、労働組合との協議により労働協約・協定で決定することになる。拠出後の掛金は、事務管理費用を控除した分が被用者個人別の勘定として積み立てられ、投資・運用されることになる。退職後の年金については、

・本人の退職年金のみならず配偶者への遺族年金への転給制度を設けたり、
・次第に年金額が増加減する逓増制や逓減制を設けたり、
・年金の支給期間について保障期間を設け、本人死亡後は指定された遺族に残存期間支給されるようにしたり、
・要介護状態になった場合の加算制度を設けたり

する例もある。

上記のように原資は被用者単位の個人勘定となることから、転職した場合にも、

類似制度がある場合には原資の移管が可能である。また、被用者が退職前に死亡した場合には、数理的な保険料積立金（provision mathématique）相当が被扶養者に支給される。

　税制については、労働協約・協定、事業所協定、使用者の一方的決定等に基づき、明確に位置付けられた被用者集団を対象にした義務的な制度であることを条件に、掛金を負担する事業主からの拠出が一般租税法典第83条の優遇措置の対象となる。具体的には、4条件に該当する必要がある。

① 制度実施の根拠規定が労働協約、事業所協定、労働法上の慣習、使用者の一方的決定のように使用者に対抗力を有するものであること。
② 対象となる被用者の範囲が明確に規定されていること。なお、使用者の一方的決定の場合には、事業主による恣意的な適用を排除するため、企業内の全ての被用者が対象となっていることが必要である。
③ 年金の水準が被用者の賃金水準に比して過度に高額でないこと。
④ 企業拠出による積立に対して企業の所有権を有しないこと。

　第83条契約の適用により、企業はその掛金拠出について税制上の優遇措置を受けることが可能となる。まず、事業主からの拠出（事業主負担分と被用者負担分の合計）については、企業の経費として法人税（IS）の控除対象となる。また、この確定拠出制度の下では、時間貯蓄制度（CET）からの追加拠出も認められており、その場合にも税の控除対象となる。なお、事業主拠出に関する社会保険料の扱いについては、社会保険料賦課上限の85％（2007年で27,356ユーロ）までが控除対象となっている。

　第83条契約の場合、事業主拠出のみならず被用者拠出についても、次の要件に該当することを条件に、事業主負担分と被用者負担分の合算額が所得税（IR）の控除対象となる。ただし、被用者が退職後に受け取る年金は、所得税の課税対象である。

① 制度が退職前の勤務に応じた年金の保障を目的とした強制加入の制度であること。
② 年金の支給開始年齢が早い場合でも社会保障制度からの年金と同じであること。
③ 事業主からの拠出があること。

第 2 部　第 3 章　社会保障関連制度の法的性格

④ 保険会社との集団保険契約により制度が実施される場合には、同じ類型に属する被用者を漏れなく対象とすること。
⑤ 同じ類型に属する被用者については、同一掛金が適用されること。
⑥ 給付は終身年金によること。

これら事業主及び被用者からの掛金の控除には、上限が設定されている。まず、控除額は、毎年の収入の 8 ％までとなっている。また、控除対象となる収入も、毎年の社会保険料賦課上限の 8 倍（2007 年で 20,597.76 ユーロ）までとなっている。

被用者の権利保護の観点からは、毎年の拠出による積立が年金の原資となる点に確定拠出制度の特徴がある。このため、企業が拠出義務を履行できない場合や企業の再編の場合にも、被用者の既得権及び形成途上にある権利が保護される必要がある。これを担保する手段として、保険契約には、

・年金原資の移管に関する規定（clause de transférabilité）を設けること（CA. L.132-23、CM. L.223-22）、
・失業保険の期間が終了した場合、障害者となった場合、自営業を営み破産した場合に限り、年金原資の一括償還（rachat）に認めるための規定を設けること（CA. L.132-23、CSS. L.932-23、CM. L.223-22）

が義務付けられている。このうち年金原資の移管は、被用者にとって権利のポータビリティを可能にするものであり、被用者が転職又は企業が消滅した場合、被用者は転職後の企業の同等の制度に原資を移管することが可能となる。

企業による掛金の未納については、一定期間後に契約を解除することができる（CA. L.132-20）が、その場合であっても、被用者との関係では使用者の義務は残ることになる。

（4）　団体年金貯蓄計画（PERCO）

団体年金貯蓄計画（PERCO）は、アメリカの 401(k) からも示唆を得て、フランス版年金基金（fonds de pension）として 2003 年年金改革法により新たに導入された制度である。元々は 1967 年に創設された企業貯蓄計画（PEE）が制度の原型であり、団体年金貯蓄計画はその変形版ともいえる。ただし、企業貯蓄計画が現在の団体年金貯蓄計画に至るまでには、紆余曲折があった。

その点が端的に表れるのは、原資の凍結期間の関係である。そもそもの企業貯

第6節　付加的年金制度

蓄計画では、拠出された原資が最低5年間凍結されることが条件であった。それが、被用者貯蓄に関する2001年2月19日法 (loi n° 2001-152 du 19 février 2001)、いわゆる「ファビウス法 (loi Fabius)」が制定され、そこに盛り込まれた「任意被用者貯蓄協調計画 (PPESV)」において、原資の凍結期間が10年に延長されることになった。そうはいっても、任意被用者貯蓄協調計画は、付加的年金制度というには不完全な仕組みであった。第一に、任意被用者貯蓄協調計画の給付は一時金が原型であることに変わりなく、凍結期間10年が経過した原資を順次取り崩すという形での分割払い、あるいは、原資の保険会社等への移管により、あたかも年金のようにして給付を受けることができるにすぎなかった。第二に、原資については、企業共同投資基金 (FCPE) や従業員持ち株による運用の中で、一定程度まで被用者の所属企業や関連企業の株式による資金運用が認められており、企業の破綻の影響を受けるという点で安全性の面で問題があった。第三に、共同投資資金は法人格を有しておらず、守秘義務等のガバナンスの面での問題や、原資の移管可能性に関する法規制の欠如の問題などがあった。

　その後、2003年改革法により団体年金貯蓄計画の名称が一旦は「任意被用者貯蓄協調計画 (PPESV)」から「被用者年金貯蓄協調計画 (PPESVR)」に変更されるとともに、制度導入の条件として、積立原資を退職時まで凍結することが規定された。その翌年には、2004年予算法の中で制度の名称変更が行われ、本質は変わらないままに、被用者年金貯蓄協調計画は現在の団体年金貯蓄計画 (PERCO) となったのである[437]。

　団体年金貯蓄計画は、被用者貯蓄 (épargne salariale) 制度である企業貯蓄計画 (PEE) 又はその中でも中小企業を主たる対象とした企業間貯蓄計画 (PEI) の存在を前提として、これらの制度に加入する被用者が退職後の年金資産を形成できるよう用意された制度である。具体的な団体年金貯蓄計画の創設は、一若しくは複数の企業又は企業グループを対象として、企業又は職種単位の労働協定によって行われる (CT. L.3334-2等)。さらに、5年以上前から被用者貯蓄制度が存在する企業については、団体年金貯蓄計画の創設のための労使協議が義務付けられて

---

[437]　2006年には、2003年の「職域年金機関の活動及び監視に関する2003年6月3日付欧州議会及び理事会指令第2003/41/CE号」を担保するための「付加的職域年金に関する勅令第2006-344号」の中で団体年金貯蓄計画の改正も行われ、EU域内の企業年金が職域年金機関 (IRPROCO) として、フランスにおいて団体年金貯蓄計画を運営することが可能となった。

第2部　第3章　社会保障関連制度の法的性格

いる。このように労働協定による創設の途しか認めない背景には、税制上の優遇措置が適用される条件を絞るとともに、労働組合への配慮がある。

制度の内容は、創設のための労働協定によって規定される。制度への拠出については、

① 被用者貯蓄制度（PEE、PEI）からの原資の移管（利益配分、利益参加、企業貯蓄制度等について、満期までの期間が5年以上あることを条件に移管を認容）[438]

---

(438) 被用者貯蓄制度である企業貯蓄計画（PEE）は、被用者が企業の援助により貯蓄を形成するための制度である。企業貯蓄計画は、原則として労働組合若しくは企業委員会と企業との協議、又は事業主の一方的決定により創設される。個々の被用者の制度への参加は原則として任意である。拠出方法としては、被用者の任意拠出もあるが、利益参加や利益配当の資金から拠出も可能であり、その部分の比重が高い。この他の貯蓄原資としては、企業からの上乗せ拠出があり、企業は被用者拠出の3倍の範囲で拠出することが義務付けられている。このようにして積み立てられた貯蓄は、原則として5年間は凍結されることになっているが、一定の場合（結婚、出産、離婚、障害、死亡、離職、創業、住宅購入、多重債務）には、早期引出が可能である。被用者からの貯蓄額は、原則として年間収入の1/4までとなっている。また、貯蓄のための企業からの援助として、事業主は、被用者の拠出額の3倍の範囲で上乗せ拠出が可能である。

利益参加（participation）は、戦後の1954年、ドゴール大統領の政策の一環として、企業の利潤を被用者に分配するため導入された制度である。制度は、被用者50人以上の規模の企業（それ以外の企業が任意）を対象に、企業の業績に応じて利益の一定割合（自己資本の5％を超える純益の半分）を被用者の生み出した付加価値に応じて分配するものであり、さらに、分配された利潤は、被用者の間で画一的に又は賃金、就労時間等に応じて再配分されることになっている。被用者に分配された利潤は、原則として5年間は凍結されることになっているが、一定の場合（結婚、出産、離婚、障害、死亡、離職、創業、住宅購入、多重債務）には、早期引出が可能である。なお、制度の導入に当たっては、被用者全体を対象にすることが義務付けられており、3ヶ月以上の雇用期間のような要件以外は禁止されている。また、制度は、労働組合又は企業委員会と企業との合意、さもなければ被用者の全体投票（レファレンダム）による2/3の同意によって導入されることになっている。

これに対して、利益配分（intéressement）は、企業の生産性向上、労使関係の安定、被用者の経営への参加意識の向上等を目的とする任意の制度であり、企業規模による導入義務はない。また、この制度は3年ごとの更新が必要であり、制度導入後も自動更新とはなっていない。制度導入に当たっては、労働組合又は企業委員会と企業との企業内協定による労使合意、さもなければ被用者の全体投票（レファレンダム）による2/3の同意が必要である。利益の配分方法は、企業の業績（一般的な業績の他、生産性向上）に応じて配分されるが、画一的な配分方法が義務付けられているわけではない。なお、制度の対象者は、原則として被用者全体であり、3ヶ月以上の雇用期間のような要件以外は禁止されている。また、個々の被用者に分配される利潤は、被用者間で画一的に又は賃金、労働時間等に応じて再配分されることになっている。この点に関連して、個々の被用者の配分額

第6節　付加的年金制度

② 被用者からの任意拠出（年間収入の1／4が上限）[439]
③ 事業主からの任意の上乗せ拠出（年間で社会保険料賦課上限（PASS）の16％、被用者拠出の3倍が上限）[440]
④ 時間貯蓄勘定（Compte épargne temps）からの拠出[441]

が認められている（CT. L.3334-6等）。また、資金の運用に関しては、オープン型投資信託（SICAV）及び会社型投資信託（FCPE）の多様な商品から複数の組合せが選択できるようにすることが義務付けられている。その場合、従前の任意被用者貯蓄協調計画と異なり、被用者の所属企業や関連企業の株式への投資が禁止されるなど、厳格な規制により原資の保護が図られるよう配慮されている。

団体年金貯蓄計画の特徴は、任意的な性格が強い点にある。一般租税法典第83条に基づく制度において事業主拠出が義務的であり、場合によると被用者拠出も義務的であることもあるのに対して、団体年金貯蓄計画では、事業主は事務管理に要する経費を負担する必要があるものの、掛金としての事業主拠出は任意的なものである。ただ、実態としては、事業主からの上乗せ拠出は、頻繁にみられるようである。

仮に事業主拠出が行われる場合には、それは一般的な（à caractère général）ものでなくてはいけないこと（拠出額が被用者の賃金に比例）になっており（CT. L.3332-12）、被用者の類型、年齢、企業業績によって差を設けることができないことになっている。すなわち、例えば、最短加入期間（3月）のような要件を設けることは可能であるが、制度自体は全ての被用者に門戸が開かれねばならない。

の上限は、社会保険料賦課限度額の半分（2007年で16,092ユーロ）までとなっているほか、企業全体では賃金総額の20％までとなっている。

(439) 任意拠出の方法としては、被用者に対する企業からの利益配分（intéressement）によることも可能である。また、年間収入1／4という拠出上限は、団体年金貯蓄計画以外の企業貯蓄計画（PEE）や企業間貯蓄計画（PEI）からの拠出も合算して判断される。

(440) 2007年の社会保障賦課上限の16％は、5,149.44ユーロである。なお、事業主は、この16％の上乗せ拠出とは別に、企業貯蓄計画のための上乗せ拠出として社会保険料賦課上限の8％（所属企業の株式への投資の場合には、14.4％）が認められており、合計社会保険料賦課上限の24％となる。

(441) 時間貯蓄勘定は、労働時間が資本に転換された時間貯蓄勘定上の権利（休暇、休憩時間等）を金銭化する手段の一つであり、労働協約・協定に基づき実施されることになっている（CT. L.3151-1以下）。付加的年金制度の財源への充当は、時間貯蓄勘定の利用方法の一つとされている。なお、時間貯蓄勘定からの拠出は、年間収入1／4という拠出上限には合算されないことになっている。

第2部　第3章　社会保障関連制度の法的性格

なお、この加入者要件について付言すれば、
- そもそもの制度加入の判断は、個人の選択に委ねられていること、
- 規約が認める場合には、退職者も継続加入による拠出が可能であること、
- 退職前の中途離職の場合には、利益配分（intéressement）を活用した拠出を行うことや、規約が定める場合には、事業主の上乗せ拠出もあり得ること、
- 離職者の再就職先において団体年金貯蓄計画が存在しない場合には、従前の制度に継続加入し拠出することも可能であること（ただし、その場合には、事業主からの上乗せ拠出は受けられない。）

なども、制度の特徴である。

　給付については、退職時から年金の形で支給されるのが原則であるが、労働協定が規定する場合には一時金による支給も認められている（CT. L.3334-14 等）。原資の早期取り崩しによる繰上支給については、加入者及び配偶者等の死亡・重度障害、失業保険給付の期限切れ、多重債務による破産手続きの開始及び主たる住居の取得の場合に限り認められることになっており（CT. R.3334-4）、従前の企業貯蓄計画（PEE）及び任意被用者貯蓄協調計画（PPESVR）のように、解雇や企業の創業を理由とする繰上支給は認められていない（以上の制度の仕組みについては、図表3-5-5参照）。

　税金については、事業主拠出の場合、社会保険料賦課上限（PASS）の16％（2009年で年間5,489ユーロ）を上限として、被用者拠出の3倍までの控除が認められている。そして、被用者自身も、事業主拠出分を自らの所得として申告する必要がない。これに対して、事業主拠出ではない被用者からの任意拠出（年間2,662.08ユーロが上限）については、所得税の控除が認められていないが、利益配分及び利益参加に限り、一定の条件・限度額で控除が可能である。他方、給付時の年金への課税については、拠出時課税であった任意拠出による年金の場合、支給年齢が60代の場合で40％（控除が60％）、70歳以上の場合で30％（控除が70％）のみが課税対象となる（CGI. 158-6条）。その点では、控除が10％の大衆貯蓄計画より税制上有利である。これに対して、給付が一時金の場合には、資産運用による利子が非課税となる。

　社会保険料の扱いについては、事業主の上乗せ拠出は社会保険料の賦課対象外である。これに対して一般社会拠出金（CSG）及び社会債務償還拠出金（CRDS）については、労使何れの拠出も賦課対象となっている。他方、給付時については、一時金であれば、利子相当部分のみが保険料等（一般社会拠出金及び社会債務償還

拠出金を含む。）の賦課対象となり、原資の方は賦課対象外であるのに対して、年金の場合には全体が保険料等の賦課対象となる。

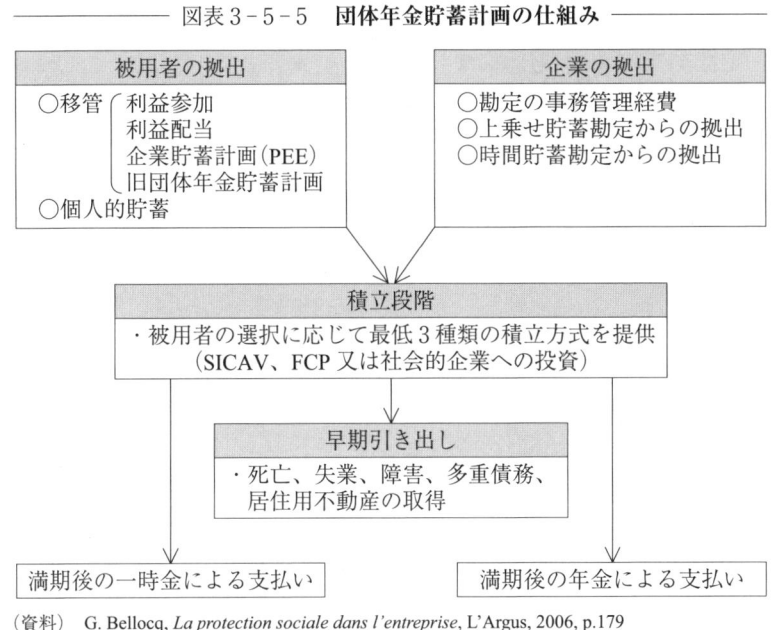

図表3-5-5　団体年金貯蓄計画の仕組み

```
┌─────────────────────────┐  ┌─────────────────────────┐
│      被用者の拠出        │  │      企業の拠出          │
│ ○移管 ┌利益参加          │  │ ○勘定の事務管理経費     │
│       │利益配当          │  │ ○上乗せ貯蓄勘定からの拠出│
│       │企業貯蓄計画(PEE) │  │ ○時間貯蓄勘定からの拠出  │
│       └旧団体年金貯蓄計画│  │                         │
│ ○個人的貯蓄              │  │                         │
└─────────────────────────┘  └─────────────────────────┘
              │                            │
              └──────────────┬─────────────┘
                             ▼
          ┌──────────────────────────────────────┐
          │            積立段階                   │
          │・被用者の選択に応じて最低3種類の積立方式を提供│
          │  (SICAV、FCP又は社会的企業への投資)    │
          └──────────────────────────────────────┘
                             │
                             ▼
                ┌──────────────────────────┐
                │       早期引き出し         │
                │・死亡、失業、障害、多重債務、│
                │  居住用不動産の取得         │
                └──────────────────────────┘

┌─────────────────────┐          ┌─────────────────────┐
│ 満期後の一時金による支払い │          │ 満期後の年金による支払い │
└─────────────────────┘          └─────────────────────┘
```

（資料）G. Bellocq, *La protection sociale dans l'entreprise*, L'Argus, 2006, p.179

（4）企業年金貯蓄計画（PERE）

企業年金貯蓄計画（PERE）は、大衆年金貯蓄計画（PERP）の職域版とも言うべき制度である。また、企業年金貯蓄計画は、一般租税法典第83条の確定拠出年金制度を基礎とし、それに加えて大衆年金貯蓄計画のような被用者に判断による掛金拠出を可能にし、被用者の退職後の年金を増額することを可能にするという点では、第83条の制度と大衆年金貯蓄計画との混合型（ハイブリッド）とも捉えることができる。

いずれにせよ、企業年金貯蓄計画は、被用者を対象とした集団的な付加的年金制度であり、退職後の給付は年金によることが義務付けられている点に特徴がある。さらに、この制度の新味としては、事業主からの拠出を伴う義務的な拠出部分と被用者の裁量による任意的な拠出部分から成り立っていることが指摘できる

第2部　第3章　社会保障関連制度の法的性格

（図表3-5-6）。

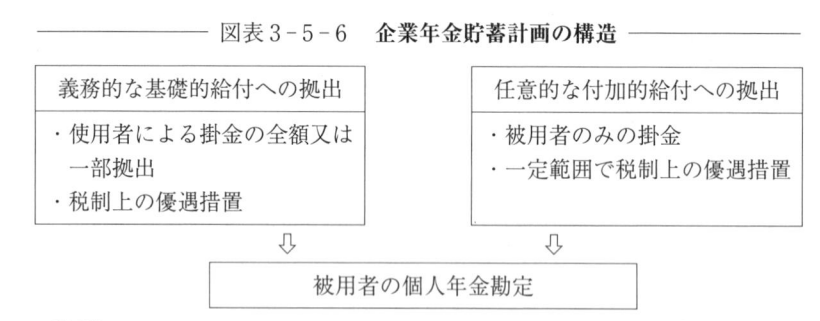

―――――― 図表3-5-6　　企業年金貯蓄計画の構造 ――――――

義務的な基礎的給付への拠出	任意的な付加的給付への拠出
・使用者による掛金の全額又は一部拠出 ・税制上の優遇措置	・被用者のみの掛金 ・一定範囲で税制上の優遇措置

⇩　　　　　　　　　　⇩

被用者の個人年金勘定

（資料）G. Bellocq, *La protection sociale dans l'entreprise*, L'Argus, 2006, p.170 を参考に一部修正

　企業年金貯蓄計画の創設に当たっては、労働組合との労働協定、全体投票による承認、使用者の一方的決定という福利厚生に関する何れかの手続きが必要となる。その上で、保障内容は、保険会社、福利厚生機関又は共済に付保されることになる。

　掛金の額は、前述のように被用者が自ら決めることができるが、年間収入の1/4を超えることはできない。また、掛金としては、一般的な掛金のほか利益配当又は利益参加からの収入も拠出に充てることができる。掛金としては、被用者のみならず事業主からの上乗せの拠出も可能である。ただし、拠出額は、2,662.08ユーロ（2007年）を上限に被用者拠出の原則として3倍までとなっている。

　給付には、義務的な基礎的な給付部分と任意的な付加的な給付部分が想定される。このうち基礎的な給付は、加入者本人を対象に支給される終身年金である。その場合の支給開始年齢は、基礎制度の年金支給開始年齢又は60歳から70歳までの間となっている。また、給付形態は、原則として年金形式であるが、月又は四半期の年金額が72ユーロに満たない場合は、一時金による支給も認められている。さらに、加入者本人が死亡した場合には、当該死亡者の平均寿命までであれば、指定相続人に残額を支給する最低保障期間の制度も可能である。これに対して、付加的な給付部分としては、加入者が死亡した場合の配偶者等の遺族への死亡給付、子供への教育給付、加入者への障害給付といった給付が可能である。

　加入者が離職等により制度から脱退した場合、脱退者は、制度の定める条件に従い、自分の勘定を制度に残したままにしておくか、別の企業年金貯蓄計画等に

資金を移管することになる。さらには、保険者によっては、脱退者が個人資格により引き続き制度に継続加入することを認めるものも存在する。

　このほか、企業年金貯蓄計画は、途中脱退について、年金原資の一括償還（rachat）の制度を設けている。すなわち、加入者が失業後に支給される失業保険給付が切れた場合、自営業を営んだものの破産した場合、障害者となった場合などに限り、年金支給開始年齢より前に勘定を取り崩すことが可能である。

　税金については、事業主拠出につき、確定拠出年金の場合と同様に、一般租税法典「第83条（article 83）」の非課税措置の適用対象となる。つまり、制度が被用者を対象とした義務的な保険契約で、使用者による全額又は一部負担による義務的な拠出部分と被用者からの任意的な拠出部分から構成されている場合、この第83条により、税制上義務的な拠出部分が非課税となるのである。この結果、使用者の義務的拠出については経費としての控除が、また、被用者の義務的拠出については所得からの控除が一定範囲（社会保障の保険料賦課限度額の8倍の8％の範囲）で認められる。なお、事業主については、時間貯蓄勘定（compte épargne temps）からの拠出も可能であり、その場合にも非課税措置が適用される。

　被用者の所得税については、被用者拠出部分が控除対象となるほか、事業主拠出も拠出限度額（2,662.08ユーロ）までであれば控除可能である。これに対して、退職後に支給される年金は所得税の課税対象である。

　社会保険料については、事業主拠出は一定限度まで控除の対象となるが、一般社会拠出金（CSG）及び社会債務償還拠出金（CRDS）は賦課される。

5　付加的年金制度の普及状況

　フランスにおいては、現役時代を最後まで同じ企業で勤務することをモデルとする確定給付型の年金（一般租税法典第39条等）が大企業中心に発達したのに対して、中小企業の場合には、確定拠出型の年金（一般租税法典第83条等）が活用されてきた[442]。また、銀行、保険会社等の業種においても、将来の負担への懸念から従来の確定給付型の年金から確定拠出型の年金への転換が進められる傾向にある[443]。

　2003年の制度改革以来、付加的年金制度の加入者は増加している。とりわけ、

---

(442)　P. Morvan, *Droit de la protection sociale, op.cit.*, pp.566-567
(443)　J.-J. Dupeyroux *et al., op.cit.*, p.1123

改革の際にフランス版年金基金制度として導入された団体年金貯蓄計画（PERCO）の伸びには顕著なものがある。統計データの整備を所管する研究・分析・評価・統計局（DREES）の 2008 年の報告書によれば、2006 年末の制度の普及状況は次のとおりとなっている[444]。

- まず、主な制度の加入者の状況をみると、大衆年金貯蓄計画（PERP）が 190 万口、団体年金貯蓄計画（PERCO）が 20.2 万口、企業年金貯蓄計画（PERE）が 14.7 万口、マドラン法に基づく契約が 94 万口などとなっている。
- 2006 年に拠出された掛金は、個人加入によるものが 20.05 億ユーロ、職域加入によるものが 78.65 億ユーロ、計 98.60 億ユーロに上る。この結果としての契約高は、個人加入によるものが 222.83 億ユーロ、職域加入によるものが 754.31 億ユーロ、計 977.13 億ユーロである。

このように、2003 年年金改革法以降、フランスにおける付加的年金制度は拡大傾向にある。ただし、年金給付全体に占める比重は、基礎制度及び補足制度を合わせた所得代替率が高いことも影響して、現在においても決して高いとはいえないことには留意する必要があろう。2006 年の給付でみると、基礎的制度が 1,595 億ユーロ、補足制度が 560 億ユーロ、両制度合わせて 2,155 億ユーロであるのに対して、付加的年金制度は 42 億ユーロとなっており、基礎制度、補足制度、付加的年金制度の割合は、それぞれ 73 ％、25 ％、2 ％である[445]。

このように普及状況が芳しくない背景としては、アメリカ等のアングロサクソン諸国の年金と異なり、フランスでは依然として基礎制度及び補足制度によって相当水準の年金が確保できることがある。このほか、制度の普及に当たって障害となる点が存在していることも指摘されている。例えば、アメリカの 401(k) に相当する制度として導入された団体年金貯蓄計画（PERCO）の場合、

- 被用者が 100 を超える企業にあっては、企業の経営者は制度への加入が認められていないこと、
- 限定的な特定の被用者（例えば、幹部職員）のみを対象とした制度を導入することが困難であること、
- 代替禁止の原則（principe de non-substitution）により、事業主からの拠出で

---

(444) Y. Croguennec, «L'épargne retraite en 2006», *Études et résultats*, N° 626, février 2008, DREES
(445) *ibid.*

もって賃金の支払い義務に代替することが禁止されていること（CT. L.3332-13））

などが、制度普及にブレーキをかけることになっている[446]。

付加的年金制度の資産の運用については、株式に比べて債権への投資の比重が高いようである。元老院の2006年の報告書によれば、株式の占める割合は、従来からの付加的年金制度（マドラン法に基づく契約、Préfon、一般租税法典第39条、第82条、第83条に基づく制度）で10～15％、大衆年金貯蓄計画（PERP）で20％となっており、積極的な株式運用（資産の2/3）が期待された団体年金貯蓄計画（PERCO）の場合にも、さほどの割合ではないとから、全体では、85％が債権、15％が株式といった状況と推測されている[447]。

6　付加的年金制度における既得権の保護
〈既得権保護の問題の経緯〉

以上のように、付加的年金制度は、実態としても法的にも基礎制度及び補足制度とは異なる様相を呈する。そこで、ここでは付加的年金制度の現在の法的枠組みを前提として、現役被用者の権利のみならず退職者の権利がどのように保護されるのか検討を加えることとしたい。なお、検討に当たっては、個人別に管理された掛金拠出を基に給付が行われる確定拠出型の年金（retraite à cotisations définies）の場合には、構造的に既得権保護の問題は生じにくいと考えられることから、基本的に確定給付型の年金（retraite à prestations définies）に焦点を当てることになる。

フランスの付加的年金制度の歴史において、既得権保護は、既に第2次世界大戦前から問題として認識されており、法令及び裁判を通じて、次のような形で既得権保護の原型ともいうべき対応が既に登場していた[448]。

・年金金庫はその規約において、拠出した被用者の掛金を保証するための規定を盛り込むことが義務付けられた。従って、全国年金金庫（CNR）に個人勘定を設けた被用者は、企業からの離職に当たって、自らの掛金を勘定から回収することが認められていた。さらに、1938年6月14日付政令により、最

---

(446)　P. Morvan, «L'épargne retraite dans tous ses états», *op.cit.*, p.185.

(447)　Sénat, Rapport d'information (N° 486) fait au nom de la commission des fiances, du contrôle budgétaire et des comptes économiques de la Nation sur l'épargne retraite, par M. Philippe MARINI, p.37

(448)　S. Michas Béguerie, *op.cit.*, pp.93-94

第 2 部　第 3 章　社会保障関連制度の法的性格

低 10 年間加入した被用者の場合には、1939 年 1 月 1 日以降の離職の場合につき、事業主拠出の最低半分を受給できるようになった。
・1939 年 7 月 25 日付政令により、企業の資産と年金資産との分離が規定された。これは、結果的に企業から独立した金庫のみが許容されるという点では、企業が破綻したの際の被用者の先取特権に関する 1895 年 12 月 27 日の法律の倒産隔離の流れをさらに一歩進めるものであった。
・1939 年 7 月 11 日付政令により、拠出された年金原資からの企業への貸付が制限されることになった。
・1937 年 12 月 22 日の破毀院判決では、1925 年に企業の規則によって導入された年金において、当該規則は当事者間において法律と同じであり、それにより年金受給に関する既得権を発生させること、そして、企業に対して規則の変更権を認める条項は、企業がその一方的決定によって、1925 年の規則に従って定期的に支給されるべき年金の金額を減額する権利を付与するものではないことを判示している。

　時代は下り、第 2 次世界大戦後、社会保障の一般化の流れの中で、年金の分野では基礎制度とともに補足制度の方も発展する。その発展過程を通じて、補足制度の既得権保護の問題は、被用者が異なる制度を移動した場合の年金履歴の年金への勘案という意味での調整（coordination）の問題として顕在化する[449]。これは、我が国でいうところの年金通算、原資移管等の問題と共通する問題である。フランスの場合、戦後の補足制度に関する限り年金の調整の問題は、次の 3 段階を踏んで解決されることになった[450]。

① 契約による調整
　　異なる制度間で調整のための協約を締結することにより、例えば、従前の制度への加入期間を算入できるように規約を改正するといった調整である。しかし、調整次第で、どの程度まで他制度への加入期間が算入されるかが変わってくるという問題があった。
② 1956 年 12 月 1 日のプレヴァン法（loi Pleven）による調整
　　プレヴァン法は、転職した場合に年金に対する権利を喪失させるような規定を無効であること、また、異なる制度に加入履歴のある被用者の年金支給

---

[449]　S. Michas Béguerie, *op.cit.*, p.270
[450]　*ibid.*, pp.271-272

第6節　付加的年金制度

に関する取扱いを制度間の協約で定めることを規定することにより、調整に関する原則を定立した。しかし、プレヴァン法は規定を強制する手段を欠いており、調整のための協約はまれにしか締結されないなどの問題があった。

③ 1961年8月2日の法律による強制力を伴う調整

　プレヴァン法が抱えていた強制力の欠如という問題を解決するため、転職による年金権の喪失の規定を無効とした。また、調整を実効力あるものにするため、制度間の調整を義務的なものとするとともに、年金の支給は各制度の期間比例とすることとされた。

〈既得権保護に関する現行法制〉

　現在、補足制度については、社会保障法典（L.922-1）が、被用者の転職による年金権の喪失を定める制度の規約等は無効であること、複数の制度に加入した場合には期間比例で年金が支給されることなどを明確に規定している。さらに、これらの原則は公序（ordre public）であることも規定されており（CSS. L.922-1）、その点では強行規定であることも明確となっている。

　これに対して、第2次世界大戦後に補足制度とは袂を分かつ形で発展することになった付加的年金制度については、それが基礎制度及び補足制度の上乗せであることもあり、労使の自由度が比較的高い制度として存在してきた。このため、付加的年金制度の創設に当たっての法的枠組みも、福利厚生制度に関する労働協約・協定、全体投票、使用者の一方的決定など多様である。また、給付設計も確定給付型と確定拠出型のそれぞれの中でも多様な形態が存在している。例えば、確定給付型の年金の中には、事業主のみならず被用者にも掛金拠出を求めながら、定年退職時まで勤務しない場合には、受給権を認めないものもあることが指摘されている[451]。それだけに、被用者や受給者の既得権保護は法制上は必ずしも十分でなかった。1989年のエヴァン法を契機に、実定法上もようやく既得権保護も含めた一定のルールが法定化されたといっても過言ではない。

　現在、権利保護に関する社会保障法典上の根拠規定としてまず挙げられるのは、L.913-2条である。それによれば、「事業主の支払不能又は契約による譲渡又は合併の結果としての企業、施設又は一部施設の他の事業主への移転の場合において、切替年金も含めた被用者及び元被用者の年金給付に関する既得権又は獲得途上にある権利の喪失を招くような如何なる規定も、L.911-1条に規定する協約、

---

(451)　P. Morvan, *Droit de la protection sociale, op.cit.*, p.567

第2部　第3章　社会保障関連制度の法的性格

協定又は一方的決定に盛り込まれた場合には無効となる」と規定されている。

　そもそも、この規定は、EUの「企業譲渡等における労働者の権利保持（Directive 77/187/CEE du 14 février 1977 JO Nº L61 du 5 mars 1977）」及び「事業主の破綻の際の労働者の保護（Directive 80/987/CEE du 20 octobre 1980 JO Nº L283 du 28 octobre 1980）」の国内法制化のために関係省庁の作業グループによる検討を経て、ヴェーユ法といわれる1994年8月8日の法律（法律第94-678号）により設けられた規定である。その後、それぞれのEU指令は、従来の規定を引き継ぐ形で、2001年、2008年に改正されることになった。このうち、改正後の「企業譲渡等における労働者の権利保持」に関する指令（Directive 2001/23/CE du 12 mars 2001 JO Nº L082 du 22 mars 2001）第3条第4項b）では、「加盟国は、遺族給付も含めた老齢給付に対する既得権及び獲得途上にある権利に関して、労働者又は譲渡の時点において譲渡事業所を既に退職していた者の利益を保護するための措置を講じる」ことを加盟国に義務付けている。同じく改正後の「事業主の破綻の際の労働者の保護」に関する指令（Directive 2008/94/CE du 22 octobre 2008 JO Nº L283 du 28 octobre 2008）第8条では、「加盟国は、遺族給付も含めた老齢給付に対する既得権及び獲得途上にある権利に関して、被用者若しくは企業又は事業主の事業所の支払不能の発生の日において当該企業又は事業所を退職している者の利益を保護するために必要な措置を講じることを確保する」ことを加盟国に義務付けている。

　これらEU指令に対する国内的担保措置である社会保障法典L.913-2条のほか、同法典L.911-2条が集団的保障の目的の一つが「退職年金の形態による特権（avantages）の形成」にあると規定していることや、確定給付型の年金であっても必要な準備金を積み立てておく義務があることを理由に、学説の中には確定給付型の年金に関する既得権の存在を主張するものがあることが指摘されている[452]。

　しかしながら、ヴェーユ法による国内法による担保措置は、不十分なものに止まっているといわれる。例えば、EU指令も社会保障法典（L.913-2）も、保護の対象となる権利を「既得権又は獲得途上にある権利」としているが、その定義規定は設けられていない。このため、上記のような既得権に関する学説にもかかわらず、法文上は、権利が獲得されるのがいつかは明確ではない[453]。また、EU

---

(452)　ibid., p.566
(453)　確定給付型や確定拠出型などの異なる方式ごとに、既得権の発生が拠出時、退職時のいずれかか、あるいは拠出時であるが退職による裁定までは停止されるのかといった問

第 6 節　付加的年金制度

指令の既得権保護の規定と比較した場合に、ヴェーユ法による国内的担保措置は、既得権保護に反する労働協約・協定等の無効を規定するのみであって、既得権を確保するための積極的な措置としての支払保証のような制度とはなっていない[454]。

〈確定給付型年金の既得権保護に関する判例〉

　いずれにせよ、社会保障法典 L.913-2 条の規定から明らかなことは、同条が企業の破綻や譲渡等の場合の権利保護しか射程に置いていないことである[455]。従って、確定給付型も含めた付加的年金制度全般にわたって、どの程度まで如何なる既得権保護が認められるかは明らかではなく、より綿密な検討が必要となる。

　そこで検討するに当たり、企業の破綻や譲渡等の場合以外で既得権保護が何よりも問題となるのは、付加的年金制度に関する労働協約・協定や一方的決定について改定、破棄等により変更が加えられた場合である。このような場合の扱いは、法令上必ずしも明確でない。確かに、エヴァン法第 7 条が福利厚生についてではあるが、契約又は協約の破棄又は更新停止があった場合であっても、当該契約又は協約の履行を通じて獲得されたか、発生した即時的又は繰延的な給付の支払いには影響しないことなどを規定している。これからすれば、付加的年金制度についても、労働協約・協定又は一方的決定が破棄又は改定された場合、既に裁定されている付加的年金は維持されることが示唆される。そして、そのような解釈を支持する見解もみられるが、福利厚生に関する権利保護規定が付加的年金制度にそのまま及ぶか判例も含め検討する必要がある[456]。

　この点に関する判例のリーディング・ケースとしては、次の三つの破毀院判決を挙げることができる[457]。

① 1992 年 6 月 11 日付破毀院判決（Cass. Soc., 11 juin 1992, n° 90-13000）

　「規程第 13 条に盛り込まれた新規則は、一時金による補足給付を含む退職年金制度の構造を変更するものであり、その方向での明示的な規定なしに、

題について、学説は見解の一致をみていないことが指摘されている（M. Berra, *L'apport de la loi du 8 août 1994 à la mise en place de la protection sociale complémentaire (Étude du Titre I de la loi)*, Faculté de droit et de science politique d'Aix-Marseille, 1997, pp.106-107）。

（454）　P. Morvan, *Droit de la protection sociale, op.cit.*, p.581
（455）　L.-E. Camaji, *op.cit.*, pp.348-349
（456）　*ibid.*, pp.349-350
（457）　*ibid.*, pp.352-354

第 2 部　第 3 章　社会保障関連制度の法的性格

その実施より前に支給された補足給付付きの退職年金には適用することができない。」
② 1993 年 6 月 10 日付破毀院判決（Cass. soc., 10 juin 1993, n° 91-10884）
　「規程の中の新たな規定により設けられた控除は、旧条文の下で裁定された除籍年金には適用されない。」
③ 1999 年 1 月 5 日付破毀院判決（Cass. soc., 5 janvier 1999, n° 96-72930）
　「一つには、労働協約第 157 条の適用により、1988 年 8 月 1 日に早期退職制度の下に置かれた被用者は、退職年齢に到達する 65 歳まで当該制度の適用を受けるべきであり、他方では、1991 年 12 月 19 日付の労働協定は将来に向けてのみ有効であり、当事者の権利を蔑ろにすることはできない。」

　これらの判決に限っていえば、既裁定年金の場合のみならず、早期退職のように裁定前ではあるが裁定に向けた継続状態ともいうべき法的状況の場合にも、改定・破棄前の労働協約・協定が適用されるように思われる。しかしながら、多様な付加的年金制度にあって、各制度の如何なる部分が権利保護の対象となり、それが既得権と言えるかどうかは、更なる検証が必要である。しかも、社会保障法典等の実定法の規定は限定的であることから、検証の必要性は尚更である。その点で、付加的年金制度においては、現在も既得権保護の問題が争訟としての重要性を失っておらず、裁判として問題が顕在化することがある。

　例えば、権利保護の対象となるのは、労働協約・協定による制度に限られるのか、事業主の一方的決定による制度も同様かが問題となる。この点について、破毀院の 2002 年 9 月 26 日判決（Cass. soc., 26 septembre 2002, n° 01-00550）は、「制度が全体投票により承認された UAP の一方的約定に基づくという事実は、将来に向けての当該約定の一方的破棄が本件のように全くの詐害又は非行によるものでなく、既得権を尊重しているのであれば、一方的破棄の障害となるものではない」と判示している。この判決からは、権利保護の対象に一方的決定に基づく制度が含まれるのみならず、破毀院として既得権の尊重という考え方を打ち出している点が読み取れる[458]。

　また、破毀院の 2004 年 11 月 30 日付判決（Cass. soc., 30 novembre 2004, *Tréfileurope*, n° 02-45367）によれば、慣習により現役被用者のみならず退職者も対象として年度途中に支給されていた中間期手当が廃止された場合、退職者との関係では、

---

[458]　L.-E. Camaji, *op.cit.*, pp.354-355

第 6 節　付加的年金制度

当該手当は裁定後の退職年金と同じように権利保護の対象となるとされる。すなわち、「被用者の退職後に事業主からいわゆる中間期手当が自主的に支給されていたことは、就労期間中に支給されていた手当が退職給付（avantage de retraite）に転換することであり、従って、手当の創設に関する慣習の破棄によって、退職年金の裁定後に当該給付を侵害することはできない」と判示されている。この結果、制度変更前に既に退職している年金受給者との関係では、中間期手当が退職年金と同様に権利保護の対象となるわけである[459]。

　これに対して、最近になって確定給付年金の既得権保障の射程について問題を再度顕在化させたのが、2005 年 5 月 17 日の破毀院判決（Cass. soc., 17 mai 2005, *Mme Desmarteau et autres c./ SA Naphtachimie*, nº 02-46581）であった。同判決の事案における事実関係は、概ね次のとおりである。

- ナフタシミ社は、1950 年、事業主の一方的決定によりナフタシミ補足年期制度（RPCN）と名付けられた付加的年金制度を創設した。
- この年金は、一般的な賃金の変動に応じて毎年年金額が改定される差額保証制度による年金であった。
- 同制度は、複数の企業内協定の対象となったが、ついには 1987 年 2 月 23 日の協定により、1986 年 9 月 23 日をもってナフタシミ社によって破棄され、また、1997 年 12 月 19 日の協定によりナフタシミ付加的年金制度（RSN）と名付けられた新制度に代替されることになった。
- 新協定第 4-1 条（年金受給者への適用方法）によれば、旧制度（RPCN）の年金が新制度（RSN）より高額の場合には、旧制度の年金は新制度の年金が改定の結果理論上同水準になるまで改定を凍結し、その後は新方式による半年ごとに改定されることになっていた。
- ナフタシミ社の被用者であったデマルト女史（Mme Desmarteau）氏、グラス氏（M. Gras）及びペルソ女史（Mme Persceau）は、新制度の実施時点において旧制度（RPCN）による差額保証年金を受給していたが、新制度によって年金権が侵害されることは許されないとして、労働審判所に訴えるに及んだ。
- 上記元被用者の主張は、自らの年金が裁定された時点において保証されていた付加的年金制度の改定に関する利益が維持されるべきであり、事業主は自らが実施した付加的年金制度を変更する企業内協定の交渉の結果として年金

---

[459]　*ibid.*, pp.355-356

第2部　第3章　社会保障関連制度の法的性格

　　受給者の改定を剥奪することは許されず、その改定分を支払うべきであるというものであった。
・しかし、原判決（Versailles, 12 septembre 2002）が、原告の主張を棄却したことから上告されたものである。

上記破毀院判決によれば、その破棄申立ての理由は、次のとおりである。

「1°／企業内労働協定の規定により、被用者が退職した後に、当該被用者に対して年金給付を支給し、詳細な規定に基づき当該年金を再評価することを約した事業主は、年金の裁定の時点で、この約定を享受している退職者から、この再評価の権利を奪うことはできない。また、この変更が確定的な既得権を侵害しないと説示しているものの、控訴院は、民法典第1134条並びに社会保障法典L.911-1条及びL.913-2条、欧州人権規約追加議定書第1条並びに新たな法令は既得権を侵害してはならないという原則の全体を侵害している。
　2°／年金給付に対する既得権の喪失をもたらす如何なる規定も、ある企業の被用者及び退職被用者が享受する保証を規定することを目的とする労働協定に挿入することができず、挿入した場合には無効である。また、年金が裁定されている被用者の既得権は、事業主が約している以上、年金給付の再評価方法も含め、年金給付が将来に向かって決定される方法全体と調和する。さらに、ナフタシミ社の労使は、事業主が既に約したこの再評価方法を有効に変更することができると判示することにより、控訴院は、全体として、適用誤りにより労働法典L.132-7条を、また、未適用により社会保障法典L.911-1条及びL.913-2条を侵している。」

これに対して、破毀院は、次のような理由から本申立てを棄却している。

「1950年に事業主によって一方的に創設された確定給付年金制度を継承する1987年2月23日の労働協定が破棄されるより前に退職した被用者は、1997年12月19日付の代替的な労働協定までの間は、当初の再評価方法を使用することによって、破棄の日に到達していた年金水準を維持する権利を有するが、再評価方法は個人的利益ではなく集団的利益を構成するものであることから、破棄の日以降は個人的利益を再評価方法として有効に援用することはできない。従って、主張には理由がない。」

要するに本判決は、年金の再評価（スライド）について、退職等により労働契約が切れた場合であっても、労働契約が切れる時点で効力を有していた労働協約・協定ではなく、その後改定された労働協約・協定の適用を受けることを判示している。さらに、このような労働協約・協定に基づく制度ではなく事業主の一

第 6 節　付加的年金制度

方的決定に基づく制度の場合にも、破毀院は同様の判決を下している。たとえば、2005 年 4 月 12 日の判決（Cass. soc., 12 avril 2005, n° 02-47384）において、破毀院は、「事業主拠出による確定給付であるものの保証付きでない付加的年金制度の創設が事業主の一方的決定に基づくことについて、控訴院は適切に判断した上で、当事者がその退職年金に対する権利の裁定を受ける前に当該約定がその決定者によって破棄されたことを認定したものであり、当該控訴院は、当事者がその年金を受給するためのいかなる既得権も有しないと決定することができる」と判示している。

　従って、このような破毀院判決に照らすと、集団的保障に関する規範が改定・破棄された場合に、既に退職している者との関係で改定・破棄前の規範が常に存続し固定化するのではなく、これらの者に対しても当該改定・破棄は対抗力を有する場合があることを示唆する[460]。このことは、2005 年 5 月 7 日判決が出される前の破毀院の一連の判決と方向を異にするように思われる。

　そこで、2005 年 5 月 17 日判決の含意及び射程をよりよく理解するためには、更なる検討が必要である。その点に関しては、担当検事（avocat général）であるデュプラ氏（J. Duplat）の出した意見書が、既得権保護を考える上で参考となる。ここでは、主にこの意見書に沿って、2005 年 5 月 7 日判決に検討を加えることにしたい[461]。

　まず注目されるのは、社会保障法典 L.911-1 条である。ここで法は、労働協約・協定等による集団的保障の利益を享受する対象が被用者だけでなく退職者及び被扶養者であることを明確に規定する。その上で、同法典 L.911-3 条は、集団的保障に関する労働協約・協定（CSS. L.911-1）について労働法典の規定が適用されることを規定している。従って、集団的保障に関する労働協約・協定は、労働法典の規定に従って締結・改定・破棄されなければならないことになる。

　しかしながら、そこからは、何故に労働組合が組合員でも現役被用者でもない退職者について代表性を有するのかという問題が生じる。この点については、付加的年金制度ではなく幹部職員を対象とした補足制度に関する事案ではあるが、1999 年 11 月 23 日の破毀院判決（Cass. soc., 23 novembre 1999, n° 97-18980; 97-19055;

---

[460]　L.-E. Camaji, *op.cit.*, p.347; J.-J. Dupeyroux *et al., op.cit.*, p.1046

[461]　J. Duplat, «Sur la modification des modalités de revalorisation des pensions des régimes supplémentaires, Cour de cassation ch. soc. 17 mai 2005», *Droit social*, N° 9/10 septembre-octobre 2005, p.907 et s.

505

97-20248; 97-21053; 97-2139320249）等が労働組合の代表性を承認している。この点は、積立方式をとる付加的年金制度の場合に当てはまるのではないかと考えられる[462]。実際、労働協約・協定による集団的保障の創設に当たって労働組合が代表性を有することは社会保障法典 L.731-1 条（現行 L.9111-1 条）が規定するところであり、当該労働協約・協定に労働法典の該当部分の規定が適用されることも社会保障法典 L.911-3 条等が規定するところである。多少敷衍して言えば、被用者を代表する労働組合はその退職者に利益を代表する正当性を有しており、社会保障法典も、そのことを前提に、集団的保障に関する労働協約・協定にも労働法典の労働協約・協定に関する規整が及ぶことを明確に定めていると考えられる。

　ところで、労働協約・協定が破棄された場合に権利については、どうなるのであろうか。その点に関して労働法典は、

- 署名当事者全ての合意による場合には、新協約・協定の発効までか、さもなければ1年間は、旧協約・協定が効力を有すること（L.2261-10）
- 署名当事者の一方のみによる破棄の場合には、新協約・協定の発効までか、さもなければ1年間は、破棄当事者に対して旧協約・協定が効力を有すること（L.2261-11）

を規定している。この結果、新協約・協定が締結された場合には、旧協約・協定による個人の既得権は将来に向けて消滅することになる。

　この点に関しては、1999年1月5日の破毀院判決（Cass. soc., 5 janvier 1999, n° 96-42930）が示唆を与える。同判決によれば、労働法典の考え方に沿って、旧協約・協定に基づく早期退職制度をこれとは異なる別の退職方法を規定する新協約・協定によって変更することはできないとされる。すなわち、「一方において、1988年8月1日に労働協約第157条に基づき早期退職制度の下に置かれていた被用者は、退職年齢に到達する65歳までは、同制度の適用を受けられるべきであり、他方において、1991年12月19日の労働協約は将来に向けてのみ有効であり、当事者の権利を害することはできないことから、控訴院は上記の条項に違反する」と判示されている。これは、労働協約・協定の場合には、既に早期退職という一定の法的状態にある被用者に対しては、後に制定された労働協約・協定（追加議定書等）によって権利に変更を加えることができないことを意味するが、その理解の仕方は次の二通りの方法がある[463]。その第一は、不遡及の原則（prin-

---

(462)　L.-E. Camaji, *op.cit.*, pp.344-345

第 6 節　付加的年金制度

cipe de non-rétroactivité）に忠実に、遡及効は法律によってのみ規定することが可能であり、新協約・協定によって遡及効を発生させ得ないという理解である。これに対して第二の方法としては、既に早期退職により既に発生し進行中の状況に対しては、法令の即時的効果は及ばず、従来の労働協約・協定の効力が存続するという理解である。その点で、労働協約・協定の即時的効果も無限定ではないことになる。ただ、早期退職の場合には、単に早期退職の状況が存在しているのみならず、その結果として年金が裁定されていることが、破毀院の判断に影響を及ぼしているといえよう[464]。

〈判例にみる既得権保護の考え方〉

　以上のような確定給付型ではなく確定拠出型の付加的年金の場合には、当事者は確定給付型とは異なる権利義務関係に置かれることから、確定拠出型について新協約・協定によって侵すことのできない既得権とは何かの問題は、別途検討することが必要である。

　この点に関して、破毀院の 2002 年 5 月 28 日判決（Cass. soc., 28 mai 2002, n° 00-12918）は、「労働協定の改定による新制度の発効後に年金に加入した被用者については、旧協定の給付が確定型であったとしても、受給権は保証されておらず、当該旧協定に基づいて付加的年金の支給を受けるための如何なる既得権も保有しない」と判示している。この事案は、事業主拠出による確定給付方式をとる追加保証型年金制度（retraites chapeau）を労働協定により引き下げるというものであった。ここから、被用者拠出による年金の場合の既得権が問題となるが、この点に関して、当該判決は、被用者拠出による年金は、その支給開始以降、個人に帰属する既得権として不可侵であり、労働協定の改定の対象とならないとしている。

　この 2002 年 5 月 28 日判決から得られる示唆は、次の 2 点である。

① 純粋な積立方式の場合を除き、権利を発生させるのは支給裁定である。
② 確定給付と確定拠出との差異から、確定給付型年金に関する労働協定の規定は、爾後の労働協定の改定によっても影響を受けないと当初の協定で明確

---

(463)　L.-E. Camaji, *op.cit.*, pp.309-310

(464)　*ibid.*, p.310. なお、後述の破毀院の 2002 年 5 月 28 日判決（Cass. soc., 28 mai 2002, n° 00-12918）は、確定拠出型の年金に関する事案であるが、労働協約・協定の即時的効果を承認するに当たり、被用者の年金が未だ裁定されていないことが理由の一つとなっており、即時的効果の適用のメルクマールとしては、年金の裁定の有無が重要といえる。

第2部　第3章　社会保障関連制度の法的性格

に保証する規定が存在する場合を除き、将来に向けての保証とはならず、その結果、未だ自らの権利の裁定を受けていない受給権者の場合には、既に履行された役務についてさえも、労働協定の改定に関する追加書又は新たな協定によって引下げのための見直しを行うことができる。

　その上で、労働協定による確定給付型年金の見直しに起因して生ずる既得権に関する問題としては、次の3点が挙げられる。

① 既に破棄された協定について発生する個人的既得権（droits individuels acquis）の概念の適用可能性
② 労働法典旧L.132-8条（現行L.2261-9条）が規定する原則に対する社会保障法典L.913-2条の例外的扱いの妥当性
③ 欧州人権規約追加議定書第1条及び裁定済み年金の不可侵性の原則の適用可能性

　このうち①について、労働法典L.132-8条の意味における個人的既得権とは、新しい労働協定が締結されるまでは旧協定により個人が獲得した権利が存続することを意味するが、新たな労働協定による年金の見直しは、個人的既得権の問題とは考えられていない。つまり、この場合の新労働協定による年金の見直しは、個人的既得権を構成するのではなく、労働法典L.132-8条によって改定が可能な集団的身分規定（statut collectif）を構成するという考え方である。この結果、現在及び将来の退職者が旧協定に基づき既得権（droits acquis）を請求できる場合を別とすれば、新協定は適法に適用され得ることになる。

　このような理解は、新協定による賃金の見直しを個人的既得権ではないと判示した1991年2月12日の破毀院判決とも軌を一にしている。同判決によれば、「賃金に関する労働協定の破棄の場合に、被用者が賃金の水準の維持に関する権利を有していたとしても、賃金の計算の仕組み及び当該賃金の毎年の引上げを規定する、これら規定に起因する利益は、労働法典L.132-8条§6の意味における個人的利益と同一視することはできない。」

　同様に2005年1月28日の破毀院判決（Cass. soc., 12 février 1991, n° 88-17764）も、「協定の破棄により、被用者が当該協定の破棄の日において賃金の水準維持に関する権利を有していたとしても、当該被用者は、将来に向けて、当該協定の規定に基づきその賃金の再評価を要求することはできない。この再評価は、労働法典

第6節　付加的年金制度

L.132-8条の意味における個人的既得利益を構成しない。」と判示している。

　従って、追加保証型年金制度において年金の裁定が既得権を生じさせるように、賃金の場合にも、ある時点で実際に発生し固定された賃金水準は既得権を形成するのに対して、再評価の原則及び方法は集団的身分規定を構成し既得権としての保護は受けないことになる。さらに言えば、費用負担のために耐え切れなくなった付加的年金を過去の基準に従って改定するために、現役被用者の賃金を凍結することは、現役と退職者との公平性に照らしても正当化することはできないことになるであろう。

　いずれにせよ、一般の労働協約法制に倣って個人的利益と集団的利益に分けるアプローチは、年金には必ずしも適合的ではない。この点に関して、サン・ジュール氏は、破毀院の判例が年金に関する個人の利益を制限的に解する傾向が顕著になっていることに関連して、労働法典に基づき定期的な改定が行われる労働協約と、社会保障法典に基づき被用者の権利を創設することから安定性が必要な年金との根本的違いを無視するものであることを指摘している[465]。

　次に②については、社会保障法典L.913-2条が、「使用者の支払い不能又は企業、事業所若しくは事業所の一部の他の使用者への譲渡の場合において、……年金給付の既得権又は獲得途上にある権利の喪失を招くような如何なる規定も、L.911-1条が規定する協約、協定又は一方的決定の中に規定することはできず、規定しても無効となる。」と規定していることに関係する。つまり、同条の規定に照らせば、使用者は既得権又はその形成途上にある権利は、使用者の支払い不能又は企業の譲渡によって侵害することはできず、このような権利を侵害するような協定の見直し又は改定のための交渉を行うことはできないはずである。しかし、このような解釈は是認されておらず、労働法典L.132-8条は一般則として依然適用される。その場合の社会保障法典L.913-2条の意義は、労働協約・協定によって、あらかじめ使用者の支払い不能又は企業の譲渡を理由とする既得権の自動的喪失を規定することができないことにある。

　最後に③については、追加議定書第1条が「全ての人は、その財産の尊重に対する権利を有する。」ことに関係する。この場合の「財産（biens）」は、欧州人権裁判所の判例によれば、有形の財産のみならず全ての財産が広く含まれる。実際、欧州人権裁判所の1996年9月16日の判決（CEDH, 16 septembre 1996, *Gaygüsüz*

---

[465]　Recueil Dalloz, 2006, p.1154

c./ Autriche）は、社会的保護の義務的制度に対する社会保険料の支払いに由来する権利は、それが未裁定であったとしても、追加議定書第1条の意味における財産であることを承認している[466]。

しかしながら、同条の第2文は、一般的利益（intérêt général）に従う限りにおいて、財産の使用を規整する余地を各国に付与している。この場合の「使用（usage）」とは、欧州人権裁判所の判例によれば、

① 補償（indemnisation）を条件とする財産の剥奪（privation）
② 補償（compensation）を条件とする財産の内容の変造（altération）
③ 目的とする一般的利益と財産権に対する侵害の程度との均衡を条件とする財産の使用に関する規整

を意味する。年金の再評価方法の改定に関する協定による財産権の侵害は、3類型のうちの③に該当する。

これに対して、フランスにおいては、憲法院の1994年8月3日付判決（Décision n° 94-348 du 3 août 1994）が、「如何なる規則も、如何なる憲法上の原則も、裁定後の年金に対する権利について『不可侵性（intangibilité）』を保証していない」と判示している[467]。これを契機に、裁定年金の不可侵性に関する議論が起きた

---

[466] 事案は、失業保険に加入していたトルコ人が外国人であることを理由に緊急手当の支給をオーストリア政府から拒否されたことに対して訴えが提起されたものである。欧州人権裁判所は、外国人に対する差別的取扱いは如何なる客観的・合理的な正当性も有しておらず、緊急手当の不支給処分が差別禁止に関する欧州人権条約第14条に違反するとともに、追加議定書第1条の財産権の保護にも反すると判示している。類似の判決としては、無拠出制の給付である成人障害者手当の財産権を認めた2003年9月30日判決（CEDH, 30 septembre 2003, *Koua Poirrez c/ France*）などがある。このような無拠出制給付は、本来債権というより正当な期待（espérance légitime）ともいうべき単なる所有権的利益（intérêt patrimonial）であり、欧州人権裁判所は、その点で財産権の範囲を広く解する傾向にある（P. Morvan, *Droit de la protection sociale, op.cit.*, p.47）。

[467] この憲法院の判決は、1994年8月8日の法律に関するものであった。同法は、付加的年金機関が破綻した場合に備えて、法律公布以降発生する付加年金制度上の債務に限定して、①当該債務に相当する引当金の財務書類への計上、②保険会社による保険による付保、又は③企業又は複数の企業による準備金の造成を行うことを義務付けた（CSS. L.941-2）。これに対して、元老員議員は、当該立法措置が既裁定年金の権利を侵害するとして、憲法院に訴えたものであった。憲法院は、既裁定年金の不可侵性を否定するとともに、上記3種類の債権保全措置も有効に被用者の権利を保全するものであるとの判断を示した。しかし、このことは、付加的な年金制度に関する被用者の債権は、通常の債権と同じ扱いであり、上記何れの保全措置も倒産隔離という点では保護が脆弱であることを露呈することになった。

第 6 節　付加的年金制度

が、破毀院も憲法院を踏襲し、その 2001 年 5 月 31 日判決（Cass. soc., 31 mai 2001 RJS 11/01 n° 1348）において、賦課方式による義務的補足年金に関する事案であるが、不可侵性は既支給年金には適用されず、給付水準を変更する改定も、それが連帯、平等及び比例性の原則を確保している限り有効であると判示している[468]。

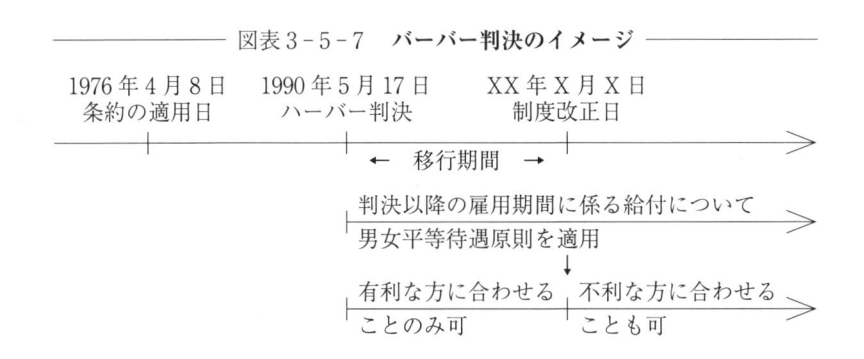

図表 3-5-7　バーバー判決のイメージ

```
1976 年 4 月 8 日      1990 年 5 月 17 日      XX 年 X 月 X 日
 条約の適用日          ハーバー判決           制度改正日
                         ← 移行期間 →

                      判決以降の雇用期間に係る給付について
                      男女平等待遇原則を適用

                      有利な方に合わせる    不利な方に合わせる
                      ことのみ可            ことも可
```

---

(468)　欧州司法裁判所においては、1990 年 5 月 17 日のバーバー判決（CJCE, 17 mai 1990, *Barber*, aff. C. 262/88）により、雇用を契機として支給されるという点では、職域制度（régime professionnels）による年金も賃金の概念に含まれ、それに対しては、欧州連合に関する条約 141 条が規定する男女の平等待遇の原則が適用されることが明確になった。そこで、この職域年金にフランスの補足制度のように、法律に基づく強制加入の賦課方式による年金制度であって、給付水準は点数（ポイント）制であるものの拠出時には確定せず、結局のところ支給時の賃金水準によって変わってくる確定拠出型であることなどから、職域制度というよりも、社会政策上の必要性に由来する半ば基礎制度のような法定制度であるかどうかが問題となった。この点に関して、欧州司法裁判所は、2000 年 5 月 25 日の判決（CJCE, 25 mai 2001, *Jean-Marie Podesta*, Aff. C. 50/99）は、賦課方式であるか否かは問題ではなく、給付水準はポイント制で数学的には確定しないものの、最終賃金との関係を有していることは、年金を賃金とみなすに十分な理由があることなどを挙げ、補足制度による年金に賃金としての性格があると判示している。従って、賃金の男女平等原則に関する限り、欧州司法裁判所は、法定の制度であることや社会政策上の目的よりも雇用関係を徴表として重視しており（S. Michas Béguerie, *op.cit.*, p.534）、補足制度も付加的年金制度と同列に論じることができるといえる。なお、バーバー判決は、不遡及原則との関係で、男女の平等待遇原則がどの時点から適用されるのかという点でも、興味深い整理をしている（図表 3-5-7）。すなわち、条約の男女平等原則の適用開始は 1976 年 4 月 8 日であることから、そこまで遡及して判決の効力を発生させることも考えられるが、それは年金財政に大きな影響を与えることから、裁判所は、拠出と給付との牽連性という年金の特殊性に配慮する形で、判決日である 1990 年 5 月 17 日以降について男女平等原則を適用することとした。この結果、バーバー判決より前から別途訴訟が提起されている場合を除き、不遡及原則に基づき、職域年金における男女平等原則は、判決日以降の雇用期間に係る給付

511

第2部　第3章　社会保障関連制度の法的性格

　このような考え方に立った場合、個々人の年金権への侵害が発生したとしても、それによって制度の存続が可能となり、現在及び将来の年金受給者の権利の本質的部分が守られることになるのであれば、労働協約・協定による規定の改定は年金受給者に対抗することも是認されるべきと言える。そして、追加的保証型の付加的年金制度に関しても、その財政の均衡を確保する必要性がある場合には、連帯、平等及び比例性の原則に適合する限り、制度の改廃によって年金受給者に犠牲が生じたとしても、それは是認されるべき犠牲ということになろう。

　ただし、年金額の再評価（スライド）を超えて、如何なる範囲の年金額の計算方法まで改廃が許容されるかの問題は残る。2005年5月17日の判決は、改廃の対象が単に「集団的利益」であって「個人的利益」ではないことを理由に挙げるに止まる。見方によれば、破毀院は、年金額の再評価のみならず、その計算方法全体について不可侵性を否定することを回避するための妥協として、「集団的利益」というメルクマールを援用したとも解される[469]。なお、2005年5月17日判決と2004年11月30日判決とを比較した場合、後者の事案は事業主の一方的決定による給付であるのに対して、前者の事案における給付は労働協約・協定に基づくものであることも重要である。つまり、労働協約・協定に基づく給付の場合には、その改廃に当たって事業主が一方的に決定するのではなく、労働組合を

についてのみ適用されるという原則が打ち出されることになった。また、このように一定時点で判決の遡及効を遮断することは、賦課方式の年金であっても、数理的には均衡しないものであっても、年金の受給権が保険料拠出の度に形成されていくとの解釈の余地を示唆するものである。ところで、年金に関して男女平等原則を実現しようとする場合、年金を有利な方と不利な方のどちらに合わせるかの問題に関連して、既得権の処理の問題が発生する。つまり、1990年5月17日のバーバー判決以降の時点で制度改正が行われるとして、制度改正以降は、有利な方の年金を不利な方の年金に合わせること（例えば、女性の年金の早期支給を改め男性の支給開始年齢まで引き上げること）も可能だが、制度改正前については、不利な方の年金を有利な方の年金に合わせる選択肢しかない。ただ、企業としては、制度又は経営上の困難を理由に、バーバー判決前の期間も含め、有利な方の年金を不利な方の年金に合わせることができないかが別途問題となるが、このような事後的な見直しは、既に終了した期間に基づき支給等が行われる年金に対する既得権の問題を喚起することになる（S. Michas Béguerie, *op.cit.*, pp.524-525）。なお、バーバー判決が典型であるが、一定時点で遡及効を遮断する手法は判決による混乱の回避のための便法という側面を有している。このため遡及効の遮断を確実な者にする必要性を感じたEU加盟国は、1992年のマーストリヒト条約交渉の際に、バーバー事件裁定日以前に係る職域年金も含めた年金等を条約119条の賃金と見なさないという議定書が採択された（中村民雄・須網隆夫編著『EU法基本判例集』（日本評論社、2007年）53頁）。

(469)　L.-E. Camaji, *op.cit.*, p.364

第 6 節　付加的年金制度

通じた決定過程への関与があることも、再評価部分の改定を退職者に対抗することを裁判所が認容した理由として挙げられる[470]。

　ところで付加的年金制度を契約法の視点でみた場合、民法典第 2 条の不遡及原則が権利保護に一定の役割を果すことは、既に述べたとおりである。そこで、最後に不遡及原則以外にも契約法上の規律によって、付加的年金制度における権利がどの程度保護されるかを確認しておきたい。まず、確定給付型の年金は、一定水準の給付を保障するという特徴からすれば、結果債務（obligation de résultat）の性格を帯びた約定であるといえる[471]。この点が確定拠出型の年金と異なる特徴である。また、支給される年金が終身年金であるとすれば、時期は不確定であるが確実にやってくる受給者の死亡まで支給されるという点で、当該付加的年金は確定期限付約定（engagement à durée déterminée）であると考えられる[472]。その場合には、契約の両当事者の合意なくして解除できないとされることから、事業主が一方的に既裁定年金の見直しを行うことはできないことになる[473]。このほか、確定給付型の年金の場合には、裁定時に企業に在職していることを支給要件とすることが広く行われているが、事業主がこの年金支給を回避するためだけに解雇が行われたとすれば、不法行為又は労働契約の誠実履行義務違反を理由に損害賠償が認められる余地がある。さらに、稀ではあろうが事業主が悪意を持って労働契約を破棄した場合には、民法典第 178 条の「条件の成就を妨害したのが当該条件の下で義務を負う債務者であるときには、条件は成就したものとみなされる」という規定に基づき、約束どおりの給付の履行を求めることも可能性としてはある[474]。

---

(470)　*ibid.*, pp.358-359

(471)　P. Morvan, *Droit de la protection sociale, op.cit.*, p.604

(472)　*ibid.*

(473)　破毀院の 1992 年 10 月 28 日判決（Cass. soc., 28 octobre 1992, nº 89-45500）によれば、「同意された給付がその受給者に対して終身又は生存配偶者の死亡まで支給されるという点で、その実現が当事者の一方の意思に依存しない確定期限付きの給付であると、適切かつ適合的な理由により判示した上で、控訴院が両当事者の同意がなければ契約を解除できないと決定したことは、契約が即時的な履行による契約であると分類するという過剰で不正確な理由を別とすれば、それ自体法的には是認することができる。」とされており、付加的年金制度に関する契約の見直しのために、労使双方の合意が必要であることになる。そのほか、破毀院の 1993 年 7 月 21 日判決（Cass. soc., 21 juillet 1993, nº 90-42476）も同様に両当事者の合意を指摘している。

(474)　*ibid.*, p.605

513

〈判例から得られる示唆〉

　以上総じていえば、破毀院の判決をみる限り、付加的年金制度に関する労働協約・協定等の改廃時点において、未だ年金裁定を請求するのに必要な要件を満たしていない場合には、権利の不可侵性は認められないのに対して、既に年金の裁定を受けている退職者のような場合には、基礎制度及び補足制度とは異なり、当該年金の基本的部分及び改廃時点における年金額につき不可侵性が認められる可能性が高いと言える。いずれにせよ、年金の裁定により事業主の拠出等の義務がなくなる確定拠出型の付加的年金制度と異なり、確定給付型の制度の場合には、退職者は一定期間にわたり法的に保護されるべき状態が継続することになることから、それが容易に変更されるようでは、制度の本質が歪められることになる。その点からすれば、裁定後における年金受給者（場合によっては、年金受給者死亡後の切替年金の受給権者）の権利は、基本的に不可侵性を有しており、再評価のような場合に限り改廃が許されることになる[475]。

　なお、退職者等に対する年金受給権の保護は、必ずしも世代間の連帯と整合的でないことに留意する必要がある。つまり、退職者等の年金受給権を保護するためには、事業主としては、そのための準備金を確保する必要があり、その分だけ現役被用者の社会保障に割くことができる財源が減ることになる。その点では、退職者等の年金受給権の保護は、一方通行の職域連帯であることが指摘されている[476]。また、憲法院が、制度の持続可能性や財政の均衡の観点から、連帯、平等及び比例性の原則に適合する限りにおいて、退職者等の年金受給権への侵害を是認していることも、世代間の連帯を意識した判断とも解釈できよう。

7　小　括

　フランスの付加的年金制度について、その法的側面を中心に検討を加えたが、その原点は、既に第2次世界大戦より前にあるのみならず、1930年の社会保険法の成立よりも古く19世紀まで遡る。むしろ、1901年の労働者・農民年金や1930年の社会保険にみられるように、基礎制度及び補足制度という年金制度の

---

(475)　L.-E. Camaji, *op.cit.*, pp.364-365; P. Morvan, *Droit de la protection sociale, op.cit.*, p.603（年金の裁定は、それより前は未確定であった被用者の権利を確定させることから、既裁定年金には権利の不可侵性があり、このことは民法第2条の不遡及原則によって強化されるという趣旨の議論を展開している。）

(476)　*ibid.*, pp.610-611

第6節　付加的年金制度

基盤となる制度が付加的年金制度を原型としながら発展してきた面があるといえる。

　また、フランスの付加的年金制度については、事業主主導による労使による労働協約等による枠組みに依拠しつつも、既に早い段階から法令を通じて政府による介入がみられた。この点は、少なくとも、第2次世界大戦前において、付加的年金制度に対する法的規整が存在しなかったドイツやイギリスとも異なる特徴である。これに対して、ドイツやイギリスにおいては、第2次政界大戦後、付加的年金制度の発展をみるわけであるが、フランスのような法令による規整や介入ではなく、むしろ税制上の優遇措置がそれを可能にした点がフランスと対照的である[477]。さらに、ドイツやイギリスと比較した場合、両国が企業主体の付加的年金制度であるのに対して、フランスの場合には、企業を超えた業種横断的な制度となっている点も特徴である[478]。

　このようにヨーロッパの中でも際立った特徴を有するフランスの付加的年金制度であるが、最後に、制度横断的視点からその特徴をまとめてみることにしたい。

　第一は、制度の強制性に関してである。フランスの付加的年金制度は、従来から存在した一般租税法典第39条（確定給付）及び第83条（確定拠出）の何れもが対象となる被用者全体に加入義務が発生する制度であったのに対して、2003年年金改革法による企業年金貯蓄計画（PERE）及び団体年金貯蓄計画（PERCO）は任意性の強い制度となっている。掛金についても、第39条及び第83条の場合には事業主拠出が必須（第39条の場合には全額事業主拠出、第83条の場合には労働協約・協定による場合には被用者拠出）であるのに対して、企業年金貯蓄計画及び団体年金貯蓄計画の場合には、被用者拠出が必須（事業主拠出が任意）となっている。

　また、以上の点とも関係するが、フランスの付加的年金制度は集団的労使関係の色彩の強い制度となっている。すなわち、制度創設に当たっての労使協議、労働協約・協定や全体投票（レファレンダム）の活用、企業委員会の関与など、既存の集団的労使関係に関する規整が重要な役割を演じている。このことは、具体的な制度設計がエヴァン法以来の法的規整に服するとはいえ、労使の自主性に委ねられている部分が多く、既に述べたように柔軟な制度であることも意味する。

---

(477)　S. Michas Béguerie, *op.cit.*, p.102
(478)　*ibid.*, p.103

第2部　第3章　社会保障関連制度の法的性格

その点では、フランスの基礎制度や金庫の労使による運営にみられるような自律性（autonomie）は、どこまで自覚的であるかは別として、付加的年金制度において、より色濃く反映されている。このようなフランス的特徴は、被用者、事業主、保障運営機関という三当事者関係において、ドイツやイギリスの付加的年金制度では事業主の果たす役割が大きい（例えば、ドイツの自家保険による企業年金）ことと顕著な違いを見せる[479]。

　第二は、税制等の優遇の重要性である。付加的年金制度を考える場合には、フランスにおいても税制及び社会保険料における非課税措置が決定的な重要性を持つ（図表3-5-8）。このうち税制については、事業主拠出が義務的である第39条及び第83条の場合には、法人税上の優遇措置が講じられているほか、被用者拠出がある場合には、一定限度で所得税上の優遇措置がある。これに対して、確定拠出型年金である企業年金貯蓄計画及び団体年金貯蓄計画の場合には、一定条件・限度で所得税上の優遇措置が適用されることになる。その場合の税制上の扱いは、次のとおり一般租税法典第83条によることになる[480]。

　まず、年金制度への拠出のうち、基礎制度及び補足制度への拠出は上限額なしに税制上の控除対象となる。これに対して、確定拠出による企業年金貯蓄計画及び団体年金貯蓄計画の労使双方の義務的な掛金については、一定限度まで課税対象所得からの控除が認められている（CGI.（一般租税法典）L.83-2）。2006年の所得税の場合を例にとると、所得税に関する10％又は20％の控除を適用する前の収入のうち掛金については、社会保険料賦課上限額（PASS）の8倍までの収入を上限として、その8％までが控除対象となる。さらに、この控除対象とならない個人的な任意拠出については、

・社会保険料賦課限度額（PASS）の8倍を上限として稼働収入の10％、又は社会保険料賦課限度額の10％の何れか有利な方と
・付加的年金制度の義務的な労使拠出及び団体年金貯蓄計画の事業主上乗せ拠出

との差額までを所得税の控除対象とすることができる。なお、この場合に個人的な任意拠出には、大衆年金貯蓄計画（PERP）及び企業年金貯蓄計画（PERE）のほか、公務員（PREFON等）及び自営業者（マドラン法、COREVA等）のための付

---

(479)　*ibid.*, p.15
(480)　G. Bellecq, *op.cit.*, pp.290-293

516

第6節　付加的年金制度

加的年金制度が含まれる。

図表3-5-8　拠出時の税制上の優遇措置の概要

基礎制度及び補足制度の場合の控除	次の制度について、無制限の控除。 ・社会保障の老齢年金制度 ・義務的な補足制度（AGIRC、ARRCO） ・社会保障制度、AGIRC、ARRCO の一括払い込み
付加的年金制度の場合の控除	次の場合に、社会保険料賦課上限額（PASS）の8倍までの収入の8％を上限として非課税。 ・PERE、第83条制度の確定拠出年金制度の労使拠出 ・PERCO の事業主の上乗せ拠出 次の場合に、社会保険料賦課上限額（PASS）の7％＋年間収入の3％（社会保険料賦課の8倍の3％が上限）が非課税。 ・補足的福利厚生制度の労使拠出
個人的加入場合の控除	次の場合に、稼働収入の10％（社会保険料賦課上限額の10％が上限）と年金貯蓄（第83条、PERE、PERCO）の掛金との差額を上限として非課税 ・PERP 及び PERE への任意の個人拠出

（資料）　G. Bellocq, *La protection sociale dans l'entreprise*, L'Argus, 2006, p.291 を参考に一部修正

以上のような掛金税制について、モルヴァン氏は優遇措置が適用される条件を次のように整理している[481]。

① 制度は、あらゆる場合において、加入が義務的かつ集団的であること。つまり、行政実務及び判例によれば、制度は強制加入であって、企業の被用者のうち明確な基準に基づき制限的でない範囲の者を対象とし、掛金も同一の率が適用されることが必要である。
② 事業主からの拠出が有意であること。つまり、事業主は、制度の財源を全部負担する場合はもちろんであるが、そうでなくとも実効的かつ有意な形で負担する必要がある。従って、制度の創設・運営に要する費用のみを負担することでは不十分である。

次に給付時の税制上の取扱いについてみると、拠出時に非課税であった資産は、

---

[481]　P. Morvan, «L'épargne retraite dans tous ses états», *op.cit.*, pp.188-189

第 2 部　第 3 章　社会保障関連制度の法的性格

その運用期間中は運用益も含め非課税であるが、給付時に課税されるのが原則である。このため、付加的年金のうち義務的な制度及び企業年金貯蓄計画（PERE）への任意加入部分からの年金については、基礎的制度及び補足制度と同様に、一定の控除（2006 年の場合であれば、10 ％又は 20 ％の控除）を行った上で課税所得に算入されることになっている（CGI. L.79）。これに対して、拠出時に控除対象とならないようなその他の任意的拠出による年金（PERCO の被用者任意拠出による年金等）の場合には、生命保険と同様に、次のように支給開始年齢に応じて課税部分が逓減することになっている（CGI. L.158-6）。

- ・　〜 49 歳――年金のうち 70 ％部分に課税
- ・50 〜 59 歳――年金のうち 50 ％部分に課税
- ・60 〜 69 歳――年金のうち 40 ％部分に課税
- ・70 歳〜　　――年金のうち 30 ％部分に課税

　以上のように、付加的年金制度の選択に影響を与える税制は、拠出時非課税と給付時非課税の両極端の間にある。実際の税制上の扱いは、義務的性格が強ければ拠出時に非課税、給付時に課税となり、任意的性格が強ければ拠出時に一定額まで課税、給付時に生命保険並びに一定部分を課税ということが基本的構造である。また、これに関連して指摘できる点は、団体年金貯蓄計画等のように一時金の選択の余地がある場合には、利息部分を除き一時金は非課税であることから、給付時課税の対象となる年金と比べて税制上有利になるという不均衡が生じており、退職後の年金による給付、そしてそのための中立的な制度の実現という目的が十分達成されていないことである[482]。

　このような前提で考えた場合、2003 年年金改革法で新たに登場した団体年金貯蓄計画及び企業年金貯蓄計画は、確定拠出という点では同様の第 83 条に取って代わるという制度とまでは言えない。むしろ、団体年金貯蓄計画であれば、従来から存在する企業貯蓄の年金化を可能とする制度であり、企業年金貯蓄計画であれば、事業主拠出を基本とする第 83 条の確定拠出年金に被用者からの任意拠出部分を加えることによる給付水準の改善を可能とする制度であり、何れも既存制度に対して補完的な役割を果たすものと言えよう。いずれにせよ、フランスの

---

(482)　Conseil d'orientation des retraites, *Retraites: 20 fiches d'actualisation pour le rendez-vous de 2008*, 2007, p.143

第6節　付加的年金制度

被用者に対して、付加的年金制度に関する選択肢の多様化をもたらしたことは事実である。

　第三は、付加的年金制度の拠り所となる労働協約・協定、全体投票、事業主の一方的決定のような法的枠組みと付保先である積立運用機関との分離である。付加的年金制度の法的側面に焦点を当てた場合、根拠となる法令は分散しているものの、自家保険は経過措置として存在しているのみであり、現行制度は基本的に保険会社、共済又は福利厚生機関といった外部機関との契約による外部積立が採用されている。そして、外部積立による制度は大きく、①個人単位の任意的な制度と②団体単位の義務的な制度に分かれる。このうち後者（②）の場合には、制度によっても違いがあるが、総じていえば労働協約・協定、事業主の一方的決定又は全体投票の手法により創設される点では、福利厚生制度と同様ということになる。その結果、付加的年金制度は、集団的労使関係法の枠組みと重なり合う部分が生じることになる。

　要するにフランスの場合、制度は外部積立を原則とし、かつ、基金方式（我が国の確定給付企業年金の基金型）ではなく一種の規約方式（我が国の確定給付企業年金の規約型）によるということである。すなわち、付加的年金制度のための基金といった形で独立した法人を創設するのではなく、保険会社、共済、福利厚生機関のような既存の外部機関に付保するという方式が採用されているわけである。これは、我が国の規約型の確定給付年金が積立金の運用を保険会社、信託銀行や投資顧問会社に委託するのと類似している。

　第四は、被用者貯蓄制度等との密接な関係である[483]。フランスにおいては、基礎制度の高い所得代替率、積立方式に対する嫌悪感等の事情もあり、歴史的に付加的年金制度の役割が低いものに止まっていたことは既に述べたとおりである。しかし、その一方で、フランスでは、企業年金貯蓄計画（PEE）のような被用者貯蓄、企業の利潤への被用者の利益参加や利益配分が盛んであった。これらの制度は、被用者の賃金の繰延としての性格を有する点では共通しているが、何れも被用者が退職後に年金形式で受給することを想定した長期の積立制度ではなかった。このため、新たに導入された付加的年金制度では、これら被用者貯蓄制度等の原資を付加的年金制度に充当する途を開くなど、これらの制度を活用した制度設計が採用されている。

---

(483)　Conseil d'analyse économique, *Retraite et épargne*, La documentation française, 1998, p.55

第2部　第3章　社会保障関連制度の法的性格

　第五は、年金受給権に関する既得権保護の問題である。アメリカのエリサ法においては、受給権付与という概念を援用することで年金の減額が制限されているのに対して、フランスでは、純粋な積立方式や確定拠出のような場合を別とすれば、年金の受給権は裁定によって発生するという考え方に立ち、かつ、年金の受給権に関しても、裁判所もそれを既得権や不可侵の権利と考えるのではなく、労働協約の枠組みに則った手続きを踏むことにより減額することが可能である判断する場合が多い。ただし、年金の減額に関する判断枠組みは、我が国のような就業規則の不利益変更禁止類似の法理によるのではなく、労働協約・協定の即時的効果のように集団的労使関係法である労働協約の変更に関する規整が援用される点で特徴を有している。また、我が国の厚生年金基金、確定給付型企業年金等が制度上は、原則として給付減額を禁止した上で例外的に減額を許容するということが規定されているのに対して、フランスの場合には、社会保障法典上は付加的年金に関しても労働協約・協定の規定を準用することが規定されているのみであって、法令上特段給付減額を禁止する規定が存在するわけではなく、破毀院の判例により、権利の不可侵性や不遡及原則を援用する形で既裁定年金に関する既得権が多くの場合に認められるに止まる。しかも、労働協約・協定の枠組みによる制度によることから、実際のところ退職者は交渉の当事者ではなく、労働組合を通じてのみ退職者の利益は代表されることになる。従って、日米仏を比較した場合には、受給権の保護の程度は、強い方からアメリカ、日本、フランスの順番になる。このように既裁定年金を別とすれば、受給権保護が必ずしも強くないフランスの付加的年金制度であるが、それはフランスの付加的年金制度が労働協約・協定の手続きに則り変更が可能な集団的身分規定（statut collectif）を構成するものであって、連帯の観点から個々の労働者に保護が及ぶとともに、権利に関する制約も当然付随するためと理解すべきと考える次第である。

第6節 付加的年金制度

図表3-5-9 拠出段階の税制上の扱い

制度	制度への加入	掛金 事業主拠出	掛金 被用者拠出	掛金に対する課税 事業主拠出	掛金に対する課税 被用者拠出	掛金の社会保障上の扱い	利子の社会保障上の扱い
第39条(確定給付)	明確に規定された被用者を対象に義務的加入	全体につき必須	なし	法人税から控除	所得税の課税非該当	拠出時又は給付時の何れかの賦課を選択	CSG・CRDS等の賦課対象
第83条(確定拠出)	明確に規定された被用者を対象に義務的加入	必須	労働協約・協定が規定する場合は可能	法人税から控除	一定限度で所得税から控除	事業主拠出を一定限度で保険料賦課標準から控除 CSG・CRDSは賦課	CSG・CRDS等の賦課対象
PERE(確定拠出)	第83条の適用を受ける被用者を対象に任意的加入	任意拠出は可能	必須	法人税から控除	一定限度で所得税から控除	事業主拠出を一定限度で保険料賦課標準から控除 CSG・CRDSは賦課	CSG・CRDS等の賦課対象
PERCO(確定拠出)	企業における就労期間3月を要件にした被用者の任意的加入	任意拠出は可能	必須	法人税から控除	一定限度で事業主拠出を所得税から控除 被用者拠出は原則控除なし	事業主拠出は保険料賦課標準から控除 CSG・CRDSは賦課	CSG・CRDS等の賦課対象

(資料) G. Bellocq, *La protection sociale dans l'entreprise*, L'Argus, 2006, p.183 を参考に一部修正

図表3-5-10 権利の繰上受給の扱い

制度	事故等による積立の繰上受給	企業間の転職	受給前の死亡
第39条	不可	受給権を完全喪失	権利なし
第83条	障害、失業給付切れの場合に可能	被用者は積立金の権利を継続保有 / 新たな契約により積立金の移管が可能	相続権とは別途積立金による給付を支給
PERE	障害、失業給付切れの場合に可能	被用者は積立金の権利を継続保有 / 新たな契約により積立金の移管が可能	相続権とは別途積立金による給付を支給
PERCO	死亡、障害、失業給付切れ、多重債務、居住用住居の取得の場合に可能	被用者は積立金の権利を継続保有 / 新たな契約により積立金の移管が可能	相続権とは別途積立金による給付を支給

(資料) G. Bellocq, *La protection sociale dans l'entreprise*, L'Argus, 2006, p.184 を参考に一部修正

第2部　第3章　社会保障関連制度の法的性格

図表3-5-11　**満期後の給付の支給**

制度	退職時 給付の受給形態 年金	退職時 給付の受給形態 一時金	年金に対する課税・保険料賦課	受給後開始後の死亡
第39条	必須	不可	所得税課税 社会保険料・CSG・CRDSは賦課	切替年金
第83条	必須	年金が72ユーロ未満を除き不可	所得税課税 社会保険料・CSG・CRDSは賦課	切替年金は可能
PERE	必須	年金が72ユーロ未満を除き不可	所得税課税 社会保険料・CSG・CRDSは賦課	保証が契約されていれば、切替年金は可能
PERCO	原則的な支給形態	一時金による支給も可能	生命保険一時金の例により一部所得税課税 CSG・CRDSは賦課	年金による支給の場合には切替年金が可能

（資料）G. Bellocq, *La protection sociale dans l'entreprise*, L'Argus, 2006, p.185 を参考に一部修正

図表3-5-12　**各制度のメリット・デメリット**

制度	掛金	掛金課税	退職、死亡、離職、解雇	積立金の早期取り崩し	年金
第39条	事業主のみの負担	・法人税から控除 ・定額の社会的負担の賦課対象	年金権を完全に喪失	不可	制度が発効し次第高水準の年金権が発生
第83条	一般に労使双方で負担	・事業主負担につき法人税から控除 ・労使双方の負担につき一定額まで所得から控除 ・事業主負担につき一定額まで社会保険料から控除	既得権は存続 新たな企業の制度への移管の可能性	障害又は失業給付切れの場合に可能	高水準の年金権を獲得するためには長期間の拠出が必要
PERE	被用者の負担が必須 これに加え事業主も負担可能	・被用者負担につき一定額まで所得から控除	既得権は存続 新たな企業の制度への移管の可能性	障害又は失業給付切れの場合に可能	任意の掛金拠出により第83条の年金を改善
PERCO	被用者の負担が必須 これに加えて事業主も負担可能	・事業主負担につき法人税から控除 ・事業主負担につき一定額まで所得から控除 ・事業主負担につき一定額まで社会保険料から控除	既得権は存続 新たな企業の制度又はPERPへの移管の可能性	障害、失業給付切れ、多重債務又は住宅の購入の場合に可能	高水準の年金権の獲得は困難

（資料）G. Bellocq, *La protection sociale dans l'entreprise*, L'Argus, 2006, p.186 を参考に一部修正

第4章
◆まとめ◆

　フランスの社会保障における給付の権利性について、基礎的な社会保障制度のみならず補足的な福利厚生制度も含めた場合に浮かび上がる鍵概念は「連帯」である。連帯自体は多様性のある概念であるが、給付の権利性という点では、連帯は多数当事者間の法律関係を前提とする。視点を変えるなら、連帯が発生するためには一定の集団が必要であり、社会保障はその点での集団性を前提としており、その機能の典型が集団内部で展開される所得再分配である。なお、集団性という点では、民間保険であっても一定の保険集団を前提とするが、それはあくまで契約関係によって偶然的に発生する集団である。それに対して、社会保障の場合には、国にせよ地方公共団体や保険者にせよ、何らかの連帯によって結び付いた集団であって、民間保険のような集団性とは異なる。

　ところで、社会保障にあっては、同じ多数当事者間の法律関係であっても、市民法的な契約関係には依っておらず、市民法的な原理は修正される。とりわけ既得権保護という点では、市民法的な既得権保護は社会保障において修正され、むしろ弱められる。これは、社会保障の権利が世代間、世代内の連帯に根差した制度である以上、必ずしも負担と給付が直截には結びつかないことを意味する。

　基礎的な社会保障制度の代表である社会保険の場合には、給付と負担の牽連性はあるものの、契約的な等価交換原則に基づく給付・反対給付均等の原則に代表されるような対価関係ではない。むしろ、拠出が給付の要件という意味での条件関係に立つということに止まるとの解釈もあり得る。これに対して、補足的福利厚生制度の場合には制度によっても違うが、代表的な労働協約・協定に基づく制度であれば、給付と負担の対価関係は制度の集団性から修正を受けることになる。

　このような基礎的社会保障制度及び補足的福利厚生制度に見られる市民法に対する修正原理ともいうべき特徴（等価交換的な対価性の修正）は、社会法共通の特徴として捉えることも可能である。その点について、エヴァルド氏は、市民法から社会法への生成発展を概観した上で、社会法においては、司法判断等を通じて

第 2 部　第 4 章　まとめ

市民法的な権利の絶対性よりも利益の均衡（équilibre）が重視されるとして、この点に関する社会法の特徴として次のような点を挙げている[1]。

① 均衡の概念は、個々の当事者の権利よりも複数当事者間の関係性を優先した判断に資する概念である。従って、裁判に当たっては、契約の場合の意思の有効性や損害賠償の場合の行為に関する過失の有無など抽象的に措定された個人の善悪よりは社会関係に焦点を当てることになり、そこでは負担の社会的配分の均衡が重視されることになる。換言するならば、判断の社会化の原則である。

② 均衡に関する判断は流動的な判断である。すなわち、判断はアプリオリな原則ではなく、歴史、推移や社会的変化に適応してなされることになる。従って、物事や行為の適否は、それが置かれた状況や時点においてのみ妥当性を有することになる。換言するならば、全ての価値の一般化された相対性の原則である。

③ 均衡に照らした判断は、分配や配分に対する配意を前提とする。すなわち、全体は個人に対して先存性を有しており、所有権の取得（契約）や事故（不法行為）なども、個人的性格を有する前に全体的な性格を有する事象である。従って、富さえも個人の所有物であると同時に個別に配分された全体の富という側面を有することになる。このような観点からは、経済原則に則った自然状態での富の配分は必ずしも適正ではなく、因果関係というよりも平等・不平等のような社会関係に着目した正義の理念に照らして是正のための判断が下されることになる。これは、言うならば、社会的正義の原則である。

④ 均衡の概念は、秤の重りの釣り合いを意味する。つまり、対立的な連帯の中で両当事者の一方を優遇するのではなく、両者の負担の均衡を図ることが判断の要諦ということである。従って、判断に当たっては、絶対的な価値に照らした基準ではなく、社会関係の中で権利主体を客観化することによる社会的な判断が重視されることになる。

このような特徴を有する社会法とは、裁判規範として均衡を重視した法であるということになる。従って、個人の権利の絶対性よりも社会関係における権利の均衡が重視されることになるのは自然である。また、連帯の要請から、社会保障

---

[1]　F. Ewald, *L'État providence*, Grasset, 1986, pp.471-473

第4章 まとめ

の給付と負担において、牽連性が認められるとしても、それが等価交換的な対価性でないことも、このような社会法の位置付けの中で理解することができる。

いずれにせよ、フランスの社会保障に関する給付は、既裁定年金も含めて財産権として捉えることは、一般的ではない。財産権という個人の権利と連帯に根ざした社会保障の権利との間には距離感がある。もちろん、フランスの社会保障に関する給付を巡っても既得権の問題は発生する。その場合の処理方法としては、財産権に対する公共の福祉からの制約といった手法ではなく、法の一般原則が採用されるが、その背景には連帯概念があるように思われる。つまり、獲得途上にある権利や獲得された権利を考える場合にも、不遡及原則等の一般則も絡めながら、権利が連帯によって修正を受ける程度や範囲を判断していくことになる。

とりわけ年金のような長期保険の場合、保険料拠出中の期間、拠出終了から受給開始までの期間、受給開始後の期間のような時間軸で考える必要があり、例えば、それらを単純に期待、期待権、既得権（財産権）のように分けることができるかという問題がある。仮に、民間保険とは異なるものの社会保険にも一定の対価性があることを前提に、財産権的なアプローチに徹するのであれば、保険料の出捐には何らかの財産権が発生してもおかしくないことになる。そうなると、逆に既裁定年金のみを財産権として捉えられるかということにもなる。その点では、フランスのように財産権ではなく法の一般則や連帯を絡ませた議論も一つのアプローチであろう。

翻って、我が国の社会保障給付を考える場合、仮に既発生の給付（例えば既裁定年金）に関して財産権的手法を採用するにしても、それに対する公共の福祉からの制約が何かとなれば、そこには社会保障に内在する連帯が存在しており、その具体的現れである所得再分配の側面に目を向けざるを得ない。つまり、これは社会保障の給付の反対側に存在する負担者と受給者との公平の問題であり、連帯概念を通じた様々な当事者の利益の均衡を図ることが連帯概念の役割の一つということにもなろう。

以上のように連帯の概念は、社会保障の権利関係に対して生存権、財産権等の伝統的なアプローチを補完する形で新たな視座を提供するものではないだろうか。

おわりに
◆ 連帯による社会保障法の再構築 ◆

1 連帯を巡る議論の到達点

　本書では、第1部において、フランス社会保障法の基本原理としての連帯の意義、更には友愛との関係について歴史的側面も含め確認した。その上で第2部では、連帯が基礎的社会保障制度のみならず補足制度、失業保険制度、福利厚生制度等で果たしている役割について、特に規範的側面に焦点を当て考察を加えた。

　この連帯であるが、我が国においても人口に膾炙するようになっており、現在、社会保障を議論する場合に連帯概念を無視することはできないであろう。しかし、連帯の捉え方となると、これが元々は輸入概念であることもあり、論者の立場によって区々である。ましてや連帯の社会保障法上の有用性や評価となると、社会保障法の専門家の間でも共通の理解には達していないのが現状である。このため、社会保障法の議論において、連帯に対する評価は区々であり、連帯を社会保障の基礎として位置付ける論者から否定的な論者まで多様である。それだけに、人類普遍の原理である連帯の母国であり、連帯を社会保障の基礎に位置付けるフランスでの議論も参考にしながら、我が国における連帯の意義を再度整理しておくことは無意味ではなかろう。

　そこで、ここでは、現在、我が国で連帯に言及する主な学説を掲げてみることから始めたい。

① 高藤　昭

　『社会保障法の基本原理と構造』において、「社会保障法はその責任主体が一応国家と解される生存権原理のみで構成されうるものではなく、社会（国家）構成員相互間の横の関係として社会連帯原理と密接な関係をもつものと理解される。」と述べている[1]。また、「社会連帯の法理と福祉国家」においては、社会連帯の法原理性と法的効力に関する記述の中で「……今日では社会連帯原理は法理であるか否かよりも、むしろ法原理として捉えるべきものである。」とも、「……法原理としての社会連帯原理は、市民法原理に対抗して市民社会に現れたもう一つの法原理である社会法原理——市民法原理が

---
(1) 高藤昭『社会保障の基本原理と構造』（法政大学出版局、1994年）49頁

◆ おわりに ◆　連帯による社会保障法の再構築

捨象した社会構成員たる個人の具体的な生活面に着目してそれに積極的に介入し、その生活の現実の保障を図る法あるいは法原理——の流れに属するものと捉えられる。」とも述べた上で、「その法原理は、市民社会に第一義的な市民法原理に対抗する社会法原理に属し、憲法上の根拠は一三条（ミクロの場合は二一条）にみいだされる。しかしそれは抽象的な性格のもので、そこから具体的な国家に対する請求権が生ずるというものではない。」と結論づけている[2]。

② 西村健一郎

『社会保障法』において、「人々の生活を職域、地域あるいはより広い範囲での社会を視野に入れて確保しようとする原理を社会連帯原理として捉えれば、社会保障制度は、そうした社会連帯の精神を具体化したものと捉えることができる。……こうした社会的な連帯関係を抜きにして、国家の責任のみで社会保障は成り立ち得ない。」と述べている[3]。

③ 倉田　聡

『社会保険の構造分析』の中で、社会連帯を社会保障、とりわけ社会保険の給付と負担を規律する根本的な規範として位置付けている。典型的には、社会保険が民間保険と異なり応能負担原則等により給付・反対給付均等の原則が修正されることに関連して、「「社会連帯」の機能は、社会保険が保険であるがゆえに意識せざるを得ない有償関係を修正ないし切断することを保険料負担者である被保険者に納得させる点にあったといえる」と述べている[4]。

④ 堀　勝洋

『社会保障法総論［第 2 版］』において、交換又は互助・互恵の功利的思想を基盤とする社会連帯に根拠を置く社会保険と、一種の自然権的な思想を基盤とする生存権に根拠を置く公的扶助を区別した上で、「生存権は各国憲法に規定された実定法上の権利・具体的な法規範となっているのに対し、社会連帯は本来的に権利と結び付かず社会保障の基盤となる理念にとどまってい

（2）　高藤昭「社会連帯の法理と福祉国家」社会労働研究 40 巻 1・2 号 43 頁・51 頁（1993 年）
（3）　西村健一郎『社会保障法』（有斐閣、2003 年）17 頁
（4）　倉田聡『社会保険の構造分析——社会保障における「連帯」のかたち』（北海道大学出版会、2009 年）260 頁

◆ おわりに ◆　連帯による社会保障法の再構築

る。しかし、そのことは社会連帯の理念が重要でないことを意味しない。」と述べている[5]。

⑤　植村尚史

『社会保障を問い直す』において、「社会保障は、リスクを回避したいという欲求によって成り立つ。リスクを集団で分散して、確実に、効率的にリスクを回避する広い意味の「保険」であり、自らの努力でリスクを避けるという「自助」の精神によって成り立っているけれども、「連帯」という価値観によって補強され、支えられているということができる。」と述べている[6]。

⑥　岩村正彦

『社会保障法Ⅰ』において、「社会保険は、被保険者が保険料を負担し、自らその扶養家族の疾病等に備える点では「自助」を、他の被保険者やその家族の給付の財源形成にも寄与しているという見地からは「連帯」を制度化しているといえる。公的扶助や社会福祉は、一般租税を財源とするところから、広く一般国民（納税者）相互間での連帯を組織化したと見ることができる。」と述べている[7]。

⑦　台　豊

「「社会連帯原理」に関する一考察──高藤説に対する批判・指摘を手がかりとして」において、高藤氏の説に対する批判に答える形で社会連帯の法的な効用を積極的に評価している[8]。具体的には、同氏の主張は、以下のようにまとめることができる。

・現代の社会連帯原理の発現は、20世紀の福祉国家の成立によって強く規定されている。
・この福祉国家において、被用者間の連帯の制度であった社会保険制度に生存権保障の目的が付与されることで生存権原理が影響を与えた。他方、社会保険以外の社会福祉や公的扶助等の制度が社会連帯の性格を帯びることになった。このように社会連帯原理と生存権原理の間には、いわば「相互作用」の現象が認められること。

---

(5) 堀勝洋『社会保障法総論［第2版］』（東京大学出版会、2004年）99-100頁
(6) 植村尚史『社会保障を問い直す』（中央法規、2003年）13頁
(7) 岩村正彦『社会保障法Ⅰ』（弘文堂、2001年）19頁
(8) 台豊「「社会連帯原理」に関する一考察──高藤説に対する批判・指摘を手がかりとして」法政理論第39巻第2号184-202頁（2007年）

◆ おわりに ◆　連帯による社会保障法の再構築

・社会連帯原理と生存権原理は相互に内容を規定する関係にあり、社会連帯原理は、公平性を介して生存権保障を目的とする給付と負担の水準調整を領導する法的な効果を有すること。
・社会連帯原理は、法制度設計の基本的なレベル及び具体的なレベルの双方において法制度設計を領導しうることから、「法理上の効用」は小さくないこと。

⑧　菊池馨実

『社会保障の法理念』において、「現在主張されている社会連帯が具体的意味するところは必ずしも明らかでない。またこの理念からいかなる水準及び内容の社会保障制度が規範的に導き出されるのかについても、精緻な分析はなされていない。」と述べている[9]。

⑨　良永彌太郎

『高齢者の法』の「高齢者所得保障の費用負担」において、社会連帯が学説の展開のみならず社会保障関係法令の規定に登場することを認めつつも、「それは一般的抽象的であって、連帯の主体や内容（範囲と程度）およびその根拠が一義的に明確なわけではなく、重要ではあるが社会保障の政策や制度を支える理念としての意義に止まる。」と述べている[10]。

以上のうちで連帯に肯定的な説の典型は、①、②及び③である。何れも、国家の責任を体現した生存権規定と比較した場合に、連帯の成立の契機について、国家とは一応区別された社会的な共同体組織（中間団体）やその構成員同士という横の（連携）関係で発生するものと捉えていると思われる[11]。このような連帯概念は、社会保険の保険者論の議論に通じる。その点を意識した議論を展開するのは、新田秀樹氏である。同氏は、『国民健康保険の保険者』の中で、国民健康保険の保険者の在り方について、「基盤となり得る新たな社会連帯（おそらくは自立支援のための社会連帯）の理念を早急に確立し、それを定着させる上で最適と

（9）　菊池馨実『社会保障の法理念』（有斐閣、2000年）138頁
（10）　良永彌太郎「高齢者所得保障の費用負担」河野正輝・菊池高志編『高齢者の法』（有斐閣、1997年）126頁
（11）　横の関係を重視する高藤氏も、「社会連帯の法理と福祉国家」社会労働研究40巻1・2号43頁・51頁（1993年）の中では、国家と社会とは別物であるとの立場を維持しつつ、マクロとしての社会連帯は累進課税による財源調達を通じて公的扶助にも存在していると述べており、その限りでは多層的な社会連帯構造として社会保障を捉えている。

530

◆ おわりに ◆　連帯による社会保障法の再構築

思われる保険者を設定する」ことが適切と述べている[12]。他の箇所の記述も踏まえると、新田氏は、かつて国民健康保険で唱えられた「相扶共済の精神」に遡り、それとも親和性を有する社会連帯を重視しているように推察される[13]。さらに③の説では、社会連帯を社会保障の給付と負担の基本理念に据えるだけではなく、保険料負担を求めるプロセス・過程を規律する規範とも捉えているなど、社会連帯の規範性を広く見出そうとしている点に特徴がある[14]。

　これに対して④の説は、社会連帯が国民対国民の関係であるとしつつも、社会保障法が「国民の社会連帯＝国民連帯」の考え方に依拠しており、国民国家レベルでの構成員たる国民の相互扶助として国民連帯を捉えており、社会保障法の理念として生存権と社会連帯の両方を掲げている点に特徴がある[15]。確かに、フランスの連帯の捉え方からすれば、連帯は社会レベル（地域連帯）に止まらず国家レベル（国民連帯）でも成立しうる理念であると解される。その点に照らすと、生存権も国民国家レベルでの連帯の発現であり、その規範化と捉えることも可能であるように思われる。

　また、⑤の説は連帯を積極的に社会保障の基礎に位置付ける立場であるが、その特徴は、社会保障を大きな国家装置として捉え、社会保険も社会扶助も「自助」と「連帯」の比重の違いがあるものの、何れも連帯という点では大局的にみれば本質的に同じと捉えていることにある[16]。このような捉え方は、かつてフランスのデュギー等の公役務学派が連帯を唱えたときに、国を大きな保険装置として位置付けたのと類似する考え方である。

　⑥の説は、社会保障「法」の意義と機能ではなく、社会保障の意義と機能として自助と並んで連帯を掲げている点に特徴がある[17]。その場合の連帯（solidarity）とは、社会保険の意義との関係で言えば、「制度の適用範囲に属する人々の間での相互扶助を組織化」することの意味で使用されている[18]。その限りでは、連帯は生存権のような法的価値を有する概念ではなく、自助・共助・公

---

(12)　新田秀樹『国民健康保険の保険者』（信山社、2009 年）228 頁
(13)　新田・前掲注(12) 7 頁
(14)　倉田・前掲注(4) 261-262 頁
(15)　堀・前掲注(5) 100 頁、102 頁
(16)　植村・前掲注(6) 13-14 頁
(17)　岩村・前掲注(7) 19 頁（社会保障法の意義としては、憲法第 25 条の生存権の具体化を挙げている。）
(18)　岩村・前掲注(7) 43 頁

◆おわりに◆　連帯による社会保障法の再構築

助の社会保険における共助や社会扶助における公助に近い位置付けのように考えられる。

　ここから分かることは、社会保障（法）との関係で連帯を援用したり重視する説の間でも、論者によってニュアンスや捉え方の違いが見られることである。例えば、連帯の射程範囲についていえば、連帯を社会保険に典型的に見られる職域や地域共同体のレベルでの地域連帯等のように限定的な範囲で捉えるか、あるいは国民国家のレベルでの国民連帯のように捉えるかなどの違いが見られる。その点では、⑦の説は、連帯を射程を社会保険のみならず社会福祉、公的扶助にまで拡げるとともに、給付と負担の関係での規範性、制度設計上の効用を見出そうとしており、③の説にも通じるところがある。

　いずれにせよ、社会保障法にとっては、連帯を生存権との関係が如何に捉えるかが重要である。その際、現在の我が国の社会保障は、一般的には憲法第 25 条の生存権規定を体現する制度と理解されている以上は、生存権と連帯とが排斥関係にあると捉えるべきではないであろう。

　以上の説に対して、⑧及び⑨は連帯に批判的・懐疑的な論者である。もちろん、これら論者の連帯に一定の意義を認めてはいるが、法の本質である規範という点で連帯の意義を消極的に捉える点では共通している[19]。具体的言えば、これら論者の共通点としては、

- 連帯の概念は一般的抽象的であって規範性に欠けること、
- 連帯から直ちに社会保障の水準論や費用負担論に関する基準を導出できないこと

等が挙げられる。

　筆者としては、社会保障法は単一の理念や思想だけで根拠付けられ構築されているわけではなく、生存権、連帯、人間の尊厳、人格的自律、「自由」の理念、社会福祉に関する社会福祉権など様々な理念や思想が絡み合った法体系であると考えている[20]。もちろん、憲法第 25 条に裏付けられた生存権が中核的位置を占

---

[19]　菊池氏は、連帯の規範性には批判的であるが、社会保障法関係を国家対個人という二項対立的にとれる伝統的枠組みへの批判、多様な社会保障の法主体の存在の再認識の側面から積極的にも評価している（菊池・前掲注（9）138 頁）。

[20]　人間の尊厳を掲げる論者としては、遠藤昇三『「人間の尊厳の原理」と社会保障法』（法律文化社、1991 年）がある。また、「自由」の理念については、菊池馨実『社会保障の法理念』（有斐閣、2000 年）、社会福祉権については、河野正輝『社会福祉の権利構造』（有斐閣、1991 年）がある。

めるのは事実であるが、その憲法第25条も第2項の存在を踏まえるならば、伝統的な生存権思想のみで説明するのが唯一の途かという感じはある[21]。高藤氏及び堀氏が述べているように、社会保障法は生存権（原理）と社会連帯（原理）の二つの法原理に立脚しているとは言い切れないとしても、排他的関係として捉えることも行き過ぎの感がある[22]。ここでは、実定法上も法の目的に位置付けられることのある連帯の概念に絞って、社会保障法の再構築を検討し、本書のまとめとしたい。

2　連帯概念の有用性
（1）　生存権との関係

現在、社会保障は、生存権と結び付けて理解されることが一般的である。言い換えれば、生存権保障のための制度が社会保障ということにもなる。さらに、生存権に関しては、憲法第25条から28条までの権利を生存権的基本権ないし社会権として捉えるのが憲法の通説とされる[23]。これら憲法の規定にあって憲法第25条は、その第1項か第1項第2項の両方の項かは兎も角として、生存権規定の総則的規定としての地位を占めているとされる[24]。

ところで、生存権の特徴は何か。国家からの自由として理解される自由権（消極的権利）との比較で言えば、生存権は、国家に対して求める権利という意味で積極的権利あるいは債権的権利であることである。その点では、生存権は、各種

---

[21]　生活保護法（1条）が憲法第25条の理念に基づく制度であるのに対して、国民年金法（第1条）は憲法第25条第2項の理念に基づくと規定されており、その「国民の共同連帯」が憲法第25条の第1項ではなく第2項の社会保障の向上・増進義務と結び付くものであることを推察させる。

[22]　高藤「社会連帯の法理と福祉国家」前掲注（2）56頁；堀・前掲注（5）105頁等

[23]　中村睦男『小林直樹監修・現代憲法大系⑦生存権・教育権』（法律文化社、1989年）53頁

[24]　中村・前掲注(23) 53-54頁。類似の捉え方としては、憲法第25条から28条までを社会国家的基本権として捉え、「生存権」を保障する第25条は勤労権（第27条）や労働基本権（第28条）などの他の社会権を想起せしめる母体として、それらの権利の解釈準則としての役割を担うとの理解もある（佐藤幸治『憲法［第3版］』（青林書院、1995年）619-620頁）。なお、生存権規定の総則的規定の問題は、憲法第25条の1項2項一体説と分離説とも関係してくるのかもしれない。生存権に関する社会保障法学会の状況については、竹中勲「第2章社会保障と基本的人権」及び菊池馨実「第3章社会保障の権利」日本社会保障法学会『講座社会保障法第1巻21世紀の社会保障法』（法律文化社、2001年）35-37頁を参照。

◆ おわりに ◆　連帯による社会保障法の再構築

の基本権がそうであるように国家対国民という二当事者関係の図式で捉えられることになる(25)。ところが、憲法第25条第1項に関する限り、「すべて国民は、……権利を有する」と規定しており、第2項が「国は、……努めなければならない」と規定しているのと異なり、国という主体は登場しない条文構造である。従って、国には生存権保障義務があるにしても、解釈によっては、国が生存権を保障のための社会保障制度を直接執行することまでは義務付けておらず、実施方法に関して国には裁量があるとも理解することができる。

さらに、仮に1項2項分離説のような理解に立つならば、第2項の国の社会保障の増進義務は全ての生活部面にわたる反面、全ての生活部面について国が直接執行することは非現実的であり、如何なる政策手段を選択するかについては、一定の裁量があると理解するのが自然である。そして、このような憲法第25条の理解に立ったとき、逆に裁量に委ねられた政策手段の選択を導く指導理念が何かが重要となってくる。とりわけ、社会保障にあっては、現行憲法より以前から各種社会保障制度が存在しており、その上に戦後の制度の発展により、制度全体が複雑なモザイク状態を形成しているだけに、生存権というだけではすまない側面がある。

そもそも、生存権自体、憲法第25条の存在が大きいこともあり、社会保障にとって当然の前提として理解される嫌いがあるが、必ずしもそれが世界の一般的な姿ではない。歴史的には、それまで慈善等とも未分化のまま萌芽的状態にあった生存権思想は、第1部で述べたようにフランス革命後の各種人権宣言（案）に貧困者等に対する扶助の形で生存に対する権利として認識されるようになる。さらに、産業革命後の社会問題との関係では、様々な社会思想を拠り所に社会政策を裏打ちするための理論として形成されてきた。

我が国においても生存権の概念は、ヨーロッパの思想の影響を受けることにより既に戦前から認識されていた(26)。例えば、我が国で早い時代に生存権を唱えた福田徳三氏は、アントン・メンガー等の説に検討を加えながら、生存権理論が

---

(25) 最高裁は、三菱樹脂事件判決（昭和48年12月12日民集27巻11号1536頁）において、自由権的基本権の保障規定が「国または公共団体の統治行動に対して個人の基本的な自由と平等を保障する目的に出たもので、もっぱら国または公共団体と個人との関係を規律するものである」と述べている。
(26) 以下に述べる福田徳三氏や牧野英一氏以外にも、恒藤恭氏が「生存権と法律体系」の中でローマ法以来の公法・私法の対立の問題に関連させて生存権を論じている（恒藤恭『法律の生命』（岩波書店、1927年））。

◆ おわりに ◆　連帯による社会保障法の再構築

労働権・労働全収権の理論とともに社会政策並びに社会主義上の三大理論と認めるべきものであると位置付けた上で、それぞれについて次のように述べている(27)。

「……労働に其の産物を十分に且つ正当に認む可しとの主張は労働全収権の理論を生じ、欲望に十分且合理的なる充足を確保す可しとの要求は生存権の理論を起せり。而して其の過渡的産物として先づ国民の各員に労働することを得せしめようとの要求は労働権の理論を生じたるものなり。」

その後の生存権の展開を見ると、世界的には、ワイマール憲法が生存権を憲法上位置付けたことが夙に有名である。我が国でも、この点を明確に認識していたのが刑法学者であった牧野英一氏であった。同氏は、児童自立支援施設として有名な北海道家庭学校の記念講演（1924 年）を基にした「最後の一人の生存権」の中で、「人が、苟も正しく生きんとする限り、その生存が尊重せられねばならぬという思想」としての生存権を取り上げ、1922 年に制定された健康保険法のみならず、年金も含めた各種社会保険立法や児童保護立法が生存権理論に即して整備・拡大されるべきことを主張している(28)。さらに、ワイマール憲法第 151 条第 1 項にも言及し、「経済生活の秩序、換言すれば其の秩序を規定する法令は、すべての人に『人間たるに値ひする生活』menschenwürdiges Dasein を保障するものでなければならぬのである」と述べ、ワイマール憲法の生存権保障上の意義を指摘している(29)。

しかし、生存権保障に関する世界的な潮流の高まりにもかかわらず、我が国も含め各国で生存権が現実に定着するのは、第二次世界大戦後のことであった。例えば、人権宣言の母国であるフランスでも、革命期の幾つかの人権宣言等を別とすれば、1948 年の第 4 共和政憲法の前文第 8 項で、ようやく貧困者等の生存の確保が国家の義務として謳われることになった。

このように生存権は、我が国でも憲法第 25 条を根拠に社会保障の核となる理念として確固たる地位を占めることは疑いようもない。しかし、貧困線を越える「健康で文化的な」水準でのナショナル・ミニマムの保障機能を担い、更にはオプティマム（最適水準）の実現を目指す現代の社会保障制度との関係では、生存

---

(27)　福田徳三『続経済学研究』（同文館、1913 年）492-493 頁
(28)　牧野英一『法律と生存権』（有斐閣、1928 年）37 頁、46-47 頁
(29)　牧野・前掲注(28) 51-52 頁

◆ おわりに ◆　連帯による社会保障法の再構築

権のみを制度設計を誘導する理念とすることでは必ずしも十分といえない。逆に言えば、生存が脅かされるほどの社会保障水準の極端な引下げに対しては、生存権は防波堤となるであろうが、各種立法を媒介として高い水準の社会保障制度を目指すとき、現実問題として、権利の内容が立法府・行政府の裁量に委ねられ、個々の国民に対して具体的権利を付与するものではない（朝日訴訟・最判昭和42年5月24日民集21巻5号1043頁）生存権が強力な武器となるかといえば、疑問なしとはしない[30]。

　この点は、既裁定年金の引下げの議論が生存権というよりも財産権の観点から議論されることが多いこととも関係して、重要である。さらに言えば、社会保障は保険料にしろ税にしろ負担を伴う制度であることから、受益者のみならず負担者の側にも目配りする必要性という点では、生存権のみでは解決しない問題が多い。端的に言うならば、受給者の財産権というのであれば、保険料や税を通じた負担者の財産権保護はどうかという議論が誘発されることになる。そこで、生存権の存在を前提としつつ、財源論にも耐え得る社会保障制度の理念や学理の構築が制度設計上も求められることになる。

　連帯と生存権の関係で最後に指摘すべきことは、両者が対立的な概念か否かという点である。結論的には、両者は対立的な概念というよりも補完的な概念と捉えることができる。確かに生存権は、人間たるに値する生活の保障という点では、連帯と比べても規範としての明確性を有している。しかし、前述のように人間たるに値する生活を如何に保障するかという手段や手法に関しては、必ずしも規範的明確性を有していない。むしろ連帯という相互性を有する概念の方が、負担面も含めた議論が展開しやすい。その点では、両概念には一長一短があり、相互に補完的な概念として理解した方が現実の社会保障制度の理解が容易になる。このような理解は、フランスにおいて、連帯が社会保険のような制度のみならず、労働不能の状態にある者等の生活手段取得の権利の理論的拠り所となっている（1946年第四共和政憲法前文）ことからしても的外れとは言えないであろう。また、生存権の意義を指摘した牧野英一氏は、各自の独立自尊という伝統的な考え方に対して、生存権の保全という理想を実現するための社会事業に関連して、「社会事業といふことは、その独立に代へて共同連帯を意味し、その自尊に代へて相互

---

(30) 実際に憲法第25条を明確に言及する社会保障立法は、生活保護法と国民年金法である。このうち生活保護法がその理念として憲法第25条全体を掲げているのに対して、国民年金法は第25条第2項のみ掲げている。

扶助を意味する」と述べており、生存権と共同連帯を結び付けている[31]。

（２） 生存権との関係から見た連帯の有用性

連帯を生存権を補完する概念として位置付けた場合、連帯概念により社会保障を捉えることの有用性は、まず

① 連帯が一方的な恩恵ではなく相互扶助的な色彩の強い概念であり、

② スティグマを伴いやすい社会扶助も含めて説明し得る概念であること

にある。つまり、社会保障各制度を見渡した場合、拠出に対する給付ということで権利性が説明されることが多い社会保険のみならず、拠出を要件としない無拠出制の制度や生活保護のようなミーンズテストを伴う制度も、法制度化を要するものの連帯に由来する国家に対する債権的権利として説明することができる。

しかも、連帯概念は、第１部で述べたフランスの例に照らすならば、社会保険、社会扶助、さらには社会保障分野の国家補償も含めて広く社会保障や関連制度を包含し得る概念としての一般性を有している。その結果として、戦傷病者・戦没者遺族援護のように国家補償の精神から説明してきたような制度も、連帯概念によって統一的に説明ができるようになる。また、公害健康被害や医薬品副作用被害等の被害者救済法制も連帯によって説明することが可能である。更に言えば、原爆医療法の性格に関しても、判例（最判昭和53年３月30日）により社会保障法と国家補償法の両方の性格を有するとされるが、連帯概念を援用することによっても説明が可能となる。

逆に言えば、連帯は、必ずしも社会保障の専売特許ではないということになる。社会保障以外にも、雇用の分野であれば、障害者雇用調整金等も連帯に根差した制度であるし、さらには犯罪被害者に支給される犯罪被害者給付も社会の連帯共助の精神に基づく制度である。また、国家の不法行為責任に由来する国家賠償、あるいは公権力行使（公用収用等）に伴う特別の損失に対する損失補償とまで言えないような国家補償も連帯概念によって説明することが可能となる。

ところで連帯は、その概念上複数の人間を前提としており、社会保障の場合には一定の集団を形成することによって実現される。その点で、連帯は集団性を有しており、連帯に関する法は集団を規律する法律関係である。別の見方をすれば、連帯概念は語義的に常に多数当事者間の法律関係を前提としており、私益に対す

---

[31] 牧野・前掲注(28) 67-68頁

◆ おわりに ◆　連帯による社会保障法の再構築

る公益に根差した法規整を喚起する。実際、社会保障分野では、公権によって説明可能な強制加入（職権適用等）、強制徴収等の公権力の行使が用意されているが、そうした法規整の根底には連帯が存在していると考えられる。

3　連帯概念の規範性

　以上のような連帯の有用性にもかかわらず、連帯が法的な意味での規範性を有するかという点については、疑問がないわけではない。つまり、連帯概念の弱点の一つは、そこからどのような法規範が導き出せるかという点にある。

　前述の連帯を巡る我が国の学説を見ても、菊池氏や良永氏のように連帯の規範性に批判的な論者のみならず、堀氏のように社会連帯を積極的に位置付ける論者も、社会連帯は社会保障の基礎となる理念に止まると述べるなど、連帯の規範性に懐疑的である[32]。これに対して、高藤氏は、社会連帯に強制の要素を帯びた規範性を見出し、近代社会における市民法原理と並ぶ法原理として社会連帯原理を位置付けようとする。しかし、同氏においても、社会連帯原理は「法原理として捉えられるべきものである」と述べるとともに、マクロの社会連帯原理は、権利としては国民の社会連帯権として憲法第13条の幸福追求権の関係で理解されるものの、「その中身は抽象的でであって、具体的請求権を含むものではない」と留保を付している[33]。

　このように我が国において、学説の状況は連帯から明確な規範性を導くには至っていないと言えよう。この連帯を巡る規範性の問題は、我が国だけの問題ではなく、フランスの友愛や連帯の概念の場合も同様の問題がある。

　ただ、フランスの場合には、連帯にも一定の規範性を認めている。そこで、フランスの社会保障給付の権利性に関する第2部の分析から得られた示唆を挙げるとするなら、連帯には、

① 給付を通じて、個人の権利を保障する側面と
② 負担を通じて、個人の権利を制限する側面

があることが特記される。わかりやすく言うなら、連帯には個人の権利と義務の両面を規律する概念である。連帯には、この両面性があるが故に、拠出制の社会保障給付の場合であっても、賦課方式の年金にみられるように不可侵の絶対的な

---

(32)　堀勝洋・前掲注（5）100頁
(33)　高藤昭・前掲注（2）48頁、54頁

◆ おわりに ◆ 連帯による社会保障法の再構築

権利が個人に付与されるわけではなく、一般的利益等を理由に制限されることがある。

そうしてみると、少々粗っぽい整理であるが、試みに連帯概念から導き出せる規範を挙げるとすれば、
- 社会保障の給付等の権利は連帯から発生すること、
- 同様に、社会保障の保険料負担等の義務も連帯に由来すること、
- それだけに連帯を社会保障の基礎に置くということは、それによって絶対的な権利が特定の個人に付与されるわけではなく、他者との相対関係においてのみ権利が付与されること、
- より具体的には、社会保障給付が他者の犠牲を伴うとすれば、比例原則、平等原則等の一般即に反しない範囲で権利は認められること

などが考えられる。

4　我が国への示唆
（1）　連帯から領導される規範概念

外国において登場し発展してきた概念の日本への当てはめには、常に慎重さが必要である。それぞれの概念を取り巻く社会経済環境や時代状況を抜きに、概念だけを取り出してくることは、危険である。理論上の産物である法的概念の場合も同様である。

そのような留保を置きつつも、連帯の概念は既に日本の実定法でも定着しており、外国との比較において、連帯を考えてみることは有用であろう。

既に述べたように、フランスの社会保障を貫く連帯には、貢献による連帯の発現としての保険原理と、帰属による連帯の発現としての（狭義の）連帯原理がある。この二つの原理を我が国に引き寄せて考えてみると、我が国の保険原理と扶助原理の議論に近い面がある[34]。重要な点は、保険原理と連帯原理を理論的な枠組みとして援用することで、現実の制度の本質が見えてくることである。

例えば、社会保険について言えば、現実の制度には保険原理と連帯原理の両方が混じり合っており、かつ、混じり方も社会保険の「社会」（連帯原理）と「保険」（保険原理）の何れを重視するかによって変わってくる[35]。敷衍するなら、

---

[34] 保険原理と扶助原理の議論については、堀勝洋『社会保障・社会福祉の原理・法政策』（ミネルヴァ書房、2009年）33-94頁を参照。

539

◆ おわりに ◆　連帯による社会保障法の再構築

① 保険原理からは、貢献原則に基づく報酬比例又は期間比例的な負担と給付という形で、負担と給付の間に牽連関係が発生するのに対して、
② 連帯原理からは、応能負担によるニーズに応じた給付という形で、負担と給付の牽連関係が切断されることになる(36)。

ところで、我が国の社会保険は、「負担なくして給付なし」を大原則として制度が設計されている（年金であれば、拠出実績を給付に反映させる）が、これは保険原理の発現と捉えられる。そして、この点は、現実の制度に次のような形で反映されている。

① 国民健康保険は生活保護受給者を被保険者から除外するが、その理由の一つが保険料の負担能力がないことである。
② 国民年金において保険料の未納期間は、現実に保険料の納付がないため、年金給付に反映させていない。
③ 各社会保険制度を通じて、保険料の減免を別とすれば、低所得者も含めて某かの保険料を徴収することになっている。

しかしながら、我が国の社会保険においては、次の例からも明らかなように、「負担なくして給付なし」は、常に貫徹するわけではない。

① 遺族基礎年金や障害基礎年金の場合には、老齢基礎年金と異なり、保険料免除対象者であっても支給要件に該当する限りは満額の年金が支給されること。
② 旧法国民年金の福祉年金が典型であるが、無拠出制の年金が存在してきていること。現在の制度で言えば、二十歳前障害の場合の障害基礎年金が典型である。
③ 厚生年金において育児休業期間中の保険料免除制度、育児期間中の従前標準報酬月額の見做し措置があり、当該期間につき保険料が免除・軽減される

---

(35) 社会保険の保険性と社会性について、河野正輝氏は、社会保険には保険性（一応の対価性（または牽連性）と社会性（扶養的要素）が併存しており、我が国の皆保険皆年金は保険原理を修正し社会性を取り込むことで発展してきていることを分析している（河野正輝他『社会保険改革の法理と将来像』（法律文化社、2010年）2頁以下）。
(36) 保険原理における給付と負担の牽連関係を対価関係（対価性）があると言えるかには、社会保険が契約でないとすれば議論の余地があり、負担を給付の要件と捉えることも可能であり、その点は以下で述べる。

◆ おわりに ◆　連帯による社会保障法の再構築

　　が、給付面では通常の保険料拠出期間と同様に扱われること。
　④ 国民健康保険、後期高齢者医療や介護保険の場合には、保険料の未納が
　　あったとしても、悪質滞納者に対する給付の一時停止（介護保険の場合には
　　給付減額も）等の措置を別として、保険給付の制限はないこと。

　当然ながら、このような保険料拠出を前提としない制度は、保険原理ではなく連帯原理に裏付けられたものであるが、財源が必ずしも税財源（公費）でない点が重要である。例えば、①の場合であれば、基礎年金国庫負担以外の給付費は基礎年金拠出金を通じて保険料財源によって賄われる。これに対して②の場合には、20％の特別国庫負担が先充てされる点は特別であるが、残余の給付費は通常の基礎年金と変わらない。また、③の場合には、保険料免除期間等に係る給付に必要な財源は全額厚生年金の保険料であり、厚生年金グループ内の連帯により費用が賄われている。その点では、③の制度は子育て支援を年金制度内に取り込むだけでなく、その費用が保険料財源で賄われるという特徴的な制度となっている。

　また、様々な法技術（テクニック）を使い、保険料負担をしたと擬制できるような状態を作るなどして、「負担なくして給付なし」の原則から乖離しないようにする例も次のようにみられる。

　① 介護保険において、生活保護受給者については、生活保護費から保険料及
　　び一部負担を支出することにより、負担能力に乏しい生活保護受給層も適用
　　対象としている。
　② 年金制度において、加入期間が25年必要であるが、一定年齢以上の者の場
　　合には、これより短い加入期間であっても満額の年金が受給できるようにし
　　ている。
　③ 国民年金の3号被保険者は自ら保険料を拠出するわけではないが、説明上、
　　配偶者である2号被保険者を通じて保険料負担をしたと考えることもできる。
　　これに対して、健康保険の被扶養者の場合には、家族療養費等を被保険者に
　　支給するとした上で現物給付化を図ることで、実質的に被扶養者に給付がな
　　されるようになっている。
　④ 旧法国民年金の母子年金が受給権者自体が被保険者であったのに対して、
　　現行の国民年金及び厚生年金の遺族年金は、保険料負担をした被保険者と受
　　給権者が乖離しており、受給権者自体が保険料負担をした被保険者ではない
　　が被保険者の死亡を保険事故として給付が行われることになっている。

◆ おわりに ◆　連帯による社会保障法の再構築

　さらに考えてみると、我が国の社会保険では国庫負担等の公費負担が広くみられるが、公費負担部分に関する限り、これを連帯原理の発現とも捉えることができる。つまり、理論上は公費を財源とする部分の給付は、「負担なくして給付なし」の原則に対する例外となる。さて、社会保険への公費投入の理由であるが、一般には、

・国等の責任の証
・制度間の財政力の格差の是正
・保険料の軽減

など挙げられる。このうちの保険料軽減は、言い換えれば、軽減された保険料に相当する給付に関する限り負担のない給付ということになる[37]。もちろん、公費の財源は租税等であるから、巡り巡って負担をしているとの擬制も可能であるが、租税は直接の対価性を前提としない以上、少なくとも法的には受給権者の負担という関係は成立しない。いずれにせよ、公費投入の理由として上げられる点は、貢献原則によらずニーズ原則に基づき必要な給付を確保しようということであり、これは正に連帯によって説明することができる。

　公費負担ではないが、社会保険に見られる保険者間の財政力格差を是正し、財政力の弱い保険者の財政を強化したり、何らかの受益に着目して共同で費用を負担するための仕組みとして各種拠出金、財政調整等の制度が設けられることがある。代表的なものを挙げると、①かつての老人保健制度の拠出金、②退職者医療制度の拠出金、③後期高齢者医療制度の後期高齢者支援金、④前期高齢者の財政調整、⑤国民健康保険の高額医療費共同事業・保険財政共同安定化事業、⑥基礎年金の拠出金、⑦三共済（JR、NTT、JT）統合に伴うJR・JT共済の厚生年金への統合前期間に係る世代間扶養部分の拠出（支援措置）等である。ただ、これらの仕組みの法的性格は、一様ではない。

　老人保健制度を例に取ると、拠出金の負担根拠は、各保険者が従前は自ら行っていた医療給付が事実上市町村長によって肩代わりされることになることから各保険者に受益が生じる点にあった。このことは、老人保健拠出金が広義の受益者負担に該当することを示唆する。つまり、保険者の共同事業である老人保健制度

---

(37)　保険料の軽減に関して興味深いのは、国民健康保険の保険基盤安定制度である。同制度のうち恒久措置である応益部分の保険料軽減（7割、5割、2割）分に対する公費補填は、個々の保険料軽減対象者に着目して行われる。これは、一般的な公費負担がマクロ的・結果的に保険集団全体としての保険料軽減に繋がるのと異なるところである。

◆ おわりに ◆　連帯による社会保障法の再構築

の公益性に着目して課せられる公法上の受益者負担金が拠出金ということになる。これに対して、後期高齢者医療制度の支援金の場合には、保険者の共同事業としての性格を有していないことから、直截に現役世代が高齢世代を支援する仕組みである。この支援金をもって受益者負担金といえるかどうかは、難しい問題である。後期高齢者医療制度は各医療保険制度から独立した制度であるが、結果的に各保険者は高齢者医療に係る給付を免れる点では受益が存在する。これは、退職者医療制度において、被用者保険からの拠出金が国民健康保険という別制度に充当されるのと共通する。退職者医療制度は、国民健康保険が被用者保険のために軒先を貸していると喩えることが可能である。そのアナロジーで言えば、後期高齢者医療制度も各保険制度に軒先を貸していることになる。

　いすれにせよ、これら拠出金、財政調整等の制度が是認される根底には、幾つかの法律が謳うように国民の共同連帯の理念がある。受益者負担の議論を突き詰めていくと、かつてブルジョワ氏が説いたように皆が社会的債務を負っており、そこから連帯に基づく負担の契機が発生することになる。そこで、各制度を連帯の観点から見ると、そこには国民連帯、職域連帯、世代間連帯等の異なる種類の連帯が絡み合っていることが浮かび上がってくる。例えば、基礎年金の拠出金（⑥）の場合、そこには完全賦課方式という点で世代間連帯の要素と、頭数調整による拠出金の配分という点で国民連帯の要素が混じっている。そこで、各制度は様々な連帯が絡み合っているが、その中でも特徴的な連帯の要素を試みに整理すると、次のとおりである。

　　a　国民連帯──①、③、④、⑥
　　b　職域連帯──②、⑦
　　c　世代間連帯──①、②、③、④、⑥
　　d　地域連帯──⑤

　このほか保険原理と連帯原理を巡る議論で重要な点は、社会保険の保険料の上下限である。被用者保険を例に取ると、標準報酬には上下限があり、その水準は健康保険と厚生年金で異なっている。保険料に上下限を設ける理由が給付から極端に乖離した負担を求めないことにあるとするなら、これは保険原理によって説明することができる[38]。ところが同じ被用者保険でも、標準報酬の幅は年金よ

---

(38)　保険料の上下限のうち上限について言えば、極端な負担が招来する高額所得層の社会

543

◆ おわりに ◆ 連帯による社会保障法の再構築

り医療保険の方が広くなっている。これは、報酬比例部分という形で保険原理の色彩が強い厚生年金と比べて、健康保険（とりわけ療養の給付等）の場合には応能負担を通じた連帯原理がより強く出ていると考えられる。

ところで近年の傾向として、国民健康保険以外にも、介護保険、高齢者医療制度のように公費が5割という制度が登場し、基礎年金の国庫負担割合も本則上2分の1に引き上げられてきている。そうした中で、仮に公費割合が半分を超えるような制度があった場合に、果たして社会保険と言えるかという議論があり得る。このような疑問は、別の見方をすれば、何が社会保険の本質であるかという問いかけでもある。

（2）社会保険の本質

社会保険は、社会保障が資本主義経済の修正原理であるの同様、民間保険に対する修正原理である。一般に保険においては、偶発性を特徴とする保険事故を前提として、給付反対給付均等の原則に則り保険料を設定された保険集団が形成されれば、大数の法則により収支相等の原則が成立するという仕組みである。言ってみれば、大人数からの少額の拠出が少人数への多額の給付へ転換する予定調和的な体系である。社会保険においても、保険事故、大数の法則、収支相等の原則は不可欠の要素であるが、給付反対給付均等の原則を前提としない点で、民間保険と異なると理解される。別の見方をすれば、社会保険においては、社会保障的要請（例えば、所得再分配）から給付反対給付金等の原則による保険料設定を採用しないことから（例えば、応能保険料）、任意加入にすればリスクの高い集団が離脱しリスクの高い集団のみが残り保険集団が崩壊するという逆選択の問題を回避するため強制加入を前提とした保険制度であることになる。

しかしながら、このような社会保険の本質は、必ずしも法学的な規範とは言えない。そこで、本稿では、フランス社会保障法に関する第1部・第2部の考察・分析を踏まえ、法学的な側面から社会保険の本質について、以下のような分析を試みたい。

まず、社会保険のみならず保険という仕組み自体が、相互扶助的な集団性を備えた法制度であることから、そこにはある種の連帯が存在する[39]。しかし、保

保険からの離反を防いだり、社会保険に似つかわしくない極端に高い給付（年金が典型）をしないといった現実的な理由も考えられる。また、下限については、一定水準の報酬比例給付（年金が典型）を保障するという必要性も考えられる。

544

◆ おわりに ◆　連帯による社会保障法の再構築

険が私保険の世界に止まっている限りでは、それは射倖契約という契約法的な意味での連帯である。社会保険にあっては、契約的な連帯を超える連帯が内在しているが、その本質は社会連帯、国民連帯等の連帯である。それが何かといえば、契約的正義を超える社会的正義に根差した所得再分配である。つまり、私保険の場合にも、給付反対給付均等の原則の下で大数の法則を介して水平的所得再分配が行われるが、社会保険にあっては、応能負担原則の下で給付反対給付均等の原則の枠外での水平的のみならず垂直的所得再分配が行われることがある。具体的には、低所得者や高いリスク・グループにも保険数理的に妥当な保険料よりも低い保険料が適用されることになり、契約法的な等価交換関係（均衡）は成立しないことになる。もちろん民間取引においても個々の取引レベルでは厳密な等価関係が成立しない場合はあるにしても、法的には等価交換が成立していることを前提に法的効果が発生することになる。この点が、そもそも等価交換関係を前提としない社会保険との大きな違いである。

　このような私保険に対する修正原理が社会保険の本質である。その点から言えば、「負担なくして給付なし」は私保険にとっては不可欠の要素であるが、社会保険の場合には、全ての場合には妥当しない。既に述べたように、各種社会政策的な配慮から、この保険原理に根差した原則は連帯原理によって修正されている。もちろん、全ての場合に負担なしに給付が行われれば、それは最早保険ではなくなるのも事実である。しかし、連帯原理に根差した無拠出制の給付が例外に止まり、給付との牽連性を有する保険料拠出が存在することにより、「負担なくして給付なし」が概ね妥当する限りにおいては、社会保険であり続けることになる[40]。

---

(39)　社会保険の強制加入については、逆選択の防止が理由に挙げられるが、それは経済学的な説明ではあっても、法学的な説明ではない。その点、社会保険の強制加入、強制徴収等の強制性が国民の権利（思想良心等の自由権、財産権）の制約であることから、公共の福祉によって一言で説明することは可能である（最大判昭和33年2月12日民集12巻2号190頁）。しかし、旭川市国民健康保険料賦課処分取消請求事件の最高裁判決（平成18年3月1日民集60巻2号587頁）が述べているように、強制徴収が「保険事故により生ずる個人の経済的損害を加入者相互において分担すべきであるとする社会保険としての国民健康保険目的及び性質に由来する」という判断は、社会保険の強制性の根拠としての連帯という考え方に通ずる面がある。

(40)　法律の名称が厚生年金が厚生年金「保険」法であるのに対して、国民年金が国民年金法であることに留意。

◆ おわりに ◆　連帯による社会保障法の再構築

　そうなると社会保険の本質は、むしろ保険の技術を使いながら、社会政策的な配慮により給付・反対給付均等の原則を超える所得再分配等を行うことにある。その結果として、法律的には、負担と給付との牽連性は切断されていないが、契約法的（等価交換的）な給付・反対給付の関係（対価関係）も修正されることになる。その点では、社会保険は修正が加えられた契約法的な給付・反対給付として説明することも可能かもしれないが、むしろ給付と反対給付の対価関係は切断され、保険料拠出は社会保険給付に対する要件（条件）の一つとして捉える方が素直と言うことになる(41)。もちろん、その場合であっても給付と負担の牽連性はあるものの、それは対価関係ではなく条件関係ということになろう。

　このように考えてくると、既裁定年金は財産権であるとの説が一般的であるが、社会保険の本質が社会連帯、国民連帯等の連帯にあるとするならば、別の捉え方も理論上は考えられる(42)。まず、仮に既裁定年金が財産権であれば、憲法第29

---

(41)　近代市民法の契約関係は、双務契約に関する給付（prestation）と反対給付（contre-partie, contre-prestation）が典型的である。民間保険の場合には、給付・反対給付均等の原則により確率論的には給付と反対給付が均衡しており、対価性が貫徹する。仮に等価的な対価性が成立しなければ、個人レベルでの損得から逆選択を招き保険が成立しなくなる。これに対して社会保険の場合には、応能保険料が典型であるが、確率論的には給付と反対給付が均衡しない。また、そもそも社会保険は一般に契約関係ではないと考えられている。もちろん、その場合であっても、保険料拠出を給付要件とするのが原則である以上は、社会保険は社会扶助とは本質的に異なり、依然として生活維持自己責任原則に沿った制度であると言える。

(42)　社会保障給付の水準引下げ問題については、大きく①財産権的アプローチと②生存権的アプローチがあるように思われる。①の関係では、憲法が規定する「財産権」（第29条）とは、物権、債権、無体財産権、公法上の権利などを含む財産的価値を有するすべての権利をいうと解されている（佐藤幸治『憲法［第3版］』（青林書院、1995年）565頁）。公的年金制度における既裁定年金の受給権は、金銭給付を受ける権利であることに着目すれば、これを財産権と考えることができることになる。この点に関して、恩給について、1967年6月23日の衆議院内閣委員会における既得権を巡る質疑の中で、「恩給受給権というものは財産権として認められるかどうか」との質問に対して、「認められると思います」という政府委員の答弁がある。また、2001年3月13日付の質問主意書（農業者年金制度改正における受給者の負担等に関する質問）に対する答弁では、「公的年金制度における既裁定の年金受給権は、金銭給付を受ける権利であることから、憲法第29条に規定する財産権である」とされている。これに対して、未裁定者の将来受給する年金については、「いまだ年金受給権としては成立していないものである」としている。②の関連では、小川政亮氏が、かつて「社会保障改悪は、国は社会保障の向上・増進に努めなければならぬとした憲法25条2項の規定に反するのではないかとの重大な疑義があるというべきであろう」と述べている（小川政亮「憲法と社会保障」沼田稲次郎『現代法と社会保障』

◆おわりに◆　連帯による社会保障法の再構築

条に関する昭和53年7月12日の最高裁大法廷判決（民集32巻5号946頁）が買収農地売り払い制度に関して提示した判断枠組みが適用される。すなわち、公共の福祉に適合する限り、財産権を事後立法により不利益に変更することも容認されるが、公共の福祉に適合するかどうかは、財産権の性質、変更（制約）の程度、変更によって保護される公益の性質などを総合的に判断して決められることになる。このような判断枠組みが適用された森林法共有林分割禁止規定違反事件判決（最大判昭和62年4月22日、民集41巻3号408頁）では、規制の目的、必要性、内容、財産権の種類・性質・制限の程度等を比較考量した上で違憲判断を下している。

　従って、上記判例に照らすと、財産権説は、確かに既裁定年金の引下げに対する歯止めにはなるであろうが、逆に物価スライドや政策改定等により給付水準が上がることとの一貫性を持った説明が困難となる嫌いがある。もちろん年金権を物価スライド付きの権利と捉えれば一定程度まで説明可能であるが、裁定時に予定していない政策改定を行う余地はないことになる。そもそも社会保険の本質が修正原理としての連帯にあることからすれば、年金権は、財産権というよりも、連帯の在り方によって権利内容が画される権利である。従って、裁定時に権利の内容が固定化されることで、引下げもなければ逆に引上げもないような権利ではなく、連帯に根差した所得再分配の有り様として妥当な水準に設定される権利とも言える。その場合には、給付の廃止こそ困難であろうが、その水準は常に変更の可能性があり、水準の妥当性は結局は社会正義に照らして判断されるしかないのかもしれない。フランス流に言えば、給付の変動に対する歯止めは財産権ではなく、むしろ法律不遡及の原則、法的安定性、比例原則や平等原則のような一般則か、そこから派生する原理に見出されることになる。例えば、既裁定年金の引下げが困難であるのは、財産権としての不可侵性ではなく、引下げが不遡及原則、法的安定性に反する可能性があるからということになる[43]。いずれにせよ、既

（総合労働研究所、1982年）31頁）。このほか西村健一郎氏は、老齢年金について財産権保護の要請を認めつつ、「現在の年金にあっては被保険者自身の保険料拠出以外に、賃金の再評価による見直し、賃金・物価スライドによる実質価値の維持の部分があり、さらに国の財政負担がかなり加えられており、本来の財産権とは性質を異にする部分が相当程度存在する」と述べている（西村健一郎・前掲注（3）46頁）。なお、既裁定年金の引下げ問題について、財産権と憲法第25条、更には信頼保護原則にも焦点を当てて、違法・違憲の限界点を分析した論考としては、菊地馨実「既裁定年金の引下げをめぐる一考察──法的側面からの考察」年金と経済 Vol.21 No.4がある。

◆ おわりに ◆ 　　連帯による社会保障法の再構築

裁定年金はもちろん、新規裁定の場合も含め、長期保険である年金にあっては、期待（権）や既得権の尊重・保護が重要であることは言うまでもない[44]。

　このような前提に立った場合、平成16年の年金改革で導入されたマクロ経済スライドには、連帯と既得権保護に依拠した調整メカニズムが包摂されていると評価できよう。一般にマクロ経済スライドによる調整は、急速な少子高齢化の進展の中で、高齢者にも一定の給付調整を求めることで年金保険料を負担可能な範囲に収めることにより、年金を支える力と給付の均衡を図る仕組みと理解することができる。このマクロ経済スライドが発動される場合には、賃金・物価の上昇局面にあっても、通常の年金のプラス改定率に現役世代の負担力の減少分である公的年金の被保険者数の減少率が反映される。この点では、マクロ経済スライドは世代間の連帯に根差した調整制度である。他方、高齢者の年金は、マクロ経済スライド調整により、現役世代の賃金に対する年金額の比率は徐々に抑制されるが、前年度の年金の名目額を下回るような改定は行わない名目額下限方式が採用されている。この点では、年金受給者の既得権にも配慮しており、マクロ経済スライドは連帯と既得権保護のバランスを図る効果があるといえる。

　このほかにも社会保険の本質を考える場合に連帯が示唆を与える場面がある。例えば、社会保険給付の一身専属性や併給調整である。仮に各種社会保険給付が

---

(43)　財産権的アプローチでは、十分でないと思われる例としては、昭和60年の年金改正の際の特別一時金の仕組みである（参議院修正による改正法附則第94条）。これは、昭和60年改正前に、①被用者年金の障害年金又は②国民年金の障害福祉年金等を受給権者が、老後の年金を増やすために、①国民年金に任意加入又は②法定免除の保険料を任意に納付等していた者がいたことに関係する。しかし、改正により、納付した保険料の意味がなくなる事態（①被用者年金の障害年金を受給した場合には、老齢基礎年金が受給できなくなること、②裁定替えされた障害基礎年が老齢基礎年金と同額又は1.25倍であること）が発生するため、特別一時金が支給されることになった。これは既裁定年金の問題ではないが、権利保護の必要性が高い事例であろう。

(44)　制度変更に伴う既裁定年金の扱いに関しては、①従前の給付水準の維持（例えば、昭和60年改正の際の旧法厚生年金）、②従前の実質額の維持（例えば、平成12年改正の給付乗率5％適正化導入の際に従前額を保障するとともに、その後も物価スライドによる改定を実施）、③従前の名目額の維持（例えば、共済の昭和60年改正により通年方式に一本化するに当たり、通年方式の額が従前の一般方式より低い場合には、物価スライドは行わないものの従前の名目額は保障。平成14年の農林年金の厚生年金への統合の際の特例年金給付（3階部分）については、給付は継続するが、スライドなしの年金に変更。）、④給付の実額の引下げ（例えば、平成13年の農業者年金基金法の改正の際に経営移譲年金を9.8％引下げ）などが考えられる。

◆おわりに◆　連帯による社会保障法の再構築

財産権であるとするなら、一身専属的な権利であって民法の例外として相続の対象とならないという考え方はとり得ないことになる（民法第896条ただし書）[45]。また、過剰給付を防止するためとはいえ、複数の受給権が同時発生する場合に何れかの給付の全部・一部を支給停止する併給調整も、受給権の侵害の問題を発生させる[46]。しかし、社会保険の本質が連帯にあるとするならば、特定の人間が連帯の権利義務関係の中で特権的な権利を取得することは、連帯の破壊であり許されないことになる。これは、フランスにおいて、社会保障の権利に不可侵性を認めない根底に連帯があるのと通ずる面がある。

　さらに、フランスの連帯概念を参考にするなら、国民連帯と職域連帯等の区別は、社会保険における様々な問題に有益な示唆を与える。例えば、生活保護の水準と基礎年金の水準の比較である。この問題を巡っては、生活保護（生活扶助）の水準より基礎年金の水準の方が低いことを問題とする立場がある一方、そうでないとの評価もある。問題としない立場からは、生活保護がミーンズテスト付きの最低限度の生活水準の保障であるのに対して、基礎年金が現役時代の生活基盤や貯蓄等と合わせて一定の自立した生活を可能にする制度であるといった制度の違いが論拠が挙げられる。この点に関しては、むしろ基礎年金に内在する国民連帯原理を如何に重視するかによって評価が分かれると考えることが可能である。

---

(45) 一身専属性を徹底させるならば、一切の移転可能性や相続可能性を否定することになるが、現行法においても一定範囲の遺族へ未支給給付の支給を認めているものがある（国民年金法第19条、厚生年金保険法第37条、労災保険法第11条、雇用保険法第10条の3）。ただし、この場合であっても、請求者は「自己の名で」請求することから相続構成の立法とはなっていない。敢えて言うなら、遺族が有する期待（権）を保護していることになる。このような期待（権）の保護は、激変緩和措置として年金に典型的に見られる。例えば、①平成6年及び平成12年改正の際に、老齢厚生年金等の定額部分、報酬比例部分の支給開始年齢引上げを段階的に実施することとしたり、②昭和60年改正の際に、厚生年金等の給付乗率を20年かけて段階的に引き下げることとしている。この他にも、昭和60年改正法附則第40条（65歳到達後の事後重症への障害年金の支給）、昭和60年改正法附則第43条第2項（改正前からの厚生年金被保険者等への第4種被保険者制度の存置）、③昭和60年改正法附則第69条第1項（障害年金の併合認定の例外として、旧障害厚生年金等の受給権者の場合の併合後の年金と旧障害厚生年金等との選択制）など、期待（権）を保護・尊重している例がある。

(46) 併給調整の典型としては、①出産手当金が支給される間は傷病手当金が支給されないこと、②同一事由により障害厚生年金等が支給される場合には傷病手当金が支給されないこと、③労災保険等の保険給付が行われる場合には健康保険の給付は行われないことなどである。また、年金については、「1人1年金」の原則から複数の年金を受給できる場合には、原則として一つの年金を選択しなければならないことになっている。

◆ おわりに ◆　　連帯による社会保障法の再構築

　仮に基礎年金が拠出制の年金であって同一保険集団内の連帯の仕組みであることを重視するならば、給付と負担の均衡が図られている限り、生活保護との比較は問題とならない。ところが基礎年金が国民共通の年金であり国民連帯の発現であると理解するならば、同じく国民連帯の発現であり無拠出の生活保護より水準が低いことは議論を喚起することになる。従って、基礎年金に内在する連帯の理解の仕方が生活保護との比較に関する評価の分かれ道ということになる。

（3）最後に

　以上のように連帯概念は、少なくともフランスやドイツの社会保障を構築する重要な概念であり、我が国の実定法でも理念として規定されるものがあるなど、その意義を完全に否定することはできないであろう。その一方で憲法25条の生存権規定が存在する以上、連帯のみを拠り所に社会保障を構築することにも問題がある。

　既に述べたように生存権と連帯概念とは相互に排斥し合うものではない。また、連帯にも国民連帯、職域連帯、地域連帯など様々な連帯が存在している。重要なのは、個別制度まで射程を拡げた場合に、生存権概念のみでは十分説明しにくい社会保険が典型であるが、連帯を生存権との関係で代替的というよりは補完的な概念と位置付けることであろう。そして、様々な連帯の違いや保険原理と連帯原理の交錯を認識しながら、現在及び将来の社会保障制度を領導する概念として連帯を位置付けていくことは、現実的な対応として無益ではなかろう。

―〔事項索引〕―

【あ行】

あらゆる性質の租税……………………209
医学的選別……………………………437
移管可能性の原則……………………469
一般化………………………130, 314, 466
一般経済的利益………………………474
一般租税法典
　第39条……………………………483
　第83条(契約)……………………486
一般的利益………156, 240, 288, 292, 304, 510
一方的決定……………………………374
ヴェーユ法……………413, 457, 470, 500
エヴァン法……………358, 362, 389, 396, 454
欧州人権裁判所………………………222
欧州人権条約…………………………222

【か行】

外部的専門性の原則…………………427
拡張及び拡大…………………305, 325, 372
獲得された状況………………………285
合算及び按分の原則…………………468
可変性の原則…………………278, 288, 290
幹部職員年金機関一般協会(AGIRC)……313
機械的な連帯…………………………82
企業委員会……………………………386, 433
企業貯蓄計画(PEE)…………………488
企業年金貯蓄計画(PERE)…………493
規則的性格……………………………231
期　待…………………………………335, 342
既得権…………………232, 234, 279, 285,
　　　　　　　　311, 335, 341, 497
　――の保護………………………260
規範的効力……………………………383
規範的(法規的)性格…………………382, 386
規範的法規範……………………………92
急進社会党……………………………53, 79
共　済……………………………416, 461
共済会規約……………………………430

共済契約………………………………430
共済組織………………………………430
行政行為……………………190, 307, 308
強制徴収金……………………………209
強制的効果……………………………342
強制的効力……………………………383
協同体準契約…………………………54
共同体法(EU法)………………………468
拠出制…………………………………131
組　入…………………………………384
繰延賃金………………………………229
経過法…………………………………235
経済的連続性の理論…………………345
継続性の原則…………………………290
憲　法
　1791年……………………………19, 39
　1848年……………………27, 40, 44, 103
憲法ブロック…………………………138, 265
権利の平等……………………………159
牽連関係………………………………216
牽連性…………………………………524
公役務………………90, 100, 112, 119, 156, 304
公役務学派……………………………111, 119
公役務性………………………187, 303, 318
公権力…………………………………100
公　序…………………………………195
構築的・技術的法規範………………92
公的救済………………………………104
公的救済委員会………………………22
公費負担………………………………542
衡　平…………………………………163
国民議会………………………………18
国民公会………………………………23
国民主権………………………………105
国民連帯……………………129, 133, 178, 543
　――の要請………………………139
個人的既得権…………………………508
個人的利益……………………………509
個人的連帯……………………………67

551

事項索引

個人保険 ……………………………… 200
国家賠償 ……………………………… 181
国家補償 ……………………………… 181
個別的保障 …………………………… 362

【さ行】

財　産 ………………………………… 223
財産権 …………………………… 536, 546
財政調整 ……………………………… 131
再補足制度 …………………………… 453
債務感情 ……………………………… 68
差額保証 ……………………………… 484
サン・シモン主義 …………………… 62
時間貯蓄勘定 ………………………… 491
自己規制の理論 ……………………… 109
自主保険 ……………………………… 199
自然的連帯 …………………………… 64
自然法 ………………………………… 33
七月革命 ……………………………… 43
失業保険 ……………………………… 299
実証主義 ……………………………… 50
執政府 ………………………………… 25
自動的効果 …………………………… 342
自動的効力 …………………………… 384
自発的連帯 …………………………… 64
市民性 ………………………………… 34
社会事業 ……………………………… 126
社会性の意識 ………………………… 95
社会的依存 …………………………… 97
社会的経済 ……………………… 73, 417
社会的結合 …………………………… 120
社会的債務 …………………………… 54
社会的保護 ……………………… 126, 130
社会的連帯 …………………………… 67
社会扶助 ………………………… 122, 126
社会法 ………………………………… 116
社会保険 ………………… 123, 464, 544
社会保険法 ……………… 189, 419, 464
社会保険料 …………………………… 310
社会保障 ……………………………… 126
　　──の基本原理 ………………… 216
社会保障機関 ………………………… 353

社会連帯 ………………… 94, 174, 289
シャルパン報告 ……………………… 454
自由競争 ……………………………… 471
従属労働 ……………………………… 192
集団的保障 ……… 325, 363, 368, 377, 446, 478
集団的身分規定 ……………………… 508
集団的利益 …………………………… 509
準契約 …………………………… 54, 67
条件付の権利 ………………………… 335
使用料 ………………………………… 210
職域年金機関 ………………………… 350
職域連帯 ………………………… 178, 543
処遇平等の原則 ……………………… 437
職業的リスク …………………… 117, 135
人格の優越性 ………………………… 34
人権宣言
　1789 年の── …………………… 6, 103
　1793 年の── …………………… 24, 39
　1795 年の── ……………………… 25
人民主権 ……………………………… 106
正義の意識 …………………………… 95
精神的連帯 …………………………… 75
生存権 …………………………… 179, 533
制　度 ………………………………… 197
正当な信頼の原則 …………………… 267
世界人権宣言 …………………… 31, 147
責　任 ………………………………… 167
世代間連帯 ……………………… 178, 543
世代内連帯 …………………………… 178
積極的差別 ……………………… 160, 165
全体投票（レファレンダム） ……… 368, 373
専門性の原則 …………………… 427, 430
即時的効果 ……………………… 340, 342
即時的効力 …………………………… 383
組織された役務 ……………………… 193
組織の理論 …………………………… 101
損失補償 ……………………………… 181

【た行】

第一帝政 ……………………………… 26
対　価 ………………………………… 212
対価性 ………………………………… 203

552

事項索引

第三者のためにする契約	390
大衆年金貯蓄計画(PERP)	481
談合契約	435
男女同一賃金(原則)	351, 471, 474
団体年金貯蓄計画(PERCO)	488
単なる期待	234
地域連帯	150, 543
調　整	468
調和化	468
追加保証	484
追求権	336
適法国家	105
適法性の原則	261
同業組合	418
トマ法	459

【な行】

内部的専門性の原則	427
二月革命	27, 43
任意被用者貯蓄協調計画(PPESV)	489
年金基金	454
年金貯蓄基金	460
年金貯蓄計画	460
年金労働協定	325, 348

【は行】

歯止め	276
非組入れ原則	332, 385
被用者貯蓄(épargne salariale)制度	489
被用者年金貯蓄協調計画(PPESVR)	489
平　等	
機会の――	159
公平負担の――	170
法の下の――	157
平等(の)原則	291, 340
比例原則	340
ファビウス法	489
フィヨン法	460
「不可逆的歯止め」の原則	221
不可侵性	337, 342, 510
付加的年金制度	460, 477
福祉国家	153

福利厚生(制度)	354, 355, 444
福利厚生機関	358, 444
附　合	384
附合契約	382, 434, 435
不遡及(の)原則	233, 237, 260, 278
負担なくして給付なし	4, 540
物質的連帯	75
フランス革命	6
フランス共済全国連合会(FNMF)	423
プレヴァン法	498
分業による連帯	90
法治国家	255
法的安定性の原則	255
法的地位	248
法的連帯	75
法による連帯	64
法の一般原則	294, 525
法の即時的効果	236, 251
保　険	151, 167
保険原理	151, 302, 539
保険制度	301
補足制度	313
補足的福利厚生(制度)	359, 360
補足年金制度協会(ARRCO)	314

【ま行】

マティニョン協定	465
マドラン法	457
未確定の権利	335
物乞い委員会	17
モリス法	421

【や行】

友　愛	38, 103, 145
有機的な連帯	82
有利原則	311
余後効	410

【ら行】

ラロック・プラン	420
利益参加	490
利益配分	490

事項索引

リスク分配 …………………………… 117
立法議会 ……………………………… 22
ル・シャプリエ法 ………………… 22, 418
レファレンダム（一方的決定）………… 368
連　帯 ………… 47, 52, 124, 127, 172, 523, 527
　帰属による—— ……………………… 151
　義務としての—— …………………… 54
　貢献による—— ……………………… 151
　事実としての—— …………………… 54
　事実による—— ……………………… 64
　類似による—— ……………………… 90

連帯原理 ………………………… 151, 301, 539
連帯主義 ……………………………… 51, 419
連帯制度 ……………………………… 301
労災補償に関する法律 ………………… 188
労働協約（・協定）………………… 304, 319, 370
労働契約 ……………………………… 366
労働者及び農民の退職年金に関する法律
　　　　　　　　　　　　………… 188, 200, 464

【わ行】

ワイマール憲法 ……………………… 535

〔人名索引〕

【あ行】

エヴァルド（F. Ewald）……………167
エヴァン（C. Evin）………………134
オーリウ（M. Hauriou）………28, 100

【か行】

カレ・ドゥ・マルベール（R. Carré de Malberg）
　………………………105, 234, 255
ギュルヴィッチ（G. Gurvitch）……145
コント（A. Comte）…………………50

【さ行】

サレーユ（R. Saleilles）……………117
シエース（E. Sieyès）…………………7
ジェズ（G. Jèze）……………………289
ジード（Ch. Gide）……………73, 417
シネティ（Sinety）……………………10
ジュペ（A. Jupé）…………………454
スクレタン（Ch. Secrétan）…………66

【た行】

タルジェ（G.-J.-B. Target）…………10
デュエズ（P. Duez）…………………233
デュギー（L. Duguit）……28, 89, 289, 531
デュノワイエ（C. Dunoyer）………417
デュポン（J. P. Dubois）……………20
デュラン（P. Durand）…………133, 189
デュルケム（E. Durkheim）…………81

【な行】

ナドー（M. Nadaud）………………116
ネッケル（J. Necker）………………15

【は行】

バラデュール（É. Balladur）………454

バルテルミ（J. Barthélemy）………233
ピゾン・デュ・ガラン（A.-F. Pison du Galland）
　……………………………………11
ビュイソン（F. Buisson）……………79
ビュシェ（Ph.-J.-B. Buchez）………42
フイエ（A. Fouillé）…………………69
福田徳三………………………………535
ブーシュ（C.-F. Bouche）……………12
フーリエ（C. Fourier）………………417
ブルジョワ（L. Bourgeois）…51, 355, 419, 543
ペクール（C. Pecqueur）……………64
ペシオン゠ドゥ゠ヴィルヌーヴ（J. Pétion de Villeneuve）……………………12

【ま行】

牧野英一……………………………535
マーラー（J.-P. Marat）……………13
ミラボー（Mirabeau）………………14
ムニエ（E. Mounier）…………………9

【ら行】

ラボー・サン゠テティエンヌ（J.-P. Rabault Saint-Etienne）……………………11
ラマルティーヌ（A. de Lamartine）…43
ラ・ロシュフーコー・リアンクール（La Rochefoucanld-Liancourt）………18
ラロック（P. Laroque）……129, 191, 202
ルイ・ブラン（Louis Blanc）………42
ル・シャプリエ（G. Le Chapelier）…23, 418
ルヌヴィエ（C. Renouvier）…………65
ルビエ（P. Roubier）………………235
ルルー（P. Leroux）…………………62
ロカール（M. Rocard）……………454
ロベスピエール（M. Robespierre）…25

555

〈著者紹介〉

伊奈川　秀和（いながわ　ひでかず）
　1959 年　長野県生まれ
　1982 年　東京外国語大学外国語学部フランス語学科卒業
　同　年　厚生省入省
　1998 年　九州大学法学部助教授
　2001 年　年金資金運用基金福祉部長
　2003 年　内閣府参事官
　2005 年　内閣参事官
　2007 年　厚生労働省社会・援護局保護課長
　2008 年　厚生労働省年金局総務課長
　現　在　厚生労働省参事官（社会保障担当）〈2009 年～〉

〈主要編・著書〉

『フランスに学ぶ社会保障改革』（中央法規出版、2000 年）
「医療制度」社会保障研究所編『フランスの社会保障』（東京大学出版会、1989 年）
「社会福祉の行政と財政」編集委員会代表仲村優一・一番ケ瀬康子『世界の社会福祉 5　フランス・イタリア』（旬報社、1999 年）
「行政改革」藤井良治・塩野谷裕一編『先進国の社会保障⑥　フランス』（東京大学出版会、1999 年）
『介護保険キーワード事典』鬼崎信好・増田雅暢・伊奈川秀和・平田直之編集（中央法規出版、2001 年）
「社会保障をめぐる国際協力」日本社会保障法学会編『講座社会保障法第 1 巻　21 世紀の社会保障法』（法律文化社、2001 年）
『世界の介護事情』鬼崎信好・増田雅暢・伊奈川秀和編著（中央法規出版、2002 年）
「社会保障の行政機構・財政」佐藤進・河野正輝編『新現代社会保障法入門〔第 3 版〕』（法律文化社、2005 年）
「欧州におけるソーシャル・インクルージョン政策の展開」日本ソーシャルインクルージョン推進会議編集『ソーシャル・インクルージョン──格差社会の処方箋』（中央法規出版、2007 年）
「社会保障の機能」河野正輝・中島誠・西田和弘編『社会保障論』（法律文化社、2007 年）
「社会福祉供給主体とその規整」石橋敏郎・山田晋編著『〔新版〕やさしい社会福祉法制』（嵯峨野書院、2008 年）
「医療保険、高齢者医療」石橋敏郎編『わかりやすい社会保障論』（法律文化社、2010 年）

学術選書
46
社会保障法

❀ ❈ ❀

フランス社会保障法の権利構造

2010(平成22年)10月30日 第1版第1刷発行
5446-4:P576 ¥13800E-012:050-015

著 者　伊奈川秀和
発行者　今井 貴　渡辺左近
発行所　株式会社 信山社
〒113-0033　東京都文京区本郷 6-2-9-102
Tel 03-3818-1019　Fax 03-3818-0344
info@shinzansha.co.jp
笠間来栖支店　〒309-1625　茨城県笠間市来栖 2345-1
Tel 0296-71-0215　Fax 0296-72-5410
出版契約 2010-5446-4-01010　Printed in Japan

©伊奈川秀和, 2010　印刷・製本／松澤印刷・大三製本
ISBN978-4-7972-5446-4 C3332　分類328.672-a010 社会保障法
5446-0101:012-050-015《禁無断複写》

JCOPY 〈(社)出版者著作権管理機構 委託出版物〉
本書の無断複写は著作権法上での例外を除き禁じられています。複写される場合は、
そのつど事前に、(社)出版者著作権管理機構(電話 03-3513-6969、FAX 03-3513-6979、
e-mail: info@jcopy.or.jp)の許諾を得てください。

◇学術選書◇

1	太田勝造	民事紛争解決手続論(第2刷新装版)	6,800円
2	池田辰夫	債権者代位訴訟の構造(第2刷新装版)	続刊
3	棟居快行	人権論の新構成(第2刷新装版)	8,800円
4	山口浩一郎	労災補償の諸問題(増補版)	8,800円
5	和田仁孝	民事紛争交渉過程論(第2刷新装版)	続刊
6	戸根住夫	訴訟と非訟の交錯	7,600円
7	神橋一彦	行政訴訟と権利論(第2刷新装版)	8,800円
8	赤坂正浩	立憲国家と憲法変遷	12,800円
9	山内敏弘	立憲平和主義と有事法の展開	8,800円
10	井上典之	平等権の保障	近刊
11	岡本詔治	隣地通行権の理論と裁判(第2刷新装版)	9,800円
12	野村美明	アメリカ裁判管轄権の構造	続刊
13	松尾 弘	所有権譲渡法の理論	近刊
14	小畑 郁	ヨーロッパ人権条約の構想と展開〈仮題〉	続刊
15	岩田 太	陪審と死刑	10,000円
16	石黒一憲	国際倒産 vs. 国際課税	12,000円
17	中東正文	企業結合法制の理論	8,800円
18	山田 洋	ドイツ環境行政法と欧州(第2刷新装版)	5,800円
19	深川裕佳	相殺の担保的機能	8,800円
20	徳田和幸	複雑訴訟の基礎理論	11,000円
21	貝瀬幸雄	普遍比較法学の復権	5,800円
22	田村精一	国際私法及び親族法	9,800円
23	鳥谷部茂	非典型担保の法理	8,800円
24	並木 茂	要件事実論概説 契約法	9,800円
25	並木 茂	要件事実論概説Ⅱ 時効・物権法・債権法総論他	9,600円
26	新田秀樹	国民健康保険の保険者	6,800円
27	吉田宣之	違法性阻却原理としての新目的説	近刊
28	戸部真澄	不確実性の法的制御	8,800円
29	広瀬善男	外交的保護と国家責任の国際法	12,000円
30	申 惠丰	人権条約の現代的展開	5,000円
31	野澤正充	民法学と消費者法学の軌跡	6,800円

信山社

価格は税別

◇学術選書◇

32	半田吉信	ドイツ新債務法と民法改正	8,800円
33	潮見佳男	債務不履行の救済法理	近刊
34	椎橋隆幸	刑事訴訟法の理論的展開	12,000円
35	和田幹彦	家制度の廃止	近刊
36	甲斐素直	人権論の間隙	10,000円
37	安藤仁介	国際人権法の構造Ⅰ〈仮題〉	続刊
38	安藤仁介	国際人権法の構造Ⅱ〈仮題〉	続刊
39	岡本詔治	通行権裁判の現代的課題	8,800円
40	王 冷然	適合性原則と私法秩序	7,500円
41	吉村徳重	民事判決効の理論(上)	8,800円
42	吉村徳重	民事判決効の理論(下)	9,800円
43	吉村徳重	比較民事手続法	近刊
44	吉村徳重	民事紛争処理手続の研究	近刊
45	道幸哲也	労働組合の変貌と労使関係法	8,800円
46	伊奈川秀和	フランス社会保障法の権利構造	13,800円
47	横田光平	子ども法の基本構造	10,476円
48	鳥谷部茂	金融担保の法理	近刊
49	三宅雄彦	憲法学の倫理的展開	続刊
50	小宮文人	雇用終了の法理	8,800円
51	山元 一	現代フランス憲法の理論	近刊
52	高野耕一	家事調停論(増補版)	続刊
53	阪本昌成	表現の自由〈仮題〉	続刊
54	阪本昌成	立憲主義〈仮題〉	続刊
55	山川洋一郎	報道の自由	近刊
56	兼平裕子	低炭素社会の法政策理論	6,800円
57	西土彰一郎	放送の自由の基層	近刊
58	木村弘之亮	所得支援給付法	近刊
59	畑 安次	18世紀フランスの憲法思想とその実践	近刊
2010	高瀬弘文	戦後日本の経済外交	8,800円
2011	高 一	北朝鮮外交と東北アジア:1970-1973	7,800円

信山社

価格は税別

渡辺章 編集代表
労働基準法〔昭和22年〕1-3（上・下）
碇井光明 著

民法改正研究会（代表 加藤雅信）
民法改正と世界の民法典
『公共契約法精義』・『公的資金助成法精義』・『政府経費法精義』に続く続刊

井上達夫 編
現代法哲学講義
法哲学から現実社会を捉えた新時代の教科書

社会保障財政法精義

潮見佳男 著
不法行為法Ⅰ〔第2版〕
好評書の改訂版。分冊化し、さらに充実した第一分冊、待望の刊行！

山川隆一 編
プラクティス労働法
気鋭の執筆陣が集結した、未来への新時代テキスト

田村和之 編集代表
保育六法

石川明・池田真朗・宮島司・安藤薫・三上威彦・大森正仁・三木浩一・小山剛 編集代表
法学六法・標準六法
学部用／入門用

信山社
学術世界の未来を1冊1冊に

〒113-0033 東京都文京区本郷6-2-9 東大正門前
TEL.03(3818)1019 FAX.03(3818)0344
E-MAIL order@shinzansha.co.jp

信山社

● 法律学の森シリーズ ●

新　正幸　憲法訴訟論［第2版］
大村敦志　フランス民法
潮見佳男　債権総論Ⅰ［第2版］
潮見佳男　債権総論Ⅱ［第3版］
潮見佳男　契約各論Ⅰ
潮見佳男　契約各論Ⅱ（続刊）
潮見佳男　不法行為法Ⅰ［第2版］
潮見佳男　不法行為法Ⅱ［第2版］
潮見佳男　不法行為法Ⅲ［第2版］（続刊）
藤原正則　不当利得法
青竹正一　新会社法［第3版］（近刊）
泉田栄一　会社法論
小宮文人　イギリス労働法
高　翔龍　韓国法［第2版］

信山社

岩村正彦・菊池馨実 責任編集

社会保障法研究
2010年秋 刊行開始

創刊第1号
◇特集 社会保障法学の過去・現在・未来◇
- ◆第1部　社会保障法学の過去
- ◆第2部　社会保障法学の現在
- ◆第3部　社会保障法学の未来

第2号
◇特集 社会保障の費用負担◇

総論（社会保障の費用負担）／社会保険料／社会保障と税／財政調整（納付金・支援金）／一部負担

第3号
◇特集 社会保障法の法源◇

社会保障法と国際法規／社会保障法と憲法／社会保障法と行政法規／社会保障法と私法秩序／社会保障法と判例

―信山社―